高校入試虎の巻　他にはない 3大 ポイント

問題の質問ができる　‘とらサポ ’

無料会員

虎の巻やスペシャルの問題で「わからないなー」「質問したいなー」というときは、
“とらサポ”におまかせください!
必要事項と質問を書いて送るだけで詳しく解説しちゃいます!
何度でもご利用いただけます!　質問は“FAX”か“メール”でできます。

無料会員登録手順

【仮登録】→【本登録】→【会員番号発行】→質問開始!

① 【仮登録】:下のQRコード/下のURLへアクセス。
http://www.jukentaisaku.com/sup_free/
② メールアドレス(PCアドレス推奨)を入力送信。
③ 入力いただいたアドレスへ【本登録】のURLが届きます。
④ 【本登録】:届いたURLへアクセスし会員情報を入力。

※ご注意
「確認」では会員登録されていません。
必ず「送信」ボタンを押してください。

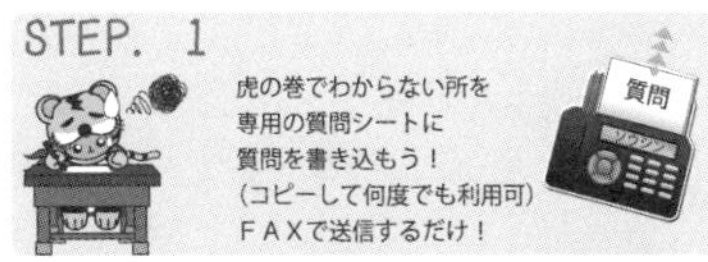
STEP. 1
虎の巻でわからない所を
専用の質問シートに
質問を書き込もう!
(コピーして何度でも利用可)
FAXで送信するだけ!
質問

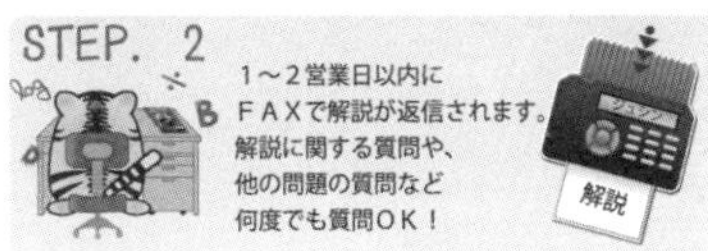
STEP. 2
1~2営業日以内に
FAXで解説が返信されます。
解説に関する質問や、
他の問題の質問など
何度でも質問OK!
解説

⑤ 【会員番号】が発行され、メールで届きます。
⑥ 【会員番号】が届いたら、質問開始!

左のQRコードが読み取れない方は、下記のURLへアクセスして下さい。
http://www.jukentaisaku.com/sup_free/
※ドメイン拒否設定をされている方は、(本登録)のURLが届きませんので解除して下さい。

JN125195

とらサポ会員番号　忘れないようにココへ書きましょう

利用方法を裏で紹介♪

とらサポ ‘プレミアム会員’

有料会員

どんな問題でも質問できる!
◎私立の過去問・塾の宿題・市販の問題集

オンライン『講義映像』中学1年~3年
◎5教科すべて視聴可能

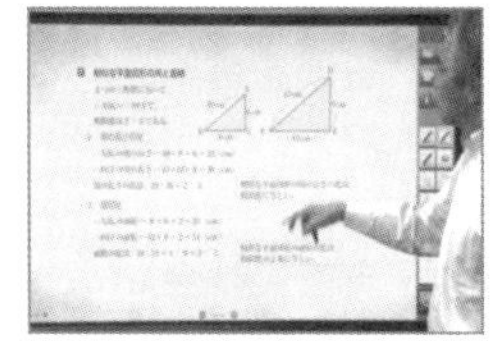

入会金なし
ご利用料金:月額3,300円(税込)
※入会月が15日以降の場合は初月1,100円(税込)
※ご利用期間　2025.3月末迄

中3数学
1 平方根
2 多項式の計算
3 因数分解
4 二次方程式
5 二次方程式の利用
6 関数y=ax2(1)
7 関数y=ax2(2)
8 相似な図形(1)
9 相似な図形(2)
10 三平方の定理
11 円の性質
12 資料の活用
13 式の計算
14 三角形の重心
15 いろいろな問題

プレミアム会員お申し込み方法

左のQRコードが読み取れない方は、下記のURLへアクセスして下さい。
URL:http://www.jukentaisaku.com/sup_pre/
※ドメイン拒否設定をされている方は、(本登録)のURLが届きませんので解除して下さい。

①~④は無料会員登録に同じ
⑤ お申し込みから2営業日以内に【会員のご案内】を発送いたします。
⑥ 【会員のご案内】が届き次第ご利用いただけます。

リスニング虎の巻 ~高校受験~英検3級まで~

別売
※過去問ではありません

① 聞きながら学習(6回分)
★英単語の　読み・聞き取り・意味　が苦手でも安心して学習
英語のあとにすぐ**日本語訳**が聞け、聞きながらにして、
即理解 ⇒ 覚える ことができます。

② テスト形式で実践練習　(5回分)
テスト形式に挑戦。
高校入試リスニングの練習に最適です。

【問題】

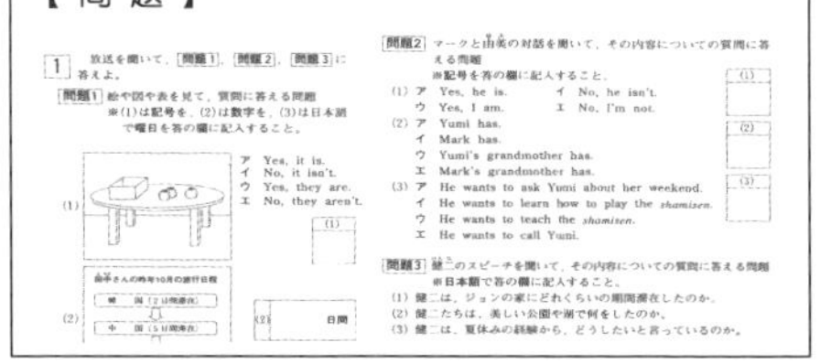
1 放送を聞いて、問題1、問題2、問題3に答えよ。
問題1 絵や図や表を見て、質問に答える問題
※(1)は記号を、(2)は数字を、(3)は日本語で曜日を答の欄に記入すること。
(1) ア Yes, it is. イ No, it isn't. ウ Yes, they are. エ No, they aren't.
問題2 マークと由美の対話を聞いて、その内容についての質問に答える問題
※記号を答の欄に記入すること。
(1) ア Yes, he is. イ No, he isn't. ウ Yes, I am. エ No, I'm not.
(2) ア Yumi has. イ Mark has. ウ Yumi's grandmother has. エ Mark's grandmother has.
(3) ア He wants to ask Yumi about her weekend. イ He wants to learn how to play the *shamisen*. ウ He wants to teach the *shamisen*. エ He wants to call Yumi.
問題3 健二のスピーチを聞いて、その内容についての質問に答える問題
※日本語で答の欄に記入すること。
(1) 健二は、ジョンの家にどれくらいの期間滞在したのか。
(2) 健二たちは、美しい公園や湖で何をしたのか。
(3) 健二は、夏休みの経験から、どうしたいと言っているのか。

【 台本と録音例 】
Mark:Hi, Yumi.　How are you today?
こんにちは、由美。今日の調子はどう?
Yumi:Hi, Mark.
こんにちは、マーク。
I'm fine, thank you.　And you?
元気よ、ありがとう。あなたは?
Mark:Fine, thanks.　Yumi,
元気だよ。
I'd like to ask you about something.
由美、僕は君に聞きたいことがあるんだ。
Yumi:OK.　What is it?
いいわよ。どうしたの?
Mark:Well, I'm interested in traditional Japanese music.
ええっと、ぼくは日本の伝統的な音楽に興味

先輩達の【とらサポ質問】&【感想】

【とらサポの質問方法】

①会員番号を取得
②質問したいところを書く！
　教科・ページ・問題番号
③聞きたい質問を書く。
④作文 や 記述の添削も
　できます！
　（国語・英語・社会 etc）

FAXや
メールで質問もOK!!

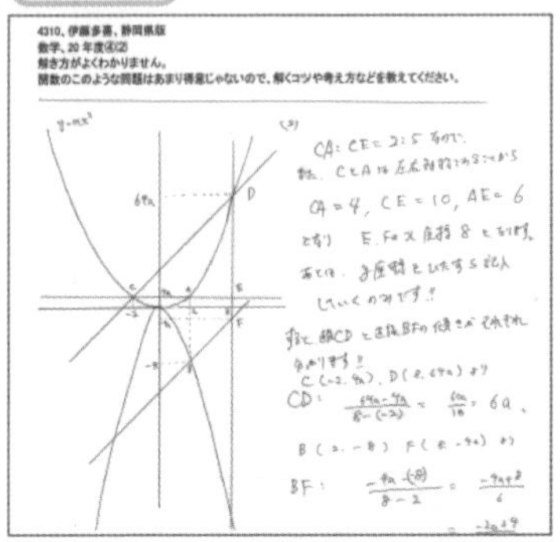

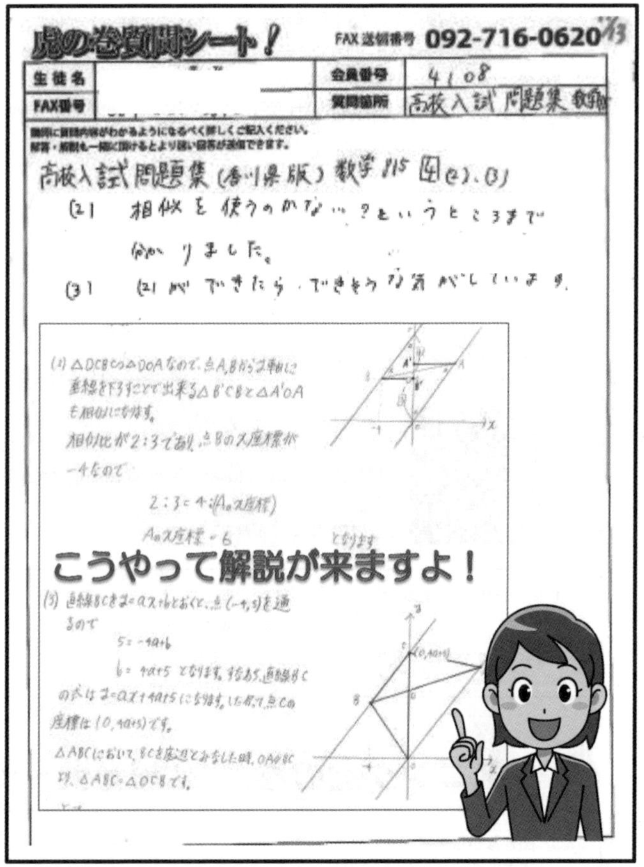

虎の巻様

いつもありがとうございます。今回は質問ではなくお礼を言うためにこれを書きました。
発表でした。私は第一志望の高校に合格することができました！私の行きたい高校は私の学力では足りないと学校の先生から言われ、志望校をおとそうかととても悩みました。しかし、第一志望校を受けないと後悔してしまうと思い、親の反対も振りきって受けました。諦めないで本当によかったです。今回私が合格できたのも虎の巻様が私の質問に丁寧に答えて下さったおかげだと思っています。ページ数と問題内容があってなかったりと様々な迷惑をかけてしまい申し訳なかったです。
4月からは高校生として国公立大学へ進学するという夢を胸にがんばっていきたいと思います。虎の巻様には感謝してもしても足りません。本当に本当にありがとうございました!!!

To: 虎の巻↓
Subject: 質問ではありませんが(--;)↵

質問ではありませんが(^-^)↵
先日、受験に合格することが出来ました(^^♪↵
そのお礼を申し上げたく、メールを送らせて頂きます。↵

私は、受験勉強というものを、どうやら勘違いをしてしまって、↵
短期集中1ヶ月もやればいい方だろうと思っていました。↵
しかし、そうではないことに気づき、難関校の受験1ヶ月前に焦って、↵
何でもいいから何かやらないと間に合わない！と思って手に取ったのが、↵
虎の巻さんでした。↵
どうやればいいかなんて全く分からないけど、浅く広くやるのではなく、↵
とりあえずこれだけはやっておこうと思い、過去問、それからスペシャルの方も↵
間違えたところは何周も解き直しました。あっていた所もしっかり確認をし、↵
逆に虎の巻さん以外のものは何もやらないで難関校に挑んだ結果、↵
類似問題も多く出て見事合格をすることが出来ました。↵
ほんとにほんとに、虎の巻さんのおかげだと思っています。↵
感謝の気持ちでいっぱいです。↵

お忙しいところ、すみません。↵
読んでいただき、ありがとうございました(^-^)↵

虎の巻質問シート！

※ご利用期間　2025.3月末迄

①生 徒 名		②会員番号		③R7鹿児島県版
④FAX番号		⑤質問箇所		

講師に質問内容がわかるようになるべく詳しくご記入ください。 自分の解き方や考えも一緒にご記入ください。
上記①～⑤の記載があれば、どの用紙でもご質問いただけます。

FAX 送信番号　092-716-0620　　メールアドレス　tora@jukentaisaku.com

虎の巻の特色

この問題集は、鹿児島の高校受験生の皆さんの志望校合格に向けて、効率の良い学習を進めることができるように編集作成したものです。したがって、学習したいところから取り組め、確実に得点になる演習ができるように、教科・単元別にしております。また、自分ひとりでも学習できるよう詳しい解説を掲載し、さらに無料で質問できるサービス'とらサポ'が入試直前までの心強い味方です。

虎の巻の使い方

過去11年間の入試問題を見てみると、似た形式の問題が数多く存在します。そこで、実際に出題された問題を単元ごとに集中的に繰り返すことで、パターンを掴みしっかりマスターすることができます。

1回目：1単元ごとにノートに解いてみる。

教科書を見てもよし、誰かに教えてもらいながらでもよいです。実際に問題を解くことで入試のレベルを知り、自分の苦手なところを発見しながら学習を進めましょう。この1回目で間違った問題には印をつけておきましょう。

2回目：何も見ずに解いてみる。

1回目の印をつけた問題は解けるようになりましたか？
ただし、1度解いても忘れるものです。もう一度解く事が復習になり、より一層理解を高めることができます。ここで全体の半分程解く事が出来れば十分です。間違った問題には2回目の印をつけ、理解できるまで何度もやり直しましょう。

3回目：冬休みや入試前に、1つの問題に対して7分～15分で解いてみる。

時間を計って問題を解くことで、入試を想定することができます。
短い時間で正確に問題を解けるようにしましょう。そして、どれだけ力がついたか【実践問題：本番形式】で力試しをしてください。

もくじ

（注1）編集上、掲載していない問題が一部ございます。
（注2）著作権の都合により、実際の入試に使用されている写真と違うところがございます。
＊上記（注1）（注2）をあらかじめご了承の上、ご活用ください。

公 立 高 校 入 試 出 題 単 元

過去９年間

（平成26年～令和４年まで）

数　　学

小問

■ 平成26年 [1] 1・2・3・4
■ 平成27年 [1] 1・2・3・4・5
■ 平成28年 [1] 1・2・3・5
■ 平成29年 [1] 1・2・3・4・5
■ 平成30年 [1] 1・2・3・4・5
■ 平成31年 [1] 1・2・3・4・5
■ 令和２年 [1] 1・2・3・4・5
■ 令和３年 [1] 1・2・3・4・5
■ 令和４年 [1] 1・2・3・4・5

数と式・割合

■ 平成26年 [2] 1・2（方程式・小数）
■ 平成27年 [2] 1
■ 平成28年 [2] 3・4
■ 令和２年 [2] 3・5
■ 令和３年 [2] 3

方程式

■ 平成26年 [2] 4
■ 平成27年 [2] 3
■ 平成28年 [2] 5
■ 平成29年 [2] 2・5
■ 平成30年 [2] 3・5
■ 平成31年 [2] 5
■ 令和３年 [2] 5

関数

■ 平成26年 [4]
■ 平成27年 [4]
■ 平成28年 [4]
■ 平成29年 [4]
■ 平成30年 [4]
■ 令和２年 [5]
■ 令和３年 [4]
■ 令和４年 [3]

作図

■ 平成28年 [2] 2
■ 平成29年 [5] 1
■ 令和２年 [2] 4
■ 令和４年 [2] 3

平面図形

■ 平成26年 [2] 5（証明）　[5]（作図・面積）
■ 平成27年 [2] 4（証明）　[5]（作図・角度・線分）
■ 平成28年 [5]（角度・証明・面積）
■ 平成30年 [5]（作図・角度・面積）
■ 平成29年 [2] 4（証明）
■ 平成31年 [2] 4（証明）
■ 令和２年 [2] 1　[4]
■ 令和３年 [2] 1・4　[5]
■ 令和４年 [2] 2　[4]

空間図形

■ 平成26年 [2] 3
■ 平成27年 [2] 2
■ 平成28年 [2] 1
■ 平成29年 [2] 3
■ 平成30年 [2] 2
■ 平成31年 [5]

確率

■ 平成28年 [3] Ⅱ　カード
■ 平成29年 [2] 1　サイコロ
■ 平成30年 [2] 1　サイコロ
■ 平成31年 [2] 2　カード
■ 令和２年 [2] 2　硬貨とくじ
■ 令和３年 [2] 2

資料の整理

■ 平成27年 [3]
■ 平成29年 [3]
■ 平成30年 [3]
■ 平成31年 [3]
■ 令和２年 [3]
■ 令和３年 [3]
■ 令和４年 [2] 4

数の規則性

■ 平成31年 [4]
■ 令和４年 [5]

小問

■平成26年度問題

1 1　次の（1）～（5）の問いに答えよ。

(1)　$4\times9-7$　を計算せよ。

(2)　$\frac{1}{6}+\frac{3}{4}\div\frac{5}{2}$　を計算せよ。

(3)　$3ab^3\times(-2a)^3\div12a^2b$　を計算せよ。

(4)　2つの数 x，y の積が8であるとき，y を x の式で表せ。

(5)　n を1けたの自然数とする。
$\sqrt{n+18}$ が整数となるような n の値を求めよ。

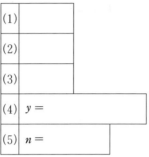

(1)	
(2)	
(3)	
(4)	$y=$
(5)	$n=$

2　66^2-34^2　を計算せよ。

3　ある数 a の小数第2位を四捨五入したら3.7になった。このとき，a の値の範囲を不等号を使って表せ。

4　大小2つのさいころを同時に投げて，大きいさいころの出た目の数を a，小さいさいころの出た目の数を b とする。このとき，縦の長さが a cm，横の長さが b cmとなる4つの角がすべて直角の四角形を作る。四角形の周の長さが20cm以上となる確率を求めよ。

2		3		4	

■平成27年度問題

1　次の1～5の問いに答えなさい。

1　次の(1)～(5)の問いに答えよ。

(1)　$21-3\times9$　を計算せよ。

(2)　$\frac{7}{8}\div\frac{5}{4}+\frac{1}{10}$　を計算せよ。

(3)　$\frac{6x-y}{7}-\frac{x+y}{2}$　を計算せよ。

(4)　1個 a グラムのみかんの缶づめ3個と，1個 b グラムのパイナップルの缶づめ2個の重さの合計が1800グラム未満であった。この数量の関係を不等式で表せ。

(5)　1けたの自然数のうち，素数をすべて書け。

(1)	
(2)	
(3)	
(4)	
(5)	

2　2次方程式 $2x^2-3x=1$ を解け。

3　鹿児島県における平成25年のかんしょ（さつまいも）の収穫量は，374000トンであった。これを有効数字を3けたとして，整数部分が1けたの小数と10の累乗との積の形で表せ。

4　500円硬貨，100円硬貨，50円硬貨がそれぞれ1枚ずつある。これらの3枚の硬貨を同時に投げるとき，表の出る硬貨の合計金額が100円以上600円以下となる確率を求めよ。

2	$x=$	3	トン	4	

5　右の図は，半径が4cm，弧の長さが $\frac{6}{5}\pi$ cmのおうぎ形である。$\angle x$ の大きさは何度か。ただし，π は円周率とする。

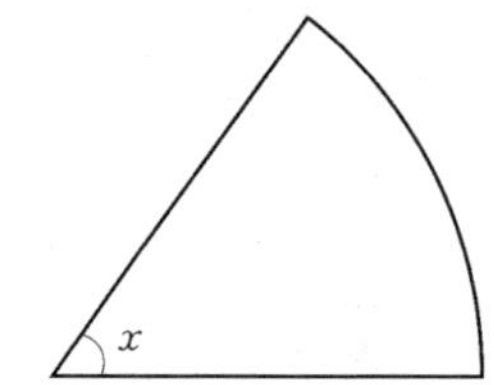

5	度

■平成28年度問題

1　次の1～3、5の問いに答えなさい。

1　次の(1)～(5)の問いに答えよ。

(1)　$8+54\div6$　を計算せよ。

(2)　$\frac{2}{3}\times\frac{9}{8}-\frac{1}{4}$　を計算せよ。

(3)　$8a\times(-6ab^3)\div(-ab)^2$ を計算せよ。

(4)　りんご a 個を9人に b 個ずつ配ると5個余った。このとき，a を b の式で表せ。

(5)　絶対値が $\frac{7}{3}$ より小さい整数をすべて書け。

(1)	
(2)	
(3)	
(4)	$a=$
(5)	

2　$x=3+\sqrt{7}$ のとき，x^2-6x+9 の値を求めよ。

2	

3　1次関数 $y=\frac{5}{3}x+2$ について，x の増加量が6のときの y の増加量を求めよ。

3	

5　右の図において，$\angle$BAC$=46°$，$\angle$CBA$=85°$ とする。このとき，3点A，B，Cと同じ円周上にある点は3点D，E，Fのどれか。

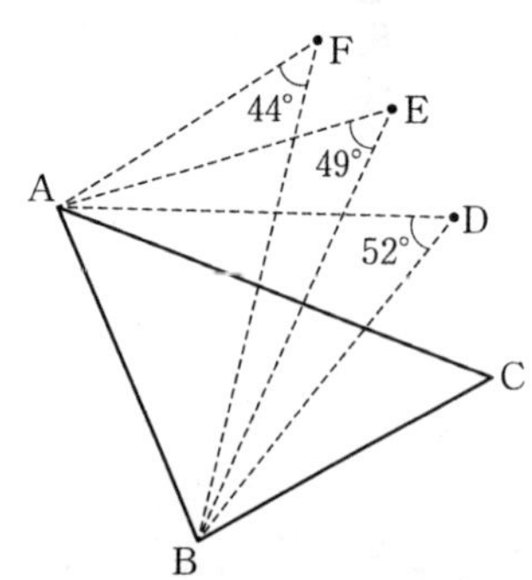

5	点

■平成29年度問題

1

1　次の(1)～(5)の問いに答えよ。

(1)　$83-45\div9$　を計算せよ。

(2)　$0.2\times\frac{5}{8}+\frac{3}{16}$　を計算せよ。

(3)　$-4^2+(-3)^2$　を計算せよ。

(4)　6の平方根を根号を用いて表せ。

(5)　右の図のような七角形の内角の和は何度か。

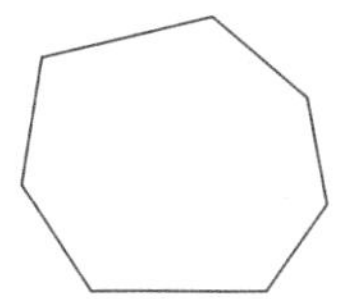

(1)	
(2)	
(3)	
(4)	
(5)	度

2　yがxに反比例しているものを下のア～ウの中から1つ選び，その記号を書け。また，そのときのyをxの式で表せ。

ア　時速60kmで走る自動車が，x時間走ったときに進む道のり$y$km

イ　1本120円の缶ジュースをx本買い，1000円払ったときのおつりy円

ウ　面積が36cm²の平行四辺形で，底辺の長さを$x$cmとしたときの高さ$y$cm

3　点(2，1)を通り，傾きが−5の直線の式を求めよ。

4　関数$y=x^2$について，xの変域が$-1\leqq x\leqq3$のときのyの変域を求めよ。

2	(記号)	(式) $y=$	3		4	

5　右の図で$\ell /\!/ m$のとき，$\angle x$の大きさは何度か。

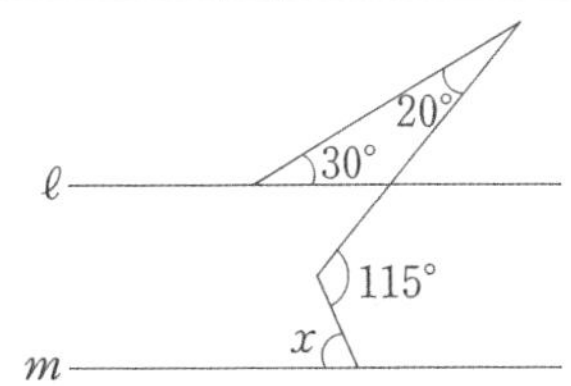

5	度

■平成30年度問題

1

1　次の(1)～(5)の問いに答えよ。

(1)　$5+4\times6$　を計算せよ。

(2)　$\frac{9}{5}\div0.8-\frac{1}{2}$　を計算せよ。

(3)　$\sqrt{60}\div\sqrt{5}+\sqrt{27}$　を計算せよ。

(4)　次の□と△にどんな自然数を入れても，計算の結果がつねに自然数になるものはどれか，下のア～エの中からあてはまるものをすべて答えよ。

ア　□＋△　　イ　□－△

ウ　□×△　　エ　□÷△

(5)　比例式$3:4=(x-6):8$についてxの値を求めよ。

(1)	
(2)	
(3)	
(4)	
(5)	$x=$

2　$3x^2+9x-12$　を因数分解せよ。

2	

3　右の図の直線ℓの式を求めよ。

3	$y=$

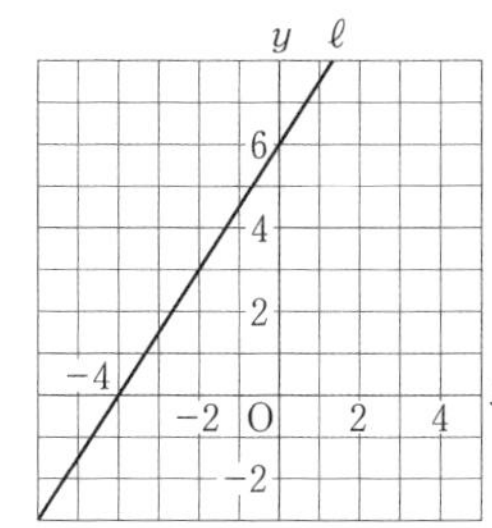

4　nを50以下の正の整数とするとき，$\sqrt{5n}$の値が整数となるようなnの値をすべて求めよ。

4	$n=$

5　右の表は，平成28年公表の畜産統計において，肉用牛のうち黒毛和種の飼養頭数について，都道府県別飼養頭数の上位5位と全国の総飼養頭数を示したものである。鹿児島県の飼養頭数は，全国の総飼養頭数の何%にあたるか。ただし，小数第1位を四捨五入して答えること。

順位	都道府県名	飼養頭数(頭)
1	鹿児島	303000
2	宮崎	210000
3	北海道	163200
4	熊本	72300
5	沖縄	69400
全国の総飼養頭数		1594000

(注：「飼養」とは動物にえさを与え，養い育てること。)

5	%

■平成31年度問題

1　1　次の(1)～(5)の問いに答えよ。

(1)　$5\times(6-2)$　を計算せよ。

(2)　$\frac{1}{4}+\frac{5}{3}\div\frac{10}{9}$　を計算せよ。

(3)　$2\sqrt{7}-\sqrt{20}+\sqrt{5}-\frac{7}{\sqrt{7}}$　を計算せよ。

(4)　変数 x の変域が $x<2$ であることを数直線上に表したものとして，最も適当なものを下のア～エの中から１つ選び，記号で答えよ。

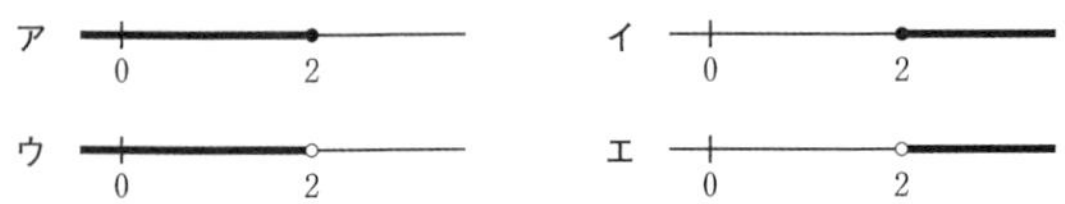

(1)	
(2)	
(3)	
(4)	

(5)　次の方程式のうち，4 は解である方程式はどれか，下のア～エの中からあてはまるものをすべて選び，記号で答えよ。

ア　$2x=8$　　イ　$\frac{1}{2}x=\frac{1}{8}$

ウ　$x(x+4)=0$　　エ　$x^2-x-12=0$

(5)	

2　右の図で，３点 A，B，C は円 O の周上にある。$\angle x$ の大きさは何度か。

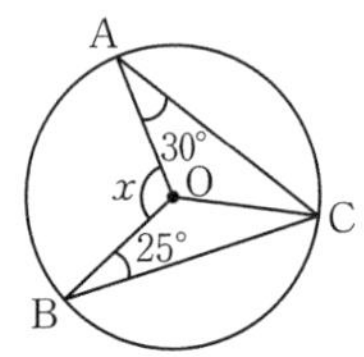

2	度

3　関数 $y=x^2$ について，x の値が 3 から 6 まで増加するときの変化の割合を求めよ。

3	

4　高さが等しい円柱 A と円柱 B がある。円柱 A の底面の円の半径は，円柱 B の底面の円の半径の２倍である。円柱 A の体積は，円柱 B の体積の何倍か。

4	倍

5　下の表は，オクラの都道府県別収穫量の上位５位を示したものである。全国の総収穫量に対する高知県の収穫量の割合は，14.2％であった。全国の総収穫量に対する鹿児島県の収穫量の割合を求めたい。正しい答えが得られる式を下のア～エの中から１つ選び，記号で答えよ。

順位	都道府県名	収穫量(トン)
1	鹿児島	5153
2	高　知	1733
3	沖　縄	1336
4	熊　本	851
5	福　岡	604

(平成26年産地域特産野菜生産状況調査から作成)

ア　$\frac{1733}{5153}\times14.2$　　イ　$\frac{5153}{1733}\times14.2$　　ウ　$\frac{1733}{5153}\div14.2$　　エ　$\frac{5153}{1733}\div14.2$

5	

■令和２年度問題

1　1　次の(1)～(5)の問いに答えよ。

(1)　$8\div4+6$　を計算せよ。

(2)　$\frac{1}{2}+\frac{9}{10}\times\frac{5}{3}$　を計算せよ。

(3)　$2\sqrt{3}+\sqrt{27}-\frac{3}{\sqrt{3}}$　を計算せよ。

(1)	
(2)	
(3)	
(4)	

(4)　３つの数 a，b，c について，$ab<0$，$abc>0$ のとき，a，b，c の符号の組み合わせとして，最も適当なものを下のア～エの中から１つ選び，記号で答えよ。

	a	b	c
ア	＋	＋	−
イ	＋	−	＋
ウ	−	−	＋
エ	−	＋	−

(5) 下の図のような三角柱がある。この三角柱の投影図として，最も適当なものを下のア～エの中から１つ選び，記号で答えよ。

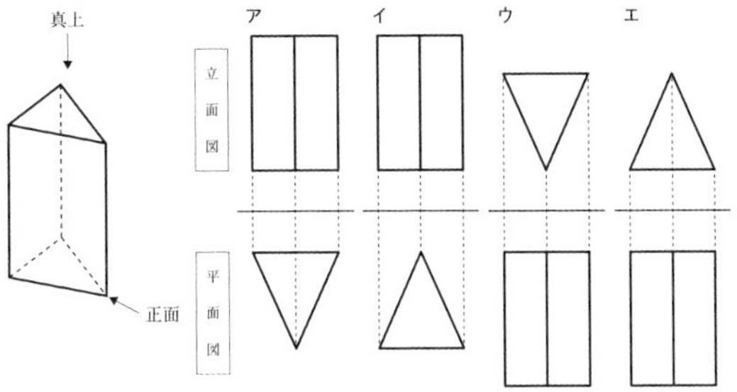

(5)	

2　y は x に反比例し，$x=2$ のとき $y=-3$ である。このとき，y を x の式で表せ。

2	$y=$

3　$\sqrt{7}$ より大きく，$\sqrt{31}$ より小さい整数をすべて書け。

3	

4　次のように，1 から 6 までの数字がくり返し並んでいる。左から 100 番目の数字は何か。

1，2，3，4，5，6，1，2，3，4，5，6，1，2，3，4，5，6，…

4	

5　国土地理院のまとめた「日本の山岳標高一覧（1003 山）」に掲載されている鹿児島県の標高 1000m 以上の山〈山頂〉は 8 つある。8 つの中で最も高いものは屋久島にある宮之浦岳であり，その標高は 1936m である。下の表は，残り 7 つの山〈山頂〉の標高を示したものである。標高を 1.5 倍したときに，宮之浦岳の標高を上回るものはどれか，下のア～キの中からあてはまるものをすべて選び，記号で答えよ。

	山名〈山頂名〉	標高（m）
ア	紫尾山	1067
イ	霧島山〈韓国岳〉	1700
ウ	霧島山〈新燃岳〉	1421
エ	御岳	1117
オ	高隈山〈大箆柄岳（おおのがらだけ）〉	1236
カ	高隈山〈御岳〉	1182
キ	永田岳	1886

（国土地理院「日本の山岳標高一覧（1003 山）」から作成）

5	

■令和３年度問題

1　次の１～５の問いに答えなさい。

1　次の(1)～(5)の問いに答えよ。

(1)　$5\times4+7$　を計算せよ。

(2)　$\frac{2}{3}-\frac{3}{5}\div\frac{9}{2}$　を計算せよ。

(3)　$\sqrt{6}\times\sqrt{8}-\frac{9}{\sqrt{3}}$　を計算せよ。

(4)　4km を 20 分で走る速さは時速何 km か。

(5)　正四面体の辺の数は何本か。

2　x についての方程式 $7x-3a=4x+2a$ の解が $x=5$ であるとき，a の値を求めよ。

3　右の図は，３つの長方形と２つの合同な直角三角形でできた立体である。この立体の体積は何 cm^3 か。

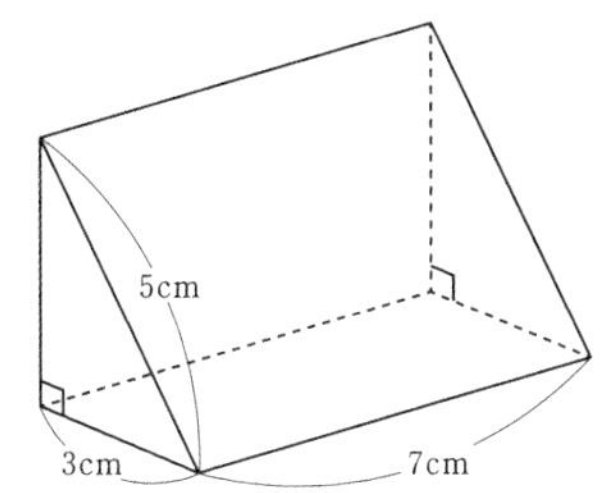

4　28にできるだけ小さい自然数nをかけて，その積がある自然数の２乗になるようにしたい。このとき，n の値を求めよ。

5　下の表は，平成 27 年から令和元年までのそれぞれの桜島降灰量を示したものである。次の［　　］にあてはまるものを下のア～エの中から１つ選び，記号で答えよ。

令和元年の桜島降灰量は，［　　］の桜島降灰量に比べて約 47% 多い。

年	平年27年	平年28年	平成 29 年	平成30年	令和元年
桜島降灰量（g/m^2）	3333	403	813	2074	1193

（鹿児島県「桜島降灰量観測結果」から作成）

ア　平成 27 年　　イ　平成 28 年　　ウ　平成 29 年　　エ　平成 30 年

1	(1)		(2)		(3)		(4)	時速　km	(5)	本
2	$a=$		3	cm^3	4	$n=$	5			

■令和４年度問題

1　次の１～５の問いに答えなさい。

1　次の(1)～(5)の問いに答えよ。

(1)　$4\times8-5$　を計算せよ。

(2)　$\dfrac{1}{2}+\dfrac{7}{9}\div\dfrac{7}{3}$　を計算せよ。

(3)　$(\sqrt{6}+\sqrt{2})(\sqrt{6}-\sqrt{2})$　を計算せよ。

(4)　２けたの自然数のうち，３の倍数は全部で何個あるか。

(5)　右の図のように三角すいABCDがあり，辺AB，AC，ADの中点をそれぞれE，F，Gとする。このとき，三角すいABCDの体積は，三角すいAEFGの体積の何倍か。

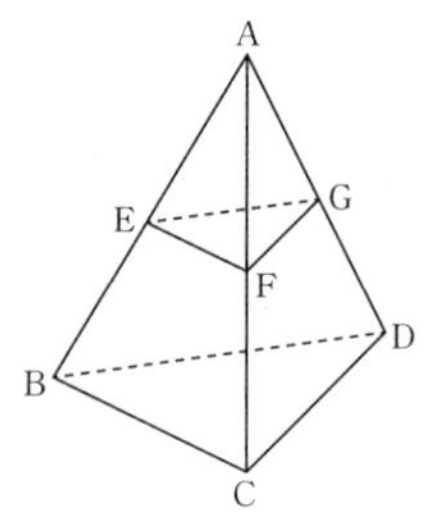

2　等式 $3a-2b+5=0$ を b について解け。

3　右の図のように，箱Aには，2，4，6の数字が１つずつ書かれた３個の玉が入っており，箱Bには，6，7，8，9の数字が１つずつ書かれた４個の玉が入っている。箱A，Bからそれぞれ１個ずつ玉を取り出す。箱Aから取り出した玉に書かれた数を a，箱Bから取り出した玉に書かれた数を b とするとき，$\sqrt{ab}$ が自然数になる確率を求めよ。ただし，どの玉を取り出すことも同様に確からしいものとする。

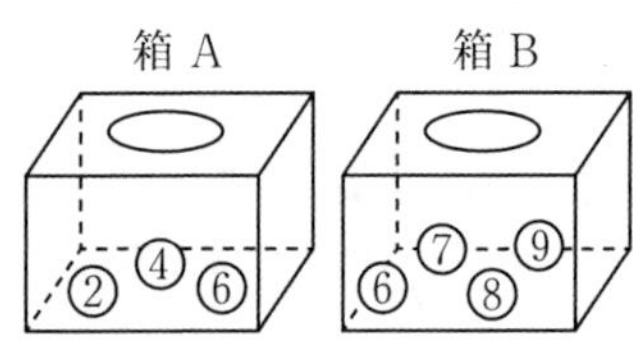

4　右の図で，３点A，B，Cは円Oの周上にある。$\angle x$ の大きさは何度か。

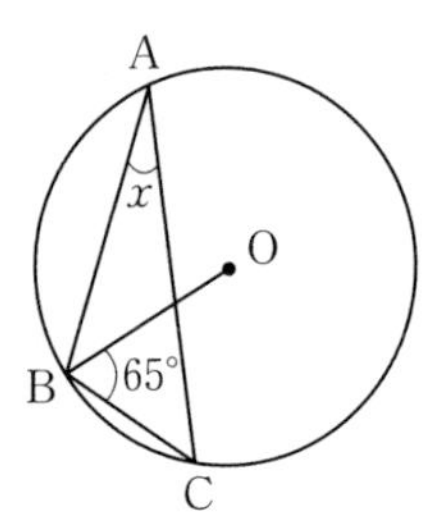

5　**表**は，1964年と2021年に開催された東京オリンピックに参加した選手数と，そのうちの女性の選手数の割合をそれぞれ示したものである。2021年の女性の選手数は，1964年の女性の選手数の約何倍か。最も適当なものを下の**ア**～**エ**の中から１つ選び，記号で答えよ。

表

	選手数	女性の選手数の割合
1964年	5151人	約13％
2021年	11092人	約49％

（国際オリンピック委員会のウェブサイトをもとに作成）

ア　約２倍　　**イ**　約４倍　　**ウ**　約８倍　　**エ**　約12倍

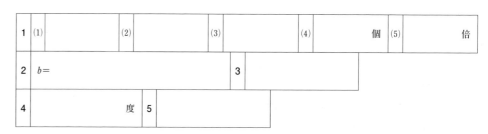

1	(1)		(2)		(3)		(4)	個	(5)	倍
2	$b=$		3							
4	度		5							

数と式・割合

■平成26年度問題

2 1　A町からB町，C町，D町に向けて始発のバスが6時15分にそれぞれ発車する。その後，B町へは6分おき，C町へは9分おき，D町へは15分おきにそれぞれ発車する。始発の次に3つの町に向けてバスがA町を同じ時刻に発車するのは何時何分か。

2　$\frac{26}{111}$を小数で表すと，ある位からいくつかの数字が同じ順序でくり返し現れる。小数第28位の数字は何か。

1	時　　　分	2	

■平成27年度問題

2 1　$\frac{n}{15}$と$\sqrt{3n}$がともに整数となるような最も小さい自然数nの値を求めよ。

1	$n=$

■平成28年度問題

2 3　$3<\sqrt{\frac{n}{2}}<4$をみたす自然数nの個数を求めよ。

3	個

4　4つの数a，b，c，dについて，$\begin{vmatrix} a & b \\ c & d \end{vmatrix}=ab-cd$とする。

たとえば，$\begin{vmatrix} 2 & 3 \\ 4 & 5 \end{vmatrix}=2\times3-4\times5=-14$である。$\begin{vmatrix} x & x \\ 1 & 3x \end{vmatrix}=3$をみたす$x$の値を求めよ。

4	$x=$

■令和2年度問題

2 3　次の比例式で，xの値を求めよ。

$$x:(4x-1)=1:x$$

3	$x=$

5　AさんとBさんの持っている鉛筆の本数を合わせると50本である。Aさんの持っている鉛筆の本数の半分と，Bさんの持っている鉛筆の本数の$\frac{1}{3}$を合わせると23本になった。AさんとBさんが最初に持っていた鉛筆はそれぞれ何本か。ただし，AさんとBさんが最初に持っていた鉛筆の本数をそれぞれx本，y本として，その方程式と計算過程も書くこと。

5	（式と計算） 答　（Aさんが最初に持っていた鉛筆）　　　（本），（Bさんが最初に持っていた鉛筆）　　　（本）

■令和3年度問題

2 3　$(x+3)^2-2(x+3)-24$　を因数分解せよ。

3	

方程式

■平成26年度問題

2 4　ある水族館の入館料は，おとな２人と中学生１人で3800円，おとな１人と中学生２人で3100円である。おとな１人と中学生１人の入館料はそれぞれいくらか。ただし，おとな１人の入館料をx円，中学生１人の入館料をy円として，その方程式と計算過程も書くこと。

4 （式と計算）

答 おとな　　円
　 中学生　　円

■平成27年度問題

2 3　ある中学校の昨年度の生徒数は，男女あわせて380人であった。今年度の生徒数は，昨年度と比べて男子が5%，女子が3%それぞれ増え，全体では15人増えた。昨年度の男子と女子の生徒数をそれぞれ求めよ。ただし，昨年度の男子の生徒数をx人，女子の生徒数をy人として，その方程式と計算過程も書くこと。

3 （式と計算）

答 （男子）　　人
　 （女子）　　人

■平成28年度問題

2 5　下の表は，あるサッカーチームが行った30試合の得点の記録をまとめたものである。このチームの30試合の得点の合計が70点であるとき，xとyの値を求めよ。ただし，その方程式と計算過程も書くこと。

1試合ごとの得点	0	1	2	3	4	5	6以上
試合数	3	6	x	6	5	y	0

5 （式と計算）

答 $x=$　　，$y=$

■平成29年度問題

2 2　右の図のように，道路沿いに長方形の土地がある。この土地の道路に面したAB間とBC間に樹木を植える。等間隔でなるべく少ない本数にするためには，樹木は何本必要か。ただし，3点A，B，Cの3か所には必ず樹木を植えるものとする。

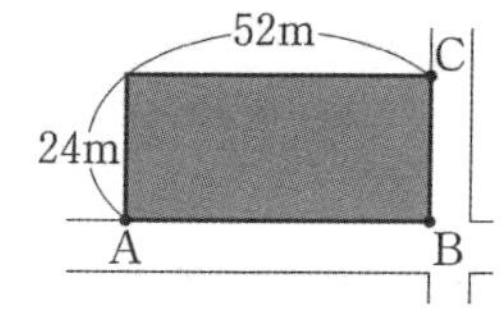

2　　本

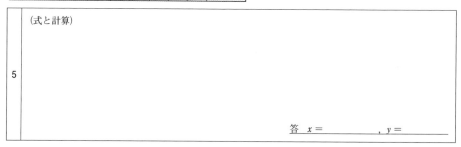

5　あるシャツを，下の表のように販売する店がある。

【通常２枚買う場合】	定価の合計金額から500円引き
【特別期間に３枚買う場合】	定価の合計金額から40%引き

このシャツを特別期間に３枚買う場合は，通常２枚買う場合よりも300円安くなるという。シャツ１枚の定価はいくらか。ただし，定価をx円として方程式と計算過程も書くこと。なお，消費税は考えないものとする。

5 （式と計算）

答　　円

■平成30年度問題

2

3　右の図のような，面積が $42cm^2$ のL字型の図形がある。Aさんは，x の値を求めるために，

$$\underbrace{8\times3}_{①}+\underbrace{x\times9}_{②}-\underbrace{x\times3}_{③}=42$$

という方程式を考えた。次の文は，Aさんが自分の考えた式を説明したものである。　　　にあてはまる言葉を書け。

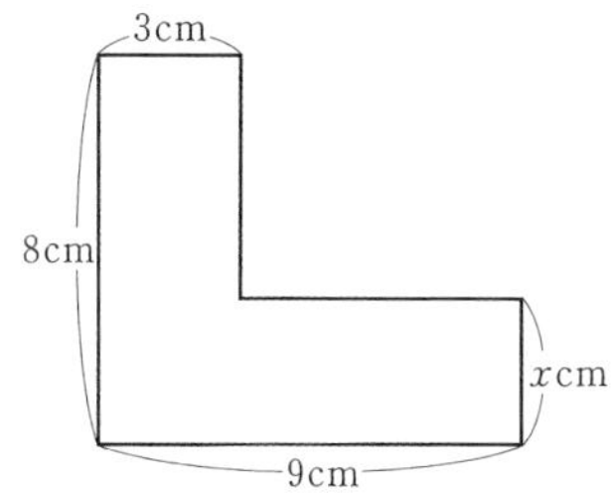

面積を考えるために必要な図形を3つ考え，①から③の式で表しました。①と②の和から③をひいたのは，③で表される図形が，①と②それぞれで表される図形の　　　部分だからです。

3	

5　下の表は2種類のトレーニングA，Bについて，それぞれを60分間行うときに消費するエネルギーを表したものである。2種類のトレーニングA，Bを合計60分間行い，消費するエネルギーがちょうど300kcalになるように計画を立てたい。

このとき，AとBのトレーニングを行う時間はそれぞれ何分ずつか。ただし，Aを行う時間を x 分，Bを行う時間を y 分として，その方程式と計算過程も書くこと。

60分間で消費するエネルギー	
トレーニングA	280 kcal
トレーニングB	340 kcal

5	（式と計算） 答　トレーニングA　　分，トレーニングB　　分

■平成31年度問題

2

5　1個の値段が120円，100円，80円の3種類のりんごを合わせて17個買い，1580円支払った。このとき，80円のりんごの個数は120円のりんごの個数の3倍であった。3種類のりんごをそれぞれ何個買ったか。ただし，120円のりんごを x 個，100円のりんごを y 個買ったとして，その方程式と計算過程も書くこと。なお，消費税は考えないものとする。

5	（式と計算） 答　120円のりんご　　個， 100円のりんご　　個， 80円のりんご　　個

■令和３年度問題

2

5　ペットボトルが5本入る1枚3円のMサイズのレジ袋と，ペットボトルが8本入る1枚5円のLサイズのレジ袋がある。ペットボトルが合わせてちょうど70本入るようにMサイズとLサイズのレジ袋を購入したところ，レジ袋の代金の合計は43円であった。このとき，購入したMサイズとLサイズのレジ袋はそれぞれ何枚か。ただし，Mサイズのレジ袋の枚数を x 枚，Lサイズのレジ袋の枚数を y 枚として，その方程式と計算過程も書くこと。なお，購入したレジ袋はすべて使用し，Mサイズのレジ袋には5本ずつ，Lサイズのレジ袋には8本ずつペットボトルを入れるものとし，消費税は考えないものとする。

5	（式と計算） 答　Mサイズのレジ袋　　枚， Lサイズのレジ袋　　枚

関数

■平成26年度問題

4　右の図は，AB＝3cm，AD＝4cm，AE＝14cm の直方体 ABCD－EFGH である。点 P は F を出発し，毎秒 2cm の速さで辺 FB 上を B まで動き，B に到着したら停止する。また，点 Q は F を出発し，毎秒 1cm の速さで辺 FG，GH 上を H まで動き，H に到着したら停止する。2 点 P，Q が F を同時に出発してから x 秒後の三角すい P－EFQ の体積を $y$cm^3 とする。このとき，次の 1 ～ 4 の問いに答えなさい。

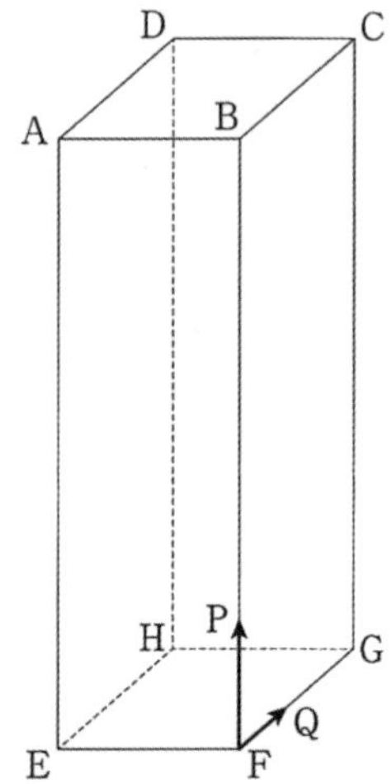

1　点 P が F を出発して B に到着するのは何秒後か。

2　x と y の関係について，次の(1)，(2)の問いに答えよ。

(1)　点 Q が辺 FG 上にあるとき，y を x の式で表せ。

(2)　点 Q が F を出発して H に到着するまでの x と y の関係を表すグラフをかけ。

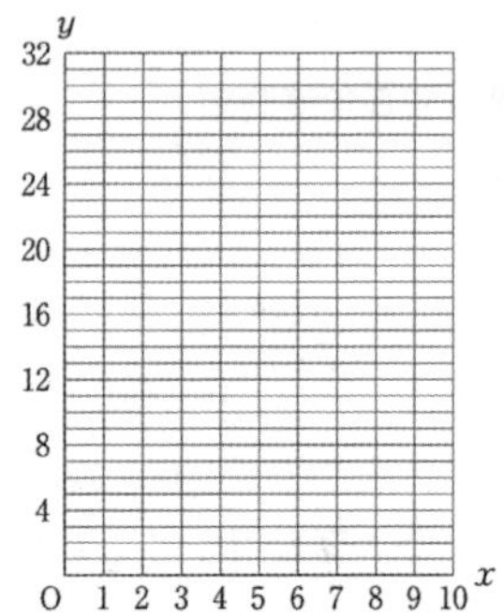

3　AP＋PG の長さが最も短くなるときの y の値を求めよ。

4　三角すい P－ABD の体積が，三角すい P－EFQ の体積と等しくなるのは，2 点 P，Q が F を同時に出発してから何秒後か。ただし，2 点 P，Q が F を同時に出発してから x 秒後のこととして，x についての方程式と計算過程も書くこと。

1	秒後	2	(1)	y＝	3	y＝
4	(式と計算) 答　　　　秒後					

■平成27年度問題

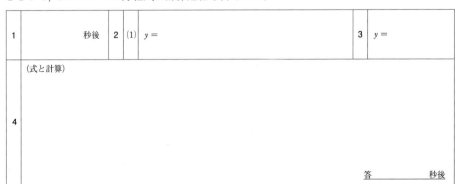

4　右の図は，1 辺の長さが 6cm の正方形 ABCD である。

点 P は A を出発し，正方形の辺上を毎秒 $a$cm の速さで右回りに移動する。点 Q は点 P と同時に A を出発し，正方形の辺上を毎秒 1cm の速さで左回りに移動する。2 点 P，Q は出会うまで移動し，出会ったところで停止する。このとき，次の 1 ～ 3 の問いに答えなさい。

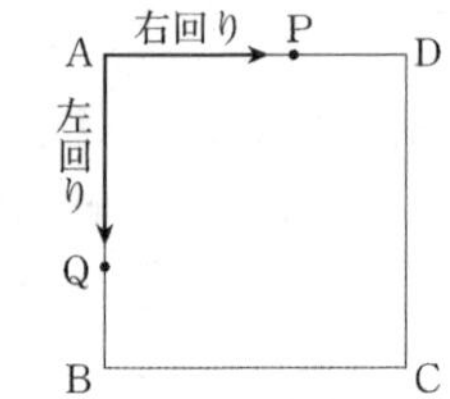

1　6 秒後に点 P と点 Q が出会った。このとき，a の値を求めよ。

2　$0<a<1$ のとき，4 秒後の線分 PQ の長さが 5cm となった。このとき，a の値を求めよ。

3　$a=2$ のとき，2 点 P，Q が A を出発してから x 秒後の△APQ の面積を $y$cm^2 とする。2 点 P，Q が A の位置にあるときと出会ったときは，$y=0$ とする。次の(1)～(3)の問いに答えよ。

(1)　$x=5$ のとき，y の値を求めよ。

(2)　下の表は，2 点 P，Q が A を出発してから出会うまでの x と y の関係を式に表したものである。［a］～［c］にそれぞれあてはまる数または式を書け。

x の変域	式
$0\leqq x\leqq 3$	y＝［b］
$3\leqq x\leqq$［a］	$y=3x$
［a］$\leqq x\leqq 8$	y＝［c］

(3)　点 P が A から C まで移動するとき，△APQ の面積と△BCQ の面積の比が 8：3 となるのは，2 点 P，Q が A を出発してから何秒後か。ただし，x についての方程式と計算過程も書くこと。

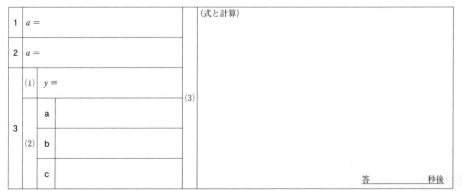

1	a＝			(3) (式と計算) 答　　　　秒後
2	a＝			
3	(1)	y＝		
	(2)	a		
		b		
		c		

■平成28年度問題

4　右の図は，台形ABCDで AB＝8cm，BC＝3cm，CD＝4cm，AB⊥BC，AB∥DC である。点PはAを出発し，毎秒1cmの速さで辺AB上をBまで動き，Bに到着したら停止する。点Pを通り，辺ABに垂直な直線を ℓ とする。直線 ℓ が台形ABCDを2つの部分に分けるとき，Aを含む側を**ア**，Bを含む側を**イ**とする。このとき，次の**1**～**3**の問いに答えなさい。

1　点PがAを出発してから4秒後の**ア**の面積は何 cm^2 か。

2　**ア**と**イ**の面積が等しくなるのは，点PがAを出発してから何秒後か。

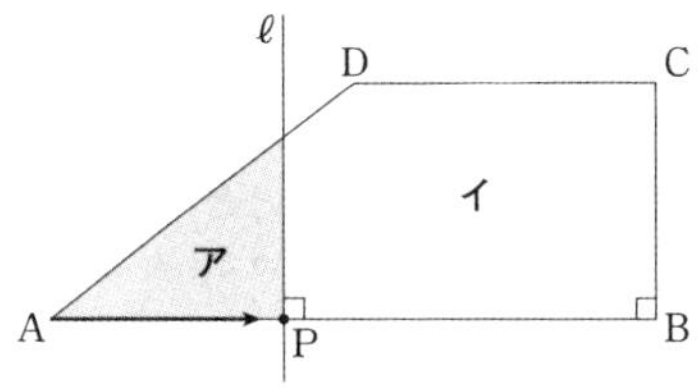

3　点PがAを出発してから経過した時間を x 秒とするとき，次の(1)，(2)の問いに答えよ。

(1)　**ア**と**イ**の面積のうち，小さい方を y cm^2 とする。このとき x と y の関係を表すグラフをかけ。ただし，**ア**と**イ**の面積が等しくなるときは，その面積を y cm^2 とし，点PがAまたはBにあり，台形ABCDを2つの部分に分けられないときは $y=0$ とする。

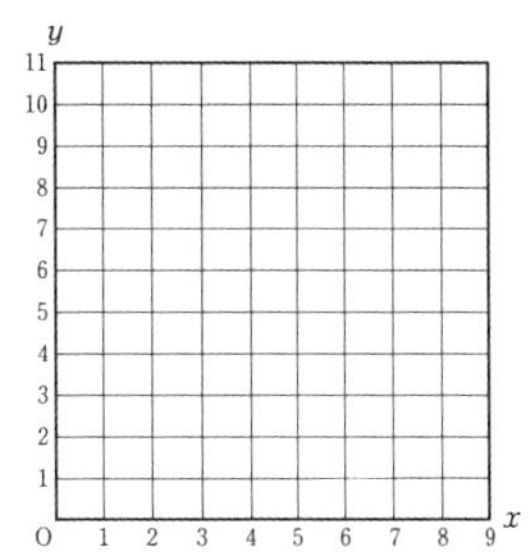

(2)　**ア**と**イ**の面積のうち，大きい方が小さい方の5倍になるときの x の値をすべて求めよ。ただし，x についての方程式と計算過程も書くこと。

1	cm^2	2	秒後

3	(2)	(式と計算) 答　$x=$

■平成29年度問題

4　下の図のような，P地点からQ地点までの長さが120mの坂がある。Aさんが，P地点に置いたボールから手をそっと離すと，ボールはQ地点に向かって転がり始め，最初の8秒間で16m進んだ。また，Bさんは，Aさんがボールから手を離して6秒後に，毎秒4mの速さでQ地点からP地点に向かってまっすぐに坂を進み始めた。次の**1**，**2**の問いに答えなさい。

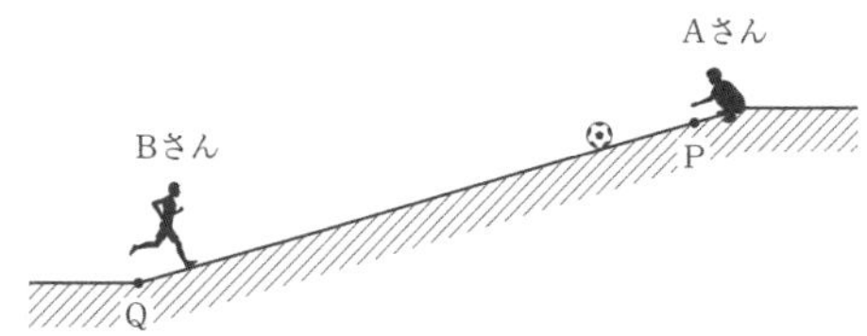

1　Aさんがボールから手を離して10秒後には，Bさんは何m坂を進んでいるか。

2　Aさんがボールから手を離して x 秒後のP地点からの距離を y mとして，ボールとBさんが進んだようすを考える。次の(1)～(3)の問いに答えよ。

(1)　ボールが坂を転がるときの時間と距離の関係は，距離が時間の2乗に比例している。ボールが進んだようすについて，y を x の式で表せ。

(2)　下の図は，ボールが進んだようすをグラフに表したものである。Bさんが進み始めてからP地点に到達するまでのようすを表すグラフをかき入れよ。

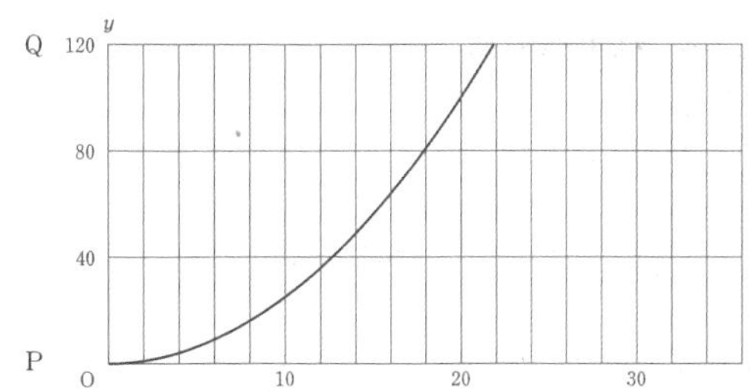

(3)　ボールとBさんが出会うのは，Aさんがボールから手を離して何秒後か。ただし，x についての方程式と計算過程も書くこと。

1	m	2	(1)	$y=$

2	(3)（式と計算） 答　　　　秒後

■平成30年度問題

4 下の**図1**のように，AB＝AD＝6cm，BC＝12cm，∠DAB＝∠ABC＝90°，∠BCD＝45°の台形ABCDとPQ＝6cm，PS＝12cmの長方形PQRSが直線ℓ上に並んでいる。このとき，次の**1**，**2**の問いに答えなさい。

図1

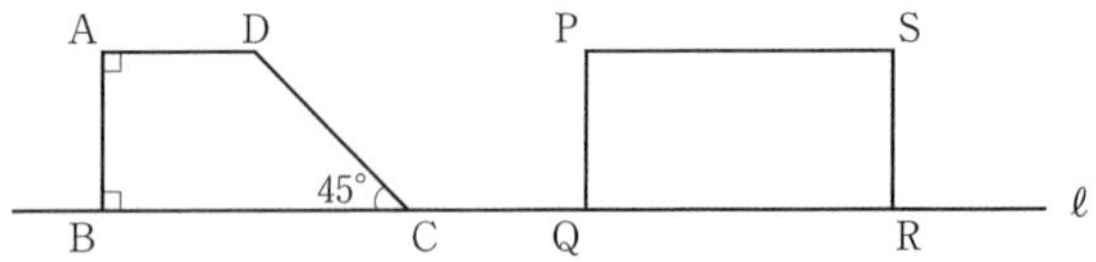

1　辺CDの長さは何cmか。

2　下の**図2**のように長方形PQRSを固定し，台形ABCDが直線ℓに沿って毎秒1cmの速さで矢印（→）方向に移動し，頂点Cが頂点Rと重なったとき移動が止まる。**図3**はその途中のようすを表したものである。頂点Cが頂点Qを通過してからx秒後の2つの図形の重なる部分の面積を$y$cm^{2}とする。次の(1)～(3)の問いに答えよ。

図2

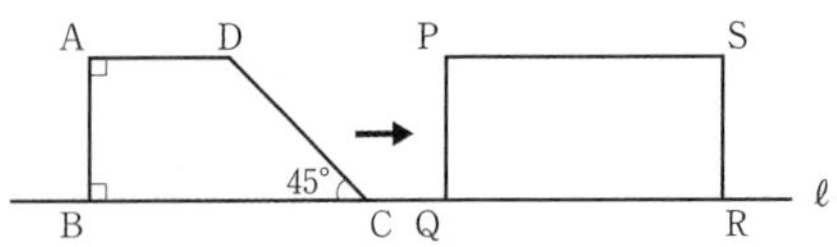

図3

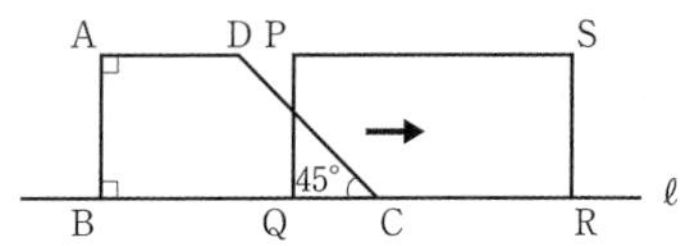

(1)　x=8のとき，yの値を求めよ。

(2)　下の表は，頂点Cが頂点Qを通過してから移動が止まるまでのxとyの関係を表したものである。［ア］～［ウ］にそれぞれあてはまる数または式を書け。

xの変域	式
0≦x≦［ア］	y=［イ］
［ア］≦x≦12	y=［ウ］

1	cm	2	(1)	y=

2	(2)	ア		イ		ウ	

■令和2年度問題

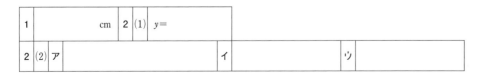

5 右の図は，2つの関数$y=\frac{1}{2}x^2$…①と$y=-x^2$…②のグラフである。点Pはx軸上を動き，点Pのx座標をtとする。ただし，t>0とする。図のように，点Pを通りx軸に垂直な直線が関数①のグラフと交わる点をQ，関数②のグラフと交わる点をRとする。また，点Oは原点である。次の**1**～**3**の問いに答えなさい。

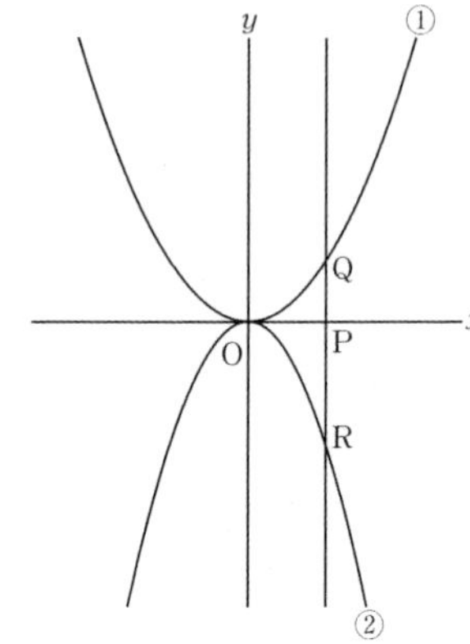

1　t=2のとき，点Qの座標を求めよ。

2　QR=$\frac{27}{8}$になるとき，tの値を求めよ。

3　点Rを通り，x軸に平行な直線が関数②のグラフと交わる点のうち，Rでない点をSとする。△OSRが直角二等辺三角形となるとき，次の（1），（2）の問いに答えよ。

(1)　点Rの座標を求めよ。

(2)　直線ORと関数①のグラフの交点のうち，Oでない点をTとする。△QTRを直線TRを軸として1回転させてできる立体の体積を求めよ。ただし，円周率はπとし，求め方や計算過程も書くこと。

1	Q(　　,　　)	2	t=	3	(1)	R(　　,　　)

3	(2)	(求め方や計算) 答＿＿＿＿

■令和３年度問題

4 以下の会話文は授業の一場面である。次の１～３の問いに答えなさい。

先　生：今日は放物線上の３点を頂点とした三角形について学びましょう。その前にまずは練習問題です。あとの図の関数$y=2x^2$のグラフ上に点Aがあり，点Aのx座標が３のとき，y座標を求めてみましょう。

ゆうき：y座標は［ア］です。

先　生：そうですね。それでは，今日の課題です。

【課題】

関数$y=2x^2$のグラフ上に次のように３点A，B，Cをとるとき，△ABCの面積を求めよう。
・点Bのx座標は点Aのx座標より１だけ大きい。
・点Cのx座標は点Bのx座標より１だけ大きい。

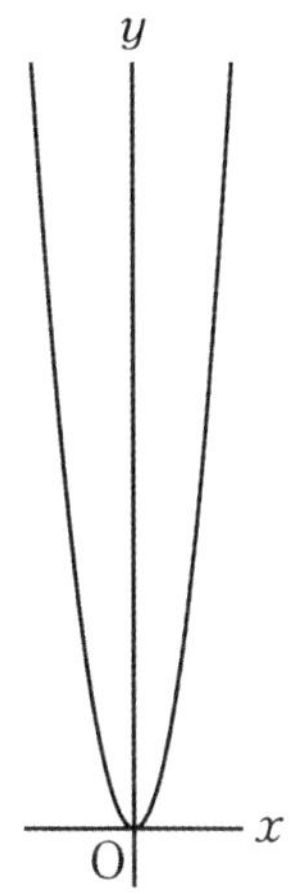

たとえば，点Aのx座標が１のとき，点Bのx座標は2，点Cのx座標は３ですね。

ゆうき：それでは私は点Aのx座標が－１のときを考えてみよう。このときの点Cの座標は［イ］だから…よしっ，面積がでた。

しのぶ：私は，直線ABがx軸と平行になるときを考えてみるね。このときの点Cの座標は［ウ］だから…面積がでたよ。

先　生：お互いの答えを確認してみましょう。

ゆうき：あれ，面積が同じだ。

しのぶ：点Aのx座標がどのような値でも同じ面積になるのかな。

ゆうき：でも三角形の形は違うよ。たまたま同じ面積になったんじゃないの。

先　生：それでは，<u>同じ面積になるか，まずは点Aのx座標が正のときについて考えてみましょう。点Aのx座標をtとおいて，△ABCの面積を求めてみてください。</u>

1　［ア］にあてはまる数を書け。

2　［イ］，［ウ］にあてはまる座標をそれぞれ書け。

3　会話文中の下線部について，次の（1），（2）の問いに答えよ。

(1)　点Cのy座標をtを用いて表せ。

(2)　△ABCの面積を求めよ。ただし，求め方や計算過程も書くこと。
　また，点Aのx座標が正のとき，△ABCの面積は点Aのx座標がどのような値でも同じ面積になるか，求めた面積から判断し，解答欄の「同じ面積になる」，「同じ面積にならない」のどちらかを◯で囲め。

1	ア		2	イ	（　　，　　）	ウ	（　　，　　）
3	(1)						
	(2)	（求め方や計算） 答＿＿＿＿　同じ面積になる　・　同じ面積にならない					

■令和４年度問題

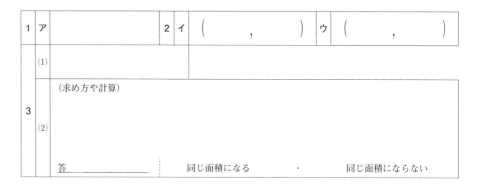

3 右の図は，直線$y=-x+2a$…①と△ABCを示したものであり，３点A，B，Cの座標は，それぞれ(2，4)，(8，4)，(10，12)である。このとき，次の１，２の問いに答えなさい。

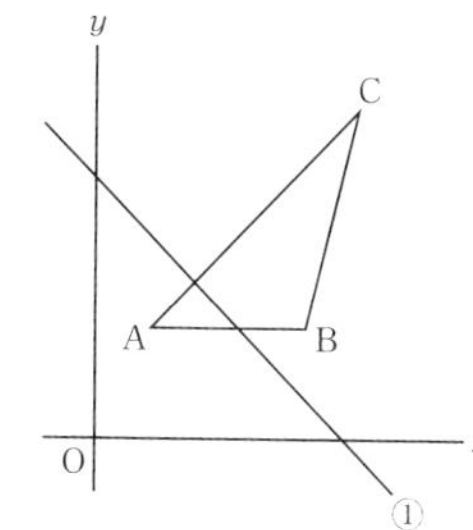

1　△ABCの面積を求めよ。

2　直線①が線分ABと交わるとき，直線①と線分AB，ACの交点をそれぞれP，Qとする。このとき，次の(1)～(3)の問いに答えよ。ただし，点Aと点Bのどちらか一方が直線①上にある場合も，直線①と線分ABが交わっているものとする。

(1)　直線①が線分ABと交わるときのaの値の範囲を求めよ。

(2)　点Qの座標をaを用いて表せ。

(3)　△APQの面積が△ABCの面積の$\frac{1}{8}$であるとき，aの値を求めよ。ただし，求め方や計算過程も書くこと。

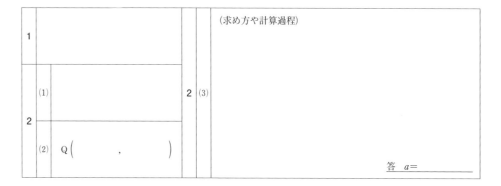

1			2 (3)	（求め方や計算過程） 答　$a=$＿＿＿＿
2	(1)			
	(2)	Q（　　，　　）		

作図

■平成28年度問題

2 2　右の図において，頂点Bを通り△ABCの面積を2等分する直線を定規とコンパスを使って作図せよ。ただし，作図に用いた線は残しておくこと。

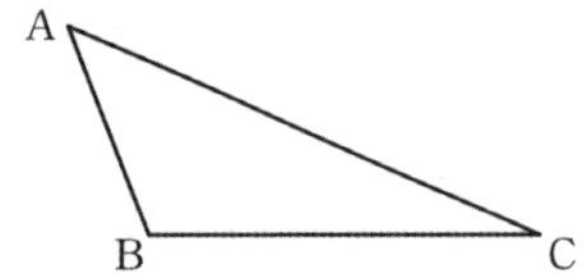

■平成29年度問題

5 下の図のように，円Oの外部に点Pがある。点Pから円Oに2本の接線をひき，接点をA，Bとする。次の問いに答えなさい。

1　点Pから円Oにひいた2本の接線を，定規とコンパスを使って作図せよ。ただし，2点A，Bの位置を示す文字A，Bも書き入れ，作図に用いた線は残しておくこと。

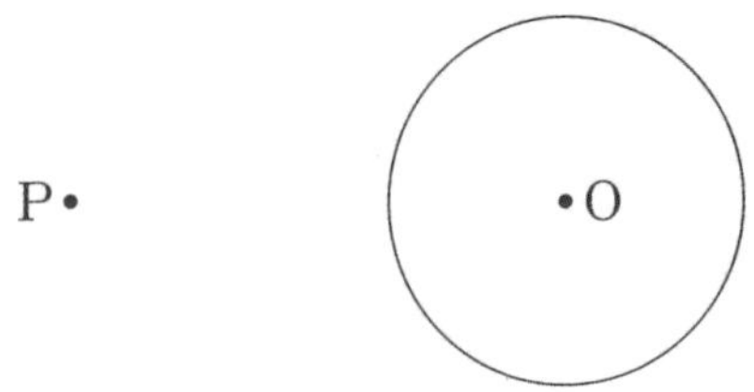

■令和２年度問題

2 4　右の図のように，3点A, B, Cがある。この3点A，B，Cを通る円周上において，点Bを含まない$\overset{\frown}{AC}$上に∠ABD＝∠CBDとなる点Dを，定規とコンパスを用いて作図せよ。ただし，点Dの位置を示す文字Dを書き入れ，作図に用いた線も残しておくこと。

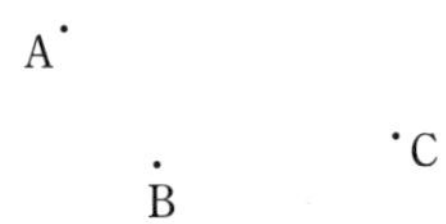

■令和４年度問題

2 3　右の解答欄のように，鹿児島県の一部を示した地図上に3点A，B，Cがある。3点A，B，Cから等距離にある点Pと，点Cを点Pを回転の中心として180°だけ回転移動（点対称移動）した点Qを，定規とコンパスを用いて作図せよ。ただし，2点P，Qの位置を示す文字P，Qも書き入れ，作図に用いた線は残しておくこと。

平面図形

■平成26年度問題

2 5　右の図のように，線分ABを直径とする円Oの周上に2点C，Dをとる。直線ACと直線BDの交点をEとし，線分ADと線分BCの交点をFとする。AC＝BCのとき，△CAF≡△CBEであることを証明せよ。

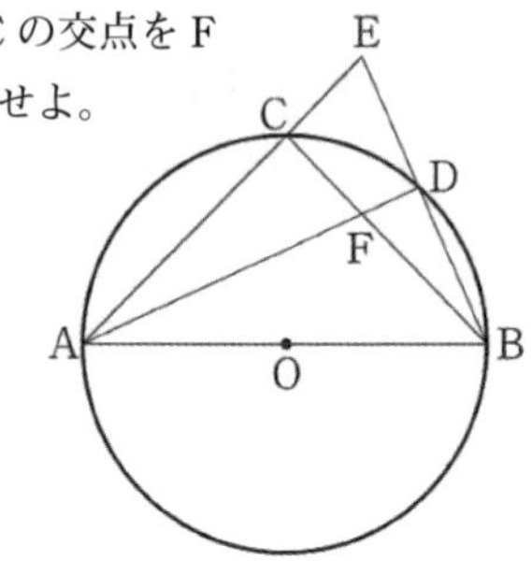

5	（証明）

5 右の図は，平行四辺形ABCDで，AB＝7cm，AD＝10cm，∠ABC＝120°である。∠ABCの二等分線と辺CDをDの方へ延長した直線との交点をEとする。このとき，次の**1**～**3**の問いに答えなさい。

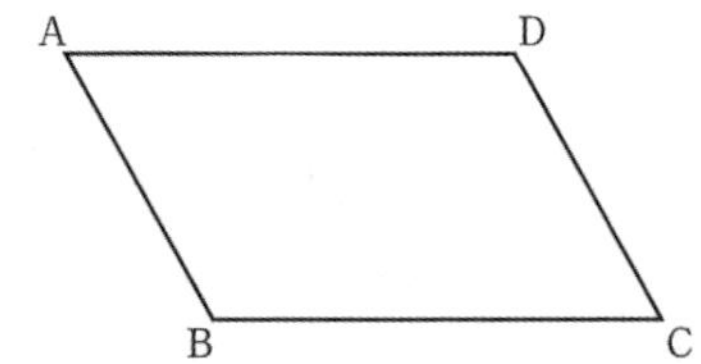

1　点Eを定規とコンパスを使って作図せよ。
ただし，作図に用いた線は残しておくこと。

2　△BCEはどんな三角形か。最も適当なものを下の**ア**～**エ**から1つ選び，記号で答えよ。また，そのように考えた理由を下の**語群**から2語以上用いて説明せよ。

ア　直角三角形　　**イ**　正三角形　　**ウ**　二等辺三角形　　**エ**　直角二等辺三角形

語群　平行線　二等分線　平行四辺形

3　辺ADと線分BEの交点をFとするとき，次の(1)，(2)の問いに答えよ。

(1)　△DEFの面積を求めよ。

(2)　線分BFを折り目として平行四辺形ABCDを折り返し，頂点C，Dが移った点をそれぞれP，Qとする。このとき，四角形AFQPの面積は，△DEFの面積の何倍か。

2	（記号）	（理由）		
3	(1)	cm²	(2)	倍

■平成27年度問題

2 4　右の図のように，△ABC の辺 AB 上に点 D，辺 AC 上に点 E をとる。このとき，次の(1)，(2)の問いに答えよ。

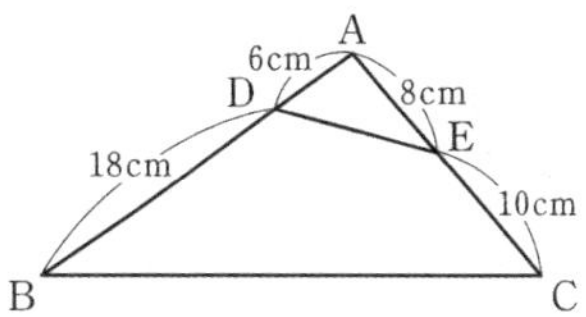

(1)　△AED∽△ABC であることを証明せよ。

(1)	(証明)

(2)　△ABC の面積が 198cm² のとき，
△AED の面積は何 cm² か。

(2)	cm²

5　右の図は，四角形 ABCD と，4 つの頂点 A，B，C，D を通る半径 4cm の円 O である。点 A を通る円 O の接線を ℓ とする。次の 1，2 の問いに答えなさい。

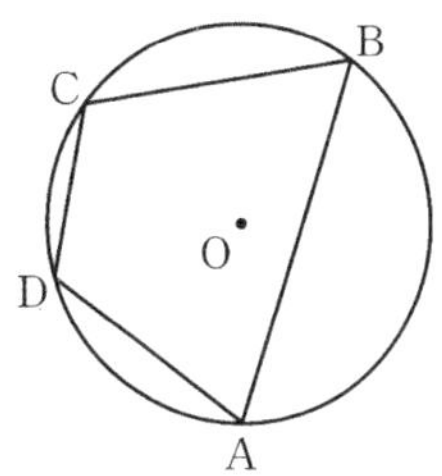

1　接線 ℓ を定規とコンパスを使って作図せよ。ただし，作図に用いた線は残しておくこと。

2　接線 ℓ 上に，点 A より右側に点 P をとる。

CB∥ℓ，∠PAB＝75°，∠ABD＝45° のとき，次の(1)〜(3)の問いに答えよ。

(1)　∠CBD の大きさは何度か。
(2)　辺 AD の長さは何 cm か。
(3)　四角形 ABCD の面積は何 cm² か。ただし，求め方や計算過程も書くこと。

2	(1)	度	(2)	cm
	(3)	(求め方や計算) 答　　　　cm²		

■平成28年度問題

5　右の図 1 は，平行四辺形 ABCD と，3 つの頂点 A，B，C を通る円 O である。辺 AD と円 O との交点を E，対角線 AC と線分 BE との交点を F とする。∠BAC ＝60°，AC⊥BE であるとき，次の 1〜3 の問いに答えなさい。

図 1

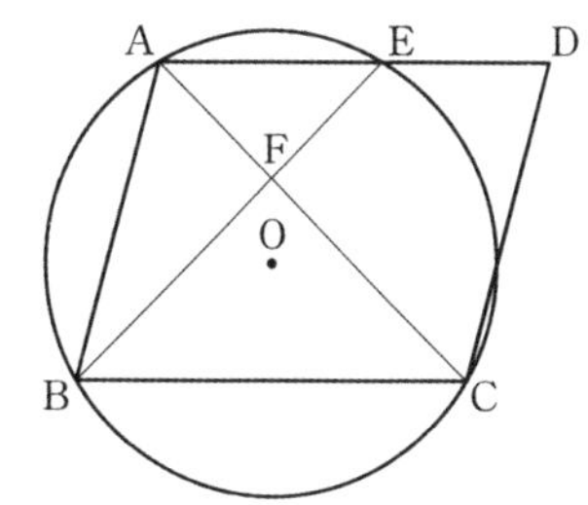

1　∠ACD の大きさは何度か。

2　△BCF が直角二等辺三角形であることを証明せよ。

3　BC＝$2\sqrt{3}$cm とする。次の(1)，(2)の問いに答えよ。

(1)　円 O の半径は何 cm か。

(2)　右の図 2 は，図 1 において 3 点 B，C，F を通る円をかいたものである。2 つの円が重なった部分の面積は何 cm² か。ただし円周率は π とし，求め方や計算過程も書くこと。

図 2

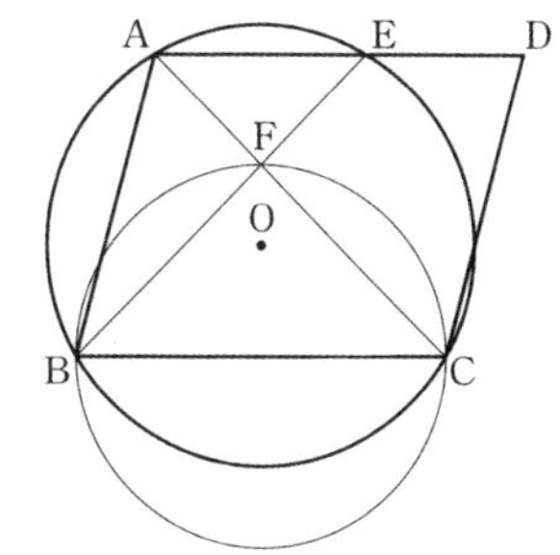

1	度		3 (2)	(求め方や計算) 答　　　　cm²
2	(証明)			
3 (1)	cm			

■平成30年度問題

5 平面上に円Oがある。円Oの周上に2点A, Bがあり，弦ABに関して円Oを折り返した。次の1，2の問いに答えなさい。

1 解答欄の図のように，折り返した$\overset{\frown}{AB}$上に点Pをとる。$\overset{\frown}{AP}$を円周の一部とする円Cを，定規とコンパスを用いて作図せよ。ただし，円Cの中心を示す点と文字Cも書き入れ，作図に用いた線も残しておくこと。

2 右の図のように，円Oの直径AQと，折り返した$\overset{\frown}{AB}$との交点をRとする。∠BAQ＝15°，AQ＝12cmであるとき，次の(1)～(3)の問いに答えよ。ただし，円周率はπとする。

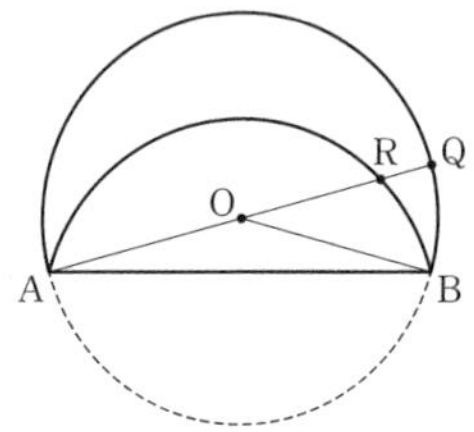

(1) ∠AOBの大きさは何度か。

(2) $\overset{\frown}{BR}$の長さは何cmか。

(3) 「△RBQの面積は何cm^2か」の問いに対する解答を，［　　］の中に途中まで示してある。［ア］～［エ］を適当にうめ，解答を完成させよ。ただし，［エ］には△RBQの面積を求める計算過程の続きを書くこと。

右の図のように，円Oを折り返す前の点Rの位置にある点をSとし，線分OBと線分QSの交点をTとする。2点RとSは線分ABに関して対称だから，AB⊥RS　AQが円Oの直径より∠ABQ＝90°

よって，RS［ア］QB…①

∠BAQ＝∠BASより円周角が等しいから$\overset{\frown}{BQ}=\overset{\frown}{BS}$

これより，∠QAS＝30°となるから∠QOS＝60°

さらに，OQ＝OSだから，［イ］は正三角形…②

また，［イ］において，∠TOQ＝∠TOS＝30°

よって，OBは線分QSの垂直二等分線…③

①より，△RBQの面積は［ウ］の面積と等しいから

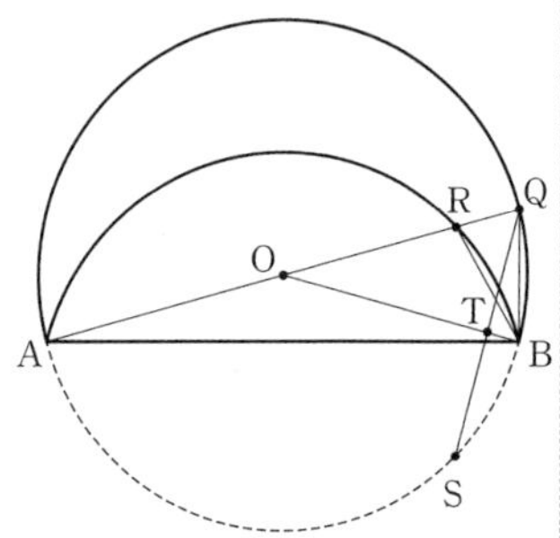

エ
答＿＿＿＿＿＿cm^2

1	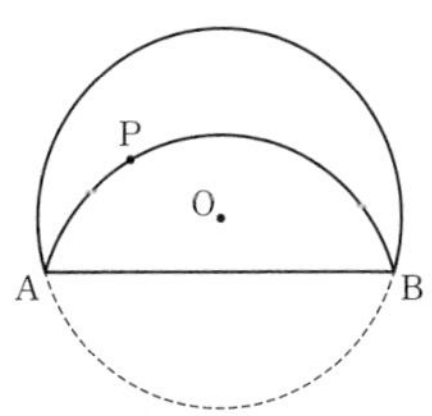	2	(3)	ア		イ		ウ
				エ	答＿＿＿＿cm^2			
2	(1) 　　度	(2) 　　cm						

■平成29年度問題

2 4 右の図の円において，$\overset{\frown}{AB}=\overset{\frown}{BC}=\overset{\frown}{CD}$で，線分BEと線分ADの交点をFとするとき，△ACE∽△FDE　であることを証明せよ。

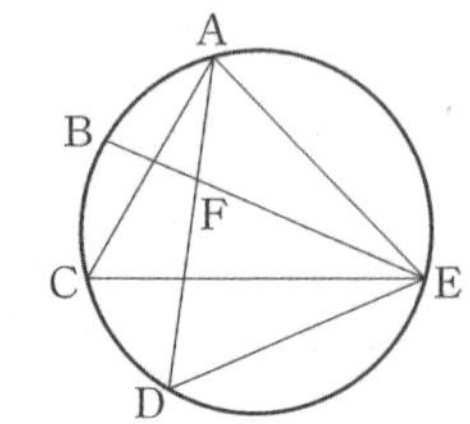

4	(証明)

■平成31年度問題

2 4 右の図のように，∠BAC＝90°の直角二等辺三角形ABCと，頂点A，B，Cをそれぞれ通る3本の平行な直線ℓ，m，nがある。線分BCと直線ℓとの交点をDとし，頂点Aから2直線m，nにそれぞれ垂線AP，AQをひく。このとき，△ABP≡△CAQであることを証明せよ。

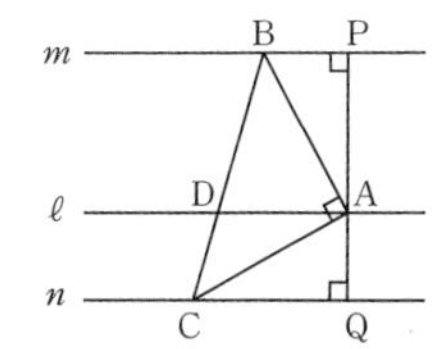

4	(証明)

■令和２年度問題

2 1 右の図のように，AB＝ACである二等辺三角形ABCと，頂点A，Cをそれぞれ通る2本の平行な直線ℓ，mがある。このとき，∠xの大きさは何度か。

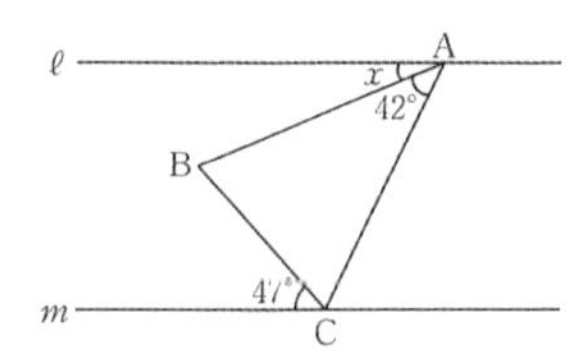

1	度

■令和２年度問題

4 次の会話文は「課題学習」におけるグループ活動の一場面である。ひろしさんとよしこさんのグループは，**写真**の観覧車を題材に数学の問題をつくろうと考えた。以下の会話文を読んで，次の１～３の問いに答えなさい。

写真

ひろし：この観覧車は直径 60m，ゴンドラの数は 36 台で，１周するのにちょうど 15 分かかるんだって。この観覧車を題材に，円に関する問題がつくれそうな気がするけど。

よしこ：まず，観覧車を円と考え，ゴンドラを円周上の点としてみよう。また，観覧車の軸を中心 O とすると，36 個の点が円周上に等間隔に配置されている**図１**のように表されるね。ここで隣り合う２つのゴンドラを，２点 X，Y とすると…。

図１

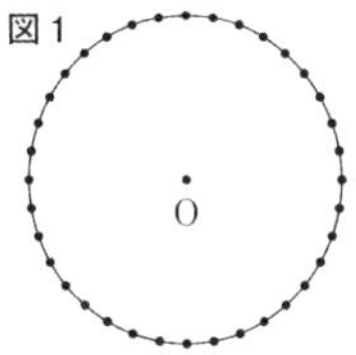

ひろし：まず，角の大きさが求められそうだね。∠XOY の大きさはいくらかな。

よしこ：図をかいて，計算してみるね。……わかった。∠XOY の大きさは［ア］度だね。

ひろし：いいね。じゃあ点 O を対称の中心として，点 Y と点対称となるように点 Z をとるときを考えてみよう。このとき∠XZY の大きさはいくらかな。

よしこ：実際に図をかいて角の大きさを測ってみたら，さっきの∠XOY の半分になったよ。そういえば，1つの弧に対する円周角は，その弧に対する中心角の半分であるって習ったよね。

ひろし：つまり，式で表すと∠XZY$=\frac{1}{2}$∠XOY となるんだね。

よしこ：面白いね。では次はどこか２つのゴンドラの距離を求めてみようよ。いま，最高地点にあるものをゴンドラ①，５分後に最高地点にあるものをゴンドラ②とする。この２つのゴンドラの距離を求めよ，なんてどうかな。さっきの**図１**だとどうなるかな。

ひろし：２点間の距離だね。１周 15 分だから。……できた。２点間の距離は［イ］m だ。

先　生：ひろしさんとよしこさんのグループはどんな問題を考えましたか。なるほど，観覧車を円と考え，角の大きさや距離を求める問題ですね。答えも合っていますね。次はどんな問題を考えてみますか。

よしこ：はい。面積を求める問題を考えてみます。点 O を対称の中心として，ゴンドラ②と点対称の位置にあるゴンドラをゴンドラ③とするとき，ゴンドラ①，②，③で三角形ができるから…。

ひろし：せっかくだから観覧車の回転する特徴も問題に取り入れたいな。でもゴンドラが移動するとごちゃごちゃしそうだし。先生，こんなときはどうしたらいいんですか。

先　生：図形の回転ですか。たとえば，ある瞬間のゴンドラ①の位置を点 P とし，t 分後のゴンドラ①の位置を点 P′ とするなど，文字でおいてみてはどうですか。もちろん，観覧車は一定の速さで，一定の方向に回転していますね。

ひろし：わかりました。ゴンドラ②，③も同様に考えて，問題をつくってみます。

１　［ア］，［イ］に適当な数を入れ，会話文を完成させよ。

２　会話文中の下線部について，次の問いに答えよ。
図２は，線分 BC を直径とする円 O の周上に点 A をとったものである。
図２において，∠ACB$=\frac{1}{2}$∠AOB が成り立つことを証明せよ。

図２

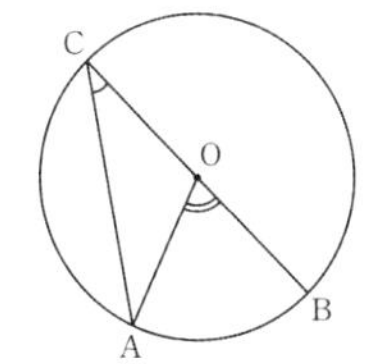

３　会話文中に出てきたゴンドラ①，②，③について，ひろしさんとよしこさんは次の問題をつくった。

> ある瞬間のゴンドラ①，②，③の位置をそれぞれ点 P，Q，R とする。観覧車が回転し，ある瞬間から t 分後のゴンドラ①，②，③の位置をそれぞれ点 P′，Q′，R′ とする。線分 QR と P′ R′ が初めて平行になるとき，３点 P，O，P′ を結んでできる三角形の∠ POP′ の大きさと t の値をそれぞれ求めよ。また，そのときの△ PP′Q の面積を求めよ。

この問題について，次の (1)，(2) の問いに答えよ。

(1)　３点 P，O，P′ を結んでできる三角形の∠POP′ の大きさと t の値をそれぞれ求めよ。

(2)　△PP′Q の面積は何 m^2 か。

1	ア		イ			
2	（証明）					
3	(1)	度	t=	(2)	m^2	

■令和３年度問題

2

1　右の図において，4 点 A，B，C，D は円 O の周上にあり，線分 AC は円 O の直径である。$\angle x$ の大きさは何度か。

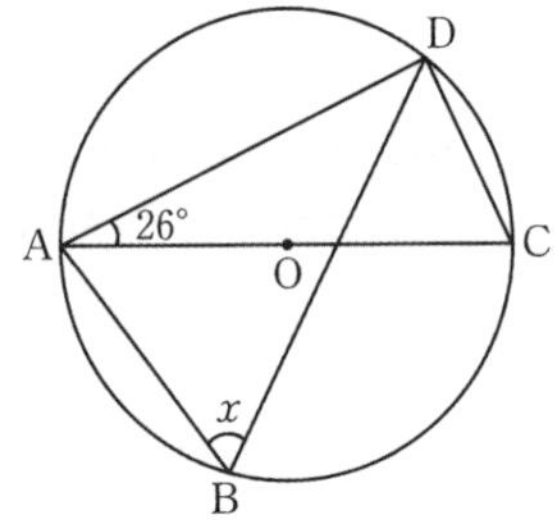

1	度

4　右の図において，正三角形 ABC の辺と正三角形 DEF の辺の交点を G，H，I，J，K，L とするとき，△AGL∽△BIH であることを証明せよ。

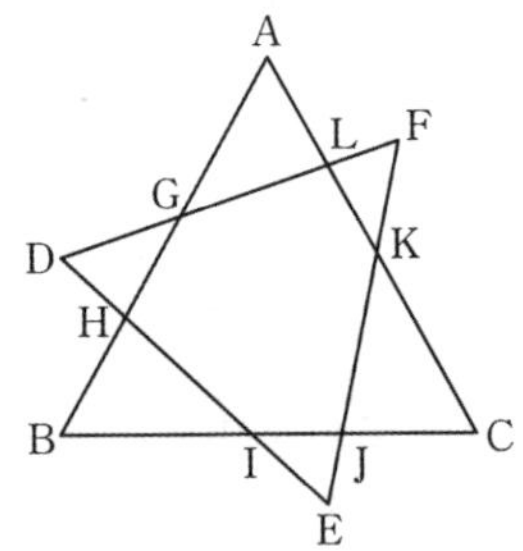

4	（証明）

■令和３年度問題

5　下の**図１**は，「麻の葉（あさのは）」と呼ばれる模様の一部分であり，鹿児島県の伝統的工芸品である薩摩切子（さつまきりこ）にも使われている。また，図形 ABCDEF は正六角形であり，図形①～⑥は合同な二等辺三角形である。次の**１**～**３**の問いに答えなさい。

1　図形①を，点 O を回転の中心として 180° だけ回転移動（点対称移動）し，さらに直線 CF を対称の軸として対称移動したとき，重なる図形を②～⑥の中から，１つ選べ。

図１

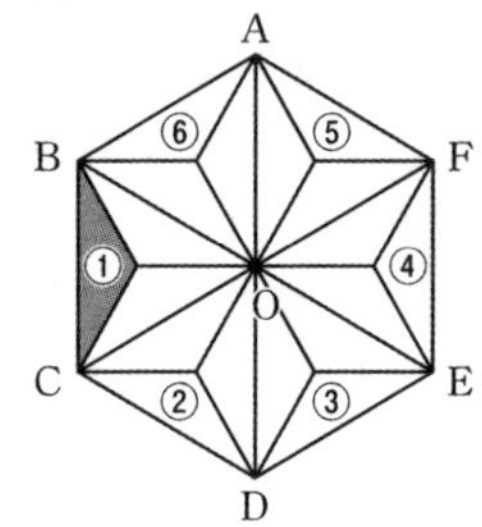

薩摩切子（さつまきりこ）

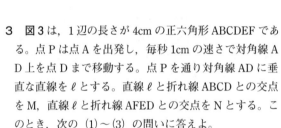

2　**図２**の線分 AD を対角線とする正六角形 ABCDEF を定規とコンパスを用いて作図せよ。ただし，作図に用いた線は残しておくこと。

図２

3　**図３**は，1 辺の長さが 4cm の正六角形 ABCDEF である。点 P は点 A を出発し，毎秒 1cm の速さで対角線 AD 上を点 D まで移動する。点 P を通り対角線 AD に垂直な直線を ℓ とする。直線 ℓ と折れ線 ABCD との交点を M，直線 ℓ と折れ線 AFED との交点を N とする。このとき，次の (1)～(3) の問いに答えよ。

(1)　点 P が移動し始めてから 1 秒後の線分 PM の長さは何 cm か。

(2)　点 P が移動し始めてから 5 秒後の△AMN の面積は何 cm^2 か。

(3)　点 M が辺 CD 上にあるとき，△AMN の面積が $8\sqrt{3}cm^2$ となるのは点 P が移動し始めてから何秒後か。ただし，点 P が移動し始めてから t 秒後のこととして，t についての方程式と計算過程も書くこと。

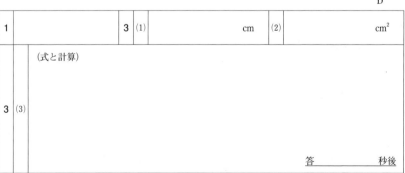

図３

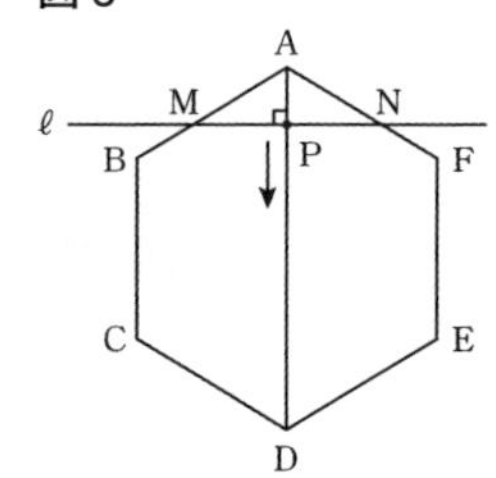

1		3	(1)	cm	(2)	cm^2
3	(3)	（式と計算） 答　　　秒後				

■令和４年度問題

2　2　次の四角形ABCDで必ず平行四辺形になるものを，下のア～オの中から２つ選び，記号で答えよ。

ア　AD∥BC，AB＝DC
イ　AD∥BC，AD＝BC
ウ　AD∥BC，∠A＝∠B
エ　AD∥BC，∠A＝∠C
オ　AD∥BC，∠A＝∠D

2		

4　右の図のように，正三角形ABCの辺BC上に，DB＝12cm，DC＝6cmとなる点Dがある。また，辺AB上に△EBDが正三角形となるように点Eをとり，辺AC上に△FDCが正三角形となるように点Fをとる。線分BFと線分ED，ECの交点をそれぞれG，Hとするとき，次の1～5の問いに答えなさい。

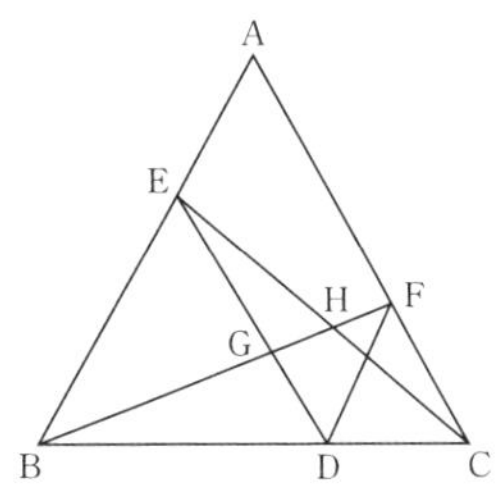

1　∠EDFの大きさは何度か。
2　EG：GDを最も簡単な整数の比で表せ。
3　△BDF≡△EDCであることを証明せよ。
4　線分BFの長さは何cmか。
5　△BDGの面積は，△EHGの面積の何倍か。

1	度	3	（証明）
2	EG：GD＝		
4	cm		
5	倍		

空間図形

■平成26年度問題

2　3　展開図が右の図のような円すいがある。底面の円の半径が2cmのとき，円すいの高さは何cmか。

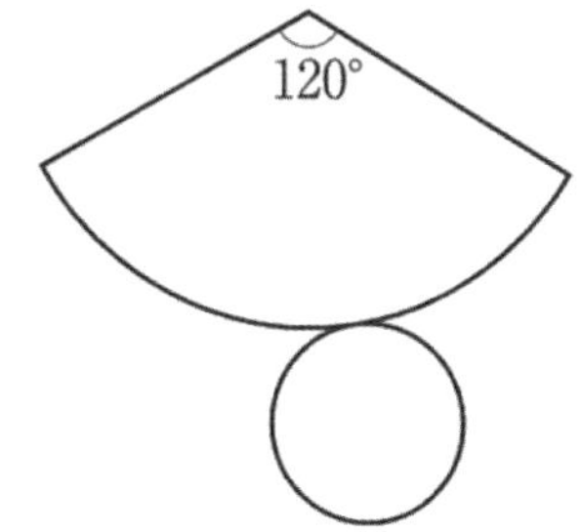

3	cm

■平成27年度問題

2

2　右の図は，1辺の長さが3cmの立方体ABCD－EFGHである。この立方体を3点B，D，Eを通る平面で2つの立体に分けるとき，2つの立体の表面積の差は何cm^2か。

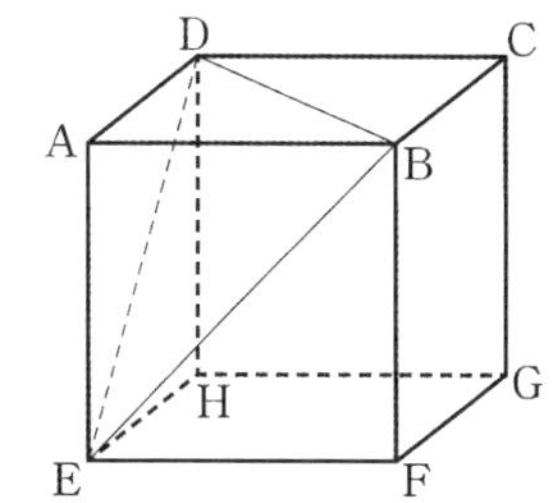

2	cm^2

■平成28年度問題

2　1　右の展開図において，四角形ABCDは正方形である。この展開図を組み立ててできる三角柱の体積は何cm^3か。

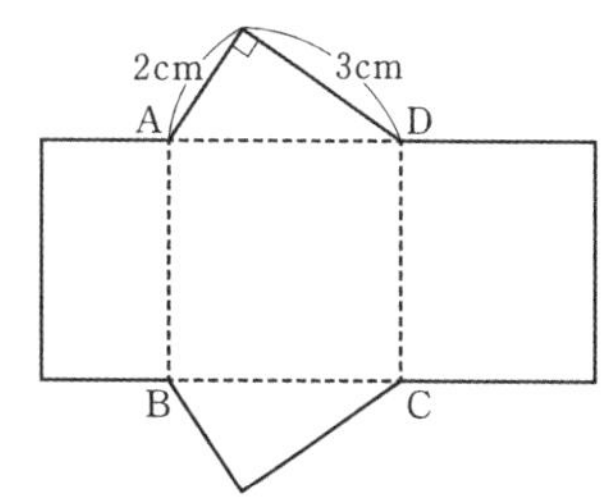

1	cm^3

■平成29年度問題

2　3　右の図は，ある立体の投影図であり，平面図は円である。この立体の側面積が$15\pi cm^2$であるとき，底面の周の長さは何cmか。
ただし，πは円周率とする。

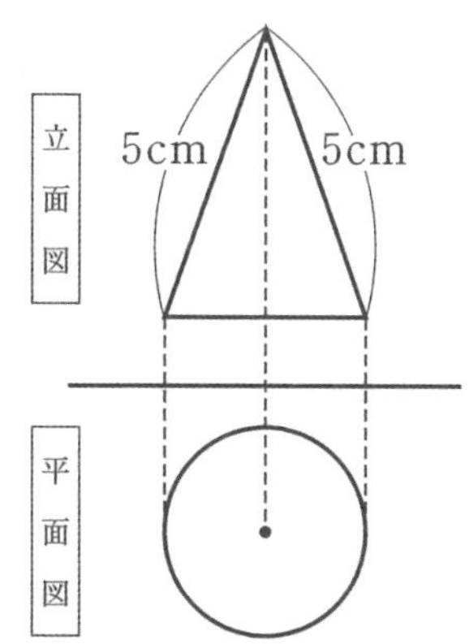

3	cm

■平成30年度問題

2　2　右の図は半径$r$cmの球を切断してできた半球で，切断面の円周の長さは4πcmであった。このとき，rの値を求めよ。また，この半球の体積は何cm^3か。ただし，πは円周率とする。

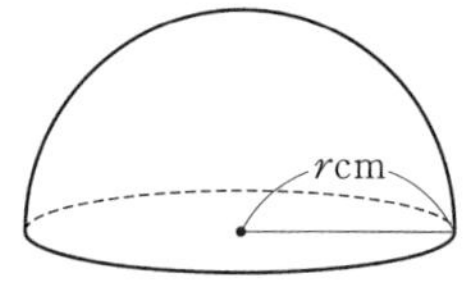

2	$r=$	（体積）　　cm^3

■平成31年度問題

5　次の1，2の問いに答えなさい。

1　次の［ア］～［オ］に適当な数または番号を入れ，会話文を完成させよ。

先生：図1は，正八面体の見取図と展開図です。正八面体とは，どのような立体でしたか。

図1

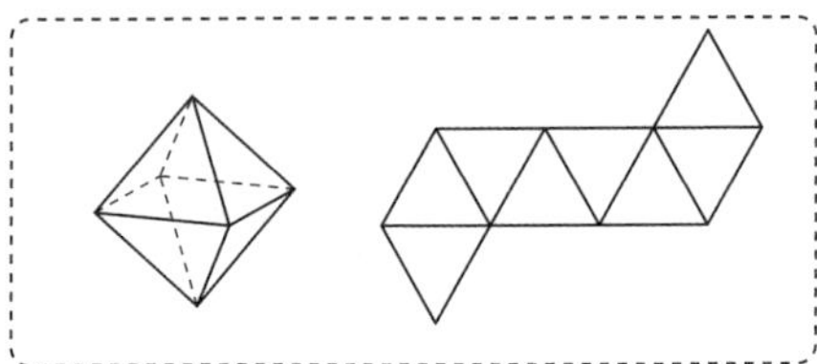

生徒：8個の合同な正三角形で囲まれた立体で，頂点が6個，辺が［ア］本あります。

先生：そうですね。では，正八面体の体積を立方体を使って求めてみましょう。図2のように，立方体のそれぞれの面の対角線の交点をA，B，C，D，E，Fとするとき，この6個の点を頂点とする正八面体ができます。このとき，四角形AEFC，ABFD，BCDEは合同な正方形です。立方体を正方形BCDEを含む平面で切った切り口は図3のようになり，正方形BCDEの対角線の長さは，立方体の1辺の長さと等しいことが分かります。立方体の1辺の長さを4cmとして正八面体ABCDEFの体積を求めてみましょう。

図2

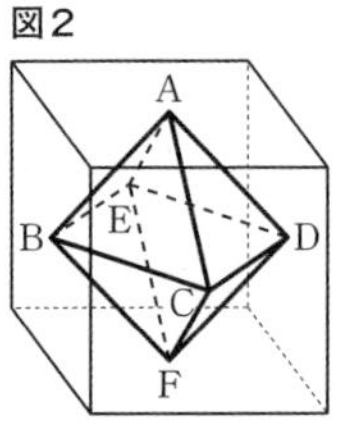

図3

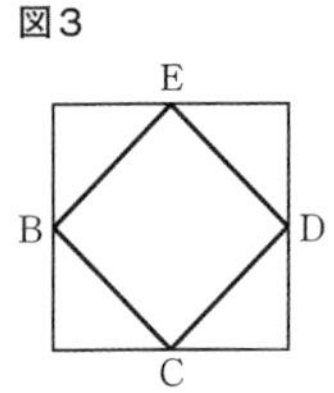

生徒：正方形BCDEの面積は［イ］cm^2だから，正四角すいABCDEの体積は［ウ］cm^3です。この正四角すいの体積の2倍が正八面体の体積となります。

先生：立方体を使うと，体積が求めやすくなります。正八面体の特徴にもよく気がつきました。では，次の問題はどうでしょうか。

先生：図4の1辺の長さが6cmの正八面体において，点Bから辺AC，CD，DFを通って点Eまで，1本の糸をかけます。糸の長さが最も短くなるようにかけたときの，糸の長さは何cmか，図5の展開図を使って求めてみましょう。

図4

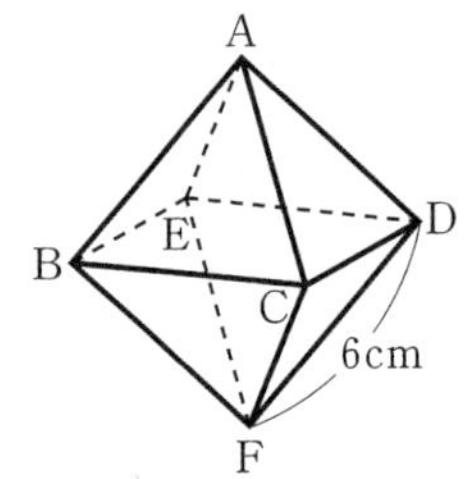

図5

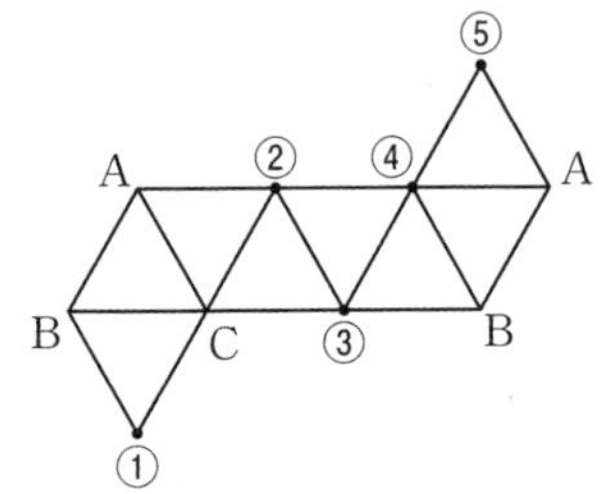

図6

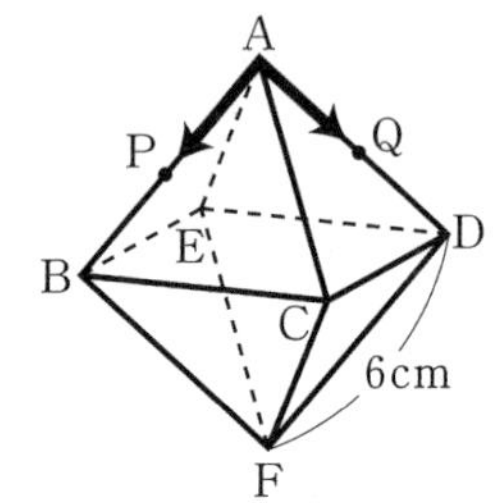

生徒：図5の①～⑤の中で，点Eにあたる番号は，［エ］です。かけた糸のようすを図5にかき入れて考えてみると，最も短くなるときの糸の長さは，［オ］cmとなりました。

先生：そうですね。展開図にかき入れると，かけた糸のようすが分かりやすくなります。最後は，正八面体の中に作られた立体の体積の変化の問題です。図6の1辺の長さが6cmの正八面体の辺上を，毎秒1cmの速さで6秒間だけ動く2点P，Qがあります。2点P，Qは点Aを同時に出発し，点Pは辺AB上を点Bに向かって，点Qは辺AD上を点Dに向かって動きます。<u>三角すいCPFQの体積が正八面体ABCDEFの体積の$\frac{1}{6}$となるのは，2点P，Qが点Aを出発してから何秒後のことか，考えてみましょう。</u>

2　1の会話文中の下線部について，何秒後か求めよ。ただし，2点P，Qが点Aを出発してからt秒後のこととして，tについての方程式と計算過程も書くこと。

1	ア		2	（式と計算） 答　　　　秒後
	イ			
	ウ			
	エ			
	オ			

確率

■平成28年度問題

3 Ⅱ 箱の中に赤色，青色，黄色，白色の4枚のカードが入っている。この箱の中からカードを1枚ずつ2回続けて取り出し，1回目，2回目に取り出したカードの色をそれぞれ記録する。ただし，取り出したカードはもとにもどさないものとする。

1 カードの取り出し方は，全部で何通りあるか。

2 下の表のように各カードの片面には数字が，もう片面には記号がそれぞれ1つずつ書かれている。取り出した2枚のカードについて，「1回目に取り出したカードの数字」「1回目に取り出したカードの記号」「2回目に取り出したカードの数字」の順に書き並べて式を作り，計算した値をxとする。たとえば，1回目に黄色のカードを取り出し，2回目に赤色のカードを取り出したときは，$x=3\times1=3$となる。

$x\geqq4$となる確率を求めよ。

カードの色	赤	青	黄	白
数　字	1	2	3	4
記　号	＋	－	×	÷

Ⅱ	1	通り	2	

■平成29年度問題

2 1 1つのさいころを2回投げる。1回目に出た目の数を十の位，2回目に出た目の数を一の位の数とする2けたの整数をつくるとき，その整数が7の倍数となる確率を求めよ。

1	

■平成30年度問題

2 1 大小2つのさいころを同時に投げる。大きいさいころの出た目の数をx座標，小さいさいころの出た目の数をy座標とする点をP（x，y）とするとき，点Pが1次関数$y=-x+8$のグラフ上の点となる確率を求めよ。

1	

■平成31年度問題

2 2 次の文中の□に適当な数を入れ，文を完成させよ。

1から4までの数字を1つずつ書いた4枚のカード[1]，[2]，[3]，[4]がある。このカードをよくまぜて，その中からカードを同時に2枚取り出すとき，取り出したカードに書かれた2つの数の和が□となる確率は$\frac{1}{3}$である。

2	

■令和2年度問題

2 2 硬貨とくじを用いて，次のルールでポイントがもらえるゲームを行う。

① 硬貨を2枚投げて，表が出た枚数を数える。
② 当たりが1本，はずれが1本入っているくじがあり，その中から1本ひく。
③ ②で当たりをひいた場合は，（①の表が出た枚数）×200ポイント，はずれをひいた場合は，（①の表が出た枚数）×100ポイントがもらえる。

たとえば，硬貨は表が2枚出て，くじは当たりをひいた場合は400ポイントもらえる。このゲームを1回行うとき，ちょうど200ポイントもらえる確率を求めよ。

2	

■令和3年度問題

2 2 大小2つのさいころを同時に投げるとき，出た目の数の和が10以下となる確率を求めよ。

2	

資料の整理

■平成27年度問題

3 Aさんのクラスの生徒20人が，バスケットボールのフリースローを1人10回ずつ行い，シュートが成功した回数を競うゲームを2ゲーム行った。下の**表**は，1ゲーム目と2ゲーム目でシュートが成功した回数を記録したものである。このとき，次の**1**～**4**の問いに答えなさい。

表　シュートが成功した回数（回）

ゲーム＼生徒	A	B	C	D	E	F	G	H	I	J	K	L	M	N	O	P	Q	R	S	T	平均値
1ゲーム目	2	1	0	1	3	1	8	2	5	5	6	4	6	5	0	1	7	7	5	5	3.7
2ゲーム目	3	2	1	2	2	2	6	0	4	3	7	4	8	5	1	1	5	8	0	6	3.5

1　2ゲームの結果，少なくとも一方のゲームで4回以上シュートが成功した生徒の人数は，ゲームを行った生徒全体の人数の何％か。

2　1ゲーム目の中央値（メジアン）を**表**から求めると何回か。

3　**図1**は，1ゲーム目の結果をヒストグラムに表したものである。**図1**にならって，2ゲーム目の結果を**図2**のヒストグラムに表せ。また，下の**ア**～**エ**は，2つのヒストグラムを比較して述べたものである。この中で正しいものを1つ選び記号で答えよ。

図1

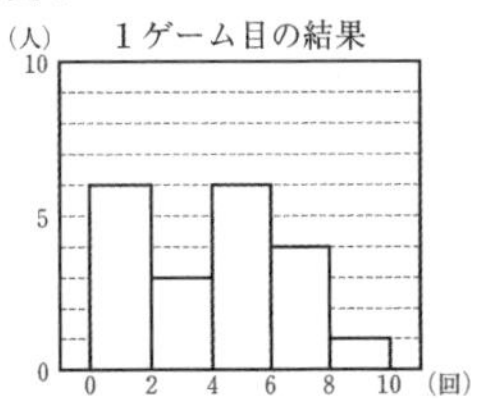

図2

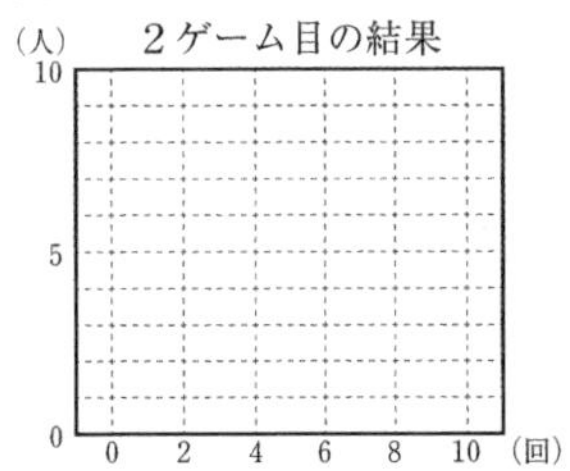

ア　最頻値（モード）を含む階級はどちらも同じ階級である。
イ　6回以上シュートが成功した生徒の人数は2ゲーム目の方が多い。
ウ　最も度数が少ない階級はどちらも同じ階級である。
エ　2回以上4回未満の階級の相対度数は1ゲーム目の方が大きい。

4　Lさんは，「私は1ゲーム目，2ゲーム目ともに平均値を上回ったので，どちらのゲームも，参加した生徒の中で真ん中より上の順位である」と考えた。この考えは正しいか。解答欄の「正しい」「正しくない」のどちらかを◯で囲み，そのように判断した理由を，根拠となる数値を用いて書け。

1	％	2	回	3	上図へ記入	記号	
4	正しい　正しくない	(理由)					

■平成29年度問題

3 Yさんの家では，2つの畑A，Bで同じ種類のジャガイモを同時期に栽培し，収穫した。Yさんは，両方の畑で収穫したジャガイモの中から，それぞれ無作為に55個ずつを選び，その重さを調べた。次の**1**～**3**の問いに答えなさい。

1　右の**図1**は，畑Aのジャガイモについて階級の幅を100gにしてヒストグラムに表したものである。重さが300g以上400g未満のジャガイモの個数の相対度数を求めよ。

図1

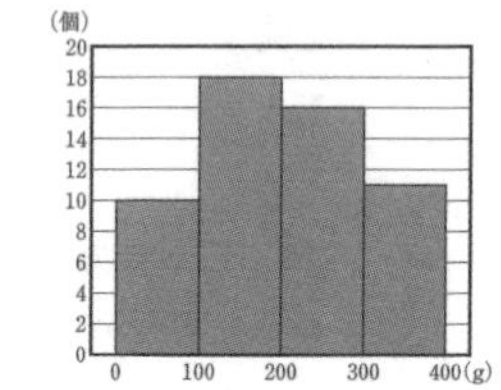

2　右の**図2**は，畑Aのジャガイモについて階級の幅を50gにしてヒストグラムに表したものである。次の(1)，(2)の問いに答えよ。

図2

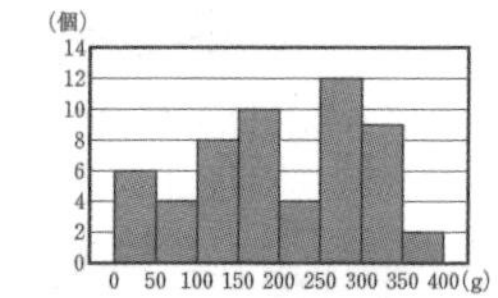

(1)　Yさんは，**図1**と**図2**を比べることで，次のようなことがわかった。下の［ア］には適することばを，［イ］，［ウ］には数値を入れ，文を完成させよ。

> 最も度数の多い階級の階級値を［ア］といい，**図1**では［イ］g，**図2**では［ウ］gである。このことから，同じ資料でも階級の幅を変えると，ヒストグラムから読み取れる傾向が異なる場合があることがわかる。

(2)　畑Aから全部で1320個のジャガイモを収穫した。このとき，重さが150g以上200g未満であるジャガイモはおよそ何個か推測せよ。

3　右の**図3**は，畑Bのジャガイモについて階級の幅を50gにしてヒストグラムに表したものである。2つの畑A，Bそれぞれから選んだ55個のジャガイモの重さの平均値は同じであった。重さの重いジャガイモがよりたくさん収穫できた畑はどちらの畑と考えられるか。解答欄のAとBのどちらかを◯で囲み，そのように判断した理由を，根拠となる代表値とその階級を用いて説明せよ。

図3

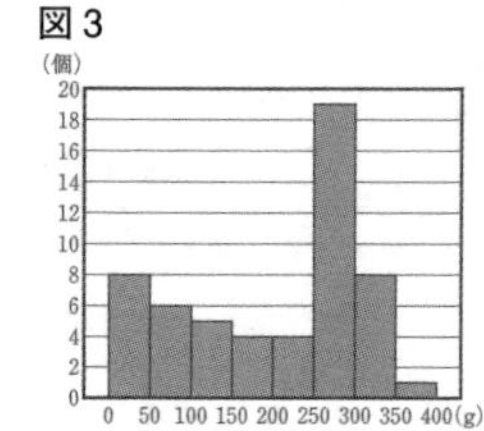

1			2	(2)	およそ　　個
2	(1)	ア	3	A　B	
		イ		(理由)	
		ウ			

■平成30年度問題

3 下の**表**は30人が所属しているスポーツクラブで，全員に実施したハンドボール投げの記録を度数分布表に整理したものである。記録はすべて整数値であり，30人の記録の平均値は20.5mであった。ただし，平均値は四捨五入などはされていない。次の**1**～**3**の問いに答えなさい。

表

階級(m)	度数(人)
以上　未満 5 ～ 10	1
10 ～ 15	5
15 ～ 20	6
20 ～ 25	12
25 ～ 30	5
30 ～ 35	1
計	30

1 最頻値（モード）は何mか。

2 15m以上20m未満の階級の相対度数を求めよ。

3 このクラブに新しく5人が入り，ハンドボール投げを実施したところ，記録は下のようになった。この5人の記録を**表**に加えて整理した。次の(1)，(2)の問いに答えよ。

新しく入った5人の記録（m）				
20	19	11	14	27

(1) このクラブに所属する35人の記録の平均値は何mか。ただし，小数第2位を四捨五入して答えること。

(2) 下の**ア**～**オ**は，この5人の記録を**表**に加える前と加えた後を比較して述べたものである。この中で適切でないものを1つ選び記号で答えよ。また，その理由を根拠となる数値を用いて書け。

ア 範囲（レンジ）はどちらも同じである。

イ 中央値（メジアン）を含む階級の階級値はどちらも同じである。

ウ 最頻値（モード）を含む階級の階級値はどちらも同じである。

エ 記録が20m以上の人数の割合はどちらも同じである。

オ 15m以上20m未満の階級の相対度数はどちらも同じである。

1	m	**2**		**3**	(1)	m
3	(2)	(適切でないもの)	(理由)			

■平成31年度問題

3 AさんとBさんのクラスの生徒20人が，次のルールでゲームを行った。

- ・**図**のように，床に描かれた的があり，的の中心まで5m離れたところから，的をねらってボールを2回ずつ転がす。
- ・的には5点，3点，1点の部分があり，的の外は0点の部分とする。
- ・ボールが止まった部分の点数の合計を1ゲームの得点とする。
- ・ボールが境界線上に止まったときの点数は，内側の点数とする。

図

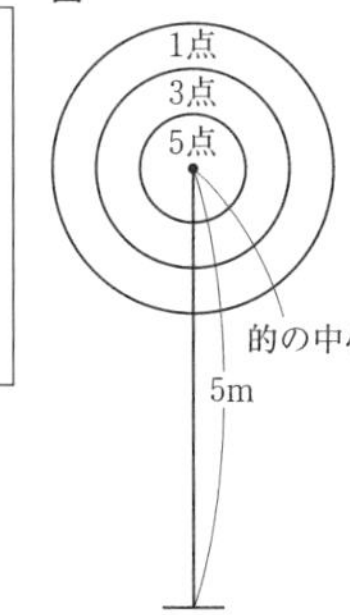

たとえば，1回目に5点，2回目に3点の部分にボールが止まった場合，この生徒の1ゲームの得点は5+3=8(点)となる。

1ゲームを行った結果，下のようになった。このとき，2回とも3点の部分にボールが止まった生徒は2人であった。次の**1**～**3**の問いに答えなさい。

得点(点)	0	1	2	3	4	5	6	8	10
人数(人)	0	0	5	2	5	1	4	2	1

1 20人の得点について，範囲(レンジ)は何点か。

2 1回でも5点の部分にボールが止まった生徒は何人か。

3 AさんとBさんは，クラスの生徒20人の得点の合計を上げるためにどうすればよいかそれぞれ考えてみた。次の(1)，(2)の問いに答えよ。

(1) Aさんは「ボールが止まった5点の部分を1点，1点の部分を5点として，得点を計算してみるとよい。」と考えた。この考えをもとに得点を計算した場合の，20人の得点の中央値(メジアン)は何点か。ただし，0点と3点の部分の点数はそのままとする。

(2) Bさんは「1m近づいてもう1ゲームやってみるとよい。」と考えた。この考えをもとに**図**の的の点数は1ゲーム目のままで20人が2ゲーム目を行った。その結果は，中央値(メジアン)が5.5点，Aさんの得点が4点，Bさんの得点が6点で，Bさんと同じ得点の生徒はいなかった。この結果から必ずいえることを下の**ア**～**エ**の中からすべて選び，記号で答えよ。

ア 1ゲーム目と2ゲーム目のそれぞれの得点の範囲(レンジ)は同じ値である。

イ 5点の部分に1回でもボールが止まった生徒の人数は，2ゲーム目の方が多い。

ウ 2ゲーム目について，最頻値(モード)は中央値(メジアン)より大きい。

エ 2ゲーム目について，Aさんの得点を上回っている生徒は11人以上いる。

1		点	**2**	人
3	(1)	点	(2)	

■令和２年度問題

3 Ａ～Ｄの各組で同じ100点満点のテストを行ったところ，各組の成績は右の**表**のような結果となった。ただし，Ａ組の点数の平均値は汚れて読み取れなくなっている。また，このテストでは満点の生徒はいなかった。なお，**表**の数値はすべて正確な値であり，四捨五入などはされていない。次の１～３の問いに答えなさい。

表

組	人数	平均値	中央値
A	30	[redacted]	59.0
B	20	54.0	49.0
C	30	65.0	62.5
D	20	60.0	61.5

１　Ｂ組とＣ組を合わせた50人の点数の平均値を求めよ。

２　下の図は，各組の点数について階級の幅を10点にしてヒストグラムに表したものである。たとえば，Ａ組のヒストグラムでは50点以上60点未満の生徒は５人いたことを表している。Ｂ～Ｄの各組のヒストグラムは，それぞれ①～③の中のどれか１つとなった。次の(1)，(2)の問いに答えよ。

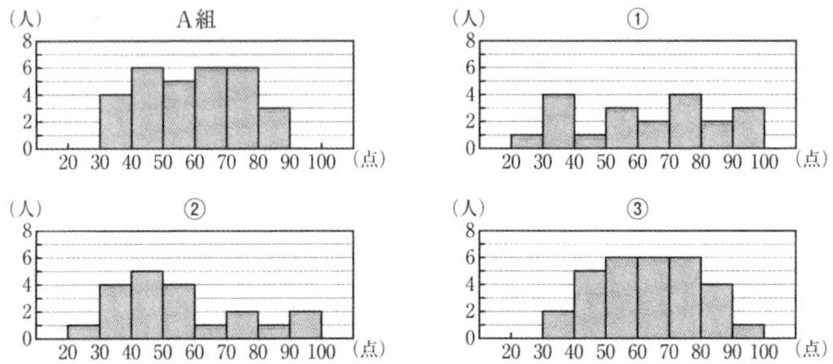

(1)　Ｃ組のヒストグラムは［ア］，Ｄ組のヒストグラムは［イ］である。［ア］，［イ］にあてはまるものを，①～③の中から１つずつ選べ。

(2)　Ａ組のヒストグラムから，Ａ組の点数の平均値を求めよ。ただし，小数第２位を四捨五入して答えること。

３　Ｂ組の生徒のテストの点数を高い方から並べると，10番目と11番目の点数の差は４点であった。Ｂ組には欠席していた生徒が１人いたので，この生徒に後日同じテストを行ったところ，テストの点数は76点であった。この生徒を含めたＢ組の21人のテストの点数の中央値を求めよ。

1			点	3		点
2	(1)	ア		イ	(2)	点

■令和３年度問題

3 Ａグループ20人とＢグループ20人の合計40人について，ある期間に図書室から借りた本の冊数を調べた。このとき，借りた本の冊数が20冊以上40冊未満である16人それぞれの借りた本の冊数は以下のとおりであった。また，下の**表**は40人の借りた本の冊数を度数分布表に整理したものである。次の１～３の問いに答えなさい。

> 借りた本の冊数が20冊以上40冊未満である16人それぞれの借りた本の冊数
> 21，22，24，27，28，28，31，32，32，
> 34，35，35，36，36，37，38（冊）

表

階級（冊）	度数（人）
以上　未満 0 ～ 10	3
10 ～ 20	5
20 ～ 30	［a］
30 ～ 40	10
40 ～ 50	［b］
50 ～ 60	7
計	40

１　［a］，［b］にあてはまる数を入れて**表**を完成させよ。

２　40人の借りた本の冊数の中央値を求めよ。

３　**図**は，Ａグループ20人の借りた本の冊数について，度数折れ線をかいたものである。
このとき，次の(1)，(2)の問いに答えよ。

図

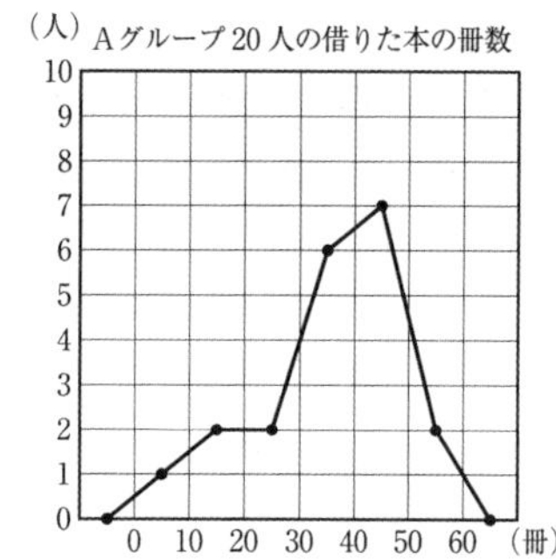

(1)　Ａグループ20人について，40冊以上50冊未満の階級の相対度数を求めよ。

(2)　借りた本の冊数について，ＡグループとＢグループを比較したとき，必ずいえることを下の**ア**～**エ**の中からすべて選び，記号で答えよ。

ア　0冊以上30冊未満の人数は，ＡグループよりもＢグループの方が多い。

イ　Ａグループの中央値は，Ｂグループの中央値よりも大きい。

ウ　**表**や**図**から読み取れる最頻値を考えると，ＡグループよりもＢグループの方が大きい。

エ　ＡグループとＢグループの度数の差が最も大きい階級は，30冊以上40冊未満の階級である。

1	a		b		2	冊	3	(1)	(2)	

■令和４年度問題

2 4 **表**は，A市の中学生1200人の中から100人を無作為に抽出し，ある日のタブレット型端末を用いた学習時間についての調査結果を度数分布表に整理したものである。次の(1)，(2)の問いに答えよ。

(1) **表**から，A市の中学生1200人における学習時間が60分以上の生徒の人数は約何人と推定できるか。

(2) **表**から得られた平均値が54分であるとき，x，y の値を求めよ。ただし，方程式と計算過程も書くこと。

表

階級(分) 以上　未満	度数(人)
0 ～ 20	8
20 ～ 40	x
40 ～ 60	y
60 ～ 80	27
80 ～ 100	13
計	100

4	(1)	約　　　　人
	(2)	(方程式と計算過程) 答 $x=$　　　　，$y=$

数の規則性

■平成31年度問題

4 自然数を1から順に9個ずつ各段に並べ，縦，横3個ずつの9個の数を□で囲み，□内の左上の数を a，右上の数を b，左下の数を c，右下の数を d，真ん中の数を x とする。たとえば，右の**表**の□では，$a=5$，$b=7$，$c=23$，$d=25$，$x=15$ である。次の１，２の問いに答えなさい。

表

1段目	1	2	3	4	5	6	7	8	9
2段目	10	11	12	13	14	15	16	17	18
3段目	19	20	21	22	23	24	25	26	27
4段目	28	29	30	31	・・・				
⋮									

1 a を x を使って表せ。

2 $M=bd-ac$ とするとき，次の(1)，(2)の問いに答えよ。

(1) a，b，c，d をそれぞれ x を使って表すことで，Mの値は4の倍数になることを証明せよ。

(2) a が1段目から10段目までにあるとき，一の位の数が4になるMの値は何通りあるか，次の［　］の［ア］～［ウ］に適当な数を入れ，求め方を完成させよ。

［求め方］
(1)よりMの値は4の倍数だから，Mの値の一の位の数が4になるのは x の一の位の数が［ア］または［イ］になるときである。
x は2段目から11段目までにあり，各段の両端を除く自然数であることに注意して，Mの値の個数を求めると［ウ］通りである。

1	$a=$		
2	(2)	ア	
		イ	
		ウ	
2	(1)	(証明)	

■令和４年度問題

5 次の【手順】に従って，右のような白，赤，青の３種類の長方形の色紙を並べて長方形を作る。３種類の色紙の縦の長さはすべて同じで，横の長さは，白の色紙が 1cm，赤の色紙が 3cm，青の色紙が 5cm である。

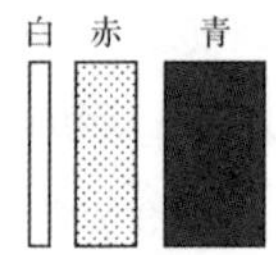

【手順】

下の図のように，長方形を作る。
・白の色紙を置いたものを長方形１とする。
・長方形１の右端に赤の色紙をすき間なく重ならないように並べたものを長方形２とする。
・長方形２の右端に白の色紙をすき間なく重ならないように並べたものを長方形３とする。
・長方形３の右端に青の色紙をすき間なく重ならないように並べたものを長方形４とする。

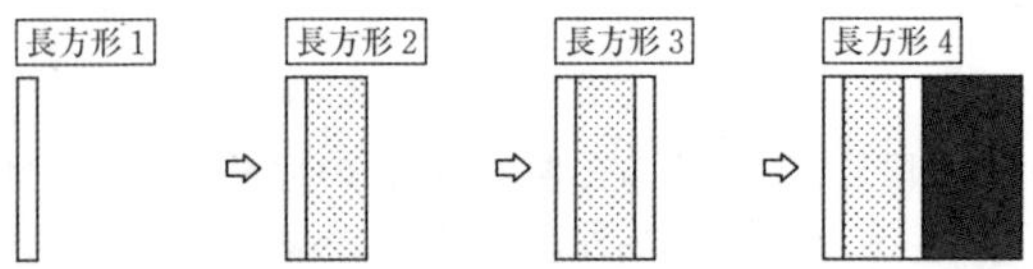

このように，左から白，赤，白，青の順にすき間なく重ならないように色紙を並べ，５枚目からもこの【手順】をくり返して長方形を作っていく。

たとえば，長方形７は，白，赤，白，青，白，赤，白の順に７枚の色紙を並べた右の図の長方形で，横の長さは 15cm である。

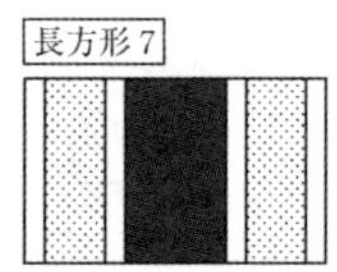

このとき，次の１，２の問いに答えなさい。

１ 長方形13の右端の色紙は何色か。また，長方形13の横の長さは何 cm か。

２ A さんと B さんは，次の【課題】について考えた。あとの【会話】は，２人が話し合っている場面の一部である。このとき，次の(1)，(2)の問いに答えよ。

【課題】

長方形 $2n$ の横の長さは何 cm か。ただし，n は自然数とする。

【会話】

A：長方形 $2n$ は，３種類の色紙をそれぞれ何枚ずつ使うのかな。
B：白の色紙は［ア］枚だね。赤と青の色紙の枚数は，n が偶数のときと奇数のときで違うね。
A：n が偶数のときはどうなるのかな。
B：n が偶数のとき，長方形 $2n$ の右端の色紙は青色だね。だから，長方形 $2n$ は，赤の色紙を［イ］枚，青の色紙を［ウ］枚だけ使うね。
A：そうか。つまり長方形 $2n$ の横の長さは，［エ］cm となるね。
B：そうだね。それでは，<u>n が奇数のときはどうなるのか考えてみよう</u>。

(1) 【会話】の中の［ア］～［エ］にあてはまる数を n を用いて表せ。

(2) 【会話】の中の下線部について，n が奇数のとき，長方形 $2n$ の横の長さを n を用いて表せ。ただし，求め方や計算過程も書くこと。

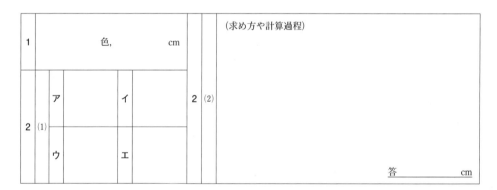

1		色， cm		
2	(1)	ア	イ	
		ウ	エ	
2	(2)	(求め方や計算過程) 答 cm		

公立高校入試出題単元

過去９年間
(平成26年～令和４年まで)

英　　語

適文選択

- 平成26年 [2] 1　[3] 1
- 平成27年 [2] 1　[3] 1
- 平成28年 [2] 1　[3] Ⅰ
- 平成29年 [2] 1　[3] Ⅰ
- 平成30年 [2] 1　[3] Ⅰ
- 平成31年 [2] 1　[3] Ⅰ
- 令和２年 [2] 1　[3] Ⅰ
- 令和３年 [2] 1
- 令和４年 [2] 1

語句補充

- 平成26年 [2] 2
- 平成28年 [2] 2
- 平成29年 [2] 2
- 平成30年 [2] 2
- 平成31年 [2] 2
- 令和２年 [2] 2
- 令和３年 [2] 2・3　[3] Ⅰ
- 令和４年 [2] 2・3　[3] Ⅰ

英文読解

- 平成26年 [3] 2・3
- 平成27年 [3] 2・3
- 平成28年 [3] Ⅱ・Ⅲ
- 平成29年 [3] Ⅱ・Ⅲ
- 平成30年 [3] Ⅱ・Ⅲ
- 平成31年 [3] Ⅱ・Ⅲ
- 令和２年 [3] Ⅱ・Ⅲ
- 令和３年 [3] Ⅱ・Ⅲ
- 令和４年 [3] Ⅱ・Ⅲ

英語長文

- 平成27年 [4] (内容把握・適語選択・適文選択・適文補充・英作文)
- 平成28年 [4] (内容把握・適語補充・適文選択・英作文)
- 平成30年 [4] (内容把握・適文選択・適語補充・内容真偽・英作文)
- 平成31年 [4] (内容把握・適文選択・適語選択)
- 令和２年 [4] (内容把握・空欄補充・内容真偽・適文補充)
- 令和３年 [4] (内容把握・空欄補充・適語補充・内容真偽・英作文)
- 令和４年 [4] (内容把握・英質英答・英作文・内容真偽)

条件英作文

- 平成26年 [2] 3・4 (４語以上・３文以上)
- 平成27年 [2] 3・4 (３語以上・３文以上)
- 平成28年 [2] 3・4 (３語以上・３文以上)
- 平成29年 [2] 3・4 (４語以上・３文以上)
- 平成30年 [2] 3・4 (４語以上・３文以上)
- 平成31年 [2] 3・4 (４語以上・20語以上)
- 令和２年 [2] 3・4 (３語以上・20語以上)
- 令和３年 [2] 4 (20語程度)
- 令和４年 [2] 4 (25～35語)

リスニング問題

- 令和３年 [1]
- 令和４年 [1]

適文選択

■平成26年度問題

2 1　次は，外国にホームステイをしているKeikoとハンバーガー店の店員（clerk）との対話である。下の①，②の英文が入る最も適当な場所を，対話文中の〈 ア 〉～〈 エ 〉の中からそれぞれ一つ選び，その記号を書け。

① That's right.　② Anything else ?

Clerk : Next person, please.
Keiko : 〈 ア 〉 I'd like two hamburgers.
Clerk : OK. 〈 イ 〉
Keiko : Yes. An orange juice, please.
Clerk : Which size would you like, small or large ?
Keiko : Large, please.
Clerk : Two hamburgers and one large orange juice ?
Keiko : 〈 ウ 〉 How much ?
Clerk : Five dollars, please. 〈 エ 〉
Keiko : OK. Thank you.

1	①		②	

3 1　次は，Yuriと留学生のLisaとの対話である。対話文中の ① ～ ③ に入る最も適当な英文を，下のア～エの中からそれぞれ一つ選び，その記号を書け。

Yuri : Lisa, how about going to Yakushima with my family this spring ?
Lisa : I'd love to. I've never been to Yakushima, and I don't know many things about it.
Yuri : Well, it is a World Heritage site*.
Lisa : Really ? ①
Yuri : In 1993. There are many beautiful mountains in Yakushima. You can see very big trees which are more than 1,000 years old. And the air* is very clean.
Lisa : Oh, I want to go to the mountains. Can you give me more information about Yakushima ?
Yuri : OK. Most of* the electricity* is made with water there.
Lisa : Great ! ②
Yuri : Yes, you are right. Also, in some places, some people drive electric cars*.
Lisa : That sounds interesting ! ③
Yuri : Me, too.

注　World Heritage site　世界遺産　　air　空気　　most of～　～のほとんど　　electricity　電気
electric car(s)　電気自動車

ア　I'm looking forward to going to Yakushima.
イ　Did you have a very good time there ?
ウ　That keeps the air clean.
エ　When did it become a World Heritage site ?

1	①		②		③	

■平成27年度問題

2 1　次は，外国でホームステイをしているYukioとホストマザーのMs. Jonesとの対話である。下の①，②の英文が入る最も適当な場所を，対話文中の〈 ア 〉～〈 エ 〉の中からそれぞれ一つ選び，その記号を書け。

① That's OK.　② I will go shopping.

Ms. Jones : Do you have any plans for this weekend ?
Yukio : Yes. 〈 ア 〉
Ms. Jones : Oh, what will you buy ? 〈 イ 〉
Yukio : I'm going to buy a pair of* running shoes. 〈 ウ 〉 I want to start running.
Ms. Jones : That's a good idea. It is good for you. Shall I go with you ?
Yukio : Oh, I'm sorry. My friends will go with me.
Ms. Jones : 〈 エ 〉 I hope you can find a pair of nice shoes.

注　a pair of～　1組（1足）の～

1	①		②	

3 1　次は，ALTのMike先生と生徒との会話である。会話文中の ① ～ ③ に入る最も適当な英文を，下のア～エの中からそれぞれ一つ選び，その記号を書け。

Mike : What fruit do you like ?
Student 1 : I like apples. How about you ?
Mike : ①
Student 2 : "Satsuma" ? I don't know that. What is it ?
Mike : Look ! This is a satsuma orange*. We call it "satsuma."
Student 2 : Satsuma is the old name of a part of Kagoshima Prefecture*. ②
Mike : Because it was brought to America from Satsuma about 140 years ago.
Student 1 : Oh, so the word "*satsuma*" is used as the name for this fruit. That's interesting. I want to know more about the history of this fruit. ③
Mike : Good idea ! If you find something new, please tell me.

注　satsuma orange　みかん（温州(うんしゅう)みかん）　　a part of Kagoshima Prefecture　鹿児島県の一部

ア　Why do you call the fruit "satsuma"?
イ　I will study about it on the Internet.
ウ　My favorite fruit is "satsuma".
エ　What do you call the fruit ?

1	①		②		③	

■平成28年度問題

2 1　次は，Hayato が ALT の Smith 先生を放課後に訪れた時の対話である。下の①，②の英文が入る最も適当な場所を，対話文中の〈　ア　〉～〈　エ　〉の中からそれぞれ一つ選び，その記号を書け。

① I'm sure she will.	② Do you have a minute ?

Hayato : Excuse me, Mr. Smith.〈　ア　〉
Mr. Smith : Of course.〈　イ　〉
Hayato : I wrote a letter to my host mother* in Australia. Would you check my English ?
Mr. Smith : No problem.
(A few minutes later)
Mr. Smith : Your English is great.
Hayato : Thank you.〈　ウ　〉I'm going to send these pictures with this letter. I hope my host mother will like them.
Mr. Smith :〈　エ　〉If you need my help, please ask me again.
Hayato : Thank you, I will.

注　host mother　ホストマザー

1	①		②	

3 I　次は，Jack と Emi との対話である。対話文中の［①］～［③］に入る最も適当な英文を，下のア～エの中からそれぞれ一つ選び，その記号を書け。

Jack : You were cheering for* the runners* in the marathon* last Sunday, right ?
Emi : Yes. ［①］
Jack : I worked at the event as a volunteer*.
Emi : Really? ［②］
Jack : I gave something to eat and drink to the runners and cleaned up* the road. It was hard work, but many people smiled at me while I was working. Some of them said, "Thank you very much." I was very happy to hear that.
Emi : Great! I want to work in the marathon as a volunteer, too.
Jack : ［③］ Working for other people is great.
Emi : That sounds good.

注　cheer for ～　～を応援する　runner(s) ランナー　marathon　マラソン
volunteer　ボランティア　cleaned up ～　～をきれいに清掃した

ア　How about working with me next year ?
イ　How did you know that ?
ウ　How about running in the marathon ?
エ　What kind of work did you do ?

I	①		②		③	

■平成29年度問題

2 1　次は，Kazuya と ALT の Jones 先生との対話である。下の①，②の英文が入る最も適当な場所を対話文中の〈　ア　〉～〈　エ　〉の中からそれぞれ一つ選び，その記号を書け。

① Do you feel sick?	② Please tell me where it is.

Kazuya : Hi, Mr. Jones. Where are you going?
Mr. Jones : Oh, Kazuya. I'm glad to see you here. I want to go to City Hospital, but I lost my way*.〈　ア　〉
Kazuya : Sure. Go along this street and turn left at the post office. You can find it on your right.
Mr. Jones :〈　イ　〉Thank you so much, Kazuya.
Kazuya : You're welcome.〈　ウ　〉
Mr. Jones : No. My friend got sick last night, and he is in the hospital now. I'm going to see him.
Kazuya : I see.〈　エ　〉I hope he will get better* soon.
Mr. Jones : Thanks.

注　lost my way　道に迷った　get better　(体調が)良くなる

1	①		②	

3 I　次は，Ami と ALT の Lisa 先生との対話である。対話文中の［①］～［③］に入る最も適当な英文を下のア～エの中からそれぞれ一つ選び，その記号を書け。

Ami : Do you like Japanese food ?
Lisa : I love it. ［①］
Ami : Oh, really ? How did you learn how to make it ?
Lisa : ［②］ I often use *katsuobushi* to make it. Makurazaki is famous for *katsuobushi*, right ?
Ami : That's right. A company* from my town built a factory* in France to produce* *katsuobushi*. Did you know that ?
Lisa : No, I didn't. ［③］
Ami : In 2016.
Lisa : Wow ! People around the world will have more chances* to enjoy Japanese food.

注　company　会社　factory　工場　produce ～　～を生産する　chance (s)　機会

ア　How long does it take ?
イ　A Japanese friend taught me.
ウ　I make *miso* soup every morning.
エ　When was it built ?

I	①		②		③	

■平成30年度問題

2 1　次は，Ken と ALT の Smith 先生との対話である。下の①，②の英文が入る最も適当な場所を対話文中の〈　ア　〉～〈　エ　〉の中からそれぞれ一つ選び，その記号を書け。

①　I hope she will like it.　　②　Have you decided what to buy?

Ken：I'm going to stay with* a family in Canada for a month. 〈　ア　〉I want to buy something for my host mother*.
Mr. Smith：Oh, that's nice. 〈　イ　〉
Ken：No. Do you have any ideas?
Mr. Smith：Let's see. 〈　ウ　〉 How about a fan*?
Ken：A fan? What is that?
Mr. Smith：You call it "*sensu*" in Japanese, right?
Ken：Oh, I see. *Sensu*! That's a good idea. 〈　エ　〉
Mr. Smith：I think she will.

注　stay with ～　～の家に泊まる　　host mother　ホストマザー　　fan　扇子(せんす)

1	①		②	

3 I　次は，ALT の Eric 先生と Kaori との対話である。対話文中の［①］～［③］に入る最も適当なものを下のア～エの中からそれぞれ一つ選び，その記号を書け。

Eric：What do you usually do in your free time?
Kaori：I usually read books. I like reading very much.
Eric：What kind of books do you like?
Kaori：All kinds of books. When I was a child, a traveling library* visited my town. ［①］ They were all interesting.
Eric：What is a traveling library?
Kaori：It's a vehicle* which carries many books. It visits towns and cities, so people can borrow them.
Eric：That sounds cool! ［②］
Kaori：No. It stopped visiting my town in 2005. ［③］
Eric：What is it?
Kaori：A new traveling library will go around this city next April, and it will visit my town, too!
Eric：Wow! That's great. You can borrow books again!
Kaori：That's right. And there is something special about it. It will also serve* something to drink. I can't wait!

注　traveling library　移動図書館　　vehicle　乗り物　　serve ～　～を出す

ア　But I heard something good.　　イ　I borrowed many books from it.
ウ　Does it still visit your town?　　エ　Does it carry anything to drink?

I	①		②		③	

■平成31年度問題

2 1　次は，外国でホームステイをしている Daisuke とホストマザーの Ms.Wilson との対話である。下の①，②の英文が入る最も適当な場所を対話文中の〈　ア　〉～〈　エ　〉の中からそれぞれ一つ選び，その記号を書け。

①　Look at this map.　　②　But I don't know how to get there.

Ms. Wilson：Daisuke, do you have any plans for this Saturday ?
Daisuke：Yes. I'm going to watch a baseball game with my friends.
Ms. Wilson：〈　ア　〉 That's nice !
Daisuke：My favorite team will play at the baseball stadium in this town. 〈　イ　〉 Could you tell me ?
Ms. Wilson：Sure. 〈　ウ　〉 The baseball stadium is here, and our house is near ABC Park. You should take a city bus from the bus stop* at ABC Park.
Daisuke：OK. How long will it take to get there by bus ? 〈　エ　〉
Ms. Wilson：About twenty minutes.
Daisuke：All right. Thank you.

注　bus stop　バス停

1	①		②	

3 I　次は，中学生の Takuya と ALT の Green 先生との対話である。対話文中の［①］～［③］に入る最も適当なものを下のア～エの中からそれぞれ一つ選び，その記号を書け。

Takuya：Hello, Ms. Green. What are you looking at ?
Ms. Green：This is the website for Kagoshima Prefecture*.
Takuya：［①］
Ms. Green：Yes. You can also read it in Korean and in Chinese.
Takuya：Oh, really ? ［②］
Ms. Green：That's a good question. Foreign people can get a lot of information about Kagoshima from this website. For example, they can learn about some famous places, popular local* food, and its history. Before I came to Kagoshima, I learned a lot from this website.
Takuya：That's great. ［③］
Ms. Green：Me, too. How about making guide leaflets* for foreign people after school ?
Takuya：Let's do that !

注　website for Kagoshima Prefecture　鹿児島県のウェブサイト　　local　地元の
guide leaflet(s)　案内リーフレット

ア　Wow, are you reading it in English ?
イ　I have lived in Kagoshima for three years.
ウ　I want many foreign people to know about Kagoshima.
エ　Why is this website written in foreign languages ?

I	①		②		③	

■令和２年度問題

2 1　次は，Aya と姉 Kaori のクラスメートである Linda との電話での対話である。下の①，②の英文が入る最も適当な場所を対話文中の〈 ア 〉～〈 エ 〉の中からそれぞれ一つ選び，その記号を書け。

① But can I leave her a message?　② She isn't home now.

Linda：Hello. This is Linda. May I speak to Kaori?
Aya：I am sorry.〈 ア 〉
Linda：What time will she come back?〈 イ 〉
Aya：Well, I don't know. Do you want her to call you later?
Linda：No, that's OK.〈 ウ 〉
Aya：Sure.
Linda：We were going to meet at six this evening. but I want to change the time.〈 エ 〉 Could you tell her to come at seven?
Aya：I see. I will tell her.

1	①		②	

3 I　次は，ALT の Andrew 先生と Tomoki との対話である。対話文中の ① ～ ③ に入る最も適当なものを下のア～エの中からそれぞれ一つ選び，その記号を書け。

Andrew：What did you do during your winter vacation?
Tomoki：I studied a lot for the tests in March. 〔①〕
Andrew：Me? I went to Koshikishima. It is famous for its traditional event, "*Toshidon* in Koshikishima*". Have you ever heard about it?
Tomoki：Yes, but I don't know a lot about it. 〔②〕
Andrew：My friend in Koshikishima told me about it. It was registered on* UNESCO's Intangible Cultural Heritage List*. Every December 31, "*Toshidon*" goes to people's houses to wish for children's healthy growth*. 〔③〕
Tomoki：Yes. I want to be a social studies teacher in the future, so I would like to know about events like that.
Andrew：Please read books about such events after your tests.
Tomoki：Yes, I will.

注　*Toshidon* in Koshikishima　甑島のトシドン（行事名または来訪神の名）
be registered on ～　～に登録される
UNESCO's Intangible Cultural Heritage List　ユネスコ無形文化遺産リスト
wish for children's healthy growth　子どもの健全な成長を願う

ア　Do you remember the event?　　イ　Are you interested in this event?
ウ　How did you know about it?　　エ　How about you?

I	①		②		③	

■令和３年度問題

2 1　次は，Akiko と留学生の Kevin との対話である。下の①，②の表現が入る最も適当な場所を対話文中の〈 ア 〉～〈 エ 〉の中からそれぞれ一つ選び，その記号を書け。

① Anything else?　② Will you join us?

Akiko：Kevin, we're going to have Hiroshi's birthday party next Sunday.〈 ア 〉
Kevin：Yes, I'd love to.〈 イ 〉
Akiko：Great. We're going to make a birthday card for him at school tomorrow. We will put our pictures on the card.〈 ウ 〉
Kevin：Sounds nice. Should I bring my picture?
Akiko：Yes, please.
Kevin：All right.〈 エ 〉
Akiko：No, thank you. Let's write messages for him. See you then.
Kevin：See you.

1	①		②	

■令和４年度問題

2 1　Kenta と留学生の Sam が東京オリンピック（the Tokyo Olympics）やスポーツについて話している。下の①，②の表現が入る最も適当な場所を対話文中の〈 ア 〉～〈 エ 〉の中からそれぞれ一つ選び，その記号を書け。

① Shall we play together?　② How about you?

Kenta：Sam, did you watch the Tokyo Olympics last summer?
Sam：Yes, I watched many games. Some of them were held for the first time in the history of the Olympics, right? I was really excited by the games.〈 ア 〉
Kenta：What sport do you like?
Sam：I like surfing. In Australia, I often went surfing.〈 イ 〉
Kenta：My favorite sport is tennis.〈 ウ 〉
Sam：Oh, you like tennis the best. I also played it with my brother in Australia. Well, I'll be free next Sunday.〈 エ 〉
Kenta：Sure! I can't wait for next Sunday! See you then.
Sam：See you.

1	①		②	

語句補充

■平成26年度問題

2 2　次は，中学生の Takuya がマスメディア（mass media）について調べたことを留学生の Mike に説明している時の対話である。下のグラフを参考に，（ ① ），（ ② ），（ ④ ）にはそれぞれ英語１語を，［ ③ ］には３語以上の英語を書け。

Takuya：Look at this graph. Do you understand what it shows ?

Mike：No, I don't.

Takuya：It shows the usage of* mass media according to* age group*.

Mike：I see. Oh, this is popular among all age groups. This is the Internet, right ?

Takuya：No, it's TV. The Internet is popular, too. But it is（ ① ）by only about 40% of people in their sixties*.

Mike：Well, what is this ? People in their sixties like it（ ② ）than the Internet, but people in their teens and twenties* don't like it very much.

Takuya：It's the newspaper. It's not popular among young people, but I read the newspaper every day. ［ ③ ］?

Mike：I read the newspaper every day, too. I learn a lot about Japan from it.

Takuya：Great ! And the last one is radio. It's not popular.

Mike：The usage of mass media is（ ④ ）according to age group. That's interesting.

注　the usage of ～　～の利用状況　　according to ～　～による（よって）　　age group(s)　年齢層
people in their sixties　60 歳代の人々　　people in their teens and twenties　10 歳代と 20 歳代の人々

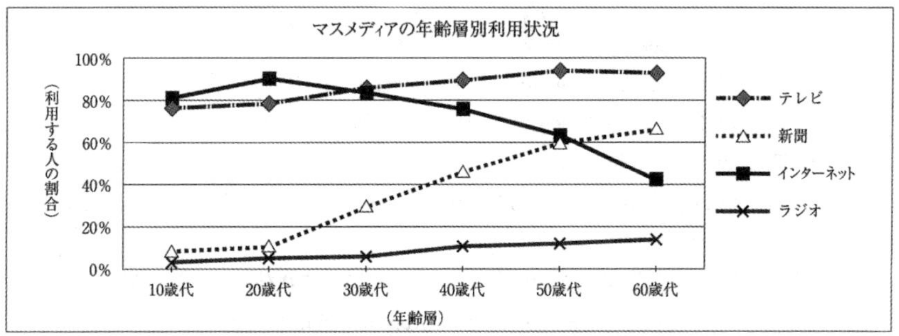

（総務省：「平成24年情報通信メディアの利用時間と情報行動に関する調査報告書」から作成）

2	①	
	②	
	③	?
	④	

■平成28年度問題

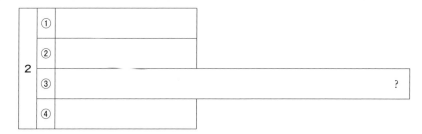

2 2　次は，Yuka が留学生の Ben に，自分が調べたことを説明している時の対話である。下のグラフとメモを参考に，対話の流れに合うように，［ ① ］には４語以上の英語を，（ ② ）～（ ④ ）にはそれぞれ英語１語を書け。

Yuka：I am gathering some information about international visitors* who came to Kagoshima in 2014.

Ben：That's interesting. ［ ① ］?

Yuka：About 250,000 people did.

Ben：Wow. Where did they come from ?

Yuka：About 80% of them came from East Asian* countries and regions*. For example, Taiwan, Korea, Hong Kong and China.

Ben：Kagoshima is（ ② ）among people in East Asian countries and regions.

Yuka：Yes. Kagoshima Prefecture* made videos about Kagoshima and published them on the Web* in 2014. Many people in East Asian countries and regions have（ ③ ）them.

Ben：Oh, I know those videos. They are very interesting.

Yuka：More and more* people from Taiwan come to Kagoshima each year. Did you know that?

Ben：Oh, really ? Why ?

Yuka：A regular flight service* between Kagoshima and Taiwan（ ④ ）in 2012.

Ben：That means* many people from Taiwan can visit Kagoshima easily.

注　international visitor(s)　外国人訪問者　　East Asian　東アジアの　　region(s)　地域
Kagoshima Prefecture　鹿児島県　　published ～ on the Web　～をインターネットで公開した
More and more　ますます多くの　　regular flight service　飛行機の定期便の運航
mean ～　～ということを意味する

2014年に鹿児島県に宿泊した外国人数と国・地域別割合

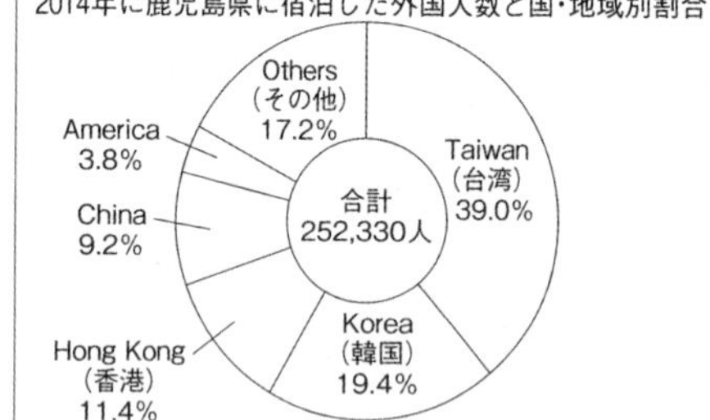

「平成26年 鹿児島県観光統計」をもとに作成

～メモ～
※　東アジアで鹿児島県のプロモーション動画視聴回数が多い
※　特に台湾からの訪問者数が年々増加
※　2012年に鹿児島と台湾の空港を結ぶ定期便が就航

2	①	?				
	②		③		④	

■平成29年度問題

2 2　次は，あるイベントを紹介するホームページの一部と，それを見ているMiyukiと留学生のEmmaとの対話である。二人の対話がホームページの内容と合うように，［　①　］には5語以上の英語を，（　②　）～（　④　）にはそれぞれ英語1語を書け。

「山の日」制定記念フェスティバル　～山の魅力を体感しよう～

日　　時：2016年8月11日(木) 9時～17時

場　　所：みどり公園わくわく広場

※無料シャトルバスあり（清山駅から30分おきに運行）

【山の写真展】	【森林散策ツアー】	【お食事サービス】
登山愛好家たちが撮影した写真を多数展示します。	森林に生息する動物に出会えます。	カレーライスをみなさんにふるまいます。

Miyuki：Emma, look at this. We should go to Midori Park next Thursday.

Emma：Oh, why?

Miyuki：A festival will be held* there. August 11 became a national holiday* called Mountain Day in Japan.

Emma：OK. What can we do there ?

Miyuki：Well, let's see. ［　①　］ taken by people who love climbing mountains. Also, we can walk in the forest. While we are walking, we can see animals that （　②　） in forests.

Emma：That's interesting.

Miyuki：We can also （　③　） curry and rice !

Emma：Nice. I want to go to the park, but it is far* from here. How can we go there ?

Miyuki：A bus will （　④　） Kiyoyama Station every thirty minutes that day. We can take it for free*.

Emma：That's great. I'm looking forward to it.

注　be held　開催される　　national holiday　国民の祝日　　far　遠い　　for free　無料で

2	①	taken by people who love climbing mountains.				
	②		③		④	

■平成30年度問題

2 2　次は，夏祭りのボランティアを募集するチラシ(flyer)の一部と，それを見ているNozomiと留学生のAnnとの対話である。二人の対話がチラシの内容と合うように，（　①　），（　②　），（　④　）にはそれぞれ英語1語を，［　③　］には4語以上の英語を書け。

○○町では夏祭りのボランティアを募集しています！

日　　　　時：2017年8月6日(日)　13時～17時

活 動 場 所：○○町わかば公園（12時45分までに来てください。）

活 動 内 容：公園の清掃，テント張り，飲食コーナーの設営

参 加 資 格：中学生以上の方

持参するもの：帽子，タオル（飲み物は準備いたします。）

備　　　　考：昼食は済ませて来てください。

Ann：What is in your hand, Nozomi?

Nozomi：A flyer. Our town is （　①　） for volunteers who can help with* the summer festival on August 6.

Ann：Really? I'm interested in volunteer work.

Nozomi：Oh, are you? Let's go together.

Ann：Sounds good. What will we do?

Nozomi：We will clean Wakaba Park and put up* tents. Also, we are going to set up* a place which will be used for eating and （　②　）. The volunteer work will start at one o'clock in the afternoon, so we should get to the park by 12:45. You know where it is, right?

Ann：Yes. ［　③　］?

Nozomi：Yes. A cap and a towel*. Oh, I have one more thing to tell you. Finish your lunch （　④　） you go to the park.

Ann：OK. I hope I can be a big help.

注　help with ～　～の手伝いをする　　put up ～　～を張る　　set up ～　～の設営をする　　towel　タオル

2	①		②	
	③	?		
	④			

■平成31年度問題

2 2　次は，職場体験（work experience program）の体験先一覧の一部と，それを見ている Naomi，Kenta と留学生の Cathy との会話である。三人の会話が一覧の内容と合うように，（ ① ）～（ ③ ）にはそれぞれ英語１語を，［ ④ ］には３語以上の英語を書け。

職場体験（11/6～11/8）について

1．南九州水族館
　時　　間：9:15～16:00
　実習内容：１日目　魚や海洋動物についての学習
　　　　　　２日目　魚へのえさやり，水そうの掃除
　　　　　　３日目　イルカショーの補助
　　　　　　　　　（終了後，イルカとの写真撮影あり）
　※三人一組で申し込むこと。

2．フレッシュ鹿児島スーパーマーケット

Cathy：Hi, Naomi！ Hi, Kenta！ What are you doing？
Naomi：We are reading about a work experience program at an aquarium*.
Kenta：We are planning to choose this program.
Cathy：Oh, that's interesting. Please tell me about it.
Naomi：We'll learn about fish and sea（ ① ）on the first day.
Kenta：And on the second and third days, we'll work with the aquarium staff*!
Cathy：Oh, really？ What kind of work will you do？
Naomi：We'll（ ② ）the fish some food and clean some tanks*.
Kenta：We can also help the staff with the Dolphin Show*. After that, we can take（ ③ ）with the dolphins！
Cathy：Wonderful！［ ④ ］with you？
Naomi：Of course you can. One group should have three people, so we need another student.
Cathy：Great！

注　aquarium　水族館　　staff　従業員　　tank　水そう　　Dolphin Show　イルカショー

2	①		②	
	③			
	④	with you？		

■令和２年度問題

2 2　次は，Hikari と留学生の Bob との対話である。駅のお知らせ（announcement）を参考にして，（ ① ），（ ② ），（ ④ ）にはそれぞれ英語１語を，［ ③ ］には４語以上の英語を書け。

Hikari：Hi, Bob. You look worried. What's the matter?
Bob：Hi, Hikari. There are many people here today. What is happening? This may be an announcement about the train for Hanayama, but I can't read Japanese. Can you tell me what it says?
Hikari：OK. The train has（ ① ）because of the heavy rain.
Bob：Really? When will the train run again?
Hikari：The announcement doesn't say, so I don't know how（ ② ）you should wait for the next train.
Bob：Oh, no! I have to go to Hanayama today.
Hikari：Then,［ ③ ］. It leaves from bus stop No.5. Now it is 12:10, so you have（ ④ ）minutes before the next bus leaves.
Bob：Thank you for helping me, Hikari.
Hikari：You're welcome.

（お知らせ）
花山行きの電車について

大雨のため，運転を見合わせております。運転再開の見通しは立っておりません。
ご迷惑をおかけいたしますが，お急ぎの方はバスをご利用下さい。
なお，花山行きのバスは12時から30分ごとに５番乗り場から出ています。

2	①		②	
	③	Then, .		
	④			

■令和３年度問題

2 2　次は，あるバスツアー(bus tour)の案内の一部と，それを見ている Rika と留学生の Emily との対話である。二人の対話がツアーの内容と合うように，（ ① ），（ ② ），（ ③ ）にはそれぞれ英語１語を，［ ④ ］には３語以上の英語を書け。

みどり町　わくわく無料バスツアー

1　日時　4月9日(土)　9時～17時

2　行程

9:00	みなと駅を出発	
9:30	ひばり城	— 人気ガイドによる特別講座～城の歴史にせまる～ — 絶景！　天守閣から満開の桜を眺める
12:00	かみや商店街	— 話題の「かみや☆まち歩き」 (買い物・昼食含む)　※費用は各自負担
14:30	ながはまビーチ	— 好きな活動を一つ楽しもう (自由選択:魚釣り，バレーボール，サイクリング)
17:00	みなと駅に到着	

※当日は，**出発の 20 分前までに**みなと駅に集合してください。担当者がお待ちしています。

Rika　:　Emily, next Saturday is the first holiday since you came to our town, Midori-machi.
Emily　:　Yes. I want to go to many places in this town.
Rika　:　Please look at this. We can visit some places in our town together.
Emily　:　Oh, that's good. Rika, please tell me more about this tour.
Rika　:　OK. First, we will go to Hibari Castle. We can learn its（ ① ）. We can also see a lot of cherry blossoms! Then, we will go to Kamiya Shopping Street. We can（ ② ）around and enjoy shopping and lunch.
Emily　:　Sounds interesting. What will we do after that?
Rika　:　We will go to Nagahama Beach. We will（ ③ ）one activity from fishing, playing volleyball, or riding a bike.
Emily　:　Wow, I can't wait. Oh, what time will the tour start?
Rika　:　At nine. But［ ④ ］at Minato Station by eight forty.
Emily　:　OK. I'll go with you. It will be fun.

3　次は，ALT の Emma 先生と中学生の Yuji との対話である。対話が成り立つように，［　　］に４語の英語を書け。

Emma　:　Yuji, you speak English very well.［　　］do you have in a week?
Yuji　:　We have four English classes. I enjoy studying English at school!

2	①		②		③	
	④	But				at Minato Station by eight forty.
3						do you have in a week?

■令和３年度問題

3 Ⅰ　次は，イギリスに留学している Taro が見ているテレビ番組表の一部である。これをもとに，１，２の問いの答えとして最も適当なものを，それぞれ下の**ア**～**エ**の中から一つ選び，その記号を書け。

11:30	**Green Park** A baby elephant learns to walk with her mother.
12:30	**Visiting Towns** A famous tennis player visits a small town.
14:00	**Music! Music! Music!** Popular singers sing many songs.
15:00	**Try It!** Ricky decides to make a new soccer team.
16:30	**Find Answers** Which team wins the game?
18:00	**News London** The news, sports, and weather from London.

1　Taro wants to learn about animals. Which program will he watch?

ア　Green Park　　**イ**　Visiting Towns　　**ウ**　Try It!　　**エ**　Find Answers

2　Taro wants to watch a program about the news of the soccer games. What time will the program begin?

ア　11:30　　**イ**　12:30　　**ウ**　14:00　　**エ**　18:00

Ⅰ	1		2	

■令和４年度問題

2 2　次は，Yukoと留学生のTomとの対話である。(　①　)～(　③　)に，下の[　　　]内の［説明］が示す英語１語をそれぞれ書け。

Yuko：Hi, Tom. How are you?
Tom：Fine, but a little hungry. I got up late this morning, so I couldn't eat (　①　).
Yuko：Oh, no! Please remember to eat something next Sunday morning.
Tom：I know, Yuko. We're going to Kirishima to (　②　) mountains again. Do you remember when we went there last time?
Yuko：Yes. We went there in (　③　). It was in early spring.

［説明］
① the food people eat in the morning after they get up
② to go up to a higher or the highest place
③ the third month of the year

3　次は，Sotaと留学生のLucyとの対話である。①～③について，［例］を参考にしながら，(　　)内の語に必要な２語を加えて，英文を完成させよ。ただし，(　　)内の語は必要に応じて形を変えてもよい。また，文頭に来る語は，最初の文字を大文字にすること。

［例］ A：What were you doing when I called you yesterday?
B：(　study　) in my room.　　　(答)　I was studying

Sota：Hi, Lucy. What books are you reading? Oh, are they history books?
Lucy：Yes. ①(like). They are very interesting.
Sota：Then, maybe you will like this. This is a picture of an old house in Izumi.
Lucy：Wow! It's very beautiful. Did you take this picture?
Sota：No, my father did. ②(visit) it many times to take pictures. I hear it's the oldest building there.
Lucy：How old is the house?
Sota：③(build) more than 250 years ago.
Lucy：Oh, I want to see it soon.

2	①		②		③	
3	①		②		③	

■令和４年度問題

3 Ⅰ　次の英文は，中学生のYumiが，奄美大島と徳之島におけるアマミノクロウサギ(Amamirabbits)の保護について英語の授業で行った発表である。英文を読み，あとの問いに答えよ。

Amami-Oshima Island and Tokunoshima Island became a Natural World Heritage Site* last year. Amami rabbits live only on these islands, and they are in danger of extinction* now. One of the biggest reasons is car accidents*. <u>This graph</u>* shows how many car accidents with Amami rabbits happened every month over* 20 years. There are twice as many car accidents in September as in August because Amami rabbits are more active* from fall to winter. The accidents happened the most in December because people drive a lot in that month. Look at this picture. People there started to protect them. They put this sign* in some places on the islands. It means, "Car drivers must [　　　　] here." It is very important for all of us to do something for them.

Yumiが見せた写真

注　Natural World Heritage Site　世界自然遺産　　danger of extinction　絶滅の危機
car accidents　自動車事故　　graph　グラフ　　over ～　～の間（ずっと）
active　活発な　　sign　標識

1　下線部This graphとして最も適当なものを下のア～エの中から一つ選び，その記号を書け。

ア
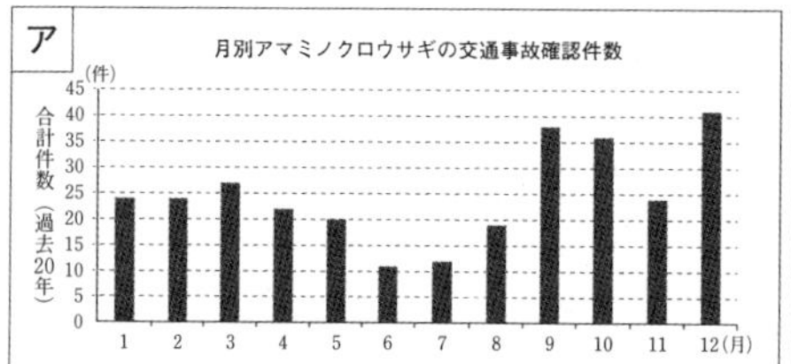

イ
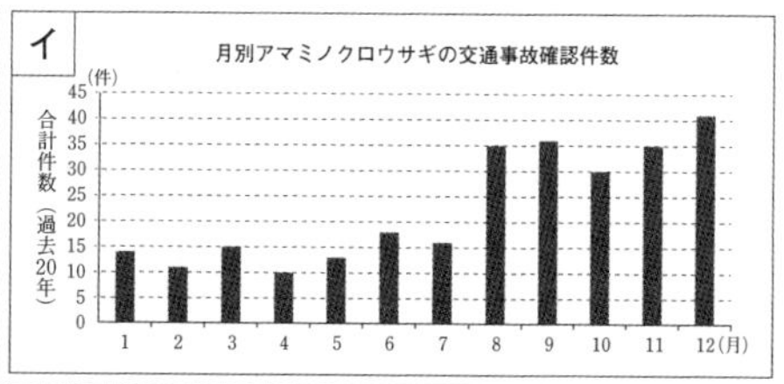

ウ
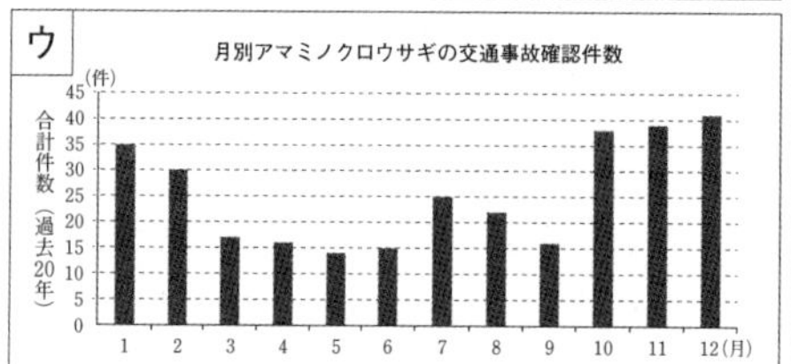

エ
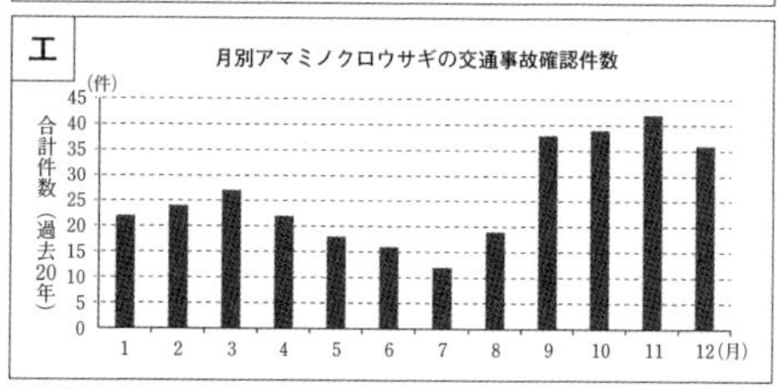

(沖縄奄美自然環境事務所（令和２年９月）のウェブサイトを参考に作成)

2　本文の内容に合うように[　　　　]に適切な英語を補って英文を完成させよ。

Ⅰ	1		2	

英文読解

■平成26年度問題

3 2　次は，Toshi が英語の授業で発表したものである。これを読み，あとの問いに答えよ。

My father is a baker*. He works hard from morning to night every day. One day, when he came home, I said to him, "You worked for many hours. You are tired, right ?" He said, "Yes, I am, but many customers* come to buy my bread. To make them happy, I need a lot of work and time." I thought that working was very hard. Then he said, "I have another thing to tell you. Working hard makes us happy." At first, I couldn't understand this.

Last week, I visited my father's bakery*. There were many customers, and he was very busy. A woman customer said to my father, "I love your bread. Thank you." He looked very happy and said, "I'm glad to hear that." When I saw his smile, I finally understood his words.

I haven't decided my future job yet, but I will work very hard in the future.

注　baker　パン職人　　customer(s)　客　　bakery　パン屋

(1)　本文の内容に合うものを，下のア～エの中から一つ選び，その記号を書け。

ア　Toshi's father works very hard for his customers.
イ　Toshi thought it was easy to work at a bakery.
ウ　Toshi's father was too busy to talk with his customers.
エ　Toshi has decided what he is going to be in the future.

(2)　下線部の内容を最も的確に表している１文を本文中から抜き出して書け。

2	(1)		(2)	

3　次の英文を読み，あとの問いに答えよ。

Last summer, Kenta joined an international exchange* program* in America. Students from many countries joined, too. They talked with each other in English, but he couldn't enjoy speaking it. He worried about making mistakes.

During the program, the students were going to have a party and talk about their own cultures. Kenta thought, "I cannot speak English well. What should I do ?"

He went to his teacher in the program. The teacher said, "You are afraid of making mistakes, right ? You don't have to speak perfect English. You should just try."

At the party, the students began to talk about their cultures one by one*. Then Kenta's turn* came. He was afraid of making mistakes. So first, he began to draw his favorite anime* character*. Then he slowly talked about it. He made some mistakes. But many students were interested in his speech and asked him a lot of questions. He talked a lot with them and had a good time.

Now, Kenta is not afraid of making mistakes and really enjoys speaking English.

注　international exchange　国際交流　　program　事業　　one by one　一人ずつ　　turn　順番
　　anime　日本のアニメ　　character　登場人物

(1)　本文の内容に合うものを，下のア～エの中から一つ選び，その記号を書け。

ア　Before the party, Kenta thought that he could speak perfect English.
イ　Before the party, Kenta asked the teacher about an anime.
ウ　At the party, Kenta watched an anime with his friends.
エ　At the party, Kenta spoke about an anime character he liked.

(2)　本文の表題として最も適当なものを，下のア～エの中から一つ選び，その記号を書け。

ア　Something Kenta Learned in a Program
イ　A Good Friend Kenta Met in a Program
ウ　An Anime Character Kenta Performed in a Program
エ　The Country Kenta Visited in a Program

3	(1)	
	(2)	

■平成27年度問題

3 2　次は，図書委員（student librarian）の Fumiko が書いたものである。これを読み，あとの問いに答えよ。

My aunt works at a library. The library is popular in her town. She often says to me, "If you visit my library, you will understand why it is popular." So, I visited the library last week. I found three interesting things about the library.

First, every week, there is a special event for young children and their parents. In the event, volunteers* read stories to them. The children and their parents look forward to the event.

Also, the staff members* make a newspaper every month. It has interesting information about the new books and the events at the library.

Last, there are many chairs and sofas* in the reading room. People can relax* and read books on them.

Now I understand that these three things make the library popular. As a student librarian, I'm especially interested in the second thing. So, I will ☐.

注　volunteer(s)　ボランティア　　staff member(s)　職員　　sofa(s)　ソファー　　relax　くつろぐ

(1)　本文の内容に合うものを，下のア～エの中から一つ選び，その記号を書け。

ア　Fumiko was especially interested in the foreign books at the library.
イ　Fumiko gave a lot of information about new books to her aunt.
ウ　Fumiko feels happy when she reads books outside the library.
エ　Fumiko understands why the library is liked by a lot of people.

(2)　☐の中に入る最も適当な英語を本文中から５語で抜き出して英文を完成せよ。

3　次は，Naoki が英語の授業で発表したものである。これを読み，あとの問いに答えよ。

When I was in my first year of junior high school, I went to bed late and got up late every day. So, I had no time to have breakfast. I was hungry and couldn't keep focused* in class. I often felt tired at school. I didn't feel like working*.

One day in my second year, I felt really tired at school and went to the nurse's office. The school nurse asked me, "Did you have breakfast this morning ?" I answered, "No, I didn't." She said, "You should have breakfast every morning because it gives you energy*. You will feel better." That night I decided to go to bed earlier, to get up earlier and to have breakfast every morning.

Now I eat breakfast and feel good every day. I enjoy my classes and work hard at everything. Breakfast made my life better.

注 keep focused 集中する feel like working 頑張ろうと思う energy エネルギー

(1) 本文の内容に合うものを，下のア～エの中から一つ選び，その記号を書け。

ア Naoki ate breakfast every day when he was a first year student.
イ The school nurse asked Naoki many questions about his school life.
ウ Naoki changed his life after he talked with the school nurse.
エ The school nurse told Naoki to come to school earlier.

(2) 本文の表題として最も適当なものを，下のア～エの中から一つ選び，その記号を書け。

ア The History of Breakfast イ The Importance of Breakfast
ウ What to Eat for Breakfast エ How to Cook Delicious Breakfast

2	(1)		(2)	
3	(1)		(2)	

■平成28年度問題

3 Ⅱ 次は，高校生のMiyukiが英語の授業中に行ったスピーチである。これを読み，あとの問いに答えよ。

Who makes your lunch* every day ? Your mother ? Your father ? You ? In my family, my father makes my lunch.

My parents are very busy with work and they share the housework*. My father usually gets up early in the morning to make my lunch. When I leave home, he always smiles and gives me my lunch. When I eat it, I remember his smile.

Do you remember the home economics homework* for the summer vacation ? We had to make our own lunch. It was very hard, and I needed a lot of time.

Now I understand that my father works hard to make my lunch every day. When my father comes home from work, I always smile and say to him, "□" I love the lunch he makes for me every day.

注 lunch お弁当 housework 家事 home economics homework 家庭科の宿題

1 本文の内容に合っているものを，下のア～エの中から一つ選び，その記号を書け。

ア Miyuki's father changed jobs and now works at home all day.
イ When Miyuki's father gives Miyuki her lunch, he always looks happy.
ウ It was very easy for Miyuki to make her lunch during the summer vacation.
エ Miyuki makes her lunch when her father is very busy with his work.

2 □の中に，本文の内容に合うように５語以上の英文を書け。

Ⅲ 中学生のAkiraが書いた次の英文を読み，あとの問いに答えよ。

This summer my friends and I went to a three-day event in my small town. It was planned* by university students for junior high school students. Many junior high school students from other towns joined, too. The university students helped us with our studies. We also played soccer and baseball with them. Through these activities*, we made a lot of new friends.

People in my town helped with the event. They offered* places for the activities. They also cooked meals for us and the university students. Some elderly* people told us about the town's history. It was very interesting. During those three days, people in my town looked very happy.

This event was a good chance* for us to make new friends and learn a lot from elderly people. I hope this event will be held* again next year.

Thanks to* the university students, I had a good time this summer. I want to plan events for my town in the future. That's my dream.

注 plan ～ ～を計画する activities 活動(activityの複数形) offered ～ ～を提供した
elderly 年配の chance 機会 be held 行われる Thanks to ～ ～のおかげで

1 次の(1)，(2)の質問に対する答えを英文で書け。

(1) Who planned this event ?
(2) What is Akira's dream ?

2 本文の表題として最も適当なものを，下のア～エの中から一つ選び，その記号を書け。

ア A Wonderful Event in My Town
イ The History of My Small Town
ウ My Favorite Subject and Sport
エ Studying with University Students

Ⅱ	1		2	
Ⅲ	1	(1)		
		(2)		
	2			

■平成29年度問題

3 Ⅱ　次は，中学生の Daisuke が高校の体験入学について英語の授業中に行ったスピーチである。これを読み，あとの問いに答えよ。

During summer vacation, I visited a high school in my city.

At the opening ceremony*, I enjoyed the music club's performance*. Then three students spoke about their school. One of them said, "I love this school. I want to be a doctor to help a lot of people, so I study hard every day." Each of them told us about the importance of having a dream.

In the afternoon, I went to an English lesson. It was good because I could talk with students from different junior high schools. We talked about many things in English. In the lesson, the teacher said, "I decided to be an English teacher when I was a high school student. I worked hard to realize* my dream. I like teaching English."

That day, I learned [　　　　]. I haven't decided what I will do in the future yet, but I want to find my dream in that high school.

注　opening ceremony　開会行事　　performance　演奏　　realize ～　～を実現する

1　本文の内容に合っているものを下のア～エの中から一つ選び，その記号を書け。

ア　Daisuke visited a high school this summer to decide his future job.

イ　Daisuke decided to become a junior high school English teacher.

ウ　Daisuke enjoyed talking with high school students in the English lesson.

エ　Daisuke listened to speeches made by three students of the high school.

2　[　　　　]の中に入る最も適当な英語を本文中から６語で抜き出して英文を完成させよ。

Ⅲ　高校生の Mika が書いた次の英文を読み，あとの問いに答えよ。

My grandfather lives alone. He likes to read and write letters, so he sometimes sends me letters.

When I was seven years old, I wrote my first letter to my grandfather. Three days later, I got a letter from him. In the letter, he said, "I was very happy to get a letter from you." I was happy to know that, so I wrote my second letter. After that, we continued to* exchange* letters.

After I became a high school student, I sometimes got letters from him, but I had many things to do, so I didn't write letters to him for a few months.

When I visited my grandfather last month, I found many old letters in a box. They were all written by me. He said, "When I miss* you, I read your letters. Your letters always make me happy." I said to him, "I haven't written letters recently*. I'm sorry." "That's OK, but please write letters to me again," said my grandfather with a smile. When I was going home, I thought, "I didn't know that my letters were so important to him."

Now I write letters to my grandfather again. I feel happy when I get a letter from him.

注　continued to ～　～し続けた　　exchange ～　～をやりとりする
　　miss ～　～がいないのを寂しいと思う　　recently　最近

1　次の(1)，(2)の質問に対する答えを英文で書け。

(1)　When did Mika write her first letter to her grandfather ?

(2)　What did Mika's grandfather want her to do ?

2　本文の表題として最も適当なものを下のア～エの中から一つ選び，その記号を書け。

ア　Reading Old Letters from My Grandfather

イ　Exchanging Letters with My Grandfather

ウ　A Wonderful Story Written by My Grandfather

エ　My Favorite Letter from My Grandfather

Ⅱ	1		
Ⅱ	2		
Ⅲ	1	(1)	
Ⅲ	1	(2)	
Ⅲ	2		

■平成30年度問題

3 Ⅱ　次は，高校生の Atsuko が書いたスピーチ原稿である。これを読み，あとの問いに答えよ。

Do you like green tea? I love to drink it. I read about green tea on the Internet. Today, I would like to share some things I learned.

First, Kagoshima is the second largest producer* of green tea in Japan. Green tea is made in many areas* of Kagoshima. A lot of people enjoy drinking tea made in Kagoshima.

Also, green tea is exported* to foreign countries, especially to America. Today, Japanese food has become popular in America, so more green tea is exported from Japan than before*.

Last, green tea is [　　　　]. For example, it makes our blood pressure* lower, and it keeps our teeth clean. It also makes us relaxed*.

I got very interested in green tea, so I want to learn more about it.

注　the second largest producer　第２位の生産地　　area(s)　地域　　be exported　輸出されている
　　than before　以前より　　blood pressure　血圧　　relaxed　くつろいだ

1　本文の内容に合っているものを下のア～エの中から一つ選び，その記号を書け。

ア　Atsuko learned about green tea by reading books.

イ　It is very difficult to make green tea in Kagoshima.

ウ　More Japanese green tea is sold to America now.

エ　Atsuko began to drink green tea because she got sick.

2　本文の内容に合うように，[　　　　]に適切な英語を補って英文を完成せよ。ただし，英語は３語以上で書くこと。

Ⅲ　中学生の Takeshi が書いた次の英文を読み，あとの問いに答えよ。

Last year, we had a school festival. Our class decided to make a big mosaic* and started to make it after school two months before the festival. At first, I didn't want to do it because I didn't like working with other people. Some of my classmates and I went home without working together with the other students. The atmosphere* of our class was not good.

One day, our teacher said to us, "Some of you are not working hard for the festival. Of course, I want you to make a wonderful mosaic, but it is more important to work together." I felt sorry* to hear that. The teacher continued, "If you do this, you will get something wonderful."

From the next day, I changed my attitude*, and all my classmates began to help each other. We talked about how to make the work* better and kept working hard for many days. Finally, we finished making the mosaic.

The day before the festival, we put the work on the wall of the school building*. When we saw it, we shouted for joy*. I was happy, and my classmates had big smiles on their faces. One of my classmates said, "We feel happy now because we worked together for the same goal." At that time, I understood what our teacher wanted to tell us.

注　mosaic　モザイクアート　　atmosphere　雰囲気　　felt sorry　申し訳なく思った
　　attitude　態度　　work　作品　　school building　校舎　　shouted for joy　歓声をあげた

1　次の(1)，(2)の質問に対する答えを英文で書け。

(1)　At first, Takeshi didn't want to make the mosaic. Why?

(2)　What changed Takeshi's attitude?

2　下線部の内容を 30 字程度の日本語で書け。

Ⅱ	1		2	
Ⅲ	1	(1)		
		(2)		
	2			30

■平成31年度問題

3　次のⅡ～Ⅲの問いに答えなさい。

Ⅱ　次は，中学生の Yukiko が書いたスピーチ原稿である。これを読み，あとの問いに答えよ。

Hello, everyone. I am going to talk about something important that will help us in our lives.

Look at this. This is one of the tomatoes I grew* this year. My brother is studying agriculture* in high school and enjoys growing vegetables*. I thought it was interesting, so I started growing tomatoes in my garden* last year. I gave the tomatoes water every day. However, one month later, many of them became sick. My brother didn't give me any solutions* then, but he said, "Do you know why they are sick ? Did you try to find the reason ?"

I went to the city library and read a book about growing tomatoes. Finally, I found the reason. Tomatoes don't need a lot of water every day. After that, I stopped giving my tomatoes too much water.

This year, I tried again and I have grown my tomatoes well ! Experience is the best teacher. Now I know what to do. I will grow more tomatoes next year.

注　grew ～　～を育てた（現在形は grow，過去分詞形は grown）　agriculture　農業　vegetable(s)　野菜
　　garden　菜園　solution(s)　解決法

1　本文の内容に合っているものを下のア～エの中から一つ選び，その記号を書け。

ア　Yukiko thinks eating tomatoes is good for her health.

イ　Yukiko's brother taught her how to grow tomatoes.

ウ　Yukiko had a problem about growing tomatoes last year.

エ　Yukiko has grown tomatoes well for two years.

2　下線部の内容を最も的確に表している 1 文を本文中から抜き出して書け。

Ⅲ　中学生の Kyoko が書いた次の英文を読み，あとの問いに答えよ。

When I entered junior high school, I didn't like studying English. It was difficult, and I didn't understand many words. However, last summer, I discovered* a dream.

My grandfather took me to SATSUMA STUDENTS MUSEUM in Ichikikushikino City during last summer vacation. The Satsuma students went to Great Britain* more than 150 years ago. Going abroad was very dangerous at that time, but they learned many new things there and had an influence on* Japan. "The youngest student was only thirteen when he left Japan," my grandfather said. I was surprised to hear that and said, "He was amazing! Only thirteen ?" I became interested in going abroad after I visited the museum.

A week later, I watched a TV program about a Japanese doctor who was working hard in a foreign country. That country needed more doctors. I was shocked* to know that many countries didn't have enough doctors. I wanted to do something for sick people. I decided to be a doctor and help people in those countries.

English is very important for working in foreign countries. I have read an English newspaper every week since I watched that program. It's not easy, but I will do everything to improve my English.

注　discovered ～　～を見つけた　　Great Britain　英国　　had an influence on ～　～に影響を与えた
shocked　ショックを受けた

1　次の(1), (2)の質問に対する答えを英文で書け。

(1)　Why was Kyoko surprised when she heard about the youngest student ?

(2)　What did Kyoko start doing after she found her dream ?

2　下線部の内容を 30 字程度の日本語で書け。

Ⅱ	1		2	
Ⅲ	1	(1)		
		(2)		
	2	（30字程度の解答欄）30		

■令和２年度問題

3　次のⅡ～Ⅲの問いに答えなさい。

Ⅱ　高校生の Riko が書いた次の英文を読み，あとの問いに答えよ。

This summer, I joined the Inter-High School Competition* as one of the volunteers. This was my first experience as a volunteer. We danced and sang some songs in Kagoshima dialect* at the opening ceremony*.

The volunteers came from different high schools, so we practiced together only on Saturdays and Sundays. At first, we were too nervous to speak to each other. A month before the opening ceremony, our teacher said, "Each of you is working hard, but as a team, you should communicate with* each other." After we practiced that day, all the volunteers stayed and talked about our problems for the first time. Then we decided to have a meeting after every practice. By sharing our ideas, our performance* got better.

At the opening ceremony, we did our best and many people who saw our performance gave us a big hand*. That made me very happy. Our teacher said, "You did a great job! Your performance was wonderful!"

From that experience, I learned an important thing. [　　　] is important when we work together. If we do so, we can make something better. This experience will be useful in my life.

注　the Inter-High School Competition　全国高等学校総合体育大会　　dialect　方言
opening ceremony　開会式　　communicate with ～　～とコミュニケーションをとる
performance　演技　　gave us a big hand 盛大な拍手をした

1　次の(1), (2)の質問に対する答えを本文の内容に合うように英文で書け。

(1)　The volunteers practiced together only on weekends. Why?

(2)　How did Riko feel after the performance at the opening ceremony?

2　[　　　]の中に入る最も適当な英語を本文中から３語で抜き出して英文を完成させよ。ただし，文頭にくる語は，最初の文字を大文字にすること。

Ⅲ　Ken と Ann はハンバーガー店に来て，メニューを見ながら何を注文するのか話している。１，２について，メニューをもとに，二人がそれぞれ注文するものとして最も適当なものを下のア～エの中からそれぞれ一つ選び，その記号を書け。なお，表示は税込価格とする。

MENU

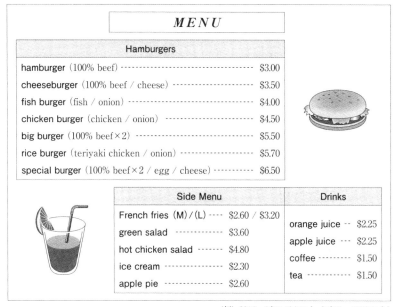

Hamburgers	
hamburger (100% beef)	$3.00
cheeseburger (100% beef / cheese)	$3.50
fish burger (fish / onion)	$4.00
chicken burger (chicken / onion)	$4.50
big burger (100% beef×2)	$5.50
rice burger (teriyaki chicken / onion)	$5.70
special burger (100% beef×2 / egg / cheese)	$6.50

Side Menu	
French fries (M) / (L)	$2.60 / $3.20
green salad	$3.60
hot chicken salad	$4.80
ice cream	$2.30
apple pie	$2.60

Drinks	
orange juice	$2.25
apple juice	$2.25
coffee	$1.50
tea	$1.50

（例）$2.50＝2ドル50セント（1ドル＝100セント）

1　Ken said, "I want to eat chicken and something cold."

ア　A hamburger and an apple juice　　イ　A special burger and a green salad

ウ　A rice burger and an ice cream　　エ　A chicken burger and a French fries (M)

2　Ann said, "I want something to eat and drink, but I don't want to eat beef. I only have $ 6.50."

ア　A big burger and an orange juice　　イ　A chicken burger and an apple juice

ウ　A cheeseburger and a coffee　　エ　A fish burger and a tea

Ⅱ	1	(1)					
		(2)					
	2		Ⅲ	1		2	

■令和３年度問題

3 次のⅡ～Ⅲの問いに答えなさい。

Ⅱ　中学生の Takeshi が書いた次の英文を読み，あとの問いに答えよ。

My mother is an English teacher at a high school. Her friend, Mr. Jones, was going to leave Japan soon. So she planned a party for him at our house the next month. She said to me, “Will you join the party?”

I couldn’t say yes right away because I knew I couldn’t speak English well. I thought talking with people in English was difficult for me. So I practiced with my mother at home. She said, “You must say ‘Pardon?’ or ‘Would you say that again, please?’ when you don’t understand questions. It is important to say something when you don’t understand.” I sometimes said “Pardon?” when I couldn’t understand my mother’s questions. She also showed me how to ask questions.

Finally, the day came! On the morning of the party, I was nervous because I didn’t think my English was better. Mr. Jones came and the party began at two in the afternoon.

He asked me many questions. I said “Pardon?” when I couldn’t understand his question. He asked me the question again very slowly, so finally I understood. Then, I asked him some questions. He answered! I was happy to talk with him. My mother looked happy, too. I felt [　　　　] was not difficult. Now I like English very much.

1　次の(1)，(2)の質問に対する答えを本文の内容に合うように英文で書け。

(1) Why did Takeshi’s mother plan a party for Mr. Jones?

(2) How did Takeshi feel on the morning of the party?

2　[　　　　]に入る最も適当な英語を本文中から５語で抜き出して英文を完成させよ。

Ⅱ	1	(1)		(2)	
	2				

Ⅲ　次の英文は，中学生の Koharu が，鹿児島中央駅の JR 利用者数と鹿児島県内のバス利用者数について英語の授業で行った発表である。これをもとに，Koharu が使用したグラフを下のア～エの中から二つ選び，発表した順に記号で書け。

Good morning, everyone. Do you like trains and buses? I love them. Now I’m going to talk about the number of people who used them from 2009 to 2014. Please look at this graph*. Many people used JR trains at Kagoshima Chuo Station. We can find the biggest change from 2010 to 2011. In 2011, about fifteen million people used trains. The Kyushu Shinkansen started running from Kagoshima Chuo Station to Hakata Station that year. So I think many people began to use the Shinkansen. Now, I’m going to talk about buses. Please look at the next graph. Many people used buses, but the number of bus users* went down almost every year. I think many people used cars. Thank you for listening.

注　graph　グラフ　　users　利用者

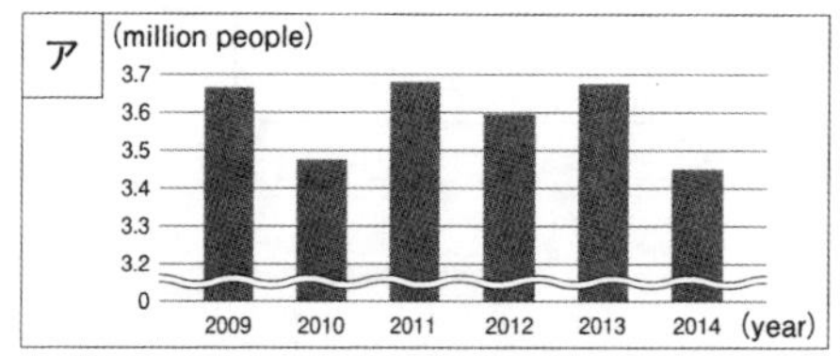

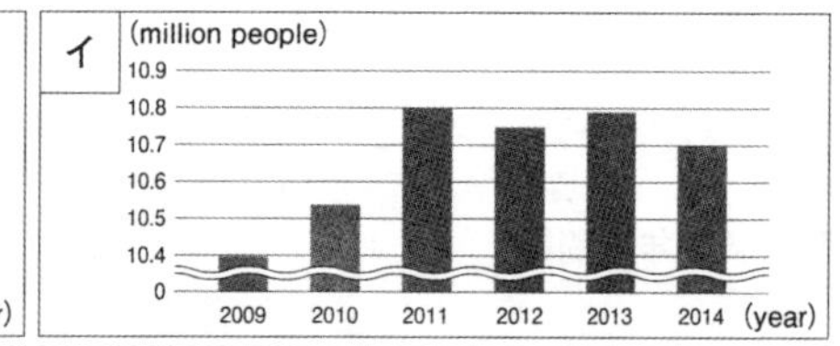

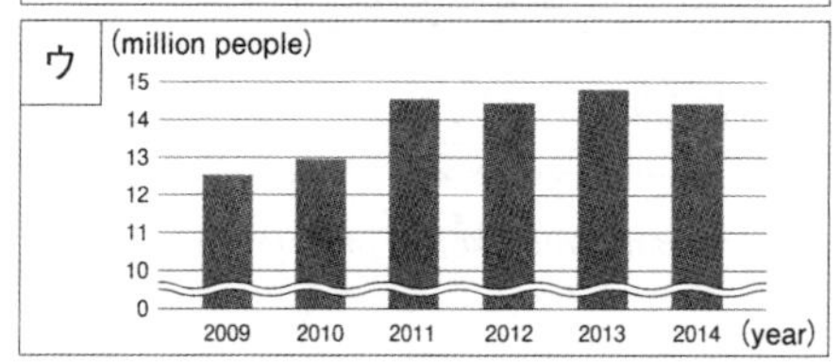

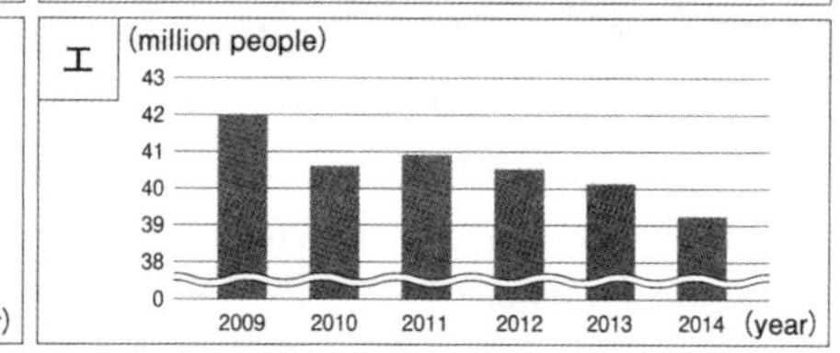

（鹿児島市「鹿児島市公共交通ビジョン改定版」から作成）　※　グラフのタイトルは省略

Ⅲ	１番目		２番目	

■令和４年度問題

3 次のⅡ～Ⅲの問いに答えなさい。

Ⅱ　中学校に留学中のEllenは，クラスの遠足で訪れる予定のサツマ水族館(Satsuma Aquarium)の利用案内を見ながら，同じクラスのMikaと話をしている。次の対話文を読み，あとの問いに答えよ。

Welcome to Satsuma Aquarium

Aquarium Hours : 9 : 30 a.m. — 6 : 00 p.m. (You must enter by 5 : 00 p.m.)

How much ?

	One Person	Groups (20 or more)
16 years old and over	1,500 yen	1,200 yen
6-15 years old	750 yen	600 yen
5 years old and under	350 yen	280 yen

What time ?

Events (Place)	10:00 a.m. ／ 12:00 ／ 2:00 p.m. ／ 4:00 p.m.
Dolphin Show*（Dolphin Pool A）	11:00-11:30, 1:30-2:00, 3:30-4:00
Giving Food to Shark*（Water Tank*）	12:30-12:35
Let's Touch Sea Animals（Satsuma Pool）	12:50-1:05, 4:00-4:15
Talking about Sea Animals（Library）	11:00-11:30, 1:30-2:00
Dolphin Training*（Dolphin Pool B）	10:00-10:15, 12:30-12:45, 2:45-3:00

注　Dolphin Show　イルカショー　　shark　サメ　　tank　水そう　　Dolphin Training　イルカの訓練

Ellen　: Hi, Mika! I'm looking forward to visiting the aquarium tomorrow. I want to check everything. First, how much should I pay to enter?

Mika　: There are 40 students in our class and we are all 14 or 15 years old, so everyone should pay (　①　) yen. But our school has already paid, so you don't have to pay it tomorrow.

Ellen　: OK. Thank you. Next, let's check our plan for tomorrow. We are going to meet in front of the aquarium at 9:30 a.m. In the morning, all the members of our class are going to see "Dolphin Training" and "Talking about Sea Animals." In the afternoon, we can choose what to do. Then, we are going to leave the aquarium at 2:30 p.m.

Mika　: That's right. What do you want to do in the afternoon?

Ellen　: I want to enjoy all the events there. So let's see "(　②　)" at 12:30 p.m. After that, we will enjoy "(　③　)," and then we will see "(　④　)."

Mika　: That's the best plan! We can enjoy all the events before we leave!

1　(　①　)に入る最も適当なものを下のア～エの中から一つ選び，その記号を書け。

　ア　350　　イ　600　　ウ　750　　エ　1,200

2　(　②　)～(　④　)に入る最も適当なものを下のア～エの中からそれぞれ一つずつ選び，その記号を書け。

　ア　Dolphin Show　　　　イ　Giving Food to Shark

　ウ　Let's Touch Sea Animals　　エ　Dolphin Training

Ⅲ　次は，中学生のAmiが授業中に読んだスピーチと，そのスピーチを読んだ直後のAmiとSmith先生との対話である。英文と対話文を読み，(　　　)内に入る最も適当なものをア～エの中から一つ選び，その記号を書け。

Today, plastic pollution* has become one of the biggest problems in the world and many people are thinking it is not good to use plastic products*. Instead, they have begun to develop and use more paper products. In Kagoshima, you can buy new kinds of paper products made of* things around us. Do you know?

An example is "bamboo* paper straws*." They are very special because they are made of bamboo paper. They are also stronger than paper straws. Now, you can buy them in some shops in Kagoshima.

Why is bamboo used to make the straws? There are some reasons. There is a lot of bamboo in Kagoshima and Kagoshima Prefecture* is the largest producer* of bamboo in Japan. People in Kagoshima know how to use bamboo well. So, many kinds of bamboo products are made there. Bamboo paper straws are one of them.

Will the straws help us stop plastic pollution? The answer is "Yes!" If you start to use bamboo products, you will get a chance to think about the problem of plastic pollution. By using things around us, we can stop using plastic products. Then we can make our society* a better place to live in. Is there anything else you can use? Let's think about it.

注　pollution　汚染　　product(s)　製品　　made of ～　～で作られた　　bamboo　竹
　　straw(s)　ストロー　　prefecture　県　　producer　生産地　　society　社会

Mr. Smith : What is the most important point of this speech?
Ami : (　　　　　　　　)
Mr. Smith : Good! That's right! That is the main point.

ア　We should develop new kinds of plastic products, then we can stop plastic pollution.

イ　We should make more bamboo paper straws because they are stronger than plastic ones.

ウ　We should buy more bamboo products because there is a lot of bamboo in Kagoshima.

エ　We should use more things around us to stop plastic pollution in the world.

Ⅱ	1		2	②		③		④
Ⅲ								

英語長文

■平成27年度問題

4 次の英文を読み，１～７の問いに答えなさい。

Lucy is a junior high school student and lives in a city with her family. Her mother likes to grow* flowers and loves her beautiful garden. Lucy took good care of the garden with her mother when she was small. But after she became a junior high school student, she always thought, "This is annoying*. I have a lot of other things to do." One day, when her mother told Lucy to give water to the flowers, she finally said, "I don't want to do it anymore* !" Her mother looked (①). She said nothing to Lucy and went out to the garden.

The next day, Lucy's mother showed a letter to Lucy. The letter was from a boy to Lucy's grandfather. In the letter the boy said, "You took care of the flowers every day. And you did that for forty years ! That's great ! I love your beautiful flowers, and many other people in this town love them, too. Thank you very much, Mr. Miller ! I promise you to grow* the flowers as you have always done."

After Lucy read the letter, she asked her mother, "[②]" Her grandfather died when she was eight years old, so she didn't know a lot about him. "Yes, he did !" Lucy's mother answered. She continued, "Your grandfather worked at a small station in a small town and grew many beautiful flowers around the station for a long time. He got the letter from a boy on his last day of work. He read the letter again and again even after he stopped working. I read the letter after he died, and began to grow flowers. For beautiful flowers, we have to give them water every day and sometimes weed the garden*. It is necessary to keep doing such work."

"Mom, [③] ?" said Lucy. Her mother answered, "Sure ! How about going there this Sunday ?"

It was two hours from Lucy's house to the station by car. Many beautiful flowers were around it. A young man in* a station uniform was giving water to the flowers. Lucy said to the man, "Hello, I am Lucy. Nice to meet you. My grandfather worked at this station and grew flowers here." He was surprised and said, "Wow ! You're Mr. Miller's granddaughter* ! Nice to meet you, too. I loved his beautiful flowers and promised him to take over* his work." Lucy caught her breath*. ④<u>She thought, "Is he that boy ?"</u> He continued, "It is hard to take care of flowers every day. But I will keep my word* to your grandfather !" Lucy asked, " You wrote a letter to my grandfather, right ?" "Yes, I did," he said. "Thank you very much," said Lucy with a smile.

One month later, when Lucy was in the garden with her mother, an old woman spoke to Lucy, "I always enjoy seeing many kinds of flowers in your garden. It's hard work to take care of flowers every day, right ?" "Yes, it is. But the work is necessary to keep them beautiful. I learned that from my grandfather," said Lucy.

注 grow～ ～を育てる（過去形は grew） annoying 面倒な anymore これ以上は
promise～to… ～に…すると約束する weed the garden 庭の草を取る in～ ～を着ている
granddaughter 孫娘 take over～ ～を引き継ぐ caught her breath 息をのんだ
keep my word 私の約束を守る

１ 次のア～ウの絵は，本文のある場面を表している。話の展開に従って並べかえ，その記号を書け。

２ （ ① ）に入る最も適当な語を下のア～エの中から一つ選び，その記号を書け。

ア happy　イ hungry　ウ proud　エ sad

３ [②]に入る最も適当な文を下のア～エの中から一つ選び，その記号を書け。

ア Did my grandfather like cars, too ?　イ Did my grandfather grow flowers, too ?
ウ Did my grandfather help poor people ?　エ Did my grandfather work at a station ?

４ [③]に，本文の内容に合うように英語を書け。

５ 下線部④において Lucy は具体的にどのようなことを思ったのか，30 字程度の日本語で書け。

６ 本文の内容に合っているものを，下のア～オの中から二つ選び，その記号を書け。

ア Lucy's mother asked Lucy to work at the station and grow flowers there.
イ Mr. Miller got a letter from a boy and read it many times.
ウ Mr. Miller and the young man worked together at the station.
エ The young man and Lucy's mother told Lucy to go to the garden every day.
オ When Lucy visited the station, she met the young man for the first time.

７ 次は，本文の続きの対話である。Lucy に代わって[　　]に 10 語以上の英文を書け。英文は２文以上になってもかまわない。

Old woman : Your grandfather taught you an important thing.
Lucy : Yes, he did. He died five years ago. When I am in the garden, I say to him in my mind," [　　　　　　] "
Old woman : I'm sure you can do that.

1	→ →	2		3	
4	?				
5	(30)				
6					
7					

4 次の英文を読み，1～7の問いに答えなさい。（［ 1 ］～［ 6 ］は段落番号を表している。）

［ 1 ］ Judy is a junior high school student. When she was seven years old, she started going to Mr. Hill's piano lessons*. He always said to her, "You should enjoy playing the piano." One day, she got a prize* at a contest. It gave her confidence*. She said to Mr. Hill, "I want to get more prizes." He said, "OK. Do you still enjoy playing the piano ?" Judy answered, "Yes, I do." He said,"Good."

［ 2 ］ When Judy entered junior high school, she began to play more difficult music. She often got frustrated* when she made mistakes. One day, she was practicing music for a contest. Mr. Hill gave her advice*, but she made mistakes again and again. She got frustrated, so he said to her, "Just enjoy playing the piano." Then she said, "I know ! But the contest is coming soon !" She practiced hard, but she couldn't play well.

［ 3 ］ At the contest, Judy didn't get a prize. She was not happy. After that, she played the piano in other contests, but she couldn't play well. She finally（ ① ）her confidence. One night, she called Mr. Hill and said, "I wanted to get a prize, but I couldn't. I don't want to play the piano anymore*." Mr. Hill was sad. She stopped going to his lessons.

［ 4 ］ Three weeks later, she visited her grandmother. "Hi, Judy ! Come in," her grandmother said. After they talked for a while*, her grandmother said to Judy, "Please play the piano." Judy said, "Grandma*, I don't want to play the piano anymore. I'm not a good pianist." Then her grandmother asked, "Why do you think that?" Judy answered, "I always make mistakes, and I can't get any prizes." Her grandmother smiled and said, "Prizes are not important. I just want you to play the piano. Please." So, Judy began to play the piano. She played without thinking about mistakes. Her grandmother listened to her performance* with a smile on the sofa*. After she finished, her grandmother said , "Wonderful ! You played so well." ②<u>Judy was surprised.</u> "Grandma, are you sure ?" "Of course ! Please play again." Judy nodded* and played again. While she was playing, she had a big smile on her face. Grandma said, "Thank you so much, Judy. You look very happy when you play the piano. That is more important than getting a prize." Judy said, "I remembered ③<u>an important thing.</u> Thank you, Grandma."

［ 5 ］ The next day, Judy visited Mr. Hill. Judy said to him, "［ ④ ］" Mr. Hill was very glad to hear that. He said, "Of course, I will. I hoped you would* come back, Judy. Let's start !" Judy made mistakes but never felt frustrated again. She looked so happy when she played the piano. Mr. Hill said, "I think ［ ⑤ ］." Judy smiled and said, "Thank you very much."

［ 6 ］ One month later, there was a piano contest. It was the biggest one in her city. Judy did her best and really enjoyed playing the piano. After the contest, Judy went home. "I'm home ! I had fun at the contest," said Judy. Her parents smiled when they saw her. Judy had a gold medal* in her hand.

注 lesson(s) レッスン　prize 賞　confidence 自信　frustrated いらいらしている
advice 助言　anymore これ以上は　for a while しばらくの間　Grandma おばあちゃん
performance 演奏　sofa ソファー　nodded うなずいた　would will の過去形
gold medal 金メダル

1 次のア～ウの絵は，本文のどの段落の場面を表しているか。それぞれ［ 1 ］～［ 6 ］の段落番号で答えよ。ただし，絵は話の展開どおりに並んでいるとは限らない。

ア

イ

ウ

2 （ ① ）に入る最も適当な英語1語を書け。

3 下線部②の理由を40字程度の日本語で書け。

4 下の英文が下線部③の内容を表すように，［　　］に入る英語4語を本文中から抜き出して書け。

It is important to ［　　］.

5 ［ ④ ］に，本文の内容に合うように10語以上の英文を書け。英文2文以上になってもかまわない。

6 ［ ⑤ ］に入る最も適当なものを下のア～エの中から一つ選び，その記号を書け。

ア you have made mistakes　　イ you have worked very hard
ウ you have received many prizes　　エ you have changed a lot

7 本文の内容に合っているものを，下のア～オの中から二つ選び，その記号を書け。

ア Before Judy entered junior high school, she began to go to Mr. Hill's lessons.
イ Judy didn't get any prizes at contests, so she decided to go to a different teacher.
ウ Judy didn't go to Mr. Hill's lessons for about three weeks, so her parents were angry.
エ When Judy's grandmother asked her to play the piano, Judy didn't want to do it at first.
オ Judy was very sad because she didn't play well at the biggest piano contest in her city.

1	ア		イ		ウ		2	
3								40
4								
5								
6		7						

4 次の英文を読み，１～７の問いに答えなさい。([1]～[9]は段落番号を表している。)

[1] Lisa was a first-year junior high school student. When she was three, she began ballet* and enjoyed practicing. Before she entered junior high school, she joined many competitions* and always got prizes. She often said to her parents, "I want to be a professional* ballet dancer."

[2] After Lisa entered junior high school, lessons became harder, so she sometimes skipped* them. One day, the ballet teacher said, "Lisa, do your best! The competition is coming soon." "I know," said Lisa and thought, "I have always got prizes at competitions. I don't need to practice so hard. I can do it again."

[3] The competition came. Lisa didn't get a prize. She thought, "Why? I can't believe it." From the next day, she practiced for the next competition. She just thought, "[①] I can get a prize." At the next competition, Lisa didn't get a prize again. She was shocked*. When she was going home, she thought, "I will give up* my dream. I can't become a professional ballet dancer ..." She felt sad.

[4] After that day, Lisa didn't practice ballet for a week. Her mother said, "Lisa, your teacher called me. She is worried about you. Why don't you go to your lessons? Your dream is to be a professional ballet dancer, right?" Lisa said, "It is too difficult for me to become a professional ballet dancer. I have no talent for* ballet." Her mother was sad.

[5] Before Lisa went to bed that night, she thought, "Should I give up my dream, or should I go to my lessons?" She didn't practice for one month. She always thought about the same question for a long time, but ②<u>she could not decide</u>.

[6] One day, Lisa's uncle visited her family. His name was Ben. He said, "I haven't seen you for a long time, Lisa!" "Nice to see you, again," said Lisa. Ben said, "I remember you got many ballet prizes. Are you still practicing ballet?" Without answering the question, Lisa asked, "What do you do now?" "I work at a hospital. I became a doctor to help many people. It was my dream," said Ben. Lisa said, "Wow, you did it! [③]?" Ben said, "Of course, it was! I worked very hard. I had to pass* a test to become a doctor. I failed* the test many times. I often thought about giving up my dream, but I tried again and again. Finally I passed the test." Lisa said, "You are great. You didn't give up ..." Ben said, "If we give up our dreams easily, we will regret* it later. If you have a dream, try your best." Lisa thought, "Did I do my best for my dream?" Something changed in her mind.

[7] That night, Lisa said to her mother, "Mom, I was wrong. I should work hard for my dream. I talked with Ben and learned an important thing. Tomorrow, I will go to my lesson." Her mother was (④) to hear that.

[8] The next day, Lisa went to her teacher and said, "I'm sorry. May I practice ballet here again?" "Of course!" said the teacher with a big smile. Lisa started practicing again. It was very hard but she never stopped. She practiced hard and did her best every day.

[9] Five years later, an invitation* to a famous professional ballet group's performance* was sent to Ben. The names of the performers* were written on it. Lisa's name was among them.

注 ballet バレエ　competition(s) コンクール　professional プロの
skipped ～ ～を怠けて休んだ　shocked ショックを受けた　give up ～ ～をあきらめる
have no talent for ～ ～の才能がない　pass ～ ～に合格する　failed ～ ～(試験等)に落ちた
regret ～ ～を後悔する　invitation 招待状　performance 公演　performer(s) 演技者

1 次のア～ウの絵は，本文のどの段落の場面を表しているか。それぞれ[1]～[9]の段落番号で答えよ。ただし，絵は話の展開どおりに並んでいるとは限らない。

2 [①]に入る最も適当なものを下のア～エの中から一つ選び，その記号を書け。
ア I am a good ballet dancer.　イ I know a good ballet dancer.
ウ I understand my mother's words.　エ I have never skipped a lesson.

3 下線部②とは具体的にどのようなことか，35字程度の日本語で書け。

4 [③]に，本文の内容に合うように５語以上の英語を書け。

5 (④)に入る最も適当なものを下のア～エの中から一つ選び，その記号を書け。
ア angry　イ tired　ウ happy　エ sleepy

6 本文の内容に合っているものを下のア～オの中から二つ選び，その記号を書け。
ア After Lisa entered junior high school, she began ballet and got a lot of prizes.
イ Lisa's teacher didn't talk to her because Lisa sometimes skipped ballet lessons.
ウ When Lisa's uncle visited her family, he talked to her about his experience.
エ Lisa's teacher was glad to know that Lisa would start practicing ballet again.
オ Ben wanted to see the ballet performance, so he was excited to get the invitation.

7 次は，公演を見た後の Ben と Lisa との対話である。Lisa に代わって[　　]に15語以上の英文を書け。英文は２文以上になってもかまわない。

Ben : Hi, Lisa! You became a professional ballet dancer. You were so great.
Lisa : Thank you. When you visited me five years ago, I was thinking about giving up my dream, but you changed my mind.
Ben : What do you mean?
Lisa : [　　　　] So, I could become a professional dancer. I want to be a famous dancer in the future.
Ben : You can do it.

1	ア		イ		ウ		2	
3							35	
4								?
5		6						
7								

■平成31年度問題

4 次の英文を読み，１～７の問いに答えなさい。（[１]～[５] は段落番号を表している。）

[1] Amy was a junior high school student. One day, her class had a meeting and talked about what to do on stage* at the school festival. Amy said, "I love singing. Let's sing together !" "Wait a minute," said Sam. "I can teach you how to dance. Let's dance !" Another girl said she wanted to do a drama. Then Sam said, "[①] How do we decide ?"

[2] Sam and Amy asked all their classmates. 14 students wanted to sing, 11 wanted to dance, 8 wanted to do a drama, and 6 wanted to play music. Amy was very (②) and said, "Thank you, everyone ! Singing is the biggest group. We've decided to sing ! Let's start practicing in the music room after school tomorrow. I'll choose some beautiful songs and teach you how to sing !" Many students didn't look happy, but they said nothing. Sam got angry and left the classroom.

[3] The next day, there were only 18 students in the music room. Sam was not there. They started practicing. Amy stood in front of the students and gave them some advice*. While they were practicing, Amy thought, "Only 18 students ... this is a problem. ③I don't understand." Then Mark came to her and said, "You look sad. Are you OK ?" He wanted to play music, but he was practicing singing with Amy. Amy said, "I don't know what to do. I just want to sing together."Mark said, "I know how you feel, Amy. But many students are not here." Amy answered, "Right. They didn't say anything when we decided to sing." Mark said, "That's true, but it doesn't mean that [④]. You want to sing. I want to play the trumpet*. Anyway*, our class didn't talk enough* yesterday. If we talk more, maybe we can find a way to be happy." Amy thought, "Talk more ..."

[4] That night, Amy went to bed early and thought about Mark's words. She thought, "We want to do different things. Everyone can be happy if we talk more ... yes, our class should talk again."

[5] The next morning, the class had another meeting. Amy said to the class, "Only 18 students came to practice yesterday. This is not good. I think we need to talk more." Sam said, "That's true. Let's talk again." Amy said, "I really wanted to sing, so I didn't think about what other people wanted to do. But last night I realized* it was important for all of us to be happy with the performance*." Mark said, "I can't sing well, but I can play the trumpet to your songs*. Listen !" He started to play. The students shouted*, "He's a wonderful player. He should play the trumpet for us !" Someone asked, "What can I do ?" The students started to talk here and there with each other. Sam thought for a while* and said, "Maybe I can dance to your songs." Someone else said, "I can do a drama to your songs !" Amy smiled and said, "Thank you, everyone. I've got a good idea ! We can put everything together ! We can dance, do a drama, play music, and sing in one performance. It's a musical* ! We'll do a musical at the festival !" Finally, everyone was happy. Sam said, "Let's start today !"

注 on stage ステージで　advice アドバイス　trumpet トランペット
anyway いずれにせよ　enough 十分に　realized 気づいた　performance 上演
to your songs あなたたちの歌に合わせて　shouted 叫んだ　for a while しばらくの間
musical ミュージカル

1 次のア～ウの絵は，本文のどの段落の場面を表しているか。それぞれ [１]～[５] の段落番号で答えよ。ただし，絵は話の展開どおりに並んでいるとは限らない。

2 [①] に入る最も適当なものを下のア～エの中から一つ選び，その記号を書け。
ア I think dancing is difficult for me.　イ We know a lot about the festival.
ウ I can sing better than you can.　エ We have some different ideas.

3 （ ② ）に入る最も適当なものを下のア～エの中から一つ選び，その記号を書け。
ア angry　イ excited　ウ interested　エ sad

4 Amy が下線部③のように考えたのはなぜか，30字程度の日本語で書け。

5 [④] に，本文の内容に合うように２語以上の英語を書け。

6 本文の内容に合っているものを，下のア～オの中から二つ選び，その記号を書け。
ア All the students in Amy's class wanted to sing at the school festival.
イ Amy and Sam started to practice singing after the first meeting.
ウ Dancing was more popular than doing a drama at the first meeting.
エ Mark came to the music room and practiced singing with his classmates.
オ Sam finally agreed with Amy because he became interested in singing.

7 次は，文化祭が終わった後の Amy と Mark との対話である。Amy に代わって [ ] に15語程度の英語を書け。２文以上になってもかまわない。

Mark : We did a great job. Thank you for your amazing idea.
Amy : You helped us a lot, Mark. I learned an important thing from the class meetings.
Mark : Oh, did you ? What's that ?
Amy : [ ]
Mark : That's true. Our class has become better now !

1	ア		イ		ウ		2		3	
4	30									
5		6								
7										

■令和２年度問題

4 次の英文を読み，１～７の問いに答えなさい。※７の問いは，２文以上になってもかまわない。また，符号（, や ? など）は語数には含めない。

Mike started playing soccer when he was six years old. He enjoyed playing soccer with his friends. When he entered junior high school, he became one of the best players on his team. He felt very happy when he and his team members performed well* and won their games. In the third year, he practiced hard for the last tournament. However, one day in April, while he was riding his bike to soccer practice, he fell* and broke* his right leg. He couldn't move. So he was carried to a hospital. The doctor said to Mike, "You can't use your right leg for a few months." He was very disappointed* to hear that.

Three months later, his leg got better and he started practicing soccer again with his team. However, Mike couldn't play soccer as well as his team members. ① He felt very sad about this, and began to lose his motivation* to play soccer. He sometimes didn't go to practice. Then one day, the coach* said to him, "Mike, you can't join the last tournament as a player." He was very shocked* and didn't go to practice from that day.

A week later, his father said to Mike, "Today I'm going to watch a soccer game played by little children in the park. I want to cheer for* my friend's son. [②]?" At first Mike said, "I don't want to go," but he finally agreed because his father asked him again and again.

They went to the park to watch the game. Some children were very good players and the game was very exciting. About five minutes before the end of the game, one boy joined the game. Mike soon found something different about the boy. He couldn't run quickly and sometimes fell. Mike's father said to Mike, "That boy is my friend's son, John. He was born with a problem with his right leg. He can't even walk well." Mike was very surprised and said, "Why did he choose to play soccer? I think there are many other things he can do more easily." His father answered, "Look at him. He is running after the ball the hardest of all his team members. I think that [③]."

After the game, Mike spoke to John. Mike said, "Hello, John. I am Mike. Do you like playing soccer?" John answered. "Yes, I do. I can't run quickly, but I can play with a ball. I love soccer. I'm very happy when I play soccer with my friends." Mike was shocked to hear his words and ④ asked himself, "What am I doing?"

That day became a big day for Mike. He remembered that he was happy nine years ago. He started playing soccer at that time. He really enjoyed soccer when he was little. He thought this was very important and began to practice soccer with his team members again. He knew that he would not play in the last tournament, but he enjoyed running and playing with his friends.

At the tournament, he did his best to help and cheer for his team members. It was fun to be with his team members. After the last game in junior high school, he felt fulfilled*. He decided to play soccer in high school.

注 performed well 活躍した　fell 転んだ　broke 折った　disappointed 失望した
motivation やる気　coach コーチ　shocked ショックを受けた　cheer for ～ ～を応援する
fulfilled 充実した

１ 次のア～ウの絵は，本文のある場面を表している。話の展開に従って並べかえ，その記号を書け。

ア

イ

ウ

２ 下線部①において，Mike は具体的にどのようなことに対して悲しいと感じたのか，30字程度の日本語で書け。

３ [②]に，本文の内容に合うように５語以上の英語を書け。

４ [③]に入る最も適当なものを下のア～エの中から一つ選び，その記号を書け。

ア he runs faster than the other members　イ he is going to stop playing soccer
ウ soccer is something special to him　エ playing soccer is boring for him

５ 下線部④における Mike の気持ちとして最も適当なものを一つ選び，その記号を書け。

ア 誇らしい気持ち　イ ほっとした気持ち
ウ うらやましい気持ち　エ 情けない気持ち

６ 本文の内容に合っているものを，下のア～オの中から二つ選び，その記号を書け。

ア Mike fell when he was going to soccer practice by bike, and he was carried to a hospital.
イ Mike was very shocked to hear that he couldn't play soccer in the last tournament.
ウ Mike was excited when his father told him about a soccer game played by little children.
エ Mike was surprised because John spoke to his team members before the end of the game.
オ Mike remembered his younger days and wanted to practice soccer again, but he couldn't.

７ 次は，中学校での最後の試合が終わった後の Mike と Mike の父親との対話である。Mike に代わって[　]に 10 語以上の英文を書け。

Father : How was the tournament?
Mike : I couldn't play, but I felt fulfilled. Dad, we watched a soccer game played by little children. Do you remember it? That day was a big day for me.
Father : What do you mean?
Mike : Before I broke my leg, I played soccer just to perform well and win games. [　]
Father : You learned an important thing from him, right?
Mike : Yes. John is my little teacher.

1	→ →	4		5		6	,
2							
3	?						
7							

■令和３年度問題

4 次の英文を読み，１～７の問いに答えなさい。

Amy was a junior high school student who lived in a small town in Australia. She came from the USA last month because her father started working in Australia. She was not happy because she had no friends at her new school, but soon [①]. It was a wild* bird — a rainbow lorikeet*. He had beautiful colors on his body — blue, yellow, green, and orange. He often came to the balcony*. One weekend, she put some pieces of bread on the balcony for him. He came and ate them. Amy was happy.

The next Monday at school, Amy found some of the same kind of bird in the trees. When she was looking at them, one of her classmates came and spoke to her. "Those birds are beautiful. Are you interested in birds? Hi, my name is Ken. Nice to meet you." "Hi, I'm Amy. I found one in my garden, too. I named him Little Peter. I love him very much," said Amy. "Oh, do you? You can see the birds around here all year. They eat nectar and pollen from blossoms*. I know what plants they like, so I grow* them in my garden. Rainbow lorikeets are very friendly." "I see," said Amy. She was excited to learn a lot about the birds.

Amy and Ken often talked about animals at school. They became good friends. Amy wanted Ken to know that she and Little Peter were good friends, too. So, one afternoon, she said to Ken, "Little Peter loves me. He rides on my hand." "Oh, he isn't afraid of you." "No, he isn't. Little Peter is cute, and I give him bread every day." Ken was surprised and said, "Bread? It's not good to give bread to wild birds." Amy didn't understand why Ken said so. She said, "But Little Peter likes the bread I give him." He said, "Listen. You should not give food to wild birds." "What do you mean?" she said. Ken continued, "Well, there are two reasons. First, if people give food to wild birds, they will stop looking for food. Second, some food we eat is not good for them." Amy said, "But Little Peter is my friend. He eats bread from my hand." "If you want to be a true friend of wild birds, you should grow plants they like. That is the only way!" Ken got angry and left the classroom. Amy was shocked*.

That night, Amy went to the balcony. She thought, "Ken was angry. Little Peter may get sick if I keep giving him bread. I may lose both friends, Ken and Little Peter." She became (②).

The next morning at school, Amy saw Ken. She thought, "Ken knows a lot about wild animals. He must* be right." She went to Ken and said with all her courage*, "I'm sorry, Ken. I was wrong. I will never give food to Little Peter again." Ken smiled and said, "That's OK. You just didn't know." Amy said, "Rainbow lorikeets are not our pets. Now I know we should only [③]. Then we can make good friends with them." "That's right. Here you are." Ken gave her a book about wild animals. "I read this book every day, but it's yours now. If you read this book, you can learn how to become friends with wild animals." "Thank you, Ken," Amy smiled.

注　wild　野生の　　rainbow lorikeet　ゴシキセイガイインコ（羽が美しいインコ）
balcony　バルコニー，ベランダ　　nectar and pollen from blossoms　花のミツと花粉
grow　～を育てる　　shocked　ショックを受けて　　must　～に違いない
with all her courage　勇気をふりしぼって

1　次のア～ウの絵は，本文のある場面を表している。話の展開に従って並べかえ，その記号を書け。

2　[①]に入る最も適当なものを下のア～エの中から一つ選び，その記号を書け。

ア　she found one in a garden tree　　イ　she saw a cute bird at a pet shop
ウ　she made friends with some girls　　エ　she was very glad to meet Ken

3　Kenはなぜ野鳥に食べ物を与えてはいけないと考えているのか，その理由を日本語で二つ書け。

4　（ ② ）に入る最も適当なものを下のア～エの中から一つ選び，その記号を書け。

ア　angry　　イ　brave　　ウ　happy　　エ　worried

5　[③]に入る最も適当な英語を本文中から４語で抜き出して英文を完成させよ。

6　本文の内容に合っているものを，下のア～オの中から二つ選び，その記号を書け。

ア　Amy came to Australia because she loved wild animals.
イ　Amy wanted Ken to know that Little Peter was her friend.
ウ　Rainbow lorikeets sometimes travel abroad to find their food.
エ　Ken thought that people could make friends with wild animals.
オ　Little Peter left Amy's garden, and Amy lost her friend, Ken.

7　次は，本文の最後の場面から数日後のAmyとKenとの対話である。Amyに代わって，[　　]に15語程度の英語を書け。２文以上になってもかまわない。なお，下の[　　]の指示に従うこと。

Amy：I read the book you gave me. Thank you.
Ken：You're welcome. Was it interesting?
Amy：Yes. There are a lot of things we can do for wild animals in our lives.
Ken：Oh, you've got new ideas. Can you give me an example?
Amy：[　　　　　　　　]
Ken：That's a good idea, Amy! We should make the world a better place for wild animals. In high school, I want to study many things about protecting animals.
Amy：Me, too!

※ 短縮形（I'mやdon'tなど）は１語として数え，符号（, や？など）は語数に含めない。

1	→ →	2	
3	・	・	
4		5	
6			
7			

■令和４年度問題

4 次の英文を読み，１～６の問いに答えなさい。

There is a small whiteboard on the refrigerator* at Sarah's house. At first, her mother bought it to write only her plans for the day, but it has a special meaning for Sarah now.

When Sarah was a little girl, she helped her parents as much as she could at home. Her parents worked as nurses. Sarah knew that her parents had many things to do.

When Sarah became a first-year junior high school student, she started to play soccer in a soccer club for girls. Her life changed a lot. She became very busy. Sarah and her mother often went shopping together, but they couldn't after Sarah joined the club. She practiced soccer very hard to be a good player.

One morning, her mother looked sad and said, "We don't have enough time to talk with each other, do we?" Sarah didn't think it was a big problem because she thought it would be the same for other junior high school students. But later ①<u>she remembered her mother's sad face again and again</u>.

Sarah was going to have a soccer game the next Monday. She asked her mother, "Can you come and watch my first game?" Her mother checked her plan and said, "I wish I could go, but I can't. I have to go to work." Then Sarah said, "You may be a good nurse, but you are not a good mother." She knew that it was mean*, but she couldn't stop herself.

On the day of the game, she found a message from her mother on the whiteboard, "Good luck. Have a nice game!" When Sarah saw it, she remembered her words to her mother. "They made her very sad," Sarah thought. ②<u>She didn't like herself.</u>

Two weeks later, Sarah had work experience at a hospital for three days. It was a hospital that her mother once worked at. The nurses helped the patients* and talked to them with a smile. She wanted to be like them, but she could not communicate with the patients well.

On the last day, after lunch, ③<u>she talked about her problem to a nurse, John</u>. He was her mother's friend. "It is difficult for me to communicate with the patients well," Sarah said. "It's easy. If you smile when you talk with them, they will be happy. If you are kind to them, they will be nice to you. I remember your mother. She was always thinking of people around her," John said. When Sarah heard his words, she remembered her mother's face. She thought, "Mom is always busy, but she makes dinner every day and takes me to school. She does a lot of things for me."

That night, Sarah went to the kitchen and took a pen. She was going to write ④<u>her first message to her mother on the whiteboard</u>. At first, she didn't know what to write, but Sarah really wanted to see her mother's happy face. So she decided to write again.

The next morning, Sarah couldn't meet her mother. "Mom had to leave home early. Maybe she hasn't read my message yet," she thought.

That evening, Sarah looked at the whiteboard in the kitchen. The words on it were not Sarah's, instead she found the words of her mother. "Thank you for your message. I was really happy to read it. Please write again." Sarah saw her mother's smile on the whiteboard.

Now, Sarah and her mother talk more often with each other, but they keep writing messages on the whiteboard. It has become a little old, but it acts* as a bridge between Sarah and her mother. They may need it for some years. Sarah hopes she can show her true feelings to her mother without it someday.

注 refrigerator 冷蔵庫　mean 意地の悪い　patient(s) 患者　act(s) 作用する，働く

１　次のア～ウの絵は，本文のある場面を表している。<u>本文の内容に合わないもの</u>を一つ選び，その記号を書け。

ア

イ

ウ

２　下線部①に関して，次の質問に対する答えを本文の内容に合うように英語で書け。
Why did her mother look sad when she talked to Sarah?

３　下線部②の理由として最も適当なものを下の**ア**～**エ**の中から一つ選び，その記号を書け。
ア　いつも仕事で忙しい母に代わって，Sarah が家事をしなければならなかったから。
イ　Sarah のホワイトボードのメッセージを読んで，母が傷ついたことを知ったから。
ウ　母が書いたホワイトボードのメッセージの内容に Sarah がショックを受けたから。
エ　Sarah は，励ましてくれる母に対してひどいことを言ったことを思い出したから。

４　下線部③に関して，Sarah が John から学んだことを本文の内容に合うように 40 字程度の日本語で書け。

５　下線部④のメッセージとなるように，Sarah に代わって［　　　］内に 15 語程度の英文を書け。２文以上になってもかまわない。

Mom,
［　　　　　　　　　　　　　　］
Sarah

６　本文の内容に合っているものを，下の**ア**～**オ**の中から二つ選び，その記号を書け。
ア　Sarah and her mother often used the whiteboard to write their plans from the beginning.
イ　Sarah helped her parents do things at home before she began playing soccer with her club.
ウ　During the job experience at the hospital, Sarah talked with John on her last day after lunch.
エ　Sarah wrote her first message to her mother on the whiteboard, but her mother did not answer her.
オ　Sarah can talk with her mother now, so she doesn't write messages on the whiteboard.

1		3		6		
2						
4	(40)					
5						

条件英作文（解答欄省く）

■平成26年度問題

2 3　右の絵において，①，②の順で対話が成り立つように，①の［　　］に４語以上の英語を書け。

4　あなたが大切にしているものについて，３文以上の英文を書きなさい。ただし，第１文はそれが何であるかを述べ，第２文以降はそれについて具体的に書くこととし，同じ表現を繰り返さないこと。

■平成27年度問題

2 3　場面Ａから場面Ｂに続く下の２枚の絵を見て，場面Ａの吹き出しにふさわしい発言を英語で書け。ただし，英語は３語以上書くこと。

場面Ａ　　場面Ｂ

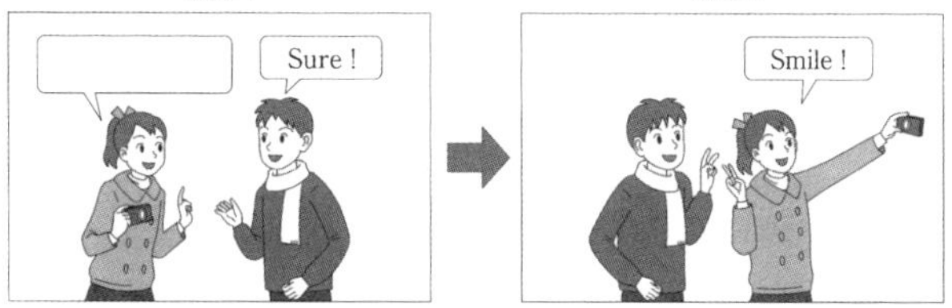

4　あなたのこれまでの生活で楽しかったことについて，３文以上の英文を書け。ただし，第１文は楽しかったことを挙げ，第２文以降はその具体的内容や理由を書くこととし，同じ表現を繰り返さないこと。

■平成28年度問題

2 3　右の絵において，①，②，③の順で対話が成り立つように，②の吹き出しに３語以上の英文を書け。

4　あなたが興味のあることについて，３文以上の英文を書け。ただし，第１文は興味のあることを挙げ，第２文以降はその具体的内容や理由などを書くこととし，同じ表現を繰り返さないこと。

■平成29年度問題

2 3　下の絵において，①，②，③の順で対話が成り立つように，②の吹き出しの［　　］に４語以上の英語を書け。

4　あなたは英語の授業でスピーチをすることになった。次の［　　］に３文以上のまとまりのある英文を書き，下のスピーチ原稿を完成させよ。ただし，同じ表現を繰り返さないこと。

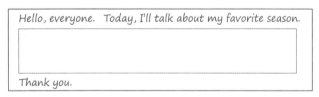

Hello, everyone.　Today, I'll talk about my favorite season.

［　　　　　　　　　　］

Thank you.

■平成30年度問題

2 3　右の絵において，①，②の順で対話が成り立つように，①の吹き出しの［　　］に４語以上の英語を書け。

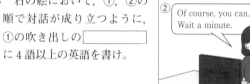

4　下の絵は，英語の授業中のある場面を表している。場面に合うように，次の［　　］に３文以上のまとまりのある英文を書け。ただし，同じ表現を繰り返さないこと。

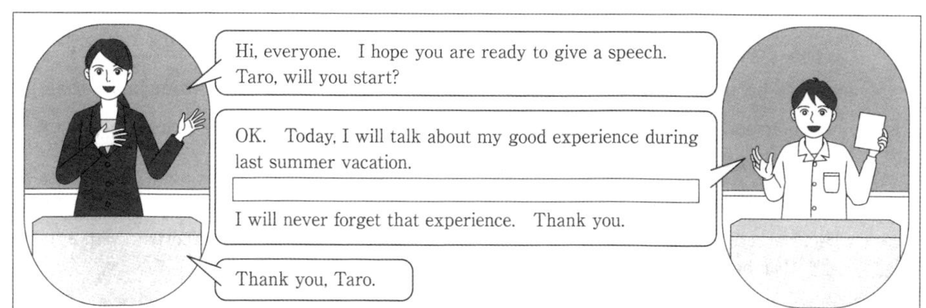

■平成31年度問題

2 3　右の絵において，①，②の順で対話が成り立つように，①の吹き出しの[　　　　]に4語以上の英語を書け。

①
I like this T-shirt, but it's too big. [　　　　]?
②
Yes.　Wait a minute, please.

4　下の絵は，新しく来たALTの先生との授業の場面を表している。場面に合うように，Ichiroになったつもりで，次の[　　　　]に20語以上のまとまりのある英文を書け。2文以上になってもかまわない。ただし，同じ表現を繰り返さないこと。

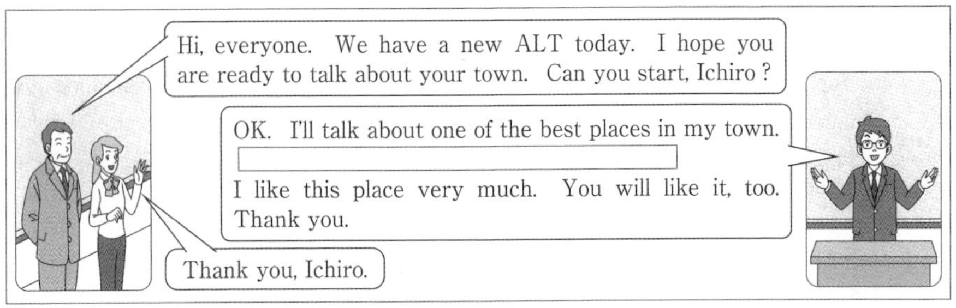
Hi, everyone.　We have a new ALT today.　I hope you are ready to talk about your town.　Can you start, Ichiro?
OK.　I'll talk about one of the best places in my town.
[　　　　　　　　　　]
I like this place very much.　You will like it, too.　Thank you.
Thank you, Ichiro.

■令和2年度問題

2 3　右の絵において，①，②の順で対話が成り立つように，①の吹き出しの[　　　　]に3語以上の英語を書け。

①
This notebook has no name.
[　　　　]?
②
Oh, it's mine.
Thank you.

4　下の絵は，英語の授業中のある場面を表している。場面に合うように，Harutoになったつもりで，次の[　　　　]に20語以上のまとまりのある英文を書け。2文以上になってもかまわない。ただし，同じ表現を繰り返さないこと。また，符号（，や？など）は語数に含めない。

Where do you want to live in the future?
- near a hospital
- near a convenience store
- near a park
Where do you want to live in the future?　Please look at the blackboard.　Choose one place and tell us the reason.　Can you start, Haruto?
OK.　[　　　　　　]　Thank you.
I see.　Thank you, Haruto.

■令和3年度問題

2 4　中学生のRikuのクラスはオーストラリアの中学生のSimonとビデオ通話(video meeting)をすることになった。しかし，Simonがメールで提案してきた日は都合がつかなかったので，Rikuは次の内容を伝える返信メールを書くことにした。

①　提案してきた11月15日は文化祭(the school festival)のため都合がつかない。 ②　代わりに11月22日にビデオ通話をしたい。

Rikuになったつもりで，次の《返信メール》の[　　　　]に，上の①，②の内容を伝える20語程度の英語を書け。2文以上になってもかまわない。なお，下の[　　　　]の指示に従うこと。

《返信メール》

> Dear Simon,
> Thank you for sending me an email, but can you change the day of the video meeting?
> [　　　　　　　　　　　　　　　　] Please write to me soon.
> Your friend,
> Riku

※ 短縮形(I'mやdon'tなど)は1語として数え，符号(，や？など)は語数に含めない。

■令和4年度問題

2 4　留学生のLindaがあなたにSNS上で相談している。添付されたカタログを参考に，XとYのどちらかあなたがLindaにすすめたい方を選び，その理由を二つ，合わせて25～35語の英語で書け。英文は2文以上になってもかまわない。

Linda 13:35
Hi!　I want to buy a bag.　Which should I buy, X or Y?　Please give me your advice!

	X	Y
	50% Off	
価格	~~8,600円~~　4,300円	2,900円
特徴	化学繊維(防水)	綿(天然素材)
重さ	970 g	590 g
容量	30 L	20 L

リスニング問題と台本

■令和３年度問題

1 聞き取りテスト

1　これから，Justin と Keiko との対話を放送します。Keiko が将来なりたいものとして最も適当なものを下のア～エの中から一つ選び，その記号を書きなさい。

Justin: Keiko, what do you want to be in the future ?
Keiko: I want to be a doctor in the future.
Justin: That's a nice dream !
Keiko: Thank you. I want to work at a hospital to help sick people.

2　これから，Yumi と Alex との対話を放送します。二人が乗るバスが出発する時刻として最も適当なものを下のア～エの中から一つ選び，その記号を書きなさい。

Yumi: Alex, hurry up ! Our bus will leave soon.
Alex: What time will the bus leave the station ?
Yumi: It will leave at 9:40.
Alex: OK. Let's go !

ア　9:13　　イ　9:14　　ウ　9:30　　エ　9:40

3　これから，Saki と John との対話を放送します。二人は，友達の Lucy と一緒に図書館で勉強する予定の日について話しています。下はその対話の後に，Saki が Lucy と話した内容です。対話を聞いて，(　　) に適切な英語１語を書きなさい。

Saki: John, we will study at the library with Lucy on Monday.
John: I'm sorry, Saki. I'll be busy on that day. I want to go on Tuesday.
Saki: OK. You want to go on Tuesday, right ? I will ask Lucy about it later.
John: Thank you, Saki.

Saki **: Hi, Lucy. John wants to go to the library on (　　). Can you come on that day?**
Lucy **: Sure!**

4　これから，Hiroko が授業で行った発表を放送します。Hiroko は下の３枚の絵を見せながら発表しました。話の展開に従ってア～ウを並べかえ，その記号を書きなさい。

Hello, everyone. Please look at this picture. These are rice balls my grandfather and grandmother made. They are rice farmers. This summer, I went to their house. A small machine was flying over the rice field. Then, I remembered a lesson at school. The teacher said, "There are fewer farmers, so more machines will help farmers in the future." I think a lot of machines will work around us. We have to learn how to live with machines.

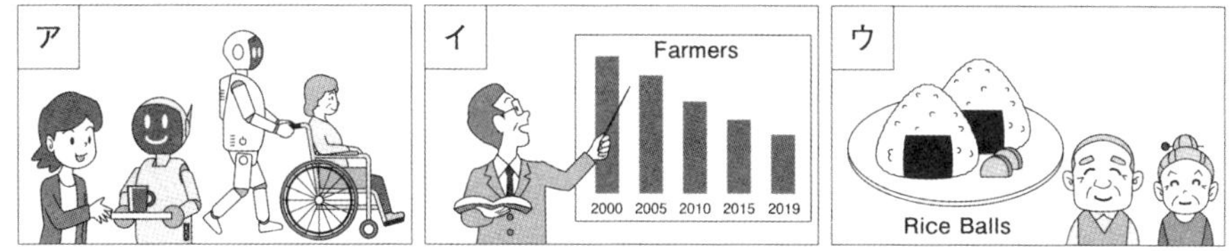

5　これから，授業中の先生の指示を放送します。下のア～エの中から，先生の指示にないものとして最も適当なものを一つ選び，その記号を書きなさい。

You learned about problems of the Earth this week. Now I want you to make a speech. First, give your speech next Friday. Second, make a speech about something you can do for the Earth. Third, please use some pictures with your speech. Do you have any questions ?

ア　発表の主題　　イ　発表の長さ　　ウ　発表する日　　エ　発表で使うもの

6　これから，Kazuki が宇宙センター(space center)で働く父親について授業で行ったスピーチを放送します。スピーチの後に，その内容について英語で二つの質問をします。(1)は質問に対する答えとして最も適当なものを下のア～エの中から一つ選び，その記号を書きなさい。(2)は英文が質問に対する答えとなるように，［　　］に入る適切な英語を書きなさい。

I want to talk about my father. He works at a space center. He started working there eight years ago. He works with a lot of people. Some people can speak English very well. Other people know a lot about science. Everyone helps each other when there is a problem.

One day, a woman at the space center had a problem with her computer. My father was able to help her because he knew a lot about computers. She was very glad.

From my father's story, I have learned it is important to help each other. Thank you.

Question (1) : How long has Kazuki's father worked at the space center ?

ア　For five years.　イ　For eight years.　ウ　For ten years.　エ　For eleven years.

Question (2) : Kazuki has learned an important thing. What has he learned ?

He has learned it is important to ［　　　　　　］.

7　これから，Olivia と Akira との対話を放送します。その中で，Olivia が Akira に質問をしています。Akira に代わってあなたの答えを英文で書きなさい。２文以上になってもかまいません。書く時間は１分間です。

Olivia: During the winter vacation, I started reading English books.
Akira: Oh, really ? I also started doing something new.
Olivia: What did you do, Akira ?
Akira: (　　　　　　　　　　　　　　　　).

1		2		3	
4	→ →	5			
6	(1)		(2)	He has learned it is important to .	
7					

■令和４年度問題

1　聞き取りテスト

1　これから，Alice と Kenji との対話を放送します。先週末に Kenji が観戦したスポーツとして最も適当なものを下の**ア**～**エ**の中から一つ選び，その記号を書きなさい。

Alice　: Hi, Kenji. Did you do anything special last weekend?
Kenji　: Yes, I did. I watched a baseball game with my father at the stadium.
Alice　: That's good. Was it exciting?
Kenji　: Yes! I saw my favorite baseball player there.

ア
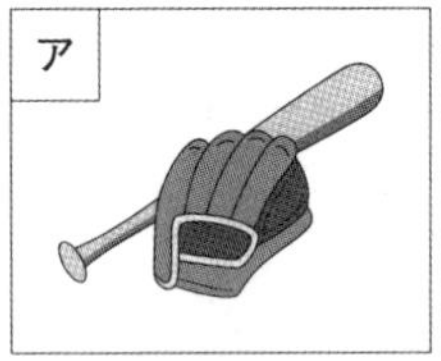
イ
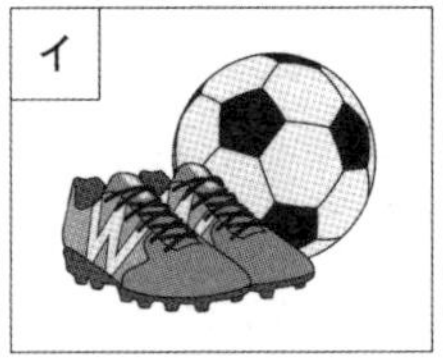
ウ
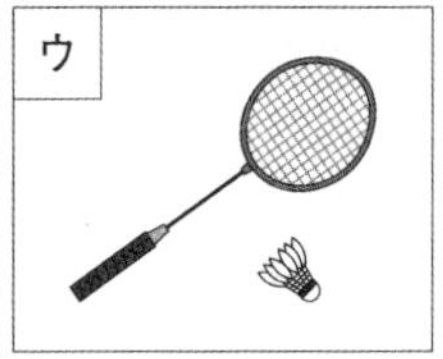
エ

2　これから，留学生の David と郵便局員との対話を放送します。David が支払った金額として最も適当なものを下の**ア**～**エ**の中から一つ選び，その記号を書きなさい。

David　: I want to send this letter to America. How much is it?
Officer : It's one hundred and ninety yen.
David　: Here is two hundred yen. Thank you. Have a nice day.
Officer : Hey, wait. You forgot your 10 yen.
David　: Oh, thank you.

ア　290 円　　**イ**　219 円　　**ウ**　190 円　　**エ**　119 円

3　これから，Takeru と Mary との対話を放送します。その対話の後で，Mary が友人の Hannah と電話で話した内容です。対話を聞いて，(　　　) に適切な英語１語を書きなさい。

Takeru : I'm going to see a movie this Friday. Do you want to come with me?
Mary　: I'd like to, but I have a lot of things to do on Friday. How about the next day?
Takeru : The next day? That's OK for me.

***Hannah* : Hi, Mary. Can you go shopping with me on (　　　)?**
***Mary*　: Oh, I'm sorry. I'll go to see a movie with Takeru on that day.**

4　あなたは留学先のアメリカで来週の天気予報を聞こうとしています。下の**ア**～**ウ**を報じられた天気の順に並べかえ，その記号を書きなさい。

Here is the weather for next week. Tomorrow, Monday, will be rainy. You'll need an umbrella the next day too, because it will rain a lot. From Wednesday to Friday, it will be perfect for going out. You can go on a picnic on those days if you like. On the weekend, the wind will be very strong. You have to be careful if you wear a hat. I hope you will have a good week.

ア

イ

ウ

5　あなたは研修センターで行われるイングリッシュキャンプで，先生の説明を聞こうとしています。先生の説明にないものとして最も適当なものを下の**ア**～**エ**の中から一つ選び，その記号を書きなさい。

Welcome to English Camp. We are going to stay here for two days. Please work hard with other members and enjoy this camp. Let's check what you are going to do today. First, you have group work. It will start at 1:20 p.m. In your groups, you'll play games to know each other better. Then, you'll enjoy cooking at three. You will cook curry and rice with teachers. After that, you will have dinner at five and take a bath at seven. You have to go to bed by ten. During the camp, try hard to use English. Don't use Japanese. That's all. Thank you.

ア　活動日数　　**イ**　部屋割り　　**ウ**　注意事項　　**エ**　今日の日程

6　あなたは英語の授業で Shohei のスピーチを聞こうとしています。スピーチの後に，その内容について英語で二つの質問をします。

I want to talk about something that happened last week. On Tuesday, I saw an old woman. She was carrying a big bag. It looked heavy. I was just watching her. Then a young girl ran to the old lady and carried her bag. The girl looked younger than me. She helped the old woman, but I didn't. "Why didn't I help her?" I thought.

The next day, I found a phone on the road. I thought someone would be worried about it. So I took it to the police station. A man was there. He looked at me and said, "I think that's my phone. Can I see it?" Then he said, "Thank you very much." His happy face made me happy too.

This is my story. It is important to be like the young girl.

Question (1) : Who helped the old woman?
Question (2) : What is Shohei's message in this speech?

(1)　質問を聞いて，その答えを英語で書きなさい。

(2)　質問を聞いて，その答えとして最も適当なものを下の**ア**～**ウ**の中から一つ選び，その記号を書きなさい。

ア　We should be kind to young girls.　　**イ**　We should wait for help from others.
ウ　We should help others if we can.

7　これから，中学生の Kazuya とアメリカにいる Cathy がオンラインで行った対話を放送します。その中で，Cathy が Kazuya に質問をしています。Kazuya に代わって，その答えを英文で書きなさい。２文以上になってもかまいません。書く時間は１分間です。

Kazuya : Hi, Cathy. Have you ever done any volunteer activities in America?
Cathy　: Yes, of course. Do you want to do a volunteer activity in high school?
Kazuya : Yes, I do.
Cathy　: What do you want to do?
Kazuya : (　　　　　　　　　　　　　　　　　　).

1		2		3		4	→ →	5	
6	(1)						(2)		
7									

公 立 高 校 入 試 出 題 単 元

過去９年間
（平成26年～令和４年まで）

理　　科

小問集合
- ■ 平成30年 1
- ■ 平成31年 1
- ■ 令和２年 1
- ■ 令和３年 1
- ■ 令和４年 1

◎１分野
身近な科学
- ■ 平成27年 3 Ⅰ（力）
- ■ 平成30年 5 Ⅱ（レンズ）
- ■ 平成31年 3 Ⅰ（音）
- ■ 令和３年 5 Ⅰ（浮力）

物質の性質
- ■ 平成28年 5 Ⅱ
- ■ 平成30年 3 Ⅰ
- ■ 令和２年 3 Ⅰ
- ■ 令和４年 5 Ⅱ（蒸留）

化学変化
- ■ 平成26年 4 Ⅱ
- ■ 平成28年 5 Ⅰ
- ■ 平成29年 2 Ⅱ
- ■ 平成31年 4 Ⅱ
- ■ 令和３年 2 Ⅰ（還元）

中和とイオン
- ■ 平成29年 2 Ⅰ
- ■ 平成30年 3 Ⅱ
- ■ 平成31年 4 Ⅰ
- ■ 令和２年 3 Ⅱ
- ■ 令和３年 2 Ⅱ（中和）
- ■ 令和４年 5 Ⅰ（電気分解）

電流とそのはたらき
- ■ 平成26年 3 Ⅱ
- ■ 平成27年 3 Ⅱ
- ■ 平成29年 5 Ⅰ
- ■ 平成31年 3 Ⅱ
- ■ 令和３年 5 Ⅱ
- ■ 令和４年 2 Ⅱ（コイル）

運動とエネルギー
- ■ 平成28年 4 Ⅰ
- ■ 平成30年 5 Ⅰ
- ■ 令和２年 5 Ⅱ
- ■ 令和４年 2 Ⅰ

◎２分野
植物の種類とはたらき
- ■ 平成28年 3 Ⅰ
- ■ 平成31年 2 Ⅱ
- ■ 令和３年 3 Ⅰ（つくり・遺伝）
- ■ 令和４年 3 Ⅱ（光合成・呼吸）

動物の生活と種類
- ■ 平成26年 5 Ⅰ
- ■ 平成27年 2 Ⅰ
- ■ 平成28年 3 Ⅱ
- ■ 平成29年 3
- ■ 平成30年 4 Ⅱ
- ■ 平成31年 2 Ⅰ
- ■ 令和２年 4 Ⅱ
- ■ 令和３年 3 Ⅱ（呼吸・消化）

細胞と遺伝
- ■ 平成26年 5 Ⅱ
- ■ 平成27年 2 Ⅱ
- ■ 平成30年 4 Ⅰ
- ■ 令和２年 4 Ⅰ
- ■ 令和４年 3 Ⅰ

地球と太陽系
- ■ 平成26年 2 Ⅰ
- ■ 平成27年 4 Ⅱ
- ■ 平成28年 2 Ⅱ
- ■ 平成29年 4 Ⅱ
- ■ 平成31年 5 Ⅱ
- ■ 令和２年 2 Ⅱ
- ■ 令和３年 4 Ⅰ（月・金星）

天気の変化
- ■ 平成27年 4 Ⅰ
- ■ 平成30年 2 Ⅱ
- ■ 平成31年 5 Ⅰ
- ■ 令和３年 4 Ⅱ（雲・前線）
- ■ 令和４年 4 Ⅱ（天気図）

大地の変化
- ■ 平成26年 2 Ⅱ
- ■ 平成28年 2 Ⅰ
- ■ 平成29年 4 Ⅰ
- ■ 平成30年 2 Ⅰ
- ■ 令和２年 2 Ⅰ
- ■ 令和４年 4 Ⅰ（地震）

小問集合

■平成30年度問題

1 次の各問いに答えなさい。答えを選ぶ問いについては記号で答えなさい。

1 寒冷前線付近では，寒気によって暖気がおし上げられるために強い上昇気流が生じて雲が発生し，強い雨を短時間に降らせることがある。この雲として最も適当なものはどれか。

ア 高層雲　　イ 乱層雲　　ウ 巻雲　　エ 積乱雲

2 アブラナの花のつくりについて，「おしべ」，「花弁」，「めしべ」，「がく」を花の中心から順に並べよ。

3 太陽のように，自ら光や熱を出してかがやいている天体を何というか。

4 放射線に関する単位のうち，放射線の人体に対する影響を表すものを書け。

5 日本で現在生息しているオオカナダモやカダヤシのように，もともとその地域に生息していなかったが，人間の活動によってほかの地域から持ちこまれて野生化し，子孫を残すようになった生物を何というか。

6 次のAとBの質量を比べた。

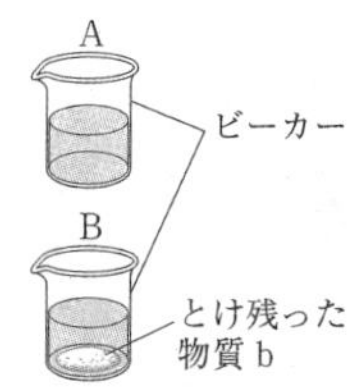

> A 水100gと物質a 40gを95gのビーカーに入れ，よくかき混ぜ，物質aがすべてとけたもの
> B 水100gと物質b 40gを95gのビーカーに入れ，よくかき混ぜたが，物質bが4.1gとけ残ったもの

解答欄の□に等号（＝）または不等号（＜，＞）を書き，AとBの質量の関係を表せ。ただし，気体の発生や水の蒸発はないものとする。

7 コイルに鉄しんを入れて電流を流し，ア～エのような電磁石をつくった。電磁石の磁力が最も強いものはどれか。ただし，乾電池1個の電圧の大きさはすべて同じで，導線，鉄しんは同じものである。

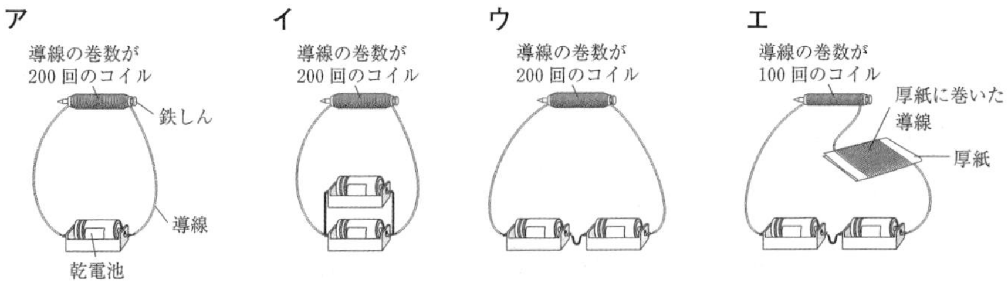

8 100mLのメスシリンダーに30.0mLの目盛りまで水を入れた。これに16.2gの金属を入れると，図のようになった。この金属の密度は何g/cm^3か。

図
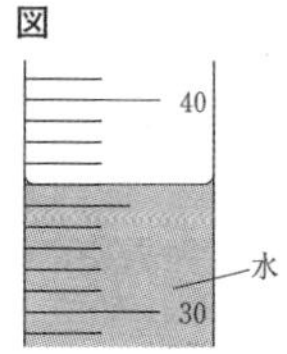

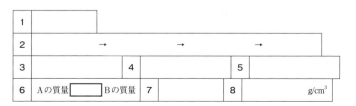

1					
2	→　→　→				
3		4		5	
6	Aの質量□Bの質量	7		8	g/cm^3

■平成31年度問題

1 次の各問いに答えなさい。答えを選ぶ問いについては記号で答えなさい。

1 地下の深いところでマグマがゆっくりと冷えて固まってできた岩石はどれか。

ア 安山岩　　イ 花こう岩　　ウ 玄武岩　　エ 石灰岩

2 図1の顕微鏡を使って小さな生物などを観察するとき，視野全体が均一に明るく見えるように調節するものとして最も適切なものは図1のア～エのどれか。また，その名称も書け。

図1
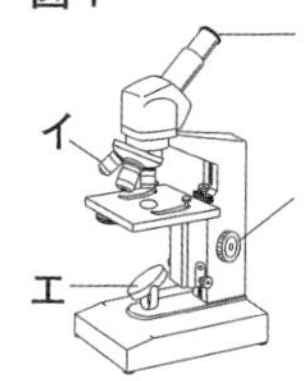

3 太陽の光に照らされたところはあたたかくなる。このように，光源や熱源から空間をへだててはなれたところまで熱が伝わる現象を何というか。

4 実験で発生させたある気体Xを集めるとき，気体Xは水上置換法ではなく下方置換法で集める。このことから，気体Xはどのような性質をもっていると考えられるか。

5 地表の岩石は，太陽の熱や水のはたらきなどによって，長い間に表面からぼろぼろになってくずれていく。このような現象を何というか。

6 エンドウの種子の形には丸形としわ形がある。丸形としわ形は対立形質であり，丸形が優性形質である。丸形の種子から育てた個体の花粉をしわ形の種子から育てた個体のめしべに受粉させたところ複数の種子ができ，その中にはしわ形の種子も見られた。種子の形を丸形にする遺伝子をA，種子の形をしわ形にする遺伝子をaとしたとき，できた複数の種子の遺伝子の組み合わせとして考えられるものをすべて書け。

7 速さが一定の割合で増加しながら斜面を下る物体がある。この物体にはたらいている運動の向きと同じ向きの力の大きさについて述べたものとして，正しいものはどれか。

ア しだいに大きくなる。　　イ しだいに小さくなる。　　ウ 変わらない。

8 図2は，20℃のときの液体Aと液体Bの体積と質量の関係を表したものである。次の文中の①，②について，それぞれ正しいものはどれか。

> 20℃のとき，同じ質量の液体Aと液体Bの体積を比べると，①（ア 液体A　イ 液体B）のほうが小さい。
> また，ビーカーに同じ質量の液体Aと液体Bを入れ，20℃でしばらく放置すると，液体Aと液体Bは混ざり合わずに上下2つの層に分かれた。このとき上の層の液体は，②（ア 液体A　イ 液体B）である。

図2
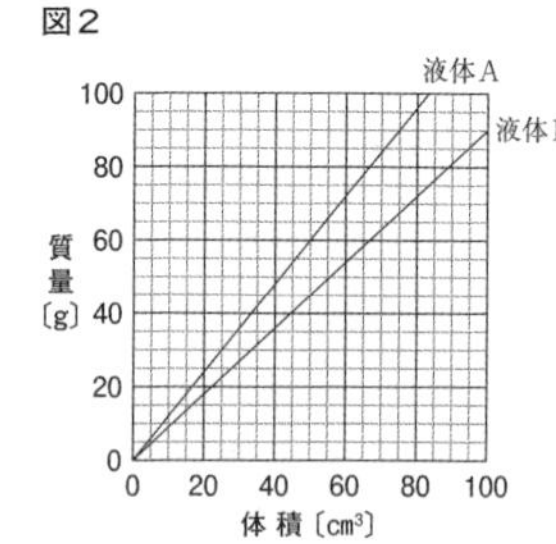

1		2	記号		名称		3	
4								
5		6						
7		8	①		②			

■令和2年度問題

1 次の各問いに答えなさい。答えを選ぶ問いについては記号で答えなさい。

1　生態系の中で，分解者の役割をになっているカビやキノコなどのなかまは何類か。

2　日本列島付近の天気は，中緯度帯の上空をふく風の影響を受けるため，西から東へ変わることが多い。この中緯度帯の上空をふく風を何というか。

3　次のセキツイ動物のうち，変温動物をすべて選べ。

ア　ワニ　　イ　ニワトリ　　ウ　コウモリ　　エ　サケ　　オ　イモリ

4　次の文中の①，②について，それぞれ正しいものはどれか。

> ある無色透明の水溶液Xに緑色のBTB溶液を加えると，水溶液の色は黄色になった。このことから，水溶液Xは①（ア　酸性　　イ　中性　　ウ　アルカリ性）であることがわかる。このとき，水溶液XのpHの値は②（ア　7より大きい　　イ　7である　ウ　7より小さい）。

5　**表**は，物質ア～エのそれぞれの融点と沸点である。50℃のとき，液体の状態にある物質をすべて選べ。

表

物質	融点〔℃〕	沸点〔℃〕
ア	−218	−183
イ	−115	78
ウ	−39	357
エ	63	360

6　電気について，(1)，(2)の問いに答えよ。

(1)　家庭のコンセントに供給されている電流のように，電流の向きが周期的に変化する電流を何というか。

(2)　豆電球1個と乾電池1個の回路と，豆電球1個と乾電池2個の回路をつくり，豆電球を点灯させた。次の文中の①，②について，それぞれ正しいものはどれか。ただし，豆電球は同じものであり，乾電池1個の電圧の大きさはすべて同じものとする。

> 乾電池1個を用いて回路をつくった場合と比べて，乾電池2個を①（ア　直列　イ　並列）につないで回路をつくった場合は，豆電球の明るさは変わらず，点灯する時間は，②（ア　長くなる　　イ　変わらない　　ウ　短くなる）。

7　**図**のア～エは，台風の進路を模式的に示したものである。ある台風が近づいた前後の種子島での観測記録を調べたところ，風向きは東寄りから南寄り，その後西寄りへと変化したことがわかった。また，南寄りの風のときに特に強い風がふいていたこともわかった。この台風の進路として最も適当なものはア～エのどれか。

図

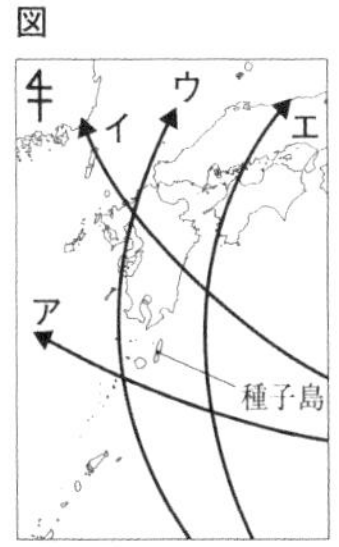

1	類	2		3				
4	①		②		5			
6	(1)		(2) ①		②		7	

■令和3年度問題

1 次の各問いに答えなさい。答えを選ぶ問いについては記号で答えなさい。

1　がけに，れき，砂，泥や火山から噴出した火山灰などが積み重なってできた，しまのような層が見られることがある。このように層が重なったものを何というか。

2　動物と植物の細胞のつくりに共通するものを二つ選べ。

ア　葉緑体　　イ　核　　ウ　細胞膜　　エ　細胞壁

3　次の文中の［a］～［c］にあてはまることばを書け。

> 原子は，原子核と［a］からできている。原子核は，＋の電気をもつ［b］と電気をもたない［c］からできている。

4　次の文中の［　］にあてはまることばを書け。

> 光が，水やガラスから空気中へ進むとき，入射角を大きくしていくと，屈折した光が境界面に近づいていく。入射角が一定以上大きくなると境界面を通りぬける光はなくなる。この現象を［　］という。通信ケーブルなどで使われている光ファイバーは，この現象を利用している。

5　安山岩や花こう岩などのように，マグマが冷え固まってできた岩石を何というか。

6　水100gに食塩2.0gをとかした水溶液をA，水98gに食塩2.0gをとかした水溶液をB，水200gに食塩3.0gをとかした水溶液をCとする。質量パーセント濃度が最も低い水溶液はA～Cのどれか。

7　次の文中の①，②について，それぞれ正しいものはどれか。

> 被子植物では，受精卵は①（ア　減数　　イ　体細胞）分裂をくりかえして，植物のからだのつくりをそなえた②（ア　胚　　イ　卵細胞）になる。このように，受精卵から個体としてのからだのつくりが完成していく過程を発生という。

1		2			
3	a	b		c	
4		5		6	
7	①	②			

8　図は，かたくて長い棒を，てことして利用するときの模式図である。てこの支点が棒の左はしから 40cm となるよう三角台を調整し，棒の左はしに糸で重さ 300N の物体をつるした。棒の右はしに下向きの力を加えて，ゆっくりと 40cm 押し下げると，物体は 20cm 持ち上がった。このとき，棒の右はしに加えた力の大きさは何Nか。また，支点から棒の右はしまでの距離は何 cm か。ただし，棒と糸の重さは考えないものとする。

図

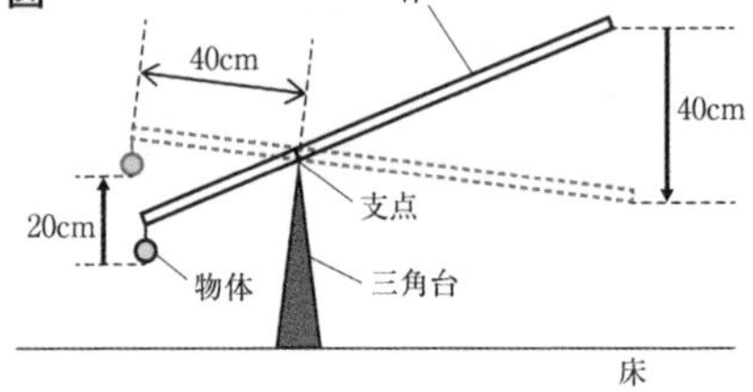

8	力の大きさ	N	距離	cm

■令和4年度問題

1　次の各問いに答えなさい。答えを選ぶ問いについては記号で答えなさい。

1　虫めがねを使って物体を観察する。次の文中の①，②について，それぞれ正しいものはどれか。

> 虫めがねには凸レンズが使われている。物体が凸レンズとその焦点の間にあるとき，凸レンズを通して見える像は，物体の大きさよりも①（ア　大きく　　イ　小さく）なる。このような像を②（ア　実像　　イ　虚像）という。

2　木や草などを燃やした後の灰を水に入れてかき混ぜた灰汁（あく）には，衣類などのよごれを落とす作用がある。ある灰汁にフェノールフタレイン溶液を加えると赤色になった。このことから，この灰汁の pH の値についてわかることはどれか。

ア　7より小さい。　　イ　7である。　　ウ　7より大きい。

3　両生類は魚類から進化したと考えられている。その証拠とされているハイギョの特徴として，最も適当なものはどれか。

ア　後ろあしがなく，その部分に痕跡的に骨が残っている。
イ　体表がうろこでおおわれていて，殻のある卵をうむ。
ウ　つめや歯をもち，羽毛が生えている。
エ　肺とえらをもっている。

4　地球の自転に関する次の文中の①，②について，それぞれ正しいものはどれか。

> 地球の自転は，1時間あたり①（ア　約15°　　イ　約20°　　ウ　約30°）で，北極点の真上から見ると，自転の向きは②（ア　時計回り　　イ　反時計回り）である。

5　ひろみさんは，授業でインターネットを使って桜島について調べた。調べてみると，桜島は，大正時代に大きな噴火をしてから 100 年以上がたっていることがわかった。また，そのときの溶岩は大正溶岩とよばれ①<u>安山岩</u>でできていること，大正溶岩でおおわれたところには，現在では，②<u>土壌が形成されてさまざまな生物が生息している</u>ことがわかった。ひろみさんは，この授業を通して自然災害について考え，日頃から災害に備えて準備しておくことの大切さを学んだ。ひろみさんは家に帰り，災害への備えとして用意しているものを確認したところ，水や非常食，③<u>化学かいろ</u>，④<u>懐中電灯</u>やラジオなどがあった。

図

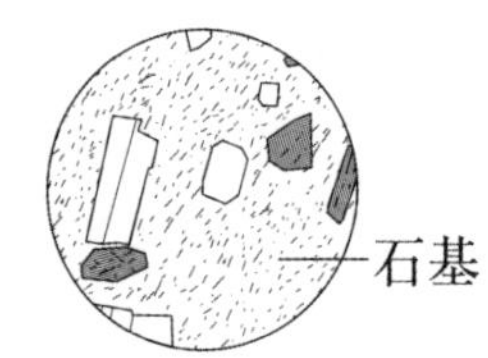

(1)　下線部①について，安山岩を観察すると，図のように石基の間に比較的大きな鉱物が散らばって見える。このようなつくりの組織を何というか。

(2)　下線部②について，土壌中には菌類や細菌類などが生息している。次の文中の［　　］にあてはまることばを書け。

> 有機物を最終的に無機物に変えるはたらきをする菌類や細菌類などの微生物は，［　　］とよばれ，生産者，消費者とともに生態系の中で重要な役割をになっている。

(3)　下線部③について，化学かいろは，使用するときに鉄粉が酸化されて温度が上がる。このように，化学変化がおこるときに温度が上がる反応を何というか。

(4)　下線部④について，この懐中電灯は，電圧が 1.5V の乾電池を2個直列につなぎ，電球に 0.5A の電流が流れるように回路がつくられている。この懐中電灯内の回路全体の抵抗は何Ωか。

1	①		②		2		3	
4	①		②		5	(1)		
(2)		(3)		(4)	Ω			

◎１分野
身近な科学

■平成27年度問題

3 Ⅰ　質量が無視できる2.0mの棒と支えを使い，図のようにおもりを持ち上げる実験を行った。最初，棒の中点の位置を支点にし，棒の右はしから25cmの位置を力点に，棒の左はしから25cmの位置を作用点に設定した。

図

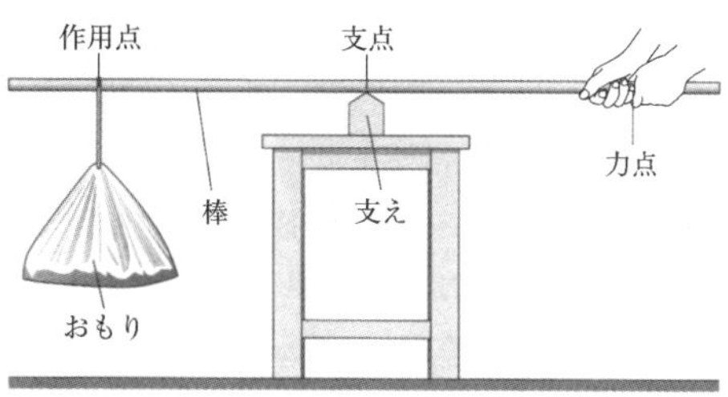

1　棒のある１点を支点にして，棒の一部に力を加え，物体を持ち上げたり，動かしたりするものを何というか。

2　最初の状態から，棒の位置は動かさずに支点，力点，作用点の位置をそれぞれ左右どちらかに20cm動かしたとき，最も小さな力でおもりを持ち上げることができるのはどの場合か。

ア　支点，力点，作用点を全て右に動かす。
イ　支点と力点は右に，作用点は左に動かす。
ウ　支点は左に，力点と作用点は右に動かす。
エ　支点と作用点は左に，力点は右に動かす。

3　最初の状態から，支点の位置を左右どちらかに動かし，おもりを持ち上げた。手で棒の力点の位置を40cmおし下げたとき，おもりは20cm持ち上がった。支点の位置は，棒の左はしから何cmの位置か。

4　図は，支点が力点と作用点の間にある。次の道具のうち，支点，力点，作用点の位置関係が，図と同じものはどれか。

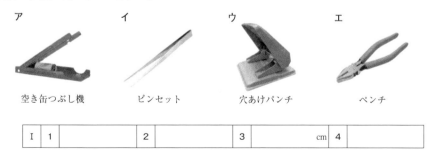

ア

空き缶つぶし機

イ

ピンセット

ウ
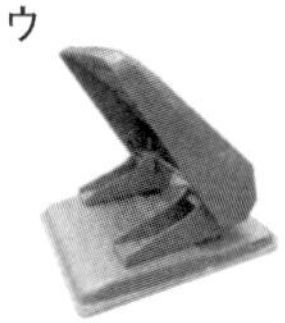
穴あけパンチ

エ

ペンチ

Ⅰ	1		2		3	cm	4	

■平成30年度問題

5 Ⅱ　凸レンズには，光を屈折させて集めるはたらきがある。

1　凸レンズを通して物体を見るとき，物体が凸レンズと焦点の間にあると，像が物体と同じ向きに大きく見える。このような像を何というか。

2　図１は，物体が凸レンズの焦点より外側にあるときのようすを模式的に表したものである。ア～エの中で，スクリーンを置いたときはっきりとした物体の像がうつる位置はどれか。ただし，光は凸レンズの中心線上で屈折するものとする。

3　電球，厚紙，凸レンズ，方眼紙をはったスクリーン，光学台を用いて図２のような装置を組み立てた。この厚紙は図３のように「L」の形が切り抜かれ，電球側から見て「L」の向きになるようにとりつけられている。「L」の形が切り抜かれた部分の最も長い縦の辺の両端をそれぞれA，Bとすると，AB間の長さは4.0cmである。また，図３の「●」は凸レンズの軸と厚紙の交点を示している。

この装置で凸レンズから厚紙までの距離を変え，はっきりとした像がうつるようにスクリーンを動かし，スクリーンにうつった像のAB間の長さを調べた。表はその結果である。

図１

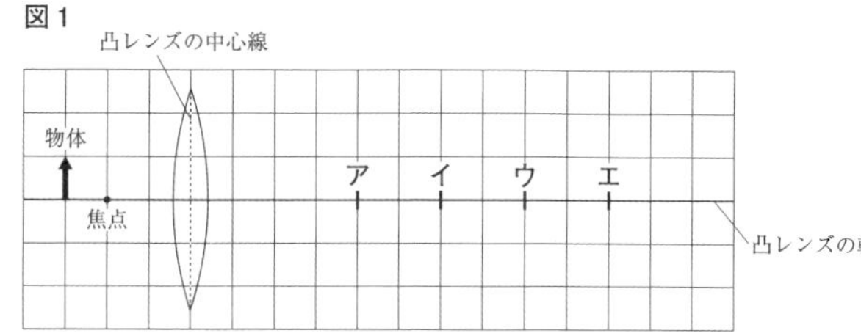

図２

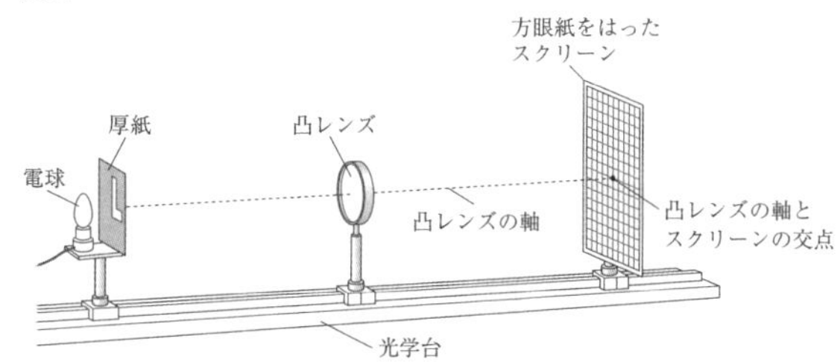

図３　※「●」は凸レンズの軸と厚紙の交点を示している。

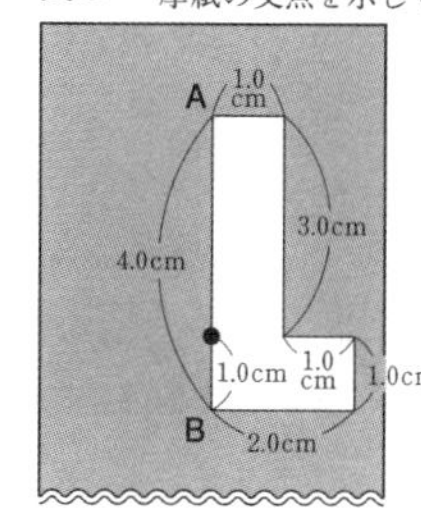

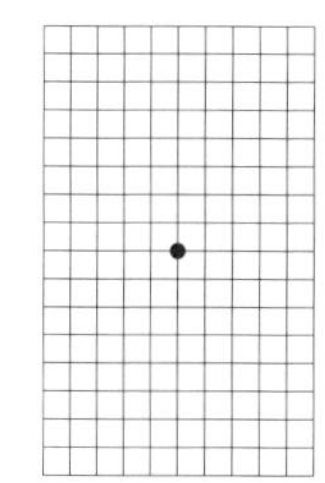

表

凸レンズから厚紙までの距離〔cm〕	15	20	25	30	35
凸レンズからスクリーンまでの距離〔cm〕	30	20	17	15	14
スクリーンにうつった像のAB間の長さ〔cm〕	8.0	4.0	2.7	2.0	1.6

(1)　この凸レンズの焦点距離は何cmか。

(2)　凸レンズからスクリーンまでの距離が，凸レンズから厚紙までの距離の２倍のとき，凸レンズ側から観察するとスクリーンにうつった像はどのように見えるか。表の結果をもとに，見える像のようすを右上の方眼に▨を用いてかけ。ただし，方眼の１目盛りを1.0cmとする。また，方眼の中心にある「●」は凸レンズの軸とスクリーンの交点を示している。

Ⅱ	1		2		3	(1)	cm

■平成31年度問題

3 Ⅰ　**図１**のように，モノコードの駒（こま）とＸの間の弦の中央をはじいて音を出した。コンピュータにその音をとりこんだところ，コンピュータには**図２**のような画面が表示された。ただし，**図２**の横軸は時間を表している。

図１

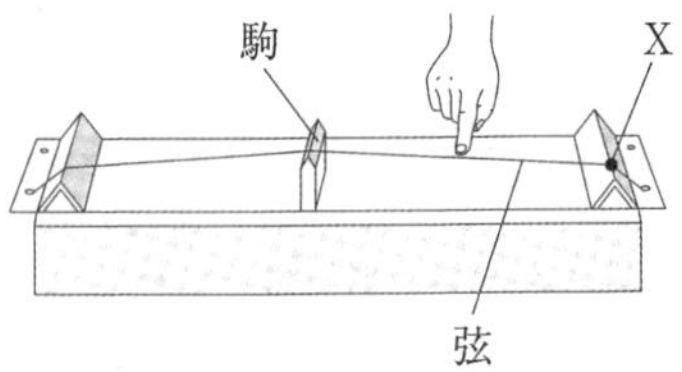

図２

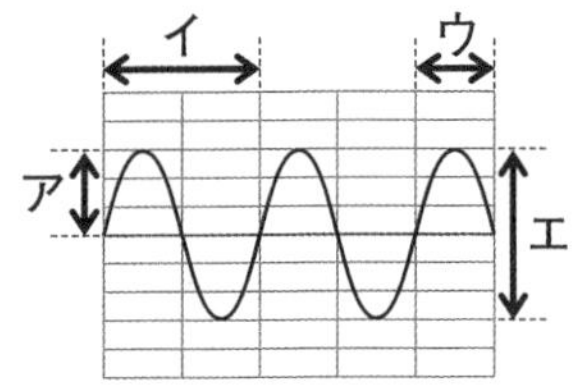

1　空気中での音の伝わり方について述べた次の文中の［　　］にあてはまる同じことばを書け。

音源が［　　］することによって空気を［　　］させ，その［　　］が空気中を次々と伝わる。

2　**図２**の**ア**～**エ**の中で，振幅を表しているものはどれか。

3　弦の張りの強さを変えずに，駒の位置と弦をはじく強さを変えて駒とＸの間の弦の中央をはじいたところ，駒の位置と弦をはじく強さを変える前の音より高い音が大きく聞こえた。

(1)　このときコンピュータに表示された画面は次の**ア**～**エ**のどれか。ただし，**ア**～**エ**の縦軸と横軸の１目盛りの大きさは**図２**と同じである。

ア

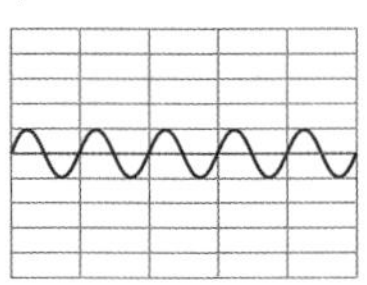

イ

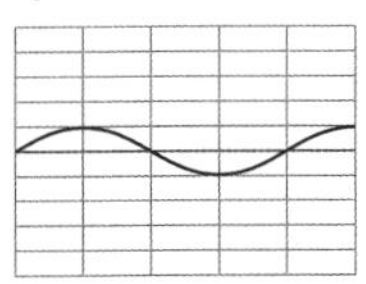

ウ

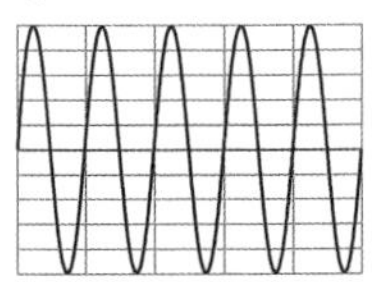

エ

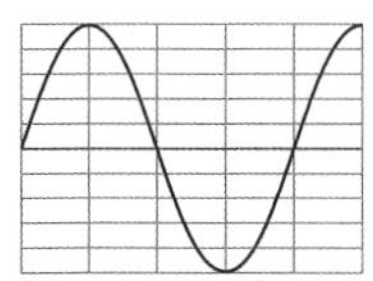

(2)　このとき行った操作を述べた次の文中の①，②について，それぞれ正しいものはどれか。

駒とＸの間の弦の長さが①（**ア**　長く　　**イ**　短く）なるように駒の位置を動かし，弦をはじく強さを②（**ア**　強く　　**イ**　弱く）した。

Ⅰ	1		2					
	3	(1)		(2)	①		②	

■令和３年度問題

5 Ⅰ　物体にはたらく浮力に関する**実験１**と**実験２**を行った。ただし，質量 100 g の物体にはたらく重力の大きさを 1.0 N とし，糸の重さや体積は考えないものとする。

実験１

①　**図１**に示す質量 300 g の直方体を用意した。

②　直方体の面Ｘとばねばかりを糸でつないだ。

③　**図２**のように，直方体の下面が水面と平行になるように水の中へ静かにしずめ，水面から直方体の下面までの深さとばねばかりの値を測定した。

④　②の面Ｘを面Ｙに変え，③の操作をした。

図１

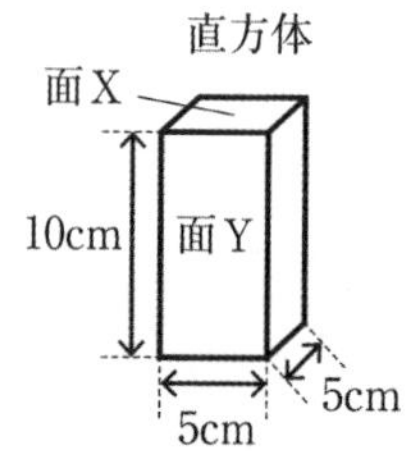

図２

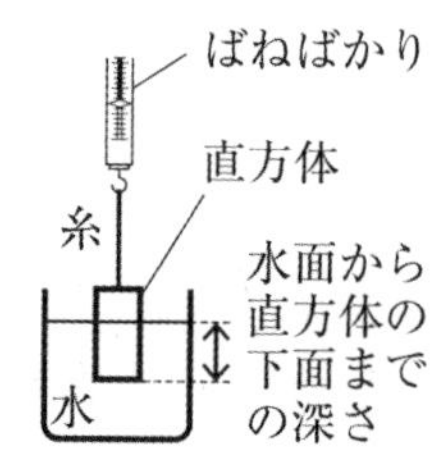

表

水面から直方体の下面までの深さ〔cm〕		0	2	4	6	8	10	12
ばねばかりの値〔N〕	面Ｘ	3.0	2.5	2.0	1.5	1.0	0.5	0.5
	面Ｙ	3.0	2.0				0.5	0.5

表は，**実験１**の結果をまとめたものである。ただし，**表**の空欄には，結果を示していない。

1　直方体の密度は何 g/cm³ か。

2　直方体の面Ｘに糸をつないでしずめ，水面から直方体の下面までの深さが 8cm のとき，直方体にはたらく浮力の大きさは何Ｎか。

3　直方体の面Ｙに糸をつないでしずめたときの，水面から直方体の下面までの深さと直方体にはたらく浮力の大きさの関係を表したグラフをかけ。ただし，水面から直方体の下面までの深さが 0 cm，２cm，４cm，6 cm，８cm，10cm，12cm のときの値を「•」で記入すること。

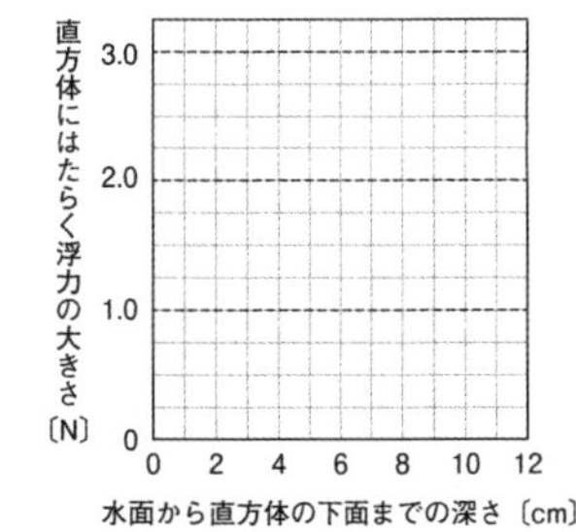

実験２　**図３**のように，**実験１**で用いた直方体の面Ｘを糸でつなぎ，直方体の下面が水面と平行になるように水の中へ静かにしずめ，水面から直方体の下面までの深さが 14cm の位置で静止させる。この状態で静かに糸を切った。

図３

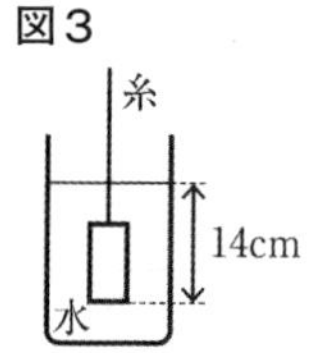

4　糸を切った後，直方体はどうなるか。次の**ア**～**ウ**から選び，その理由を，糸を切った後の直方体にはたらく力に着目して書け。

ア　浮き上がる。　　**イ**　静止の状態を続ける。　　**ウ**　しずんでいく。

Ⅰ	1	g/cm³	2	N
	4	記号		理由

物質の性質

■平成28年度問題

5 Ⅱ　硝酸カリウムを，ある温度の水に加えながらゆっくりかき混ぜ，とけなくなるまでとかす実験を行った。**図1**は，実験から分かった水の質量ととけた硝酸カリウムの質量の関係を表したものである。

また，**図2**は，水の温度と100gの水にとける硝酸カリウムの質量の関係を示している。

図1

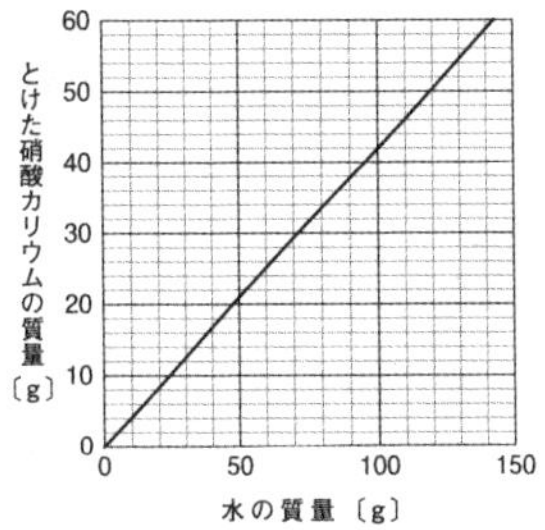

図2

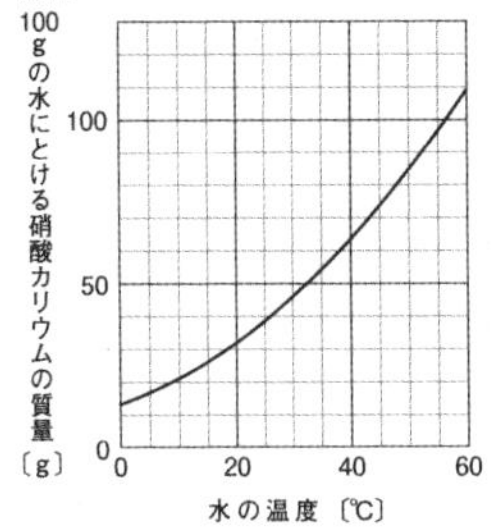

1　この実験の硝酸カリウムのように，水溶液にとけている物質を何というか。

2　この実験で使った水の温度は何℃か。

ア　18.0℃　　イ　22.5℃　　ウ　25.0℃　　エ　27.5℃

3　Kさんは，40℃の水100gに硝酸カリウムが63.9gまでとけることを調べ，ビーカーに40℃の硝酸カリウム飽和水溶液163.9gをつくった。このビーカーをふたをしないで数日間放置したところ，ビーカー内に結晶が見られた。このときの水溶液と結晶の質量の合計は153.9gであり，水溶液の温度は20℃であった。そこで，20℃の水100gにとける硝酸カリウムの質量を調べたところ，31.6gまでとけることが分かった。

結晶の質量について，Kさんは以下のように考えた。

（Kさんの考え方）
40℃の水溶液には63.9gの硝酸カリウムがとけていた。20℃の水溶液には硝酸カリウムが31.6gとけていることになるから，結晶の質量は，63.9gから31.6gをひいた32.3gである。

しかし，結晶の質量はKさんが考えた質量よりも多かった。

(1)　結晶の質量が，Kさんの考えた質量よりも多かったのはなぜか。その理由を書け。

(2)　結晶の質量は何gか。小数第1位まで答えよ。ただし，解答欄には答えだけでなく，考え方や計算過程も書くこと。

Ⅱ	1			2	
	3	(1)			
		(2)	答　　　　g		

■平成30年度問題

3 Ⅰ　図の水溶液A～Eは，塩化ナトリウム水溶液，砂糖水，石灰水，アンモニア水，うすい塩酸のいずれかである。A～Eはすべて無色透明で，Aからは特有の刺激のあるにおいがした。それぞれどの水溶液であるかを調べるために，次の**実験1，2**を行った。

図

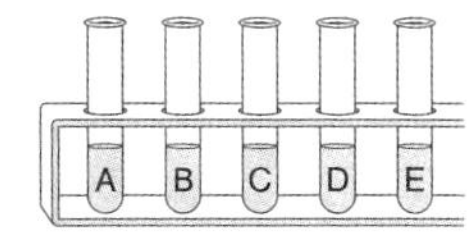

実験1　A～Eをそれぞれ青色と赤色のリトマス紙につけ，色の変化を調べた。AとCでは赤色リトマス紙が青色に変化し，Dでは青色リトマス紙が赤色に変化した。また，BとEではどちらの色のリトマス紙も変化しなかった。

実験2　5つの蒸発皿を用意し，A～Eをそれぞれ別々の蒸発皿に少量ずつとって熱した。AとDを入れた蒸発皿には何も残らなかったが，CとEを入れた蒸発皿には白い物質が残り，Bを入れた蒸発皿には黒くこげた物質が残った。

1　次の文中の［a］にあてはまることばを書け。また，［b］にあてはまる水溶液の名称を書け。

実験1の結果から，AとCは［a］性であることがわかる。また，**実験1，2**の結果から，Bは［b］であることがわかる。

2　炭酸水素ナトリウムを熱して発生する気体と反応させると白くにごる水溶液はA～Eのどれか。また，その水溶液の名称も書け。

3　ある水溶液とDを反応させると，Eにとけている物質をふくむ水溶液ができた。ある水溶液を考え，このときの化学変化を化学反応式で表せ。ただし，ある水溶液は，A～Eとは異なる水溶液である。

4　蒸発皿に15.0gのEを入れ，水をすべて蒸発させたところ，2.4gの白い物質が残った。Eの質量パーセント濃度は何％か。

Ⅰ	1	a		b		2	記号		名称	
	3								4	％

■令和２年度問題

3 Ⅰ　４種類の物質Ａ～Ｄは，硝酸カリウム，ミョウバン，塩化ナトリウム，ホウ酸のいずれかである。ひろみさんとたかしさんは，一定量の水にとける物質の質量は，物質の種類と水の温度によって決まっていることを知り，Ａ～Ｄがそれぞれどの物質であるかを調べるために，次の**実験**を行った。

図１は，水の温度と100gの水にとける物質の質量との関係を表したものである。

図１

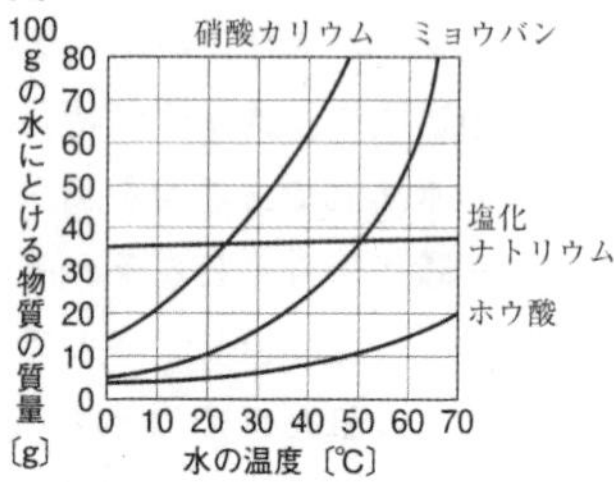

実験　４本の試験管を準備し，それぞれに30℃の水10ｇを入れた。次に，これらの試験管にＡ～Ｄをそれぞれ別々に3.0ｇずつ入れ，30℃に保ったままよくふり混ぜると，ＡとＣはすべてとけたが，ＢとＤは**図２**のようにとけ残った。とけ残ったＢとＤの質量は，ＤがＢより大きかった。

図２

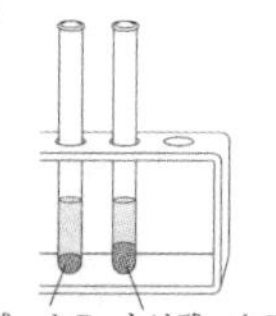

次は，**実験**の後の，２人と先生の会話である。

先　　　生：Ａ～Ｄがそれぞれどの物質なのか見分けることができましたか。
ひろみさん：ＡとＣは見分けることができませんでしたが，Ｂは［ａ］，Ｄは［ｂ］だとわかりました。
先　　　生：そうですね。では，ＡとＣはどのようにしたら見分けることができますか。
たかしさん：水溶液を冷やしていけば，見分けることができると思います。
先　　　生：では，ＡとＣについて，確認してみましょう。

1　**実験**で，30℃に保ったままよくふり混ぜた後の塩化ナトリウムのようすを模式的に表しているものとして最も適当なものはどれか。ただし，陽イオンは「●」，陰イオンは「○」とする。

ア
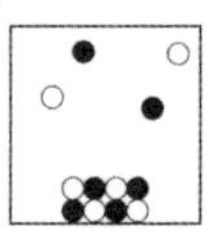
イ
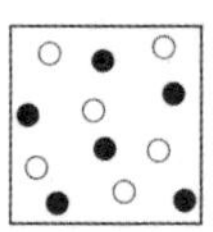
ウ
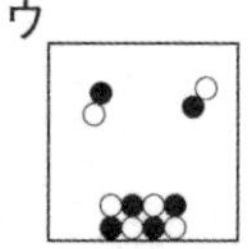
エ
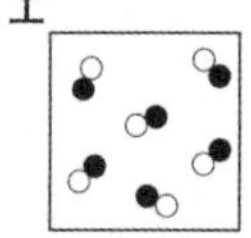

2　会話文中の［ａ］，［ｂ］にあてはまる物質の名称をそれぞれ書け。

3　２人は，ＡとＣを見分けるために，**実験**でつくったＡ，Ｃの水溶液が入った試験管を氷水が入ったビーカーにつけ，水溶液の温度を下げた。しばらくすると，Ｃが入った試験管では結晶が出てきたが，Ａが入った試験管では結晶が出てこなかった。このことから，ＡとＣを見分けることができた。Ｃの水溶液の温度を下げると結晶が出てきた理由を，解答欄の書き出しのことばに続けて書け。ただし，「溶解度」ということばを使うこと。

4　２人は，**実験**でとけ残ったＤを30℃ですべてとかすため，30℃の水を少なくともあと何ｇ加えればよいかを，30℃の水10ｇにＤがＳ〔ｇ〕までとけるものとし，次のように考えた。２人の考え方をもとに，加える水の質量を，Ｓを用いて表せ。

（２人の考え方）水にとけるＤの質量は水の質量に比例することから，3.0ｇのＤがすべてとけるために必要な水の質量はＳを用いて表すことができる。水は，はじめに10ｇ入れてあるので，この分を引けば，加える水の質量を求めることができる。

Ⅰ	1		2	a		b	
	3	Cは，水溶液の温度を下げると，				4	g

■令和４年度問題

5 Ⅱ　エタノールの性質を調べるために**実験１**，**実験２**を行った。

実験１　**図１**のように，少量のエタノールを入れたポリエチレンぶくろの口を閉じ，熱い湯をかけたところ，ふくろがふくらんだ。

図１

実験２　水28.0cm³とエタノール7.0cm³を混ぜ合わせた混合物を蒸留するために，**図２**のような装置を組み立てた。この<u>装置の枝つきフラスコに温度計を正しく取りつけてから</u>，水とエタノールの混合物を蒸留した。ガラス管から出てくる気体を冷やして液体にし，４分ごとに５本の試験管に集め，順にＡ，Ｂ，Ｃ，Ｄ，Ｅとした。

次に，それぞれの試験管の液体の温度を25℃にして，質量と体積をはかった後，集めた液体の一部を脱脂綿にふくませ，火をつけたときのようすを調べた。**表**は，その結果を示したものである。

表

試験管	A	B	C	D	E
質量　〔g〕	1.2	2.7	3.3	2.4	2.4
体積　〔cm³〕	1.5	3.2	3.6	2.4	2.4
火をつけたときのようす	燃えた	燃えた	燃えた	燃えなかった	燃えなかった

図２

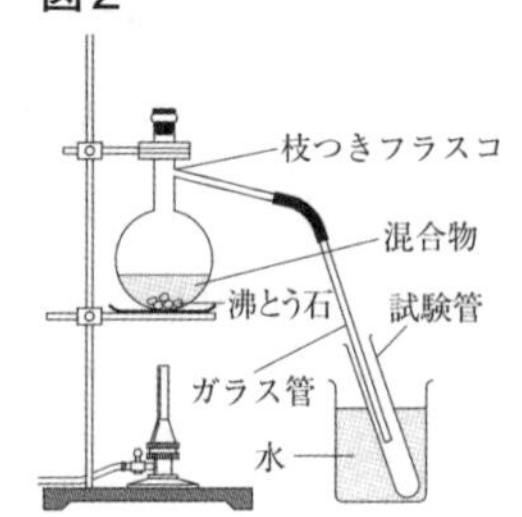

1　**実験1**で，ふくろがふくらんだ理由として，最も適当なものはどれか。

ア　エタノール分子の質量が大きくなった。

イ　エタノール分子の大きさが大きくなった。

ウ　エタノール分子どうしの間隔が広くなった。

エ　エタノール分子が別の物質の分子に変化した。

2　**実験2**の下線部について，枝つきフラスコに温度計を正しく取りつけた図はどれか。

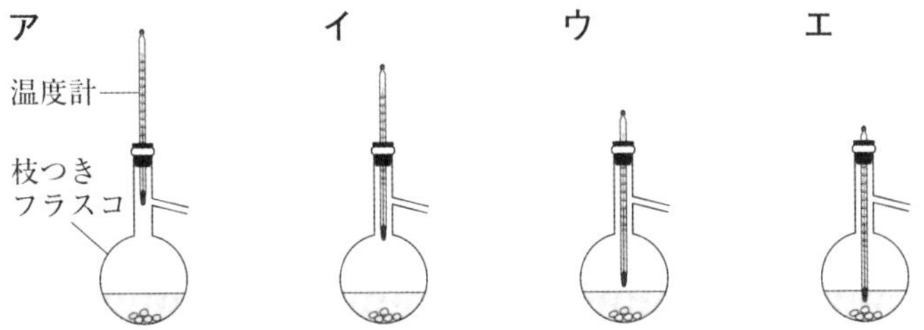

3　**実験2**で，蒸留する前の水とエタノールの混合物の質量を W〔g〕, 水の密度を1.0g/cm^{3}とするとき，エタノールの密度は何 g/cm^{3}か。Wを用いて答えよ。ただし，混合物の質量は，水の質量とエタノールの質量の合計であり，液体の蒸発はないものとする。

4　エタノールは消毒液として用いられるが，燃えやすいため，エタノールの質量パーセント濃度が60％以上になると，危険物として扱われる。**図3**は，25℃における水とエタノールの混合物にふくまれるエタノールの質量パーセント濃度とその混合物の密度との関係を表したグラフである。試験管A～Eのうち，エタノールの質量パーセント濃度が60％以上のものをすべて選べ。

図3

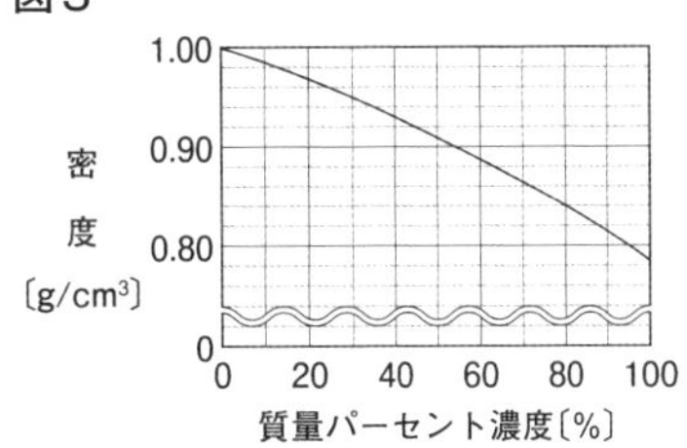

Ⅱ	1		2		3	g/cm^3	4	

化学変化

■平成26年度問題

4 Ⅱ　次の**手順1～3**で炭酸水素ナトリウムを加熱する実験を行い，**表**の結果A～Dを得た。

手順1　同じ形のステンレス皿を4枚準備し，それぞれの質量をはかった。

手順2　それぞれのステンレス皿に炭酸水素ナトリウムを入れ，質量をはかった。

手順3　**図**のように，炭酸水素ナトリウムを入れたステンレス皿を加熱した後，よく冷やしてから質量をはかった。それぞれのステンレス皿で質量の変化が見られなくなるまで，この操作を繰り返した。

図

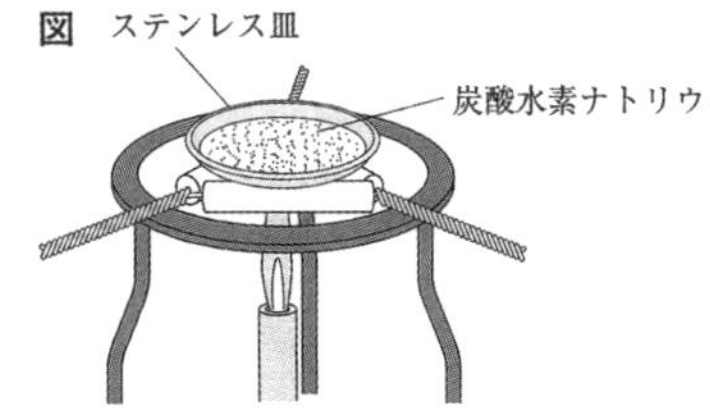

表

結　果	A	B	C	D
ステンレス皿の質量〔g〕	20.08	18.85	20.10	20.25
加熱前の質量　〔g〕	24.28	27.25	32.70	37.05
加熱後の質量　〔g〕	22.73	24.15	28.05	30.85

1　炭酸水素ナトリウムを加熱すると，いくつかの物質に分かれる。このように1種類の物質が2種類以上の別の物質に分かれる化学変化を何というか。

2　加熱前の炭酸水素ナトリウムの質量と加熱後にステンレス皿に残っている物質の質量の関係を表すグラフを右下にかけ。

ただし，加熱前の炭酸水素ナトリウムの質量〔g〕を横軸，加熱後にステンレス皿に残っている物質の質量〔g〕を縦軸とし，目盛りの数値も書くこと。また，各結果から求められるすべての値を「・」で記入すること。

3　加熱前の炭酸水素ナトリウムの質量と加熱によって減少した質量との間には，どのような関係があるか。

4　炭酸水素ナトリウムに食塩を加えた混合物50.0gをステンレス皿にのせ，質量に変化が見られなくなるまで加熱した。加熱後の混合物の質量は37.6gであった。もとの混合物中に炭酸水素ナトリウムは何％含まれていたか。ただし，食塩は加熱によって変化することはない。

また，解答は答えだけでなく，考え方や計算過程も書くこと。

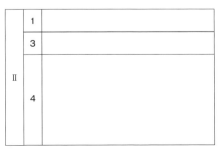

Ⅱ	1	
	3	
	4	

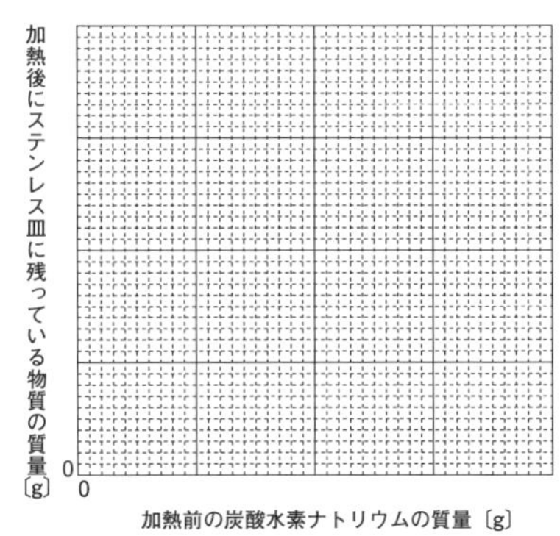

■平成28年度問題

5 Ⅰ　鉄粉 12.25g と硫黄の粉末 3.00g を乳鉢でよく混ぜ，試験管に入れて，**図１**のように加熱した。試験管内の物質が赤くなったら加熱をやめ，反応が終わるまで放置した。この試験管にうすい塩酸を加えたところ，化学変化により２種類の気体が発生した。なお，**図２**は，鉄の質量と化合する硫黄の質量の関係を示している。

図１

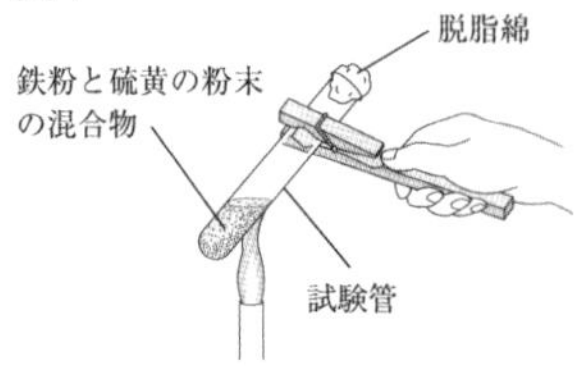

図２

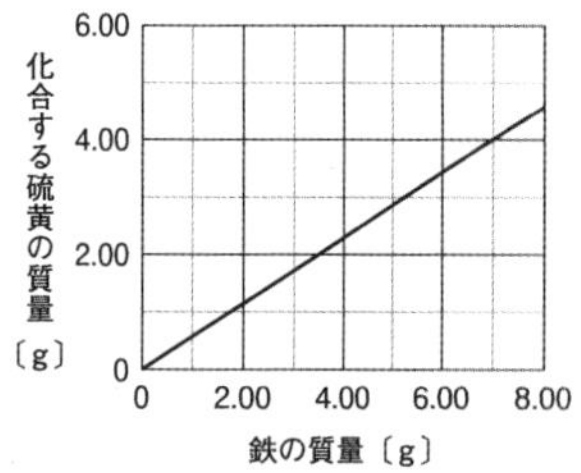

1　鉄と硫黄が化合する反応では，多量の熱が発生する。このような化学変化を何というか。

2　次のAは，加熱する前の試験管内のようすをモデルで表したものである。加熱をやめ，反応が終わったときの試験管内のようすをモデルを使ってBに表せ。ただし，鉄原子を●，硫黄原子を○とする。

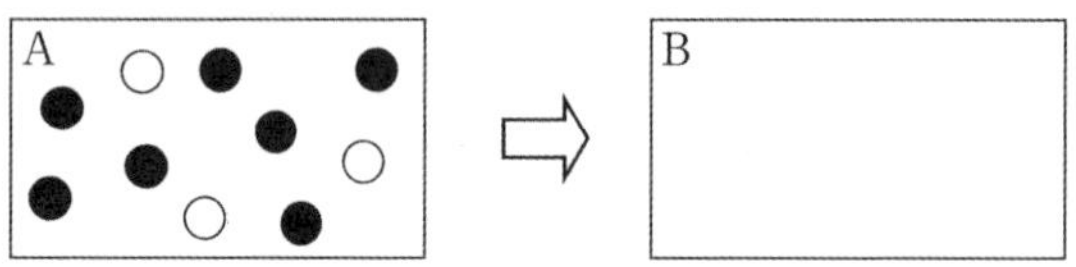

3　化学変化により発生した２種類の気体の名称を書け。

4　化合しないで残った物質の質量は何 g か。

Ⅰ	1		3		4	g

■平成29年度問題

2 Ⅱ　**図１**のように，かわいた試験管に酸化銀を入れ，加熱したところ酸素が発生した。**表**は，2.9g，5.8g，8.7g の酸化銀を，それぞれ酸素が発生しなくなるまでじゅうぶんに加熱した後，冷ましたときの試験管内の銀の質量を表したものである。

図１

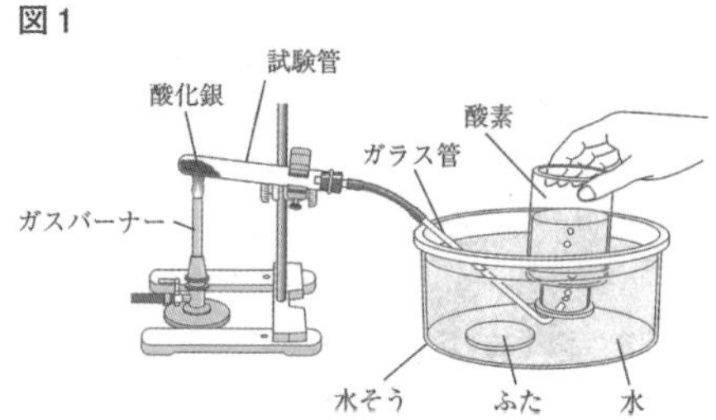

表

酸化銀の質量〔g〕	2.9	5.8	8.7
試験管内の銀の質量〔g〕	2.7	5.4	8.1

図２

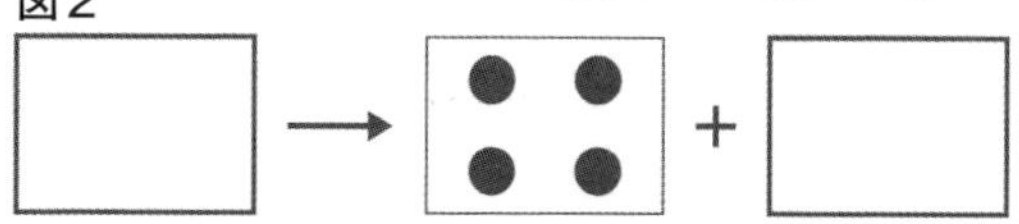

1　銀の原子を表す記号を書け。

2　この実験で，ガスバーナーの火を消すと，水がガラス管を逆流して試験管が割れることがある。これを防ぐために，どのような操作をしなければならないか。

3　**図２**が，この実験の化学変化を表した図となるように，それぞれの［　　］にあてはまる物質をモデルで表し，**図２**を完成せよ。ただし，銀原子を●，酸素原子を○，酸化銀を●○●とする。

4　酸化銀 12.5g をしばらく加熱し，途中で加熱をやめた。冷ましてから試験管内の物質の質量をはかったところ 12.0g であった。酸化銀 12.5g の何％が反応したか。

Ⅱ	1		4	％
	2			

■平成31年度問題

4 Ⅱ　ひろみさんとたかしさんは，化学変化と物質の質量の関係について調べるため，炭酸水素ナトリウムとうすい塩酸を使って**実験１**と**実験２**を行った。

実験１　ひろみさんは，プラスチックの容器にうすい塩酸 10.0cm³ を入れた試験管と炭酸水素ナトリウム 1.0 g を入れ，**図１**のように容器のふたを閉めて容器全体の質量をはかったところ 75.0 g であった。次に，ふたを閉めたまま容器を傾けて炭酸水素ナトリウムとうすい塩酸を反応させた。反応が終わってからしばらく放置し，再び容器全体の質量をはかったところ 75.0 g であった。

たかしさんは，２つのビーカーにうすい塩酸 10.0cm³ と炭酸水素ナトリウム 1.0 g をそれぞれ入れ，**図２**のように２つのビーカー全体の質量をいっしょにはかったところ 210.0 g であった。次に，炭酸水素ナトリウムが入ったビーカーにうすい塩酸をすべて入れて反応させた。反応が終わってからしばらく放置し，再び２つのビーカー全体の質量をいっしょにはかったところ 209.5 g であった。

図１

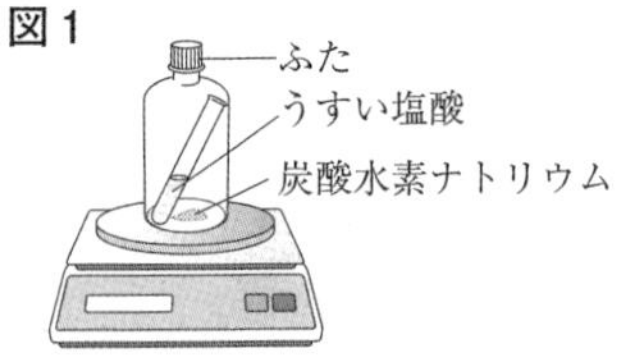

図２

実験２　２人は５つのビーカーにそれぞれうすい塩酸 20.0cm³ を入れ，**図３**のように，ビーカー全体の質量をはかった。次に，これらの５つのビーカーに炭酸水素ナトリウム 1.0 g，2.0 g，3.0 g，4.0 g，5.0 g をそれぞれ加え，うすい塩酸と反応させた。反応が終わってからしばらく放置し，再びビーカー全体の質量をはかった。**表**は，この実験の結果である。

図３

表

うすい塩酸を入れたビーカー全体の質量〔g〕	102.0	112.9	103.5	117.0	103.9
加えた炭酸水素ナトリウムの質量〔g〕	1.0	2.0	3.0	4.0	5.0
反応後のビーカー全体の質量〔g〕	102.5	113.9	105.0	119.2	107.1

1　次は，**実験１**について話し合っている２人と先生の会話である。

たかしさん：私の実験では反応の前と後で質量が変わっていましたが，ひろみさんの実験では変わっていませんでした。
先　　　生：その理由は何だと考えますか。
ひろみさん：発生していた気体と関係があるのかな。
たかしさん：そうか，私の実験では，発生した気体の分だけ質量が変わったのかな。
ひろみさん：私の実験では，［ a ］から質量が変わらなかったのですね。
先　　　生：そのとおりです。このように，化学変化の前と後では，物質全体の質量は変わりません。このことを［ b ］の法則といいます。

(1)　炭酸水素ナトリウムとうすい塩酸の反応で発生した気体は，二酸化炭素である。二酸化炭素についてあてはまるものをすべて選べ。
ア　温室効果ガスの１つである。　　**イ**　特有の刺激臭がある。
ウ　空気中に体積の割合で約20％ふくまれている。　　**エ**　化合物である。
(2)　［ a ］にあてはまる，**実験１**でひろみさんが行った操作を10字以内で書け。
(3)　［ b ］にあてはまることばを書け。

2　**実験２**の結果から，加えた炭酸水素ナトリウムの質量と発生した気体の質量との関係を表したグラフをかけ。ただし，発生した気体はすべて空気中に出ていったものとし，グラフの横軸は加えた炭酸水素ナトリウムの質量〔g〕，縦軸は発生した気体の質量〔g〕とする。また，縦軸については目盛りの数値も書き，結果から求められるすべての値を「●」で記入すること。

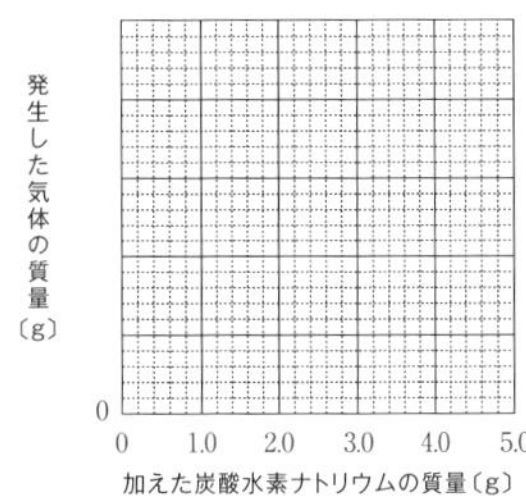

3　炭酸水素ナトリウムと塩化ナトリウムの混合物がある。ひろみさんとたかしさんは，**実験２**の結果をもとにして，この混合物にふくまれる炭酸水素ナトリウムの質量の割合を調べた。
　実験２で用いたものと同じ濃度のうすい塩酸20.0cm^{3}に，この混合物3.0 gを加えて反応させた。反応が終わってからしばらく放置し，質量の変化を調べたところ，1.2 gの気体が発生したことがわかった。この混合物3.0 gにふくまれていた炭酸水素ナトリウムの質量の割合は何％か。ただし，塩化ナトリウムは塩酸と反応しない。

Ⅱ	1	(1)		(2)	
	(3)		3	%	

■令和３年度問題

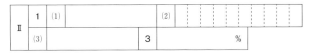

2　Ⅰ　図１のような装置を組み，酸化銅の還元についての**実験**を行った。

図１
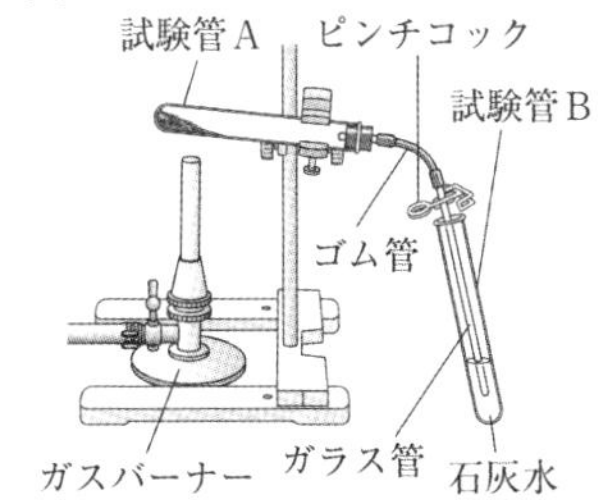

実験
①　酸化銅4.00 gに炭素粉末0.10 gを加えてよく混ぜ合わせた。
②　酸化銅と炭素粉末の混合物を試験管Aの中にすべて入れて加熱したところ，ガラス管の先から盛んに気体が出て，試験管Bの中の石灰水が白くにごった。
③　ガラス管の先から気体が出なくなるまで十分に加熱した後，ガラス管を石灰水の中から取り出し，ガスバーナーの火を消した。すぐにピンチコックでゴム管をとめ，試験管Aが冷えてから，試験管Aの中にある加熱した後の物質の質量を測定した。
④　酸化銅は4.00 gのまま，炭素粉末の質量を0.20 g，0.30 g，0.40 g，0.50 gと変えてよく混ぜ合わせた混合物をそれぞれつくり，②と③の操作を繰り返した。
　また，炭素粉末を加えず，酸化銅4.00 gのみを試験管Aの中にすべて入れて加熱したところ，ガラス管の先から少量の気体が出たが，石灰水に変化はみられなかった。そして，③の操作を行った。

　図２は，加えた炭素粉末の質量を横軸，試験管Aの中にある加熱した後の物質の質量を縦軸とし，**実験**の結果をグラフに表したものである。なお，加えた炭素粉末の質量が0.30 g，0.40 g，0.50 gのときの試験管Aの中にある加熱した後の物質の質量は，それぞれ3.20 g，3.30 g，3.40 gであった。
　ただし，試験管Aの中にある気体の質量は無視できるものとし，試験管Aの中では，酸化銅と炭素粉末の反応以外は起こらないものとする。

図２
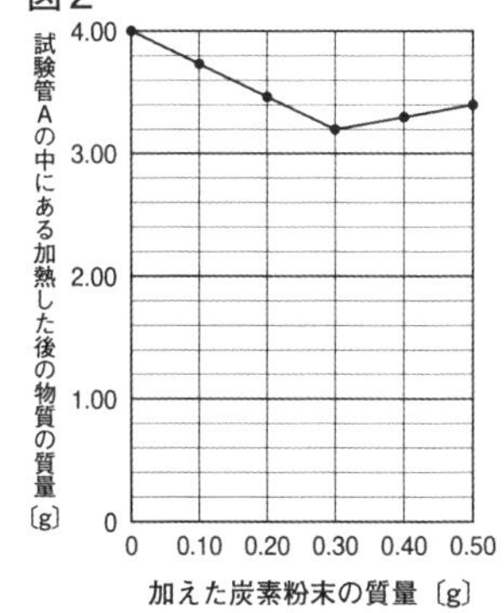

1　**実験**の②で石灰水を白くにごらせた気体の名称を書け。
2　**図３**が試験管Aの中で起こった化学変化を表した図になるように，X，Y，Zにあてはまる物質をモデルで表し，**図３**を完成せよ。ただし，銅原子を◎，炭素原子を●，酸素原子を○とする。
3　**実験**の③で下線部の操作を行うのはなぜか。「銅」ということばを使って書け。
4　酸化銅の質量を6.00 g，炭素粉末の質量を0.75 gに変えて同様の実験を行った。試験管Aの中にある加熱した後の物質の質量は何gか。また，試験管Aの中にある加熱した後の物質は何か。すべての物質の名称を書け。ただし，固体の物質の名称のみ答えること。

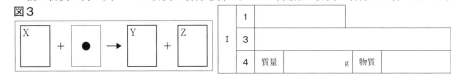

図３
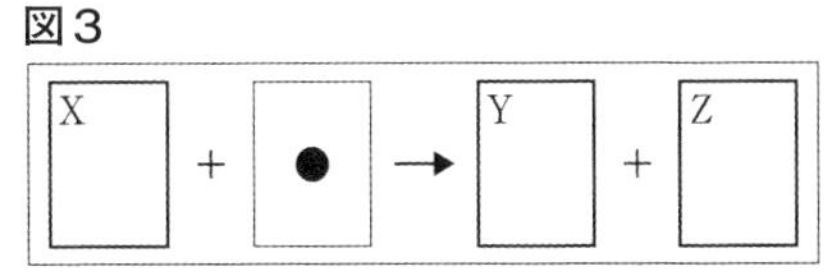

Ⅰ	1				
	3				
	4	質量	g	物質	

中和とイオン

■平成29年度問題

2 Ⅰ　亜鉛板と銅板をうすい塩酸に入れて電池をつくり，図のようにに電子オルゴールをつないだところ，音が鳴った。

図

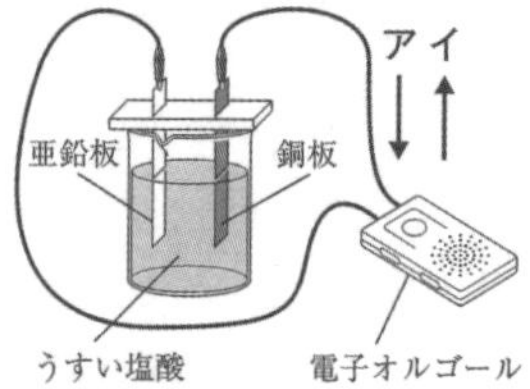

1　うすい塩酸には塩化水素がとけている。塩化水素が電離するようすを，化学式とイオン式を用いて表せ。

2　銅板と電子オルゴールをつなぐ導線中の電流の向きと電子の移動の向きは，それぞれ図のア，イのどちらか。

3　銅板で発生する気体について述べたものとして，正しいものはどれか。

ア　石灰水を白くにごらせる気体

イ　空気中に最も多くふくまれている気体

ウ　最も密度の小さい気体

エ　水でぬらした赤色リトマス紙を青色に変える気体

4　別のビーカーにうすい塩酸を入れ，これにうすい水酸化ナトリウム水溶液を加えてpHの値が7の水溶液をつくった。この水溶液に，新しい亜鉛板と銅板を入れて図と同じ装置をつくったところ，電子オルゴールの音が鳴り，電流が流れたことがわかった。電流が流れた理由を書け。

Ⅰ	1		2	電流の向き		電子の移動の向き	
	3		4				

■平成30年度問題

3 Ⅱ　図のように，2本の炭素棒を電極とし，塩化銅水溶液の電気分解を行ったところ，電極Aには銅が付着し，電極Bからは塩素が発生した。このときの化学変化は，次の化学反応式で表すことができる。

$$CuCl_2 \rightarrow Cu + Cl_2$$

図

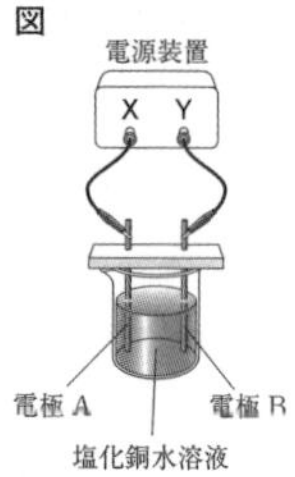

1　塩化銅が水にとけているようすを模式的に表しているものはどれか。ただし，陽イオンは「●」，陰イオンは「○」とする。

ア　　イ　　ウ　　エ

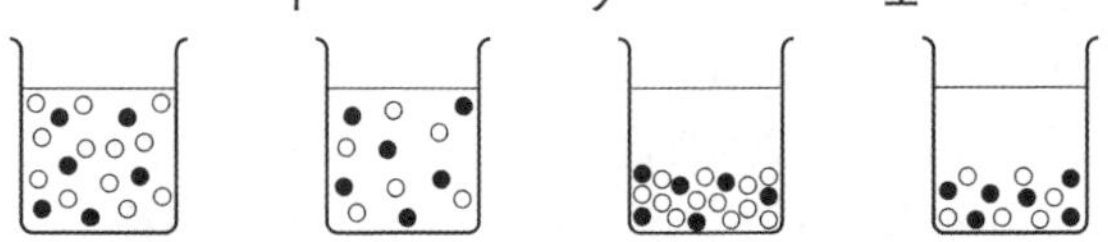

2　電源装置の＋極は，X，Yのどちらか。そのように考えた理由もふくめて答えよ。ただし，「陽極」または「陰極」ということばを使うこと。

3　次の文中の［a］，［b］にあてはまる数値を書け。ただし，電気分解によって生じた銅はすべて電極Aに付着したものとする。

> 原子1個の質量は，原子の種類によって決まっている。銅原子1個と塩素原子1個の質量の比を9：5とすると，銅原子1個と塩素分子1個の質量の比は9：［a］となる。
> 電気分解によって生じた銅と塩素の質量の比は9：［a］となることから，電極Aに銅が0.18g付着したとき，反応した塩化銅は［b］gであると考えられる。

Ⅱ	1		3	a		b	
	2						

■平成31年度問題

4 Ⅰ　硝酸カリウム水溶液でしめらせて電流を流しやすくしたろ紙をスライドガラスに置き，その上に青色リトマス紙と赤色リトマス紙をのせ，両端を金属のクリップでとめた。このとき，2つのリトマス紙の色は変化しなかった。

次に，両端のクリップに電圧を加え，2つのリトマス紙の中央にうすい水酸化バリウム水溶液をしみこませた糸を置くと，一方のリトマス紙の色が変化した。しばらくすると，図のようにリトマス紙の色が変化した部分が陽極側に広がった。

図

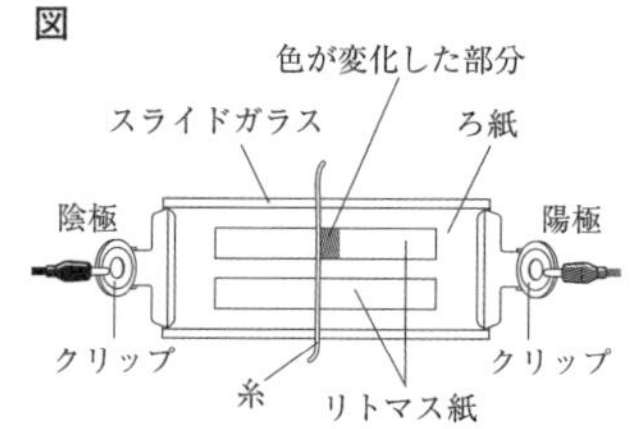

1　硝酸カリウム水溶液に関する次の文中の①，②について，それぞれ正しいものはどれか。

> 硝酸カリウム水溶液は①（ア　非電解質　　イ　電解質）の水溶液である。また，この水溶液は②（ア　酸性　　イ　中性　　ウ　アルカリ性）の水溶液である。

2　色が変化したリトマス紙は，青色リトマス紙と赤色リトマス紙のどちらか。また，リトマス紙の色を変化させたイオンの名称を書け。

3　うすい水酸化バリウム水溶液にうすい硫酸を加えると白い沈殿が生じる。この化学変化を表す次の化学反応式を完成せよ。

$Ba(OH)_2 + H_2SO_4 \rightarrow$

Ⅰ	1	①		②		2	リトマス紙		イオンの名称	
	3	$Ba(OH)_2 + H_2SO_4 \rightarrow$								

■令和２年度問題

3 Ⅱ　電気分解装置を用いて，**実験１**と**実験２**を行った。

図１

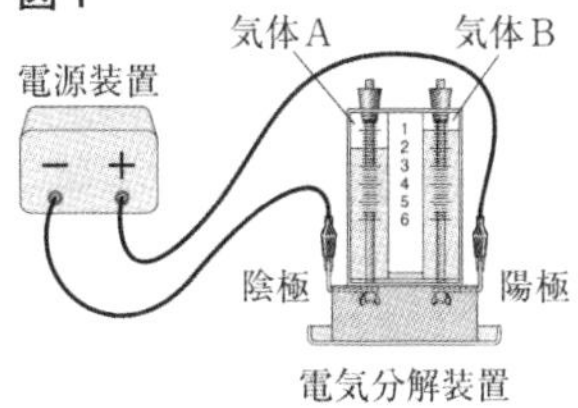

実験１　電気分解装置の中にうすい水酸化ナトリウム水溶液を入れて満たし，電源装置とつないで，水の電気分解を行った。しばらくすると，**図１**のように陰極側の上部に気体Aが，陽極側の上部に気体Bがそれぞれ集まった。

実験２　**実験１**の後，電源装置を外して，**図２**のように電気分解装置の上部の電極に電子オルゴールをつなぐと，電子オルゴールが鳴った。

図２

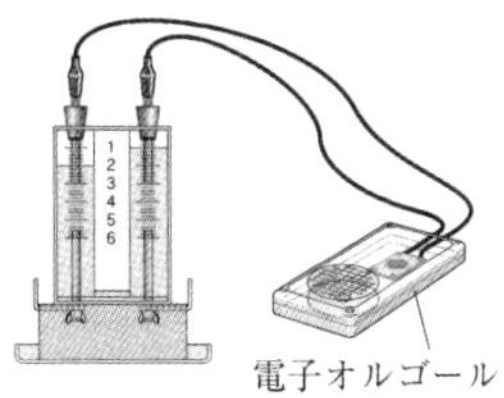

１　**実験１**では，純粋な水ではなく，うすい水酸化ナトリウム水溶液を用いた。これは水酸化ナトリウムが電離することで，電流を流しやすくするためである。水酸化ナトリウムが電離するようすを，化学式とイオン式を用いて表せ。

２　気体Aと同じ気体はどれか。

ア　酸化銅を炭素の粉末と混ぜ合わせて加熱したときに発生する気体

イ　酸化銀を加熱したときに発生する気体

ウ　炭素棒を用いてうすい塩酸を電気分解したとき，陽極で発生する気体

エ　亜鉛板と銅板をうすい塩酸に入れて電池をつくったとき，＋極で発生する気体

３　**実験２**で電子オルゴールが鳴ったことから，この装置が電池のはたらきをしていることがわかった。

⑴　この装置は，水の電気分解とは逆の化学変化を利用して，電気エネルギーを直接とり出している。このようなしくみで，電気エネルギーをとり出す電池を何電池というか。

⑵　気体Aの分子が４個，気体Bの分子が６個あったとする。この電池の化学変化を分子のモデルで考えるとき，気体A，気体Bのどちらかが反応しないで残る。反応しないで残る気体の化学式と，反応しないで残る気体の分子の個数をそれぞれ答えよ。

Ⅱ	1		2				
	3	⑴ 電池	⑵	化学式		分子の個数	個

■令和３年度問題

2 Ⅱ　ある濃度のうすい塩酸とある濃度のうすい水酸化ナトリウム水溶液を混ぜ合わせたときに，どのような変化が起こるか調べるために，次の**実験**を行った。

図

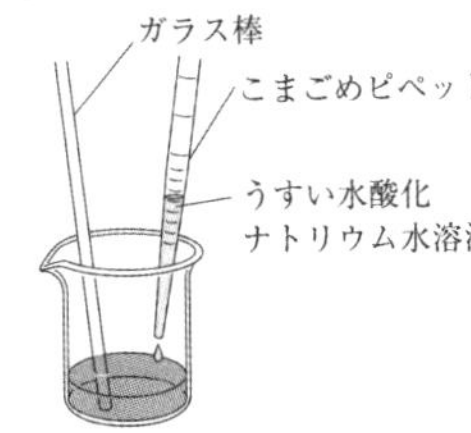

実験　うすい塩酸を10.0cm³はかりとり，ビーカーに入れ，緑色のBTB溶液を数滴加えた。次に，**図**のようにこまごめピペットでうすい水酸化ナトリウム水溶液を3.0cm³ずつ加えてよくかき混ぜ，ビーカー内の溶液の色の変化を調べた。

表は，**実験**の結果をまとめたものである。

表

加えたうすい水酸化ナトリウム水溶液の体積の合計〔cm³〕	0	3.0	6.0	9.0	12.0	15.0	18.0	21.0
ビーカー内の溶液の色	黄色	黄色	黄色	黄色	緑色	青色	青色	青色

１　塩酸の性質について正しく述べているものはどれか。

ア　電気を通さない。

イ　無色のフェノールフタレイン溶液を赤色に変える。

ウ　赤色リトマス紙を青色に変える。

エ　マグネシウムと反応して水素を発生する。

２　**実験**で，ビーカー内の溶液の色の変化は，うすい塩酸の中の陽イオンが，加えたうすい水酸化ナトリウム水溶液の中の陰イオンと結びつく反応と関係する。この反応を化学式とイオン式を用いて表せ。

３　**実験**で使ったものと同じ濃度のうすい塩酸10.0cm³とうすい水酸化ナトリウム水溶液12.0cm³をよく混ぜ合わせた溶液をスライドガラスに少量とり，水を蒸発させるとスライドガラスに結晶が残った。この結晶の化学式を書け。なお，この溶液をpHメーターで調べると，pHの値は7.0であった。

４　次の文は，**実験**におけるビーカー内の溶液の中に存在している陽イオンの数について述べたものである。次の文中の［ a ］，［ b ］にあてはまる最も適当なことばとして，「ふえる」，「減る」，「変わらない」のいずれかを書け。

ビーカー内の溶液に存在している陽イオンの数は，うすい塩酸10.0cm³のみのときと比べて，加えたうすい水酸化ナトリウム水溶液の体積の合計が6.0cm³のときは［ a ］が，加えたうすい水酸化ナトリウム水溶液の体積の合計が18.0cm³のときは［ b ］。

Ⅱ	1		2		3	
4	a		b			

■令和4年度問題

5 Ⅰ　塩化銅水溶液の電気分解について，次の**実験**を行った。なお，塩化銅の電離は，次のように表すことができる。

$CuCl_2$ → Cu^{2+} ＋ $2Cl^-$

実験　図1のような装置をつくり，ある濃度の塩化銅水溶液に，2本の炭素棒を電極として一定の電流を流した。その結果，陰極では銅が付着し，陽極では塩素が発生していることが確認された。このときの化学変化は，次の化学反応式で表すことができる。

$CuCl_2$ → Cu ＋ Cl_2

図1

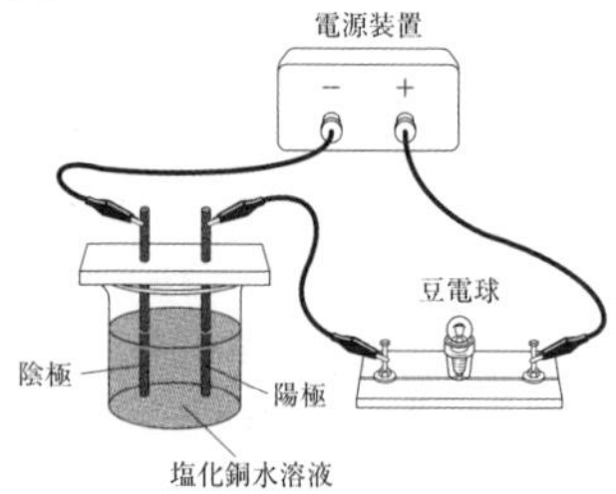

1　塩化銅のように，水にとかしたときに電流が流れる物質を何というか。名称を答えよ。

2　塩素の性質について正しく述べているものはどれか。

ア　無色，無臭である。　　イ　殺菌作用や漂白作用がある。

ウ　気体の中で最も密度が小さい。　　エ　物質を燃やすはたらきがある。

3　**実験**において，電流を流した時間と水溶液の中の塩化物イオンの数の関係を**図2**の破線（---）で表したとき，電流を流した時間と水溶液の中の銅イオンの数の関係はどのようになるか。**図2**に実線（——）でかけ。

4　**実験**の塩化銅水溶液を塩酸（塩化水素の水溶液）にかえて電流を流すと，陰極，陽極の両方で気体が発生した。この化学変化を化学反応式で表せ。

図2

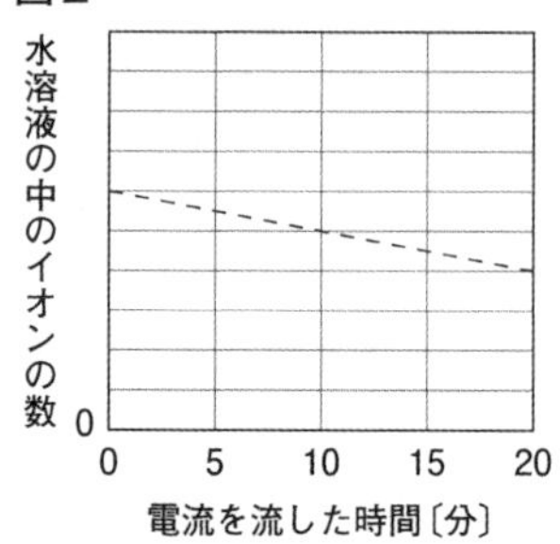

Ⅰ	1		2		4	

電流とそのはたらき

■平成26年度問題

3 Ⅱ　電流と磁界に関する次の実験を行った。

実験1　導線につないだ細いアルミニウム棒（**図1**のＰＱ）をＵ字形磁石の磁界の中に水平につり下げた。**図1**のように，電圧を加え電流を矢印の向きに流したところ，ある位置でアルミニウム棒が静止した。**図2**は，このときのアルミニウム棒をＰ側から見た図である。

図1

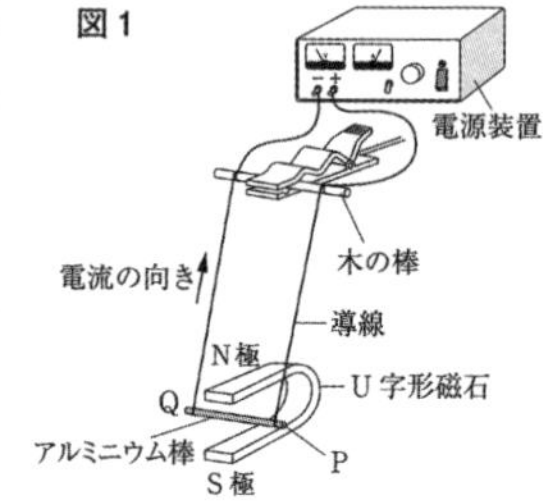

図2

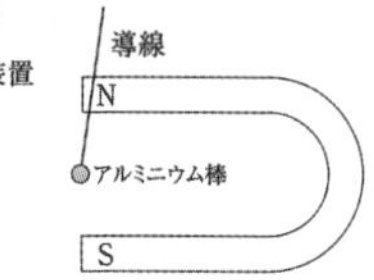

実験2　**図3**のように，蛍光板を入れた真空放電管（クルックス管）の電極Ａ，Ｂの間に大きな電圧を加えると，電極Ａから陰極線が出た。その後，真空放電管をはさむようにＳ極を手前にしてＵ字形磁石を近づけた。

図3

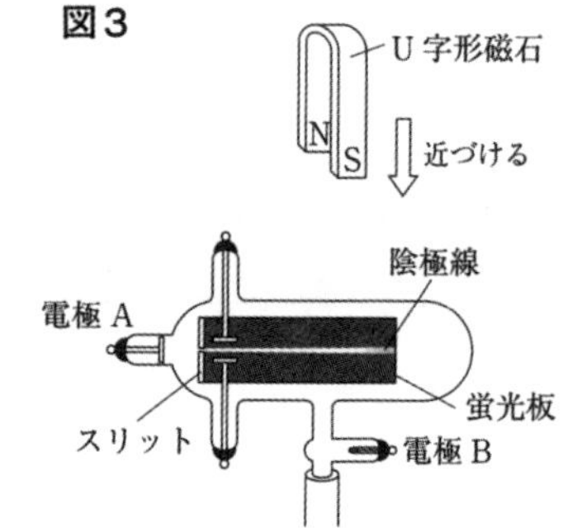

1　アルミニウム棒などの金属棒には電気抵抗がある。抵抗R〔Ω〕の金属棒の両端に電圧V〔V〕を加えたとき，流れる電流をI〔A〕とし，R，V，Iの関係を表す式を書け。

2　**実験1**に関する次の文中の［a］，［b］に入ることばをそれぞれ下から選べ。

> 図2において，磁石によるアルミニウム棒近くの磁界の向きは，［a］向きである。この磁界によって，アルミニウム棒に流れる電流には，［b］向きの力がはたらく。

ア　上　　イ　下　　ウ　左　　エ　右

3　**図1**のアルミニウム棒を同じ質量と長さのガラス棒にかえた。このガラス棒に**実験1**と同じ電圧を加えると，ガラス棒の位置は電圧を加える前と比べてどうなるか。

4　**実験2**の結果，陰極線はどうなるか。

ア　上に曲がる。　　イ　下に曲がる。　　ウ　変化しない。　　エ　消える。

Ⅱ	1				
	2	a		b	
	3		4		

■平成27年度問題

3 Ⅱ　電熱線ａと電熱線ｂを使って，次の実験を行った。

実験１　図１のような回路をつくり，電源装置の電圧を8.0Ｖにした。電圧計と電流計を使って，それぞれの電熱線に加わる電圧と流れる電流の大きさを測定し，**表１**の結果を得た。

図１

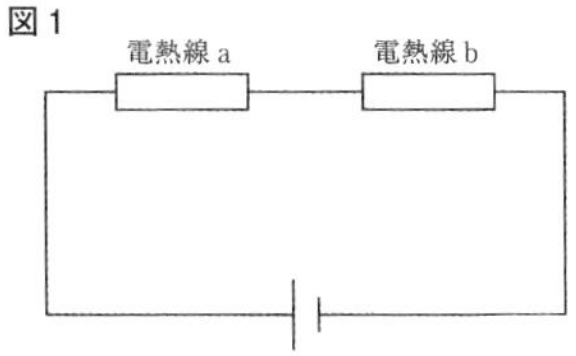

表１

	電圧〔Ｖ〕	電流〔mA〕
電熱線ａ	6.4	80
電熱線ｂ	1.6	80

実験２　図２のような回路をつくり，電源装置の電圧を8.0Ｖにした。電圧計と電流計を使って，それぞれの電熱線に加わる電圧と流れる電流の大きさを測定し，**表２**の結果を得た。

図２

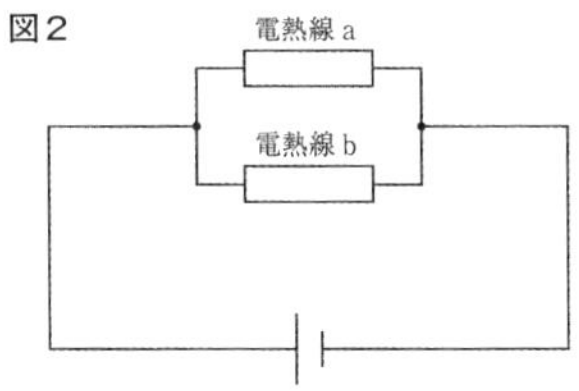

表２

	電圧〔Ｖ〕	電流〔mA〕
電熱線ａ	8.0	100
電熱線ｂ	8.0	400

1　電熱線ａの抵抗の大きさは何Ωか。

2　**実験２**のとき，回路全体の抵抗の大きさは何Ωか。

3　**実験１**と**実験２**のときのそれぞれの電熱線を，一定時間の発熱量が大きい順に並べよ。

ア　**実験１**のときの電熱線ａ　　イ　**実験１**のときの電熱線ｂ

ウ　**実験２**のときの電熱線ａ　　エ　**実験２**のときの電熱線ｂ

Ⅱ	1	Ω	2	Ω	3	→　→　→

■平成29年度問題

5 Ⅰ　図１は，電熱線に電流を流したときの，水の温度上昇を調べるための実験装置である。ただし，電圧計や電流計をつないでいる導線は省略している。

容器に水100ｇを入れ，電熱線ａに加わる電圧と回路を流れる電流の大きさを一定にして５分間電流を流したところ，はじめ23.3℃であった水温は，29.3℃になった。このとき，電圧計と電流計の針は，それぞれ**図２**と**図３**のようになっていた。

図１

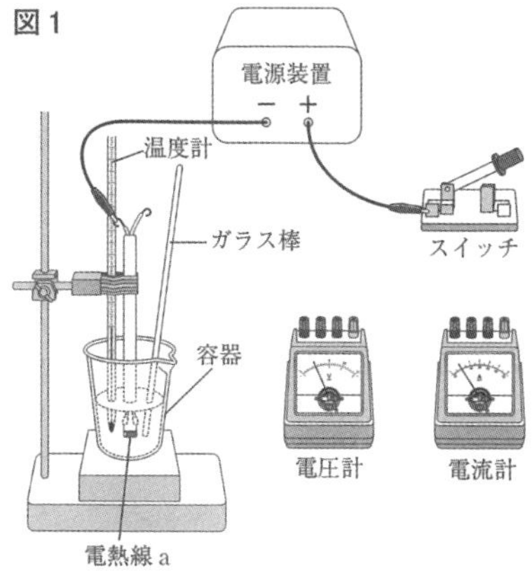

1　この実験では，電圧計や電流計をどのようにつないでいるか。次の電気用図記号を用いて，**図４**の回路図を完成せよ。

電気用図記号	
電圧計	Ⓥ
電流計	Ⓐ

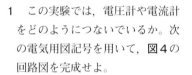

図２

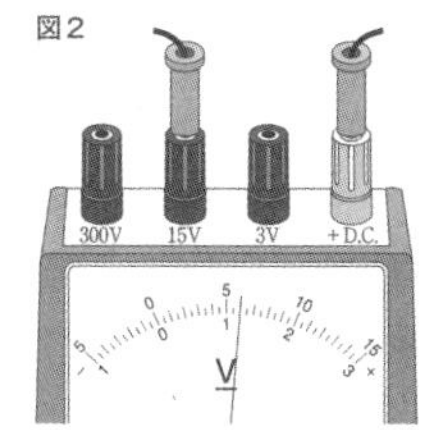

図３

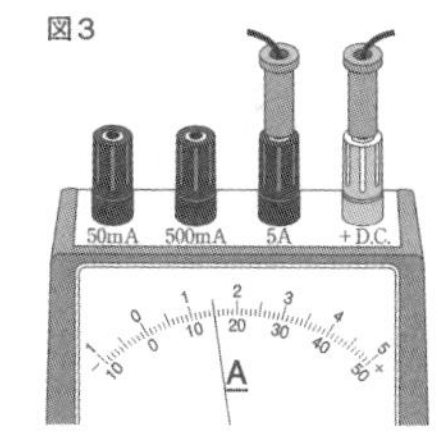

2　電熱線ａに加わる電圧は何Ｖか。

3　電熱線ａで５分間に消費された電力量は何Ｊか。

4　次に，電気抵抗の大きさが電熱線ａの2.0倍である電熱線ｂを電熱線ａに並列につなぎ，スイッチを入れて５分間電流を流した。次の文中の①，②について，正しいものはどれか。

図４

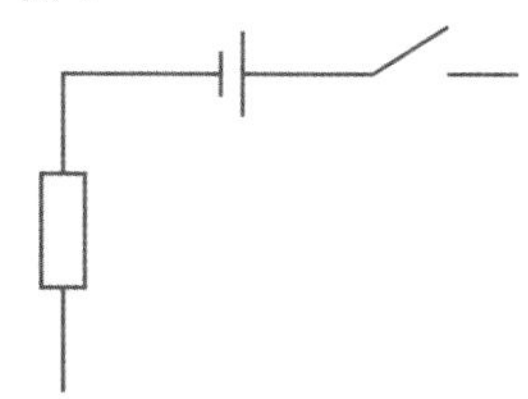

電熱線ｂに流れた電流の大きさは，電熱線ａに流れた電流の大きさ①（ア　より大きい　イ　より小さい　ウ　と等しい）。また，電熱線ｂで消費された電力量は，電熱線ａで消費された電力量②（ア　より大きい　イ　より小さい　ウ　と等しい）。

Ⅰ	2	Ｖ	3	Ｊ	4	①		②

■平成31年度問題

3 Ⅱ　抵抗が同じ大きさの抵抗器 a と抵抗器 b を用いて**図1**のような回路をつくった。スイッチ２を切った状態でスイッチ１を入れたところ，プロペラを付けたモーターが回転し，電圧計は 2.0 V，電流計は 250mA を示した。

図1

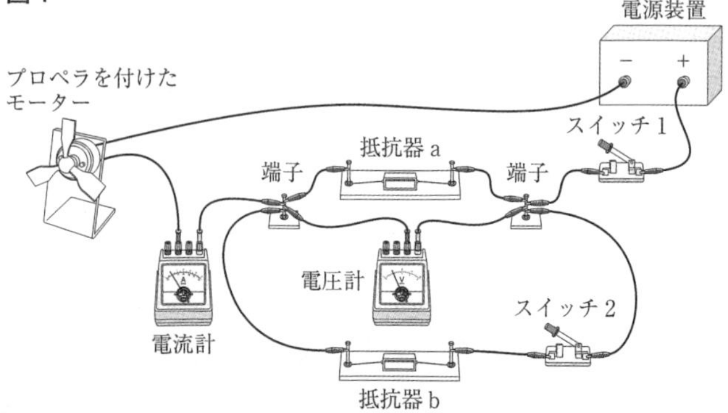

1　抵抗器 a の抵抗の大きさは何Ωか。

2　次に，スイッチ１を入れたままスイッチ２を入れ，電圧計が 2.0 V を示すように電源装置を調整した。

(1)　このときプロペラを付けたモーターに流れる電流の大きさは何 mA か。

(2)　このときプロペラを付けたモーターの回転の速さは，スイッチ２を入れる前と比べてどのようになるか。

ア　速くなる。　　**イ**　遅くなる。　　**ウ**　変わらない。

3　モーターは，手回し発電機にも使われている。**図2**は，手回し発電機の中のモーターの内部を模式的に表したものである。次の文中の［ a ］，［ b ］にあてはまることばを書け。

図2

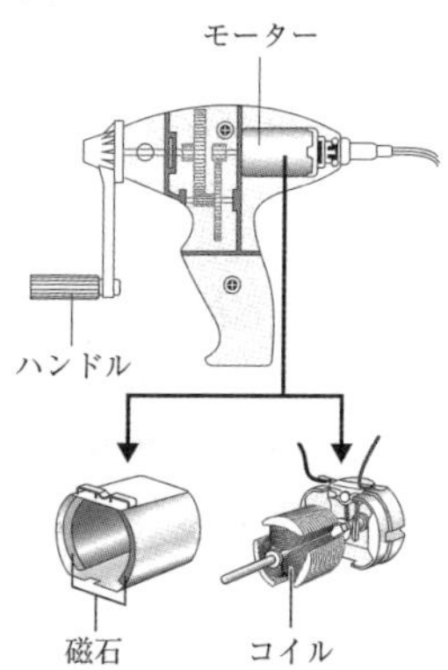

手回し発電機のハンドルを回転させると，モーターの中のコイルが回転してコイル内部の［ a ］が変化する。その変化にともない電圧が生じてコイルに電流が流れる。このときに流れる電流を［ b ］という。

Ⅱ	1	Ω	2	(1)	mA	(2)	
	3	a		b			

■令和3年度問題

5 Ⅱ　ひろみさんは，**図1**のような実験装置を用いて，２種類の抵抗器A，Bのそれぞれについて，加える電圧を変えて電流の変化を調べる実験を行った。**図1**のXとYは，電流計か電圧計のどちらかであり，Pはその端子である。**図2**は，この実験の結果をグラフに表したものである。ただし，抵抗器以外の抵抗は考えないものとする。

図1

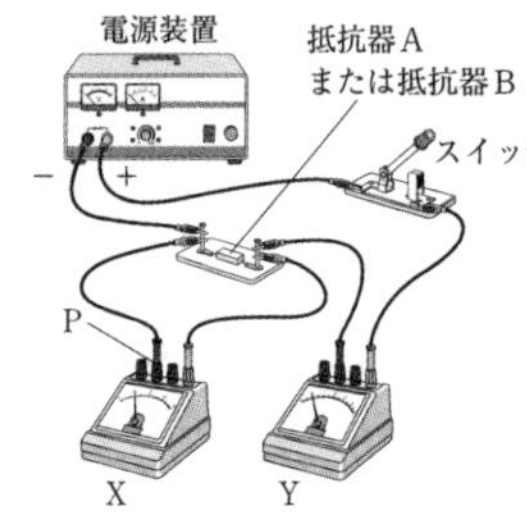

図2

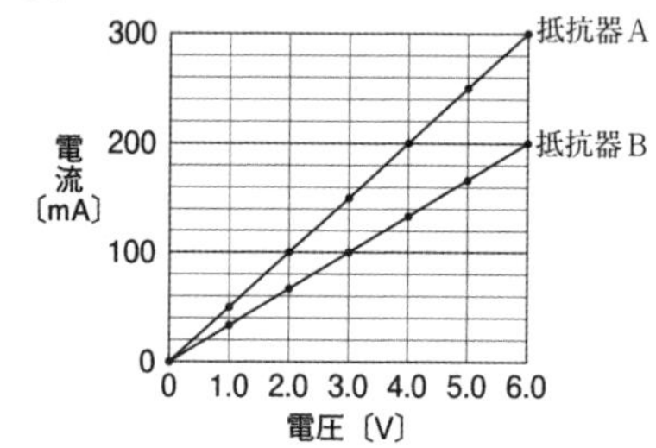

1　**図1**のPは，次の**ア**～**エ**のどの端子か。

ア　電流計の＋端子　　　**イ**　電流計の－端子

ウ　電圧計の＋端子　　　**エ**　電圧計の－端子

2　次の文は，実験の結果についてひろみさんがまとめた考察である。文中の下線部で示される関係を表す法則を何というか。

抵抗器A，Bのグラフが原点を通る直線であるため，数学で学んだ比例のグラフであることがわかった。このことから，<u>抵抗器を流れる電流の大きさは，抵抗器の両端に加えた電圧の大きさに比例する</u>と考えられる。

3　次に，ひろみさんは，**図3**の回路図のように抵抗器A，Bを用いて回路をつくった。このとき，抵抗器Aに流れる電流の大きさを電流計の 500mA の－端子を使って測定すると，針のふれが，**図4**のようになった。抵抗器Bに加わる電圧は何Vか。また，回路全体の電力は何Wか。

図3

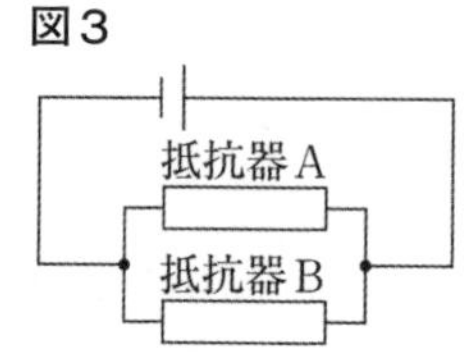

図4

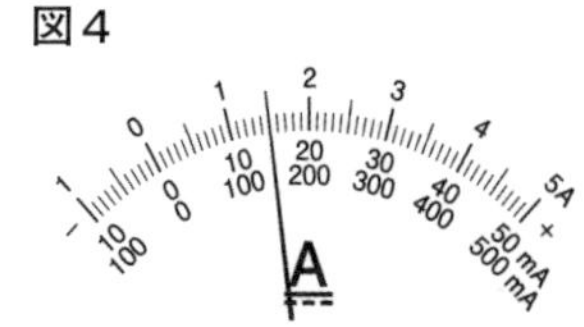

4　ひろみさんが並列回路の例として延長コード（テーブルタップ）について調べたところ，**図5**のように，延長コードを使って一つのコンセントでいくつかの電気器具を使用するタコ足配線は，危険な場合があることがわかった。次の文は，その理由についてひろみさんがまとめたレポートの一部である。次の文中の［　　］にあてはまる内容を，「電流」と「発熱量」ということばを使って書け。

図5

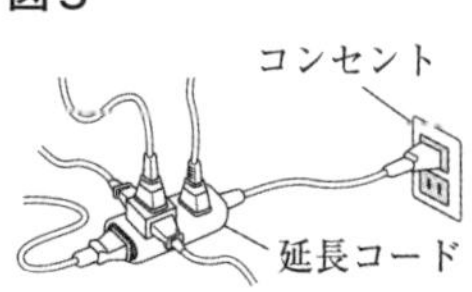

タコ足配線は，いくつかの電気器具が並列につながっている。タコ足配線で消費電力の大きいいくつかの電気器具を同時に使うと，コンセントにつながる延長コードの導線に［　　　］ため，危険である。

Ⅱ	1		2		3	電圧	V	電力	W
	4								

■令和4年度問題

2 Ⅱ　たかしさんは，家庭のコンセントに＋極，−極の区別がないことに興味をもった。家庭のコンセントに供給されている電流について調べたところ，家庭のコンセントの電流の多くは，電磁誘導を利用して発電所の発電機でつくり出されていることがわかった。そこで電磁誘導について，**図**のようにオシロスコープ，コイル，糸につないだ棒磁石を用いて**実験１**，**実験２**を行った。

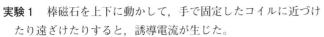

図

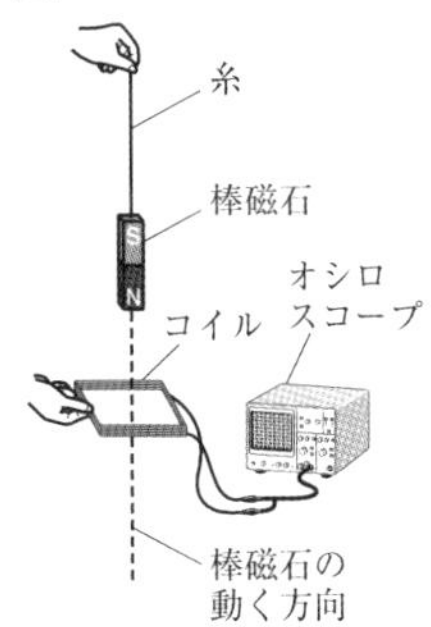

実験１　棒磁石を上下に動かして，手で固定したコイルに近づけたり遠ざけたりすると，誘導電流が生じた。

実験２　棒磁石を下向きに動かして，手で固定したコイルの内部を通過させると，誘導電流が生じた。

1　家庭のコンセントの電流の多くは，流れる向きが周期的に変化している。このように向きが周期的に変化する電流を何というか。

2　電磁誘導とはどのような現象か。「コイルの内部」ということばを使って書け。

3　**実験１**で，流れる誘導電流の大きさを，より大きくする方法を一つ書け。ただし，**図**の実験器具は，そのまま使うものとする。

4　**実験２**の結果をオシロスコープで確認した。このときの時間とコイルに流れる電流との関係を表す図として最も適当なものはどれか。

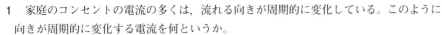

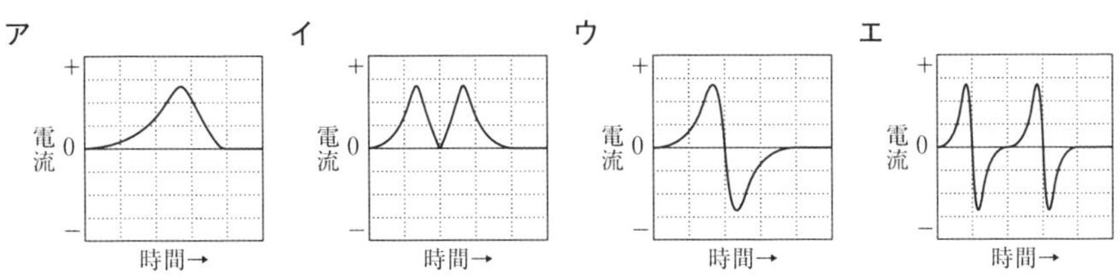

Ⅱ	1			
	2			
	3		4	

運動とエネルギー

■平成28年度問題

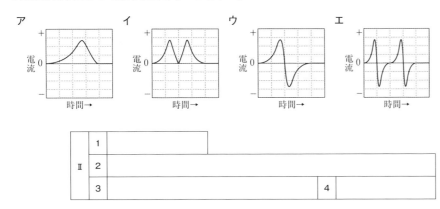

4 Ⅰ　質量200gのおもりに糸aをつけて点Oからつるしたところ，点Aで静止した。次に，おもりに糸bをつけて水平に引っ張り，**図１**のようにおもりを点Bで静止させた。糸bのおもりに近い部分を静かに切り，10往復させたときの時間を測定した。この点Oを支点としたふりこの実験を，糸aの長さを変えずに5回行い，**表**の結果を得た。ただし，質量100gの物体にはたらく重力の大きさを1Nとし，摩擦や空気の抵抗を考えないものとする。また，実験で使った糸は，質量が無視でき伸び縮みしないものとする。

図１

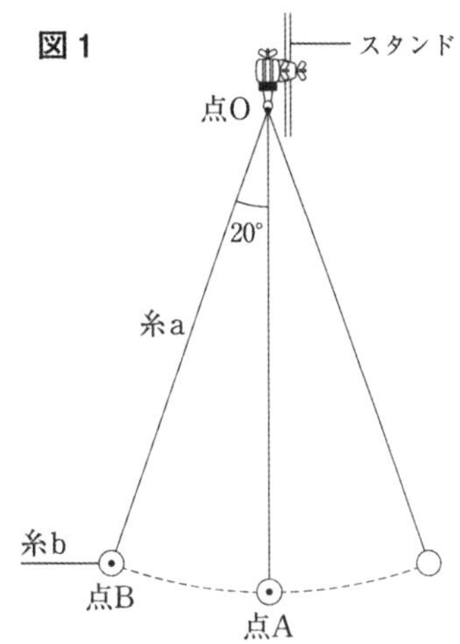

図２

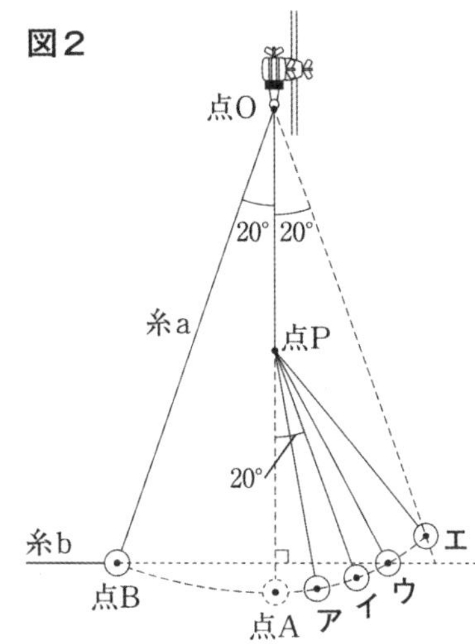

表

	1回目	2回目	3回目	4回目	5回目
測定時間〔秒〕	20.1	20.2	20.2	20.1	20.1

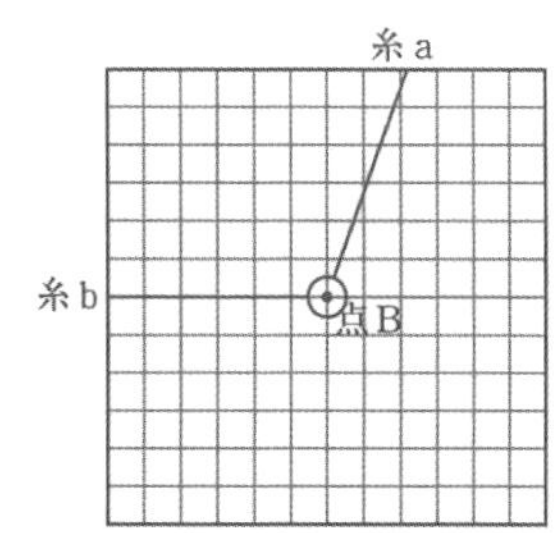

1　**表**の結果から，おもりが1往復する平均時間は何秒か。小数第1位まで答えよ。

2　**図１**で，おもりに糸bをつけて点Bで静止させたときに，糸aと糸bがおもりを引く力の合力を矢印でかけ。ただし，右上の方眼の1目盛りを0.5Nとする。

3　**図２**のように，線分OAの中点Pに細いくぎをさし，**図１**と同じように実験をした。点Bを動き出したおもりは点Aを通過後，点Pを支点としたふりことなり，ある位置で一瞬静止して点Bまで戻った。ただし，糸aの長さは**図１**の実験と同じである。

(1)　おもりが一瞬静止した位置として適当なものは，**図２**の**ア**～**エ**のどれか。

(2)　**図２**の実験で，点Bを動き出したおもりが再び点Bに戻ってくるまでの平均時間は，**図１**の実験に比べ，どうなるか。

Ⅰ	1	秒	3	(1)		(2)	

■平成30年度問題

5 I　次郎さんと正子さんのクラスでは，１秒間に60打点を記録する記録タイマーを使ってグループごとに力学台車の運動を調べた。**図１**のように水平な面上で力学台車をおし出したところ，記録テープに等間隔で打点が記録されている区間があった。**図２**は次郎さんのグループが，打点が等間隔になり始めた点を基準点とし，基準点から６打点ごとに記録テープを切りはなして方眼紙に左から時間の経過順に並べてはりつけたものである。

図１

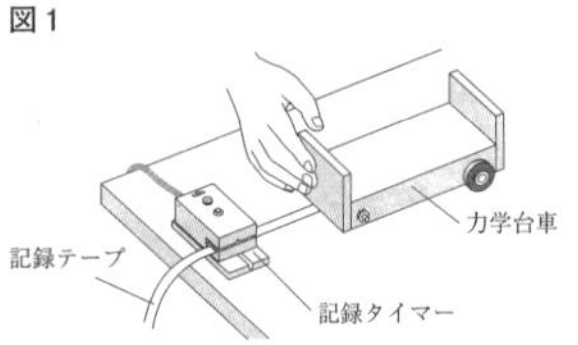

図２

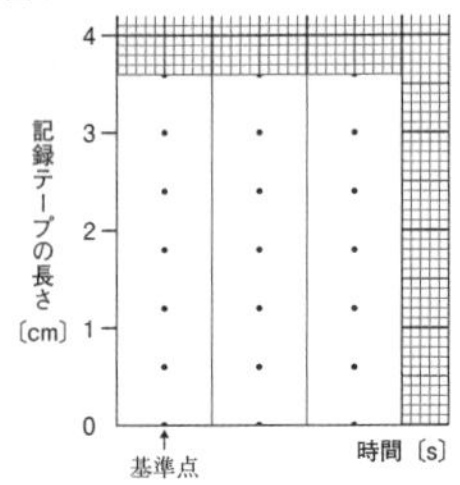

図３

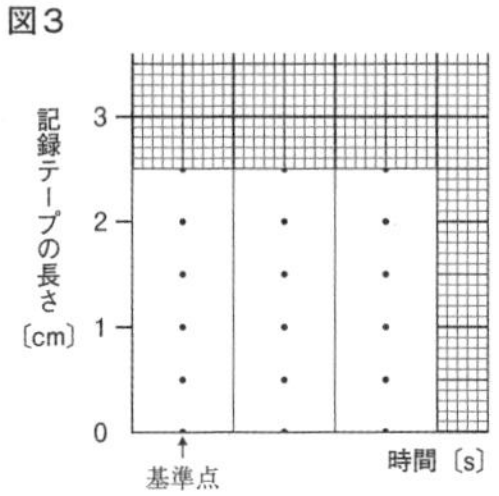

1　６打点ごとに切りはなした記録テープの長さは，力学台車が何秒間で移動した距離を表しているか。

2　等間隔で打点が記録されている区間の力学台車の運動について，(1)，(2)の問いに答えよ。ただし，基準点が記録された時刻を０秒とする。

(1)　力学台車の①速さと時間，②移動距離と時間の関係を表すグラフは，それぞれどれか。ただし，力学台車の速さまたは移動距離を縦軸に，時間を横軸に表す。

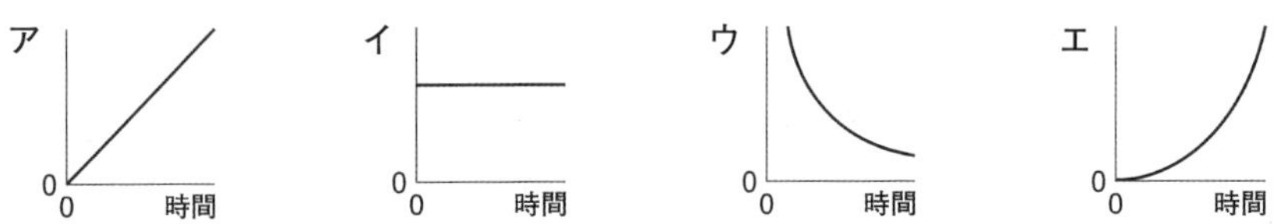

(2)　等間隔で打点が記録されている区間の力学台車の運動を何というか。

3　正子さんのグループは，等間隔で打点が記録されている記録テープを，**図３**のように基準点から５打点ごとに切りはなして方眼紙に左から時間の経過順に並べてはりつけた。

５打点ごとに切りはなした記録テープの長さはいずれも2.5cmであった。この区間の力学台車の平均の速さはどれか。

ア　15cm/s　　イ　20cm/s　　ウ　25cm/s　　エ　30cm/s

I	1	秒間	2	(1)	①		②		(2)	
	3									

■令和２年度問題

5 II　**図１**のように，水平な台の上にレールをスタンドで固定し，質量20ｇと40ｇの小球を高さ５cm，10cm，15cm，20cmの位置からそれぞれ静かに離し，木片に衝突させ，木片の移動距離を調べる実験を行った。**表**は，その結果をまとめたものである。ただし，小球は点Xをなめらかに通過した後，点Xから木片に衝突するまでレール上を水平に移動するものとし，小球とレールとの間の摩擦や空気の抵抗は考えないものとする。また，小球のもつエネルギーは木片に衝突後，すべて木片を動かす仕事に使われるものとする。

図１

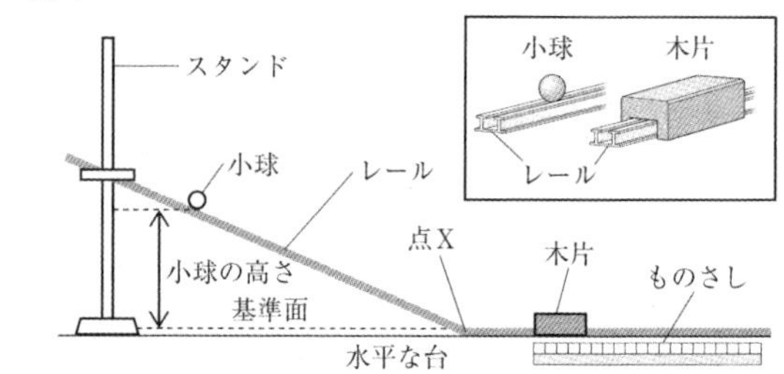

表

小球の高さ〔cm〕		5	10	15	20
木片の移動距離〔cm〕	質量20ｇの小球	2.0	4.0	6.0	8.0
	質量40ｇの小球	4.0	8.0	12.0	16.0

1　質量20ｇの小球を，基準面から高さ10cmまで一定の速さで持ち上げるのに加えた力がした仕事は何Ｊか。ただし，質量100ｇの物体にはたらく重力の大きさを１Ｎとする。

2　小球が点Xを通過してから木片に衝突するまでの間に，小球にはたらく力を表したものとして最も適当なものはどれか。ただし，力の矢印は重ならないように少しずらして示してある。

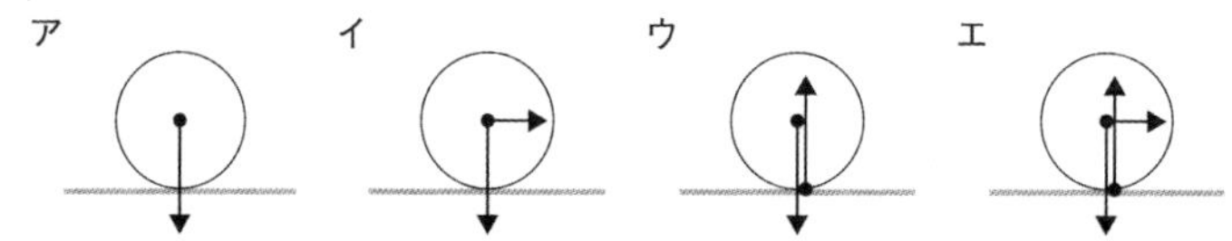

3　小球が木片に衝突したとき，はたらく力について述べた次の文中の［　　］にあてはまることばを書け。

> 小球が木片に力を加えると，同時に小球は木片から同じ大きさで逆向きの力を受ける。これは「［　　］の法則」で説明できる。

4　**図１**の装置で，質量25ｇの小球を用いて木片の移動距離を6.0cmにするためには，小球を高さ何cmの位置で静かに離せばよいか。

5　**図２**のように，点Xの位置は固定したままレールの傾きを**図１**より大きくし，質量20ｇの小球を高さ20cmの位置から静かに離し，木片に衝突させた。**図１**の装置で質量20ｇの小球を高さ20cmの位置から静かに離したときと比べて，木片の移動距離はどうなるか。その理由もふくめて書け。

図２

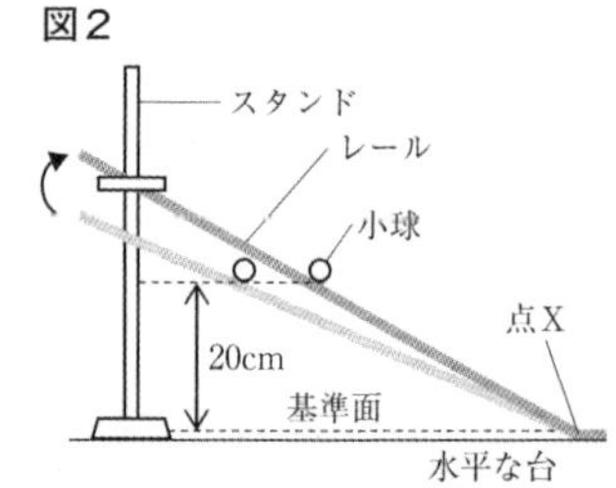

II	1	J	2		3		4	cm
	5							

■令和4年度問題

2 Ⅰ　物体の運動を調べるために，図1のような装置を用いて**実験1**，**実験2**を行った。ただし，台車と机の間や滑車と糸の間の摩擦，空気の抵抗，糸の質量は考えないものとする。また，糸は伸び縮みしないものとし，台車は滑車と衝突しないものとする。

図1

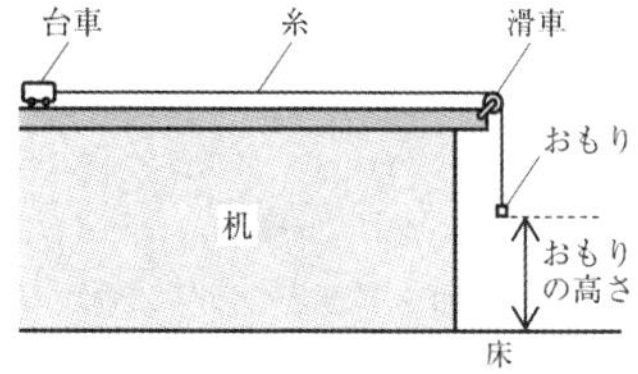

実験1　図1のように，水平な机の上で，台車に質量300 g のおもりをつけた糸をつないで滑車にかけ，台車を手で押さえて静止させた後，静かに手をはなした。手をはなしてから，0.1秒ごとにストロボ写真を撮影した。**図2**は，ストロボ写真に撮影された台車の位置を模式的に表したものである。また，**表**は，手をはなしてからの時間と，台車が静止していた位置から机の上を動いた距離を，ストロボ写真から求めてまとめたものの一部である。

図2

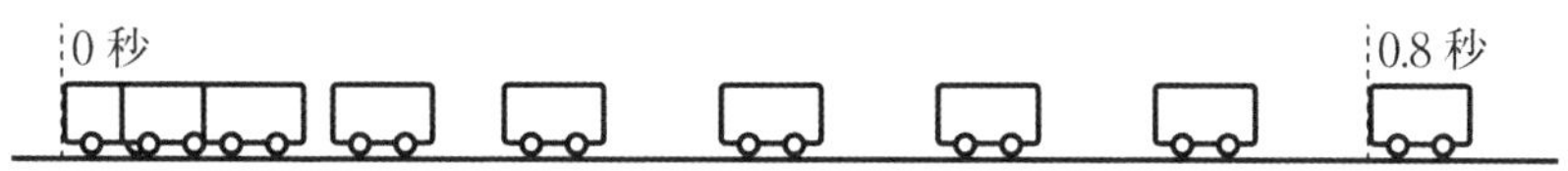

表

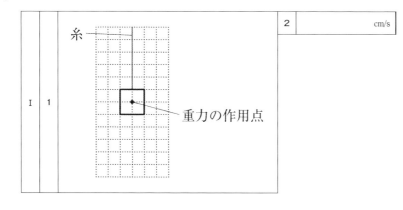

手をはなしてからの時間〔s〕	0	0.1	0.2	0.3	0.4	0.5	0.6	0.7	0.8
台車が静止していた位置から机の上を動いた距離〔cm〕	0	3.0	9.0	18.0	30.0	45.0	60.0	75.0	90.0

実験2　質量が300 g より大きいおもりを用いて，おもりの高さが**実験1**と同じ高さになるようにして，**実験1**と同じ操作を行った。

1　**実験1**で，おもりが静止しているとき，おもりには「重力」と「重力とつり合う力」の二つの力がはたらいている。おもりにはたらく二つの力を，解答欄の方眼に力の矢印でかけ。ただし，重力の作用点は解答欄の図中のとおりとし，重力とつり合う力の作用点は「•」で示すこと。また，質量100 g の物体にはたらく重力の大きさを1 Nとし，方眼の1目盛りを1 Nとする。

2　**実験1**で，手をはなしてからの時間が0.2秒から0.3秒までの台車の平均の速さは何cm/s か。

Ⅰ	1	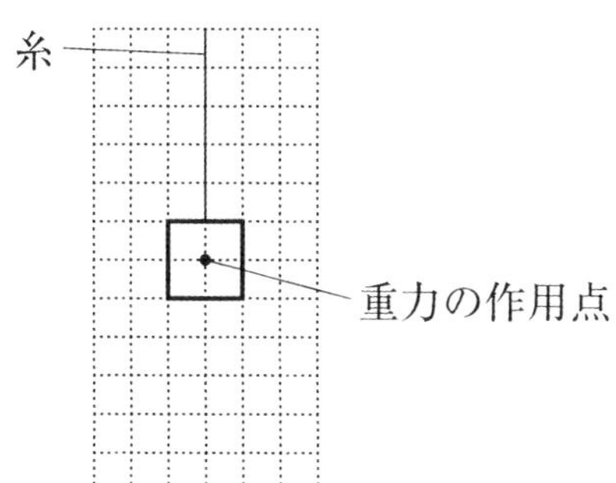
	2	cm/s

3　**実験1**に関する次の文中の a にあてはまる数値を書け。また， b にあてはまることばを書け。

> **実験1**で，手をはなしてからの時間が a 秒のときに，おもりは床についた。おもりが床についた後は台車を水平方向に引く力がはたらかなくなり，台車にはたらく力がつり合うため，台車は等速直線運動をする。これは「 b の法則」で説明できる。

4　**実験1**と**実験2**において，手をはなしてからの時間と台車の速さの関係を表すグラフとして最も適当なものはどれか。ただし，**実験1**のグラフは破線（----），**実験2**のグラフは実線（——）で示している。

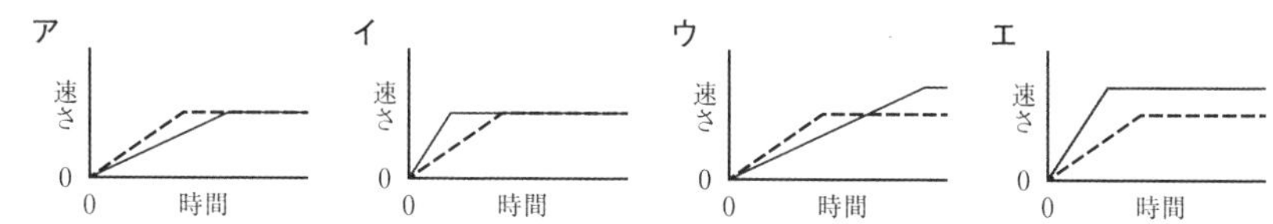

3	a		b	
4				

◎２分野
植物の種類とはたらき

■平成28年度問題

3 Ⅰ　ふ入りの葉の一部をアルミニウムはくでおおって一晩置き，翌日，アルミニウムはくでおおったまま，じゅうぶんに光を当てた。この葉をつみとり，やわらかくなるまで熱湯にひたした。その後，あたためたエタノールの中に葉を入れて，水洗いした後うすめたヨウ素液にひたした。

図１は，つみとった葉のようすを示しており，ヨウ素液にひたすとＡ～ＤのうちＡの部分だけが青紫色を示した。

図１
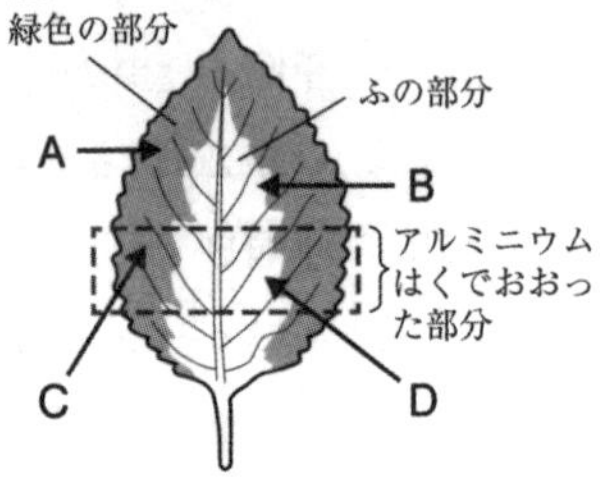

1　この実験で，葉に下線部の操作をしたのは何のためか。
　ア　表面を消毒するため。　　　イ　緑色を脱色するため。
　ウ　光合成をしやすくするため。　エ　細胞をはなれやすくするため。

2　ふ入りの葉を一晩置いたのはなぜか。その理由を書け。

3　下の文中の［ X ］，［ Y ］にあてはまるものとして，正しいものは図１のＢ～Ｄのどれか。

　光合成には光が必要であることを調べるためには，葉のＡと［ X ］の部分についてヨウ素液との反応を比較すればよい。また，光合成が葉の緑色の部分だけで行われることを調べるためには，葉のＡと［ Y ］の部分についてヨウ素液との反応を比較すればよい。

4　図２は，ヨウ素液にひたす前のＡの部分の細胞を模式的に示したものである。葉をヨウ素液にひたした結果，青紫色を示した部分をすべてぬりつぶせ。

図２
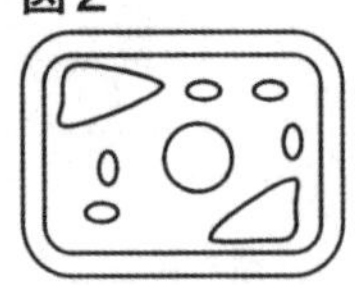

Ⅰ	1		2		3	X		Y	

■平成31年度問題

2 Ⅱ　たかしさんは，植物の蒸散について調べる実験を行った。まず，葉の枚数や大きさ，茎の太さや長さがそろっている同じ植物の枝を３本準備した。次に，図のように，葉にＡ～Ｃに示す処理をした枝をそれぞれ同じ量の水が入ったメスシリンダーにさし，水面を油でおおった。その後，光が当たる風通しのよい場所に置き，２時間後にそれぞれの水の減少量を調べた。表は，その結果である。

ただし，水の減少量は，蒸散量と等しいものとする。また，ワセリンをぬったところでは，蒸散は行われないものとし，気孔１個あたりの蒸散量はすべて等しいものとする。

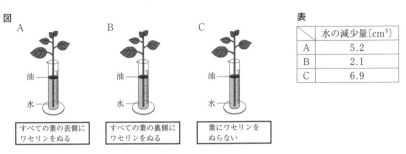

図
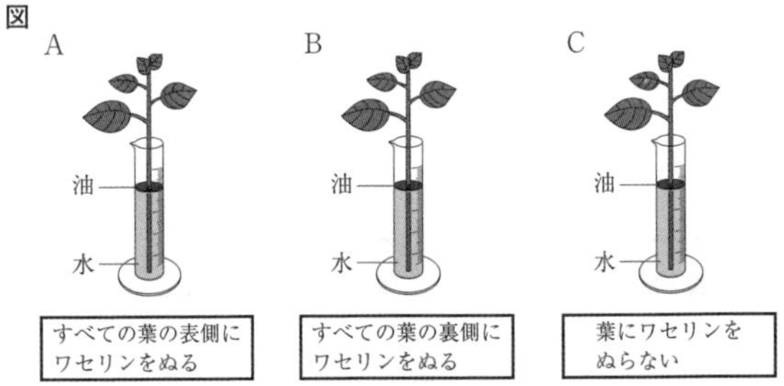

表

	水の減少量〔cm³〕
A	5.2
B	2.1
C	6.9

1　この実験で，水面を油でおおったのはなぜか。
2　表のＡとＢの結果から，この植物の葉のつくりについて考えられることを書け。
3　たかしさんは，「Ｃの水の減少量は，すべての葉の表側と裏側からの蒸散量の合計である。」と考えていたが，実験の結果からこの考えが適切ではないことがわかった。
(1)　この考えが適切ではなかったのはなぜか。その理由を「蒸散量」ということばを使って書け。
(2)　Ｃの水の減少量のうち，すべての葉の表側と裏側からの蒸散量の合計は何 cm^3 か。

Ⅱ	1		2	
	3	(1)		
		(2)	cm³	

■令和３年度問題

3 Ⅰ　図はゼニゴケ，スギナ，マツ，ツユクサ，エンドウの５種類の植物を，種子をつくらない，種子をつくるという特徴をもとに分類したものである。

図

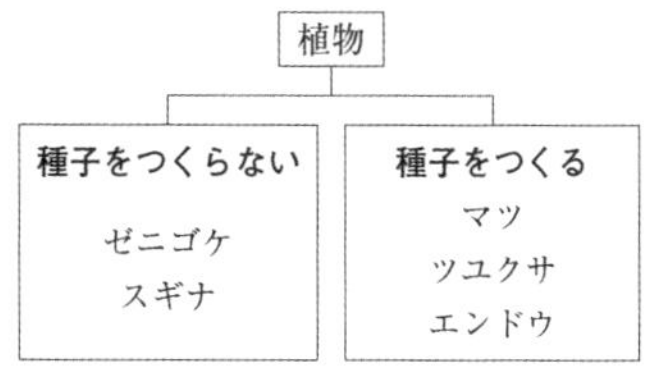

１　種子をつくらないゼニゴケやスギナは，何によってふえるか。

２　マツには，ツユクサやエンドウとは異なる特徴がみられる。それはどのような特徴か，「子房」と「胚珠」ということばを使って書け。

３　ツユクサの根は，ひげ根からなり，エンドウの根は，主根と側根からなるなど，ツユクサとエンドウには異なる特徴がみられる。ツユクサの特徴を述べた次の文中の①，②について，それぞれ正しいものはどれか。

> ツユクサの子葉は①（ア　１枚　　イ　２枚）で，葉脈は②（ア　網目状　　イ　平行）に通る。

４　エンドウのある形質の対立遺伝子の優性遺伝子をＡ，劣性遺伝子をａとする。Aaという遺伝子の組み合わせをもっているいくつかの個体が，自家受粉によってあわせて800個の種子（子にあたる個体）をつくったとすると，そのうちで遺伝子の組み合わせがaaの種子はおよそ何個あると考えられるか。最も適当なものを次のア～エから選べ。ただし，Ａとａの遺伝子は，遺伝の規則性にもとづいて受けつがれるものとする。

ア　200個　　　イ　400個　　　ウ　600個　　　エ　800個

Ⅰ	1						
	2						
	3	①		②		4	

■令和４年度問題

3 Ⅱ　たかしさんは，校庭でモンシロチョウとタンポポを見つけた。

１　モンシロチョウは昆虫に分類される。昆虫のからだのつくりについて述べた次の文中の［ａ］にあてはまることばを書け。また，［ｂ］にあてはまる数を書け。

> 昆虫の成虫のからだは，頭部，［ａ］，腹部からできており，足は［ｂ］本ある。

２　タンポポの花は，たくさんの小さい花が集まってできている。図１は，タンポポの一つの花のスケッチであり，**ア～エ**は，**おしべ，めしべ，がく，花弁**のいずれかである。これらのうち，花のつくりとして，外側から２番目にあたるものはどれか。その記号と名称を書け。

図１

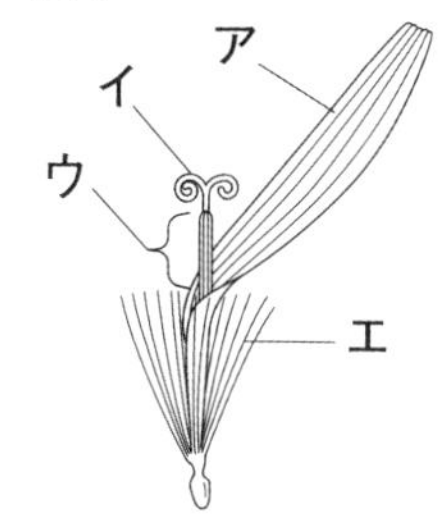

３　植物が行う光合成に興味をもっていたたかしさんは，見つけたタンポポの葉を用いて，光合成によって二酸化炭素が使われるかどうかを調べるために，次の**実験**を行った。(1)，(2)の問いに答えよ。

図２

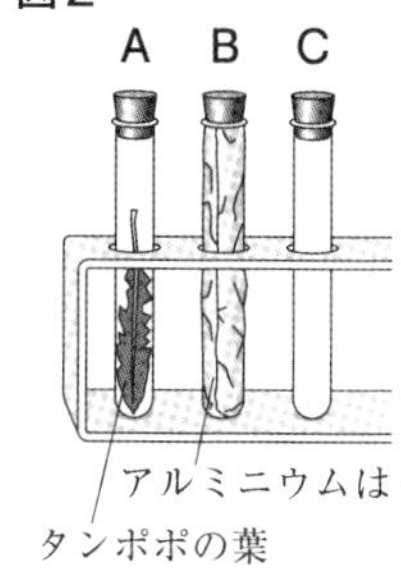

実験

①　３本の試験管**Ａ～Ｃ**を用意して，**Ａ**と**Ｂ**それぞれにタンポポの葉を入れた。

②　**Ａ～Ｃ**それぞれにストローで息をふきこみ，ゴムせんでふたをした。

③　図２のように，**Ｂ**のみアルミニウムはくで包み，中に光が当たらないようにし，**Ａ～Ｃ**に30分間光を当てた。

④　**Ａ～Ｃ**に石灰水を少し入れ，ゴムせんをしてよく振ったところ，石灰水が白くにごった試験管とにごらなかった試験管があった。

(1)　**実験**の④で石灰水が白くにごった試験管の記号をすべて書け。

(2)　試験管**Ｃ**を準備したのはなぜか。解答欄のことばに続けて書け。ただし，解答欄の書き出しのことばの中の（　　）に対照実験となる試験管が**Ａ**，**Ｂ**のどちらであるかを示すこと。

Ⅱ	1	a		b		2	記号		名称	
	3	(1)		(2)	試験管（　　）と比べることで，					

動物の生活と種類

■平成26年度問題

5 Ⅰ　動物のからだは，いくつかの器官が集まってつくられ，それぞれがはたらいてからだを維持している。

1　**図1**は，ヒトの心臓の模式図であり，AとBは心室を示す。Aの血液はBの血液に比べ，酸素と結合しているヘモグロビンの量が少ない。**図1**の**ア**～**エ**の血管で肺静脈はどれか。

図1

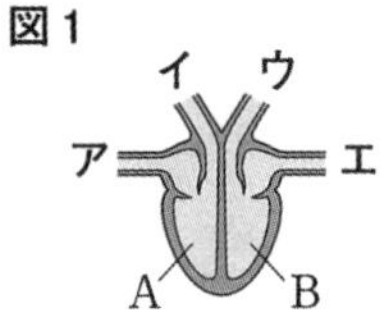

2　**図2**は，ヒトの肝臓や小腸，血管の模式図であるが，小腸につながる血管は示されていない。小腸とつながる主な血管を**図2**にかけ。

図2

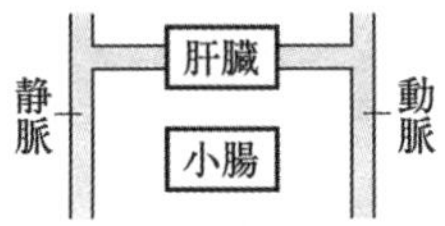

3　**図3**は，イカのからだのつくりの模式図である。イカとヒトの器官には，はたらきの似たものがある。ヒトの肺と似たはたらきをもつ器官は，**図3**の**ア**～**エ**のどれか。また，その名称も書け。

4　エビなどの節足動物は無セキツイ動物のなかまであるが，骨格をもつ。節足動物の骨格のつくりについて，背骨がないこと以外の特徴を書け。

図3

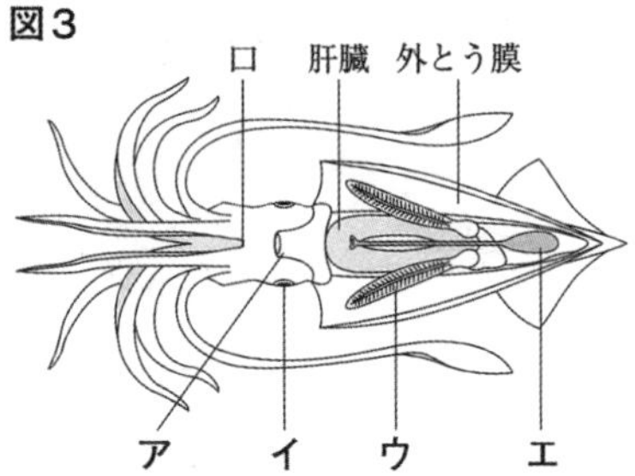

Ⅰ	1		3 記号	
	3 名称			
	4			

■平成27年度問題

2 Ⅰ　図は，自然界における主な物質の循環を模式的に示している。A，Bはそれぞれ，生産者，消費者のいずれかであり，**a**～**i**の矢印は，物質の移動の方向を表している。

1　生産者に相当する生物はどれか。

ア　タカ　　**イ**　ムカデ　　**ウ**　アオカビ　　**エ**　イネ

2　何らかの原因で草食動物の数が一時的にふえた後，もとの安定した状態にもどったとすると，それにともなう植物の数の変化は次のうちどれか。

ア　一時的にふえた後，もとの安定した状態にもどる。

イ　一時的に減った後，もとの安定した状態にもどる。

ウ　ふえたままで，もとの安定した状態にはもどらない。

エ　減ったままで，もとの安定した状態にはもどらない。

図

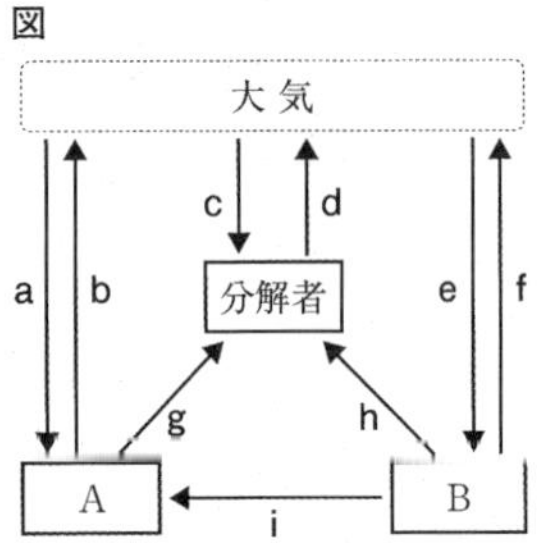

3　バッタが死んだ後，バッタのからだにふくまれている炭素が植物にとり入れられるまでの移動を表している矢印を，図の**a**～**i**からすべて選べ。

4　矢印**e**において，Bのどのようなはたらきで，何という気体が移動するか。すべて答えよ。

Ⅰ	1		2		3	
	4					

■平成28年度問題

3 Ⅱ　動物には，環境の変化を刺激として受けとり，それに対して反応するしくみが備わっている。

1　**図1**は，外界の温度と動物の体温の関係を示したものである。トカゲ，ネコの体温の変化を示しているのは，それぞれ**ア**，**イ**のどちらか。

図1

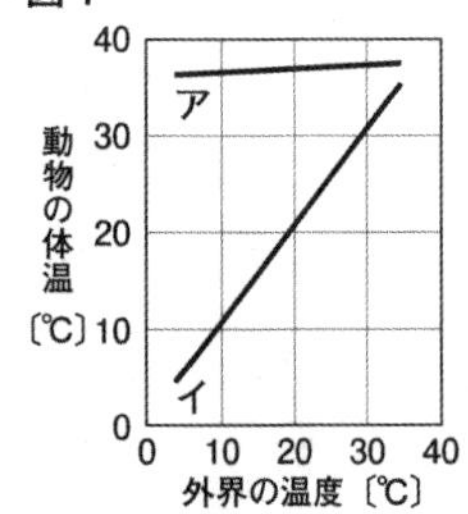

2　ヒトの**行動1，2**について，刺激に対して反応するときの信号が伝わる経路を考えた。

行動1　熱いやかんに手をふれたとき，熱いと感じる前に無意識に手を引っこめた。

行動2　手にかいろをのせたとき，温かく感じたので両手でにぎった。

図2の矢印は，ヒトの**行動1**で，刺激を受けとってから反応するまでに信号が伝わる経路を模式的に示したものである。ただし，A，Bは中枢神経を表している。

図2

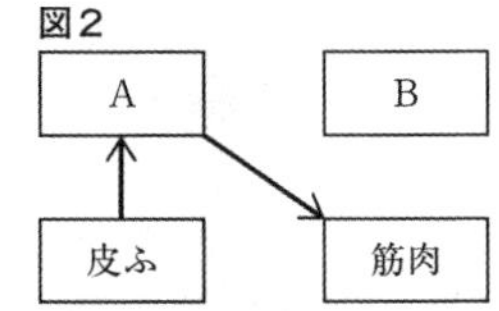

(1)　**図2**のAの名称を書け。

(2)　**図2**のAから筋肉へ信号を伝える神経の名称を書け。

(3)　ヒトの**行動2**で，刺激を受けとってから反応するまでに信号が伝わる経路を矢印でかけ。

Ⅱ	1	(トカゲ)		(ネコ)	(3)	A　B 皮ふ　筋肉
	2	(1)				
		(2)				

■平成29年度問題

3 Ⅰ　生命を維持するためのはたらきをもつ器官が集まって，動物のからだはつくられている。

1　ヒトの血液の成分で，養分や体内の不要な物質などを運んでいるものはどれか。

ア　赤血球　　イ　白血球　　ウ　血小板　　エ　血しょう

2　図１は，ヒトの心臓をからだの正面から見たときの断面図である。次の文中の［a］，［b］に「動脈」または「静脈」を書け。

図１

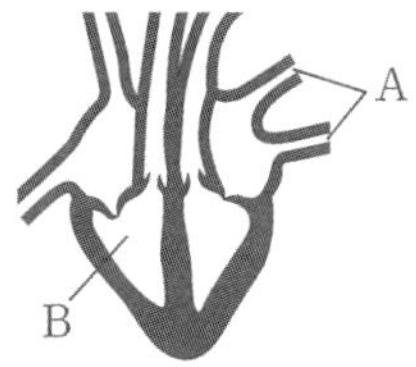

血管Ａは肺［a］であり，部屋Ｂには［b］血が流れている。

3　ヒトの体内で生じた有害なアンモニアを，無害な尿素に変えるはたらきをしている器官はどれか。

ア　胃　　イ　肝臓　　ウ　すい臓　　エ　じん臓

4　図２は，セキツイ動物のからだの一部を模式的に表したものであり，これらの器官には基本的なつくりに共通点がみられる。このことについて，次の文中の［c］，［d］にあてはまることばを書け。

図２

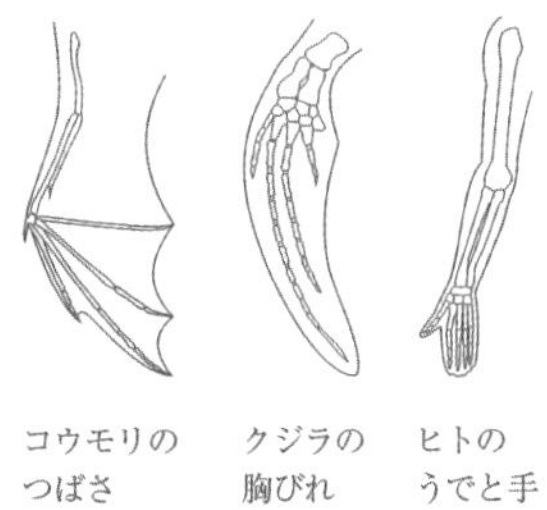

これらは，現在の形やはたらきは異なっていても，もとは過去のセキツイ動物の同じ器官であったものと考えられる。このような器官を［c］といい，生物が長い年月をかけて代を重ねる間に変化する［d］の証拠の一つである。

Ⅰ	1		2	a		b		3	
	4	c		d					

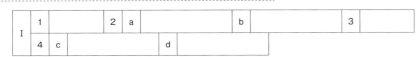

Ⅱ　微生物のはたらきを調べるために，森の中の落ち葉や土を使って**手順１～５**の実験を行い，あとの**結果**を得た。**図**は実験の一部を示したものである。

手順１　ビーカーの中で布を広げ，落ち葉や土を入れる。そこに，水を入れてよくかき回し，布でこす。

手順２　**手順１**のろ液をビーカーＡとＢに同量ずつ入れ，ビーカーＡはそのままふたをし，ビーカーＢは沸騰させてからふたをする。

図

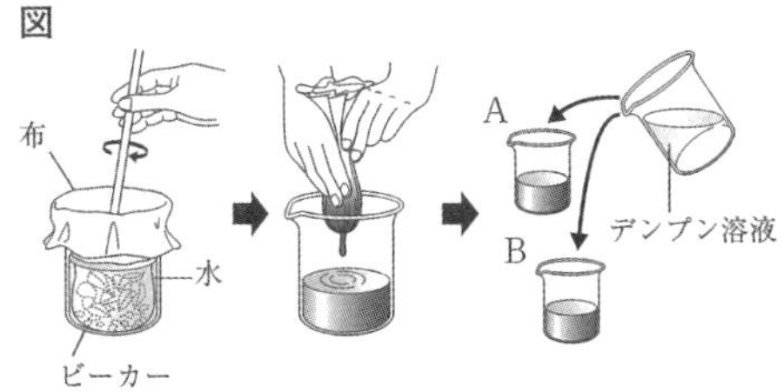

手順３　しばらくしてから，ビーカーＡとＢに同量のデンプン溶液を加え，ふたをして密閉し，室温で３日間放置する。

手順４　ビーカーＡとＢの中の気体について，二酸化炭素の体積の割合を気体検知管で調べる。

手順５　ビーカーＡとＢの溶液をそれぞれ試験管にとり，ヨウ素液を加えて，液の色の変化を調べる。

結果　二酸化炭素の体積の割合は，ビーカーＡがビーカーＢより大きかった。また，ヨウ素液を加えた後の液の色は，ビーカーＢのみ変化した。

1　**手順２**で，ビーカーにふたをするのはなぜか。

2　次は，実験の結果から考えられることについてまとめたものである。［a］，［b］にあてはまることばを書け。

ビーカーＡでは，微生物のはたらきで，［a］が分解されたと考えられる。また，ビーカーＡの二酸化炭素の体積の割合がビーカーＢより大きかったことから，微生物は，［b］を行うことにより生命を維持していると考えられる。

3　微生物のはたらきを利用して**つくられていない**食品として，最も適当なものはどれか。

ア　キムチ　　イ　ヨーグルト　　ウ　カルメ焼き　　エ　パン

Ⅱ	1						
	2	a		b		3	

■平成30年度問題

4 Ⅱ　**図１**のように，おもてに**Ａ～Ｇ**のいずれかの記号，うらに**イモリ**，**ハト**，**ザリガニ**，**メダカ**，**ウサギ**，**アサリ**，**トカゲ**のいずれかの動物の名称が書かれたカードがある。

先生が動物の特徴をもとにこれらのカードを**図２**のように分類し，次の①～③のヒントを示した。

図１

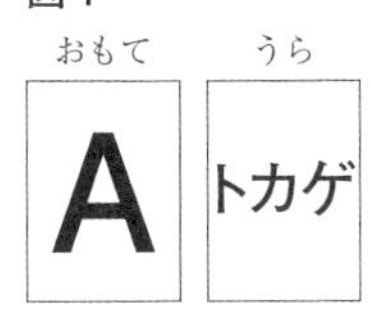

図２

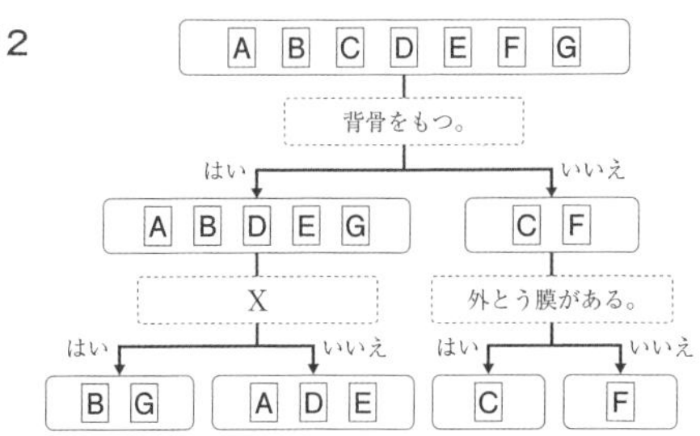

（先生の示したヒント）

① カード**Ａ**の動物は，**トカゲ**である。
② カード**Ｂ**の動物は，移動のための器官としてひれをもち，体表はうろこでおおわれている。
③ カード**Ｄ**の動物は，移動のための器官としてあしをもち，子を乳で育てる。

図２や先生の示したヒントをもとに花子さんと太郎さんは，**Ａ～Ｇ**のカードの動物について考えた。

1　カードCとカードFの動物のように背骨をもたない動物を何というか。

2　カードCの動物は何か。

3　図2の X にあてはまるものとして，最も適当なものはどれか。

ア　恒温動物である。　　イ　変温動物である。
ウ　陸上に殻をもつ卵をうむ。　　エ　水中に殻のない卵をうむ。

4　花子さんと太郎さんは，A～Gのカードの動物について考えたあと，始祖鳥の復元図を見ながら始祖鳥の特徴について話をした。次の会話文中の a にあてはまるA～Gの記号を書け。また， b にあてはまることばを書け。

花子さん「始祖鳥には，カード a の動物のようにつばさがあり，羽毛をもつなど，鳥類の特徴があるね。」
太郎さん「ほかにも，つばさの中ほどには3本のつめがあり，口には歯があるなど，始祖鳥には， b 類の特徴もあるよ。」
先　　生「二人ともよく気づきましたね。このような鳥類と b 類の両方の特徴をもつ生物の存在から，鳥類は b 類から進化してきたと推測されているのですよ。」

Ⅱ	1		2		3		4	a		b	

■平成31年度問題

2 Ⅰ　図1は，ヒトが刺激を受けとってから反応するまでに信号が伝わる経路を模式的に表したものであり，Aは脳，Bはせきずい，C～Fは神経を表している。また，図2は，ヒトがうでを曲げたときの骨と筋肉を模式的に表したものである。

図1

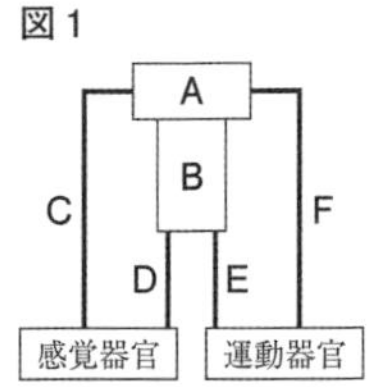

1　ヒトの神経系のうち，判断や命令などを行う脳やせきずいを何神経というか。

2　熱いなべに手がふれて思わず手を引っこめる反応において，刺激を受けとって反応するまでに信号が伝わる経路を，図1のA～Fの記号から必要なものをすべて選び，伝わる順に左から書け。

3　図2の状態からうでをのばすとき，図2の筋肉Xと筋肉Yはどうなるか。

図2

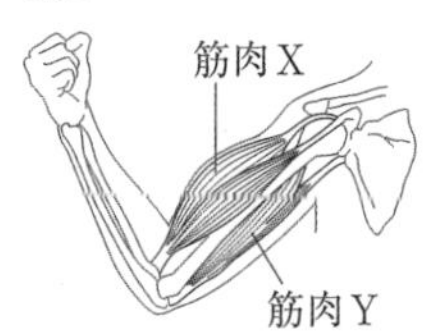

ア　筋肉Xも筋肉Yも縮む。　　イ　筋肉Xも筋肉Yもゆるむ。
ウ　筋肉Xはゆるみ，筋肉Yは縮む。
エ　筋肉Xは縮み，筋肉Yはゆるむ。

Ⅰ	1	神経	2		3	

■令和2年度問題

4 Ⅱ　たかしさんとひろみさんは，ヒトのだ液のはたらきについて調べるため，次の手順1～5で実験を行った。表は，実験の結果をまとめたものである。

手順1　デンプン溶液10cm³を入れた2本の試験管を用意し，1本には水でうすめただ液2cm³を入れ，試験管Aとする。もう1本には水2cm³を入れ，試験管Bとする。

手順2　ビーカーに入れた約40℃の湯で試験管A，試験管Bをあたためる。

手順3　試験管Aの溶液の半分を別の試験管にとり，試験管Cとする。また，試験管Bの溶液の半分を別の試験管にとり，試験管Dとする。

手順4　試験管Aと試験管Bにそれぞれヨウ素液を入れ，結果を記録する。

手順5　試験管Cと試験管Dにそれぞれベネジクト液と沸とう石を入れて加熱し，結果を記録する。

表

試験管	結　　果
A	変化しなかった。
B	青紫色に変化した。
C	赤褐色の沈殿が生じた。
D	変化しなかった。

1　試験管Aと試験管Bの実験のように，一つの条件以外を同じにして行う実験を何というか。

2　手順2で，試験管をあたためる湯の温度を約40℃としたのはなぜか。

3　表の結果をもとに，(1)，(2)の問いに答えよ。

(1)　試験管Aと試験管Bの結果から，考えられることを書け。

(2)　試験管Cと試験管Dの結果から，考えられることを書け。

4　図は，実験の後に，たかしさんがだ液にふくまれる消化酵素の性質について本で調べたときのメモの一部である。これについて，次の2人の会話の内容が正しくなるように，　　にあてはまるものとして最も適当なものを，図の①～③から選べ。

図

① 水がないときは，はたらかない。
② 中性の溶液中で最もよくはたらく。
③ 体外でもはたらく。

たかしさん：だ液にふくまれる消化酵素には，①～③の性質があることがわかったよ。
ひろみさん：それなら，その性質を確かめてみようよ。
たかしさん：あっ，でも，　　の性質は，今回の実験で確認できているね。

Ⅱ	1				
	2				
	3	(1)			
		(2)		4	

■令和３年度問題

3 Ⅱ　次は，たかしさんとひろみさんと先生の会話である。

たかしさん：激しい運動をしたとき，呼吸の回数がふえるのはどうしてかな。
ひろみさん：運動をするのに，酸素がたくさん必要だからって聞くよ。
先　　　生：それでは，運動するのに，なぜ酸素が必要かわかりますか。
ひろみさん：細胞による呼吸といって，ひとつひとつの細胞では，酸素を使って［　　　］からです。
先　　　生：そのとおりですね。だから，酸素が必要なのですね。また，私たちが運動するためには食事も大切ですよね。たとえば，タンパク質について知っていることはありますか。
たかしさん：①タンパク質は，分解されてアミノ酸になり，②小腸で吸収されることを学びました。

1　会話文中の［　　　］にあてはまる内容を「養分」ということばを使って書け。

2　下線部①について，(1)，(2)の問いに答えよ。

(1)　タンパク質を分解する消化酵素をすべて選べ。

ア　アミラーゼ　　イ　リパーゼ　　ウ　トリプシン　　エ　ペプシン

(2)　次の文中の［ a ］，［ c ］にあてはまる器官の名称をそれぞれ書け。また，［ b ］にあてはまる物質の名称を書け。

ヒトの細胞でタンパク質などが分解されてできる物質を使って生命活動が行われると有害なアンモニアができる。このアンモニアは血液によって［ a ］に運ばれて無害な物質である［ b ］に変えられ，［ b ］は［ c ］で血液からとり除かれる。

3　下線部②の小腸の内側のかべにはたくさんのひだがあり，その表面に柔毛があることで，効率よく養分を吸収することができる。その理由を書け。

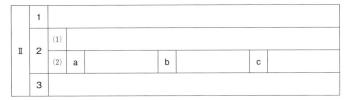

Ⅱ	1							
	2	(1)						
		(2)	a		b		c	
	3							

細胞と遺伝

■平成26年度問題

5 Ⅱ　種子植物であるエンドウやマツは，花をさかせて種子をつくる。

1　採集した花を図１のルーペで観察するとき，ルーペの使い方として最も適当なものはどれか。

ア　ルーペをできるだけ目に近づけて，花だけを動かす。
イ　ルーペをできるだけ目に近づけて，ルーペだけを動かす。
ウ　ルーペをできるだけ目から遠ざけて，花だけを動かす。
エ　ルーペをできるだけ目から遠ざけて，ルーペだけを動かす。

図１

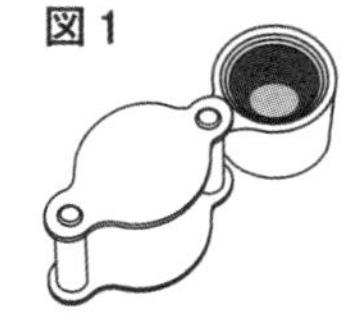

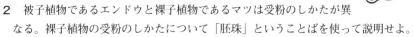

2　被子植物であるエンドウと裸子植物であるマツは受粉のしかたが異なる。裸子植物の受粉のしかたについて「胚珠」ということばを使って説明せよ。

3　エンドウやマツはどちらも受精卵が胚となり，胚が成長して親と同じようなつくりが完成していく。この過程を何というか。

4　エンドウの種子の形には丸形としわ形があり，丸形はしわ形に対して優性である。あるエンドウを自家受粉させたら，図２に示す模式図のように，１つのさやに８個の種子（○丸形，△しわ形）が得られた。このとき，［ a ］，［ b ］，［ c ］の種子の形はどのようになるか。○，△の記号でかけ。ただし，種子の形の現れ方は，遺伝の規則性にもとづくものとする。

図２

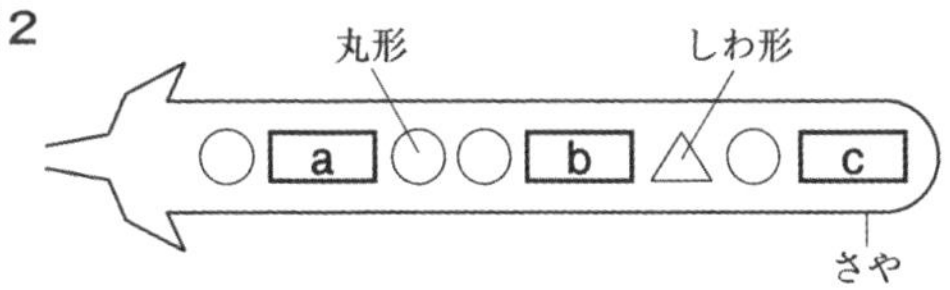

Ⅱ	1					
	2					
	3					
	4	a		b		c

■平成27年度問題

2 Ⅱ　すべての生物のからだは細胞からできており，いくつかの細胞が集まり組織や器官ができる。また，細胞は分裂によって数がふえ，個体は生殖によって子孫をふやす。

1　図1は，タマネギの根の先端に近い部分の細胞の変化を模式的に示したものである。

(1)　Aは，ほとんどの細胞で1個見られ，酢酸カーミンによく染まる。Aの名称を書け。

(2)　タマネギの根が成長するのは，細胞が分裂して数がふえること以外にどんなことによるか。図1から判断して書け。

図1

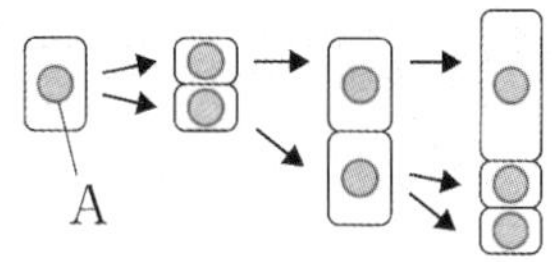

2　表は，無性生殖によってふえるアメーバと有性生殖によってふえるソラマメについて，生殖における染色体の数を示したものである。表の［a］，［b］にあてはまる数をそれぞれ書け。

表

アメーバ	親（染色体12本）→ 子（染色体［a］本）	
	親（染色体12本）→ 子（染色体［a］本）	
ソラマメ	親（染色体12本）→ 卵細胞（染色体［b］本）	→ 子
	親（染色体12本）→ 精細胞（染色体［b］本）	

3　動物の細胞は，消化器官で消化，吸収された養分をエネルギーのもととして使っている。図2は，ヒトが養分を分解する過程を模式的に示している。胃液にふくまれる消化酵素は，図2のア～オのどの過程ではたらくか。また，その消化酵素の名称も書け。

図2

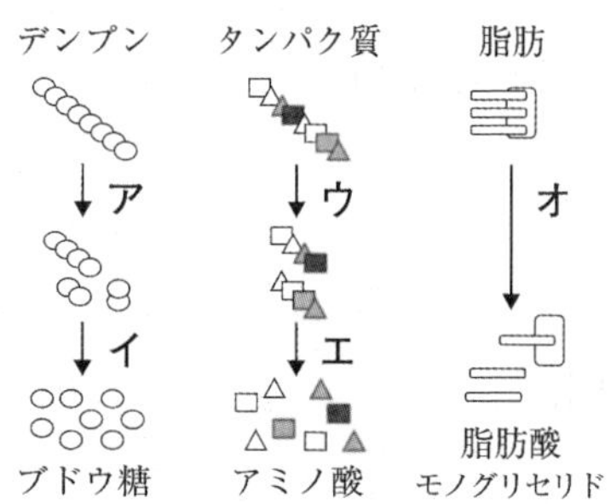

Ⅱ	1	(1)		(2)	
	2	a		b	
	3	記号		名称	

■平成30年度問題

4 Ⅰ　ジャガイモは，有性生殖と無性生殖の両方の生殖を行う。図1のように，ジャガイモの個体Aの花粉をジャガイモの個体Bの花に受粉させ，できた種子をまいて育てると，個体Cができた。また，個体Bにできたいもを切りはなして植えると，個体Dができた。ただし，図1では個体Cと個体Dの土の中のようすは省略してある。

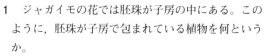

図1

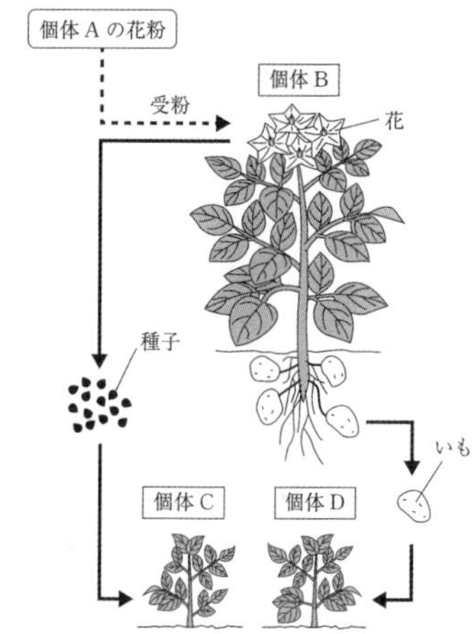

1　ジャガイモの花では胚珠が子房の中にある。このように，胚珠が子房で包まれている植物を何というか。

2　有性生殖において，生殖細胞ができるときに行われる特別な細胞分裂を何というか。

3　図2は，個体Aと個体Bのからだの細胞にある染色体の1対を模式的に表したものである。図2をもとに，個体Cと個体Dのからだの細胞の染色体のようすをそれぞれ右枠の図にかけ。

図2

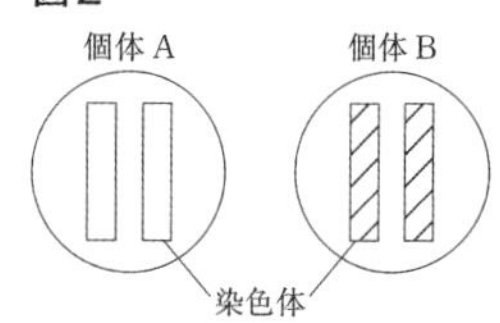

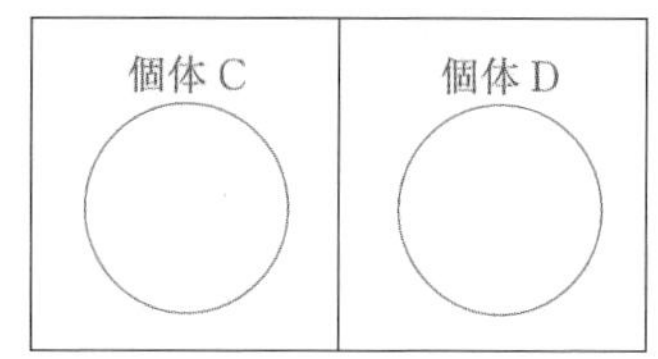

4　ジャガイモの新しい品種を開発し，生産することについて述べた次の文中の［a］，［b］に「有性」または「無性」を書け。

> 新しい品種を開発するときは，［a］生殖を利用してさまざまな親の組み合わせから得られた多くの種子をまき，それぞれの個体の品質などを調べて選抜していく。開発した品種を生産するときは，［b］生殖を利用する。

Ⅰ	1		2		4	a		b	

■令和2年度問題

4 Ⅰ　植物の根が成長するときのようすを調べる実験を行った。まず，タマネギの種子を発芽させ，伸びた根を先端から約1cm切りとった。**図1**は，切りとった根を模式的に表したものである。次に，一つ一つの細胞をはなれやすくする処理を行い，**図1**のA～Cの部分をそれぞれ切りとり，別々のスライドガラスにのせた。その後，核と染色体を見やすくするために染色してプレパラートをつくり，顕微鏡で観察した。**図2**は，A～Cを同じ倍率で観察したスケッチであり，Aでのみひも状の染色体が見られ，体細胞分裂をしている細胞が観察された。

図1

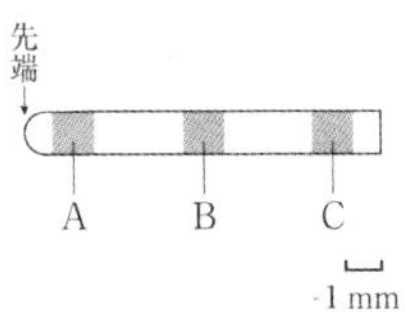

図2

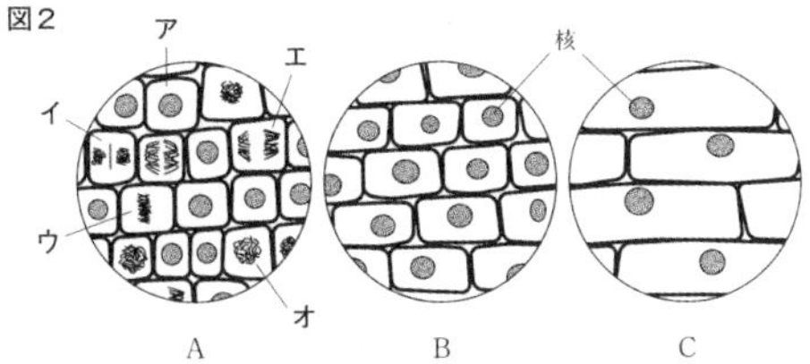

1　核と染色体を見やすくするために使う染色液として適当なものは何か。名称を書け。

2　**図2**のAの**ア**～**オ**の細胞を，**ア**を最初として体細胞分裂の順に並べよ。

3　根はどのようなしくみで成長するか。**図1**，**図2**から考えられることを書け。

4　体細胞分裂を繰り返しても，分裂後の一つの細胞の中にある染色体の数は変わらない。その理由を，体細胞分裂前の細胞で染色体に起こることに着目して書け。

Ⅰ	1		2	ア→　→　→　→
	3			
	4			

■令和4年度問題

3 Ⅰ　ひろみさんは，授業で血液の流れるようすを見るために，学校で飼育されているメダカを少量の水とともにポリエチレンぶくろに入れ，顕微鏡で尾びれを観察した。また，別の日に，水田で見つけたカエルの卵に興味をもち，カエルの受精と発生について図書館で調べた。

1　**図1**は，観察した尾びれの模式図である。(1)，(2)の問いに答えよ。

(1)　**図1**のXは，酸素を全身に運ぶはたらきをしている。Xの名称を書け。

(2)　Xは，血管の中にあり，血管の外では確認できなかった。ひろみさんは，このことが，ヒトでも同じであることがわかった。そこで，ヒトでは酸素がどのようにして細胞に届けられるのかを調べて，次のようにまとめた。次の文中の[a]，[b]にあてはまることばを書け。

図1

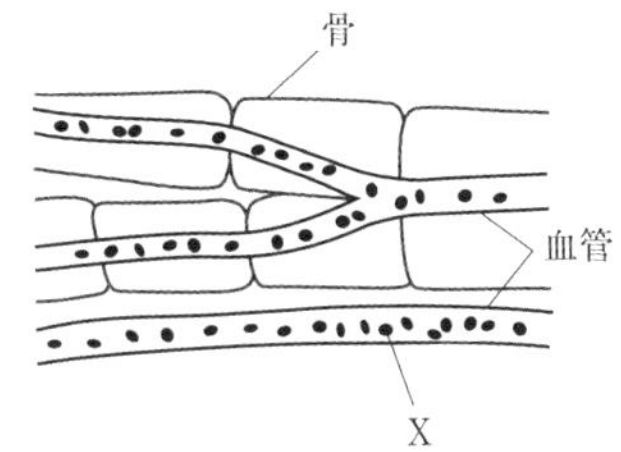

> 血液の成分である[a]の一部は毛細血管からしみ出て[b]となり，細胞のまわりを満たしている。Xによって運ばれた酸素は[b]をなかだちとして細胞に届けられる。

2　**図2**は，カエルの受精と発生について模式的に示したものである。(1)，(2)の問いに答えよ。

(1)　**図2**の親のからだをつくる細胞の染色体の数が26本であるとすると，**図2**のア，イ，ウの各細胞の染色体の数は，それぞれ何本か。

(2)　**図2**で，カエルに現れるある形質について，顕性形質（優性形質）の遺伝子をA，潜性形質（劣性形質）の遺伝子をaとする。**図2**の受精卵の遺伝子の組み合わせをAAとしたとき，親（雌）の遺伝子の組み合わせとして可能性があるものをすべて書け。ただし，Aとaの遺伝子は，遺伝の規則性にもとづいて受けつがれるものとする。

図2

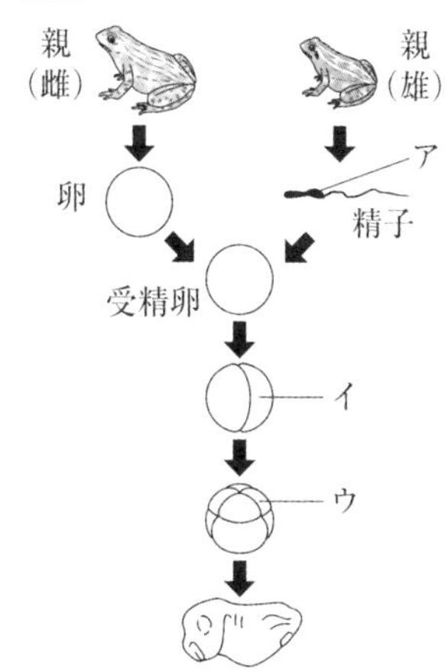

Ⅰ	1	(1)		(2)	a		b	
	2	(1)	ア	本	イ	本	ウ	本
		(2)						

地球と太陽系

■平成26年度問題

2 Ⅰ　夏至の日，北緯32.0°のある地点で透明半球を使って太陽の動きを調べた。図のCは透明半球の中心であり，曲線EＩGはこの日の太陽の動きを記録したものである。ただし，Ｉは太陽が南中したときの位置である。

図

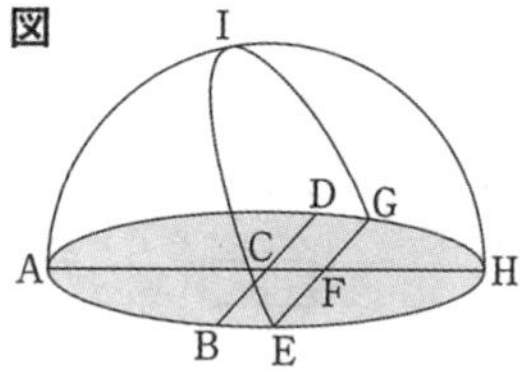

1　透明半球に太陽の位置を記録するとき，ペン先のかげが図のどこと一致するように印をつけるか。A～Ｉから選べ。

2　この日の太陽の南中高度を表しているものはどれか。

ア　∠AHＩ　　イ　∠AFＩ　　ウ　∠ACＩ　　エ　∠CAＩ

3　この地点で，秋分の日の太陽の動きを透明半球に記すとどのようになるか。解答欄の図に実線でかけ。ただし，解答欄の図は，この透明半球をBの方向から見たものである。また，点線は夏至の日の太陽の動きを記録したものである。

4　地球は，公転面に対して垂直な方向から地軸を23.4°傾けたまま公転をしている。地軸の傾きが0°であると仮定すると，この地点での太陽の南中高度はどのようになるか。

ア　年間を通して23.4°で変化しない。
イ　年間を通して58.0°で変化しない。
ウ　1年の間に23.4°～32.0°の範囲で変化する。
エ　1年の間に32.0°～58.0°の範囲で変化する。

3	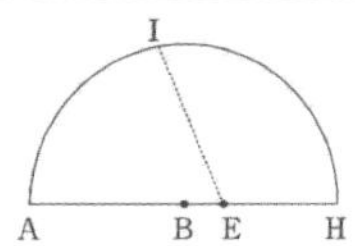

Ⅰ	1		2		4	

■平成27年度問題

4 Ⅱ　図は，静止させた状態の地球を北極点の真上から見たときの，地球，月の位置関係を模式的に示したものである。

1　月食が起こる可能性があるのは，月が図のア～クのどの位置にあるときか。

2　ある日の鹿児島で日没直後，南西の空に月が観察できた。

(1)　この日に見えた月の形をかけ。

(2)　この日の月の位置として最も適当なものは，図のア～クのどれか。

図

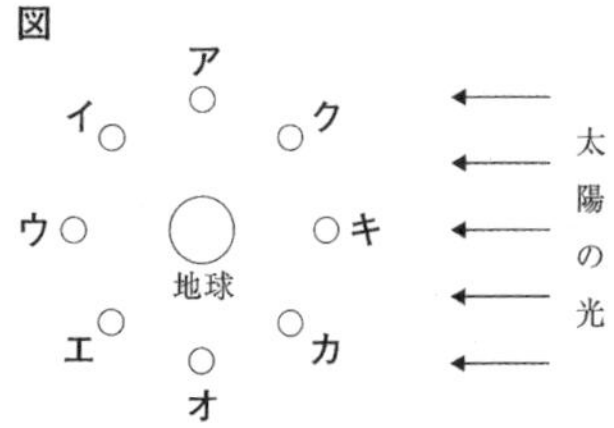

Ⅱ	1		2	(1)	地平線　南西
	2	(2)			

■平成28年度問題

2 Ⅱ　ある晴れた日に，天体望遠鏡を使い太陽の表面のようすを観察した。図1は，観察に使った天体望遠鏡の写真である。

図1

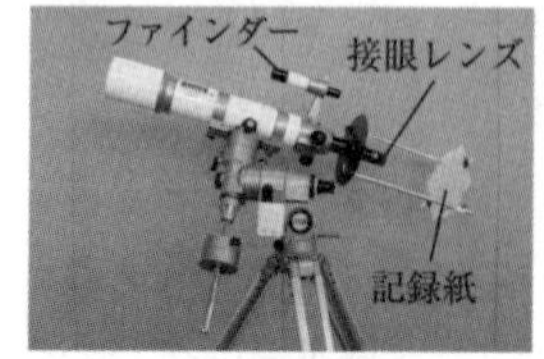

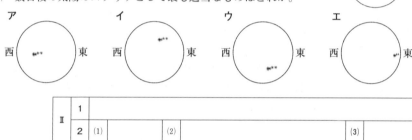

1　太陽は非常に明るい天体である。このことから天体望遠鏡で太陽を観察するとき，安全のためにしてはいけないことを書け。

2　図2は，観察した太陽を記録紙にスケッチしたものである。このスケッチをした日から数日後に，太陽のようすを観察したところ，黒いしみのようなものが移動していた。

図2

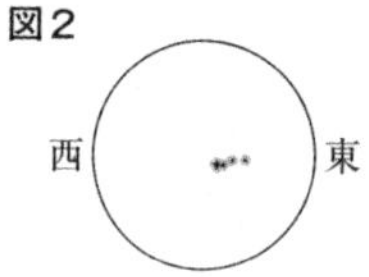

(1)　黒いしみのようなものを何というか。

(2)　黒いしみのようなものが移動したのはなぜか。

(3)　数日後の太陽のスケッチとして最も適当なものはどれか。

ア

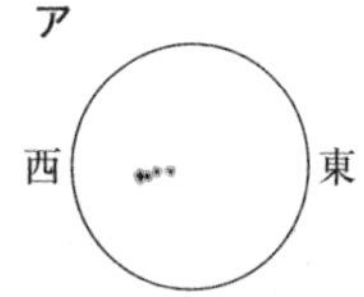

イ

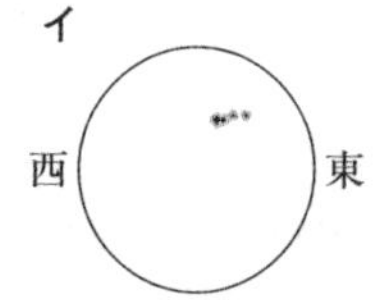

ウ

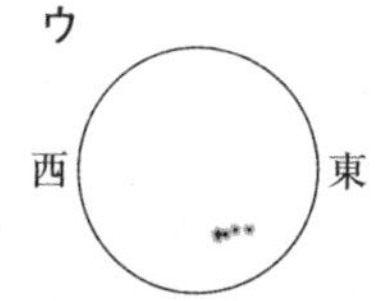

エ

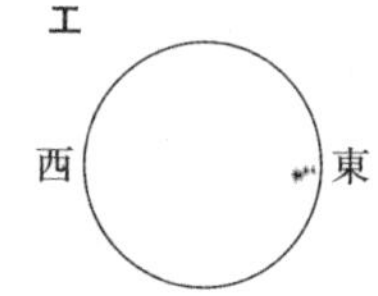

Ⅱ	1						
	2	(1)		(2)		(3)	

■平成29年度問題

4 Ⅱ　夜空を見上げると，恒星や惑星などの天体を観測することができる。

図1

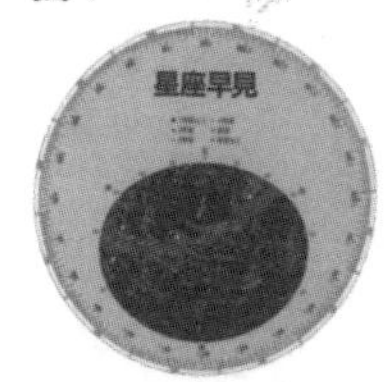

1　図1のような星座早見で南の空の星を観測する。このときの星座早見の使い方について述べた次の文中の[a]，[b]にあてはまることばを書け。

> はじめに，月日の目もりと[a]の目もりを合わせる。次に，「南」の文字を[b]にして頭の上にかざし，探す星の位置の見当をつける。

2　夏至のころになると，ほぼ一日中オリオン座を見ることはできない。この理由を述べた次の文中の[ ]にあてはまることばを書け。

> オリオン座は，夏至のころになると[ ]と同じ方向にあるから。

3　ア～エは北極，北半球，赤道，南半球のいずれかの地点における星の日周運動を模式的に表したものである。赤道での星の日周運動を表したものはどれか。ただし，矢印は星の動きを表す。

ア　　　イ　　　ウ　　　エ

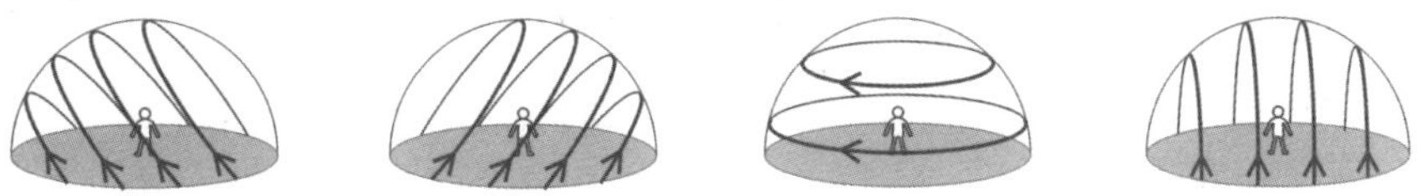

4　ある日，天体望遠鏡で金星を観測すると，**図２**のような形に見えた。**図３**は，静止させた状態の地球の北極の上方から見た，太陽，金星，地球の位置関係を模式的に表したものであり，この日の金星は**図３**の①～⑧のいずれかの位置にある。この後２か月間観測を続けていくと，金星の見え方はどのように変化していくか。最も適当なものを次の**ア**～**エ**から選べ。ただし，天体望遠鏡で見える天体の像は肉眼で見る場合とは上下左右が逆になっている。また，金星の公転の周期は0.62年とする。

図２

※　望遠鏡で見た向きのまま示してある。

図３

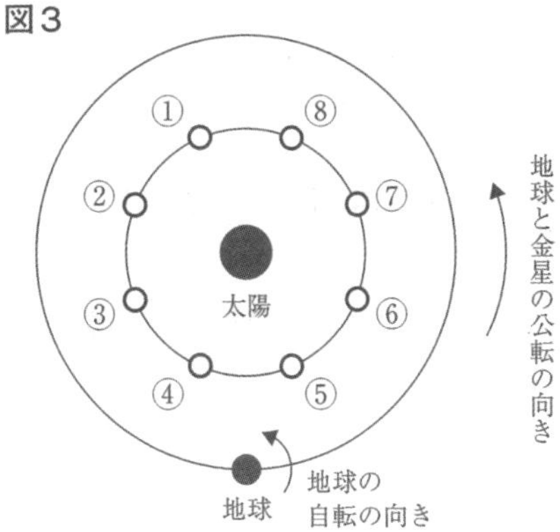

ア　金星の形は満ちていき，大きく見えるようになる。
イ　金星の形は満ちていき，小さく見えるようになる。
ウ　金星の形は欠けていき，大きく見えるようになる。
エ　金星の形は欠けていき，小さく見えるようになる。

Ⅱ	1	a		b		2	
	3		4				

■平成31年度問題

5　Ⅱ　鹿児島県に住むひろみさんは，７月28日に皆既月食が起こることを知り，月や惑星について調べたり，自宅付近で観察したりした。

1　太陽系の惑星のうち，金星や火星のように木星や土星に比べ小型で密度が大きい惑星を何というか。

2　皆既月食が起こった７月28日の月はどれか。

ア　新月　　イ　満月　　ウ　上弦の月　　エ　下弦の月

3　７月31日は地球と火星が最接近し，太陽から見て地球と火星が同じ方向に位置していることがわかった。７月31日の午後９時ごろ，ひろみさんはどの方角の空に火星を観察することができるか。ただし，地球と火星はほぼ同じ平面上を公転している。

ア　北東の空　　イ　北西の空　　ウ　南東の空　　エ　南西の空

4　**図**は，８月18日の地球の北極側から見た太陽，金星，地球の位置関係を模式的に表したものである。

ひろみさんは，８月18日に金星を天体望遠鏡で観察したところ半月の形に見えた。この後，観察を続けていくと10月下旬には金星が観察できなくなったが，11月中旬ぐらいから再び観察できるようになった。

ひろみさんが11月下旬に金星を観察するとき，金星はいつごろ，どの方角の空に見えるか。ただし，金星と地球はほぼ同じ平面上を公転し，金星の公転周期は0.62年とする。

図

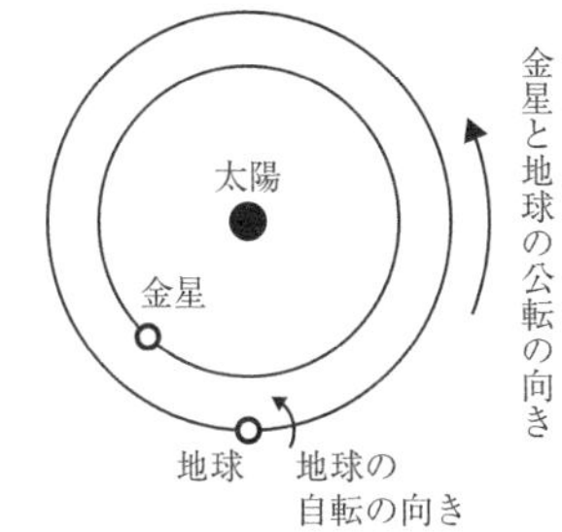

ア　明け方，東の空　　イ　明け方，西の空
ウ　夕方，東の空　　エ　夕方，西の空

Ⅱ	1		2		3		4	

■令和２年度問題

2　Ⅱ　夏至の日に，透明半球を用いて太陽の１日の動きを調べた。**図**は，サインペンの先のかげが透明半球の中心Ｏにくるようにして，１時間ごとの太陽の位置を透明半球に記録し，印をつけた点をなめらかな線で結んで，太陽の軌跡をかいたものである。また，**図**の**ア**～**エ**は，中心Ｏから見た東，西，南，北のいずれかの方位である。なお，太陽の１日の動きを調べた地点は北緯31.6°であり，地球は公転面に対して垂直な方向から地軸を23.4°傾けたまま公転している。

図

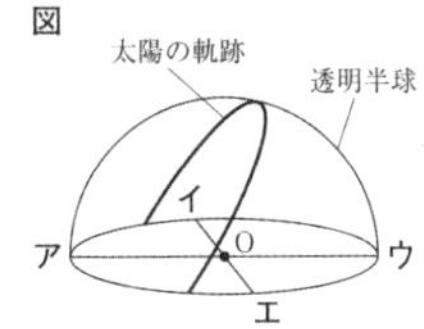

1　東の方位は，**図**の**ア**～**エ**のどれか。

2　地球の自転による太陽の１日の見かけの動きを何というか。

3　太陽の南中高度について，(1)，(2)の問いに答えよ。

(1)　南中高度にあたるのはどこか。右の図に作図し，「南中高度」と書いて示せ。ただし，右の図は，この透明半球をエの方向から見たものであり，点線は太陽の軌跡である。

(2)　この日の南中高度を求め，単位をつけて書け。

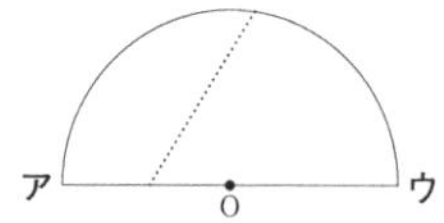

Ⅱ	1		2		3	(2)	

■令和３年度問題

4　Ⅰ　鹿児島県に住むたかしさんは，ある日，日の出の１時間前に，東の空に見える月と金星を自宅付近で観察した。**図１**は，そのときの月の位置と形，金星の位置を模式的に表したものである。

図１

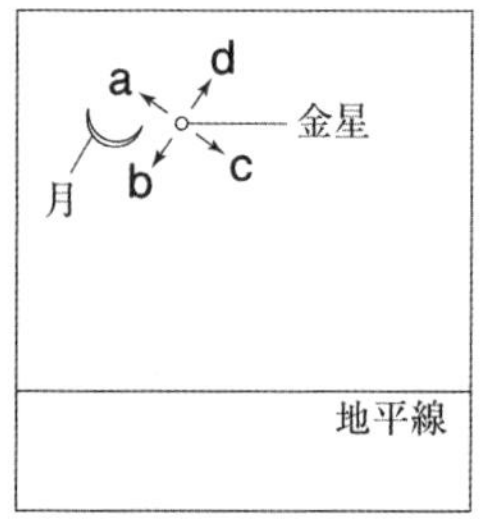

1　月のように，惑星のまわりを公転する天体を何というか。

2　この日から３日後の月はどれか。最も適当なものを選べ。

ア　満月　　イ　上弦の月　　ウ　下弦の月　　エ　新月

3　**図１**の金星は，30分後，**図１**の a ～ d のどの向きに動くか。最も適当なものを選べ。

4　**図２**は，地球の北極側から見た，太陽，金星，地球の位置関係を模式的に表したものである。ただし，金星は軌道のみを表している。また，**図３**は，この日，たかしさんが天体望遠鏡で観察した金星の像である。この日から２か月後の日の出の１時間前に，たかしさんが同じ場所で金星を天体望遠鏡で観察したときに見える金星の像として最も適当なものを**ア**～**エ**から選べ。ただし，**図３**と**ア**～**エ**の像は，すべて同じ倍率で見たものであり，肉眼で見る場合とは上下左右が逆になっている。また，金星の公転の周期は 0.62 年とする。

図２

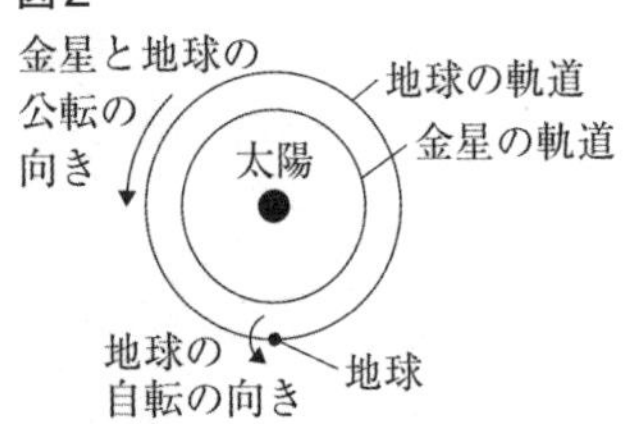

ア

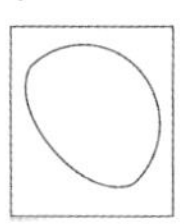

イ

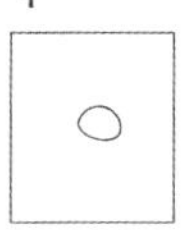

ウ

エ

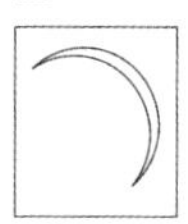

図３

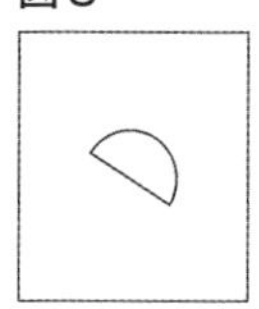

Ⅰ	1		2	
	3		4	

天気の変化

■平成27年度問題

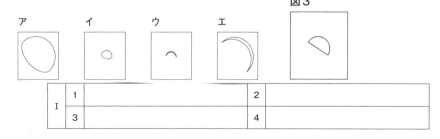

4　Ⅰ　**図**は，ある日の日本付近の雲のようすである。

図

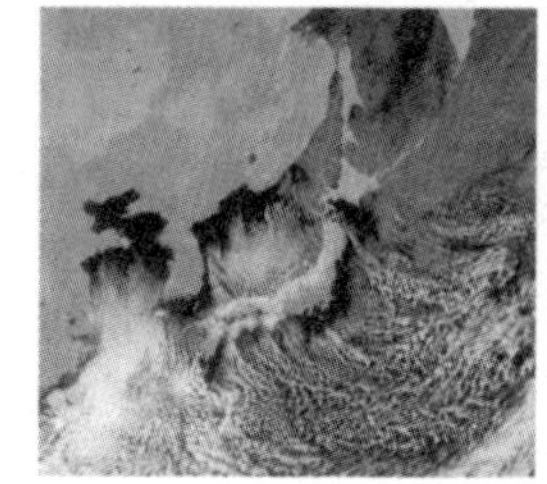

1　**図**は，どの季節の雲のようすか。

2　**図**のとき，日本付近の気象に大きな影響をあたえている気団の名称を書け。

3　**図**のときの季節風がふく原因について，次の文中の［ a ］～［ d ］にあてはまることばの組み合わせとして，正しいものは**表**の**ア**～**エ**のどれか。

> **図**の季節になるとユーラシア大陸の地面の温度が［ a ］く，太平洋の海水の温度の方が［ b ］くなる。その結果，ユーラシア大陸上の気圧が［ c ］く，太平洋上の気圧が［ d ］くなるから。

表

	a	b	c	d
ア	高	低	高	低
イ	高	低	低	高
ウ	低	高	高	低
エ	低	高	低	高

4　**図**のような気象現象が起こる層の厚さは，地球を直径 12.8cm の球としたとき，球の表面からどれくらいか。ただし，実際の地球の半径を 6400km とする。

ア　0.01cm　　イ　0.5cm　　ウ　1cm　　エ　5cm

Ⅰ	1		2		3		4	

■平成30年度問題

2　Ⅱ　４日間の湿度を比べるために，**図**のような装置を用いて，**手順１**～**３**の実験を４日間同じ時刻に行い，露点を調べた。**表**はそのときの気温と露点をまとめたものである。ただし，金属製のコップの中の水温とコップの表面付近の空気の温度は等しいものとする。

手順１　表面をよくふいた金属製のコップに，気温と同じ温度のくみ置きの水を入れる。

手順２　氷を入れた試験管でコップの中の水をかき混ぜる。

手順３　コップの表面がくもり始めたときの水温をはかり，このときの水温を露点として記録する。

図

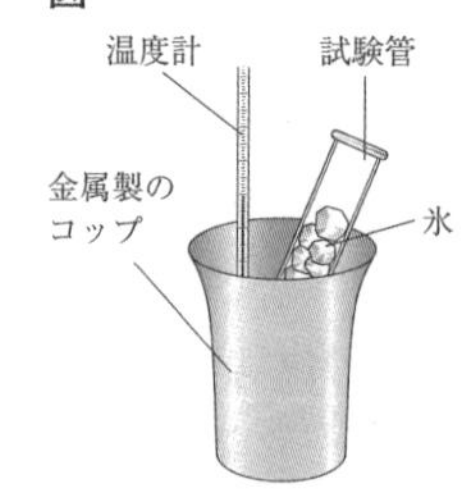

表

	１日目	２日目	３日目	４日目
気　温〔℃〕	24	20	20	24
露　点〔℃〕	10	10	16	8

1　金属製のコップを用いるのは，金属がどのような性質をもつからか。

2　１日目と２日目の湿度を比べると１日目のほうが低い。その理由を解答欄の書き出しのことばに続けて書け。ただし，「飽和水蒸気量」ということばを使うこと。

3　4日間の湿度を低い順に並べたとき，[a]～[d]にあてはまる数字を書け。

[a]日目の湿度＜[b]日目の湿度＜[c]日目の湿度＜[d]日目の湿度

Ⅱ	1		3	a		b		c		d
	2	1日目と2日目では，1 m^3 の空気にふくまれる水蒸気の質量は								

■平成31年度問題

5 Ⅰ　地球上の水は，状態を変えながら絶えず海と陸地と大気の間を循環している。

1　図1は，冬のある日の日本付近の雲のようすであり，日本海上と太平洋上に北西の季節風にそったすじ状の雲が見られる。冬の日本海上の雲のでき方について述べたものとして，最も適切なものはどれか。

図1

ア　シベリア気団からふき出した冷たくしめった季節風が，日本海上で水蒸気をふくんで雲ができる。

イ　シベリア気団からふき出した冷たく乾燥した季節風が，日本海上で水蒸気をふくんで雲ができる。

ウ　小笠原気団からふき出した冷たくしめった季節風が，日本海上で水蒸気をふくんで雲ができる。

エ　小笠原気団からふき出した冷たく乾燥した季節風が，日本海上で水蒸気をふくんで雲ができる。

2　早朝に生じた霧が，昼に消えた。霧が昼に消えた理由を，「露点」ということばを使って書け。

3　図2は，地球上の水の循環を模式的に表したものである。矢印は水の移動を表し，（　）内の数字は全降水量を100としたときのそれぞれの値を示している。図2の[　]にあてはまる数値を書け。

図2

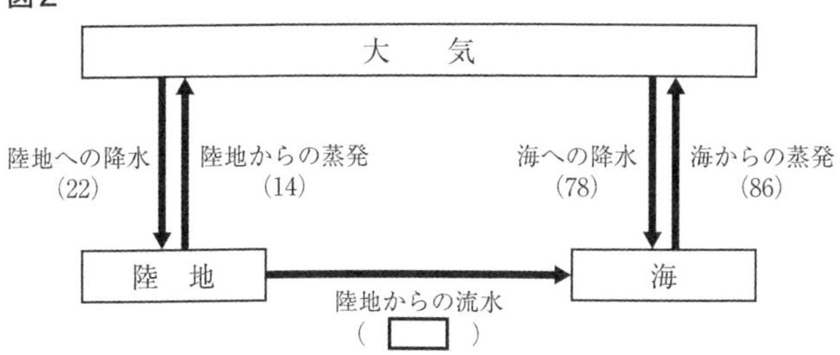

Ⅰ	1			
	2		3	

■令和3年度問題

4 Ⅱ　大気中で起こるさまざまな現象を，気象という。

図1

1　ある日，校庭で図1のように厚紙でおおった温度計を用いて空気の温度をはかった。温度計を厚紙でおおった理由を，「温度計」ということばを使って書け。

2　ある日，棒の先に軽いひもをつけ，風向を観測したところ，ひもは南西の方位にたなびいた。また，風が顔にあたるのを感じたことと，木の葉の動きから，このときの風力は2と判断した。さらに，空を見上げると，空全体の約4割を雲がおおっていた。表は天気と雲量の関係をまとめたものである。これらの風向，風力，天気の気象情報を天気図記号でかけ。

表

天気	快晴	晴れ	くもり
雲量	0～1	2～8	9～10

3　雲のでき方について述べた次の文中の[a]，[b]にあてはまることばを書け。

水蒸気をふくむ空気のかたまりが上昇すると，周囲の気圧が低いために空気のかたまりが[a]して気温が[b]がる。やがて，空気の温度が露点に達すると空気にふくみきれなくなった水蒸気は水滴となり，雲ができる。

4　図2は，前線Xと前線Yをともなう温帯低気圧が西から東に移動し，ある地点Aを前線X，前線Yの順に通過する前後のようすを表した模式図である。前線Yの通過にともなって降る雨は，前線Xの通過にともなって降る雨に比べて，降り方にどのような特徴があるか。雨の強さと雨が降る時間の長さに着目して書け。

図2

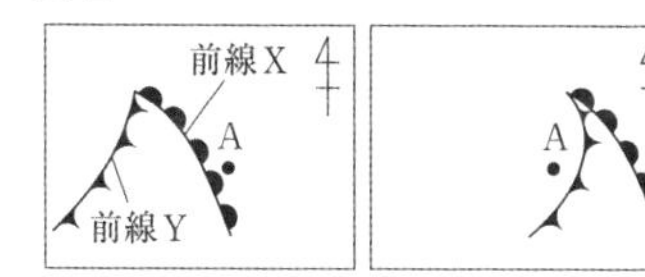

前線X，前線Yが通過する前　　前線X，前線Yが通過した後

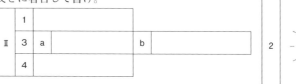

Ⅱ	1			
	3	a	b	
	4			

2	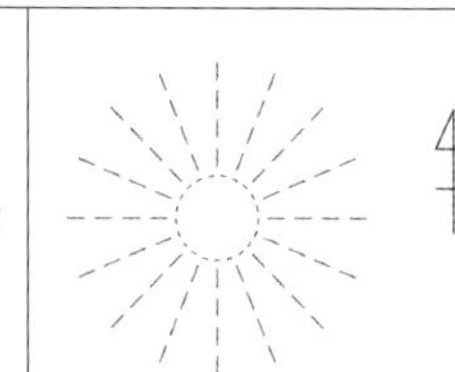

■令和4年度問題

4 Ⅱ　鹿児島県に住んでいるひろみさんは，授業で学んだ日本の天気の特徴に興味をもち，毎日気づいたことやインターネットでその日の天気図を調べてわかったことについてまとめた。内容については先生に確認してもらった。**図**は，ひろみさんがまとめたものの一部であり，**A**と**B**の天気図は，それぞれの時期の季節の特徴がよく表れている。

図

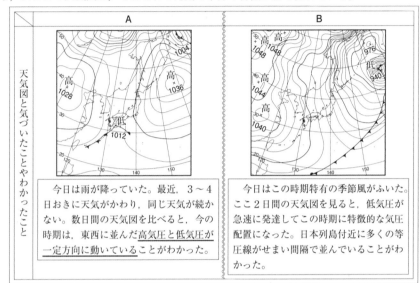

	A	B
天気図と気づいたこと	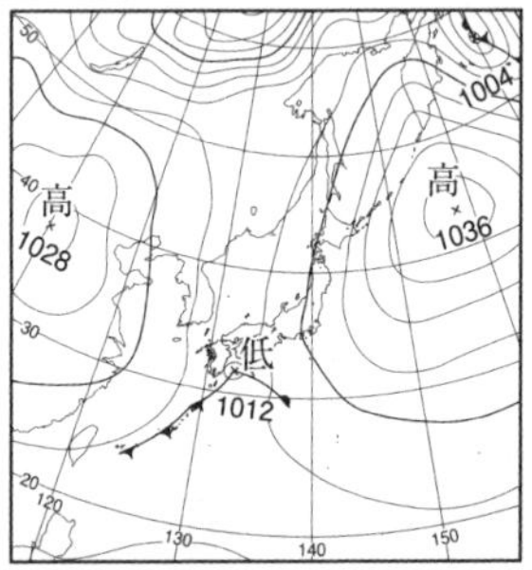 今日は雨が降っていた。最近，３～４日おきに天気がかわり，同じ天気が続かない。数日間の天気図を比べると，今の時期は，東西に並んだ<u>高気圧と低気圧が一定方向に動いている</u>ことがわかった。	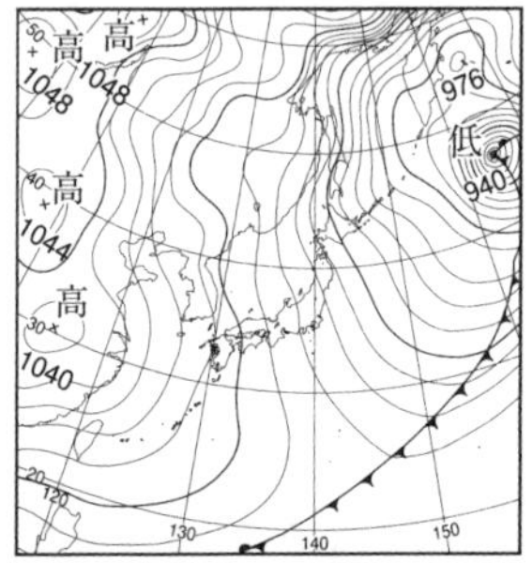 今日はこの時期特有の季節風がふいた。ここ２日間の天気図を見ると，低気圧が急速に発達してこの時期に特徴的な気圧配置になった。日本列島付近に多くの等圧線がせまい間隔で並んでいることがわかった。

（天気図は気象庁の資料により作成）

1　下線部の高気圧を特に何というか。

2　下線部について，高気圧や低気圧の動きとして最も適当なものはどれか。

ア　北から南へ動く。　　**イ**　南から北へ動く。

ウ　東から西へ動く。　　**エ**　西から東へ動く。

3　日本列島付近で見られる低気圧について，その中心付近の空気が移動する方向を模式的に表したものとして最も適当なものを，次の**ア**～**エ**から選べ。ただし，**ア**～**エ**の太い矢印は上昇気流または下降気流を，細い矢印は地上付近の風を表している。

ア　　　**イ**　　　**ウ**　　　**エ**

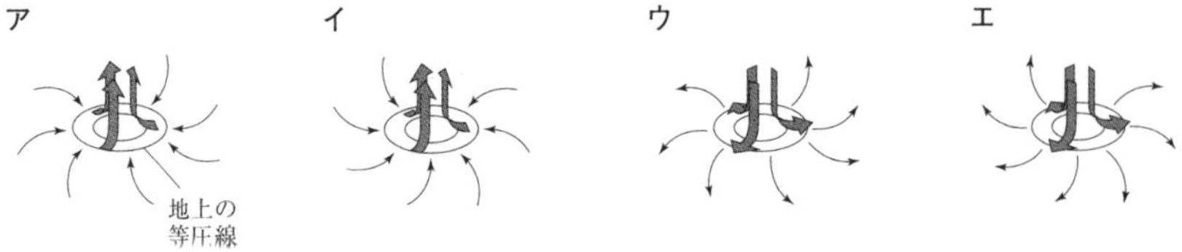

4　**B**の天気図には，ある季節の特徴が見られる。この季節には大陸上で，ある気団が発達するために日本に季節風がふく。この気団の性質を書け。

Ⅱ	1		2	
	3		4	

大地の変化

■平成26年度問題

2 Ⅱ　地震のゆれは地震計で記録され，その記録から地震について多くのことを知ることができる。

1　**図１**は，地震の上下のゆれを記録する地震計のしくみを示したものである。これについて説明した次の文中の［ a ］，［ b ］に入ることばをそれぞれ下から選べ。

図１

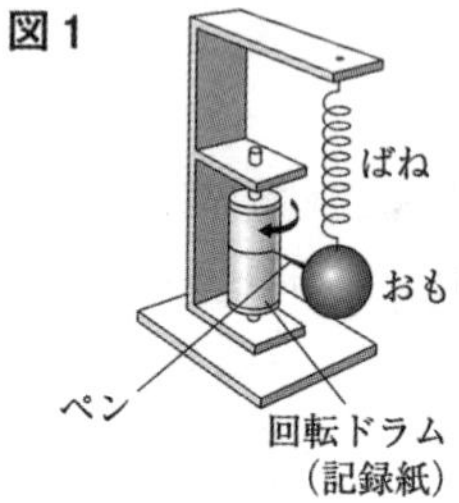

> 地震が起こったとき［ a ］は慣性により動かない。このため，地震のゆれで**図１**の地震計が上へ動くと［ b ］に動いたように記録される。

［ a ］　**ア**　おもり　　　　　　　**イ**　回転ドラム

［ b ］　**ア**　ばねが縮み，ペンが上　　**イ**　ばねが伸びて，ペンが下

2　**表**は，ある地震Aにおける観測点①～④でのＰ波，Ｓ波の到着時刻である。ただし，この地域ではＰ波，Ｓ波はそれぞれ一定の速さで伝わるものとする。

表

観測点	Ｐ波の到着時刻	Ｓ波の到着時刻
①	11時15分51秒	11時15分56秒
②	11時16分06秒	11時16分21秒
③	11時16分13秒	11時16分33秒
④	11時15分57秒	11時16分06秒

(1)　Ｓ波の到着によって起こる大きなゆれのことを何というか。

(2)　**図２**は，この地域を真上から見た図であり，×印は震央，**ア**～**エ**の各点は観測点①～④のいずれかである。観測点③は**ア**～**エ**のどれか。

図２

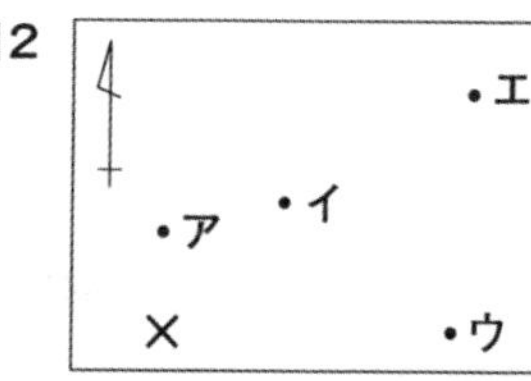

(3)　同じ震源で，地震Aよりマグニチュードの大きな地震が発生した。このときの全観測点の初期微動継続時間の長さとゆれの大きさについて，地震Aと比較して書け。

Ⅱ	1	a		b	
	2	(1)		(2)	
		(3)			

■平成28年度問題

2 Ⅰ　桜島，伊豆大島火山（三原山），雲仙普賢岳のマグマの性質を知るために，火山噴出物の一種である火山灰の観察を行った。次の**手順１**～**４**は，火山灰を観察するときの方法である。

手順１　少量の火山灰を蒸発皿にとる。

手順２　水を蒸発皿の半分まで入れて［　　］，にごった水を捨てる。

手順３　水がにごらなくなるまで，**手順２**をくり返す。

手順４　ルーペや双眼実体顕微鏡で，粒の色や形などを観察する。

1　**手順２**の［　　］にあてはまることばとして最も適当なものはどれか。

ア　乳棒を使ってよく砕き　　**イ**　ガラス棒でかき混ぜ

ウ　指の腹でおし洗い　　**エ**　ガスバーナーで加熱し

2　観察する火山灰に磁鉄鉱が含まれているかどうかを調べたい。それを調べる方法を書け。

3　**A**～**C**は桜島，伊豆大島火山（三原山），雲仙普賢岳の火山灰のスケッチである。**A**～**C**をマグマのねばりけが弱い順に並べよ。

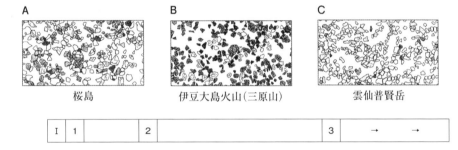

A　　B　　C

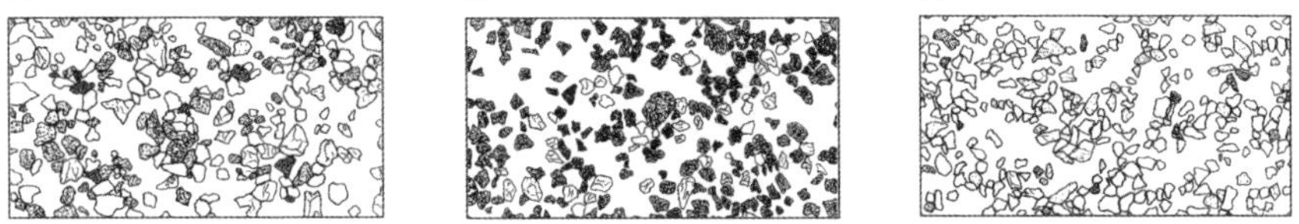

桜島　　伊豆大島火山(三原山)　　雲仙普賢岳

Ⅰ	1		2		3	→　→

■平成29年度問題

4 Ⅰ　**図１**は，ある地域の地形を等高線を用いて模式的に表したものであり，数値は標高を示している。また，**図２**は，**図１**のA～Cの地点でボーリング調査を行った結果をもとに，地層の重なりを表したものである。ただし，この地域では，地層の折れ曲がりや断層はなく，それぞれの地層は平行に重なっており，ある一定の方向にかたむいているものとする。

図１

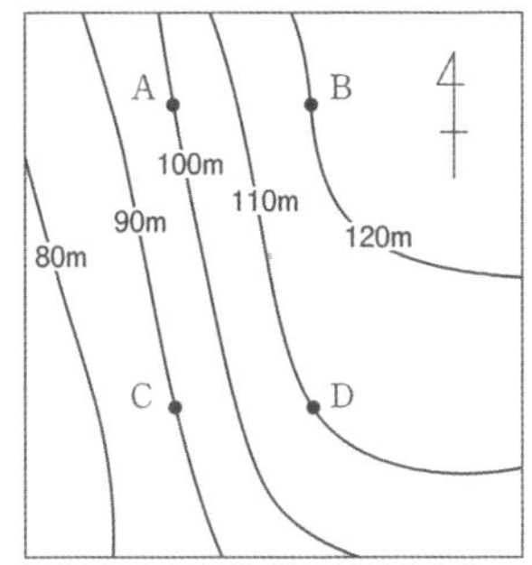

図２

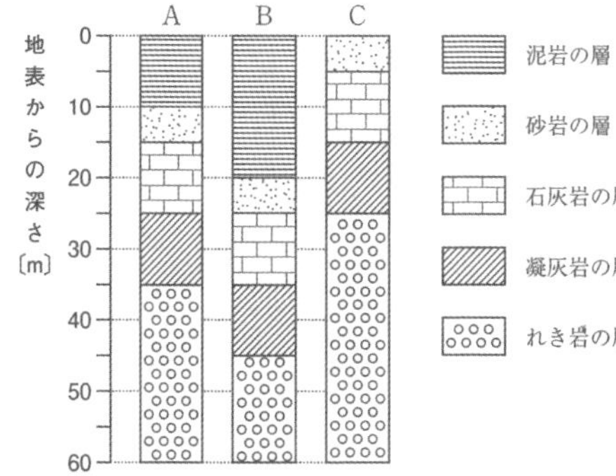

1　ボーリング試料の中に石灰岩と思われる岩石があった。この岩石が石灰岩であることを確かめる方法を書け。

2　地層の重なりを**図２**のように表したものを何というか。

3　この地域の地層がかたむいて低くなっている方角はどれか。

ア　東　　イ　西　　ウ　南　　エ　北

4　Dの地点の地層の重なりを**図２**のように表したとき，凝灰岩の層はどこにあるか。解答欄の図に凝灰岩の層を▨を用いて示せ。

Ⅰ	1				4
	2		3		

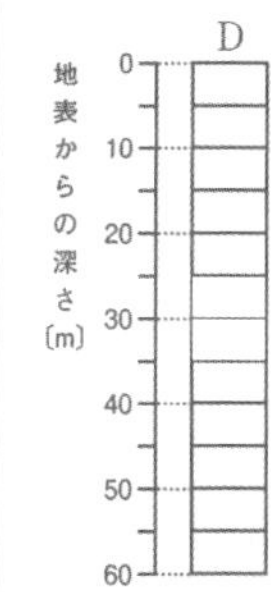

■平成30年度問題

2 Ⅰ　図は，ある場所で発生した地震Aの震源からの距離とP波，S波が届くまでの時間との関係をグラフに表したものである。２つのグラフはP波，S波のいずれかを示している。ただし，P波とS波はそれぞれ一定の速さで伝わるものとする。

1　震源の真上の地表の点を何というか。

2　S波の速さは何 km/s か。

3　観測点Xでは初期微動継続時間が 10 秒であり，震度４が観測された。

(1)　震源から観測点Xまでの距離は何 km か。

図

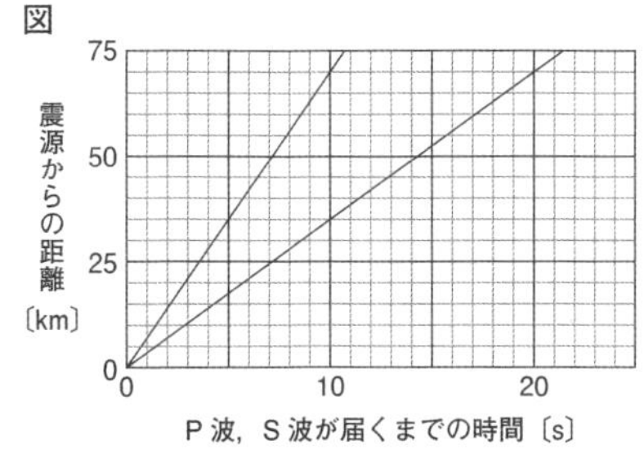

(2) 地震Aの発生から1か月後にほぼ同じ場所で地震Bが発生した。このとき，観測点Xでは震度2が観測された。地震のマグニチュードに関する次の文中の①，②について，それぞれ正しいものはどれか。

マグニチュードは，①（ア　ゆれの大きさ　　イ　震源の深さ　　ウ　地震の規模）を表している。2つの地震のマグニチュードを比べると②（ア　地震Aのほうが大きい　　イ　地震Bのほうが大きい　　ウ　地震Aと地震Bは同じである）。

I	1		2	km/s			
	3	(1) km	(2)	①		②	

■令和2年度問題

2 I　図1は，ある川の西側と東側の両岸で観察された地層の重なり方を模式的に表したものである。この地層からは，浅い海にすむホタテガイの化石や，海水と淡水の混ざる河口にすむシジミの化石が見つかっている。なお，ここで見られる地層はすべて水平であり，地層の上下の逆転や<u>地層の曲がり</u>は見られず，両岸に見られる凝灰岩は同じものである。また，川底の地層のようすはわかっていない。

図1

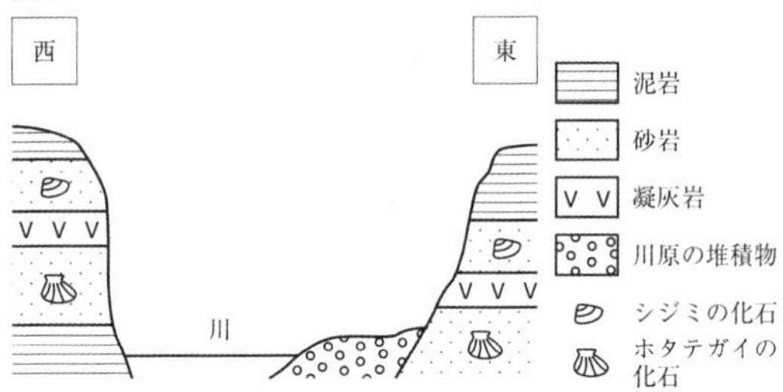

1　下線部の「地層の曲がり」を何というか。

2　図2は，図1の地層が観察された地域の川の流れを模式的に表したものであり，観察された場所はP，Qのどちらかである。観察された場所はP，Qのどちらか。そのように考えた理由もふくめて答えよ。

図2

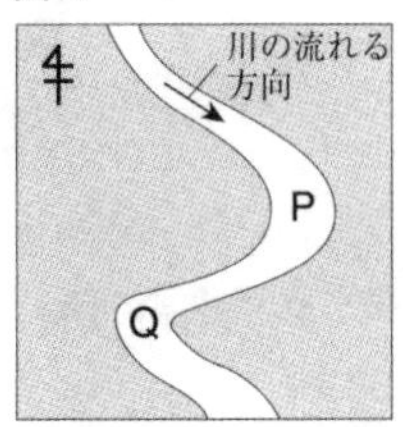

3　この地層を観察してわかったア～エの過去のできごとを，古い方から順に並べよ。

ア　海水と淡水の混ざる河口で地層が堆積した。　　イ　浅い海で地層が堆積した。
ウ　火山が噴火して火山灰が堆積した。　　エ　断層ができて地層がずれた。

I	1	
	2	
	3	→ → →

■令和4年度問題

4 I　ある日，たかしさんは地震のゆれを感じた。そのゆれは，はじめは<u>小さくこきざみなゆれ</u>だったが，その後，大きなゆれになった。後日，たかしさんはインターネットで調べたところ，この地震の発生した時刻は11時56分52秒であることがわかった。

1　下線部のゆれを伝えた地震の波は，何という波か。

2　表は，たかしさんがこの地震について，ある地点A～Cの観測記録を調べてまとめたものである。(1)～(3)の問いに答えよ。ただし，この地震の震源は比較的浅く，地震の波は均一な地盤を一定の速さで伝わったものとする。

表

地点	震源距離	小さくこきざみなゆれが始まった時刻	大きなゆれが始まった時刻
A	36km	11時56分58秒	11時57分04秒
B	72km	11時57分04秒	11時57分16秒
C	90km	11時57分07秒	11時57分22秒

(1) 表の地点A～Cのうち，震度が最も小さい地点として最も適当なものはどれか。

(2) 「小さくこきざみなゆれ」と「大きなゆれ」を伝えた二つの地震の波について，ゆれが始まった時刻と震源距離との関係を表したグラフをそれぞれかけ。ただし，表から得られる値を「•」で示すこと。

(3) 震源距離126kmの地点における，初期微動継続時間は何秒か。

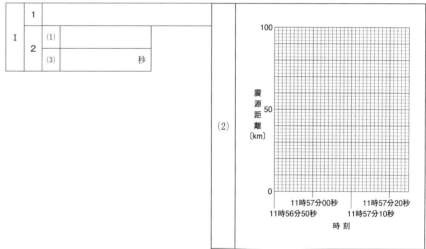

I	1		
	2	(1)	
		(3)	秒
		(2)	

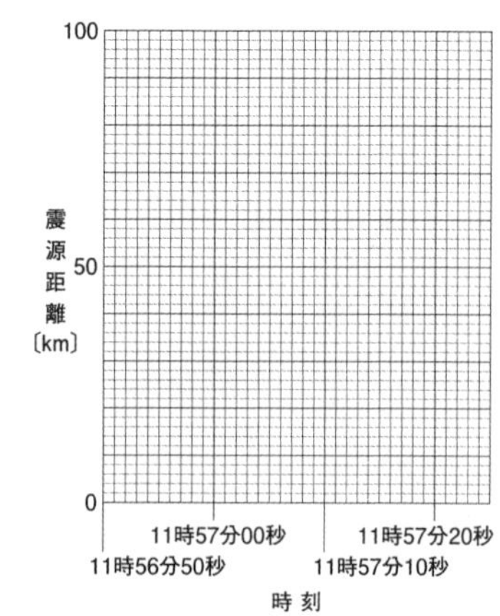

公 立 高 校 入 試 出 題 単 元

過去９年間
（平成26年～令和４年まで）※は問題を省略しています

社　　会

日本地理

- ■ 平成26年 1 Ⅱ※（日本の自然・県庁所在地・気候・諸地域）
- ■ 平成27年 1 Ⅱ（地形図・地形・農業・人口・気候）
- ■ 平成28年 1 Ⅱ（地形・産業・気候・農業）
- ■ 平成29年 1 Ⅱ（領海・地形・産業）
- ■ 平成30年 1 Ⅱ・Ⅲ（県庁所在地・農業・交通・工業・等高線）
- ■ 平成31年 1 Ⅱ（地形・農業・工業・人口）
- ■ 令和２年 1 Ⅱ・Ⅲ（地形・都道府県名・気候）
- ■ 令和３年 1 Ⅱ（地形・産業・人口）
- ■ 令和４年 1 Ⅱ（地形・産業・気候・貿易）

世界地理

- ■ 平成26年 1 Ⅰ※（ヨーロッパ州・南アジア・北アメリカ州）
- ■ 平成27年 1 Ⅰ・Ⅲ（海洋名・方位・経度・気候・工業）
- ■ 平成28年 1 Ⅰ・Ⅲ（緯度・農業・経済）
- ■ 平成29年 1 Ⅰ※（地形・産業）
- ■ 平成30年 1 Ⅰ※（緯度経度・民族・人口）
- ■ 平成31年 1 Ⅰ・Ⅲ（州・地形・気候・農業・資源）
- ■ 令和２年 1 Ⅰ（地形・気候・農業・貿易）
- ■ 令和３年 1 Ⅰ（地形・気候・産業・資源）
- ■ 令和４年 1 Ⅰ（地形・緯度・気候・エネルギー）

歴史（古代～近世）

- ■ 平成26年 2 Ⅰ※（古代～近世）
- ■ 平成27年 2 Ⅰ（７世紀～19世紀の出来事）
- ■ 平成28年 2 Ⅰ（古代から近世の人物・文化）
- ■ 平成29年 2 Ⅰ（古代・中世）
- ■ 平成30年 2 Ⅰ（古代～近世の出来事と文化）
- ■ 平成31年 2 Ⅰ
- ■ 令和２年 2 Ⅰ
- ■ 令和３年 2 Ⅰ（古代～近世）
- ■ 令和４年 2 Ⅰ（古代～近世）

歴史（近現代）

- ■ 平成26年 2 Ⅱ※（近代の主な動き）
- ■ 平成27年 2 Ⅱ（条約をテーマにした近代の出来事）
- ■ 平成28年 2 Ⅱ（近代の政治）
- ■ 平成29年 2 Ⅱ・Ⅲ（近代）
- ■ 平成30年 2 Ⅱ（近代のできごと・記述）
- ■ 平成31年 2 Ⅱ・Ⅲ
- ■ 令和２年 2 Ⅱ・Ⅲ
- ■ 令和３年 2 Ⅱ・Ⅲ（近現代・記述）
- ■ 令和４年 2 Ⅱ・Ⅲ（近代・現代）

地理・歴史混合

- ■ 平成27年 2 Ⅲ（現代）
- ■ 平成28年 2 Ⅲ（地形図）
- ■ 平成29年 1 Ⅲ（地形図）
- ■ 平成30年 2 Ⅲ（地形図）

公民（政治）

- ■ 平成26年 3 Ⅰ（国会・内閣・基本的人権・環境保全・国際社会）
- ■ 平成27年 3 Ⅰ（国会・選挙・地方自治・裁判・国際社会）
- ■ 平成28年 3 Ⅰ（政治）
- ■ 平成29年 3 Ⅰ（政治）
- ■ 平成30年 3 Ⅰ※（政治）
- ■ 平成31年 3 Ⅰ（政治）
- ■ 令和２年 3 Ⅰ（政治）
- ■ 令和３年 3 Ⅰ（憲法・選挙）
- ■ 令和４年 3 Ⅰ（憲法・三権分立）

公民（経済・現代社会）

- ■ 平成26年 3 Ⅱ（国際連合・消費者の権利・金融・財政）
- ■ 平成27年 3 Ⅱ（経済・社会保障）
- ■ 平成28年 3 Ⅱ（経済）
- ■ 平成29年 3 Ⅱ（経済）
- ■ 平成30年 3 Ⅱ（経済）
- ■ 平成31年 3 Ⅱ（経済）
- ■ 令和２年 3 Ⅱ（経済）
- ■ 令和３年 3 Ⅱ（経済）
- ■ 令和４年 3 Ⅱ（経済）

公民（資料解釈）

- ■ 平成27年 3 Ⅲ（現代社会）
- ■ 平成29年 3 Ⅲ（現代社会）
- ■ 平成30年 3 Ⅲ（記述）
- ■ 平成31年 3 Ⅲ（記述）
- ■ 令和２年 3 Ⅲ（記述）
- ■ 令和３年 3 Ⅲ（記述）
- ■ 令和４年 3 Ⅲ（環境）

日本地理

■平成27年度問題

1 Ⅱ　右の略地図を見て，１～６の問いに答えよ。

1　リアス海岸が見られる，三陸海岸を含む略地図中のあの県名を**漢字**で答えよ。

2　略地図中の**東京都**の一部を示した**地形図**に⟷で示した，**赤門**から**東京ドーム**への移動経路について述べた文a～dのうち，正しいものの組み合わせはア～エのうちどれか。

a　⟷の**地形図**上での長さは約5cmなので，実際の距離は約2500mである。

b　⟷の**地形図**上での長さは約5cmなので，実際の距離は約1250mである。

c　移動経路には，高校や消防署がある。

d　移動経路には，郵便局や区役所がある。

ア　aとc　イ　aとd　ウ　bとc　エ　bとd

3　略地図中のの関東平野には，扇状地や三角州が見られる。これらの地形がどのようにして形成されたのかを，**河川**ということばを使って書け。

地形図

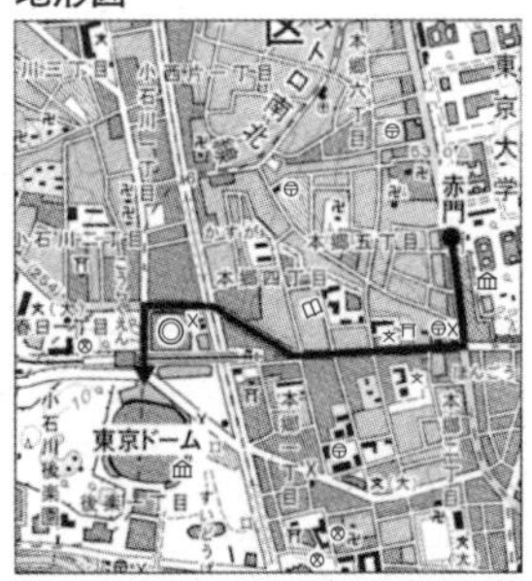

(1:25,000地形図「東京首部」の一部を編集)

4　次のア～エは，略地図中のA～Dのいずれかの県の農業産出額と，それに占める米，野菜，果実，畜産の割合を示したグラフである。Bにあてはまるものはどれか。

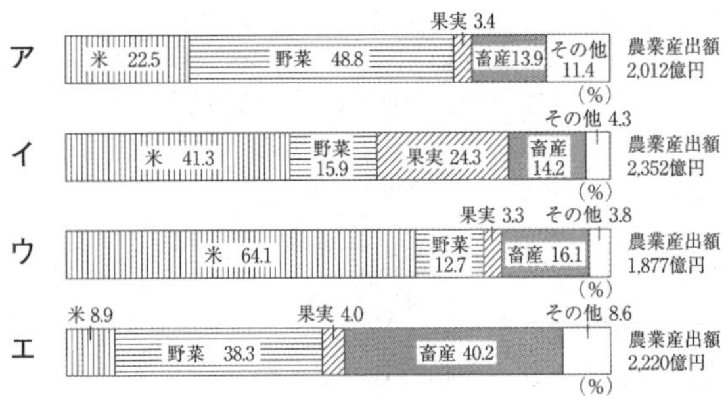

(平成25年農林水産統計から作成)

表

	＊昼夜間人口比率（%）(2010年)
ア	99.9
イ	118.4
ウ	88.6

＊（昼間人口／夜間人口）×100
(地理統計要覧2014年版から作成)

5　**表**のア～ウは，略地図中のC，Dの県と**東京都**の昼夜間人口比率を示したものである。Cにあてはまるものはどれか。

Ⅱ	1	県	2			
	3		4		5	

6　略地図中の**大館市**の月別平均気温と月別降水量を示した**図**は，ア～ウのうちどれか。また，**写真**は**大館市**の伝統的工芸品である。東北地方や北陸地方において，このような伝統的工芸品づくりが副業として発達した理由を，**図**を参考にして，気候の面から書け。

図

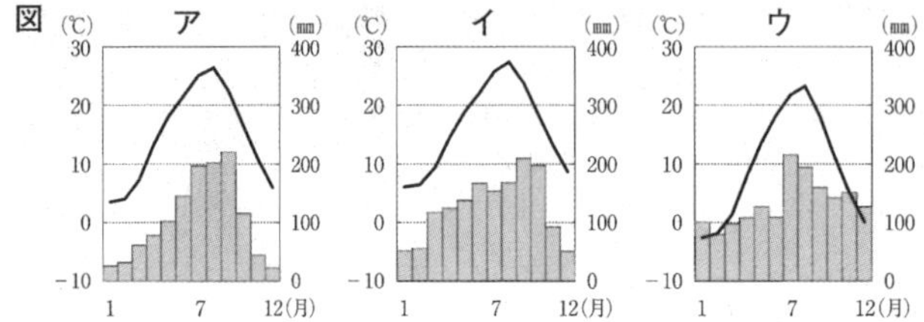

(気象庁の資料から作成)

写真

Ⅱ	6	(図) (理由)

■平成28年度問題

1 Ⅱ　次の略地図を見て，１～６の問いに答えよ。

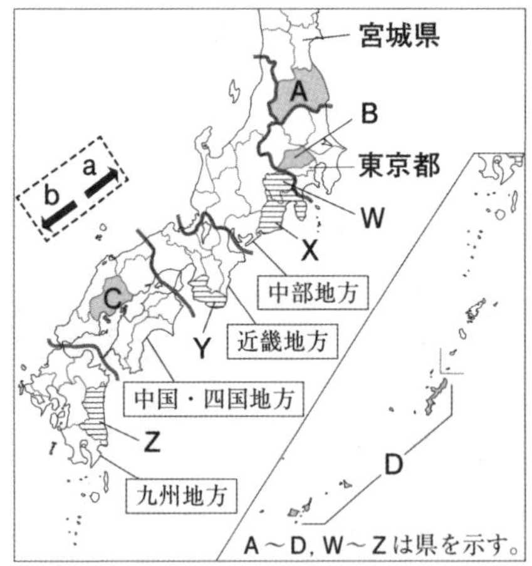

表1　(単位：十億円)

	石油製品・石炭製品製造業	鉄鋼業	電気機械器具製造業	輸送用機械器具製造業
ア	937	1,615	639	4,142
イ	1,016	3,462	5,136	27,809
ウ	3,309	4,273	3,943	6,244
エ	4,344	3,321	946	4,768

統計年次は2012年。
(データブックオブザワールド2015年度版から作成)

表2　(単位：%)

	第1次産業	第2次産業	第3次産業
ア	3.5	28.2	68.3
イ	1.8	25.9	72.3
ウ	7.0	31.0	62.0
エ	5.4	16.0	78.6

統計年次は2012年。
(データブックオブザワールド2015年度版から作成)

1　略地図中の矢印a，bのうち，［　　　］の海域を流れる海流の向きを正しく示したものはどちらか。また，この海流の名称を**漢字**で答えよ。

2　**表1**のア～エは，略地図中のいずれかの地方の業種別製造品出荷額について示したものである。［中部地方］にあてはまるものはどれか。

3　表2のア～エは，略地図中のA～Dのいずれかの県の産業別人口の割合を示したものである。Dにあてはまるものはどれか。

4　図は，略地図中の**宮城県**における1991年から2000年までの水稲収穫量と仙台市の7月の平均気温の推移を示したものである。1993年にみられた気象災害とこの気象災害をもたらした風の名称を書け。

図

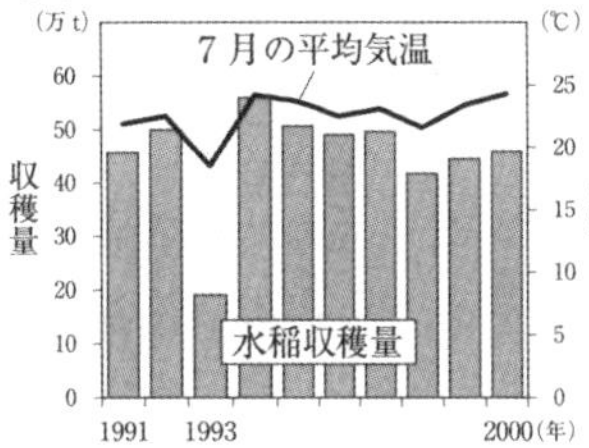

(気象庁資料，農林水産省資料から作成)

5　略地図中のW～Zのいずれかの県の農業について述べた文のうち，Yについて述べた文として正しいものはどれか。ただし，収穫量についての記述は2013年のものである。

ア　日当たりのよい山の斜面でみかんの栽培が行われ，収穫量は全国1位である。
イ　温暖な気候の平野部できゅうりの促成栽培が行われ，収穫量は全国1位である。
ウ　水はけのよい扇状地でぶどうの栽培が行われ，収穫量は全国1位である。
エ　日当たりと水はけのよい台地で茶の栽培が行われ，収穫量は全国1位である。

6　**資料**は，略地図中の**東京都**の神田川がある水位に達すると取水するように建設され，1997年に完成した地下調節池である。**表3**は，この施設がある地域における台風の影響についてまとめたものである。**資料**と**表3**をもとにして，この施設の役割を説明し，どのような効果がみられたかを書け。

資料

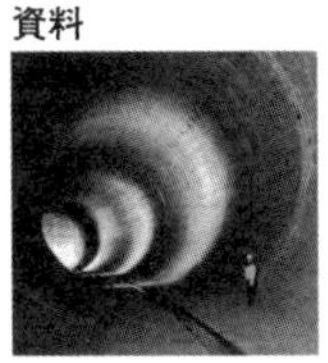

表3

	台風11号 1993年8月27日	台風22号 2004年10月9日
総雨量	288 mm	284 mm
浸水面積	85 ha	4 ha
浸水家屋	3,117戸	46戸

(東京都建設局資料から作成)

<table>
<tr><td rowspan="7">Ⅱ</td><td>1</td><td>(向き)</td><td colspan="2">(名称)</td></tr>
<tr><td>2</td><td></td><td>3</td><td></td></tr>
<tr><td rowspan="2">4</td><td colspan="3">(気象災害)</td></tr>
<tr><td colspan="3">(風の名称)</td></tr>
<tr><td>5</td><td></td><td colspan="2"></td></tr>
<tr><td>6</td><td colspan="3"></td></tr>
</table>

■平成29年度問題

1　Ⅱ　次の略地図を見て，1～6の問いに答えよ。

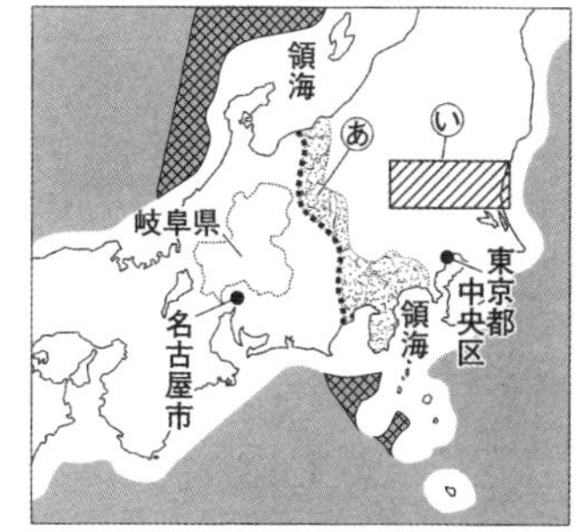

┈┈┈ は糸魚川・静岡構造線を示す。

1　略地図中の**領海**に接する海域（　）の名称と，その範囲の組み合わせとして正しいものはどれか。

ア　（排他的経済水域　　海岸線から200海里まで）
イ　（排他的経済水域　　海岸線から12海里まで）
ウ　（公海　　海岸線から200海里まで）
エ　（公海　　海岸線から12海里まで）

2　日本の国土は，略地図中のあ（　）を境として，地形および地質的に分けられている。あを何というか。

3　略地図中のいは，北関東工業地域を含む地域であり，**資料1**はいの工場の分布の変化を示している。この変化に関する次の文の［　　］に適することばを補い，これを完成させよ。ただし，**資料1**のXを明らかにして書くこと。

資料1

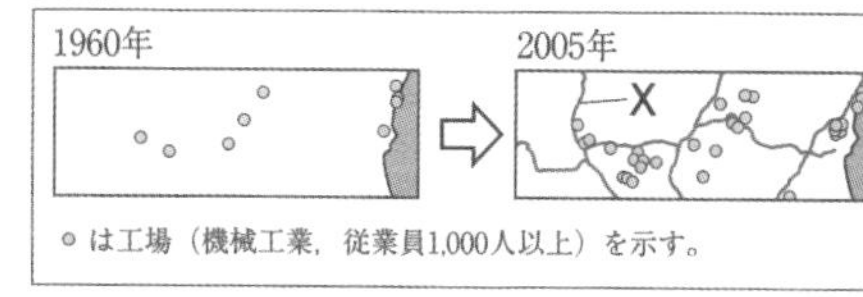

○ は工場（機械工業，従業員1,000人以上）を示す。

1960年と2005年を比較すると，工場は，原材料や製品の輸送に便利な［　　］に建設されたことがわかる。

4　**資料2**は，略地図中の**名古屋市**で小型家電のリサイクルを呼びかけるチラシの一部である。小型家電などに使われ，コバルトやマンガンのような天然に存在する量が少ない金属を総称して何というか。

資料2

5　略地図中の**岐阜県**は，人工林面積が広く，間伐（かんばつ）が推進されている。間伐が行われている目的を，解答欄の書き出しのことばに続けて書け。

6　**資料3**，**資料4**は，略地図中の**東京都中央区**の一部を示した地図と，その地域の世帯数と人口をまとめたものである。この地域はどのように変化したか。**資料3**，**資料4**をもとにして書け。

資料3　昭和45年のようす

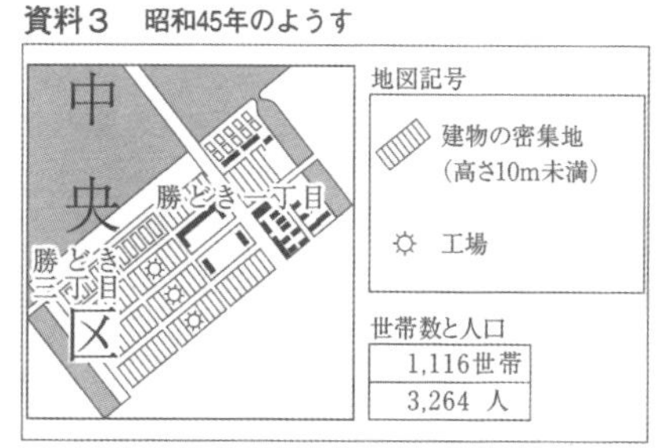

(中央区政年鑑昭和46年版などから作成)

資料4　平成27年のようす

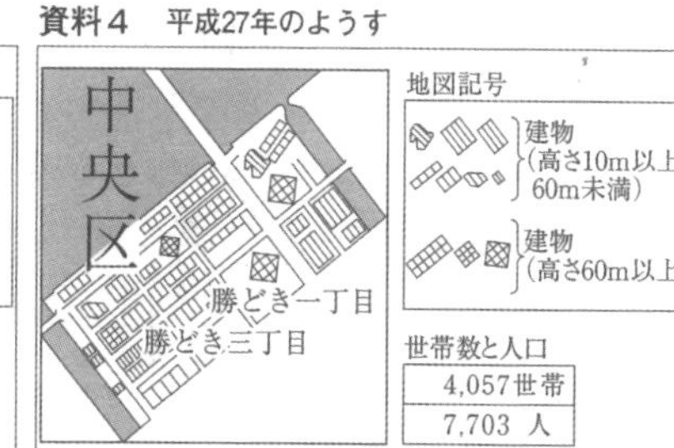

(中央区政年鑑平成28年版などから作成)

Ⅱ	1		2	
	3		4	
	5	（立木の一部を伐採することで）		
	6			

■平成30年度問題

1 次のⅡ～Ⅲの問いに答えなさい。答えを選ぶ問いについては一つ選び，その記号を書きなさい。

Ⅱ 次の略地図A～D（縮尺は異なる）について，1～6の問いに答えよ。

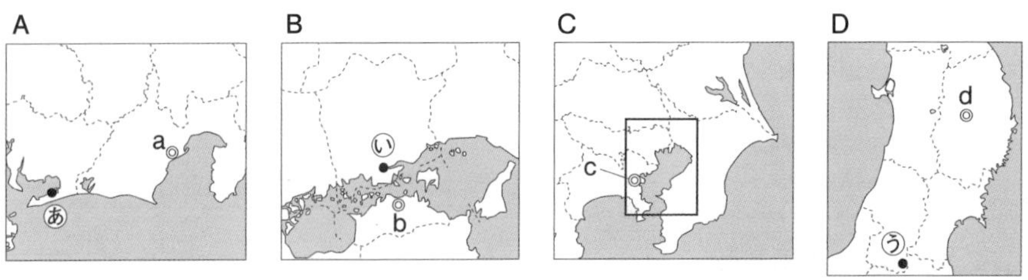

1 略地図中のa～dは，県庁所在地を示している。県名と県庁所在地名が同じものは，a～dのうちどれか。

資料1

2 次のア～エは，略地図A～Dにみられる県の特色について述べた文である。略地図Aにみられる県の特色として最も適当なものは，ア～エのうちどれか。

ア 年降水量が少ないため多くのため池がつくられている。

イ 米などの豊作を祈る竿燈（かんとう）まつりが行われている。

ウ 日本で有数の貿易港である成田国際空港がある。

エ 都道府県別の自動車の生産額において一位となっている。

3 **資料1**は，略地図A中のあの都市で行われている菊の電照栽培のようすである。**資料1**のような施設を利用して，花などを生産する農業を何というか。

4 **資料2**は，略地図B中のいの都市から3時間以内に自動車で到達できる四国側の範囲の変化を示している。このように変化した理由について述べた次の文の［　　］に適することばを補い，これを完成させよ。

四国側の高速道路などの道路が整備され，1988年には［　　］したから。

資料2

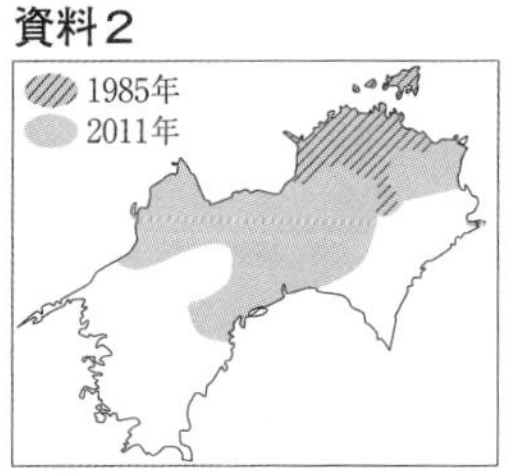

資料3

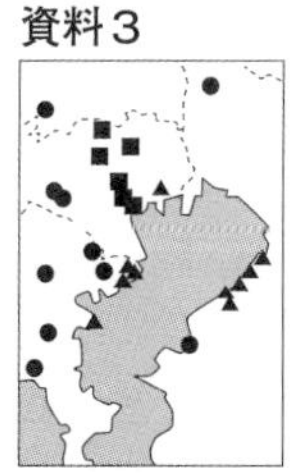

5 **資料3**は，略地図C中の［　　］で囲まれた地域の工場の分布を示しており，●，■，▲は出版・印刷，石油化学，電気機械の工場のいずれかである。石油化学の工場は●，■，▲のうちどれか。

資料4

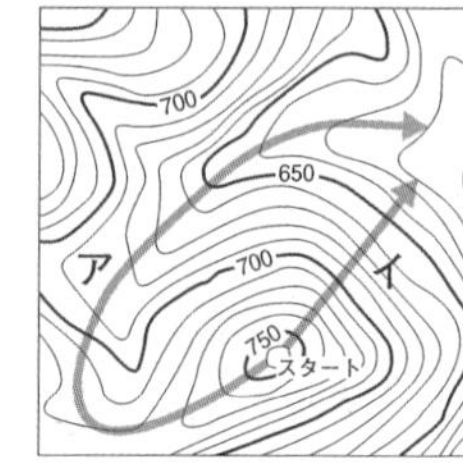

6 **資料4**は，略地図D中のうの地点にあるスキー場付近の地形図であり，ア，イは上級者コース，初心者コースのいずれかである。傾斜の急な上級者コースはア，イのどちらか。また，そのように判断した理由を説明せよ。ただし，**等高線**ということばを使うこと。

Ⅱ	1		2		3	農業	4	
	5		6	記号				
	6	理由						

Ⅲ **資料1**は，**資料2**のあの海流を利用した発電の実験のようすを模式的に表したものである。この発電の利点について，あの海流名を**漢字2字**で明らかにして書け。ただし，**再生可能**，**持続可能**ということばを使うこと。

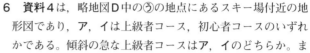

資料1

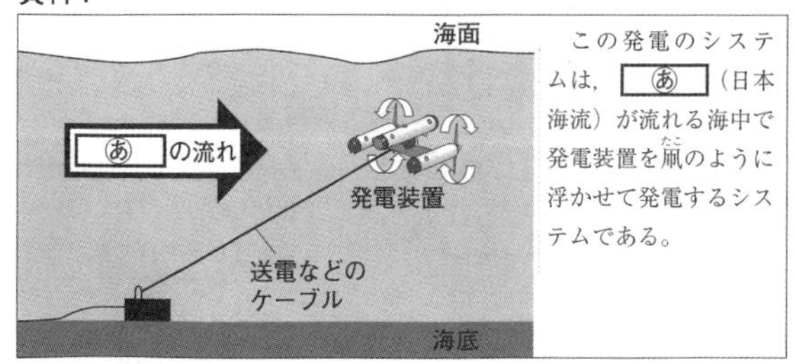

資料2

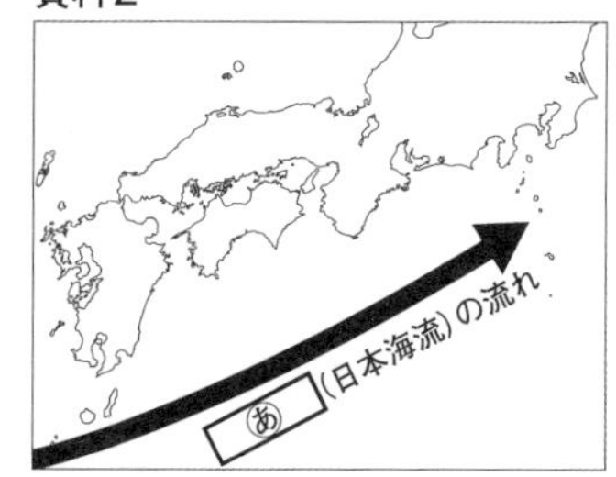

Ⅲ	

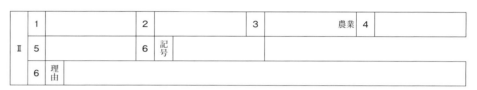

■平成31年度問題

1 Ⅱ　次の略地図を見て，１～６の問いに答えよ。

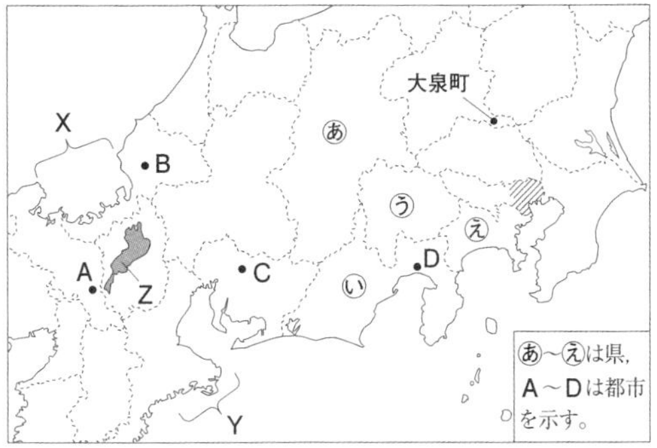

1　略地図中のXの湾やYの半島にみられる，海岸線が複雑に入り組んだ地形を何というか。

2　略地図中のZの湖は，近畿地方で生活する人々に飲料水などを供給する役割をになっている。この湖名を答えよ。

3　**資料１**は，**写真**の畑で栽培される農産物について収穫量の多い都道府県とその割合を示したものである。**資料１**中の［　　］にあてはまるのは，略地図中のあ～えのうちどれか。

資料１

都道府県名	割合(%)
［　　］	38.8
鹿児島	33.1
三　重	8.4
宮　崎	4.9
京　都	4.0

（データブックオブザワールド2018から作成）

写真

4　略地図中のA～Dの都市にみられる工業について述べた次のア～エの文のうち，Bについて述べた文として最も適当なものはどれか。

ア　地域に根づく地場産業として，眼鏡のフレームが製造されている。

イ　西陣織や清水焼などの伝統的工芸品が生産されている。

ウ　製紙原料となるパルプや紙製品の生産が盛んである。

エ　焼き物に適した土がとれることから，陶磁器やファインセラミックスの生産が盛んである。

資料２

←ポルトガル語での表記の例

資料３　熱帯夜の日数（７月20日～９月30日）

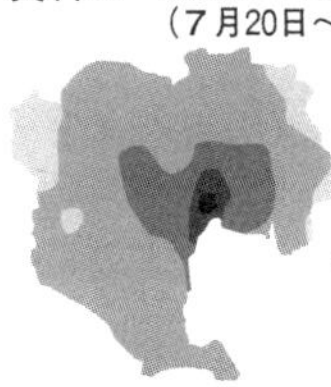

※熱帯夜は，夜間の最低気温が25℃以上の日のことで，色が濃いほど熱帯夜の日数が多いことを表している。

（東京都環境科学研究所の資料から作成）

5　**資料２**は，略地図中の群馬県**大泉町**にある公共施設のウェブページの一部であり，日本語，英語に加えて，**資料２**中に［　　］で示したようにポルトガル語での表記もみられる。そのうち，ポルトガル語で表記している目的を，解答欄の書き出しのことばに続けて書け。

6　**資料３**は，略地図中の（斜線）で示した東京23区においてみられるヒートアイランド現象について示したものである。これはどのような現象か，**資料３**をもとにして書け。ただし，**都市化**ということばを使うこと。

Ⅱ	1		2		3	
	4		5	大泉町に多く住む		
	6					

■令和２年度問題

1 Ⅱ　次の略地図を見て，１～６の問いに答えよ。

1　略地図中の（点線模様）で示した九州南部には火山からの噴出物が積もってできた台地が広がっている。このような台地を何というか。

2　略地図中のAには，北部に世界遺産に登録されている合掌造りで有名な白川郷がある。この都道府県名を書け。

3　次のX～Zは，略地図中のあ～うのいずれかの都市の月別平均気温と月別降水量を示したものである。Xが示す都市はあ～うのうちどれか。

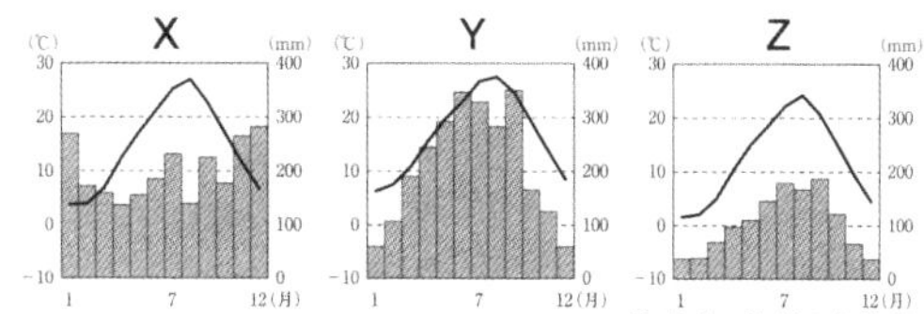

（気象庁の資料から作成）

4　略地図中の（横線模様）は，2017年の乳用牛の飼育頭数上位８位までの都道府県のうち，関東地方にある４県を示している。この４県に関して述べた次の文の［　　］に適することばを補い，これを完成させよ。ただし，**時間**ということばを使うこと。

この４県には，生産した生乳を，［　　］ことができるという，共通する特色がある。

5　略地図中のBは，メタンハイドレートが海底に存在する可能性があるとされている海域の一部を示している。メタンハイドレートは，天然ガスの主成分であるメタンガスを含んだ氷状の物質で，日本の排他的経済水域内に多く埋蔵されると推定され，実用化が期待されている。その理由を**資料１**を参考にして書け。

資料１　主なエネルギー自給率(%)

日本	アメリカ	中国	オーストラリア
8.3	88.4	79.8	301.0

統計年次は2016年
（世界国勢図会2019/20から作成）

Ⅱ	1		2		3	
	4					
	5					

6　**資料2**は略地図中の**さいたま市**，**大阪市**，**福岡市**の昼夜間人口比率を示したものである。**さいたま市**に該当するものを**ア**，**イ**から選び，そのように判断した理由を書け。ただし，理由には**通勤**や**通学**ということばを使うこと。

資料2

都市名	**大阪市**	ア	イ
昼夜間人口比率(%)	131.7	110.8	93.0

※昼夜間人口比率＝昼間人口／夜間(常住)人口×100
統計年次は2015年
(総務省統計局資料から作成)

Ⅱ	6	

Ⅲ　次は，中学生の**A**さんが**資料**を参考に自宅周辺の防災についてまとめたレポートである。**A**さんのレポートを完成させよ。ただし，［X］には，←─で示した**経路㋐**か**経路㋑**のいずれかを選択し，解答欄のあてはまる方を◯で囲み，［Y］には**A**さんがそのように判断した理由として考えられることを**資料**から読み取って書け。

資料

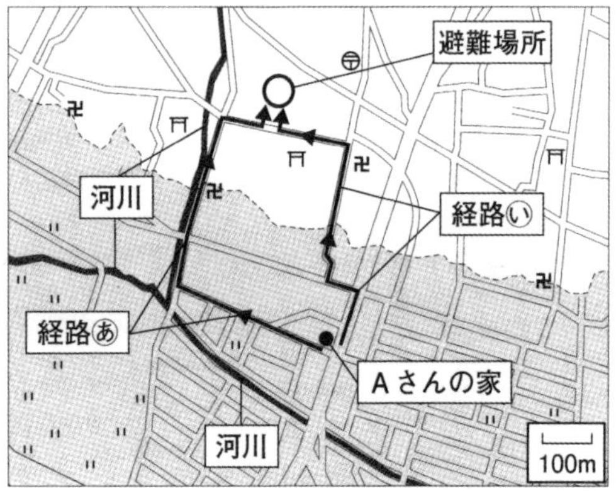

(国土地理院の資料などから作成)

Aさんのレポート

この**資料**の中には，洪水のときに浸水する可能性がある地域が示されており，これによると，私の家も浸水予想地域に含まれています。大雨などにより洪水のおそれがあり**避難場所**に避難しなければならなくなったときの経路としては，この**資料**で考えると［X］を選ぶべきです。それは，［Y］からです。

※**A**さんの家から**経路㋐**，**経路㋑**を通って避難する際には，障害物や交通遮断などはないものとして考えること。
※**資料**中の‐‐‐‐‐‐‐線は，浸水予想地域の境界線を示す。

Ⅲ	X	経路㋐　　経路㋑
	Y	

■令和3年度問題

1　Ⅱ　次の略地図を見て，**1**～**5**の問いに答えよ。

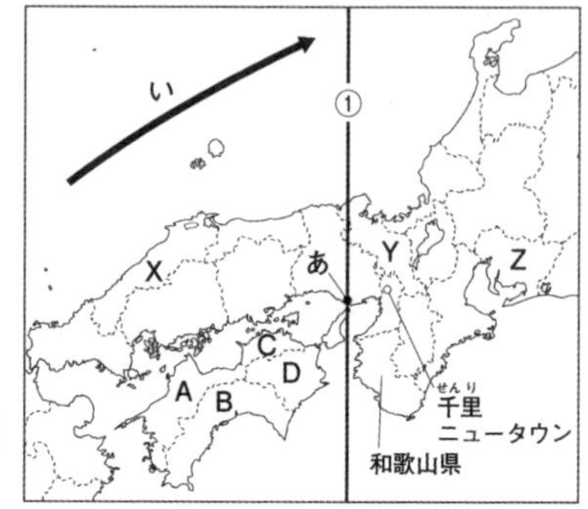

1　略地図中の経線①は日本標準時子午線（東経135度）である。この標準時子午線が通る兵庫県の都市**あ**の名称を**漢字**で書け。

2　略地図中の矢印**い**で示した海流名を**漢字**で書け。

3　**資料1**は，略地図中の**和歌山県**で生産が盛んなある果実の都道府県別の生産割合を示したものである。この果実の名称を答えよ。

資料1

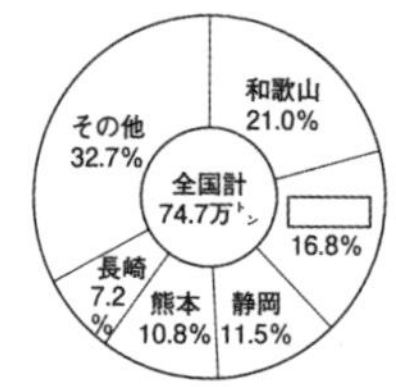

統計年次は2019年
(農林水産省資料から作成)

また，**資料1**の中にある［　　］にあてはまる県は略地図中の**A**～**D**のうちどれか。

4　**資料2**は，略地図中の**X**～**Z**の府県の15歳以上の就業者数に占めるいくつかの業種の就業者割合を示したものである。**Z**にあてはまるものは**ア**～**ウ**のうちどれか。

資料2

	農林水産業	製造業	宿泊・飲食サービス業
ア	2.1%	25.3%	5.4%
イ	2.1%	15.9%	6.6%
ウ	7.8%	13.3%	5.3%

統計年次は2015年（総務省統計局資料から作成）

5　略地図中の**千里ニュータウン**は，主に1960年代に建設され，同じような若い年代の人たちが入居した。**資料3**，**資料4**を見た先生と生徒の会話の［　　］に適することばを，**資料3**，**資料4**を参考にして書け。

資料3　千里ニュータウンと全国の高齢化率の推移および千里ニュータウンの人口の推移

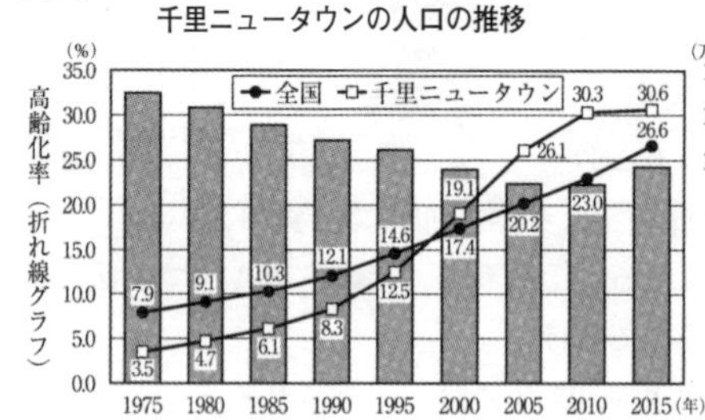

資料4　千里ニュータウンの年齢層別の人口構成の推移

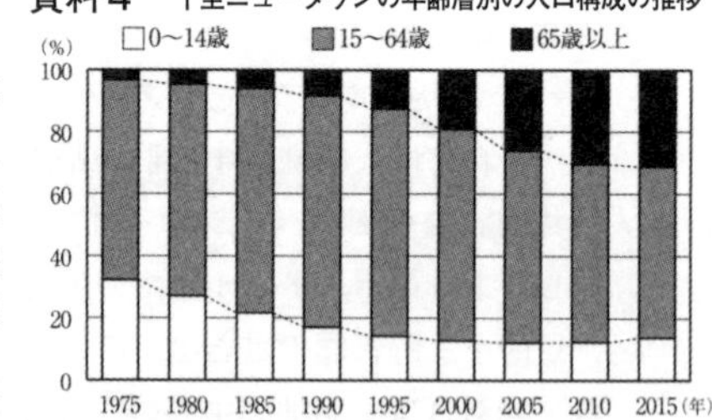

(資料3，4は吹田市資料および豊中市資料などから作成)

先生：**千里ニュータウン**は，ある時期に全国を上回るスピードで高齢化率が上昇しています。どのような原因が考えられますか。
生徒：**千里ニュータウン**ができたころに入居した人たちがほぼ同時期に65歳以上になったことと，［　　］ことが原因だと思います。
先生：**千里ニュータウン**の高齢化率を計算するときの65歳以上の人口だけでなく，**千里ニュータウン**の人口全体について，それぞれ考えたのですね。最近は，さまざまな取り組みが行われ，高齢化率の上昇は緩やかになり，人口も増え始めています。

Ⅱ	1	市	2		
	3	果実	県	4	
	5				

■令和４年度問題

1

Ⅱ　次の略地図を見て，１～５の問いに答えよ。

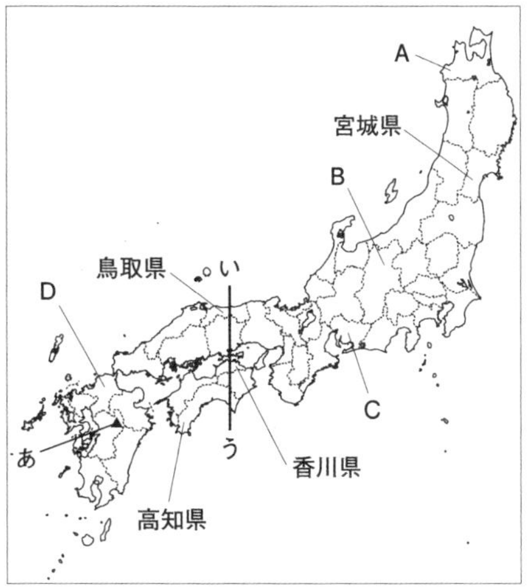

１　近畿地方で海に面していない府県の数を，略地図を参考に答えよ。

２　略地図中の**あ**で示した火山がある地域には，火山の大規模な噴火にともなって形成された大きなくぼ地がみられる。このような地形を何というか。

３　略地図中の**A**～**D**の県にみられる，産業の特色について述べた次の**ア**～**エ**の文のうち，**D**について述べた文として最も適当なものはどれか。

ア　標高が高く夏でも涼しい気候を生かし，レタスなどの高原野菜の生産が盛んである。

イ　涼しい気候を利用したりんごの栽培が盛んで，国内の生産量の半分以上を占めている。

ウ　明治時代に官営の製鉄所がつくられた地域では，エコタウンでのリサイクルが盛んである。

エ　自動車の関連工場が集まっており,自動車を含む輸送用機械の生産額は全国１位である。

４　略地図中の**宮城県**ではさけやあわびなどの「育てる漁業」が行われている。「育てる漁業」に関してまとめた**資料１**について，次の⑴，⑵の問いに答えよ。

⑴　ⓐについて，このような漁業を何というか。

⑵　［　　　］にあてはまる最も適当なことばを書け。

資料１

【「育てる漁業」の種類】
・魚や貝などを，いけすなどを利用して大きくなるまで育てて出荷する。
・ⓐ魚や貝などを卵からふ化させ，人工的に育てた後に放流し，自然の中で成長したものを漁獲する。
【日本で「育てる漁業」への転換が進められた理由の一つ】
・他国が 200 海里以内の［　　　］を設定したことにより，「とる漁業」が難しくなったから。

５　**資料２**は略地図中の**鳥取県**，**香川県**，**高知県**のそれぞれの県庁所在地の降水量を示している。**資料２**にみられるように，３県の中で**香川県**の降水量が特に少ない理由を，**資料３**をもとにして書け。ただし，**日本海**，**太平洋**ということばを使うこと。

資料２

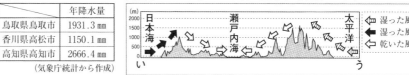

	年降水量
鳥取県鳥取市	1931.3 ㎜
香川県高松市	1150.1 ㎜
高知県高知市	2666.4 ㎜

（気象庁統計から作成）

資料３　略地図中 い－う 間の断面図と季節風のようす

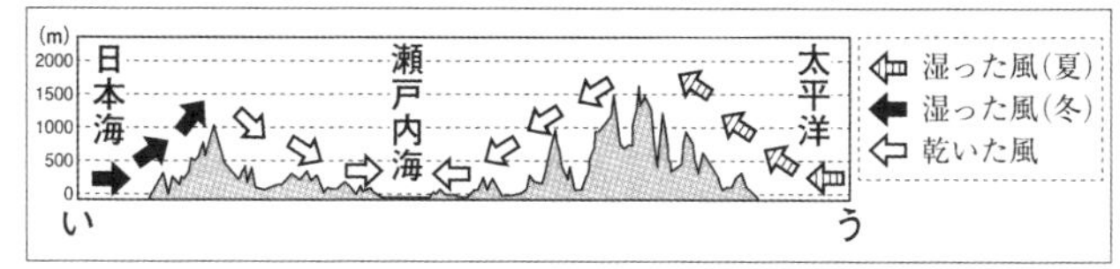

（地理院地図などから作成）

Ⅱ	1		2		3	
	4	⑴	漁業	⑵		
	5					

世界地理

■平成27年度問題

1　次のⅠ・Ⅲの問いに答えなさい。答えを選ぶ問いについては一つ選び，その記号を書きなさい。

Ⅰ　次の略地図は，中心からの距離と方位が正しい地図である。1～6の問いに答えよ。

1　略地図中ⓐで示した海洋の名称を**漢字**で答えよ。

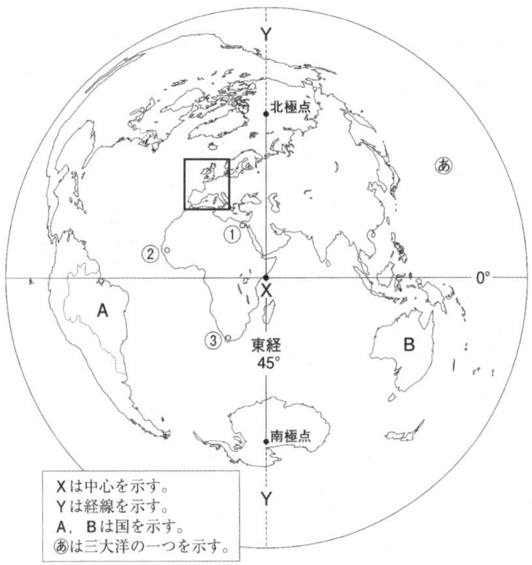

写真1

写真2

2　**写真1**は，世界遺産に登録されている建造物である。この建造物は**X**から見て，どの方位にあるか。

ア　北東　　イ　北西　　ウ　南東　　エ　南西

3　略地図中Yの経線（┈┈┈）の経度は，何度か。東経，西経を明らかにして答えよ。

4　**写真2**は，サバナ気候の景観である。この気候がみられる場所は略地図中①～③のどれか。また，この気候の降水の特徴を**図1**をもとにして説明せよ。

図1

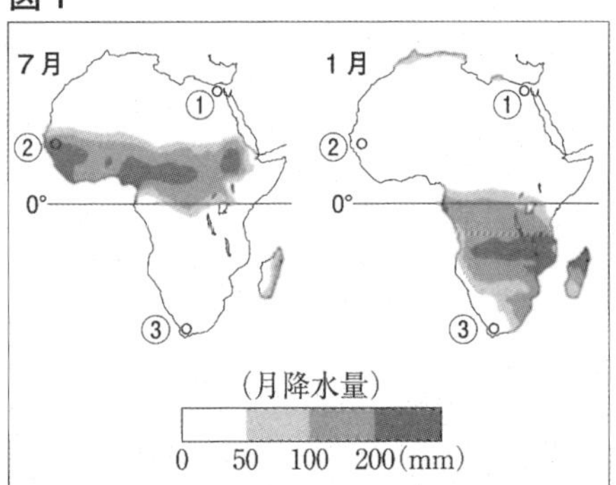

5　略地図中のA，Bに共通してみられるようすについて述べた文として，最も適当なものはどれか。

ア　イギリスからの移民により開拓された。
イ　人口が国土にかたよりなく分布している。
ウ　内陸部では焼畑農業が盛んである。
エ　鉄鉱石の生産量が世界の上位である。

6　**表**は，略地図中□で囲まれた地域にある国の航空機（部品含む）輸出額についてまとめたものの一部である。**表**と**表**中の国を示した**図2**および**図3**のZにあてはまる国名を答えよ。また，この地域における航空機の生産の特徴を，**表**，**図3**をもとにして，**組み立て**ということばを使って書け。

表

国　名	輸出額（100万ドル）
Z	54,479
ドイツ	43,134
スペイン	4,472
ベルギー	956
イギリス	6

（世界の統計2014年などから作成）

図2

図3　航空機の主な部品と製造国

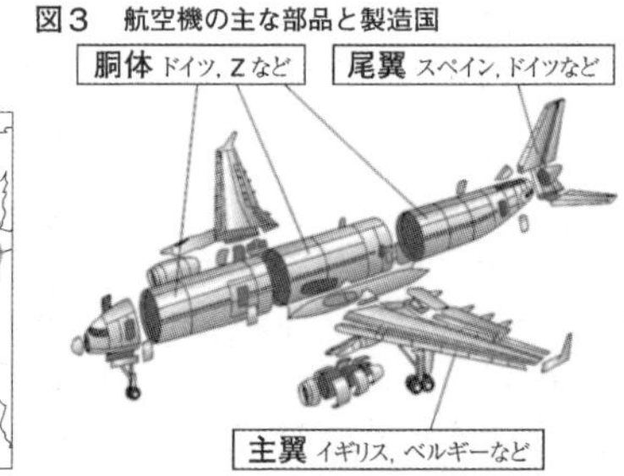

Ⅰ	1		2		3	度	4（場所）
	4	（降水の特徴）					
	5		6	（Zの国名）			
	6	（生産の特徴）					

Ⅲ　次の**写真1**，**写真2**は，ある同じ場所での氷河の変化を示している。この変化の原因となっている地球環境問題の進行の中で，ブラジルでの**写真3**の農作物を活用した取り組みが注目されている。その理由を，地球環境問題と農作物名を明らかにして書け。

写真1　2004年のようす

写真2　2009年のようす

写真3

Ⅲ	

■平成28年度問題

1　次のⅠ・Ⅲの問いに答えなさい。答えを選ぶ問いについては一つ選び，その記号を書きなさい。

Ⅰ　右の略地図を見て，１～６の問いに答えよ。

１　アジア州を区分した場合，略地図中の a の地域を何というか。

ア　東アジア　　イ　東南アジア
ウ　南アジア　　エ　西アジア

２　略地図中の矢印あ～えのうち，偏西風が吹く緯度と方向を正しく示したものはどれか。

３　略地図中のホノルルと日本の時差は何時間か。また，日本を12月２日午後７時00分に出発した飛行機が６時間50分かけてホノルルに到着した日時は，現地時間で12月何日の何時何分か。ただし，解答欄の午前・午後のいずれかを〇で囲んで答えよ。

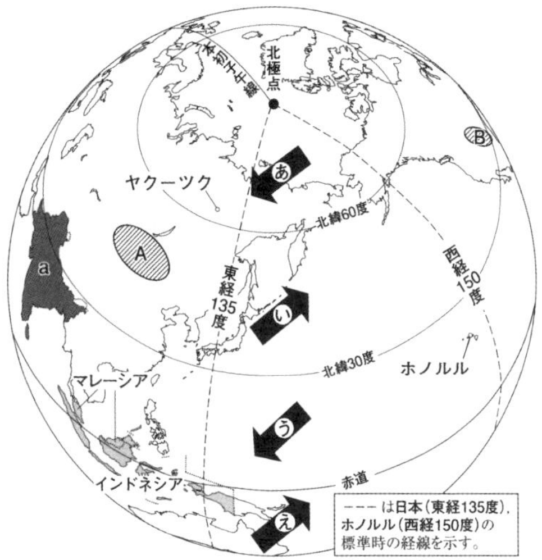

４　**資料１**は，略地図中の**ヤクーツク**でみられる住居の建て方のくふうを模式的に示したものである。このくふうによって，どのようなことを防ごうとしているかについて，解答欄の書き出しのことばに続けて書け。

資料１

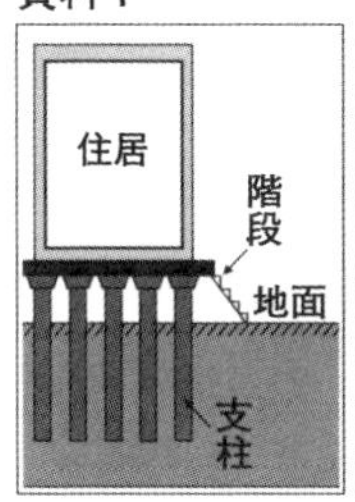

資料２

５　**資料２**は，略地図中のA，Bのいずれかの地域でみられる農業のようすである。この農業がみられる地域と家畜を飼育する方法の組み合わせとして，最も適当なものはどれか。

ア　（A　水や草を求めて家畜とともに移動する。）
イ　（B　水や草を求めて家畜とともに移動する。）
ウ　（A　栄養価の高いえさを与えて家畜を短期間で育てる。）
エ　（B　栄養価の高いえさを与えて家畜を短期間で育てる。）

６　略地図中の**マレーシア**や**インドネシア**では，**資料３**のような事業を展開している日本の企業がみられる。次の文はそのことについて述べたものである。[X]には，最も適当なことばをア～エの中から選び，[Y]には適することばを補い，文を完成させよ。ただし[Y]は，**表**を参考にして**市場**ということばを使うこと。

日本の企業の中には，[X]を使用しないなど，イスラム教徒が安心して食べることができる食品の開発を行っている企業がある。その理由は，今後さらにマレーシアやインドネシアの[Y]ことが期待されるからである。

ア　牛肉　　イ　豚肉　　ウ　羊肉　　エ　鶏肉

資料３　日本企業の事業展開

（マレーシア）
A社は，ハラル認証を取得して，2010年からハラルマヨネーズの生産を開始した。
（インドネシア）
B社は，1990年代からハラル認証を取得し始め，調味料の製造・販売をしている。
※ハラル認証は商品などをイスラム教徒が安心して利用できることを認定するもので，ハラル認証を取得するとハラルマークを使用することができる。

ハラルマーク

表　各国の人口とイスラム教徒の割合（2010年）及び将来の人口予測

国名	2010年		将来の人口予測（千万人）	
	人口（千万人）	イスラム教徒の割合（％）	2030年	2050年
マレーシア	2.8	61.4	3.6	4.1
インドネシア	24.2	88.1	29.5	32.2
日本	12.7	0.1	12.0	10.7

（総務省統計局資料などから作成）

Ⅰ	1		2	
	3	（時差）　時間		
		（到着日時）12月　日　午前・午後　時　分		
	4	冬場の暖房の熱によって		
	5			
	6	X	Y	

Ⅲ　次の１，２の問いに答えよ。

１　**図**に示されたような日本の経済協力は，政府開発援助の一部として行われている。政府開発援助の略称を**アルファベット３文字**で答えよ。

２　**表**は，**図**の国々の主な経済協力国と主な言語をまとめたものである。**表**中下線部の国々は，歴史的にどのような関係にあった国に経済協力を行っているか。**表**を参考に説明せよ。

表

国名	主な経済協力国	主な言語
スーダン	アメリカ，<u>イギリス</u>，日本	アラビア語，英語
モーリタニア	<u>フランス</u>，スペイン，アメリカ	アラビア語，フランス語
ギニアビサウ	<u>ポルトガル</u>，日本，アメリカ	ポルトガル語
ジブチ	<u>フランス</u>，日本，アメリカ	アラビア語，フランス語
マラウイ	アメリカ，<u>イギリス</u>，ノルウェー	英語，チュワ語

（外務省資料などから作成）

図

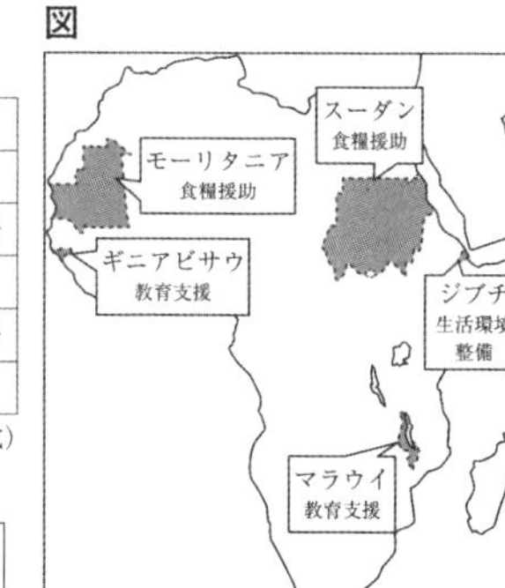

Ⅲ	1	
	2	

■平成31年度問題

1 次のⅠ・Ⅲの問いに答えなさい。答えを選ぶ問いについては一つ選び，その記号を書きなさい。

Ⅰ 次の略地図を見て，1～6の問いに答えよ。

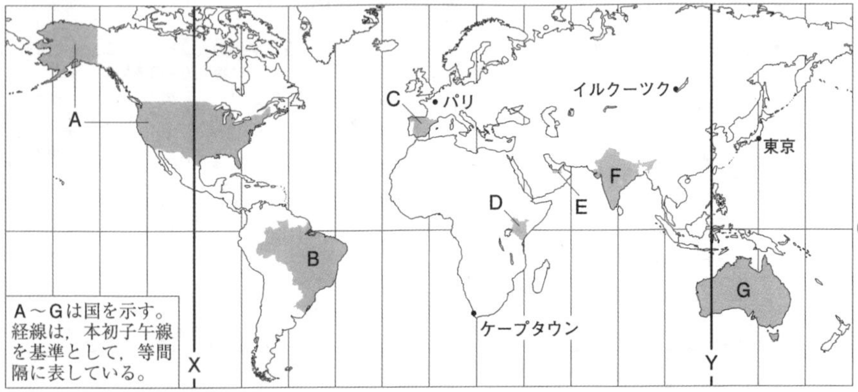

1 世界は大きく6つの州に分けられる。略地図中のG国が属する州の名称を書け。

2 **写真1**は，略地図中のF国で人々が沐浴(もくよく)をしているようすである。F国で最も多くの人々が信仰している宗教と，F国を流れる河川の組み合わせとして最も適当なものはどれか。

写真1

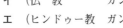

ア（仏 教　メコン川）　イ（仏 教　ガンジス川）
ウ（ヒンドゥー教　メコン川）　エ（ヒンドゥー教　ガンジス川）

3 略地図中のYの経線は東経120度である。Xの経線の経度は何度か。東経，西経を明らかにして答えよ。

4 次のア～エは，略地図中の**パリ**，**ケープタウン**，**イルクーツク**，**東京**のいずれかの月別平均気温と月別降水量を示している。**パリ**にあてはまるものは**ア～エ**のうちどれか。また，**パリ**の気候の特徴を，緯度と気温の面から書け。

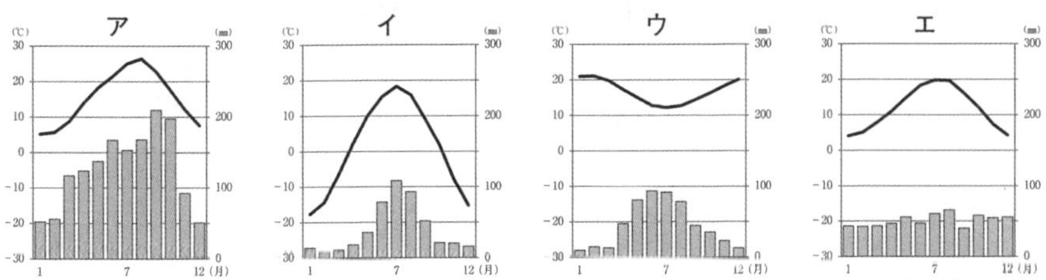

（気象庁の資料から作成）

Ⅰ	1	州	2		3	度
	4	記号		特徴		

5 略地図中のA～D国の農業について述べた文として，最も適当なものはどれか。

ア A国では，フィードロットという農場で，大規模なかんがい農業が行われている。
イ B国では，大規模な機械化による農業がすすみ，大豆が主な輸出品となっている。
ウ C国では，夏の高温湿潤な気候を生かして，天然ゴムや油やしが生産されている。
エ D国では，標高の高い所でカカオが栽培され，その多くが国内で消費されている。

6 略地図中のE国は，特定の資源をもとに発展しており，**資料1**，**資料2**はその資源について示したものである。また，E国は，その資源に頼らない経済をめざして，**写真2**にみられるように商業や観光に力を入れているが，この理由を，**資料1**，**資料2**をもとにして書け。ただし，その資源名を明らかにして書くこと。

資料1

埋蔵量	1兆7067億バレル
年生産量	336億バレル
可採年数	51年

※埋蔵量と年生産量は世界全体の数値（2016年）であり，可採年数は，埋蔵量を年生産量で割った値を示す。

資料2 1バレルあたりの価格

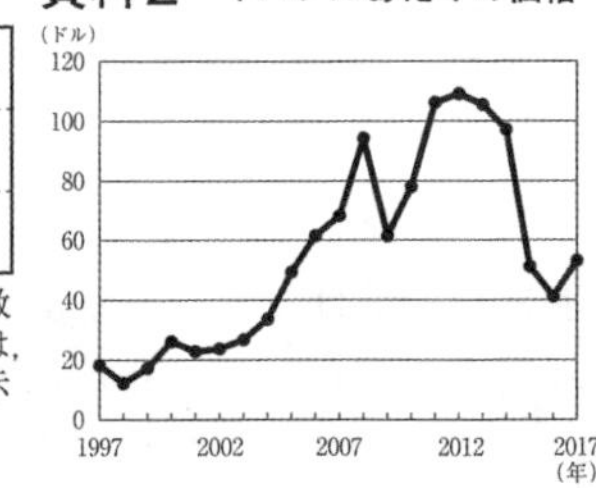

※1バレルは約159リットル

写真2 ドバイの高層ビル

（資料1，資料2はデータブックオブザワールド2018などから作成）

Ⅰ	5	
	6	

Ⅲ **資料1**は，空港を利用して日本に入国した外国人の国や地域の割合を，全国の空港，鹿児島空港，熊本空港について示したものである。また，**資料2**は，鹿児島空港，熊本空港との間にそれぞれ国際線で結ばれた空港がある都市を示している。鹿児島空港，熊本空港から入国した外国人の国や地域の割合についての特徴を，**資料1**，**資料2**をもとにして，**50字以上60字以内**で書け。ただし，**アジア**ということばを使うこと。

資料1　（単位：%）

国名や地域名	全国の空港	鹿児島空港	熊本空港
中　国	23.9	10.8	1.2
台　湾	15.1	16.8	21.8
香　港	6.7	41.8	16.5
韓　国	22.1	24.1	58.6
イギリス	1.4	0.9	0.4
アメリカ合衆国	5.5	1.0	0.7

※平成30年の10月1日から10月31日に入国した外国人の割合を示す。
（法務省出入国管理統計から作成）

資料2

鹿児島空港	インチョン（韓国），テグ（韓国），シャンハイ（中国），タイペイ（台湾），ホンコン（香港）
熊本空港	インチョン（韓国），カオシュン（台湾），ホンコン（香港）

※平成30年10月現在
（鹿児島空港，熊本空港のウェブページから作成）

Ⅲ	

■令和２年度問題

1　次の問いに答えなさい。答えを選ぶ問いについては一つ選び，その記号を書きなさい。

Ⅰ　次の略地図を見て，１～６の問いに答えよ。

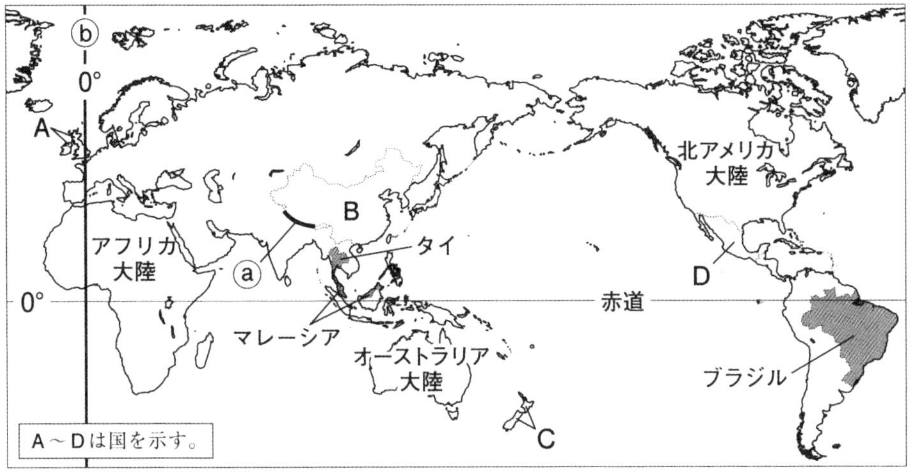

１　略地図中のⓐは，標高8000mをこえる山々が連なる山脈である。この山脈の名称を答えよ。

２　略地図中のⓑは，経度の基準となる経線である。これを何というか。**漢字５字**で書け。

３　略地図中のＡ～Ｄ国について述べた文として最も適当なものはどれか。

ア　Ａ国では，季節風の影響で降水量が多く，茶の栽培が盛んである。
イ　Ｂ国では，西部の乾燥地域を中心に米の二期作が盛んである。
ウ　Ｃ国では，先住民のマオリの文化を尊重する取り組みが行われている。
エ　Ｄ国では，主な言語としてフランス語を使用する人々の数が最も多い。

４　略地図中の**ブラジル**のアマゾン川流域で行われてきた次の文のような農業を何というか。

森林や草原を焼きはらい，その灰を肥料にして作物を栽培する農業。数年すると土地がやせて，作物が育たなくなるため，別の場所に移動して，これをくり返す。

５　**資料１**は，略地図中の**アフリカ大陸**，**オーストラリア大陸**，**北アメリカ大陸**について，それぞれの大陸における気候帯の分布割合を示したものである。**アフリカ大陸**にあてはまるものは**ア～ウ**のどれか。

６　略地図中の**タイ**や**マレーシア**について，⑴，⑵の問いに答えよ。

⑴　日本やアメリカの企業は，**タイ**や**マレーシア**など，東南アジアの国々へ進出している。その理由を**資料２**を参考に書け。ただし，**生産**ということばを使うこと。

⑵　外国企業の進出もあり，**タイ**や**マレーシア**では**資料３**に見られるような変化があった。**タイ**や**マレーシア**の輸出品目と輸出総額の変化の特徴について，**資料３**をもとに答えよ。

資料１

気候帯＼大陸	ア	イ	ウ
熱帯	16.9%	38.6%	5.2%
乾燥帯	57.2%	46.7%	14.4%
温帯	25.9%	14.7%	13.5%
冷帯（亜寒帯）	―	―	43.4%
寒帯	―	―	23.5%

（地理統計要覧2019年版から作成）

資料２　各国の主要都市における製造業従事者の月額平均賃金

	月額平均賃金
日本	2339ドル
アメリカ	3144ドル
タイ	338ドル
マレーシア	321ドル

統計年次は2017年
（日本貿易振興機構資料から作成）

資料３　タイとマレーシアの輸出品目と輸出総額

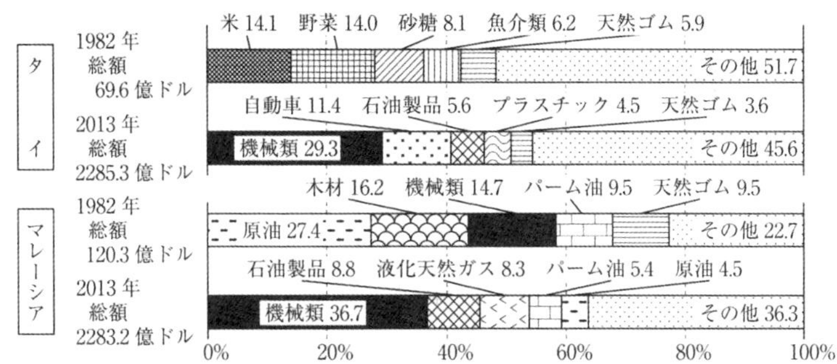

（世界国勢図会2015/16年版などから作成）

Ⅰ	1	山脈	2	3
	4		5	
	6	⑴		
		⑵		

■令和３年度問題

1

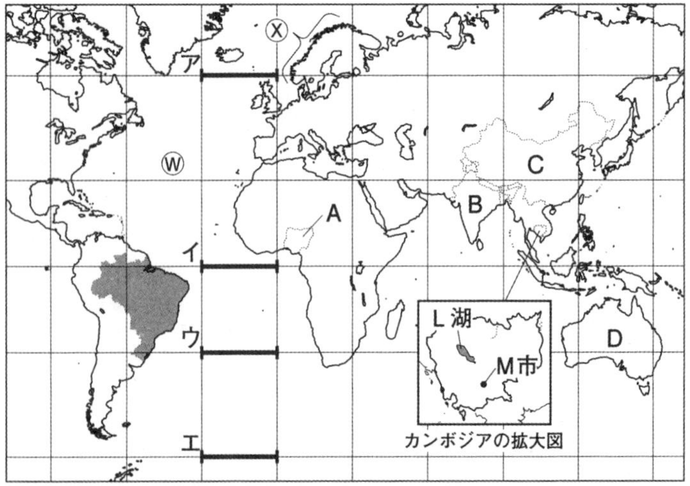

Ⅰ　上の緯線と経線が直角に交わるようにかかれた略地図を見て，１～６の問いに答えよ。

１　略地図中のⓦは三大洋の一つである。ⓦの名称を**漢字**で書け。

２　略地図中に同じ長さの├─┤で示したア～エのうち，地球上での実際の距離が最も長いものはどれか。

３　略地図中のⓧでは，氷河によってけずられた谷に海水が入りこんでできた奥行きの長い湾がみられる。この地形を何というか。

４　略地図中の**カンボジアの拡大図**に関して，**資料１**の10月10日の**L湖**の面積が，４月13日に比べて大きくなっている理由を，**資料２**を参考にして書け。ただし，**L湖**がある地域の気候に影響を与える風の名称を明らかにすること。

資料１　L湖の日付別の面積

4月13日	10月10日
約3,300km^2	約11,600km^2

（JAXA資料から作成）

資料２　M市の月別降水量

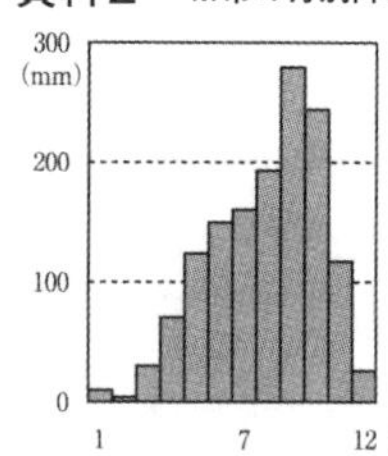

（理科年表から作成）

５　略地図中の**A**～**D**国の産業について述べた次の**ア**～**エ**の文のうち，**C**国について述べた文として，最も適当なものはどれか。

ア　ボーキサイトや石炭などの資源が豊富で，北西部に大規模な露天掘りの鉄山がみられる。
イ　英語を話せる技術者が多く，南部のバンガロールなどでは情報技術産業が成長している。
ウ　南部の沿岸地域で原油の産出が多く，国の貿易輸出総額の７割近くを原油が占めている。
エ　税金などの面で優遇される経済特区を沿岸部に設け，外国企業を積極的に誘致している。

Ⅰ	1		2		3	
	4					
	5					

６　**資料３**は，ある中学生のグループが略地図中の［　　　］で示された国について調べたレポートの一部である。**資料３**の［Y］，［Z］に適することばを補い，これを完成させよ。ただし，［Z］には**吸収**ということばを使うこと。

資料３

写真は，この国のガソリンスタンドのようすです。ガソリンとエタノールのどちらも燃料として使える車が普及しているそうです。この国でのエタノール生産の主な原料は［Y］です。このような植物を原料としてつくられる燃料をバイオエタノールといいます。これはバイオ燃料の一種です。

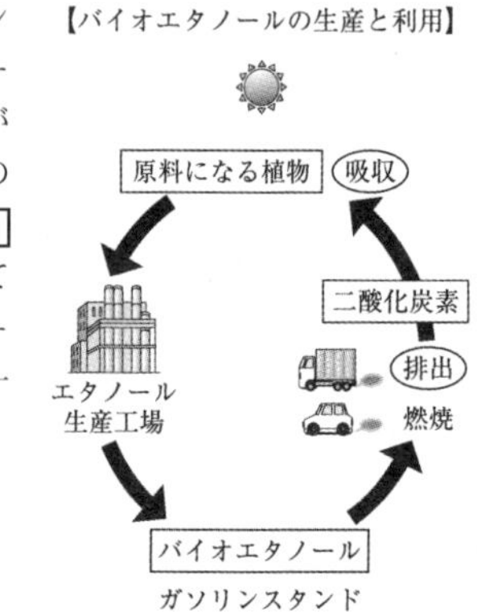

【バイオ燃料の良い点】
①　化石燃料と違い，枯渇の心配がなく再生可能である。
②　右の図のようにバイオ燃料は，燃やしても，［Z］と考えられており，地球温暖化対策になる燃料として注目されている。

【バイオ燃料の課題点】
①　栽培面積の拡大により，環境を破壊してしまう恐れがある。
②　過度に増産すると，食糧用の農作物の供給が減って食糧用の農作物の価格が高騰する恐れがある。

Ⅰ	6	Y	
		Z	

■令和４年度問題

1　Ⅰ　次の略地図を見て，１～６の問いに答えよ。

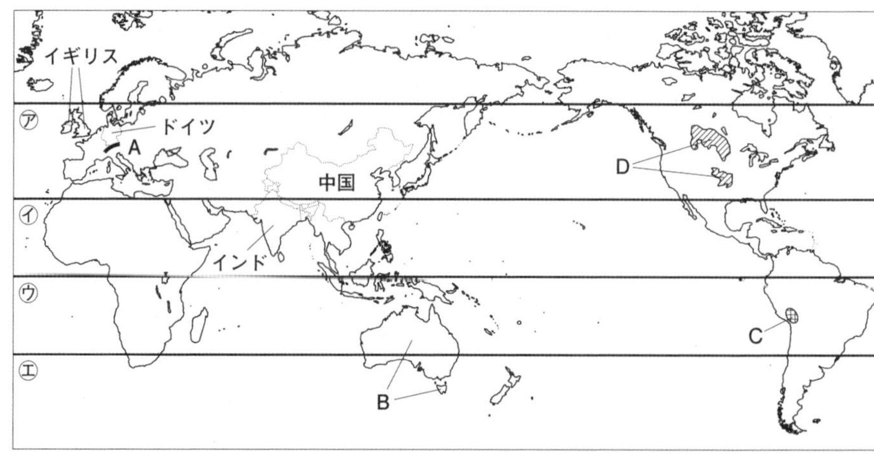

1　略地図中のAの山脈の名称を答えよ。

2　略地図中の㋐～㋓は，赤道と，赤道を基準として30度間隔に引いた3本の緯線である。このうち，㋓の緯線の緯度は何度か。北緯，南緯を明らかにして答えよ。

3　略地図中のBの国内に暮らす先住民族として最も適当なものはどれか。

ア　アボリジニ　　イ　イヌイット　　ウ　マオリ　　エ　ヒスパニック

4　略地図中のCで示した地域のうち，標高4,000m付近でみられる気候や生活のようすについて述べた文として最も適当なものはどれか。

ア　夏の降水量が少ないため，乾燥に強いオリーブの栽培が盛んである。

イ　気温が低く作物が育ちにくく，リャマやアルパカの放牧がみられる。

ウ　季節風の影響を受けて夏の降水量が多いため，稲作が盛んである。

エ　一年中気温が高く，草原や森林が広がる地域で焼畑農業が行われている。

5　略地図中のDは，北アメリカにおいて，**資料1**中の［　　］の農産物が主に栽培されている地域を示している。**資料1**中の［　　］にあてはまる農産物名を答えよ。

資料1　主な農産物の輸出量の上位3か国とその国別割合(%)

農産物	輸出量上位3か国（%）
［　　］	ロシア16.8　アメリカ13.9　カナダ11.2
とうもろこし	アメリカ32.9　ブラジル18.1　アルゼンチン14.7
大　豆	ブラジル44.9　アメリカ36.5　アルゼンチン4.9
綿　花	アメリカ41.9　インド12.1　オーストラリア11.2

（地理統計要覧2021年版から作成）

6　略地図中の**中国**，**ドイツ**，**インド**，**イギリス**について，次の(1)，(2)の問いに答えよ。

(1)　**資料2**の中で，割合の変化が1番目に大きい国と2番目に大きい国の国名をそれぞれ答えよ。

(2)　(1)で答えた2か国について，**資料3**において2か国に共通する割合の変化の特徴を書け。

資料2　各国の再生可能エネルギーによる発電量の総発電量に占める割合(%)

	2010年	2018年
中国	18.8	26.2
ドイツ	16.5	37.0
インド	16.4	19.0
イギリス	6.8	35.4

（世界国勢図会2021/22年版などから作成）

資料3　各国の発電エネルギー源別発電量の総発電量に占める割合(%)

	風力		水力		太陽光	
	2010年	2018年	2010年	2018年	2010年	2018年
中国	1.1	5.1	17.2	17.2	0.0	2.5
ドイツ	6.0	17.1	4.4	3.7	1.9	7.1
インド	2.1	4.1	11.9	9.5	0.0	2.5
イギリス	2.7	17.1	1.8	2.4	0.0	3.9

（世界国勢図会2021/22年版などから作成）

I	1	山脈	2			
	3		4		5	
	6	(1) 1番目		2番目		
		(2)				

歴史（古代～近世）

■平成27年度問題

2　I　次の略年表を見て，1～6の問いに答えよ。

年	主なできごと	
604	聖徳太子が十七条の憲法(ⓐ)を定める	
701	唐の法律にならった大宝律令がつくられる	A
1192	奥州藤原氏をほろぼした［①］が征夷大将軍となる	
1467	有力な守護大名の勢力争いなどから［②］の乱がおこる	
1615	江戸幕府(ⓑ)が武家諸法度を定める	B
1841	老中の水野忠邦が天保の改革を始める	C

資料1　十七条の憲法(一部)

一に曰(いわ)く，和をもって貴しとなし，さからう(争う)ことなきを宗(むね)と(第一に)せよ。
二に曰く，（略）
三に曰く，詔(みことのり)(天皇の命令)を承(うけたまわ)りては，必ずつつしめ（守りなさい)。

1　［①］，［②］にあてはまる最も適当な人名とことばをそれぞれ**漢字**で書け。

2　ⓐに関して述べた次の文の［　　］に適することばを**資料1**を参考にしながら補い，これを完成させよ。

聖徳太子は，仏教や儒教の考え方を取り入れた十七条の憲法を定め，［　　］ことを，役人の心構えとして示した。

資料2

3　Aに関して，この時代の遺跡から出土した**資料2**について述べた文として，正しいものはどれか。

ア　正式な貿易船の証明として明から与えられた木簡である。

イ　都に運ばれる税の荷札として使われた木簡である。

ウ　正式な貿易船の証明として明から与えられた勘合である。

エ　都に運ばれる税の荷札として使われた勘合である。

資料3　主な大名の配置

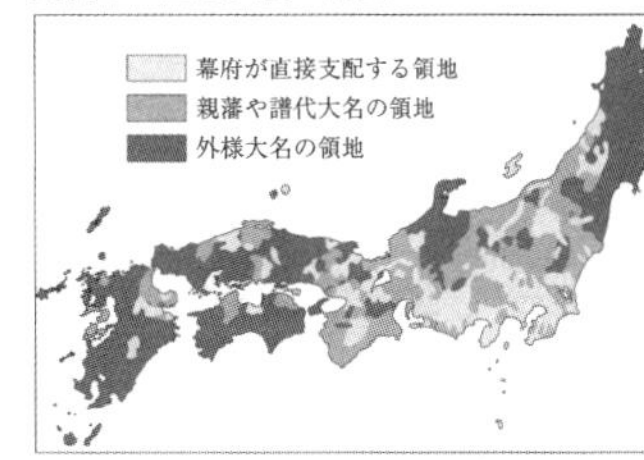

4　AとBの間の時期につくられた次のア～エを，年代の古い順に並べよ。

ア

イ

ウ

エ

5　ⓑは，**資料3**のように大名を配置した。**資料3**から読み取れる外様大名の配置の特徴について書け。ただし，外様大名とはどのような大名かを説明すること。

6　BとCの間の時期におこったできごととして，最も適当なものはどれか。

ア　スペインの援助を受けたコロンブスが，アメリカ大陸付近の島に到着した。

イ　レーニンを指導者として，ロシア革命がおこった。

ウ　フランス革命がおこり，人権宣言が発表された。

エ　ドイツのルターがローマ教皇を批判し，宗教改革を始めた。

I	1	①	②	2	
	3		4　→　→　→	6	
	5				

■平成28年度問題

2 Ⅰ　次は，ある中学生が歴史上の人物について調べ，クラスで発表した時に使用したパネルである。1～6の問いに答えよ。

A　足利義満

ⓐ室町幕府３代将軍であり，明から与えられた［①］という合い札を正式な貿易船に持たせ，日明貿易を始めた。

B　平清盛

武士として初めて太政大臣となり，瀬戸内海の航路やⓑ摂津（せっつ）（兵庫県）の港を整備し，宋と盛んに貿易を行った。

C　聖武天皇

ⓒ口分田不足を補うために墾田永年私財法を定めるとともに，大仏をまつるなど仏教の力で国を守ろうとした。

D　［②］

関ヶ原の戦いに勝利したのち征夷大将軍に任命され，豊臣氏をほろぼし，ⓓ江戸幕府の全国支配を確立した。

1　［①］，［②］にあてはまる最も適当なことばと人名をそれぞれ**漢字**で書け。

2　ⓐの時代の文化について述べた文として，最も適当なものはどれか。

　ア　出雲（島根県）の阿国によって始められたかぶき踊りが庶民の人気を集めた。

　イ　天皇・貴族や農民などの和歌を広く集めた「万葉集」が大伴家持らによってまとめられた。

　ウ　民衆の間で行われていた猿楽・田楽などの芸能をもとに能が世阿弥によって大成された。

　エ　後鳥羽上皇の命令によって「新古今和歌集」が藤原定家らによりまとめられた。

3　ⓑと最も近い時期のできごとはどれか。

　ア　チンギス＝ハンがモンゴルを統一した。

　イ　マゼランの船隊が世界一周を達成した。

　ウ　ムハンマドがイスラム教を始めた。

　エ　新羅が朝鮮半島を統一した。

表

	主な負担内容
租	［　　　］
庸	都での労役の代わりに布を納める。
調	地方の特産物を納める。
労役（雑徭（ぞうよう））	地方で土木工事などに従事する。
兵　役	都や九州北部などの守りにつく。

4　**表**はⓒを与えられた人々に課せられた主な負担内容についてまとめたものである。［　　　］に適することばを書け。

5　ⓓの時代の農業について説明した次の文の［X］，［Y］に適することばを補い，これを完成させよ。

田畑を［X］という利点がある**資料1**の備中ぐわや脱穀を効率的にする**資料2**の［Y］など新しい農具が広く使用されるようになって，作業の能率や生産性が上がった。

資料1

資料2

6　A～Dを年代の古い順に並べよ。

Ⅰ	1	①	②	2	
	3		4		
	5	X			
		Y			
	6	（　　）→（　　）→（　　）→（　　）			

■平成29年度問題

2 Ⅰ　次は，ある中学生が日本の歴史上のできごとをA～Eの時代ごとに表にまとめたものである。1～6の問いに答えよ。

時代	で　き　ご　と
A	ⓐ老中の地位についた田沼意次は，商工業者に株仲間をつくることを奨励した。その後に老中になった［①］は，寛政の改革を始めた。
B	東大寺が平城京の近くに建てられ，このころ天平文化が花開いた。ⓑ東大寺にある正倉院の宝物には，唐や新羅だけでなくインドなどの影響を受けたものもある。
C	城下の商人たちに市場の税を免除し，自由な営業を認め，座がもっていた特権を取り上げるⓒ楽市・楽座が行われた。
D	藤原氏は他の貴族を退けながら，ⓓ藤原氏一族で朝廷の官職を独占し，その地位にともなう高い給与を受け取り，広大な荘園をもつようになった。
E	北条泰時が幕府の三代目の［②］の地位にあった時，御家人の権利や義務などの武士の慣習をまとめ，御成敗式目（貞永式目）を制定した。

1　［①］，［②］にあてはまる最も適当な人名とことばをそれぞれ**漢字**で書け。

2　ⓐと最も近い時期のできごとについて述べた文として，最も適当なものはどれか。

　ア　ポルトガルのバスコ＝ダ＝ガマが大西洋を南下し，アフリカ南端をまわってインドに到着した。

　イ　世界平和と国際協調のために国際連盟が設立され，国際紛争の平和的な解決がめざされた。

　ウ　北アメリカ東部の植民地の人々は，イギリス本国に対して立ち上がり，独立宣言を発表した。

　エ　イエズス会の宣教師フランシスコ＝ザビエルが鹿児島に上陸し，日本にキリスト教を伝えた。

3　ⓑに最も関係の深いものはどれか。

ア

イ

ウ

エ
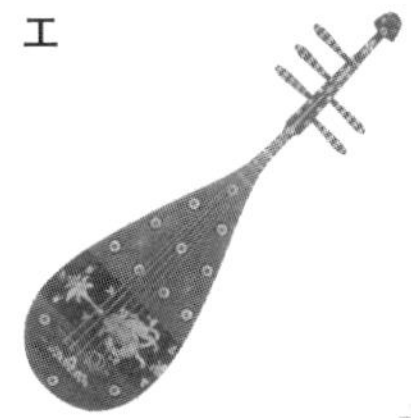

4　ⓒの政策を推進したのは**資料**の人物である。この人物と最も関係の深いものはどれか。

資料

ア　急増する訴えに対し，裁判の基準となる公事方御定書を制定した。
イ　天下を武力で統一しようとする意思を示す「天下布武」を掲げた。
ウ　太閤検地を行い，全国の土地を石高という統一的な基準で表した。
エ　儒学を奨励する政治を推進する一方で，生類憐みの令を出した。

5　ⓓに関して，藤原氏が朝廷の官職を独占し，大きな勢力をもつことができるようになった理由について述べた次の文の［　　　］に適することばを補い，これを完成させよ。ただし，**きさき**，**子ども**ということばを使うこと。

> 藤原氏は，自分の娘を［　　　］ことで，朝廷の官職を独占し，大きな勢力をもつことができた。

6　A～Eを年代の古い順に並べよ。ただし，Dは解答欄に示してある。

I	1	①		②		2		3	
	4		5						
	6	(　　)→ D →(　　)→(　　)→(　　)							

■平成30年度問題

2　I　次は，ある中学生が同じ世紀におこった日本と世界の主なできごとをまとめた表の一部である。1～6の問いに答えよ。

世紀	日本の主なできごと	世界の主なできごと
7	小野妹子らが［　　　］として隋へ送られた	朝鮮半島でⓐ白村江の戦いがおこった
13	承久の乱がおこった ――― A	フビライ・ハンが国号を元と定めた
15	ⓑ応仁の乱がおこった ――― B	コロンブスがアメリカ大陸付近の島に着いた
19	水野忠邦が天保の改革をすすめた ―― C	イギリスと清がⓒアヘン戦争で戦った

1　表中の［　　　］にあてはまる最も適当なことばを**漢字3字**で書け。

2　ⓐについて述べた次の文の［　　　］に適することばを補い，これを完成させよ。ただし，**略地図**中の**X**の国名を明らかにして書くこと。

略地図
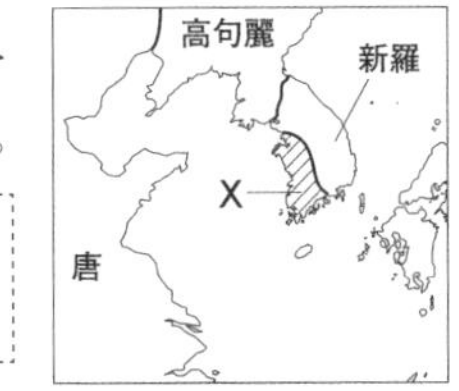

> 663年，日本は［　　　］ために朝鮮半島に大軍を送ったが，唐と新羅の連合軍に敗れた。

3　**資料1**は，**A**の後に開かれたある仏教のようすである。**資料1**に関して述べた文として，最も適当なものはどれか。

資料1

ア　日蓮は，題目を唱えれば人も国も救われると説いた。
イ　一遍は，念仏の札を配りながら民衆に教えを広めた。
ウ　親鸞は，阿弥陀如来の救いを信じる心を強調した。
エ　栄西は，座禅によって自らさとりを開こうとした。

4　ⓑのころに，全国に広がっていった下剋上の風潮とは，どのようなことかを書け。ただし，**実力**ということばを使うこと。

5　**B**と**C**の間の時期につくられたものを，次の**ア～エ**から三つ選び，年代の古い順に並べよ。

ア　姫路城

イ　鑑真像

ウ　慈照寺の銀閣

エ　見返り美人図

6　ⓒの後に，幕府が対外政策を転換した内容について述べた次の文の［①］，［②］に適することばを補い，これを完成させよ。ただし，［①］は**資料2**を参考にして法令の名称を書き，［②］は**燃料**や**水**ということばを使って書くこと。

資料2

> 外国船が，どこの海辺の村に着岸したとしても，近くの人々で，有無を言わさず打ち払いなさい。

（徳川禁令考をもとに作成）

> 清がイギリスに敗れたことを知った幕府は，［①］を改め，寄港した［②］て帰らせることにした。

I	1		2		3		
	4						
	5	(　　)→(　　)→(　　)					
	6	①		②			

■平成31年度問題

2 Ⅰ　次の略年表を見て，１～６の問いに答えよ。

世紀	主なできごと
8	桓武天皇が都を平安京に移す ―― A
11	［ ① ］文字が広まり，これを用いて「源氏物語」が書かれる
12	壇ノ浦で源氏が平氏をほろぼす ―― B
15	近畿地方を中心に農民たちによる土一揆がおこる ―― C
16	全国を統一した［ ② ］が太閤検地や刀狩を実施する ―― D
18	大阪・京都を中心に元禄文化が栄える ―― E

略地図

1　表の［ ① ］，［ ② ］にあてはまる最も適当なことばと人名を書け。ただし，［ ② ］は**漢字**で書くこと。

2　A以前につくられた次のア～エを，年代の古い順に並べよ。

ア　富本銭

イ　和同開珎

ウ　漢委奴国王（かんのわのなのこくおう）ときざまれた印

エ　インダス文字がきざまれた印

3　Bについて，戦いが行われた壇ノ浦は，**略地図**中のア～エのうちどれか。

4　Cについて，**資料１**は，1428年におきた土一揆に関するものである。この土一揆について述べた次の文の［　　］に適することばを，**資料１**を参考にして**６字程度**で補い，これを完成させよ。

農民たちは土倉や酒屋などをおそい，［　　］を要求した。

資料１

正長元年ヨリ
サキ者（前ハ）カンヘ（神戸）四カン
カウニ（郷）ヲヰメ（負い目）アル
ヘカラス

5　Dに関して，**図**は，このころ行われていた貿易について示したものである。［ X ］，［ Y ］にあてはまることばの組み合わせとして最も適当なものはどれか。

図

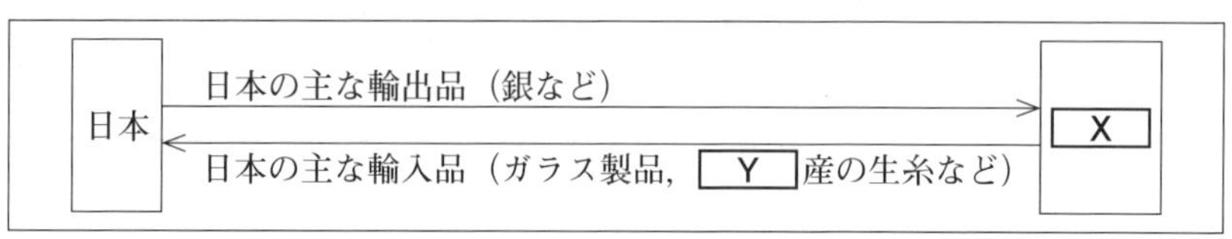

ア　（X　オランダ　　Y　中国）　　イ　（X　オランダ　　Y　ヨーロッパ）
ウ　（X　ポルトガル　　Y　中国）　　エ　（X　ポルトガル　　Y　ヨーロッパ）

6　Eに関して，**資料２**は，多くの蔵屋敷がおかれ，「天下の台所」とよばれた大阪の港のようすである。大阪が商業の中心地として栄えた理由を，主に蔵屋敷に運びこまれたものを明らかにして書け。

資料２

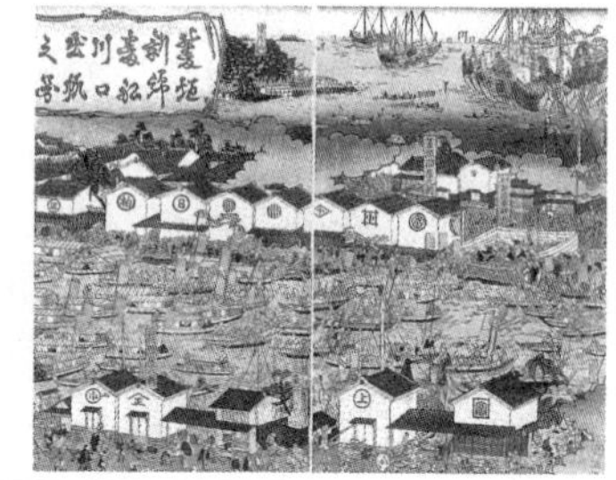

Ⅰ	1	①	
		②	
	2	（　　）→（　　）→（　　）→（　　）	
	3		4
	5		
	6		

■令和２年度問題

2 Ⅰ　次は，ある中学生が大宰府にゆかりのある人物についてまとめたA～Dのカードと，生徒と先生の会話である。１～６の問いに答えよ。

A　最澄	B ⓐ鑑真	C　菅原道真	D　足利尊氏
比叡山で修行し大宰府を経由して中国に渡り，仏教を学ぶ。帰国後，天台宗を広める。	日本で仏教を広めるために，中国から来日。鹿児島に到着し，奈良にいたる途中で大宰府を訪れる。	朝廷内の要職につき，ⓑ遣唐使の停止を提言。権力争いに敗れ，大宰府に追いやられる。	建武の新政で後醍醐天皇と対立し，九州へ。大宰府で軍を立て直し，京都で新政権を樹立する。

生徒：古代日本の軍事・外交の要（かなめ）となった大宰府に興味をもったので，大宰府にゆかりのある人物について調べてみました。

先生：大宰府といえば，元号「令和」に関係があります。「令和」の出典は，奈良時代末に大伴家持らが天皇・貴族や農民などの和歌を広く集めてまとめたとされる『［　　］』の中の，梅花の歌の序文です。この梅花の歌がよまれたところは，大宰府だったといわれています。ところで，足利尊氏も大宰府にゆかりがあることをよく調べましたね。

生徒：博物館で開催されたⓒ室町時代の将軍に関する特別展を見に行き，そこで知りました。

先生：そうでしたか。大宰府は，古代の終わりとともに軍事・外交の要としての歴史的役割を終えることになりましたが，その後，ⓓ江戸時代に福岡藩が行った調査などをきっかけとして，注目されるようになったのですよ。

※表記については，大宰府で統一。

1　会話文中の□にあてはまる最も適当なことばを書け。

2　ⓐが来日した８世紀の日本と中国の関わりについて述べた文として最も適当なものはどれか。

ア　執権北条時宗のとき，文永の役・弘安の役と二度にわたり元軍の襲来をうけた。
イ　唐の都長安にならった平城京が，律令国家の新しい都としてつくられた。
ウ　明の求めに応じて倭寇の取り締まりが強化され，勘合貿易が始まった。
エ　邪馬台国の女王卑弥呼は魏に使者を送り，魏の皇帝から倭王の称号を与えられた。

3　ⓑに関して，遣唐使などがもたらした唐風の文化を基礎としながら，日本の風土や生活にあった国風文化が摂関政治のころに発達した。この文化に最も関係の深いものはどれか。

ア  イ  ウ  エ 

4　ⓒの後半の戦国時代のころ，ポルトガル人やスペイン人は，アジアへの新航路を開拓し，日本にも来航するようになった。ポルトガル人やスペイン人が新航路を開拓した理由を，**イスラム商人**，**価格**，**直接**ということばを使って書け。

5　ⓓに関して，幕府の政治について述べた次の文の X ，Y にあてはまることばの組み合わせとして最も適当なものはどれか。

> 幕府の政治は，はじめは X によって大名の築城や結婚などに規制を設けて大名を統制する，力でおさえつける政治が行われていた。その後，５代将軍徳川 Y は，儒学のなかでも身分秩序を大切にする朱子学などの学問を重視する政治への転換を行った。

ア（X　御成敗式目　　Y　綱吉）　　イ（X　御成敗式目　　Y　吉宗）
ウ（X　武家諸法度　　Y　綱吉）　　エ（X　武家諸法度　　Y　吉宗）

6　Ａ～Ｄのカードを，年代の古い順に並べよ。

I	1		2		3	
	4					
	5		6	(　　)→(　　)→(　　)→(　　)		

■令和３年度問題

2 Ｉ　次の略年表を見て，１～７の問いに答えよ。

世紀	主なできごと
5	ⓐ大和政権（ヤマト王権）の大王が中国の南朝にたびたび使いを送る
7	中大兄皇子や中臣鎌足らが大化の改新とよばれる政治改革を始める――Ａ
11	白河天皇が位をゆずって上皇となったのちも政治を行う□を始める
14	京都の室町に御所を建てたⓑ足利義満が南北朝を統一する――Ｂ
16	大阪城を築いて本拠地としたⓒ豊臣秀吉が全国を統一する――Ｃ
18	天明のききんがおこって，ⓓ百姓一揆や打ちこわしが急増した

1　□にあてはまる最も適当なことばを**漢字**で書け。

2　ⓐに関して，大和政権（ヤマト王権）の勢力が広がるにつれて，各地の豪族も**資料１**のような形の古墳などをつくるようになった。**資料１**のような形の古墳を何というか。

資料１

（地理院地図から作成）

3　ＡとＢの間の時期におこった次のア～エのできごとを年代の古い順に並べよ。

ア　征夷大将軍になった坂上田村麻呂は，蝦夷（えみし）の主な拠点を攻め，東北地方への支配を広げた。
イ　聖武天皇は仏教の力で国家を守ろうと，国ごとに国分寺と国分尼寺，都に東大寺を建てた。
ウ　武士の活躍をえがいた軍記物の「平家物語」が，琵琶法師によって語り伝えられ始めた。
エ　壬申の乱に勝って即位した天武天皇は，天皇を中心とする国家づくりを進めた。

4　ⓑに関して，室町幕府の政治について述べた文として，最も適当なものはどれか。

ア　将軍のもとで老中や若年寄，各種の奉行などが職務を分担した。
イ　執権が御家人たちをまとめ，幕府を運営していくようになった。
ウ　管領とよばれる将軍の補佐役には，有力な守護が任命された。
エ　太政官が政策を決定し，その下の八つの省が実務を担当した。

5　ⓒに関して，豊臣秀吉に仕え，わび茶の作法を完成させたのはだれか。

6　ＢとＣの間の時期におこった世界のできごととして，最も適当なものはどれか。

ア　ルターが宗教改革を始めた。　　イ　アメリカ独立戦争がおこった。
ウ　ムハンマドがイスラム教をおこした。　　エ　高麗が朝鮮半島を統一した。

I	1		2			
	3	→　→　→			4	
	5		6			

7　ⓓに関して，次の文の［　　　　］に適することばを補い，これを完成させよ。

資料2は，江戸時代の百姓一揆の参加者が署名した，からかさ連判状である。参加者が円形に名前を記したのは，［　　　　］ためであったといわれている。

資料2

I	7	

■令和4年度問題

2　I　次は，歴史的建造物について調べ学習をしたある中学生と先生の会話の一部である。1～6の問いに答えよ。

生徒：鹿児島城にあった御楼門（ごろうもん）の再建に関するニュースを見て，門について興味をもったので，調べたことを次のようにまとめました。

羅城門（らじょうもん）	ⓑ東大寺南大門	守礼門（しゅれいもん）	日光東照宮の陽明門
平城京やⓐ平安京の南側の門としてつくられた。	源平の争乱で焼けた東大寺の建物とともに再建された。	ⓒ琉球王国の首里城の城門の1つとしてつくられた。	ⓓ江戸時代に，徳川家康をまつる日光東照宮につくられた。

先生：いろいろな門についてよく調べましたね。これらの門のうち，つくられた時期が，再建前の御楼門に最も近い門はどれですか。

生徒：御楼門がつくられたのは17世紀の前半といわれているので，江戸時代につくられた日光東照宮の陽明門だと思います。

先生：そうです。なお，江戸時代には，大名が1年おきに自分の領地を離れて江戸に滞在することを義務づけられた［　　　］という制度がありました。薩摩藩の大名が江戸に向かった際には御楼門を通っていたのかもしれませんね。ところで，門には，河川と海の境目など水の流れを仕切る場所につくられた「水門」というものもありますよ。

生徒：それでは，次はⓔ河川や海に関連した歴史をテーマにして調べてみたいと思います。

1　［　　　］にあてはまる最も適当なことばを書け。

2　ⓐがつくられる以前の時代で，次の三つの条件を満たす時代はどれか。

・多くの人々はたて穴住居で生活していた。
・中国の歴史書によると，倭は100ほどの国に分かれていた。
・銅鐸などの青銅器を祭りの道具として使っていた。

ア　縄文時代　イ　弥生時代　ウ　古墳時代　エ　奈良時代

資料1

3　ⓑの中に置かれている，運慶らによってつくられた**資料1**の作品名を**漢字5字**で書け。

4　ⓒについて述べた次の文の［　　　　］に適することばを，15世紀ごろの中継貿易を模式的に示した**資料2**を参考にして補い，これを完成させよ。

琉球王国は，日本や中国・東南アジア諸国から［　　　　］する中継貿易によって繁栄した。

資料2

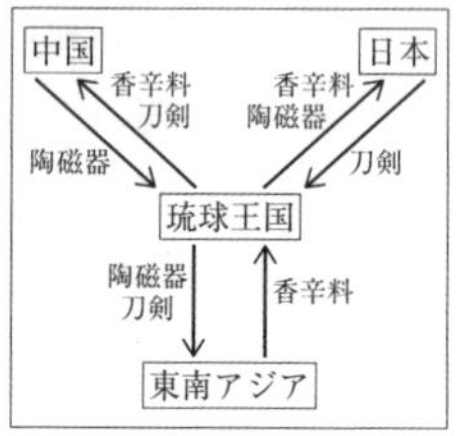

5　ⓓに描かれた**資料3**について述べた次の文の［ X ］，［ Y ］にあてはまることばの組み合わせとして最も適当なものはどれか。

この作品は［ X ］が描いた［ Y ］を代表する風景画であり，ヨーロッパの絵画に大きな影響を与えた。

ア（X　尾形光琳　　Y　元禄文化）　イ（X　葛飾北斎　　Y　元禄文化）
ウ（X　尾形光琳　　Y　化政文化）　エ（X　葛飾北斎　　Y　化政文化）

6　ⓔについて，次のできごとを年代の古い順に並べよ。

資料3

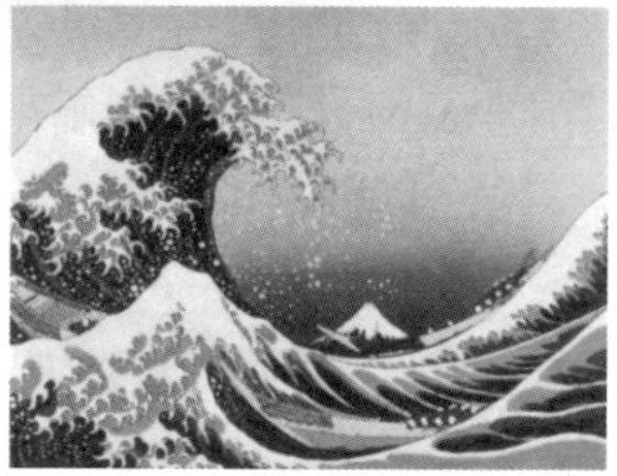

ア　ロシアの使節が，蝦夷地の根室に来航し，漂流民を送り届けるとともに，日本との通商を求めた。
イ　平治の乱に勝利したのち，太政大臣になった人物が，現在の神戸市の港を整備した。
ウ　河川に橋をかけるなど人々のために活動した人物が，東大寺に大仏を初めてつくるときに協力をした。
エ　スペインの船隊が，アメリカ大陸の南端を通り，初めて世界一周を成し遂げた。

I	1		2		3	
	4					
	5		6	→ → →		

歴史（近現代）

■平成27年度問題

2 Ⅱ　次は，ある中学生が「江戸時代末期以降の日本が結んだ条約」について発表したときに使った表である。１～５の問いに答えよ。

[①]条約	江戸幕府とアメリカが結んだ条約。幕府は函館，神奈川（横浜）などの５港を開いて，自由な貿易を認めた。
下関条約	ⓐ日清戦争の講和条約。清は，朝鮮の独立，日本への遼東半島・台湾などの譲渡，賠償金２億両（テール）の支払いを認めた。
ポーツマス条約	日露戦争の講和条約。ロシアは韓国における日本の優越権を認め，日本にⓑ領土の一部を割譲し，新たな国境線を定めた。
ベルサイユ条約	連合国とドイツの講和条約。ⓒ第一次世界大戦後に[②]で講和会議が開かれ，日本はドイツ領だった南洋諸島を統治することとなった。
日中平和友好条約	日本と中華人民共和国が結んだ条約。田中角栄首相が中国を訪問して調印した，ⓓ日中共同声明の６年後に結ばれた。

１　[①]，[②]にあてはまる最も適当なことばと都市名を書け。ただし，[①]は**漢字**で書くこと。

略地図

２　ⓐが始まった年に結ばれた日英通商航海条約について，この条約を結んだときの日本の外務大臣とその主な内容の組み合わせとして，正しいものはどれか。

ア　（小村寿太郎　領事裁判権の撤廃）
イ　（小村寿太郎　関税自主権の完全回復）
ウ　（陸奥宗光　領事裁判権の撤廃）
エ　（陸奥宗光　関税自主権の完全回復）

３　ⓑで定められた日本とロシアの国境線は，**略地図**中の**ア～エ**のうちどれか。

４　ⓒのころに設立された国際連盟とアメリカの関わりについて，当時のアメリカ大統領名を明らかにして書け。

５　ⓓの調印以前のできごとを，次の**ア～エ**から三つ選び，年代の古い順に並べよ。

ア　朝鮮戦争により大量の軍需物資が注文され，これによる特需景気で経済復興が早まった。
イ　東京オリンピックにあわせて高速道路がつくられて，東海道新幹線も開通した。
ウ　日本の産業や経済を独占してきた財閥が解体され，農村では農地改革が行われた。
エ　企業が株や土地に投資したため，株価や地価が上がり続けるバブル経済となった。

Ⅱ	1	①	②	2	
	3		5	→	→
	4				

■平成28年度問題

2 Ⅱ　次は，ある中学生が「近代以降の日本の政治や外交」についてまとめた表の一部である。１～６の問いに答えよ。

開国と新政府による近代化	ペリー来航による開国は国内に大きな変化をもたらし，明治維新へとつながった。新政府はⓐアジアに進出する欧米諸国に対抗できる国家を目指し，ⓑ富国強兵・殖産興業政策を進めるとともに，ⓒ周辺諸国と新たな国交を結んだ。
大陸での勢力拡大と太平洋戦争	満州事変以降，国際的な孤立を深めた日本が大陸での勢力を拡大する中，中国から太平洋へ戦争が広がった。戦局はしだいに悪化し，1945年８月の[①]・長崎への原子爆弾投下などを経て，日本はポツダム宣言を受け入れ降伏した。
戦後の民主化と国際社会への復帰	ⓓ太平洋戦争の終結後，憲法改正をはじめとするⓔ日本の民主化が進められるとともに，朝鮮戦争による特需景気で経済復興も急速に進んだ。1956年にはソ連との国交正常化によって[②]への加盟が認められ，日本は国際社会に復帰した。

１　[①]，[②]にあてはまる最も適当な都市名とことばをそれぞれ**漢字**で書け。

２　ⓐの背景として，欧米諸国がアジア諸国より早く市民社会を成立させ，産業革命が進んでいたことがあげられる。この市民社会の成立について述べた文として，正しいものはどれか。

ア　イギリスの名誉革命では，国王が処刑され権利の章典（権利章典）が制定された。
イ　イギリスの名誉革命では，国民主権（人民主権）などをうたった人権宣言が発表された。
ウ　アメリカでは，フランスの新たな課税に反対して独立戦争が起こり独立宣言が発表された。
エ　アメリカでは，独立戦争を経て三権分立の原則などを定めた合衆国憲法が制定された。

資料１　富岡製糸場

３　ⓑを進めるために，政府は**資料１**などの欧米の技術を取り入れた近代的な工場を建設したり，整備したりした。このような工場を何というか。

４　ⓒについて，日本が結んだ条約とそのきっかけとなったできごとの組み合わせとして正しいものはどれか。

ア　（日清修好条規　江華島事件）　　イ　（日清修好条規　盧溝橋事件）
ウ　（日朝修好条規　江華島事件）　　エ　（日朝修好条規　盧溝橋事件）

資料２

５　ⓓ以前のできごとを，次の**ア～エ**の中から三つ選び，年代の古い順に並べよ。

ア　樋口一葉が「たけくらべ」を発表した。
イ　福沢諭吉が「学問のすゝ（す）め」を著した。
ウ　湯川秀樹が日本人初のノーベル賞を受賞した。
エ　吉野作造が民本主義を提唱した。

６　ⓔに関して，**資料２**は1946年の国会のようすであるが，これには当時のある民主化による変化が表れている。その民主化の内容と**資料２**から読み取れる変化について書け。

Ⅱ						
	1	①	②			
	2		3		4	
	5	(　　)→(　　)→(　　)				
	6					

■平成29年度問題

2 次のⅡ～Ⅲの問いに答えなさい。答えを選ぶ問いについては一つ選び，その記号を書きなさい。

Ⅱ 次は，ある中学生が「近代以降の日本や世界」についてまとめたカードである。1～5の問いに答えよ。

A ⓐ開国後の日本では，大阪や江戸で打ちこわしがおきた。また，ⓑ新しい世の中への期待と不安で，民衆が，下の絵のように，「ええじゃないか」といって熱狂するさわぎがおこった。

B 下の絵は，当時の東アジアのようすを表した風刺画である。日本は，甲午農民戦争をきっかけに，朝鮮に出兵し，[①]戦争が始まった。日本は勝利し，下関条約が結ばれた。

C 吉田茂内閣は，下の写真のように，アメリカなど48か国との間に[②]で平和条約を結び，条約の発効により，日本は[③]。また同時に，アメリカと日米安全保障条約を結んだ。

1 [①]，[②]にあてはまる最も適当なことばと都市名を書け。ただし，[①]は**漢字**で書くこと。

2 ⓐに関して，年代の古い順に並べてあるものを選べ。

ア 薩英戦争 →安政の大獄 →桜田門外の変→大政奉還
イ 桜田門外の変→大政奉還 →安政の大獄 →薩英戦争
ウ 薩英戦争 →安政の大獄 →大政奉還 →桜田門外の変
エ 安政の大獄 →桜田門外の変→薩英戦争 →大政奉還

3 ⓑに関して，明治政府は，課税の基準として地価を定め，土地の所有者に地券を発行し，地租改正を実施した。このことにより，土地の所有者は税をどのように納めることになったかを書け。ただし，税を納めるときの税率を明らかにして書くこと。

4 Bの風刺画で，ア～ウの人物は，それぞれある国を表している。アは，Bの文のできごとがおきた後，イが獲得した遼東半島をウに返還するよう，他国とともに要求した。このことを表すことばを**漢字4字**で書け。

5 Cの文の[③]に適することばを補い，これを完成させよ。ただし，**回復**ということばを使うこと。

Ⅱ					
	1	①		②	
	2		3		
	4		5		

Ⅲ 1980年代後半から1990年代初めまでにおきた世界と日本のできごとについて，1，2の問いに答えよ。

1 **図1**は，**X**国に関する地図である。**図1**から読み取れる**X**国でおこったできごとについて述べた次の文の[　　]に適することばを補い，これを完成させよ。

1989年にベルリンの壁が取りはらわれ，その翌年，[　　]された。

2 **図2**のア～ウは，この時期の日本の「失業率」，「全就業者数に占める第二次産業就業者数の割合」，「総人口」のいずれかである。「失業率」を表すグラフは，**図2**のア～ウのどれか。また，選んだ理由について，株価や地価が上がり続けたこの時期の日本の経済状態の名称を明らかにして書け。ただし，**雇用**ということばを使うこと。

図1

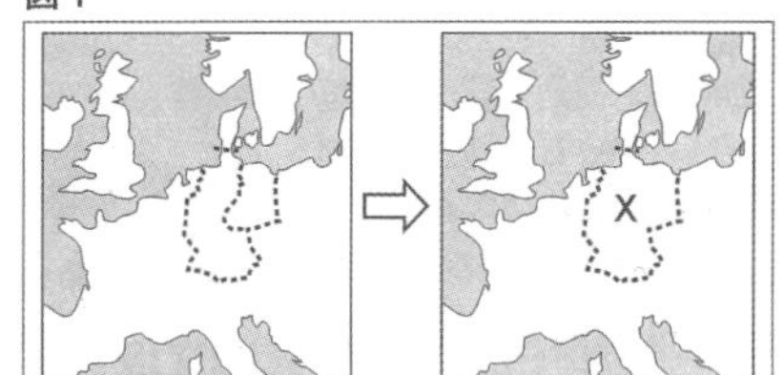

……は国境を示す。

図2

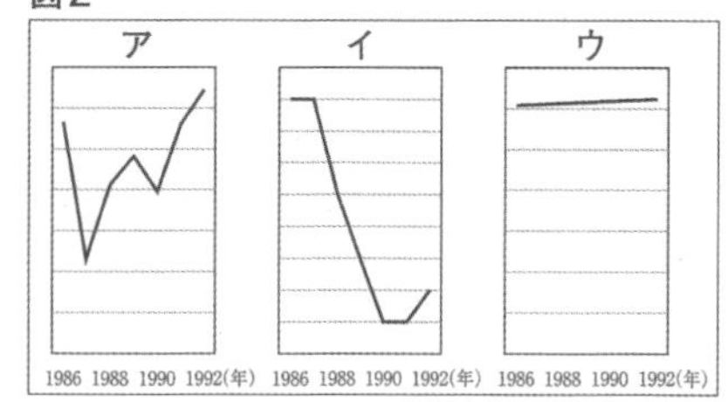

(総務省統計局の資料から作成)

Ⅲ			
	1		
	2	(記号)	
		(理由)	

■平成30年度問題

2 Ⅱ　次の略年表を見て，1～6の問いに答えよ。

年	主なできごと
1871	ⓐ鹿児島県などが設置される
1885	［①］が初代内閣総理大臣になる
1890	第１回ⓑ衆議院議員総選挙が行われる
1902	日英同盟が締結される　―（A の始まり）
1918	富山県で［②］がおこり全国に広がる　A
1927	ⓒ金融恐慌がおこる　―（A の終わり）
1956	ⓓ日本が国際連合に加盟する
1964	東京オリンピックが開催される

資料１

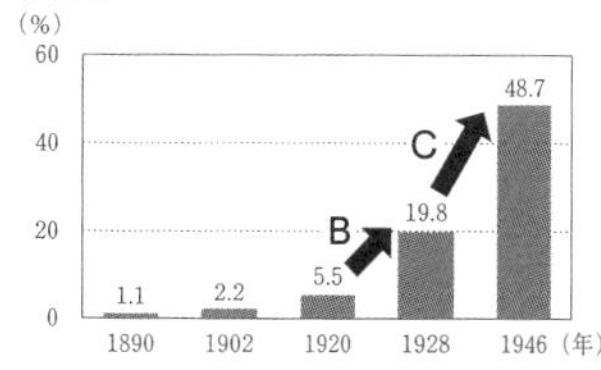

（総務省資料から作成）

資料２

1　［①］，［②］にあてはまる最も適当な人名とことばを書け。

2　Aの時期の世界のようすについて述べた文として，最も適当なものはどれか。

ア　フランスでは，ナポレオンが権力を握り，皇帝になった。

イ　アメリカでは，北部と南部が対立し，南北戦争がおこった。

ウ　ロシアでは，レーニンが指導者となり，ロシア革命がおこった。

エ　ドイツでは，プロイセンの王が即位して，ドイツ皇帝になった。

3　ⓐに関して，明治政府は藩をなくして府県を設置した。この改革を何というか。

4　ⓑについて，**資料1**は，総人口に占める有権者の割合の推移を表したグラフである。B，Cの変化について述べた次の文の［X］，［Y］にあてはまることばの組み合わせとして最も適当なものはどれか。

> Bの変化は［X］による制限の廃止，Cの変化は［Y］による制限の廃止から生じたものである。

ア（X　職業　　Y　納税額）　イ（X　性別　　Y　納税額）

ウ（X　納税額　Y　職業）　エ（X　納税額　Y　性別）

5　ⓒに関して，**資料2**は銀行でおこったさわぎのようすである。このようなさわぎがおこった理由を書け。ただし，**銀行**，**預金**ということばを使うこと。

6　ⓓ以前のできごとについて述べた文として，最も適当なものはどれか。

ア　日韓基本条約を結び，韓国政府を朝鮮半島における唯一の政府と承認した。

イ　教育の機会均等や男女共学，義務教育などを定めた教育基本法を制定した。

ウ　中東でおこった戦争の影響で石油危機となり，経済に大きな打撃を受けた。

エ　重化学工業を発展させ，資本主義国でアメリカにつぐ国民総生産になった。

Ⅱ	1	①		②	2	
	3		4		6	
	5					

■平成31年度問題

2 Ⅱ　次は，ある中学生が「近代以降の日本」についてまとめた文である。1～6の問いに答えよ。

> **【欧米に対抗できる国づくり】**
> 明治政府は，ⓐ政治や産業，教育などの分野で改革を行い，近代化をすすめた。また，自由民権運動をきっかけに，議会政治の実現をめざしてⓑ政党がつくられた。その後，日本では，日清戦争から日露戦争のころにかけてⓒ産業革命が進展した。

> **【デモクラシーと軍国主義】**
> 民衆の支持のもと，平民宰相とよばれた［①］による本格的な政党内閣が組織された。ⓓ第一次世界大戦後，日本の国際的な地位は高まったが，世界恐慌の影響で深刻な不景気にみまわれ，五・一五事件がおこるなど軍部の力が強まった。

> **【戦後の成長と豊かな生活】**
> 第二次世界大戦後，GHQの指令のもとで改革が行われた。［②］戦争がおこると，アメリカから大量の物資が注文され，経済の復興が急速にすすんだ。そして，ⓔ高度経済成長がはじまると，経済成長にともなって国民の所得も向上した。

1　［①］，［②］にあてはまる最も適当な人名とことばを書け。

2　ⓐに関して述べた次の文の［　］に適することばを補い，これを完成させよ。ただし，版籍とは何かを明らかにして書くこと。

> 改革の一つである版籍奉還とは，藩主が［　］ことである。

3　ⓑについて，このころつくられた政党と，その政党を結成した人物の組み合わせとして最も適当なものはどれか。

ア（立憲政友会　大隈重信）　イ（立憲政友会　板垣退助）

ウ（自由党　　　大隈重信）　エ（自由党　　　板垣退助）

4　ⓒに関して，**資料**のA，Bは1885年と1899年のいずれかを示している。1899年を示しているのはA，Bのどちらか。また，その理由について述べた文として最も適当なものはどれか。

資料　日本の輸入総額に占める割合　（単位：%）

	A	B
綿　花	28.2	2.8
綿　糸	2.3	17.7

（日本貿易精覧から作成）

ア　製糸業が発展し，製品である綿糸の割合が減少しているから。

イ　紡績業が発展し，原料である綿花の割合が増加しているから。

ウ　製糸業が発展し，原料である綿花の割合が減少しているから。

エ　紡績業が発展し，製品である綿糸の割合が増加しているから。

5　ⓓに関して，このころ，非暴力・不服従を唱えて活動したガンディーについて述べた次の文の［X］，［Y］にあてはまることばの組み合わせとして最も適当なものはどれか。

［X］の民族運動の指導者であり，［Y］の支配に対する抵抗運動を展開した。

ア（X　ベトナム　　Y　イギリス）　イ（X　ベトナム　　Y　フランス）
ウ（X　インド　　Y　イギリス）　エ（X　インド　　Y　フランス）

6　ⓔ以降におこったできごとを，次のア～エから三つ選び，年代の古い順に並べよ。
ア　国交正常化した中国との関係をさらに改善するため，日中平和友好条約が締結された。
イ　経済発展の一方で社会問題化した公害に対処するため，公害対策基本法が制定された。
ウ　自作農を大幅に増やして地主と小作人の関係を解消するため，農地改革が実施された。
エ　紛争などを平和的に解決する国連の活動に協力するため，PKO 協力法が制定された。

Ⅱ	1	①		②		
	2		3			
	4	1899 年		理由		5
	6	(　　)→(　　)→(　　)				

Ⅲ　資料１には，大正時代に新しく登場したメディアがみられる。資料２は，娯楽や児童文学に関して発行されたものである。大正から昭和初期の社会において，資料１の［X］，資料２の［Y］が果たした役割を書け。ただし，［X］，［Y］にあてはまることばを使うこと。

資料１　［X］放送と家族の団らん

資料２　新しく発行された［Y］

Ⅲ	

■令和２年度問題

2　Ⅱ　次の略年表を見て，１～６の問いに答えよ。

年	主なできごと
1867	ⓐ大政奉還が行われる
1877	鹿児島の士族らが［①］戦争をおこす
1894	ⓑ日清戦争がおこる
1914	ⓒ第一次世界大戦がおこる
1972	［②］が日本に復帰する
1990	東西ドイツが統一される

（1867～1894：A，1972～1990：B）

資料１

1　表の［①］，［②］にあてはまる最も適当なことばを書け。ただし，［①］は**漢字**で書くこと。

2　**資料１**は，ⓐに関するものである。ⓐに対して，武力による倒幕をめざす勢力が天皇中心の政治にもどすために宣言したものは何か。

3　Aの時期の日本のできごとを，次のア～エから三つ選び，年代の古い順に並べよ。
ア　政府を退いていた板垣退助らが民撰議院設立建白書を政府に提出した。
イ　満 25 歳以上のすべての男子に選挙権を与える普通選挙法が成立した。
ウ　新しい政治の方針を内外に示す形で五箇条の御誓文が発布された。
エ　天皇から国民に与えるという形で大日本帝国憲法が発布された。

4　ⓑの直前に行われた条約改正について述べた次の文の［X］，［Y］にあてはまることばの組み合わせとして最も適当なものはどれか。

条約改正に消極的だった［X］は，日本が近代国家のしくみを整えたことを背景にして，日本との改正交渉に応じるようになった。政府は，［Y］外相のときに，［X］と条約を結び，領事裁判権（治外法権）の撤廃に成功した。

ア（X　イギリス　　Y　小村寿太郎）
イ（X　イギリス　　Y　陸奥宗光）
ウ（X　ロシア　　Y　小村寿太郎）
エ（X　ロシア　　Y　陸奥宗光）

資料２　物価と賃金の推移

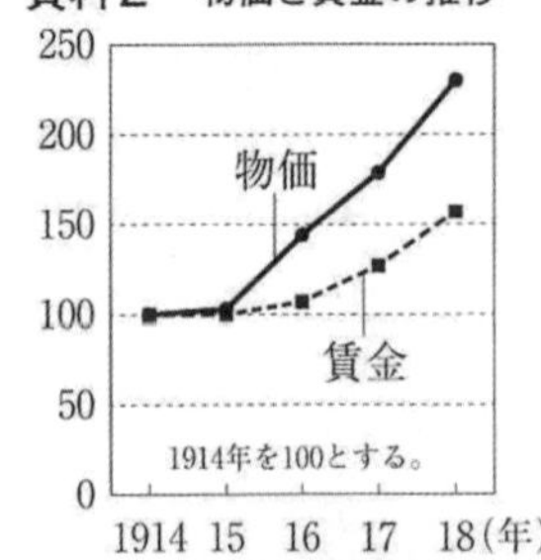

（大正政治史から作成）

5　ⓒに関して，大戦中の日本は好景気であったが，人々の生活は苦しくなった。その理由を**資料２**から読み取れることをもとにして書け。ただし，**労働者**ということばを使うこと。

6　Bの時期の世界のできごとについて述べた文として，最も適当なものはどれか。

ア　アジア・アフリカ会議がインドネシアのバンドンで開かれた。
イ　ヨーロッパ共同体加盟の12か国により、ヨーロッパ連合が発足した。
ウ　中国で共産党の毛沢東を主席とする中華人民共和国が成立した。
エ　アメリカとソ連の首脳がマルタで会談を行い，冷戦の終結を宣言した。

Ⅱ	1	①			
		②			
	2				
	3	（　　）→（　　）→（　　）	4		
	5				
	6				

Ⅲ　次の文は，ある中学生がアメリカでおこった恐慌のようすと，その後に実施された政策についてまとめたものである。**資料1**，**資料2**をもとにして，次の文の［　　］に適することばを**25字以上35字以内**で補い，これを完成させよ。ただし，**公共事業**ということばを使うこと。

> 1929年10月，ニューヨークの株式市場で株価が大暴落し，アメリカの景気は急速に悪化した。多くの企業や銀行が倒産し，失業者があふれ，恐慌は世界中に広がった。恐慌への対策として，ルーズベルト大統領は景気の回復を図るために，ニューディールという政策をかかげ［　　］。

資料1　アメリカの失業率の推移

年	失業率
1929年	3.2%
1933年	24.9%
1937年	14.3%

（マクミラン新編世界歴史統計から作成）

資料2　ニューディールによって建設中のダム

Ⅲ	（解答欄：25字以上35字以内） 25

■**令和3年度問題**

2　Ⅱ　次は，ある中学生が「日本の近現代」についてまとめたものの一部である。1～6の問いに答えよ。

> 長州藩はⓐ江戸幕府の外交政策に反対する尊王攘夷運動の中心となっていた。しかし，1864年にⓑイギリスをはじめとする四国連合艦隊からの攻撃を受け，敗北した長州藩は，列強に対抗できる強い統一国家をつくるため，幕府をたおそうと考えるようになった。

> ⓒ明治時代に政府は欧米諸国に対抗するため，富国強兵の政策を進めた。1880年代からは軽工業を中心に産業革命の時代をむかえた。重化学工業では，日清戦争後に北九州に建設された官営の［①］で1901年に鉄鋼の生産が始まった。

> 日本は1951年に48か国と［②］平和条約を結び，翌年に独立を回復した。その後もⓓさまざまな国と外交関係を築いた。経済は，1950年代半ばまでに戦前の水準をほぼ回復し，その後ⓔ高度経済成長が1970年代初めにかけて続いた。

1　［①］，［②］にあてはまる最も適当なことばを書け。

2　ⓐに関して，日本とアメリカとの間で下田，函館の2港を開港することなどを取り決めた条約を**漢字**で書け。

3　ⓑに関して，**資料**は，イギリスが関係したある戦争のようすをあらわしている。この戦争の原因についてまとめた次の文の［　　］に適することばを補い，これを完成させよ。

資料

> イギリスは，清から大量の茶を輸入していたが，自国の綿製品は清で売れず，清との貿易は赤字であった。その解消のためにイギリスは，インドで［　　］。それに対して，清が取りしまりを強化したため，イギリスは戦争をおこした。

4　ⓒに関して，この時代におこった日本のできごとを次の**ア**～**エ**から三つ選び，年代の古い順に並べよ。

ア　第1回帝国議会を開いた。
イ　財政安定のために地租改正を実施した。
ウ　ロシアとの間でポーツマス条約を結んだ。
エ　中国に対して二十一か条の要求を出した。

5　ⓓに関して，日本とある国との外交関係について述べた次の文の［X］，［Y］にあてはまることばの組み合わせとして，最も適当なものはどれか。

> 1956年，鳩山一郎内閣によって［X］が調印され，国交が回復した。しかし，この国との［Y］をめぐる問題は未解決のままである。

ア（X　日ソ共同宣言　Y　北方領土）
イ（X　日ソ共同宣言　Y　小笠原諸島）
ウ（X　日中共同声明　Y　北方領土）
エ（X　日中共同声明　Y　小笠原諸島）

6　ⓔに関して，この時期におこった世界のできごととして，最も適当なものはどれか。
　ア　国際社会の平和と安全を維持するため，国際連合が発足した。
　イ　アメリカが介入したことにより，ベトナム戦争が激化した。
　ウ　ベルリンを東西に分断していたベルリンの壁が取りこわされた。
　エ　イラクのクウェート侵攻をきっかけに，湾岸戦争がおこった。

Ⅱ	1	①		②			
	2		3				
	4	→ →	5		6		

Ⅲ　**資料**は，1914年度から1935年度にかけての日本の軍事費の推移を示したものである。Aの時期に軍事費が減少している理由として考えられることを，当時の国際情勢をふまえて書け。ただし，**第一次世界大戦**，**ワシントン会議**ということばを使うこと。

資料

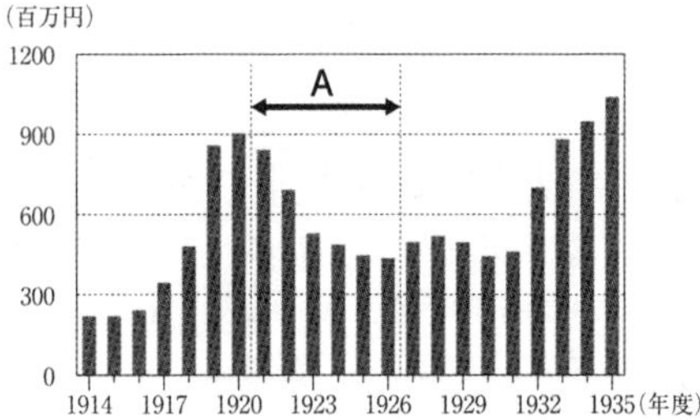

(数字で見る日本の100年から作成)

Ⅲ	

■令和４年度問題

2　Ⅱ　次の略年表を見て，１～６の問いに答えよ。

年	で　き　ご　と
1871	ⓐ岩倉使節団がアメリカに向けて出発した ―――― A
1885	内閣制度が発足し，［①］が初代内閣総理大臣となった
1902	日英同盟が結ばれた ―――― B
1914	ⓑ第一次世界大戦が始まった
1929	ニューヨークの株式市場で株価が大暴落し［②］に発展した
1951	サンフランシスコ平和条約が結ばれた ―――― C

1　［①］，［②］にあてはまる最も適当な人名とことばを書け。

2　ⓐが1871年に出発し，1873年に帰国するまでにおきたできごととして最も適当なものはどれか。
　ア　王政復古の大号令の発表　　イ　日米和親条約の締結
　ウ　徴兵令の公布　　　　　　　エ　大日本帝国憲法の発布

3　AとBの間の時期に「たけくらべ」，「にごりえ」などの小説を発表し，現在の５千円札にその肖像が使われていることでも知られている人物はだれか。

4　ⓑに関して，**資料**は，この大戦前のヨーロッパの国際関係を模式的に示したものである。**資料**中の［③］にあてはまる最も適当なことばを書け。

資料

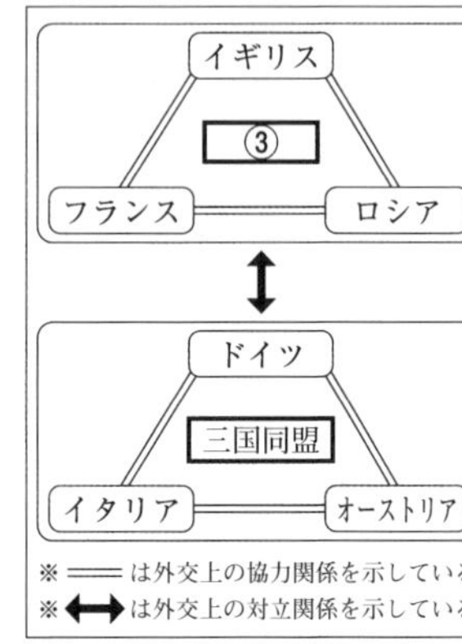

5　BとCの間の時期に活動した人物について述べた次の文X，Yについて，それぞれの文に該当する人物名の組み合わせとして最も適当なものはどれか。
　X　国際連盟本部の事務局次長として，国際平和のためにつくした。
　Y　物理学者で，1949年に日本人として初のノーベル賞を受賞した。
　ア　（X　新渡戸稲造　　Y　湯川秀樹）　イ　（X　吉野作造　　Y　湯川秀樹）
　ウ　（X　新渡戸稲造　　Y　野口英世）　エ　（X　吉野作造　　Y　野口英世）

6　C以降におこったできごとを，次のア～エから三つ選び，年代の古い順に並べよ。
　ア　石油危機の影響で物価が上昇し，トイレットペーパー売り場に買い物客が殺到した。
　イ　満20歳以上の男女による初めての衆議院議員総選挙が行われ，女性議員が誕生した。
　ウ　男女雇用機会均等法が施行され，雇用における男女間の格差の是正がはかられた。
　エ　アジア最初のオリンピックが東京で開催され，女性選手の活躍が話題となった。

Ⅱ	1	①		②		
	2		3		4	
	5		6	→ →		

Ⅲ　第二次世界大戦後には農地改革が行われ，**資料１**，**資料２**にみられるような変化が生じた。農地改革の内容を明らかにしたうえで，その改革によって生じた変化について書け。ただし，**政府**，**地主**，**小作人**ということばを使うこと。

資料１　自作地と小作地の割合

資料２　自作・小作の農家の割合

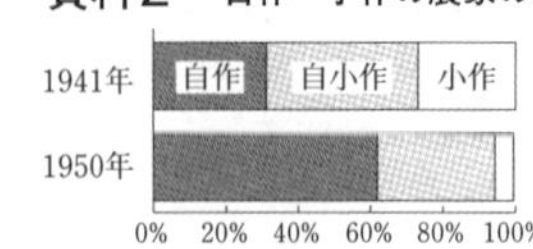

※資料２の補足
「自　作」：耕作地の90％以上が自己所有地の農家
「自小作」：耕作地の10％以上90％未満が自己所有地の農家
「小　作」：耕作地の10％未満が自己所有地の農家

（近現代日本経済史要覧から作成）

Ⅲ	

地理・歴史混合

■平成27年度問題

2 Ⅲ　次の１，２の問いに答えよ。

1　**図１**について，５％以上の経済成長率が続き，年平均経済成長率が10％程度となった時期の日本経済の状態を何というか，**漢字６字**で書け。

2　**図１**と同じころの市部（「市」に属する地域）と郡部（「郡」に属する地域）の人口について，それぞれどのような状況になったか**図２**，**表**をもとにして説明せよ。

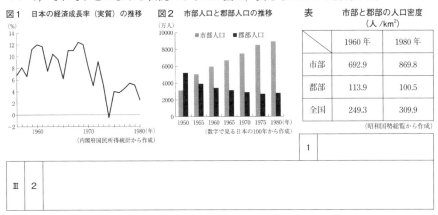

図１　日本の経済成長率（実質）の推移

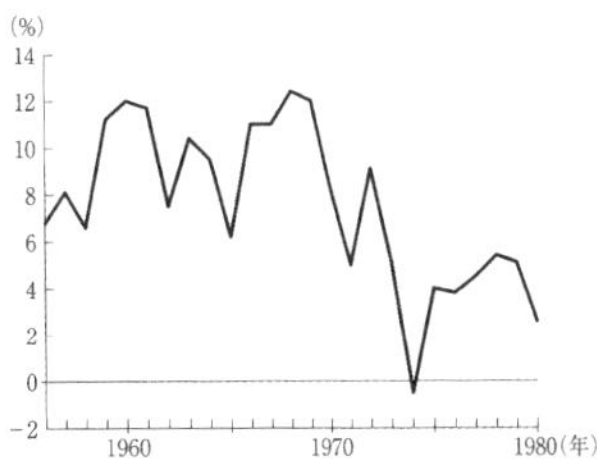

（内閣府国民所得統計から作成）

図２　市部人口と郡部人口の推移

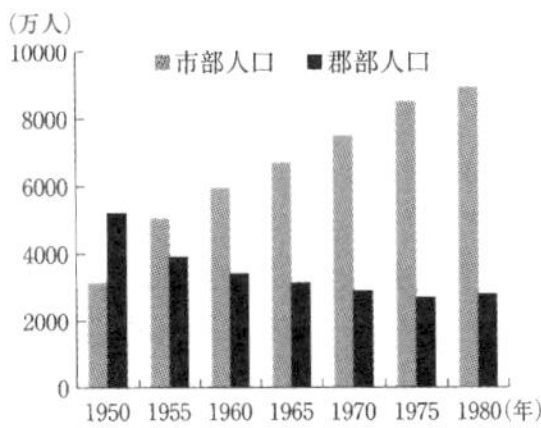

（数字で見る日本の100年から作成）

表　市部と郡部の人口密度（人/km²）

	1960年	1980年
市部	692.9	869.8
郡部	113.9	100.5
全国	249.3	309.9

（昭和国勢総覧から作成）

Ⅲ	1	
	2	

■平成28年度問題

2 Ⅲ　下の**地形図**は札幌市の山鼻地区の一部である。**地形図**に見られる土地区画の特徴について，**資料１**，**資料２**をもとに説明せよ。ただし，**資料１**の［　　］に入る**漢字３字**のことばを使うこと。

地形図

（1:25,000地形図「札幌」の一部を編集）

資料１　札幌市に関する年表

年	主なできごと
1869年	開拓使が設置され，蝦夷地を北海道と改称
1876年	山鼻地区に北海道の開拓と防備の役割を兼ねた［　　］が入植

資料２　開拓のようす

Ⅲ	

■平成29年度問題

1 Ⅲ　次の**資料１**，**資料２**は，**写真**の史跡の位置を示した地形図であり，**資料１**，**資料２**の縮尺は２万５千分の１，５万分の１のいずれかである。２万５千分の１の縮尺の地形図は，**資料１**，**資料２**のどちらか。解答欄のあてはまる方を◯で囲め。また，**写真**の史跡は，13世紀に九州北部に築かれたものを復元した史跡である。13世紀にはどのような目的でつくられたかを書け。

資料１

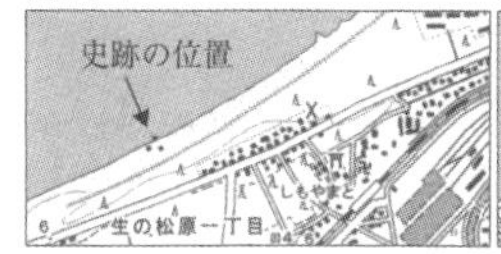

資料２

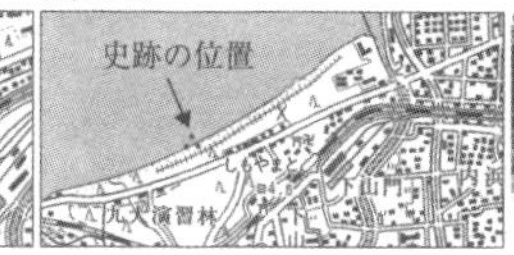

写真

Ⅲ	（縮尺）	**資料１**　**資料２**
	（目的）	

■平成30年度問題

2 Ⅲ　**A**，**B**は，ある中学生が日本の工業の近代化の歴史をまとめたカードの一部である。**A**，**B**には，それぞれ生産性を高めるためにどのような工夫がみられるかを書け。ただし，**分担**，**西洋**及び**B**のカードの［　　］にあてはまることばを使うこと。

A　江戸時代後半，下の絵のように綿織物がつくられた。

B　明治時代前半の1872年，群馬県に官営模範工場として［　　］が設けられ，下の絵のように生糸がつくられた。

Ⅲ	

公民（政治）

■平成26年度問題

3　次の問いに答えなさい。答えを選ぶ問いについては一つ選び，その記号を書きなさい。

Ⅰ　次の文を読み，１～６の問いに答えよ。

> A　国会は，国権の最高機関であって，唯一の［　　］機関とされ，国民からⓐ選挙された議員によって構成されている。
>
> B　ⓑ内閣は，内閣総理大臣とその他の国務大臣によって組織されている。内閣の重要方針は閣議で決定され，国務大臣は各省庁の長として行政の仕事を行っている。
>
> C　私たちが自由に人間らしく生きていくことができるように，自由権，平等権，社会権などのⓒ基本的人権が保障されている。
>
> D　日本経済が成長をとげるにつれて，環境破壊などの問題がおきてきた。そのため，ⓓ環境保全対策が国や地方公共団体の重要な課題となり，環境基本法などが定められている。
>
> E　世界有数の経済大国である日本は，政府開発援助（ODA）の提供やⓔ青年海外協力隊の派遣などを通して，国際社会において大きな役割を果たしている。

1　［　　］にあてはまる最も適当なことばを書け。

2　ⓐについて述べた次の文の［　X　］，［　Y　］に適することばを補い，これを完成させよ。

> 現在，衆議院議員の総選挙は，［　X　］する小選挙区制と，得票に応じて政党に議席が配分される［　Y　］制を組み合わせた制度で実施されている。

3　ⓑに関して，国民の意思を代表する国会の信任にもとづいて内閣がつくられ，内閣が国会に対して連帯して責任を負う制度を何というか。また，図１の［　①　］，［　②　］にあてはまる組み合わせはどれか。

図１　国会と内閣の関係

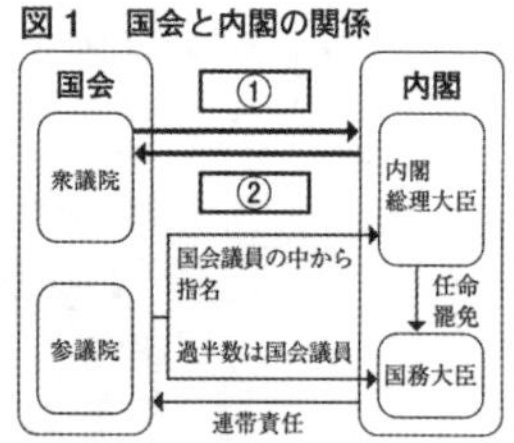

ア　（①　内閣信任・不信任の決議　　②　違憲立法審査）
イ　（①　内閣信任・不信任の決議　　②　衆議院解散の決定）
ウ　（①　弾劾裁判所の設置　　②　違憲立法審査）
エ　（①　弾劾裁判所の設置　　②　衆議院解散の決定）

4　ⓒに関して述べた文として，正しいものはどれか。
ア　経済活動の自由には，職業選択の自由，財産権の保障，表現の自由などがある。
イ　精神の自由には，思想・良心の自由，学問の自由，居住・移転の自由などがある。
ウ　社会権には，生存権，教育を受ける権利，勤労の権利などがある。
エ　労働三権には，請願権，団体交渉権，団体行動権の三権がある。

5　ⓓに関して，環境アセスメントについて，**開発**，**調査**ということばを使って説明せよ。

6　ⓔについて，図２，図３から読み取れる青年海外協力隊の活動の特徴を書け。

図２　地域別派遣割合

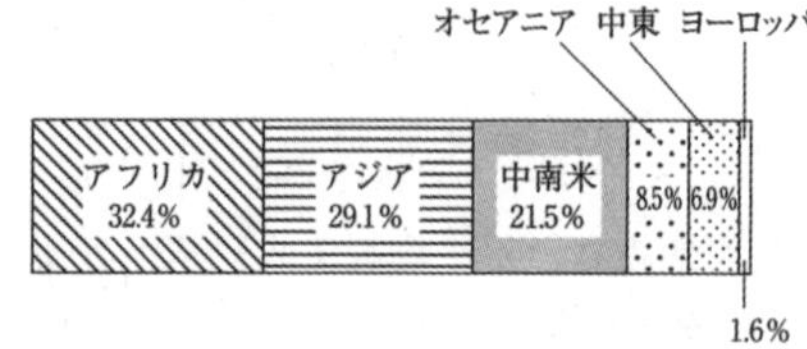

図３　分野別派遣割合

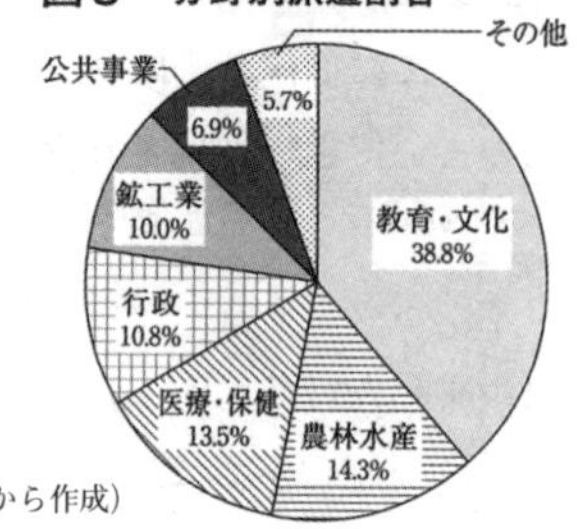

（図２，図３は，国際協力機構資料から作成）

Ⅰ	1				
	2	X			
		Y			
	3	（制度）	（記号）	4	
	5				
	6				

■平成27年度問題

3　Ⅰ　次は，ある中学校における社会科の授業のようすである。１～６の問いに答えよ。

写真

> 先　生：この写真は何をしているようすでしょうか。
> Aさん：ⓐ国会の写真です。委員会での審議のようすです。
> 先　生：そのとおりです。国会はⓑ選挙によって選ばれた国会議員で構成され，本会議や委員会における議論を通じて国民の意見や考えを政治に反映させる役割を担っています。
> Bさん：でも，意見や考えが違うと，議論によって対立が生まれると思います。
> 先　生：そうですね。確かに意見や考えが異なることによって対立が生じることもあります。国会以外ではどのようなところで対立が生じることがありますか。
> Cさん：ⓒ地方自治や学校の生徒会活動の中で意見の対立がおこることがあります。
> Bさん：ⓓ裁判や世界規模でおきるⓔ国家間の紛争もあると思います。
> Aさん：でも私は，たとえ対立があったとしてもⓕ議論を深めながら合意をめざしていくことによって，それを解消できるのではないかと思います。
> 先　生：いいところに気がつきましたね。では，授業の中で議論や合意についてもっと考えてみましょう。

1　ⓐの役割について述べた文として，最も適当なものはどれか。

ア　外国と交渉して条約を締結する。　イ　国民審査を行い，裁判官を弾劾する。

ウ　憲法改正や法律を公布する。　エ　国の予算を審議し，議決する。

2　ⓑについて，現在の日本では，原則として，性別や納税額にかかわりなく一定年齢以上のすべての国民に選挙権が与えられている。選挙におけるこの原則を何というか。**漢字４字**で書け。

3　ⓒに関して，地方自治の財政面の現状について述べた次の文の［X］，［Y］にあてはまることばの組み合わせはどれか。

> 地方公共団体の歳入は，地方税だけでなく，公共事業など特定の事業を行うために国から支払われる［X］などに依存している。そこで，［Y］を進めるために，財源を国から地方に移す取り組みも行われている。

ア（X　国庫支出金　Y　地方分権）　イ（X　国庫支出金　Y　中央集権）

ウ（X　地方交付税　Y　地方分権）　エ（X　地方交付税　Y　中央集権）

4　ⓓに関して，現在の日本の刑事裁判の一部では，抽選で選ばれた一般の国民が裁判に参加する制度が導入されている。この制度を何というか。

5　ⓔに関して，国家間の紛争の解決をめざして活動する国際連合の機関が，安全保障理事会である。**資料１**は安全保障理事会で行われた，ある国に対する制裁決議案の採決の結果を示している。この決議案は可決されたか，否決されたか。解答欄のあてはまる方を◯で囲め。また，そのように判断した理由を説明せよ。

資料１

賛成	アメリカ合衆国，イギリス，コスタリカ，クロアチア，イタリア，ブルキナファソ，パナマ，フランス，ベルギー（９か国）
反対	中国，ベトナム，南アフリカ共和国，リビア，ロシア（５か国）
棄権	インドネシア（１か国）

（2008年の国際連合文書から作成）

資料２

> ◯◯市では，民間会社の一部のバス路線が利用者の減少によって廃止されたので，市議会で審議した結果，市がバスを新たに運行する取り組みを行っています。

6　ⓕに関して，このことを実現させるための考え方として「効率」と「公正」がある。**資料２**は，授業を受けたAさんが，その具体的な例として，自分の住む市で実施されている取り組みについてまとめたものである。この市の取り組みが「公正」の考え方に基づいていると判断できる理由を説明せよ。

I	1		2		3	
	4	制度				
	5	可決　否決				
		（理由）				
	6					

■平成28年度問題

3　I　次は，ある中学生が社会科の授業で「民主政治と政治参加」について発表したときの原稿と，そのとき用いた資料である。１～６の問いに答えよ。

〈原稿〉

> 皆さんは，公職選挙法が改正されて選挙権を行使できる年齢が［　］歳以上に引き下げられたことを知っていますか。配布した資料のような投票用紙を用いてA国会議員を選ぶことになります。この他にも，B地方議会の議員を選ぶことでⓐ地方自治に参加したり，C憲法改正の国民投票を行ったり，ⓑ司法権を担うD最高裁判所裁判官の国民審査を行ったりすることなどができるようになります。
>
> ところで，［　］歳というと，先のことと考える人もいるかもしれません。しかし中学生のうちから，ⓒ社会保障や雇用，環境問題など社会への関心を高めて自分自身の意見や考えをもつことは大切です。ⓓすべての人が安心して暮らせる社会を実現できるように，私たちも主権者として公正な判断をするための準備をしていきましょう。

〈資料〉

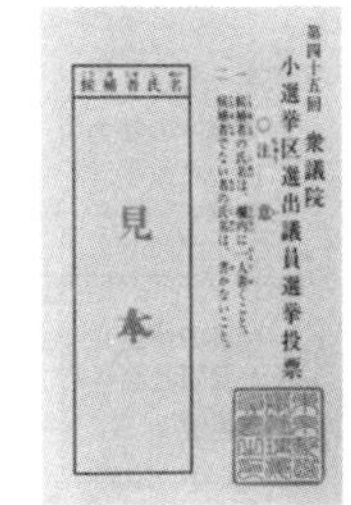

1　［　］にあてはまる同一の数を書け。

2　国民が政治に参加するしくみには，直接民主制と間接民主制がある。原稿中A～Dの政治参加の方法のうち，直接民主制の趣旨によるものの組み合わせとして最も適当なものはどれか。

ア　AとB　イ　BとC　ウ　CとD　エ　AとD

3　ⓐに関して，図は，地方自治における住民参加についてまとめたものである。［X］，［Y］にあてはまることばの組み合わせとして最も適当なものはどれか。

ア（X　賠償請求権　Y　NGO）

イ（X　賠償請求権　Y　NPO）

ウ（X　直接請求権　Y　NGO）

エ（X　直接請求権　Y　NPO）

図

地方議会の議員や地方公共団体の長である首長の選挙に参加する。

［X］に基づき条例の制定や監査請求などを求める署名に参加する。

住民

特定の問題について地方議会が実施を定めた住民投票に参加する。

まちづくり活動などを行う［Y］（非営利組織）の活動に参加する。

4　ⓑに関して，**資料１**は，わが国で行われている司法制度改革についてまとめたものである。なぜ下線部の改革が求められているのか，**資料２**からわかることを書け。

資料１　わが国の司法制度改革

> ◯**国民の期待に応える司法制度の構築**
> 裁判の迅速化，総合法律支援の整備など
> ◯**司法制度を支える法曹の在り方の改革**
> 法曹人口の拡大，新しい法曹養成制度の導入など
> ◯**国民的基盤の確立（国民の司法参加）**
> 裁判員制度の導入など

資料２　各国の人口10万人あたりの法曹人口（2013年）

（単位：人）

	日本	アメリカ	ドイツ
裁判官	3.0	10.1	25.2
検察官	2.2	10.2	6.5
弁護士	27.6	376.0	202.5

※法曹とは，裁判官・検察官・弁護士のことである。

（内閣官房の資料などから作成）

5　ⓒに関して，国や地方公共団体が行う社会保障制度の根拠となっている憲法上の権利として最も適当なものはどれか。

ア　請願権　　イ　生存権　　ウ　団結権　　エ　知る権利

6　ⓓに関して，鹿児島県では公共施設や店舗などにおいて，**資料3～資料5**のような配慮がなされている駐車場がみられる。**資料3～資料5**から読み取れる配慮の内容を説明せよ。

資料3

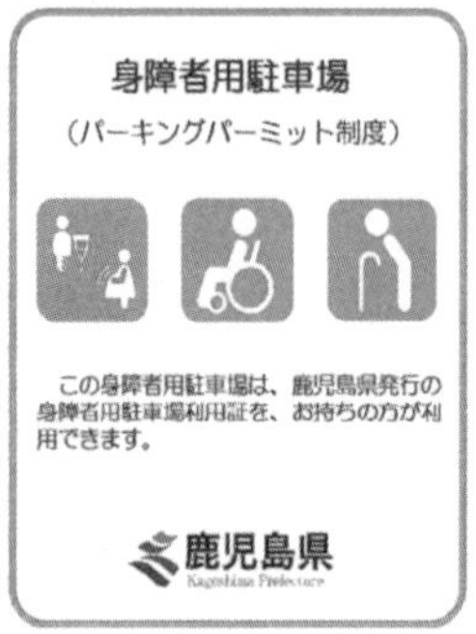

身障者用駐車場
（パーキングパーミット制度）
この身障者用駐車場は，鹿児島県発行の身障者用駐車場利用証を，お持ちの方が利用できます。
鹿児島県

資料4

資料5

I	1		2		3		5	
	4							
	6							

■平成29年度問題

3　I　次は，ある中学校の社会科の授業で，生徒たちが班ごとに関心をもったテーマについて調べたことをまとめたレポートの一部である。1～6の問いに答えよ。

1班　冷戦後に多発している地域紛争の影響 地域紛争により住んでいた土地を離れて周辺国に逃れた□の保護が課題である。	**2班　日本国憲法における国会のしくみ** 両院の議決が異なった場合に，政治が停滞しないようにⓐ衆議院の優越が定められている。
3班　情報化の進展とプライバシーの権利 プライバシーの権利をめぐる社会環境の変化からⓑ個人情報保護制度が設けられた。	**4班　わが国のⓒ行政改革** 1府12省庁に中央省庁の組織が再編されるなど，よりよい行政のあり方がめざされてきた。
5班　人権思想の発展とⓓ社会権 人が人間らしく生活できるように保障することも，国の役割と考えられるようになった。	**6班　ⓔ京都議定書からパリ協定へ** 気候変動枠組条約の締約国会議では，各国の協力のあり方が課題となってきた。

1　□にあてはまる最も適当なことばを**漢字2字**で書け。

2　ⓐのしくみについて，衆議院の出席議員の3分の2以上の賛成で再可決した場合に限り，衆議院の議決が優先して成立する事項はどれか。

ア　内閣総理大臣の指名　　イ　予算の議決　　ウ　法律案の議決　　エ　条約の承認

3　ⓑについて述べた文として，最も適当なものはどれか。

ア　行政機関のもつ情報の公開を行うことで，国民への説明責任を果たすことが定められた。

イ　公的機関だけではなく民間事業者にも，氏名や住所などの情報の保護が義務づけられた。

ウ　地方公共団体から独立した人や組織により，住民の苦情などを調査する制度が導入された。

エ　法的なトラブルの解決に必要な情報の提供を行うため，法テラスが全国に設けられた。

4　ⓒについて述べた次の文の［X］，［Y］にあてはまることばの組み合わせとして，最も適当なものはどれか。

政府関係の組織や団体の［X］を進め，経済活動への［Y］を行った。

ア（X　国営化　　Y　規制の強化）　　イ（X　国営化　　Y　規制の緩和）
ウ（X　民営化　　Y　規制の強化）　　エ（X　民営化　　Y　規制の緩和）

5　ⓓは，20世紀にはいり，国が国民に保障するべき権利であると考えられるようになり，ワイマール憲法で初めて保障された。この人権が，各国で保障されるようになった背景について述べた次の文の□に適することばを補い，これを完成させよ。

19世紀には経済活動の自由が強調され，資本主義経済が発達した結果，人々の間に□状況が発生した。

6　ⓔに関して，**資料**は，2009年から国土交通省が，通勤手段についてある取り組みを行っている企業などに使用を認めているロゴマークである。その取り組みにより，解決がめざされる地球環境問題を書け。また，この取り組みにより通勤手段が具体的にどのように変わり，そのことがどのような効果をもたらして地球環境問題の解決につながるかを説明せよ。

資料

I	1		2	
	3		4	
	5			
	6	（地球環境問題）		
		（説明）		

■平成31年度問題

3 Ⅰ　次は，ある中学生が日本国憲法について書いたレポートの一部である。１～６の問いに答えよ。

> ⓐ日本国憲法は，第二次世界大戦後，大日本帝国憲法を改正する手続きをへて成立しました。この憲法は，欧米の近代の憲法と同じようにⓑ立憲主義の考え方にもとづいてつくられており，政治が人の支配によってではなく，法の支配にもとづいて行われることが求められています。
>
> 前文には，この憲法が制定された理由や目的が書かれており，国民主権，基本的人権の尊重，平和主義の三つの基本原理から成り立っていることがわかります。基本的人権は，平等権，自由権，ⓒ社会権，参政権などに分けることができ，侵すことのできない永久の権利とされています。
>
> また，政治のしくみについては，国の権力は立法，行政，ⓓ司法の三権に分けられ，それぞれ国会，ⓔ内閣，裁判所が担当する三権分立を採用しています。この中でも国会は，国民がⓕ選挙によって選んだ，国民の代表者である国会議員によって構成されており，国権の最高機関と位置づけられています。私たち国民が，主権者として選挙で投票し，自分の意見や考えを政治に反映させていくことが大切だと思います。

1　ⓐに関して，次の条文の□にあてはまる同一のことばを**漢字**で書け。

> 第１条　天皇は，日本国の□であり日本国民統合の□であつて，この地位は，主権の存する日本国民の総意に基く。

2　ⓑに関して，**資料１**は，人の支配と法の支配を模式的に示したものである。**資料１**を参考にして，法の支配について述べた次の文の［Ｘ］に適することばを補い，これを完成させよ。

> 法の支配における法の役割は，［Ｘ］ために政府の権力を制限することである。

資料１

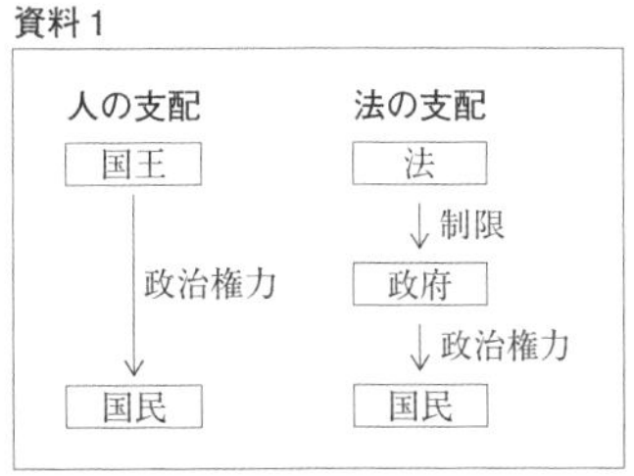

3　ⓒについて，社会権に含まれる権利の一つとして最も適当なものはどれか。

ア　財産権　　イ　団結権　　ウ　請願権　　エ　黙秘権

4　ⓓに関して，日本の司法制度について述べた文として正しいものはどれか。

ア　下級裁判所として，地方裁判所，家庭裁判所，簡易裁判所の３種類が設置されている。
イ　国民から不適任であると訴えられた国会議員について，弾劾裁判を行うことができる。
ウ　三審制がとられており，判決に不服があれば控訴し，さらに上告することができる。
エ　国民が参加して民事裁判や刑事裁判を行う裁判員制度が，2009年から行われている。

5　ⓔに関して，わが国では議院内閣制が採用されている。議院内閣制とはどのようなしくみかを，**30字以上40字以内**で書け。ただし，**信任，責任**ということばを使うこと。

6　ⓕに関して，**資料２**は，比例代表制のしくみを理解するために作成したものである。ドント式で議席を配分した場合，Ｂ党の当選者数は何人か。また，小選挙区制と比較した比例代表制の特徴を，解答欄の書き出しのことばに続けて書け。ただし，**票，意見**ということばを使うこと。

資料２　定数４人の選挙区の各政党の得票数

政党名	Ａ党	Ｂ党	Ｃ党
候補者数	４人	３人	２人
得票数	1200票	900票	480票

Ⅰ				
	1		2	
	3		4	
	5			
	6	当選者数	人	
		特徴	小選挙区制に比べ	

■令和２年度問題

3 Ⅰ　次は，ある中学生が「さまざまな議場」について調べたことをまとめたレポートの一部である。１～６の問いに答えよ。

これは，衆議院の本会議が開かれるところです。正面中央に議長席と演壇があり，その左右にⓐ内閣総理大臣や国務大臣の席があります。ⓑ衆議院及び参議院は，それぞれ，ⓒ主権者である国民を代表する選挙で選ばれた議員で組織されます。

これは，鹿児島県議会の本会議場です。国会が衆議院と参議院で構成されているのに対して，地方公共団体の議会は一院制が採用されています。ここで地方公共団体独自のきまりである□を定めたり，予算を議決したりします。

これは，ⓓ国際連合の主要機関である総会のようすです。総会はすべての加盟国で構成されています。年１回定期的に開かれ，ⓔ世界のさまざまな問題について討議します。総会では，主権平等の原則に従って，すべての加盟国が平等に１票の議決権をもっています。

1　レポート中の□にあてはまる最も適当なことばを書け。

2　ⓐに関して，内閣の仕事や権限として最も適当なものはどれか。

ア　憲法改正の発議　　イ　予算の議決　　ウ　条約の締結　　エ　弾劾裁判所の設置

3　ⓑに関して，法律案などについて両議院の議決が一致しない場合には，憲法上一定の要件のもとに衆議院の議決を優先させることが認められているが，その理由として考えられることを**資料1**を参考にして書け。ただし，**国民**ということばを使うこと。

資料1　衆議院と参議院の比較(2019年参議院議員通常選挙時点)

	衆議院	参議院
議員定数	465人	248人
任　期	4年 ただし解散のときは任期中でも資格を失う	6年 3年ごとに半数が改選される
解　散	あり	なし

4　ⓒに関して，国民が主権者として正しい判断を行うために必要であるとして主張されるようになった新しい人権として最も適当なものはどれか。

ア　社会権　　イ　参政権　　ウ　プライバシーの権利　　エ　知る権利

5　ⓓについて，**資料2**の X にあてはまる，国と国との争いを法に基づいて解決するなどの役割を担う機関の名称を書け。

資料2　国際連合の主要機関

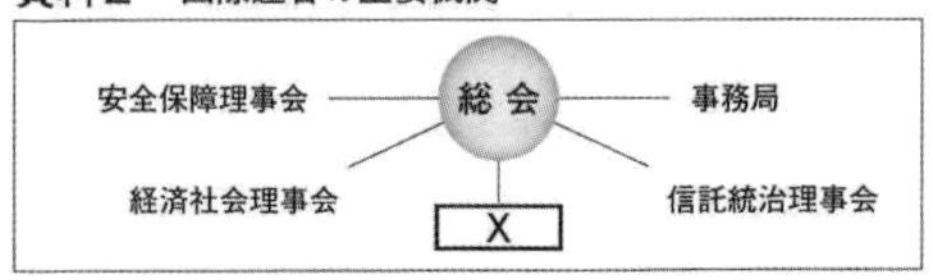

6　ⓔの一つに地球温暖化問題があげられる。2015年に採択されたパリ協定では，発展途上国を含むすべての参加国が温室効果ガスの削減目標を定め，地球温暖化を抑える対策をすすめることで合意した。しかし，合意するまでには，排出削減をめぐり先進国と発展途上国の間で意見の対立もあり長い時間がかかった。**資料3**のような意見に対して，発展途上国は，どのような意見を述べていたと考えられるか。**資料4**をもとにして書け。

資料3　温室効果ガスの排出削減をめぐる先進国の主な意見

地球温暖化は人類共通の課題である。発展途上国の中にも急速な工業化で温室効果ガスを多く排出している国もあり，すべての国が排出削減を行うべきである。

資料4　二酸化炭素の累積排出量（1850～2005年）の割合

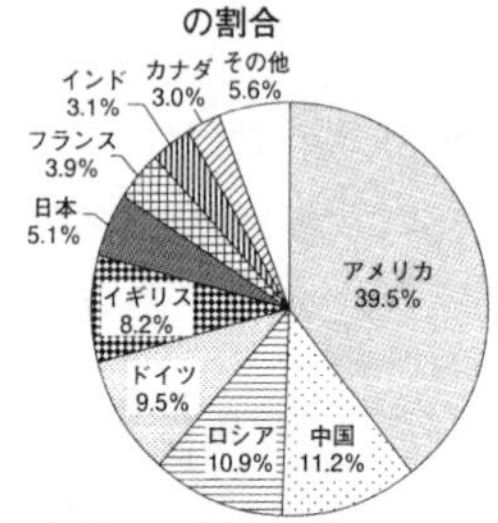

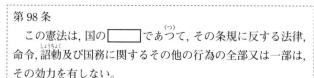

（独立行政法人国際協力機構の資料から作成）

I	1		2	
	3			
	4		5	
	6			

■令和3年度問題

3　I　次は，ある中学生が社会科の授業で「日本国憲法の三つの基本原理」について学習した際の振り返りシートの一部である。1～5の問いに答えよ。

■学習を通してわかったこと

国民主権	基本的人権の尊重	平和主義
ⓐ日本国憲法では，主権者は私たち国民であり，国民が政治のあり方を決める力をもっていることが示されています。	私たちが自由に人間らしく生きていくことができるように，平等権，自由権，社会権などのⓑ基本的人権が侵すことのできない永久の権利として保障されています。	ⓒ第二次世界大戦での経験をふまえ，日本国憲法は，戦争を放棄して世界の恒久平和のために努力するという平和主義をかかげています。

■学習を終えての感想

先日，ⓓ県知事選挙が行われました。私も18歳になったらⓔ選挙で投票することができます。主権者の一人として政治や社会のことに関心をもち，お互いの人権が尊重され，平和な社会が実現できるように行動していこうと思いました。

1　ⓐに関して，次は日本国憲法の一部である。[ ]にあてはまる最も適当なことばを，**資料1**を参考にして書け。

第98条
この憲法は，国の[ ]であ(つ)つて，その条規に反する法律，命令，詔勅(しょうちょく)及び国務に関するその他の行為の全部又は一部は，その効力を有しない。

資料1　法の構成

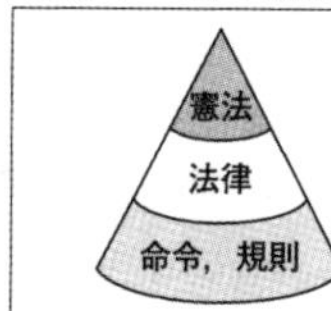

憲法を頂点として，すべての法が位置づけられている。

2　ⓑに関して，次の**ア**～**ウ**は，人権保障のあゆみの中で重要なことがらについて説明したものである。**ア**～**ウ**を年代の古い順に並べよ。

ア　「人間に値する生存」の保障などの社会権を取り入れたワイマール憲法が制定された。

イ　人権を保障するために各国が守るべき基準を明らかにした世界人権宣言が採択された。

ウ　人は生まれながらに自由で平等な権利をもつことをうたったフランス人権宣言が出された。

3　ⓒに関して，日本は，核兵器による被爆国として，非核三原則をかかげている。その三原則を，解答欄の書き出しのことばに続けて書け。

4　ⓓに関して，知事の選出方法は，内閣総理大臣の選出方法とは異なっている。知事と内閣総理大臣の選出方法の違いについて，解答欄の書き出しのことばに続けて書け。

5　ⓔに関して，**資料２**は，先生が，授業で示したある仮想の議会における選挙について黒板にまとめたものである。**資料２**から読み取れることとして，最も適当なものは下の**ア**～**エ**のうちどれか。

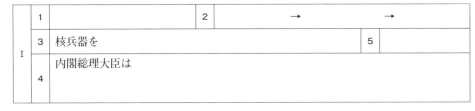

資料２

ある仮想の議会における選挙

議員定数は５人であり，小選挙区制によって選出するものとします。

三つの政党が選挙区Ⅰ～Ⅴにそれぞれ１人の候補者を立て，ほかに候補者はいなかったものとします。

投票率は有権者数に対する投票者数の割合です。ただし，各選挙区の投票者数は得票数の合計と等しいものとします。

選挙の結果

選挙区	有権者数	各候補者の得票数		
		○○党	△△党	□□党
Ⅰ　区	1000人	320票	200票	120票
Ⅱ　区	800人	200票	220票	100票
Ⅲ　区	500人	170票	50票	30票
Ⅳ　区	750人	150票	180票	40票
Ⅴ　区	950人	360票	150票	110票
合　計	4000人	1200票	800票	400票

ア　過半数の議席を獲得する政党はない。
イ　選挙区間の一票の格差は最大２倍である。
ウ　すべての政党が議席を獲得できる。
エ　すべての選挙区をあわせた投票率は70％である。

Ⅰ	1		2	→　→
	3	核兵器を	5	
	4	内閣総理大臣は		

■令和４年度問題

3　Ⅰ　次は，ある中学生が日本国憲法について授業で学んだことをノートにまとめたものである。１～６の問いに答えよ。

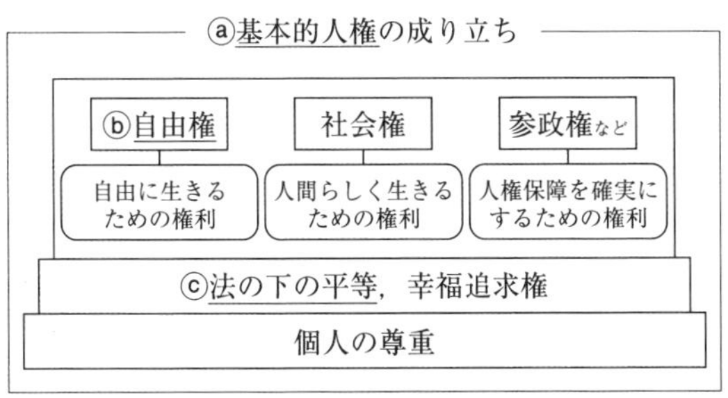

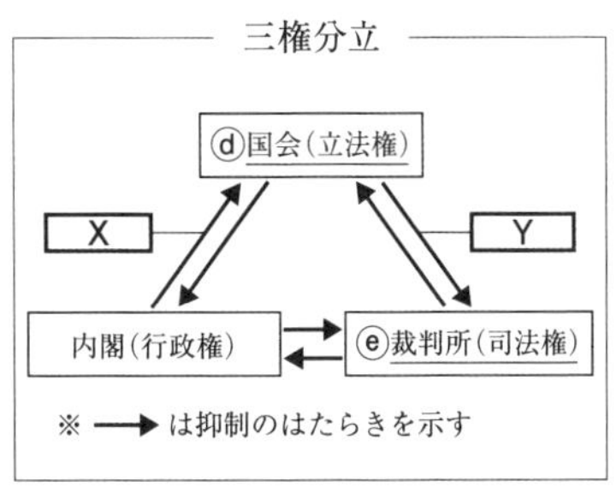

1　ⓐに関して，次は日本国憲法の条文の一部である。［　　］にあてはまることばを書け。

第12条　この憲法が国民に保障する自由及び権利は，国民の不断の努力によつて，これを保持しなければならない。又，国民は，これを濫用してはならないのであつて，常に［　　］のためにこれを利用する責任を負ふ。

2　ⓑに関して，身体の自由の内容として最も適当なものはどれか。
ア　財産権が不当に侵されることはない。
イ　裁判を受ける権利を奪われることはない。
ウ　通信の秘密を不当に侵されることはない。
エ　自己に不利益な供述を強要されることはない。

3　ⓒに関して，言語，性別，年齢，障がいの有無にかかわらず，あらかじめ利用しやすい施設や製品などをデザインすること，またはそのようなデザインを何というか。

4　ⓓに関して，次の文は，国会が衆議院と参議院からなる二院制をとっている目的について述べたものである。文中の［　　］に適することばを補い，これを完成させよ。

定数や任期，選挙制度が異なる議院を置くことで，［　　］。また，慎重な審議によって一方の議院の行きすぎを防ぐこともできる。

5　［X］，［Y］にあてはまることばの組み合わせとして最も適当なものはどれか。
ア　（X　衆議院の解散　　Y　国民審査）
イ　（X　法律の違憲審査　　Y　弾劾裁判所の設置）
ウ　（X　衆議院の解散　　Y　弾劾裁判所の設置）
エ　（X　法律の違憲審査　　Y　国民審査）

6　ⓔに関して，**資料**はある地方裁判所の法廷のようすを模式的に示したものである。この法廷で行われる裁判について述べた文として最も適当なものはどれか。
ア　お金の貸し借りなどの個人と個人の間の争いを解決する。
イ　国民の中から選ばれた裁判員が参加する場合がある。
ウ　和解の成立によって裁判が途中で終わることがある。
エ　被害者が法廷に入り被告人に直接質問することはない。

資料

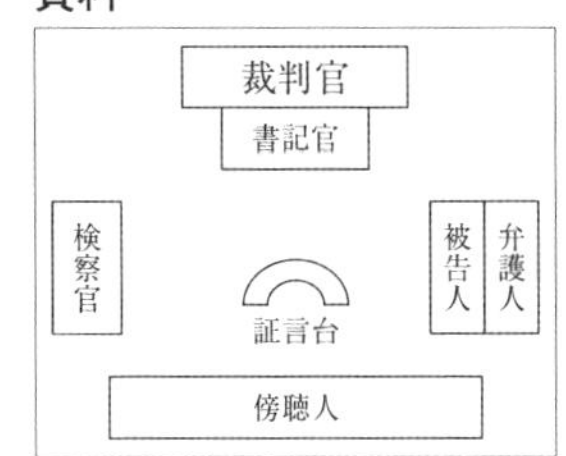

Ⅰ	1		2	
	3		4	
	5		6	

公民（経済・現代社会）

■平成26年度問題

3 Ⅱ　次は，ある中学生が新聞の見出しとその内容をまとめたものである。１～６の問いに答えよ。

富士山　世界遺産に登録
　カンボジアで開かれた ⓐ世界遺産委員会で決定し、国内17件目の登録となった。

化粧品会社 ⓑ製品自主回収
　化粧品使用による健康被害にともなう治療費を、会社側が全額負担することを表明した。

ⓒ為替相場　１ドル＝１００円突破
　アメリカの景気回復への期待からドルが買われ、４年ぶりの水準となった。

日本銀行の新総裁「物価２％上昇を目指す」
　ⓓ金融の緩和を進め、大量の資金を市場に供給する方針を示した。

ⓔ消費税　４月から８％に引き上げ
　消費税率引き上げは、１９９７年に３％から現行の５％に引き上げて以来、17年ぶり。

一般会計　過去最大95兆円規模
　来年度の ⓕ一般会計予算において、税収は7年ぶりの高水準を見込むが、歳出増加にともなう国債発行残高も膨らむ。

1　ⓐに関して，文化財保護などの活動を行っている国際連合の機関名を**カタカナ四字**で書け。

2　ⓑに関して，欠陥商品によって消費者が被害を受けた場合，企業の過失を証明できなくても，損害賠償を求めることができる法律が 1994 年に成立した。この法律を何というか。

3　ⓒに関して，図１について述べた次の文の［　X　］，［　Y　］にあてはまることばの組み合わせはどれか。

図１　アメリカドル（１ドル）に対する円の為替相場の推移

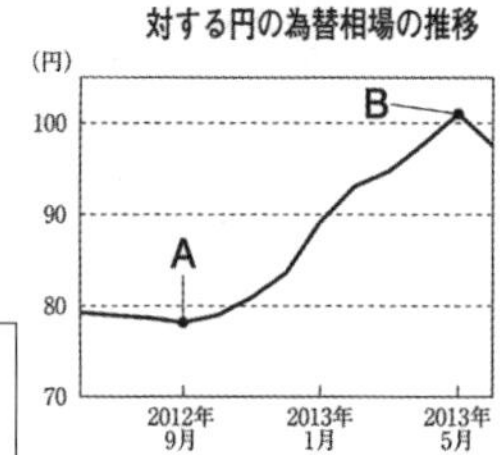

（日本銀行資料から作成）

> 為替相場がＡからＢに変化するような状況を［　X　］といい，輸出品の価格が［　Y　］ので，輸出に有利になる。

ア（X　円安　Y　上がる）　イ（X　円安　Y　下がる）
ウ（X　円高　Y　上がる）　エ（X　円高　Y　下がる）

4　ⓓに関して述べた文として，正しいものはどれか。
ア　紙幣を発行する権限は，日本銀行と都市銀行に認められている。
イ　企業が株式を発行して，市場から資金を調達する方法を間接金融という。
ウ　日本銀行は，不況のときに国債を売ることで市場の資金量を増やす。
エ　金融機関の種類には，銀行のほかに証券会社や保険会社などがある。

5　ⓔについて，私たちが商品を買うときに支払う消費税は，税金を納める人と負担する人が異なる。このようなしくみの税を何というか。

6　ⓕに関して，⑴，⑵の問いに答えよ。
⑴　図２の［　　］にあてはまる最も適当なことばを書け。
⑵　歳入における公債金のはたらきは何か。図２，図３を参考にして，**税収**ということばを使って書け。

図２　一般会計予算の歳出の内訳（兆円）

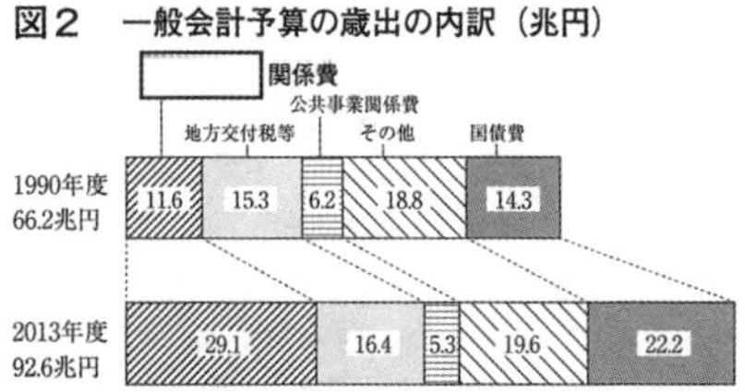

図３　一般会計予算の歳入の内訳（兆円）

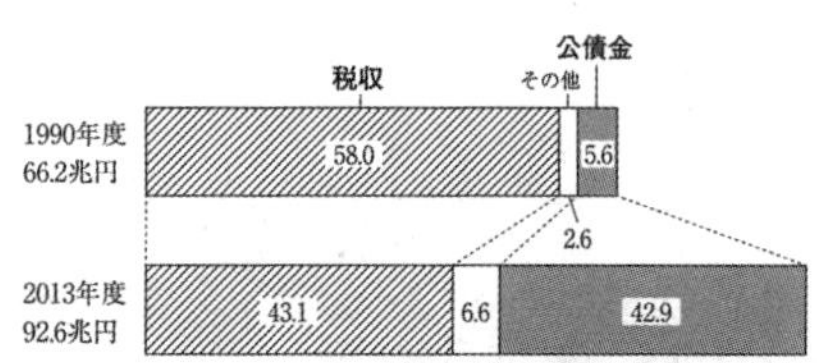

（図２，図３は財務省資料から作成）

Ⅱ	1			2	
	3		4	5	
	6	⑴		⑵	

■平成27年度問題

3 Ⅱ　次は，ある中学校の生徒たちが，職場体験学習をした際のレポートをまとめたものである。１～５の問いに答えよ。

> ○○スーパーは，ⓐ発展途上国の人々のくらしに配慮した，公正な取り引き価格であることを表示している商品を多数販売している。

> ◇◇弁護士事務所は，ⓑ商品に関するトラブルの相談に対応し，損害賠償請求のための訴訟に関する仕事を行っている。

> △△電機会社は，利益を追求することだけでなく，ⓒ企業の社会的責任（CSR）を果たすことも重要であると考えている。

> □□病院は，患者を診察するとともに，介護施設も運営し，ⓓ社会保障の一層の充実をはかっている。

1　ⓐについて，先進国との経済格差と，そこから発生するさまざまな問題を何というか。

2　ⓑについて，図は生産された商品が消費者に届くまでの主な流れを示したものである。このような商品の流れを何というか。**漢字２字**で書け。

3　ⓒに関して，企業の社会貢献の例として，最も適当なものはどれか。

図

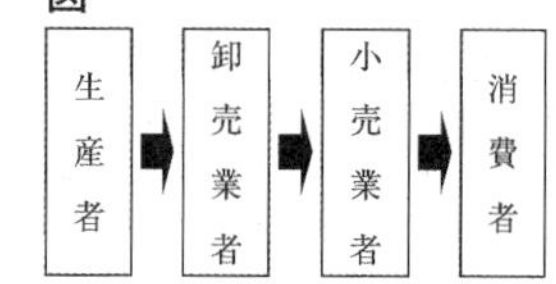

ア　同種の企業を買収して，市場の独占をはかる。
イ　株式を発行して，多くの人々に購入してもらう。
ウ　植林活動をして，自然環境の保全をはかる。
エ　国債を買って，社会全体のお金の量を増やす。

4　ⓓについて説明した次の文の［　X　］，［　Y　］にあてはまることばの組み合わせはどれか。

> 社会保障制度には，医療や年金などに関する給付を行う［　X　］，廃棄物の処理や伝染病の感染を防ぐ［　Y　］などがある。

ア（X　社会保険　Y　公的扶助）　イ（X　社会保険　Y　公衆衛生）
ウ（X　社会福祉　Y　公的扶助）　エ（X　社会福祉　Y　公衆衛生）

5　レポートを作成する際に，インターネットや新聞，読み物などの資料を引用することがある。資料を引用するときの注意点について述べた次の文の［　　］に適することばを補い，これを完成させよ。

> レポートを作成する際に，資料を引用するときは，［　　］など，著作権に留意する必要がある。

Ⅱ	1		2		3		4	
	5							

■平成28年度問題

3 Ⅱ　次は，ある中学校の生徒たちが「私たちの暮らしと経済」の学習を振り返っているようすである。１～５の問いに答えよ。

A　昨日スーパーに ⓐ買い物に行ったとき，授業の内容に関連することがたくさんあることに気づいたよ。

B　社会貢献活動に積極的なスーパーについては，ⓑ企業の責任のところで学習したことだよ。

C　ⓒ商品の価格については，市場のはたらきのところで学習したね。

D　レジで商品を買うときに支払っているⓓ消費税については，税金の種類のところで学習したね。

E　ⓔ「中国製」，「ベトナム製」商品がみられることについては経済のグローバル化のところで学習したことと関連があるね。

1　ⓐに関して，商品やサービスの売買には主に貨幣が用いられる。貨幣には紙幣と硬貨があるが，わが国の紙幣を発行している機関を**漢字４字**で書け。

2　ⓑに関して述べた次の文の[　　]に適する同一のことばを**漢字２字**で補い，文を完成させよ。

> 企業の形態の中で代表的なものである[　　]会社は，[　　]の発行によって集めた資金をもとに設立される企業のことである。

資料

3　ⓒは，需要量と供給量の関係により決定される。**資料**は，トラクターで野菜を廃棄処分しているようすであるが，この背景について述べた文として，最も適当なものはどれか。

ア　供給量が需要量を大幅に下回ることにともない，価格が上昇している。
イ　供給量が需要量を大幅に下回ることにともない，価格が下落している。
ウ　供給量が需要量を大幅に上回ることにともない，価格が上昇している。
エ　供給量が需要量を大幅に上回ることにともない，価格が下落している。

4　ⓓは，間接税の一つである。間接税について述べた次の文X・Yの正誤の組み合わせとして正しいものはどれか。

X　消費税の他に酒税，たばこ税も間接税に含まれる。
Y　所得の高い人ほど所得に占める税負担の割合が高くなる傾向がある。

ア（X　正　Y　正）　イ（X　正　Y　誤）
ウ（X　誤　Y　正）　エ（X　誤　Y　誤）

5　ⓔに関して，中国とベトナムにおける賃金と日本企業数の変化の関係について，図１，図２から読み取れることを書け。

図１　中国とベトナムにおける賃金（アメリカドルに換算）

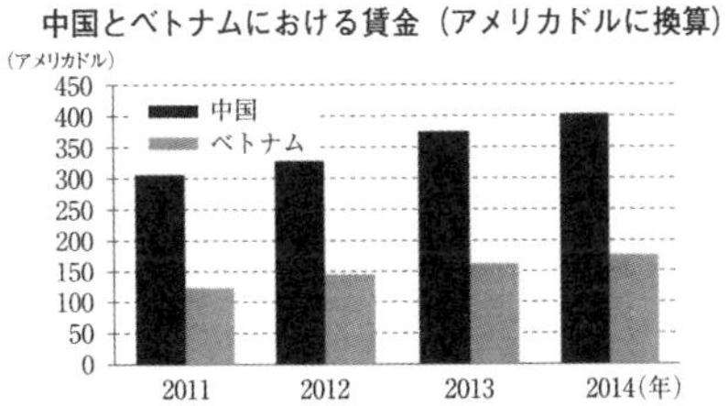

※現地の日本企業（製造業）で働く作業員の賃金（基本給・月額）。
（日本貿易振興機構統計から作成）

図２　中国とベトナムにおける日本企業数の変化

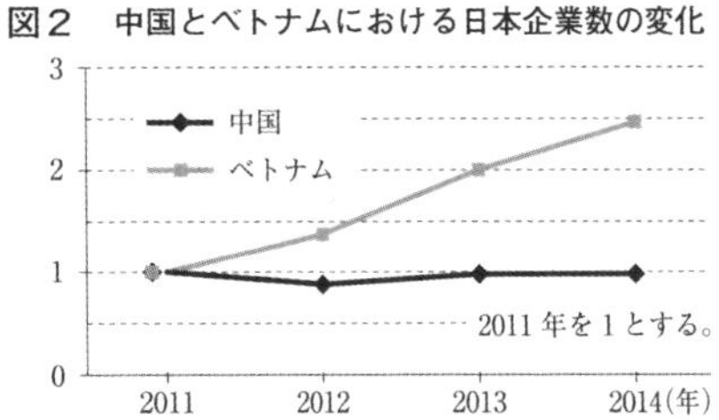

（日本貿易振興機構統計から作成）

Ⅱ	1		2		3		4	
	5							

■平成29年度問題

3 Ⅱ　次は，ある中学生がある政党の公約の一部をまとめたものである。１～６の問いに答えよ。

> △△党の公約
>
> ⓐ国民の健康を守り，暮らしやすい社会をめざします。
>
> ⓑ労働環境を改善し，ⓒ経済の活性化に努めます。
>
> ⓓ消費者の権利を保障し，ⓔ国民の暮らしを守ります。
>
> ⓕ企業間の競争をうながし，産業の育成に努めます。

図　日本銀行が供給する通貨量

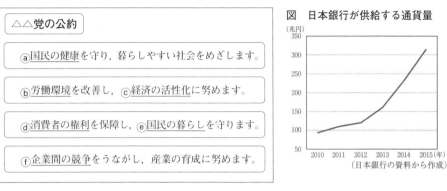

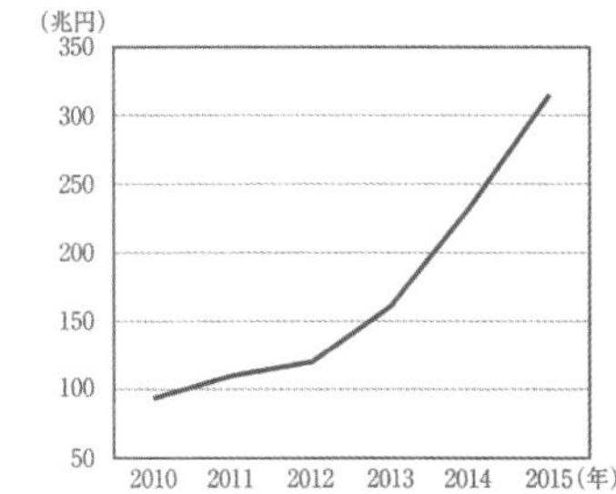

（日本銀行の資料から作成）

1　ⓐに関して，大気汚染，水質汚濁，土壌汚染，騒音などにより，地域住民の健康や生活環境がそこなわれることを何というか。**漢字２字**で書け。

2　ⓑに関して，近年重視されている仕事と生活の調和をめざす考え方を何というか。**カタカナ**で書け。

3　ⓒに関して，**図**について述べた次の文の[X]，[Y]にあてはまることばの組み合わせとして，最も適当なものはどれか。

> 日本銀行は，供給する通貨量を増やすことで，物価を[X]させ，[Y]からの脱却をめざしている。

ア（X　上昇　Y　デフレーション）
イ（X　上昇　Y　インフレーション）
ウ（X　下落　Y　デフレーション）
エ（X　下落　Y　インフレーション）

4　ⓓに関して，消費者が一方的に不利になる契約条項があった場合，その契約の解除ができることなどを定めた，2001年に施行された法律は何か。

5　ⓔに関して，政府には国民の所得の格差を調整する役割があるが，その内容として最も適当なものはどれか。

ア　低所得者には，税を多く負担してもらい，社会保障費の給付を多くする。
イ　低所得者には，税を少なく負担してもらい，社会保障費の給付を少なくする。
ウ　高所得者には，税を多く負担してもらい，社会保障費の給付を少なくする。
エ　高所得者には，税を少なく負担してもらい，社会保障費の給付を多くする。

6　ⓕに関して，**資料**は電力の小売が全面的に自由化されることで提供されるようになったプランの例である。**資料**を参考にして，この取り組みについて述べた次の文の［　　］に適することばを補い，これを完成させよ。

> 新規参入する電力会社が増え，企業間の競争がおこることで，消費者にとっては［　　］ことが期待されている。

資料

昼夜時間別料金プラン　　携帯電話とのセット料金プラン

（資源エネルギー庁の資料から作成）

Ⅱ	1		2					
	3		4		5		6	

■平成30年度問題

3 Ⅱ　次は，ある中学生が授業の調べ学習のために作成したプレゼンテーションのスライドの一部である。1～5の問いに答えよ。

社会保障制度	ⓑ金融機関の種類	日本経済の課題	経済の国際化
・社会保険 ・公的扶助 ・ⓐ社会福祉 ・公衆衛生	・日本銀行 ・都市銀行 ・保険会社 ・証券会社　など	・ⓒ市場の独占 ・企業の社会的責任 ・ⓓ労働環境の見直し ・地方の活性化　など	・多国籍企業 ・産業の空洞化 ・ⓔ外国為替相場 ・自由貿易協定　など

1　ⓐについて，**資料1**にみられる工夫のような，障がいのある人や高齢者などが，社会の中で安全・快適に暮らせるように，さまざまな障壁を取り除こうとする考えを何というか。**カタカナ**で書け。

資料1

2　ⓑについて述べた文として，最も適当なものはどれか。

ア　企業などが，商品の売り上げからお金を調達することを，直接金融という。

イ　企業などが，商品の売り上げからお金を調達することを，間接金融という。

ウ　企業などが，金融機関からお金を調達することを，直接金融という。

エ　企業などが，金融機関からお金を調達することを，間接金融という。

3　ⓒについて述べた次の文の［　　］に適することばを補い，これを完成させよ。ただし，**競争**ということばを使うこと。

> 公正取引委員会は，市場の独占を防ぎ，［　　］ために，独占禁止法にもとづいて市場を監視している。

4　ⓓに関して，1947年に制定された，賃金や労働時間などについて規定している法律は何か。

5　ⓔに関して，**資料2**について述べた次の文の［X］に適する数字を書け。また，［Y］，［Z］にあてはまることばの組み合わせとして最も適当なものはどれか。

> Aのとき，1ドル＝116円，1バレル＝53ドルであり，100バレルの価格は，円に換算すると，614800円となる。
> Bのとき，1ドル＝112円，1バレル＝54ドルであり，100バレルの価格は，円に換算すると，［X］円となる。
> 為替相場がAからBに変化した場合［Y］になり，ドルでの商品価格が上昇しても，輸入は［Z］になる。

資料2　為替相場と原油価格の推移

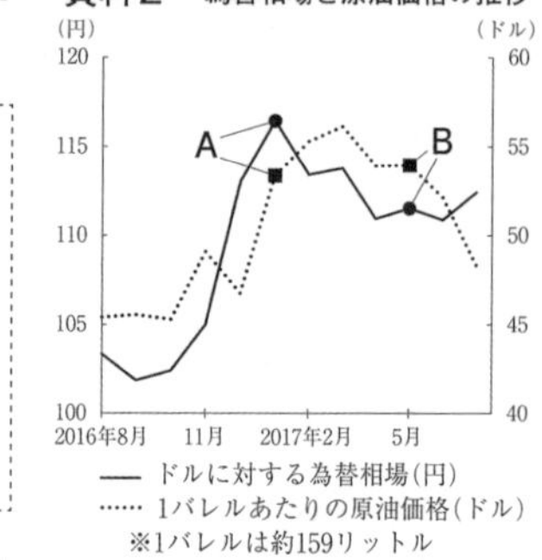

（財務省資料などから作成）

ア（Y　円高　Z　有利）　イ（Y　円高　Z　不利）

ウ（Y　円安　Z　有利）　エ（Y　円安　Z　不利）

Ⅱ	1		2				
	3						
	4		5	X		記号	

■平成31年度問題

3 Ⅱ　次は，ある中学生が平成の時代におこったできごとについて調べ，気づいたことをメモしたものの一部である。1～5の問いに答えよ。

A	B	C	D
A　人や物，ⓐお金などが地球規模で行き交うようになった。	B　バブル経済が崩壊し，ⓑ景気が低迷した時期があった。	C　少子ⓒ高齢化がすすみ，人口の減少がはじまった。	D　阪神・淡路大震災やⓓ東日本大震災などが発生した。

1　Aに関して，次の文の［　　］に適することばを補い，これを完成させよ。ただし，［　　］は**カタカナ**で書くこと。

> Aのように地球規模で世界の一体化がすすむことを［　　］化という。

資料1

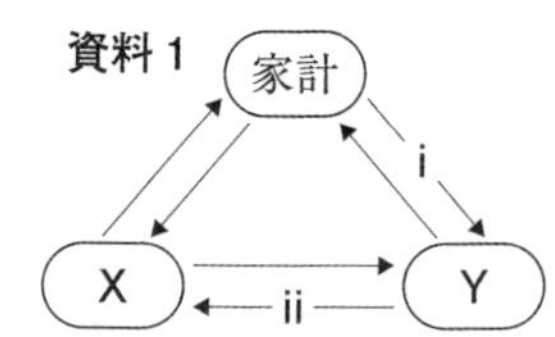

2　ⓐに関して，⑴，⑵の問いに答えよ。

⑴　**資料1**は経済の循環を示したものである。X，Yに入ることばと，ⅰ，ⅱの説明の組み合わせとして最も適当なものはどれか。

ア（X　政府　Y　企業　ⅰ　税金を納める　ⅱ　労働力を提供する）

イ（X　政府　Y　企業　ⅰ　労働力を提供する　ⅱ　税金を納める）

ウ（X　企業　Y　政府　ⅰ　税金を納める　ⅱ　労働力を提供する）

エ（X　企業　Y　政府　ⅰ　労働力を提供する　ⅱ　税金を納める）

■令和3年度問題

五 太郎さんは、国語の宿題で語句の意味調べをした。その際、太郎さんの辞書に書かれた語釈（語句の説明）に、特徴的なものがあることに気がついた。下の会話は、その時の太郎さんと、太郎さんの母親との会話である。これを読んで、太郎さんの辞書に書かれた語釈の特徴である～～線部X・Yのどちらか一つを選択し、次の(1)～(5)の条件に従って、あなたの考えを書きなさい。

条件

(1) 二段落で構成すること。
(2) 第一段落には、選択した特徴の良いと思われる点を書くこと。
(3) 第二段落には、選択した特徴によって生じる問題点を書くこと。
(4) 六行以上八行以下で書くこと。
(5) 原稿用紙の正しい使い方に従って、文字、仮名遣いも正確に書くこと。

太郎 「辞書を使っていたら、おもしろいことに気づいたよ。」
母親 「どんなことに気づいたの。」
太郎 「ある食べ物についての説明の中に、『おいしい』って感想が書いてあったんだ。」
母親 「へえ。辞書を作った人のX主観的な感想が書かれているのね。たしかにおもしろいわね。」
太郎 「他にも、【草】の説明に『笑うこと・笑えること』という意味や、【盛る】の説明に『話を盛る』という用例が書いてあったよ。」
母親 「その【盛る】は『おおげさにする』という意味で使われているのね。太郎の使っている辞書には、もともとの意味や用例だけでなく、Y現代的な意味や用例も書かれているということね。」

■令和4年度問題

五 令和三年七月、「奄美大島、徳之島、沖縄島北部及び西表島（いりおもてじま）」が世界自然遺産に登録されました。また、薩摩藩が行った集成館事業は平成二十七年に「明治日本の産業革命遺産　製鉄・製鋼、造船、石炭産業」として世界文化遺産に登録されています。このことを受けて、「自然や文化など先人が残してくれたものを引き継ぐために私たちは何をするべきか」をテーマに、国語の授業で話し合いをしました。次は、話し合いで出された三人の意見です。あとの(1)～(6)の条件に従って、作文を書きなさい。

Aさん　鹿児島県は屋久島も世界自然遺産に登録されています。私たちは、先人が残してくれたこれらの遺産を大切に守っていく必要があると思います。

Bさん　屋久島では、世界遺産に登録されたことで、自然・歴史・文化を守るために新たな問題が出てきていると聞いたことがあります。

Cさん　私たちが住む地域には過去から現在へと引き継がれてきたすばらしい自然・歴史・文化がたくさんあります。それらの財産を未来に残していくために、私たちができることを考えていきましょう。

条件

(1) Cさんの提案を踏まえて書くこと。
(2) 二段落で構成すること。
(3) 第一段落には、あなたが未来に残したいと思う具体的なものをあげ、それを引き継いでいく際に想定される問題を書くこと。
(4) 第二段落には、第一段落であげた問題を解決するためにあなたが取り組みたいことを具体的に書くこと。
(5) 六行以上八行以下で書くこと。
(6) 原稿用紙の正しい使い方に従って、文字、仮名遣いも正確に書くこと。

■平成31年度問題

五 我が国の総人口に占める六十五歳以上の人口の割合（高齢化率）は年々上昇しており、内閣府の「平成29年版高齢社会白書」によると、二十七・三パーセントに達している。このことを踏まえ、あとの**資料1**及び**資料2**を参考にしながら、次の(1)～(5)の条件に従って、作文を書きなさい。

条件

(1) 二段落で構成すること。

(2) 第一段落には、**資料1**及び**資料2**からあなたが読み取ったことを書くこと。

(3) 第二段落には、第一段落を踏まえて、あなたが高齢者とコミュニケーションをとる際にどのようなことを心がけたいかについて、具体的に書くこと。

(4) 六行以上八行以下で書くこと。

(5) 原稿用紙の正しい使い方に従って、文字、仮名遣いも正確に書くこと。

資料1

高齢者の世代間交流

高齢者の若い世代との交流への参加意向についてみると、参加したいと考える人の割合（「積極的に参加したい」、「できるかぎり参加したい」と回答した人の合計）は平成二十五年で五十九・九パーセントとなっており、十年前（平成十五年）に比べると七・二ポイント増加している。

（内閣府「平成29年版高齢社会白書」による）

資料2

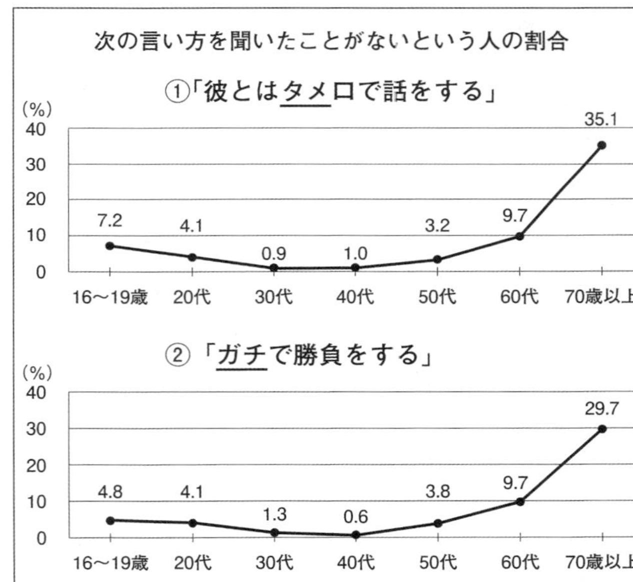

（文化庁「平成29年度　国語に関する世論調査」をもとに作成）

■令和2年度問題

五 **資料1**は、「古典をマンガで読むこと」についての議論をするにあたって、山田さんが考えたことを事前にまとめたメモである。また**資料2**は、実際に議論をしたときの記録の一部である。**資料2**の空欄に入るように、後の条件に従って文章を書きなさい。

条　件

(1) 一段落で構成し、六行以上八行以下で書くこと。

(2) 原稿用紙の正しい使い方に従って、文字、仮名遣いも正確に書くこと。

(3) 書き出しは、「二点目は」とすること。

資料1

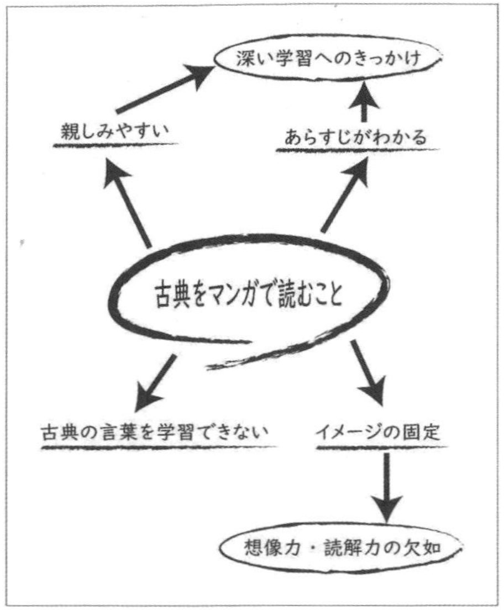

資料2

鈴木さん　「私は、『古典をマンガで読むこと』を推奨したいと思います。古典というと『難しい』とか『読みにくい』と思い込んで、読むことをためらってしまいます。しかし、マンガならどうでしょうか。言葉も現代語で書かれていて親しみやすく、軽い気持ちで読み始める気になります。これがきっかけで、興味をもち始め、発展的な学習につながるのではないでしょうか。」

山田さん　「鈴木さんの言うことはよくわかります。そのような長所があることには、私も賛成です。しかし、私は、『古典をマンガで読むこと』はあまり良くないと思っています。その理由は二点あります。一点目は、絵のイメージが強くて、マンガ作家のイメージを押し付けられる気がするからです。このことは、私たちから想像の楽しみを奪い、読解力の欠如につながってしまうと思います。

理由を二点述べましたが、特に二点目について、伝統的な文化を伝えていくことは重要なことだと思います。」

鈴木さん　「マンガに描かれる古典の世界が、伝統的な文化を表していないと決めつけるのは良くないと思います。古典マンガは、かなり研究して正確に描かれていますよ。だから、興味をもった人は、発展的な学習につなげていくことができると思います。」

条件作文（※原稿用紙は一行20マスをご準備下さい。）

■平成30年度問題

五 鹿児島県では、一年後に国民体育大会・全国障害者スポーツ大会が開催され、県内各地で多くの競技が実施される。**資料1**は、二〇一五年に本県で開催された第30回国民文化祭への来場者を対象に行ったアンケート結果の一部である。この結果をもとに、国民体育大会・全国障害者スポーツ大会で来県される方々（かたがた）に本県を再訪したいと思ってもらえるように、どのような取り組みをしたいか、あなたの考えを書け。

ただし、あとの(1)～(4)の条件に従って書くこと。

資料1

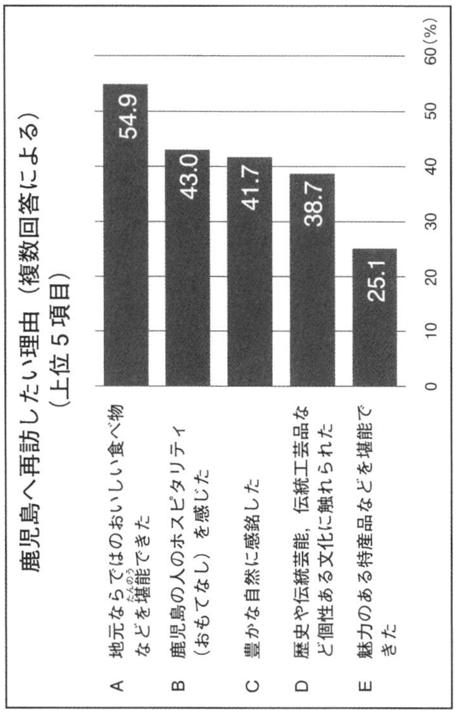

（第30回国民文化祭鹿児島県実行委員会「第30回国民文化祭・かごしま2015公式記録」をもとに作成）

資料2

主な農産物・農産加工品
黒砂糖　桜島だいこん　さつまいも
茶　黒酢　タンカン
ボンタン　など

主な水産物・水産加工品
鰹節（かつおぶし）　きびなご　うなぎ
さつまあげ　ブリ　カンパチ　など

主な畜産物・畜産加工品
鹿児島黒牛　かごしま黒豚　さつま地鶏（じどり）　など

主な菓子類・その他
あくまき　かるかん　ふくれ菓子
両棒餅（じゃんぼもち）　酒ずし　など

主な工芸品
本場大島紬（つむぎ）　薩摩切子（さつまきりこ）　薩摩焼
竹製品　甲冑（かっちゅう）　種子鋏（たねばさみ）
屋久杉製品　など

資料3

主な伝統行事・民俗芸能
十五夜行事
妙円寺詣り（みょうえんじまいり）
流鏑馬（やぶさめ）
市来の七夕踊り
川内大綱引
東郷文弥節（ぶんやぶし）人形浄瑠璃
くも合戦
太鼓踊り
面踊り
秋名のアラセツ行事
諸鈍（しょどん）シバヤ
など

資料4

主な観光地や自然
桜島　錦江湾　開聞岳（かいもんだけ）
池田湖　霧島　吹上砂丘
曽木（そぎ）の滝　佐多岬　志布志湾
屋久島　奄美群島　各地の温泉
など

（資料2～4は，鹿児島県ホームページをもとに作成）

条件

(1) 取り組みを考える際にあなたが重視したいことを、**資料1**の**A**～**E**の再訪したい理由から一つ選ぶこと。

(2) **条件**(1)で選択したことをもとに、**資料2**～**4**を用い、具体的に書くこと。複数の資料を用いてもよい。

(3) 六行以上八行以下で書くこと。

(4) 原稿用紙の正しい使い方に従って、文字、仮名遣いも正確に書くこと。

三　次の文章を読んで、あとの１〜４の問いに答えなさい。

ある時、夜更けて(注)樋口屋の門をたたきて、酢を買ひにくる人あり。中戸を奥へは（戸を隔てて奥へは）幽かに聞こえける。(注)下男目を覚まし、「何程が（どれほどですか）の」といふ。「むつかしながら（ごめんどうでしょうが）(注)一文が（一文分を）の」といふ。①そら寝入りして、そのち返事もせねば、ぜひなく（しかたなく）帰りぬ。

夜明けて②亭主は、③かの男よび付けて、何の用もなきに「門口(注)三尺掘れ」といふ。御意に任せ（お言葉に従って）久三郎、諸肌ぬぎて、鍬を取り、堅地（堅い地面）に気をつくし（苦労して）、身汗水なして、④やうやう掘りける。その深さ三尺といふ時、「銭はあるはづ、いまだ出ぬか」といふ。「小石・貝殻より外に何も見えませぬ」と申す。「それ程にしても銭が一文ない事、よく心得て、かさねては（これからは）一文商も大事にすべし。」

（「日本永代蔵」による）

(注)　樋口屋＝店の名前、またはその店主。　下男＝やとわれて雑用をする男性。　一文＝ごくわずかの金銭。　三尺＝約九〇センチメートル。

１　――線部④「やうやう」を現代仮名遣いに直して書け。

1	

２　――線部②「亭主」、③「かの男」とはそれぞれ誰を指すか。その組み合わせとして正しいものを次から選び、記号で答えよ。

ア（②　下男　　③　樋口屋）　イ（②　樋口屋　　③　酢を買ひにくる人）
ウ（②　酢を買ひにくる人　　③　樋口屋）　エ（②　樋口屋　　③　下男）

2	

３　――線部①「そら寝入りして」とあるが、これはどういうことか。最も適当なものを次から選び、記号で答えよ。

ア　仕事の疲れから眠気に勝てず、うたた寝をしたということ。
イ　商品の提供を待っている間に、うたた寝をしたということ。
ウ　大した利益にならないと思い、寝たふりをしたということ。
エ　無理な注文をしたことを恥じ、寝たふりをしたということ。

3	

４　次は、本文をもとに話し合っている先生と生徒の会話である。［Ⅰ］〜［Ⅲ］に適当な言葉を補って会話を完成させよ。ただし、［Ⅰ］には本文中から最も適当な六字の言葉を抜き出して書き、［Ⅱ］・［Ⅲ］にはそれぞれ十五字以内でふさわしい内容を考えて現代語で答えること。

先　生「亭主はかの男を呼びつけて何と命じて、男はどのような行動をしましたか。」
生徒Ａ「はい。亭主は『［Ⅰ］』と命じました。」
生徒Ｂ「そして、かの男は鍬を使って、堅い地面に苦労しながら亭主の言いつけに従いました。」
先　生「では、かの男が大変な思いをして作業に臨んでいることは、どのような様子からわかりますか。」
生徒Ｂ「はい。かの男が［Ⅱ］様子からわかります。」
生徒Ｃ「でも、小石や貝殻しか出てこなかったんですよね。『銭はあるはづ』と言ったのはなぜだろう。」
生徒Ｂ「私もそれが不思議でした。亭主の目的はなんだったのかなあ。」
生徒Ａ「……もしかして、地面の下には最初から銭はなかったのではないかな。本当の目的は、かの男に［Ⅲ］ということを身をもってわからせたかったんだよ。」
生徒Ｃ「なるほど。そうすることで、かの男に商売をする上での心構えを伝えたかったんだね。」
先　生「いいところに気づきましたね。この亭主がしたことには奥深い意図があったのですね。」

4	Ⅰ						Ⅱ															
	Ⅲ																	

めてみましょう。」
生徒A「人々は何を信仰し、どんな御利益があったのかな。」
生徒B「鮑魚を神と信じ鮑君として祭ったら、『 Ⅰ 』があって、それを人々は御利益と感じたんだね。」
生徒C「その後、御利益が鮑君のおかげだとして、本文に『御社おほきに作り出して、賽の神楽の音絶ゆることなし』とあるように、人々が鮑君を Ⅱ ことがわかるよね。」
生徒B「でも、最後にはその正体がわかり、先生が初めにおっしゃったことから考えると、人々が Ⅲ ことで、御利益もなくなってしまったんだね。」
生徒A「なるほど。これは中国の話だけど、他の国にも似たような話がないか調べてみようよ。」

4			
Ⅰ		Ⅱ	Ⅲ

■令和3年度問題

三 次の文章を読んで、あとの1〜4の問いに答えなさい。

唐(もろこし)の(注)育王山の僧二人、(注)布施(ふせ)を争ひてかまびすしかりければ(騒いでいたので)、ア その寺の長老、(注)大覚連和尚(だいかくれんをしやう)、この僧を恥(はぢ)しめていはく(この僧二人を戒めて)、「イ ある俗、他人の銀(しろがね)を百両預かりて置きたりけるに、ウ かの主死して後、エ その子に是(これ)を与ふ。子、是を取らず。『親、既に与へずして、①そこに寄せたり。それの物なるべし』といふ。かの俗、『我はただ預かりたるばかりなり。譲り得たるにはあらず。親の物は子の物とこそなるべけれ(子の物になるべきだ)』とて、また返しつ。②互ひに争ひて取らず、果てには官の庁(公の役所)にて判断を③こふに、『共に賢人なり』と。『いふ所当たれり。すべからく寺に寄せて、亡者の(注)菩提(ぼだい)を助けよ』と判ず。この事、まのあたり見聞きし事なり(この話は、私が直接見聞きしたことである)。(注)世俗塵労(ぞくぢんらう)の俗士、なほ利養(利益)を貪(むさぼ)らず。(注)割愛(かつあい)出家の沙門(しやもん)の、世財を争はん」とて、法に任せて(寺の決まりに従って)寺を追ひ出(いだ)してけり(追放した)。

（「沙石集」による）

(注) 育王山＝中国浙江省(せっこうしょう)にある山。　布施＝仏や僧に施す金銭や品物。
大覚連和尚＝「大覚」は悟りを得た人の意。「連」は名前。
菩提＝死んだ後極楽浄土(ごくらくじょうど)（一切の苦悩がなく平和安楽な世界）に生まれかわること。
世俗塵労の俗士＝僧にならず、俗世間で生活する人。
割愛出家の沙門＝欲望や執着を断ち切って僧になり、仏道修行をする人。

1 ――線部③「こふ」を現代仮名遣いに直して書け。

1	

2 ――線部①「そこ」とは誰のことを表すか。═══線部ア〜エの中から一つ選び、記号で答えよ。
ア その寺の長老　イ ある俗　ウ かの主　エ その子

2	

3 ――線部②「互ひに争ひて取らず」とあるが、その理由を説明したものとして、最も適当なものを次から選び、記号で答えよ。
ア 親の銀を少し譲ろうという子の親切を、銀を預かった者が拒否したため、子もすべての銀の所有権を放棄しようとしたから。
イ 子も銀を預かった者も、親の遺志が確認できないため、銀の所有権が自分にあると考え、裁判で決着をつけようとしたから。
ウ 親が預けたという行為の受け止め方が、子と銀を預かった者との間で異なるため、お互いに銀は相手のものだと考えたから。
エ 遺産を独占するのは人の道に外れる行為であるため、子も銀を預かった者も、親の銀を相手と平等に分け合いたかったから。

3	

4 次は、本文をもとに話し合っている先生と生徒の会話である。 Ⅰ 〜 Ⅲ に適当な言葉を補って会話を完成させよ。ただし、 Ⅰ には本文中から最も適当な二字の言葉を抜き出して書き、 Ⅱ ・ Ⅲ にはそれぞれ十字以内でふさわしい内容を考えて現代語で答えること。

先生「この話では、最終的に二人の僧が寺から追放されてしまいます。なぜ追放されたのか、考えてみましょう。」
生徒A「大覚連和尚が二人を戒めたとあるから、何か良くない行いをしたということだよね。」
生徒B「それに対して、和尚の話に出てくる『ある俗』と『子』は、『 Ⅰ 』と評価されているね。」
生徒C「『僧二人』と『ある俗』たちが対比されていると考えることができそうだね。」
生徒A「なるほど。そう考えると、冒頭の『僧二人、布施を争ひて』というのは、二人の僧が布施を Ⅱ と思って争ったということか。」
生徒B「でも、二人は『割愛出家の沙門』のはずだよね。」
生徒C「そうだね。それを踏まえて考えると、僧たちが Ⅲ 点を和尚は戒めたのだね。仏道修行をする人としてあるまじき態度だから、寺の決まりに従って追放されたのだろうね。」

4			
Ⅰ		Ⅱ	Ⅲ

3　次は、本文について話し合っている先生と生徒の会話である。[I]～[IV]に適当な言葉を補って会話を完成させよ。ただし、[I]には本文中から二字の言葉を抜き出して書き、[II]には七字以内、[III]には二十五字以内でふさわしい内容を考えて現代語で書き、[IV]にはあとの語群から最も適当なものを選び、記号で答えること。

先　生　「農民は『大いに腹立し』たとありますが、なぜ怒ったのでしょうか。」

生徒A　「はい。『[I]』には、舞を演じるという意味と[II]という意味の二つの意味があり、舞々は前者の意味で使ったのに対し、この農民にとっては後者の意味に受け取れる言葉だったので怒ったのだと思います。」

先　生　「そうですね。では、本文の最後の『さきの腹立は互ひに根も葉もおりない』という舞々の言葉ですが、舞々はこの言葉をどのような意図で言ったのでしょうか。また、この言葉を聞いて、農民はどのように感じたでしょうか。」

生徒B　「はい。『根も葉もおりない』はなんの理由もないという意味なので、悪意はなく、農民を怒らせるつもりはなかったと言いたかったのだと思います。」

生徒C　「舞々の言葉を聞いた農民は、[III]と感じて、さらに腹が立ったのではないかと思います。ここがこの話のおもしろさではないでしょうか。」

生徒A　「私は、むしろあきれたのではないかと思います。この言葉を農民に向かって言ったこの舞々は、[IV]人物だと思います。」

先　生　「私たちも言葉づかいには気をつけたいですね。」

〔IVの語群〕　ア　善悪を知らない　　イ　失敗を恐れない
　　　　　　　ウ　本音が隠せない　　エ　思慮が足りない

3　I　II　III　IV

■令和2年度問題

三　次の文章を読んで、あとの1～4の問いに答えなさい。

昔、汝南(注)の人、田の中に網を設けて(網を張って)、麞(注)を捕らんとす。やがて麞かかりけれど、その網の主いまだ来たらざりしに、①道行く人のある が麞をば盗みてけり。さりとも人の取り得たらんものをあやなく(理由もなく)取りなんも罪深しと思ひて、その麞の代はりに、②携へ持ちし鮑魚(注)一つを網の中に入れて行き去りたる程に、アかの網の主来りて、鮑魚の網の中にあるを見て、このものここにあるべしとも覚えず、いかさまにも(どう考えても)現神(注)のあらはれさせたまふにこそあめれと(現れなさいましたのであろう)③おほいにあやしむ(不思議に思った)。村の者ども皆寄り集まりて、やがて祠(注)を建て入れまゐらせ、イ鮑君と名づけまゐらせけり。村の者ども病さまざま癒ゆることあれば、ウこの御神の恵みによりしところなりとて斎ひ祭るほどに、御社おほきに作り出して、賽(注)の神楽の音絶ゆることなし。まことにめでたき御神にぞありける。七、八年ほど経て、エかの鮑魚の主この御社のほとり過ぎて、「いかなる御神のかくはあらはれさせたまふらむ」といふに、己が留め置きし鮑魚なりける。「あなあさまし(ああ驚きあきれたことだ)、それは自らが留め置きしものを」といひければ、かの霊験の事どもたちまち止みにける。

（「鬼神論」による）

(注)　汝南＝地名。中国の河南省の県名。　　麞＝シカ科の小動物。
　　　鮑魚＝魚の干物。または、あわび。　　現神＝霊験（御利益）のある神。
　　　祠＝神を祭るための小さな社。
　　　賽の神楽＝神から受けた福に報いるために奏する舞楽。

1　――線部③「おほいに」を現代仮名遣いに直して書け。

1

2　――線部①「道行く人」と同じものを表すのはどれか。═══線部ア～エの中から一つ選び、記号で答えよ。

ア　かの網の主　イ　鮑君　ウ　この御神　エ　かの鮑魚の主

3　――線部②「携へ持ちし鮑魚一つを網の中に入れて行き去りたる」とあるが、その理由を説明したものとして、最も適当なものを次から選び、記号で答えよ。

ア　麞と鮑魚を交換するというきまりを守ろうと考えたから。
イ　罪のない動物をむやみに取るのはよくないと考えたから。
ウ　他人の獲物を無断で取ることは悪いことだと考えたから。
エ　網の中に食べ物がないと麞がかわいそうだと考えたから。

2　　3

4　次は、本文をもとにした話し合いの場面である。[I]～[III]に適当な言葉を補って会話を完成させよ。ただし、[I]には本文中から最も適当な十字の言葉を抜き出して書き、[II]・[III]にはそれぞれ十字以内でふさわしい内容を考えて現代語で答えること。

先　生　「この話は、人々の信仰心が御利益を生むことの例として取り上げられたものです。では、どういう話か、みなさんでまと

■平成30年度問題

三 次の文章を読んで、あとの1〜4の問いに答えなさい。

（ある男が）いづかたに火（火事）ありと聞きても、①ありあふ調度なんど縄にゆひつけて、井のうちへ入れつ。水に入れがたきものは袋やうのものへうち入れて、かたはらさらずおきぬ（自分のそばに離さず置いていた。）。「火のかく遠きをいかでさはしたまふ（どうしてそのようになさるのか。）。」といへば、「焼けゆかば遠きも近くなりぬべし。」といふ。「風よければこなたへはきたらじ。」といへば、「風かはりなばさはあらじ（もし風向きが変わったらそんなことはないだろう。）。」といふ。人みな笑ひぬ。

ある日いと遠方のなりしが、風とみに吹きいでて、またたくうちに焼けひろごり、かの男のあたりも焼けうせぬ。火しづまりて、近きあたりのものら、「もの食はんとしてもうつはものなし。」となげけば、かの男したりがほにて、「かして②まゐらせん。」とて、かの縄を引きたぐれば、はさみよ、くしよなどいふもの引きあげつ。また袋のうちより、うつはものなど出（い）だしつつ、「つねづね人に笑はれずば、③いかでかかるときほまれしつべき。」といひしを、「げにも。」といひし人もありしとぞ。

（「花月草紙」による）

1 ——線部②「まゐらせん」を現代仮名遣いに直して書け。

2 ——線部①「ありあふ調度なんど」とは何を指すか。本文中から句読点を含めて十四字で抜き出して書け。

3 ——線部③「いかでかかるときほまれしつべき」における男の気持ちを説明したものとして最も適当なものを次から選び、記号で答えよ。

ア 困っている人々を助けることができて誇らしい気持ち。
イ 自分を笑った人々を助けることになって悔しい気持ち。
ウ 今回もまた助けてもらうことになって情けない気持ち。
エ 笑われていたのに今回助けてもらってうれしい気持ち。

4 次は、本文について話し合っている先生と生徒の会話である。［Ⅰ］〜［Ⅲ］に適当な言葉を補って会話を完成させよ。ただし、［Ⅰ］にはふさわしい内容を考えて二十字以内の現代語で書き、［Ⅱ］には本文中から五字の言葉を抜き出して書き、［Ⅲ］にはあとの語群から最も適当なものを選び、記号で答えること。

先生　「人々はなぜ男を笑ったのですか。」
生徒A　「はい。男が、遠くの火事でも延焼してくるかもしれないと考えて、身の回りの道具に被害が及ばないようにしていたことを［Ⅰ］と思ったからだと思います。」
先生　「そうですね。しかし、実際に、ある日、火事が男たちの住んでいた所まで延焼してきて、食事をしようにも器がないことを人々は嘆いていましたが、その時の男の様子はどうでしたか。」
生徒A　「はい。器を貸そうとした時の『［Ⅱ］』という表情から、非常に得意な様子だったのではないかと思います。」
生徒B　「私は、この男の用心深さから、［Ⅲ］ということわざを思い出しました。」

〔Ⅲの語群〕
ア 能ある鷹（たか）は爪を隠す　イ 情けは人のためならず
ウ 備えあれば憂いなし　エ 災いを転じて福となす

■平成31年度問題

三 次の文章を読んで、あとの1〜3の問いに答えなさい。

惣別（そうべつ）（一般に）、茄子（なすび）の枯るるをば、百姓（農民は）みな、舞ふといふなり。(注)和泉（いづみ）にての事なるに、道のほとりに茄子を植うる者あり。一、三らしき（いかにも下手そうな）(注)舞々（まひまひ）の①とほりあはせ、見れば、大いなる(注)徳利（とくり）に杯を添へてあり。②ちとこれをなん望みにや思ひけん、畠（はたけ）へ立ち寄り、「さらばひとふし舞はん（それでは一曲舞いましょう）」といふ。百姓、門出あしし（悪い）と大いに腹立（ふくりふ）しけれど、とかく言ひ寄り、酒をのみ飲ませけるが、立ちて行きさまに、「さきの腹立は互ひに根も葉もおりない（ありません）」と。

（(注)「醒睡笑」による）

(注) 和泉＝現在の大阪府南部。　舞々＝舞を演じる芸人。　徳利＝酒を入れる容器。
醒睡笑＝江戸時代に書かれた笑話集。

1 ——線部①「とほりあはせ」を現代仮名遣いに直して書け。

2 ——線部②「ちとこれをなん望みにや思ひけん」の意味として最も適当なものを次から選び、記号で答えよ。

ア 少しでも茄子の豊作を願おうと思ったのであろうか　イ 少しでも舞がうまくなりたいと思ったのであろうか
ウ 少し酒を飲ませてもらいたいと思ったのであろうか　エ 少し畑仕事の手伝いをしようと思ったのであろうか

2 ――線部①「なほその琵琶のゆかしく忘れがたくて」の意味として最も適当なものを次から選び、記号で答えよ。

ア いつかその琵琶を差し上げたいという思いを忘れてしまって イ いつまでもその琵琶を見ていたいとの思いを忘れてしまって

ウ すぐにその琵琶の由来を知りたいとの思いを忘れられなくて エ やはりその琵琶を弾いてみたいという思いを忘れられなくて

3 ――線部③「ものぐるはしき人」とは誰のことか。最も適当なものを次から選び、記号で答えよ。

ア 三条殿 イ 晴季卿 ウ 供人 エ 町家に住む人々

4 次は、本文について話し合っている先生と生徒の会話である。［Ⅰ］〜［Ⅲ］に適当な言葉を補って会話を完成させよ。ただし、［Ⅰ］は三十字以内、［Ⅲ］は二十字以内でふさわしい内容を考えて現代語で書き、［Ⅱ］は本文中から四字の言葉を抜き出して答えること。

先生 「三条殿は『かの琵琶貸しまゐらすべし』と言っていますが、なぜこの琵琶を晴季卿に貸すことにしたのでしょうか。」

生徒 「はい。晴季卿の、［Ⅰ］という行動に感心したからだと思います。」

先生 「そうですね。三条殿はこの行動を『［Ⅱ］』であると感じ入って、琵琶を晴季卿に貸すことにしたのですね。では、晴季卿が琵琶を借り受ける場面からはどのようなことが読み取れますか。」

生徒 「はい。三条殿が『明日にても人して取りにこしたまへ』と言ったことに対して、［Ⅲ］ことからその嬉しさが伝わってきます。」

先生 「晴季卿のこの琵琶に対する強い思いが、よく表われている話ですね。」

2	3

4 Ⅰ	4 Ⅱ	4 Ⅲ

■平成29年度問題

三 次の文章を読んで、あとの1〜4の問いに答えなさい。

(注)伊予国(いよのくに)松山の城下の北に山越(やまごえ)といふ所あり。この所に十六日桜とて、毎年正月十六日には満開して見事なり。松山より花見とて群集す。予(わたし)がかの国に遊びしは四月の頃なりしかば、花の時におくれて見ざりき。①残り多き事なり。かの国の人にこの桜の由来を聞きしに、むかし、山越の里に老人有りけるが、年ごとに老いて、その上重き②やまひにふし、頼み少なくなりけるに、ただ、この谷の桜に先立ちて、花をも見ずして死なん事(死ぬ事)のみをなげきて、今一たび花を見て死しなば、浮世(この世)に思ひ残す事もあらじ(ないだろう)などせちに(ひたすら)聞こえければ、その子かなしみなげきてこの桜の木の本に行きて、何とぞ我が父の死したまはざる前に花を咲かせたまはれと誠の心をつくして天地に③いのり願ひけるに、その孝心、(注)鬼神も感じたまひけん、一夜の間に花咲き乱れ、あたかも三月の頃のごとくなりける。この祈りける日、正月十六日なりければ、その後は今の世にいたるまでも、なほ、正月十六日に咲きけるなりとぞ。

(「西遊記」による)

(注) 伊予国＝現在の愛媛県。 鬼神＝天地の神々。

1 ――線部②「やまひにふし」を現代仮名遣いに直して書け。

2 ――線部①「残り多き事なり」の内容として最も適当なものを次から選び、記号で答えよ。

ア 十六日桜の花を見るために山越に滞在できる日は残っている。 イ 十六日桜の花を見に山越を訪れた人々は名残惜しそうである。

ウ 山越の十六日桜の花はまだ散ることなくそのまま残っている。 エ 山越の十六日桜の花を見られなかったのは残念なことである。

3 ――線部③「いのり願ひける」とあるが、何と祈ったのか。その最初と最後の三字をそれぞれ本文中から抜き出して書け。

1	2	3
		〜

4 次は、本文について話し合っている先生と生徒の会話である。［Ⅰ］〜［Ⅲ］に適当な言葉を補って会話を完成させよ。ただし、［Ⅰ］は本文中から十二字の言葉を抜き出し、［Ⅱ］・［Ⅲ］はそれぞれふさわしい内容を考えて十五字以内の現代語で答えること。

先生 「人々が十六日桜を見に集まるのはなぜですか。」

生徒 「はい。桜の由来が語られている部分にあるように、十六日桜は正月なのに、［Ⅰ］満開になるからです。」

先生 「そうですね。では、この桜はなぜ咲いたのでしょうか。」

生徒 「はい。本文には、［Ⅱ］という父親の願いをかなえたいと子が『誠の心』で祈り、その子の［Ⅲ］に神々が感心なさったためであろうと書かれています。」

先生 「そのとおりです。この十六日桜は、孝子桜(こうしざくら)とも呼ばれ、現在でも多くの人々に親しまれているそうですよ。」

4 Ⅰ	4 Ⅱ	4 Ⅲ

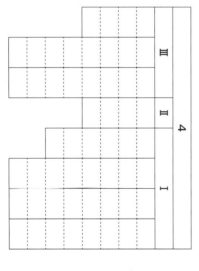

古典

■平成27年度問題

三 次の文章を読んで、あとの1～4の問いに答えなさい。

ある町人二人つれだち物詣(参拝して帰る途中で)したる帰るさに、船渡りの川(船で渡る川で)にて、乗船先後の争ひにて、余所衆(他の地方の人々と)とけんかをしだして追つ散らされ、一人は川にはまり、一人は陸の方に逃げて、からき命(命からがら)助かり帰る。①この事を隠密したらば、せめての事ならんに(まだよかっただろうに)、さる(ある)老人に向かつて、☐、けんかの初中後を語り、「多人数の目の前にて川に追ひはめられ、手足②こごへてふるひ帰りたる有様、見苦しかりつる。」と、己が逃げたる事をば言はず、一人をそしる(悪く言った)。老人聞いて、「かまへて(決して)、さやうの事を、人の聞く所にて言ひたまふな。『身の上知らずの人事言ふ』(自分の立場をわきまえずに)といふ世話(ことわざ)に等し。其方もけんかの場にて、川にこそはまらね(川にははまらなかったが)、逃げたるは同然ならん。」と恥ぢしめられければ、町人赤面して退出せり。

(「身の鏡」による)

1 ――線部②「こごへてふるひ」を現代仮名遣いに直して書け。

2 ――線部①「この事」の内容として最も適当なものを次から選び、記号で答えよ。

ア 船で渡る川で、人々が船に乗るための順番争いをしていたこと。
イ けんかの相手が追い散らされたので、何とか命が助かったこと。
ウ 乗船順をめぐってけんかをし、やっとの思いで帰ってきたこと。
エ けんかに負けてしまったことを、老人に話していなかったこと。

3 本文中の☐に入る人物を次から選び、記号で答えよ。

ア 余所衆　イ 陸の方に逃げたる町人
ウ 川にはまりたる町人　エ 船に乗り合はせたる客

4 次は、本文について話し合っている先生と生徒との会話である。Ⅰ～Ⅲに適当な言葉を補って会話を完成させよ。ただし、Ⅰは三十字以内、Ⅱは十五字以内でふさわしい内容を考えて現代語で書き、Ⅲはあとの語群から最も適当なものを選び、記号で答えること。

先生「老人は『かまへて、さやうの事を、人の聞く所にて言ひたまふな。』と言っていますが、なぜこのような注意をしたのでしょうか。」
生徒「はい。けんかの話をした人が、Ⅰを言ったからだと思います。」
先生「そうです。老人はこのような態度を『身の上知らずの人事言ふ』ということわざと同じだと指摘していますね。では、話をした人は、どのようなことをわきまえておくべきだったのでしょうか。」
生徒「はい。けんかの場からⅡをわきまえておくべきだったと思います。」
先生「そのとおりですね。」
生徒「この話からⅢという故事成語を思い出しました。」
先生「そうですね。Ⅲは、程度の差はあっても大した違いはないという意味です。この話と重なりますね。」

〔Ⅲの語群〕ア 漁夫の利　イ 矛盾
ウ 五十歩百歩　エ 蛇足

■平成28年度問題

三 次の文章を読んで、あとの1～4の問いに答えなさい。

管弦の達人、晴季卿は、三条家の家宝である琵琶を弾いて夢中になり、三条殿に借り受けたいと願い出たが、断られた。

晴季卿力なく帰りたまひぬれど、①なほその琵琶のゆかしく忘れがたくて、北野の社(北野天満宮)に日々素足にて参詣して、かの琵琶しばらくの間借り得ん事を祈り申されける。風吹く日も雨降る日も怠る事なく、位高き人の、供人をも召し連れながら白昼に徒跣(はだしで歩いて)にて数月②まゐりたまへば、そのころ町家にてもいと③ものぐるはしき人なりと沙汰(うわさ)にもなりたまひぬ。三条殿この事を聞きたまひ、深く感心したまひ、さるにても執心の事なり、いかで貸さであるべき(どうして貸さずにいられようか)とて、晴季卿を招きたまひ、「御心ざしのありがたさに(すばらしさに)、かの琵琶貸しまゐらすべし(お貸し申し上げよう)、明日にても人して取りにこしたまへ(人を取りによこしてください)」とのたまひければ(おっしゃったので)、いと嬉しく、「明日とは申しがたし」と乞ひ出して(願い出て)、みづから(注)狩衣の袖の上に抱きて帰らせたまひしとなん(ということだそうな)。

(「仮名世説」による)

(注) 狩衣＝男性貴族の平服。もとは狩りなどに着用した。

1 ――線部②「まゐりたまへば」を現代仮名遣いに直して書け。

担いでいる太鼓を、兄弟子がトントントンと打ち鳴らす音を、篤も一緒に歩きながら聞いていた。先月練習したのと同じ節回しのはずなのに、篤が叩いていた音とは違った。軽やかで、何の引っかかりもなく聞こえる。

耳元でその音を聞きながら、明日からいよいよ土俵上の戦いが幕を開けるのだと実感した。最後に力強くトトン、と音が鳴り、土俵祭が終わった。

土俵祭の帰り、名古屋城の石垣をバックに赤や緑、橙と色とりどりの力士幟がはためいているのが見えた。その幟に囲まれるようにして、呼出が太鼓を叩くための櫓が組まれている。

去年、篤が初めて呼出として土俵に上がったのも、この名古屋場所だった。研修の期間があったとはいえ、当時は相撲のことは何もわかっていなかった。わかっていなかったけれど、青空に鮮やかな彩りを添える幟や、空に向かってそびえる櫓は粋で気高く、美しかった。

そして今、一年が経って同じ景色を見ている。

来年この景色を見るとき、俺はどうなっているのだろう。新しく入ってきた呼出に対して、ちゃんと「兄弟子」らしくいエられるだろうか。できる仕事は増えているだろうか。朝霧部屋からは、関取が誕生しているだろうか。

一年後はまだわからないことだらけだ。

④それでも、もう不安に思わなかった。

（鈴村ふみ「櫓太鼓がきこえる」による）

(注) 土俵築＝土俵づくり。
進さん＝ベテランの呼出で、若手呼出の憧れの的でもある。篤が入門した際の指導役。
土俵祭＝場所中の安全を祈願する儀式。
触れ太鼓＝本場所の前日に、翌日から相撲が始まることを知らせる太鼓。

1 ══線部ア～エの中から、働きと意味が他と異なるものを一つ選び、記号で答えよ。

2 ――線部①における達樹の様子を説明したものとして、最も適当なものを次から選び、記号で答えよ。
ア 新弟子が入門してくることに納得がいかない様子。
イ 自分の話を疑ってくる篤に不満を抱いている様子。
ウ 自分への礼儀を欠いた篤の口調に怒っている様子。
エ 場所前の準備作業の疲れと空腹で機嫌が悪い様子。

3 次の文は、――線部②における篤の「異変」について説明したものである。［Ⅰ］には、本文中から最も適当な六字の言葉を抜き出して書き、［Ⅱ］には、二十五字以内の言葉を考えて補い、文を完成させよ。

［Ⅰ］が入門してくると聞いた篤は、これから先、仕事をしていくうちに［Ⅱ］を感じて、冷静ではいられなくなっている。

4 ――線部③について、直之さんの気持ちを説明したものとして、最も適当なものを次から選び、記号で答えよ。
ア 感謝の言葉に照れくささを感じつつも、篤を励ますことができてうれしく思っている。
イ 自分の元から巣立つことに寂しさを感じつつも、篤が兄弟子になることを喜んでいる。
ウ 仕事の様子に多少の不安を感じつつも、篤に後輩ができることを誇らしく思っている。
エ 思わず本音を話したことに恥ずかしさを感じつつも、篤の素直な態度に感動している。

5 ――線部④とあるが、それはなぜか。五十字以内で説明せよ。

1	

2	

3	Ⅰ	
	Ⅱ	

4	

5	

■令和４年度問題

四 次の文章を読んで、あとの１～５の問いに答えなさい。

> 十七歳の篤は、大相撲の取組前に力士の名を呼び上げる呼出として朝霧部屋に入門した。名古屋場所の準備作業の合間に、呼出の兄弟子である直之や達樹と三人で昼食をとろうとしている。

「ここだけの話なんですけど。今度、呼出の新弟子が入るらしいっすよ」

「えっ、マジっすか」

思わず篤は叫んでいた。

何人か兄弟子が振り返ったので、達樹が「ここだけの話なんだから、でかい声出すな」と顔をしかめた。

「だってそれ、本当っすか」

「本当だよ。嘘ついてどうすんだよ」①達樹はさらに眉間に皺を寄せた。

「光太郎さんが辞めて今、欠員出てるし。さっそく来場所あたり見習いで入ってくるらしいよ」

周囲に聞こえないように、達樹は声をひそめて言う。

直之さんが「へえー。じゃあ、篤ももう兄弟子じゃん」と楽しそうに相づちを打つと、ちょうど料理ができたとの放送があり、揃って注文した品を取りに行った。

直之さんがきしめんを、達樹が味噌ラーメンをすすっている間、二人は名古屋の行きつけの店の話で盛り上がっていた。しかし篤の頭はずっと、呼出の新弟子が入ってくるということでいっぱいだった。しばらくボーッとしていたのだろう。「お前のうまそうじゃん。ちょっとちょうだい」と達樹に冷やし担々麺を食べられ、篤はようやく我に返った。

十五時前に一日の作業が終わると、直之さんが「喉渇いたし、ちょっとひと休みしてから帰らねえ？」と今度はお茶に誘ってきた。篤もすっかり喉が渇いていたので、誘われるがまま、隣の駅近くにある喫茶店に入った。

ところが注文したアイスコーヒーが運ばれてくるやいなや、「達樹が言ってた話だけど。お前、新弟子が入ってくるのが不安なんだろ」と言い当て**ア**られ、ぎくりとした。

どうやらその話をするつもりで、お茶に誘ったらしい。午後の篤は、何度か手が止まってしまい、たびたび注意を受けていた。ここ数場所は、そのように注意されることはなかったので、直之さんが②異変に気づくのも無理はない。

「……ああ、はい。そうっすね」

またみっともないことをしてしまった、と思ったが仕方なく白状した。

その新弟子は、呼び上げや(注)土俵築、太鼓なんかも、そのうち自分より上手くこなすかもしれないと不安になり、思考とともに、手も止まっていた。

篤の返事を聞くと、直之さんは小さくため息をついた。

「なんでお前はそんなに自信なさげなんだよ。この一年で、お前は充分変わったよ。だって、ほら」

そう言って直之さんは手を伸ばして、篤の腕を軽く叩く。上腕には小さな力瘤がついていた。思い返せば一年前の篤の腕は枝のように細くて、ひたすらにまっすぐな線を描いていた。

「その腕だって、土俵築ちゃんとやってきたからじゃん。呼び上げだってたまに調子外すけど、声も太くなってきたし。太鼓も、テンポゆっくりめになるけど必死になって叩いてるって、(注)進さんから聞いたぞ」

「……なんか、褒め**イ**られてる気がしません」

「ああ、ごめんごめん」

直之さんが、仕切り直すようにアイスコーヒーを一口飲んだ。

「お前は怒られることも失敗することもたくさんあったけどさ、一年間、逃げずにやってきただろ。ちゃんと、お前は頑張ってたよ。近くで見てきた俺が言うんだから、間違いない」

そうきっぱりと言われて、思わず直之さんの顔をまじまじと見た。直之さんは一瞬、何だよと渋い顔をしたが、話を続けた。

「まだできないことも多いかもしれないけど、この一年、真面目にやってきただけでも充分偉いじゃん。今みたいに不安になるのも、お前がこの仕事に真剣になってる証拠だよ。たとえ新弟子がめちゃくちゃできる奴でもさ、大丈夫。お前なら、これからもちゃんとやっていける」

お前なら、ちゃんとやっていける。

今しがたかけ**ウ**られた言葉が、耳の奥で響く。

同い年なのに仕事ができて、しかも頼りがいのある直之さんみたいになりたいと、ずっと思ってきた。まだ目標は達成できないかもしれないが、その直之さん本人から認められ、胸がすっと軽くなるのがわかった。

……そっか。こんな俺でも、大丈夫なんだな。

直之さんは急に真顔になって、もう二度とこんなこと言わねえからな、とストローを咥え、黙ってアイスコーヒーを吸い上げた。

「あの……ありがとうございます」

それでも篤が深々と頭を下げると、③直之さんは少しだけ笑ってみせた。名古屋場所前日の(注)土俵祭でも、最後に(注)触れ太鼓の番があった。

国広くん(注)や、やよいちゃんの言葉にもそれは表れている。

『やりたいかと言われるとビミョーなイベントだよな』

『私も、最初はしょうがないかあって思ったんだけど。なんかもやもやするっていうか……ヘンじゃない？　って思って』

生徒たちは今までの文化祭を『やりたくない、めんどうくさい』と思いつつ『取り上げられるのはヘンだ』と思っていた。けれどそれは『やりたくないのに、やりたい』ということになる。その『やりたい』の先を考える手伝いをしたい、と私たちは話し合った。加奈は続ける。

「だから過去の失敗も含めて、生徒全員に考えてもらいたいんです。今まで卒業していった、伝統を繋いでくれていた先輩たちのためにも」

それから、先生は長いことだまった。何を考えているのかは分からなかった。⑤とても長い時間だった。汗が背中を伝う。

先生は一人一人の顔を見たあと、ふう、と息を吐いた。そして、

「考えるだけ、考えてみましょう。近いうちにほかの先生がたとお話しします」と言った。

（望月雪絵「魔女と花火と100万円」による）

(注)　おじさん＝成田くんの父親。
　　国広くん、やよいちゃん＝杏の同級生。

1　――線部①における加奈の様子を説明したものとして、最も適当なものを次から選び、記号で答えよ。

ア　先生の言動に対して、慌てて言葉を取りつくろおうとする様子。
イ　先生の言動に対して、あせりつつ真意を質問しようとする様子。
ウ　先生の言動に対して、反抗してさらに文句を言おうとする様子。
エ　先生の言動に対して、あきらめずに交渉し続けようとする様子。

1	

2　次の文は、――線部②における「私の気持ち」を説明したものである。［Ⅰ］には、本文中から最も適当な五字の言葉を抜き出して書き、［Ⅱ］には、十五字以内の言葉を考えて補い、文を完成させよ。

笹村先生が［Ⅰ］を返したのは、自分たちに現状を理解させ、［Ⅱ］きっかけを与えるためだったのだということに気づき、感謝する気持ち。

2	Ⅰ						Ⅱ															

3　――線部③について、加奈の様子を説明したものとして、最も適当なものを次から選び、記号で答えよ。

ア　杏の言葉に落ち着きを取り戻して何事にも動揺しない様子。
イ　杏に助けられたことが恥ずかしくて責任を感じている様子。
ウ　先生との話を先に進められたことに安心して得意げな様子。
エ　先生の言葉に不安を感じて周りが見えなくなっている様子。

3		4	

4　――線部④について、加奈たちがそのように考える理由を説明したものとして、最も適当なものを次から選び、記号で答えよ。

ア　文化祭の廃止は賛成だが、生徒たちに相談せずに決定されたのはおかしいと感じているように見えたから。
イ　文化祭の廃止は納得できないが、勉強時間が今までより減るのはおかしいと感じているように見えたから。
ウ　文化祭の実施は面倒だが、文化祭を一方的に取り上げられるのはおかしいと感じているように見えたから。
エ　文化祭の実施は無意味であるが、予算がないから中止にするのはおかしいと感じているように見えたから。

5　――線部⑤のときの杏の気持ちについて六十字以内で説明せよ。

5																														

■令和３年度問題

四 次の文章を読んで、あとの１〜５の問いに答えなさい。

> 中学二年生の私（杏）は、生徒会の加奈や成田くん、偲与華たちと文化祭（ながね祭）の廃止の撤回を求めて、笹村先生と話すことになった。

「笹村先生に、そして先生がたに聞いてほしいお話があります」

加奈が背筋を伸ばして言った。「文化祭のことです。私たち、どうしても来年からの廃止に納得がいかないんです」

先生は冷ややかな視線を私たちに向けた。「ああ、またその話。最近聞かなくなったと思ったら」先生はちらっと成田くんを見る。彼は無表情だ。

「いいわ、続けて」

「はいっ」加奈がこぶしを握る。緊張しているみたいだ。

「ええと……文化祭は、ながね祭は……十一年前生徒が立ち上げたイベントです。わが校の伝統です。それなのに、先生がたに一方的に奪われるのは、おかしいと感じました」

先生はしばらく反応をしなかった。加奈がだまりこんだのを見て、首をかしげる。

「それだけ？」

「い、いいえ！」加奈は①食い下がる。そして視線で私たちに目配せをした。本題が来る。私はどきどきしながら加奈の言葉を待つ。

「でも、私たち考えたんです。どうして文化祭が廃止になったのか。どうして先生がたは何も相談してくれなかったのか。それは私たち生徒に原因があると思いました、笹村先生や小田原先生は『予算の問題』と言っていたけれど……やる気を出さないでだらだらと資料を作ったり、つまらないって言うのに改善案を出さなかったり……そういうところが先生がたを失望させたんだと感じました。すみませんでした」

そこでみんな、「すみませんでした」を繰り返し、頭を下げる。視界の隅で偲与華が成田くんの頭を押さえつけているのが見えた。成田くんはされるがままだったが、ぼそっと「すみませんでした」と言った。

先生はいくぶんか驚いたようで、いったん口を開いたが、すぐに閉じて何か考えこんでいるみたいだった。やがて静かに答える。「そうね、大筋は確かにそうよ」

全員が顔を上げ、先生を見る。

「でも、勘違いしないでほしいから言うけれど、私や小田原先生の『予算』って言葉は優しさからの嘘じゃないわ。文化祭をやるにはそれに見合う予算が必要なの。つまり、あなたたちの文化祭の価値はゼロ円。それだけ」

加奈が口を閉ざした。予想以上にきつい言葉にひるんでしまったのだろう。生徒会室を緊張感が支配する。

でも……なんだか、あのときと似ている。

（注）おじさんが成田くんの部屋に来たときと同じ雰囲気だ。あのときおじさんは私たちに厳しいことを言いながらもアドバイスをくれたし、応援してくれた。おじさんが厳しいことを言ったのは、私たちをいじめたいからじゃない。きっと私たちに現状を理解させ、その先をしっかり考えさせるためだったんだと思う。そして笹村先生は、以前成田くんの説得をちゃんと聞いてくれた人だ。

なら、これは、あのときと同じだ。

説得は加奈に任せるはずだったけれど……思わず言葉が口からついて出た。

「本当のことを言ってくれて、ありがとうございます」

ほかのメンバーがぎょっとした目で私を見たが、②私の気持ちは本当だった。笹村先生は、私たちが対等に話すとっかかりを用意してくれたんだ。先生は値踏みをするように私たちを見た。その目が、『ここでだまるくらいなら受けつけないけど、この先説得できるならしてみなさい』と、そう語っているように見えた。加奈も同じことを感じたんだろう。彼女ははっとしたように、先生を見上げた。

「ご指摘、本当にありがとうございます。生徒はやる気をなくしていたんだと思います。私自身、こんな文化祭あってもなくても同じだ、と思ったこともあります。こんなのなんでやらせるんだ、って。でも、そうじゃないんですよね。大事なのは私たちの向上心と、自主性」

加奈は息を吸った。声がいつもの調子に戻りつつある。

「笹村先生。私たち、もう一度チャンスが欲しいんです。意義のある文化祭を作り、また次の世代に繋げていきたいって思うんです」

「でも、そう思っているのは今ここにいるあなたたちだけでしょう？」

③加奈は、もう負けない。

「ほかの生徒たちの意思はまだ確認していません。まず先生がたの許可をいただいたうえで、全生徒に文化祭のことを考えてもらう機会を作りたいと思っています」

「今まで不まじめだった人が、急にやる気になるかしら？」

「分かりません。でも五月に文化祭廃止が発表されたとき、④みんな不満そうでした。『勉強しなくていい時間を奪うな』って怒ってる人もいたけれど、でも、根本は違うことへの怒りだったと思います。私は、そこに『自分たちの文化祭なのにどうして』って気持ちがあったんだと信じています」

文化祭廃止が知らされたとき、生徒たちは納得していない様子だった。けど、それはサボれなくなるからってだけじゃない、と思う。

「つぎの対局は負けないよ。絶対に勝ってやる」

「うん、また指そう。そして、一緒に強くなろうよ」

ぼくが言うと、山沢君がメガネの奥の目をつりあげた。

「なに言ってんだよ。将棋では、自分以外はみんな敵なんだ」

小学2年生らしいムキになった態度がおかしかったし、「自分以外はみんな敵だ」と、ぼくだって思っていた。

「たしかに対局中は敵だけど、盤を離れたら、同じ将棋教室に通うライバルでいいんじゃないかな。ぼくは初段になったばかりだから、三段になろうとしているきみをライバルっていうのは、おこがましいけど」

ぼくの心ははずんでいた。個人競技である将棋にチームメイトはいないが、ライバルはきっといくらでもあらわれる。④勝ったり負けたりをくりかえしながら、一緒に強くなっていけばいい。

「そういえば、有賀先生のおとうさんが教えた大辻弓彦さんっていうひとが、関西の奨励会でがんばっているんだってね。大辻さんが先にプロになって、きみとぼくもプロになって、いつかプロ同士で対局できたら、すごいよね」

奨励会試験に合格するにはアマ四段の実力が必要とされる。それに試験では奨励会員との対局で五分以上の(注)星をあげなければならない。合格して奨励会に入っても、四段=プロになれるのは20パーセント以下だという。

それがどれほど困難なことか、正直なところ、ぼくにはよくわかっていなかった。でも、どれほど苦しい道でも、絶対にやりぬいてみせる。

「このあと、となりの図書館で(注)棋譜をつけるんだ。今日の、引き分けだった対局の」

ぼくが言うと、山沢君の表情がほんの少しやわらかくなった。

「それじゃあ、またね」

三つも年下のライバルに言うと、⑤ぼくはかけ足で図書館にむかった。

（佐川光晴「駒音高く」による）

(注) 大駒、入玉、馬引き＝いずれも将棋の用語。なお、馬は将棋の駒の一つ。
王＝将棋で大将に相当する最も大切な駒。
詰ます＝相手がどう動いても次に自分が王を取り、勝つことができる状態のこと。
詰み筋＝将棋で決着までの手順のこと。
詰め将棋をする＝王手の連続で王を詰ませる将棋の問題を解くこと。
研修会＝ここでは、奨励会（プロ棋士養成機関）入りを目指す者の対局の場。
星をあげ（る）＝勝負に勝つこと。
棋譜＝将棋の対局の記録。

1　――線部①は、ぼくのどのような様子を表しているか。最も適当なものを次から選び、記号で答えよ。

ア　絶対に勝つと気合いを入れている様子。　イ　負けることへの恐怖を隠している様子。

ウ　大事な勝負に臨んで動揺している様子。　エ　勝利を確信して自信に満ちている様子。

1	

2　次の文は、――線部②の理由を説明したものである。［Ⅰ］には、本文中から最も適当な九字の言葉を抜き出して書き、［Ⅱ］には、十五字以内の言葉を考えて補い、文を完成させよ。

最初、山沢君は、ぼくと対戦するのが［Ⅰ］のに、対戦後、詰み筋を探していたぼくに［Ⅱ］ことが意外だったから。

2	Ⅰ		Ⅱ	

3　――線部③におけるぼくの気持ちの説明として、最も適当なものを次から選び、記号で答えよ。

ア　形勢は有利だったが、先生に引き分けの判定をされ、納得できないままもしぶしぶ受け入れている。

イ　形勢は有利だったが、自分よりはるかに実力が上である山沢君にはかなわないとあきらめている。

ウ　形勢は有利だったが、詰み筋を見極めきれなかったぼくは、引き分けという判定に納得している。

エ　形勢は有利だったが、詰み筋を読み切れず、また山沢君に負けてしまった悔しさをこらえている。

4　次の文は、――線部④に表れた、ぼくの望む、ライバルとの関係について説明したものである。空欄に入る最も適当な四字熟語を次から選び、記号で答えよ。

［　］しながら強くなっていける関係。

ア　大器晩成　イ　呉越同舟　ウ　試行錯誤　エ　切磋琢磨

3		4	

5　――線部⑤におけるぼくの気持ちを六十五字以内で説明せよ。

5	

四 次の文章を読んで、あとの1～5の問いに答えなさい。

> 小学5年生のぼく（野崎翔太）は、有賀先生の将棋教室で出会った小学2年生の山沢君との将棋の対戦（対局）に負けた悔しさから研究を重ねてきた。二週間が経ち、山沢君と再戦する機会を得た。

「前回と同じ対局になってしまうけど、それでもいいかな？　先手は野崎君で」

「はい」

ぼくは①自分を奮い立たせるように答えたが、山沢君はつまらなそうだった。

（よし。目にもの見せてやる）

ぼくは椅子にすわり、盤に駒を並べていった。

「おねがいします」

二人が同時に礼をした。序盤から(注)大駒を切り合う激しい展開で、80手を越えると双方の(注)玉が露出して、どこからでも王手がかかるようになった。しかし、どちらにも決め手がない。ぼくも山沢君もとっくに持ち時間はつかいきり、ますます難しくなっていく局面を一手30秒以内で指し続ける。壁の時計に目をやる暇などないが、たぶん40分くらい経っているのではないだろうか。持ち時間が10分の将棋は30分あれば終わるから、ぼくはこんなに長い将棋を指したことはなかった。

「そのまま、最後まで指しなさい」

有賀先生が言って、そうこなくちゃと、ぼくは気合いが入った。かなり疲れていたが、絶対に負けるわけにはいかない。山沢君だって、そう思っているはずだ。

（勝ちをあせるな。相手玉を(注)詰ますことよりも、自玉が詰まされないようにすることを第一に考えろ）

細心の注意を払って指していくうちに、形勢がぼくに傾いてきた。ただし、頭が疲れすぎていて、目がチカチカする。指がふるえて、駒をまっすぐにおけない。

「残念だけど、今日はここまでにしよう」

ぼくに手番がまわってきたところで、有賀先生が対局時計を止めた。

「もうすぐ3時だからね」

そう言われて壁の時計を見ると、短針は「3」を指し、長針が「12」にかかっている。40分どころか、1時間半も対局していたのだ。

ぼくは盤面に視線を戻した。ぼくの玉はすでに相手陣に入っていて、詰ませられることはない。山沢君も(注)入玉をねらっているが、10手あれば詰ませられそうな気がする。ただし手順がはっきり見えているわけではなかった。

「すごい勝負だったね。ぼくが将棋教室を始めてから一番の熱戦だった」

(注)プロ五段の有賀先生から最高の賛辞をもらったが、ぼくは(注)詰み筋を懸命に探し続けた。

「(注)馬引きからの7手詰めだよ」

山沢君が悔しそうに言って、ぼくの馬を動かした。

「えっ？」

まさか山沢君が話しかけてくるとは思わなかったので、②ぼくはうまく返事ができなかった。

「こうして、こうなって」

(注)詰め将棋をするように、山沢君が盤上の駒を動かしていく。

「ほら、これで詰みだよ」

（なるほど、そのとおりだ）

頭のなかで答えながら、ぼくはあらためてメガネをかけた小学2年生の実力に感心していた。

「プロ同士の対局では、時間切れ引き分けなんてない。それは(注)研修会でも、奨励会でも同じで、将棋の対局はかならず決着がつく。でも、ここは、小中学生むけのこども将棋教室だからね。今日の野崎君と山沢君の対局は引き分けとします」

有賀先生のことばに、③ぼくはうなずいた。

「さあ、二人とも礼をして」

「ありがとうございました」

山沢君とぼくは同時に頭をさげた。そして顔をあげたとき、山沢君のうしろにぼくの両親が立っていた。

「野崎さん、ちょっといいですか。翔太君も」

どんな用件なのかと心配になりながら、ぼくは先生についていった。

「翔太君ですが、成長のスピードが著しいし、とてもまじめです。今日の一局も、じつにすばらしかった」

有賀先生によると、山沢君は小学生低学年の部で埼玉県のベスト4に入るほどの実力者なのだという。来年には研修会に入り、奨励会試験の合格、さらにはプロの棋士になることを目標にしているとのことだった。

「小学5年生の5月でアマチュア初段というのは、正直に言えば、プロを目ざすには遅すぎます。しかし野崎君には伸びしろが相当あると思いますので、親御さんのほうでも、これまで以上に応援してあげてください」

まさか、ここまで認めてもらっているとは思わなかったので、ぼくは呆然としていた。

103号室に戻り、カバンを持って出入り口にむかうと、山沢君が立っていた。ぼくより20センチは小さくて、腕も脚もまるきり細いのに、負けん気の強そうな顔でこっちを見ている。

僕は、オムライスを、時間をかけて食べ切った。

午後、僕は母と並んで真琴の合同練習をプールサイドの端っこのほうで見学した。市民プールは、塩素のにおいがした。僕がこの世で、一番嫌いなにおい。

休憩時間になり、水泳帽を被った真琴は母と僕を発見して、ちゃんと見てた？　また記録更新したんだよ！　と言った。

「ごめん、二人でお昼食べてたら見逃しちゃった」

怒るかと思ったが、真琴は、バカー！　と言っただけだった。いや、これでちゃんと怒っているのか。

「またすぐに更新するでしょ。そのときはちゃんと見るから」

母の言葉に、真琴はうれしそうな顔をした。

笛が鳴って、真琴はコーチのもとへ走っていった。

初めて見る真琴の泳ぎは見事だった。しなやかで、力強くて、子どものころに見た父の泳ぎをミニサイズにしたみたい。僕にはできなかった、父みたいな泳ぎ。そう思うと、やはり胸がキリリと痛んだ。でも僕は、③ちゃんと最後まで真琴の泳ぎを見た。

真琴は、ひとかきごとに確実に速くなっていくのだろう。

僕だって、あのとき水泳をやめていなければ、真琴みたいに、父みたいに速くなれたのだろうか。僕はいつか、真琴の泳ぎを、胸の痛みなしで、心の底から「がんばれ」と思いながら、見られるようになるだろうか。そう思いながら、僕は真琴のクロールを見ていた。

帰りの車内は静かだった。

「お父さんね、このまえ言ってたよ」母がまた唐突に言った。

「……何を」

「正太郎に、どういうふうに接していいかわからないって」

「…………」

「自分が無理矢理水泳をやらせて、つらい思いをさせたんじゃないかって。だから、正太郎がやることに関して、口を出すのはやめようって、正太郎が水泳やめたときに決めたんだって。でも、そんなの、口に出してくれないとわからないよね。お父さん、そういうの、へたくそなんだよ。だからいま、お母さんが代わりに言っちゃった。お父さんのこと、許してあげて。お父さんだって、お母さんと同じこと、正太郎に対して思ってるんだよ」

今日の母は、まるで友達みたいな口調で話す。

④僕は、本当は、わかっていたのだ。でも、途中であきらめた自分が情けなくて、僕のほうが、父と距離を置くようになったのだ。

いまからでも、僕たち親子は、笑って話したり、思っていることを伝え合ったりできるだろうか。流れていく窓の外の景色に目をやりながら、僕はそんなことを考えた。

「できるよ、家族なんだから」

母は、僕の心が読めるみたいだ。

（小嶋陽太郎「ぼくのとなりにきみ」による）

1　――線部①「言葉に詰まる」は僕のどのような様子を表しているか。最も適当なものを次から選び、記号で答えよ。

ア　受け答えに困っている　　イ　反論するのをためらっている

ウ　指摘に落ちこんでいる　　エ　言い訳をするのを恥じている

2　――線部②における僕の気持ちを説明したものとして、最も適当なものを次から選び、記号で答えよ。

ア　真琴に対してつまらない意地を張っていた自分が腹立たしく、家族に同情されてしまうのではないかと思うとやりきれない。

イ　真琴や母に八つ当たりをしてしまった自分が情けなく、僕の質問に一度も答えなかった母の気持ちを思うといたたまれない。

ウ　父に対する反発心を真琴へとぶつけてしまった自分が悔しく、父から軽蔑されてしまうのではないかと思うと落ち着かない。

エ　真琴の努力を踏みにじってしまった自分が恥ずかしく、気づきながらも僕を責めない母と真琴の気持ちを思うと申し訳ない。

3　次の文は、――線部③における、真琴の泳ぎを見る僕の心情を説明したものである。［Ⅰ］・［Ⅱ］に適当な言葉を補え。ただし、［Ⅰ］には本文中から四字の言葉を抜き出して書き、［Ⅱ］には十五字以内の言葉を考えて答えること。

途中で水泳をやめてしまったことへの後悔や、自分にはできなかった父のような見事な泳ぎをする真琴への嫉妬による［Ⅰ］を感じながらも、真琴の泳ぎをしっかりと見ることで、［Ⅱ］と思っている。

1		2		3	Ⅰ		Ⅱ	

4　――線部④とあるが、僕はどのようなことを「わかっていた」のか。六十字以内で書け。

5　僕にとって母はどのような存在であるか。その説明として最も適当なものを次から選び、記号で答えよ。

ア　優しさの中にも挨拶や食事の作法など、しつけに厳しい一面があり、誤った道に進もうとする僕を正しく導いてくれる存在。

イ　家族全員に気を配り、父や真琴との関係に悩む僕を受け入れ、一歩踏み出そうとする僕に寄り添い、後押ししてくれる存在。

ウ　自分の思いははっきりと口にしないが、口調を工夫して本音を引き出す聞き上手で、家族のことを第一に考えてくれる存在。

エ　真琴や父にも気配りしているように見えるが、本当は僕を一番信頼して、何でも好きなようにすることを許してくれる存在。

4	
5	

「理子。ジャンプ、嫌い？」

理子は首を横に振った。「ううん、大好きだよ」

はっきりと、力強く、理子は断じた。

④理子の手がさつきの手をぎゅっと握り返してきた。

（注）斉藤さん＝理子やさつきのジャンプ競技の先輩。

（乾ルカ「向かい風で飛べ！」による）

1　本文中の□にあてはまる言葉として最も適当なものを次から選び、記号で答えよ。

ア　肩をすくめて　イ　胸を突かれて　ウ　口をとがらせて　エ　鼻を高くして

2　――線部①から読み取れる理子の気持ちを、解答欄に合うように、五十字以内で説明せよ。

（解答欄）……になっている。

3　次の文は、――線部②の理由を説明したものである。［Ⅰ］・［Ⅱ］に適当な言葉を補え。ただし、［Ⅰ］は十五字以内、［Ⅱ］は七字以内の言葉を考えて答えること。

さつきは、［Ⅰ］を思い出してもらうことで競技をやめないでほしいという思いを、理子に分かってもらおうと［Ⅱ］から。

4　――線部③を朗読する場合、どのように工夫して読めばよいか。最も適当なものを次から選び、記号で答えよ。

ア　さつきの嫌悪感が伝わるように、語気を荒げて大きな声で読む。

イ　さつきの落胆が伝わるように、次第に声を弱くしてぼそぼそと読む。

ウ　さつきの優越感が伝わるように、語尾を上げて明るい声で読む。

エ　さつきの真剣さが伝わるように、間を取りながらはっきりと読む。

5　――線部④とあるが、このとき、理子はさつきをどのような存在として認めたのか。三十字以内で書け。

■平成30年度問題

四　次の文章を読んで、あとの1〜5の問いに答えなさい。

中学一年生の僕（正太郎）は母親に頼まれ、妹である真琴の水泳大会に同行することになった。僕が会場で時間をもてあましていると、母親から昼食に連れ出された。

「最近、いつお父さんと話した？」と母が言った。

「……おはようくらいなら、毎日言ってるけど」

「正太郎、お父さんのこと、嫌い？」

①言葉に詰まる。

そして母は、「正太郎が、真琴のこと、素直に応援できない気持ち、お母さんにはわかる」と言った。

母は今日、僕を道案内のために連れてきたわけではないのだ。

「……母さん、メダルのこと、気づいてる？」

それは、声に出して言った言葉なのか、心の中だけで言った言葉なのか、自分でもわからなかった。

母は眉尻を少し下げて、困ったような顔をした。たぶん、僕は、声に出して言ったんだ。僕はもう一度、言い直した。

「僕が真琴の部屋からメダル盗んだこと、気づいてる？」

母はその質問には答えず、「お母さんは、正太郎が、好きなことやってくれてたら、それでいいと思う」と言った。

僕はなんと言ったらいいかわからなくて、何口目かのオムライスを口に運んだ。卵はふわふわではなく薄いやつで、ケチャップの味が強くする。

母さんは、僕がメダルを真琴の部屋から持ち出したことを知っているのだ。母さんだけじゃない、真琴だって、きっと知っているのだ。あのメダルは、真琴の努力の証だ。努力して取った大事なメダルがなくなって、気づかないはずがないだろう。

「なに泣いてるのよ」

「……ごめんなさい」

②真っ赤なケチャップに、涙が垂れる。

ごめんなさい。ごめんなさい。

僕は、同じ言葉を繰り返しながら、オムライスを食べた。

小説文・随筆文

■平成27年度問題

四 次の文章を読んで、あとの１～５の問いに答えなさい。

> 中学一年生の理子とさつきは、同じ少年団に所属するスキージャンプの選手である。しかし、自分の思うように飛べなくなった理子は、ジャンプ競技をやめようと考えていた。それを知ったさつきは、理子の母親にも協力をもらって、思いとどまらせようとしていた。

さつきは久々に練習を休んだ。今日ばかりは理子と一緒にいたかった。

「理子、ごめんね。勝手に理子のおうちに行って、理子のお母さんと話して」

「ううん、良かったよ。私一人じゃ煮詰まってどうにもならなかったもの。……私はさつきのそういうところ、嫌いじゃないよ」

理子は素直だった。「私ね。お母さんとも話して、ジャンプを始めたころのことを、思い出せた」

「そのころの理子、見たかったな」

本心を打ち明けると、理子は□にこっとした。

「同じだったと思うよ。少年団にいるその年頃の子たちと」

「そうかあ。じゃあ、やっぱり楽しかったんだね」

「うん、そうだね」

「理子のお母さん、言ってた。私が入団した日、すごく嬉しそうに帰ってきたって……」

「……うん。さつきが入ってくれて、嬉しかった。この子と一緒に飛べたら楽しいだろうなって、心から思った。でも」

ごめんねと、一言前置きをして、理子は静かに言った。

「さつきを誘わなければ良かったって思ったことも、あるんだ」

理子の涼しげな目がまっすぐにさつきに突き刺さってくる。

「さつきがあまりにも楽々と飛んで、どんどんうまく、強くなっていくから。いつか追い抜かされるって、焦って、怖くて。負けるのが、怖くて」

さつきさえ誘わなければ、こんな思いをしなくてすんだのに——そう後悔してしまうこともあったのだと、理子は告げた。

「実際、もう負けちゃったし」

①一瞬だけ逸らした理子の眼差しは、かすかな悲しみの色を帯びていた。

「でもね」理子はまた視線を戻した。「それでも私、さつきのジャンプ、好きだよ」

「理子……」

「さつきはすごく自然に、まるで、風を友達にして運んでもらっているように見えるの。だから、大好き」

さつきは理子の、鞄を持っていない空いている手をきゅっと握った。

「私も理子のジャンプ、大好きだよ。きれいで……本当にきれいで。また、見たいの。一緒に飛びたい」

風になびく髪の毛をそっと押さえた理子に、さつきは訴える。

「斉藤さんだって不調になるとしても、それは一時的なものって言ったんだよね？　だったら絶対また飛べるよ」

「絶対なんてことはないよ。もしかしたらこのままかもしれない。誰も保証も約束もしてくれない」

「約束がなかったら、だめなの？」

さつきは立ち止まった。手を握られている理子も、足を止める。

「一番最初にジャンプしたときは、なんの約束もなかったでしょ？　将来はオリンピック選手になるって約束されたから、ジャンプを始めたわけじゃないよね？」

理子に伝えたいことが心の中でいっぱいになって、さつきはどういう言葉でそれらを表現していいのかわからない。だからせめてとばかりに、握る手に力を込める。

「理子も最初飛べなくて、コーチに背中押されたんだよね。それからどうしてジャンプ続けようって思ったの？」

痛いと言われるかもしれなかったけれど、②さつきは握る力を緩められなかった。

「ただ単純に好きになったからじゃないの？　楽しかったからじゃないの？　勝つのも嬉しいけど、それよりもなによりも、私はジャンプが好きで、理子と一緒に飛ぶのが楽しいから飛んでるよ」

「さつき……」

「負けるのって嫌なことだっていうのはわかるよ。でも、それは全部を消しちゃうものなのかな。楽しさや嬉しさも全部消えちゃうの？」

低い山際に落ちるぎりぎり手前の夕日が、理子の顔を横から照らして、その瞳の色を薄く透けさせる。

「③私、もう一度理子と飛びたい。私、理子がいると強くなれる気がするんだ。もっと飛べる気がする。それから……ちゃんと、本当に、理子に勝ちたい。本当の理子に勝ちたい」

理子は力のある眼差しで、きちんとさつきを見返している。

さつきは思い切って、一番重要な問いを投げかけた。

べきか」「法の役割とは何か」「正しい認識にはどうやって到達するのか」「宗教は必要か」などが哲学の典型的な問いです。

これらの問いは、複数の教科や学問分野の根底に関わるような問題であることはおわかりでしょう。「愛とは何か」を考えることは、個人的な愛についての考えを尋ねているだけではなく、隣人愛は、社会のなかで人々のつながりはどうあるべきか、家族愛は、家族はどうあるべきかといった、社会におけるみんなの問題となってくるはずです。社会観や家族観は、政策や法律の設定とも関係してくるでしょう。こうして、愛についての考えは、複数の学問分野、複数の社会の領域に関わってきます。横断的・総合的であるのは、哲学的思考の特徴です。ですから、哲学対話はあらゆる学の基礎となると言ってもいいのです。

しかし哲学のもうひとつの重要な仕事は、それぞれの専門的な知識を、より一般的で全体的な観点から問い直すことです。[b]、遺伝子治療は非常に専門性が高い分野です。しかし遺伝子治療の範囲をどこまで認めていいのか。遺伝子を組み替えて難病にかかりにくくした子どもを作っていいのか。人間の遺伝子に対して、人間はどこまで改変してよいものなのでしょうか。

こうしたことは、社会のだれにでも関わってくるので、医学の専門家だけに判断を任せてよい問題ではありません。社会に存在している常識や知識や技術を、人間の根本的な価値に照らし合わせてあらためて検討することは重要な哲学の役割です。その意味で、哲学は最も素朴な視点からの学問であると同時に、最も高次の視点から常識や知識を批判的に検討する学問です。

その際に哲学がとるべき視点は、いかなる専門家からでもない、いかなる職業や役割からでもない、ひとりの人間ないし市民からの視点です。哲学という学問が最も一般的であり、特定の分野に拘束されないという特徴はここから来ています。

現代社会は、専門性が進み、社会がそれによって分断されていると、㊟先ほど述べましたが、哲学は、さまざまな人が集う対話によって、専門化による分断を縫い合わせようとする試みなのです。あらゆる現代の知の中に対話を組み込み、社会の分断を克服しなければなりません。

自分の人生や生き方と、教育機関で教えるような知識やスキルを結びあわせること、生活と知識を結びつけることは、哲学の役割です。そして、自分がどう生きるのかと問うのが哲学であるとすれば、その問いに答える手段を与えてくれるのが、学校で学べるさまざまな知識です。③哲学の問いがなければ、さまざまな知識は扇の要を失ってしまうでしょう。

その自分の哲学を、対話によって深めていこうとするのが哲学対話なのです。

（河野哲也「問う方法・考える方法『探究型の学習』のために」による）

㊟ 倫理＝道徳や善悪の基準など人間のあり方を研究する学問。「倫理学」の略。
ですが、なぜ哲学対話を探究の最初に実施することを勧めるのでしょうか。＝筆者は本文より前の部分で、探究型の学習方法について述べている。
先ほど述べましたが＝筆者は本文より前の部分で、現代社会における専門性について述べている。

1 本文中の[a]・[b]にあてはまる語の組み合わせとして、最も適当なものを次から選び、記号で答えよ。

ア（a または　b 一方）　イ（a すなわち　b 要するに）
ウ（a しかも　b なお）　エ（a あるいは　b たとえば）

1	

2 次の文は、——線部①「深く考える」ために必要なことについて説明したものである。[Ⅰ]には最も適当な九字の言葉を、[Ⅱ]には最も適当な十三字の言葉を本文中から抜き出して書け。

「深く考える」ことは自分の[Ⅰ]を考え直してみることだが、自分の[Ⅰ]に一人だけで気がつくことは難しいので、[Ⅱ]が必要である。

2	Ⅰ		Ⅱ	

3 ——線部②とあるが、本文における「哲学」についての説明として適当なものを次から二つ選び、記号で答えよ。

ア 専門家の立場で、一般的な知識について根底から問い直すこと。
イ 一般の人の立場で、一般的な問題について根本から考えること。
ウ 専門家独自の観点から、一般的な問題を批判的に考え直すこと。
エ 一般的かつ全体的な観点から、専門的な知識を再検討すること。
オ 専門的かつ客観的な観点から、専門的な問題を深く考えること。

3		

4 ——線部③とあるが、これはどういうことか。次の「扇の要」の説明を参考にして、「自分がどう生きるのかを問わなければ」に続く形で六十五字以内で説明せよ。

扇の要…扇の根元にある軸のこと。外れるとばらばらになってしまう。転じて、物事の大事な部分の意。

5 次のア～エは、四人の中学生が、将来の夢を実現するために考えたものである。~~~~線部「横断的・総合的である」ということの例として最も適当なものを次から選び、記号で答えよ。

ア プロゴルファーになるために、ゴルフの技術と栄養学を学ぶ。　イ 高校の国語教師になるために、文法と日本の古典文学を学ぶ。
ウ 漫画家になるために、人気漫画の人物と風景の描き方を学ぶ。　エ 世界的なオペラ歌手になるために、発声と曲想の表現を学ぶ。

4	自分がどう生きるのかを問わなければ、

5	

2 本文中の a ・ b にあてはまる語の組み合わせとして、最も適当なものを次から選び、記号で答えよ。

ア（a やはり　b あたかも）　イ（a もちろん　b けっして）

ウ（a たとえば　b ちょうど）　エ（a つまり　b ほとんど）

2	

3 次の文は、——線部②について説明したものである。 I には本文中から最も適当な六字の言葉を抜き出して書き、 II には二十字以内の言葉を考えて答えること。

進化の歴史の中で、各々の生物たちが戦って、 I を見つけるたびに変わり続けた結果行き着いた、 II 自分だけの場所。

3	I		II	

4 ——線部③とあるが、それはなぜか。六十五字以内で説明せよ。

4	

5 次のア～エは、生物の進化について四人の中学生が考えたものである。文章全体を通して述べられた筆者の考えに最も近いものを選び、記号で答えよ。

ア 昆虫Aは、黄色い花や白い花に集まりやすいという性質をもっていましたが、主に生息している場所の白い花が全て枯れてしまったため、黄色い花だけに集まるようになりました。

イ 魚Bは、生まれつき寒さに強いという性質を生かし、気候変動によって水温の低くなった川にすみ続けたところ、他の魚たちがいなくなって食物を独占できたので、巨大化しました。

ウ 鳥Cは、自分を襲う動物が存在しない島にすんでいたために飛んで逃げる必要がない上、海に潜る力をもっていたことで食物を地上でとらなくてよかったので、飛ばなくなりました。

エ 植物Dは、草丈が低いため、日光を遮る植物がいない場所で生きようとしたところ、そこは生物が多く行き交う場所だったので、踏まれても耐えられる葉や茎をもつようになりました。

5	

■令和４年度問題

二 次の文章を読んで、あとの１～５の問いに答えなさい。

では哲学対話とは、どのような対話なのでしょうか。「哲学」という名前がついているからといって、(注)倫理の教科書に載っているような昔の思想家や哲学者の考えを知識として知っている必要はありません（もちろん、知っているなら、それはそれで有益ですが）。哲学対話とは、ひとつのテーマや問いについて、対話しながら深く考え、深く考えながら対話する活動です。ここでの「哲学」という言葉は、「根本的に、深く考える」という意味に置き換えられるものです。

（中略）

当然視されていること、常識と思われていること、昔から信じ込まれていること、これらをもう一度掘り起こして、考え直してみることが「①深く考える」ことの意味です。それは自分が立っている足元を見直してみる態度だといえるでしょう。そうして考え直してみた結果、「もとのままでもよい」という結論が出るときもありますし、「部分的に改善していくほうがよい」という結論が出るときもありますし、「大きく変えたほうがよい」「全面的に新しいものにしたほうがよい」という結論が出るときもあるでしょう。

科学の発見も、芸術の新しい表現も、斬新なイベントも、創造的なことはすべて、当然とされていることを一旦疑ってみる態度から生まれてくるのです。そしてこうした態度は、科学や芸術の分野だけではなく、日常生活にも当てはめてみるべきなのです。

しかしながら、自分の思い込みや古い常識に、自分だけで気がつくことはなかなか難しいものです。自分の周りの人たちも一緒に信じてしまっている思い込みならなおさらです。

それに気がつかせてくれるのが、自分とは異なる他者との対話です。その他者は、できれば自分と違えば違うほどいいでしょう。ジェンダーにせよ、性格にせよ、家庭や生い立ちにせよ、考え方にせよ、これまでの経歴にせよ、社会の中での立場にせよ、です。

生徒同士で対話する場合では、年齢はほとんど同じで、社会的立場はまさしく学校の生徒です。その意味で、かなり似た部分の多い他者なのですが、それでもあなたの友人は、あなたには話していない意外なことを考え、普段は見せない意外な側面を持っているものです。

また、自分がこれまでに出会った人のこと、 a 、ニュース番組や書籍を通じて知った人たちのことを思い出してみましょう。多様な人がいるはずです。異なった人生を歩んでいればいるほど、異なった考え方をするでしょう。異なった考えの人と対話することが、深く考えるきっかけになります。異なった人の意見が貴重であることに気がつけば、異なった人に興味や関心をもてるようになります。哲学対話の特徴は、前提を問い直し、立場や役割を掘り崩していくことにあります。

ですが、なぜ哲学対話を(注)探究の最初に実施することを勧めるのでしょうか。それは、哲学が「全体性を回復するための知」だからです。少し難しい部分もあるかもしれませんが、お付き合いください。

②哲学は、科学とは異なる知のあり方をしています。哲学は一般の人が、一般的な問題について考えるための学問です。「人生の意味とは何か」「人類に共通の利益はあるのか」「時間とは何か」「愛とは何か」「正義はどのように定まるのか」「国家はどのようにある

■令和３年度問題

二　次の文章を読んで、あとの１～５の問いに答えなさい。

古代中国の思想家・孫子という人は「戦わずして勝つ」と言いました。孫子だけでなく、歴史上①の偉人たちは「できるだけ戦わない」という戦略にたどりついているのです。偉人たちは、どうやってこの境地にたどりついたのでしょうか。おそらく彼らはいっぱい戦ったのです。そして、いっぱい負けたのです。勝者と敗者がいたとき、敗者はつらい思いをします。どうして負けてしまったのだろうと考えます。どうやったら勝てるのだろうと考えます。彼らは傷つき、苦しんだのです。そして、ナンバー１になれるオンリー１のポジションを見つけたのです。そんなふうに「戦わない戦略」にたどりついたのです。

生物も、「戦わない戦略」を基本戦略としています。自然界では、激しい生存競争が繰り広げられます。生物の進化の中で、生物たちは戦い続けました。そして、各々（おのおの）の生物たちは、進化の歴史の中で②ナンバー１になれるオンリー１のポジションを見出（みいだ）しました。そして、「できるだけ戦わない」という境地と地位にたどりついたのです。

ナンバー１になれるオンリー１のポジションを見つけるためには、若い皆さんは戦ってもいいのです。そして、負けてもいいのです。たくさんのチャレンジをしていけば、たくさんの勝てない場所が見つかります。こうしてナンバー１になれない場所を見つけていくことが、最後にはナンバー１になれる場所を絞り込んでいくことになるのです。ナンバー１になれるオンリー１のポジションを見つけるために、負けるということです。

学校では、たくさんの科目を学びます。得意な科目も、苦手な科目もあることでしょう。得意な科目の中に苦手な単元があるかもしれませんし、苦手科目だからと言ってすべてが苦手なわけではなく、中には得意な単元が見つかるかもしれません。学校でさまざまなことを勉強するのは、多くのことにチャレンジするためでもあるのです。

苦手なところで勝負する必要はありません。嫌なら逃げてもいいのです。しかし、③無限の可能性のある若い皆さんは、簡単に苦手だと判断しないほうが良いかもしれません。

リスは、木をすばやく駆け上がります。しかし、リスの仲間のモモンガは、リスに比べると木登りが上手とは言えません。ゆっくりゆっくりと上がっていきます。しかし、モモンガは、木の上から見事に滑空（注）することができます。木に登ることをあきらめてしまっては、空を飛べることに気がつかなかったかもしれません。

人間でも同じです。小学校では、算数は計算問題が主です。しかし、中学や高校で習う数学は、難しいパズルを解くような面白さもあります。大学に行って数学を勉強すると、抽象的だったり、この世に存在しえないような世界を、数字で表現し始めます。もはや哲学のようです。計算問題が面倒くさいというだけで、「苦手」と決めつけてしまうと、数学の本当の面白さに出会うことはないかもしれません。勉強は得意なことを探すことでもあります。苦手なことを無理してやる必要はありません。最後は、得意なところで勝負すればいいのです。しかし、得意なことを探すためには、すぐに苦手と決めて捨ててしまわないことが大切なのです。

勝者は戦い方を変えません。その戦い方で勝ったのですから、戦い方を変えないほうが良いのです。負けたほうは、戦い方を考えます。そして、工夫に工夫を重ねます。負けることは、「考えること」です。そして、「変わること」につながるのです。負け続けるということは、変わり続けることでもあります。生物の進化を見ても、そうです。劇的な変化は、常に敗者によってもたらされてきました。

古代の海では、魚類の間で激しい生存競争が繰り広げられたとき、戦いに敗れた敗者たちは、他の魚たちのいない川という環境に逃げ延びました。［ａ］、他の魚たちが川にいなかったのには理由があります。海水で進化をした魚たちにとって、塩分濃度の低い川は棲（す）めるような環境ではなかったのです。しかし、敗者たちはその逆境を乗り越えて、川に暮らす淡水魚へと進化をしました。

しかし、川に暮らす魚が増えてくると、そこでも激しい生存競争が行われます。戦いに敗れた敗者たちは、水たまりのような浅瀬へと追いやられていきました。そして、敗者たちは進化をします。ついに陸上へと進出し、両生類へと進化をするのです。懸命に体重を支え、力強く手足を動かし陸地に上がっていく想像図は、未知のフロンティア（注）を目指す闘志にみなぎっています。しかし最初に上陸を果たした両生類は、［ｂ］勇気あるヒーローではありません。追い立てられ、傷つき、負け続け、それでも「ナンバー１になれるオンリー１のポジション」を探した末にたどりついた場所なのです。

やがて恐竜が繁栄する時代になったとき、小さく弱い生き物は、恐竜の目を逃れて、暗い夜を主な行動時間にしていました。と同時に、恐竜から逃れるために、聴覚や嗅覚などの感覚器官と、それを司（つかさど）る脳を発達させて、敏速な運動能力を手に入れました。そして、子孫を守るために卵ではなく赤ちゃんを産んで育児するようになりました。それが、現在、地球上に繁栄している哺乳類となるのです。

人類の祖先は、森を追い出され草原に棲むことになったサルの仲間でした。恐ろしい肉食獣におびえながら、人類は二足歩行をするようになり、命を守るために知恵を発達させ、道具を作ったのです。

生命の歴史を振り返ってみれば、進化を作りだしてきた者は、常に追いやられ、迫害された弱者であり、敗者でした。そして進化の頂点に立つと言われる私たち人類は、敗者の中の敗者として進化を遂げてきたのです。

（稲垣栄洋「はずれ者が進化をつくる　生き物をめぐる個性の秘密」による）

（注）滑空＝発動機を使わず、風の力、高度差、上昇気流などによって空を飛ぶこと。
フロンティア＝開拓地。

１　――線部①「の」と文法的に同じ用法のものを次の中から選び、記号で答えよ。

ア　私の書いた作文はこれだ。　イ　この絵は美しい。
ウ　あれは僕の制服だ。　エ　その鉛筆は妹のだ。

１	

知らず知らずのうちにさまざまな人との対話を積み重ねてきた経験を一度振り返り、そのことによって、これからのよりよい生活や仕事、あるいは人生のためにもう一度、新しい経験を築いていこうとすること、これが対話について考えることだと、わたしは思います。

一般に対話というと、「Aという意見とBという意見の対立からCという新たなものを生み出す」というような技術論としてとらえられがちですが、ここでは、対話というものを、もう少し大きく、あなた自身のこれからの生き方の課題として向き合ってみようと提案しています。その方法もそれほど限定せず、自由に考えていいと思います。

そして、この③対話をデザインするのは、あなた自身に他なりません。

対話は、何かを順番に覚えたり記憶したりするものではありません。

他者とのやりとりによって自分の考えをもう一度見直し、さらに自分の意見・主張にまとめていく。この過程で、自分と相手との関係を考え、それぞれの差異を知ることで相互理解が可能であることを知ります。

さらに、自分と相手を結ぶ活動の仲間たちがともにいるという認識を持てば、個人と社会との関係を自覚せざるを得ません。そこから、「社会とは何か」という問いが生まれ、その問いは、市民としての社会参加という意識につながります。こうした活動によって、テーマのある対話が展開できるような、そういう社会が構築される可能性も生まれます。

一〇年後、二〇年後の自分の人生はどのようなものだろうか。この迷いの中で、自分にとっての過去・現在・未来を結ぶ、一つの軸を見出すことは、希望進路や職業選択につながっていくプロセスであるばかりでなく、現在の生活や仕事などで抱えている不満や不安、人生のさまざまな局面における危機を乗り越えるためにとても有効でしょう。

さまざまな出会いと対話によって自己の経験を可視化する作業は、自分自身の興味・関心に基づいた、生きる目的としてのテーマの発見に必ずやつながるからです。

（細川英雄「対話をデザインする―伝わるとはどういうことか」による）

(注) オリジナリティ＝ここでは、他からの借り物でない、自分のことば。または、それによって表される考え。
テーマ＝ここでは、様々な日常の話題の中で、相手と一歩踏み込んで話し合うために必要なもの。

1 本文中の a ・ b にあてはまる語の組み合わせとして、最も適当なものを次から選び、記号で答えよ。

ア（a ところが　b たとえば）　イ（a しかし　b なぜなら）
ウ（a そして　b しかも）　エ（a つまり　b したがって）

2 ――線部①と同じ品詞のものを、本文中の═══線部ア～エの中から一つ選び、記号で答えよ。

3 ――線部②とあるが、「個人としての存在意義」はどのようなときにもたらされるか。この段落までの内容を読んで、六十五字以内で説明せよ。

4 次の文章は、――線部③によって期待できることについて説明したものである。 I ・ II に入る最も適当な十二字の言葉を、それぞれ本文中から抜き出して書け。

わたしたちが、対話によって自他の関係を考え、差異を知り、相互理解が可能であることを知って、 I することは、市民としての社会参加という意識をもつことにつながり、対話が充実した社会を構築する助けとなる可能性がある。そして、対話を積み重ね、自己の経験を見つめることで、 II を発見することができるので、人生の危機を乗り越えるためにも有効である。

5 本文の内容について説明したものとして、最も適当なものを次から選び、記号で答えよ。

ア 相手にわかるように話すことと、自分のオリジナリティを追求することという矛盾した課題を解決するためには、他者の思考を整理・調整することが必要である。

イ 自分の語る内容を相手に伝え、影響力のあるものとして理解してもらうためには、対話の前後で変化することのない自分の意見を強く主張することが必要である。

ウ あらゆる社会的な問題を自分の問題としてとらえて、相対化したうえで説得力のある意見を導き出すためには、さまざまな人との相互的なやりとりが必要である。

エ よりよい対話のためには、自己の意見と他者の意見との相違点をもとにして、新たな意見にまとめていくことのできる対話の技術を向上させることが必要である。

1 ＝＝線部ア～エの中から、品詞が他と異なるものを一つ選び、記号で答えよ。

2 本文中の［a］にあてはまる語として、最も適当なものを次から選び、記号で答えよ。

ア だから　イ しかも　ウ つまり　エ しかし

3 次の文は、――線部のように筆者が考える理由について説明したものである。［Ⅰ］・［Ⅱ］に適当な言葉を補え。ただし、［Ⅰ］には本文中から句読点を含めて十三字で抜き出して書き、［Ⅱ］には三十字以内の言葉を考えて答えること。

> AIは、多くの情報を［Ⅰ］ことが可能だが、人間が生きていくことを前提とした課題である場合でも、［Ⅱ］ことに何の迷いももたないのではないかと思われるから。

4 筆者は、本文において「人間の値打ち」とは何だと考えているか。六十五字以内で書け。

5 この文章について説明したものとして、最も適当なものを次から選び、記号で答えよ。

ア 「いいのだ」、「あるわけだ」と断定的な文末表現にすることで、読み手が筆者の考えに共感できるように工夫している。

イ 「人間クサイ」や「イキモノ」などカタカナで表記することで、人工知能に対する筆者の肯定的な立場を強調している。

ウ 「東大ロボ」や「ルーシー」など複数の具体例を挙げることで、筆者の考えが説得力をもって伝わるよう工夫している。

エ 「今」、「だが今」を最初と最後の段落の冒頭に用いることで、筆者の立場が一貫したものであることを強調している。

1	
2	
3 Ⅰ	
3 Ⅱ	
4	
5	

■令和2年度問題

二 次の文章を読んで、あとの1～5の問いに答えなさい。

相手にわかるように話すことと、自分の(注)オリジナリティを追求することは、一見矛盾する反対のことのように感じる人もいるかもしれません。［a］、この二つは、それぞれバラバラに存在するものではないのです。

伝えたいことを相手にわかるように話すことが自分と他者の関係における課題であるのに対し、オリジナリティを出すということは、自己内の思考を整理・調整する課題であるといえます。①この二つをどのようにして結ぶかということが、対話という活動の課題でもあります。

どんなにすぐれたもののつもりでも相手に伝わらなければ、ア単なる独りよがりに過ぎません。また、「言っていることはわかるが、あなたの考えが見えない」というようなコメントが相手から返ってくるようでは、個人の顔の見えない、中身のないものになってしまいます。一人ひとりのオリジナリティを、どのようにして相手に伝えるか、ということが、ここでの課題となります。

ここで、自分の考えを相手にも受け止めてもらうという活動が必要になります。これをインターアクション（相互作用）と呼びます。インターアクションとは、さまざまな人との相互的なやりとりのことです。自分の内側にある「伝えたいこと」を相手に向けて自らの表現として発信し、その表現の意味を相手と共有し、イそこから相手の発信を促すことだと言い換えることもできるでしょう。

(注)テーマを自分の問題としてとらえることで徹底的に自己に即しつつ、これをもう一度相対化して自分をつきはなし、説得力のウある意見を導き出すためには、さまざまな人とのインターアクションが不可欠であるといえます。このインターアクションによって、今まで見えなかった自らの中にあるものがエ次第に姿を現し、それが相手に伝わるものとして、自らに把握されるとき、自分のことばで表現されたあなたのオリジナリティが受け止められ、相手にとっても理解できるものとして把握されたとき、対話は次の段階にすすむと考えることができます。

相手に伝わるということは、それぞれのオリジナリティをさまざまな人との間で認め合える、ということであり、自分の意見が通るということとは、その共有化されたオリジナリティがまた相手に影響を及ぼしつつ、次の新しいオリジナリティとしてあなた自身の中でとらえなおされるということなのです。これこそが対話という活動の意味だということができるでしょう。

そして、あなたの語る内容に相手が賛同してくれるかどうかが、対話での最終的な課題となります。［b］、さまざまな人間関係の中で、わたしたちを結びつけているのは、「わかった、わかってもらった」という共通了解の実感だからです。

どんな社会的な問題でも、わたしたちはそれぞれの個をくぐらせて、その問題を見つめています。この「私」と問題とのかかわりが、異なる視点と出会い、対話を通して相互の「個」が理解に至ったとき、「わかった、わかってもらった」という実感が喜びをともなって立ち現れてくるのです。この実感がわたしたちに②個人としての存在意義をもたらすものになるのでしょう。そこには、よりよく生きようとするわたしたちの意志とそのためのことばが重なるのです。

対話は、わたしたち一人ひとりの経験の積み重ねを意味します。

二 次の文章を読んで、あとの**1**～**5**の問いに答えなさい。

今、時代は大きく変わろうとしている。急速なスピードで進化するAI（人工知能）の存在は、「人間を超えていくのではないか」という一種のおそれを芽生えさせている。少し前まで「人間には勝て^(ア)ない」と言われていた将棋や囲碁でも、あっと言う間にトップ棋士がAIにかなわなくなった。

そんな時代にこそ、人間の値打ちが問われてくる。今以上におもしろい人間が出てくるような気がする。早過ぎることは^(イ)ない。今からAIにはでき^(ウ)ないような生き方を始めればいいのだ。優れたAIがつくられればつくられるほど、やさしく、想定外にあったかく、強く、破壊力のある人間クサイ人間になってやる、と自分に言い聞かせている。

今後十～二十年で、事務員や秘書といったオフィスワーカーや、小売店販売員や飲食店接客係、スーパーのレジ打ち係、ビルの管理人、タクシーやトラックの運転手などの職業は、AIも含めた機械に取って代わられていくと言われている。実際、人型ロボットの接客が少しずつ導入され始めている。「人間より気をつかわなくてすむのがいい」と言うお客さんもいるようだ。

教育という「人間を育てる」場所にも、インターネットがどんどん進出してきている。アメリカの大学では、ネットを使った遠隔授業ができる大学が人気を集めつつある。キャンパスに通わなくても、世界のどこにいても、パソコンを開けばすぐに一流の授業を受けることができ、費用も従来の大学より安いとあって、学生からは好評のようだ。

効率はいいが、こうなると、教育ってなんだろう、と思ってしまう。そのうち、教室にいるのはロボット先生だけ、子どもたちはパソコンやタブレットで勉強する、ということになるかもし^(エ)れない。そのとき、人間の先生は「いらない」と言われてしまうのだろうか。

興味深いことに、今のところAIは東大に入れないことがわかったのだという。国立情報学研究所が二〇一一年にスタートした「ロボットは東大に入れるか」プロジェクトは、東大に合格できるAIの開発を二〇二一年春を目標に進めてきた。東大ロボの強みは、驚異的な計算力や暗記力。**a**、難しいのは「意味を理解する」ことだ、とプロジェクトのリーダーである新井紀子教授は言う。問題文の意味を理解できないと解けないタイプの問題については、現在の技術ではブレイクスルー（突破）できない。それがプロジェクト凍結という結論につながった。

AIは、大量の情報を効率的に処理し、最適化する。技術が進めば進むほど、これからの世のなかは、効率が重視されるようになっていくだろう。だが、「意味を理解できない」AIが導き出す「最適」な答えが、人間が求めるものと同じとは限らない。

極端な話、「地球環境を守るためにはどうすればいいか」という課題を与えられたら、<u>AIは「人間がいなくなること」とためらいなく答えるのではないだろうか</u>。人間こそが、環境に負荷を与える最大の原因なのだから。AIは「そんな人間に価値はない」と判断すると思う。

いいことも悪いこともする。どうしようもない失敗もしてしまう。それが人間という厄介なイキモノだ。AIよりずっと効率が悪い。

それでも、覚えた「正解」以外の「別解」をいくつも見つけ出せるのは人間の強みである。人間が生きていくなかでは、合理的に解決できないことがいくらでもある。そんなとき、自由な発想でどうハードルを飛び越えるか。そこに人間の値打ちが出てくるのではないだろうか。

一見、成功した人ほど値打ちが上がるように思えるが、失敗を繰り返すプロセスがなければ成功は生まれない。ということは、失敗が多いことが値打ちにつながることもあるわけだ。

人間は大昔から失敗をするイキモノだった。約三百十八万年前にエチオピアにいたアウストラロピテクスの「ルーシー」に逢^(あ)いにいってきた。エチオピア国立博物館だ。猿人なのに木から落ちていた可能性があるという。ルーシーの化石を^(注)CTで調べると、右上腕骨が骨折しており、「落下して地面にぶつかったときに、衝撃を弱めようと腕を出して起こる圧迫骨折」の跡ではないかと推測されている。

そうであれば、人間の値打ちは失敗から始まっている、ということになる。木から落ちる失敗こそ、ホモ・サピエンスを生み出す幕開けだったのだ。

「ルーシー」が木から落ちてしまったのは、直立二足歩行をするようになったアウストラロピテクスが地上で生活することが増え、旧猿人の時代よりも木登りの能力が退化したからではないか。サルであれば手のように器用な能力があった足を、人類の祖先はあえて退化させ、その代わりに直立二足歩行をすることで両手の機能を高めた。「木から落ちる」という失敗で別の道を見出^(みいだ)していったのだ。

原始時代、空いた両手を使って、人類の祖先は道具を使い出し、狩りをし、火を用いるなど肉を効率的に食べる方法を編み出して、脳を発達させていった。手を使って食べ物を運び、貯^(たくわ)えた。

やがて彼らは大いなる好奇心を持ってアフリカを出て、世界中に広がるグレートジャーニーの旅を始める。そして家族をつくり、コミュニティで助け合いながら、進化を続けてきた。

だが今、人間は進化の旅の途上で途方に暮れているように見える。人間の価値が見えにくい時代だからこそ、人間クサさの復興が大事。AIに「いらない」と言われてしまうような人間のどこに価値があるのか、人間の値打ちを見つめ直しながら、考えていきたいと思う。

（鎌田實「人間の値打ち」による）

(注) CT＝放射線などを用いて、物体の断層画像を撮影する方法。

b 、インターネットの検索で発見した情報をうのみにせず、取り入れるべき情報を取捨選択し、選択した情報の背景や核心を探ることも思考を磨くプロセスとなる。何から何まで検索ばかりに頼らず、時にはまず自分の頭で考えてみたり、まとまった読書から情報や知識を自前化する機会を持つことも良い。

また、文章を書く場合はちょっと自己改革し、定期的に長めの文章を書いてみる。二千字、三千字と、段階的に文章量を増やしてみる。一定量の文章をしっかり書くという作業は、必然的に思考を伴うものだ。

このような小さな習慣の積み重ねであっても、デジタルの船の中で思考する力を維持、育てることはできる。

本来、デジタルの船に乗り込んだわれわれには、これまでの偉大な創造よりももっと偉大な創造を成し遂げるチャンスが与えられているはずだ。デジタルの船がわれわれを導こうとしている世界は、きっと新たな可能性にあふれた大陸なのではないだろうか。その大陸にたどり着くための原動力は、人間の思考だ。デジタルの船の中でこそ、思考することの価値を理解し、情報や知識と思考の掛け算という④テコの原理を働かせよう。それにより、すばらしい発見や発明、創造がなされ、よりよい未来が切り拓(ひら)かれるはずだ。

デジタルに人間を奪われるのではなく、豊かな未来のためにデジタルを生かす。人間から思考する力を奪うデジタルの力学は、まるで未必の故意(注)のようだ。しかしそれは、われわれ人間自身の気づきと努力で回避することができる。

だからこそ、人間は考える葦(注)であり続けなければならないのだ。

（小川和也「デジタルは人間を奪うのか」による）

(注) 「人間は考える葦」＝十七世紀フランスの学者パスカルの言葉。人間は弱い葦（水辺に自生する植物）のようであっても、考えることによって何ものよりも強い存在になっているという意味。

未必の故意＝本来は法律用語であるが、ここでは、積極的な意思はなくても、そうなっても仕方がないという消極的な意思はあると見られるという意味。

1 ――線部①「に」と文法的に同じ用法のものを、本文中の ═══ 線部ア～エの中から一つ選び、記号で答えよ。

2 本文中の a ・ b にあてはまる語の組み合わせとして、最も適当なものを次から選び、記号で答えよ。

ア（a むしろ　b たとえば）　イ（a せめて　b だから）

ウ（a まるで　b あるいは）　エ（a つまり　b しかし）

3 ――線部②「外部脳は、われわれにとって新たなアドバンテージである」とあるが、これはどういうことか。最も適当なものを次から選び、記号で答えよ。

ア 外部脳は、思考の基礎となる自前化された情報や知識では充足しきれない領域を補強するという点で、役に立つということ。

イ 外部脳は、一定の情報や知識を自前化すると同時に思考の基盤を作り上げる働きをしているという点で、便利だということ。

ウ 外部脳は、労力や時間をかけずに新たな情報や知識を自前化して思考を維持しているという点で、合理的であるということ。

エ 外部脳は、思考する努力をしなくても自前化できる情報や知識の連想を生む基礎となるという点で、都合がよいということ。

4 次の文は、――線部③「たかをくくって過ごしてしまう」について説明したものである。 Ⅰ ・ Ⅱ に適当な言葉を補え。ただし、 Ⅰ は本文中から四字の言葉を抜き出し、 Ⅱ は十字以内の言葉を考えて答えること。

社会の中で急激な発達を遂げた Ⅰ の利便性にとらわれた人間が、 Ⅰ によって Ⅱ という危険性を軽視して、自分には関係ないものとしてやり過ごしてしまう様子。

5 ――線部④「テコの原理を働かせよう」とあるが、これはどういうことか。六十五字以内で書け。

6 本文を読んだあとに、～～～線部に関連して、AさんとBさんは次のような意見を述べた。これを参考にして、今後インターネットを活用する上でどのようなことを心がけたいか、あなたの考えを書け。ただし、あとの(1)・(2)の条件に従うこと。

Aさん
インターネット上には
大量の情報があるから、
簡単にそこから情報や知識を
得ることができるね。
Bさん
インターネット上には
大量の情報があるけれど、
自分の頭の中に情報や知識を
もっていることが大事だね。

条 件（※原稿用紙はご準備下さい。）

(1) 六行以上八行以下で書くこと。（一行20マス）

(2) 原稿用紙の正しい使い方に従って、文字、仮名遣いも正確に書くこと。

3 本文中の□に入る最も適当な語句を、□より前の本文中から十二字で抜き出して書け。

4 次の文は、――線部③「言葉には必ず事柄の抽象化が伴う」のはなぜかについて説明したものである。Ⅰ・Ⅱに入る最も適当な十五字の言葉を、それぞれ本文中から抜き出して書け。

言葉は、個々の性質や Ⅰ といったことに関係なく、個々のものを Ⅱ することで成立するから。

5 ――線部④「言葉は『こと』を喚起する力をもっています」とあるが、これはどういうことか。「ふくらみ」という語を用いて、五十字以上六十字以内で書け。

6 ――線部⑤「たとえば詩歌は、そのような試みの一つの典型である」とある。次の俳句から一つの句を選び、あなたが想像するその句の情景や作者の心情を、季語に着目して書け。ただし、あとの(1)～(3)の条件に従うこと。

俳句	（――線部が季語）
ア	先輩と呼ばれて背筋伸ばす春
イ	負けた子の震える肩で夏終わる
ウ	パレットを全部使ってかいた秋
エ	玄関にくつがいっぱいお正月

（「先生と子どもたちの学校俳句歳時記」による）

条件（※原稿用紙はご準備下さい。）

(1) 取り上げた俳句の記号を書くこと。
(2) 六行以上八行以下で書くこと。（※一行20マス）
(3) 原稿用紙の正しい使い方に従って、文字、仮名遣いも正確に書くこと。

■平成28年度問題

二 次の文章を読んで、あとの1～6の問いに答えなさい。

デジタルの中に蓄えられる莫大(ばくだい)な情報を、人間に新たに与えられた「外部脳」だと解釈し、これが人間の脳の効率化につながるのだという見解が増えた。外部脳を持てば、自分の脳を記憶装置にせず、思考の場として徹底できる、そう考える専門家も少なくない。

情報に(ア)たどり着くまでの労力や時間を軽減できるように(イ)なったことのメリットは大きい。そのメリットとは、たんに(ウ)楽に(エ)なったということだけではなく、情報へたどり着く労力や時間が軽減されることで、自分の頭で思考するエネルギーや時間を生み出す余地が大きくなったことだ。しかし、思考のチャンスを無駄にしたり、極端な「外部脳」依存に陥ると、それはデジタルに人間を奪わせる格好の材料になる。もう既①に、味方であるはずのデジタルに、知らず知らずのうちに人間がむしばまれているのかもしれない。表現はいささか強烈かもしれないが、われわれが未来にわたってデジタルと良い関係で共存していくために、ここで気づいておかなければならないことがある。それこそが、(注)「人間は考える葦(あし)」でなければならないということだ。デジタルがもたらす利便性に溺(おぼ)れずに、「思考する努力」を重ねることだ。

社会が近代化し、便利な移動手段が発達したことで、人間は慢性的な運動不足に陥り、それに伴う新たな病を患(わずら)うようになった。その対策として、人間はビルの中にトレーニング施設をつくり、「運動する努力」を強いられるようになった。「思考する努力」も、もはやそれと同じ域に突入しつつある。

そして、「思考する努力」の前に、ある一定の情報や知識は〝自前化(じまえか)〟する価値があることも理解しておきたい。外部脳の有用性は僕も認めるところだ。外部脳はわれわれの脳を補完し、考えるための土台を強化してくれる。しかし、自前化された情報や知識は、画期的な連想を生む礎(いしずえ)となり、優れた創造をなすテコとなる。これは外部脳主体では難しい。②外部脳は、われわれにとって新たなアドバンテージであることは間違いない。自前化できる情報や知識の限界を外部脳がカバーしてくれる。ただしそれは、自前化した情報や知識の基盤があってこそのものであることを忘れてはならない。外部脳はあくまでもその補強の材料に過ぎない。自前化した基盤と外部脳、それらと思考が掛け算されてこそ、優れた創造をなすことができる。

人間の力をデジタルに奪われず、 a デジタルを人間の新たな力とするために、われわれはここで思考することの意味を見つめ直さなければならない。そんなことは分かっている、いまはそう思っていたとしても、われわれが一度乗り込んでしまったこのデジタルの船は、時に激しく揺れながら、思いもよらぬ速度で海の上を進んでいく。その中でわれわれは、「デジタルの船は極楽さ。ここが危険だなんて大げさだし、自分には無縁の話だよ」とついつい③たかをくくって過ごしてしまう。そうこうしているうちに、この船はあっという間に周りの景色を変えてしまう。景色のめまぐるしい変化に振り回されているうちに、人間にとって重大なことをあっさり失念させてしまう。いやそれどころか、失念していること自体にすら気づかせてくれない。このデジタルの船の中で、「思考する習慣」を維持し続けるということは意外と難しいのである。

しかし、「思考する習慣」というものは、ちょっとした努力の積み重ねで培(つちか)われるものだ。

論説文

■平成26年度問題

三 次の文章を読んで、あとの1〜6の問いに答えなさい。

世界の見え方、あるいは世界のあり方に言葉は深く関わっています。その世界の見え方、あり方は、言葉によって織りなされた世界理解の枠組みとして、私たちのうちに蓄積されます。私たちが日々行う経験には、この世界理解①の枠組みが関与しています。私たちの経験には言葉が深く関与しているのです。

しかしそうであるとしても、言葉、あるいは言葉で表現したものがそのまま経験であるとは言えません。私たちが抱く感情を例に取りますと、私たちは言葉で自分の気持ちを言い表します。しかし私たちの感情は固定したものではなく、大きな振幅（しんぷく）をもちながら、やむことなく動いていくものです。それを私たちは言葉で表すわけですが、そこでは私たちの感情の振幅が削り取られ、残ったものも固定化されてしまいます。それがそのまま私たちが実際に行っている経験であるとは言えません。

問題はまさにそこにあります。つまり私たちは言葉以前に遡る（さかのぼる）ことができませんが、しかし言葉がそのまま経験であるとは言えません。この切れ目のないもののあいだに存在する間隙（注）（かんげき）が問題なのです。

私たちは私たちの経験を、たとえば「空が夕日で赤く染まった」というように、「主語＋述語」の形で言い表します。このように判断の形で表現しますと、どうしても、まず「空」という「もの」があって、それにかくかくしかじかの変化が起こった、という印象を与えます。

空が夕日で赤く染まるのを見るという経験は、私がそこに居あわせてはじめて成立するものです。単なる「もの」の変化・運動ではありません。空が赤く染まるということを私は、その場に居あわせて経験しているのです。ところが、それを「空が赤く染まった」と表現しますと、②出来事が「もの」のほうへ押しやられてしまいます。

言葉はもともと「もの」を言い表すのに適した構造をもっていると言ってもよいと思います。生起（注）している「こと」から必要な部分だけを抜き出して、「もの」とその変化という枠組みのなかにそれを押し込むことで言語表現が成立するのです。そうであれば、言い表されたものは当然、「こと」から離れてしまいます。経験と言葉とのあいだに隔たりが生じてしまいます。そのような意味で、□□とは言うことができません。

このことを踏まえた上で、いくつかのことを付け加えたいと思います。いまも言いましたように、言葉は、私たちが直接経験している事柄を、一つの枠のなかに押し込めて表現します。そのために③言葉には必ず事柄の抽象化が伴うのです。しかし他方、言葉と私たちの経験、あるいは「こと」とのあいだには積極的な関係もまた存在します。

言葉には大きく言って、二つの働きがあります。一つは、ものをグループ分けする働きです。たとえば、これはリンゴである、これはミカンである、これは青い、これは赤い、等々と「もの」を区別し、グループに分けていく働きです。ここでは「もの」だけが問題になっています。グループ分けするときには、いま目の前にしているリンゴの独特の赤い色とか、それ独特の味、あるいは私がそれをどのように見ているかといったことは問題にされません。むしろそのグループに共通の性質で個々のものを一まとめにすることが唯一の関心事です。

他方、もう一つの働きとして、④言葉は「こと」を喚起する力をもっています。もちろん言葉は、「こと」をそのものとして表現することはできません。言葉はバラの花の微妙な色合いを表現し尽くすことができません。しかし、たとえばローテローゼ（注）という品種の名前を挙げただけで、それを知っている人のなかに、その気品あふれる美しさをありありとイメージさせることができます。

「ローテローゼの赤」と言うとき、その「赤」は単に色の一つを言い表すだけの言葉ではありません。ローテローゼ独特の美しい陰影（注）を伴った赤色を想起させます。それには、辞書に記された平均的な意味を超えた「ふくらみ」があると言ってもよいでしょう。

私たちの具体的な経験のなかで使われる言葉はすべて、背後にこの「ふくらみ」をもっています。「ふくらみ」を共有する人のあいだでは、言葉は多くのことを語ります。たとえば、梅雨の時期、雨のなかで咲くあじさいの花には独特の美しさがあります。それを知っている人のあいだでは、ごく簡単な表現でもその美しさを伝えることができるのです。他方、その「ふくらみ」を共有しない人、雨中のあじさいを見たことのない人にその美しさを言葉で伝える場合のことを考えてみますと、言葉はその力を一挙に喪失します。いくら言葉を尽くしても、その美しさを伝えることはできません。

経験と言葉のあいだには、超えがたい大きな間隙があります。しかし、私たちはその「ふくらみ」を手がかりにして、この間隙を飛び越えることができます。⑤たとえば詩歌は、そのような試みの一つの典型であると言えるでしょう。

（藤田正勝「哲学のヒント」による）

（注）間隙＝すきま。　生起している＝現象が起こっている。　ローテローゼ＝バラの品種の一つ。　陰影＝微妙な変化や深み。

1 ——線部①「の」と文法的に同じ用法のものを次から選び、記号で答えよ。

ア この本を読みなさい。　イ 運動するのは体によい。

ウ あれは私の自転車だ。　エ 彼の描いた絵はすばらしい。

2 ——線部②「出来事が『もの』のほうへ押しやられてしまいます」とあるが、これはどういうことか。最も適当なものを次から選び、記号で答えよ。

ア 夕日の「赤」という色だけが強調されてしまうということ。

イ 夕日がどのように見えたかが軽視されてしまうということ。

ウ 自分の中の夕日のイメージが固定されてしまうということ。

エ そこで見た夕日の記憶自体が排除されてしまうということ。

1		2	

■平成30年度問題

一　次の１・２の問いに答えなさい。

1　次の――線部のカタカナは漢字に直し、漢字は仮名に直して書け。

(1) 努力する人をソンケイする。　(2) 団子をおソナえする。

(3) 卒業記念にショクジュをする。　(4) 工夫を凝らす。

(5) 試合に臨む。　(6) 依頼を快諾する。

2　次の行書で書かれた漢字を楷書で書いたときの総画数を答えよ。

1		
(1)	(3)	(5)
		む
(2)	(4)	(6)
え	らす	

2
画

■平成31年度問題

一　次の１・２の問いに答えなさい。

1　次の――線部のカタカナは漢字に直し、漢字は仮名に直して書け。

(1) 性格がよくニた友人。　(2) 作品をヒヒョウする。

(3) 会場が多くの人でコンザツする。　(4) 成長が著しい。

(5) あこがれの仕事に就く。　(6) 流行が終息した。

2　次に書かれた行書の特徴を説明したものとして、最も適当なものを次から選び、記号で答えよ。

ア　筆脈を意識し点画の一部を連続させて書いている。

イ　点画の一部を省略し筆順を変化させて書いている。

ウ　全ての点画の筆の運びを直線的にして書いている。

エ　全ての点画を筆圧が一定になるように書いている。

1		
(1)	(3)	(5)
た		く
(2)	(4)	(6)
	しい	

2

■令和２年度問題

一　次の１・２の問いに答えなさい。

1　次の――線部①～⑥のカタカナは漢字に直し、漢字は仮名に直して書け。

今日は、先輩たちの中学校生活最後の試合だ。会場には、先輩たちの①イサましい姿を見届けようと、多くの②観衆がつめかけている。

私たちは、先輩たちの勝利を③祈って、応援席に横断④マクを掲げた。

チームをヒキいる主将は、それを見て、「どんな状況でも⑤レイセイさを失わず、みんなでがんばります。」と勝利を⑥誓った。

2　次は、１の文章中の═══線部の漢字を行書で書いたものである。これを楷書で書いたときの総画数を答えよ。

1		
①	③	⑤
ましい	って	
②	④	⑥
		った

2
画

■令和３年度問題

一　次の１・２の問いに答えなさい。

1　次の――線部のカタカナは漢字に直し、漢字は仮名に直して書け。

(1) 米をチョゾウする。　(2) 畑をタガヤす。

(3) 絵をガクに入れる。　(4) 縁側で茶を飲む。

(5) オリンピックを招致する。　(6) 包丁を研ぐ。

2　次の行書で書かれた漢字を楷書で書いたときの総画数を答えよ。

1		
(1)	(3)	(5)
(2)	(4)	(6)
す		ぐ

2
画

■令和４年度問題

一　次の１・２の問いに答えなさい。

1　次の――線部のカタカナは漢字に直し、漢字は仮名に直して書け。

(1) コナグスリを飲む。　(2) 事件を公平にサバく。

(3) 金のコウミャクを掘り当てる。　(4) 固唾をのんで見守る。

(5) 友人の才能に嫉妬する。　(6) 受賞の喜びに浸る。

2　次の行書で書かれた漢字を楷書で書いたときの総画数を答えよ。

1		
(1)	(3)	(5)
(2)	(4)	(6)
く		る

2
画

漢字

■平成26年度問題

二　次の1・2の問いに答えなさい。

1　次の――線部のカタカナは漢字に直し、漢字は仮名に直して書け。

(1) 結果をホウコクする。　(2) 外はとてもムし暑い。
(3) バスの定期ケンを買う。　(4) 教室に本棚を設ける。
(5) 主人公の悲哀がただよう。　(6) 今年の夏に帰省する。

2　次の問いに答えよ。

(1) 次の――線部の漢字の部首名を書け。

国民の祝日

(2) 右の行書の筆使いの特徴を説明したものとして、最も適当なものを次から選び、記号で答えよ。

ア 「国」は、点画の筆の運びがすべて直線的になっている。
イ 「民」は、点画の筆圧の強さがどれも一定になっている。
ウ 「祝」は、点画の省略がなく文字が丸みを帯びている。
エ 「日」は、点画の連続があることで筆脈が表れている。

1			
(1)		(2)	し
(3)		(4)	ける
(5)		(6)	

2			
(1)		(2)	

■平成27年度問題

一　次の1・2の問いに答えなさい。

1　次の――線部のカタカナは漢字に直し、漢字は仮名に直して書け。

(1) 雪解けのキセツになった。　(2) 早起きにナれる。
(3) 楽器をエンソウする。　(4) 社会に貢献する。
(5) 健やかな成長を願う。　(6) 海外に赴任する。

2　次の――線部の漢字を楷書(かいしょ)で書くとき、総画数を答えよ。

秩序を維持する

1			
(1)		(2)	れる
(3)		(4)	
(5)	やかな	(6)	

2	
	画

■平成28年度問題

一　次の1・2の問いに答えなさい。

1　次の――線部のカタカナは漢字に直し、漢字は仮名に直して書け。

(1) 富士山にトウチョウする。　(2) 鳥がムれをなして飛ぶ。
(3) 試合は雨でジュンエンになった。　(4) 観光名所を巡る。
(5) 優れた技術に驚嘆する。　(6) 説明の一部を割愛する。

2　次の行書で書かれた漢字を楷書(かいしょ)で書くときに、総画数が最も多くなるものを選び、記号で答えよ。

ア 粉　イ 閑　ウ 茶　エ 波

1			
(1)		(2)	れ
(3)		(4)	る
(5)		(6)	

2	

■平成29年度問題

一　次の1・2の問いに答えなさい。

1　次の――線部のカタカナは漢字に直し、漢字は仮名に直して書け。

(1) カンダンの差が激しい一日。　(2) ケワしい山道を歩く。
(3) 選手のフンキを促す。　(4) 電車が警笛を鳴らす。
(5) 希望が膨らむ。　(6) 商品を陳列する。

2　次の行書で書かれた漢字のうち、楷書で書いたときと「へん」の筆順が変化しているものを一つ選び、記号で答えよ。

ア 往　イ 均　ウ 慣　エ 絵

1			
(1)		(2)	しい
(3)		(4)	
(5)	らむ	(6)	

2	

公立高校入試出題単元

過去9年間
(平成26年～令和4年まで)

国語

(国語のみ逆綴じになっております。また、※は省略しております。)

漢字

- ■ 平成26年 二 (漢字)
- ■ 平成27年 一 (読み書き・画数)
- ■ 平成28年 一 (読み書き・画数)
- ■ 平成29年 一 (読み書き・行書)
- ■ 平成30年 一 (読み書き・画数)
- ■ 平成31年 一 (書き取り・行書)
- ■ 令和2年 一 (書き取り・行書)
- ■ 令和3年 一 (書き取り・書体)
- ■ 令和4年 一 (読み書き・画数)

論説文

- ■ 平成26年 三 (助詞・内容理解・適語補充・内容記述・条件作文)
- ■ 平成27年 二 ※(接続詞・抜き出し・内容理解・条件作文)
- ■ 平成28年 二 (助詞の用法・接続詞・抜き出し・内容理解・条件作文)
- ■ 平成29年 二 ※(動詞の活用・接続詞・抜き出し・内容理解・条件作文)
- ■ 平成30年 二 (品詞・接続詞・空欄補充・内容理解)
- ■ 平成31年 二 ※(品詞・抜き出し・適語選択・内容把握)
- ■ 令和2年 二 (品詞・抜き出し・内容把握)
- ■ 令和3年 二 (文法・接続詞・内容把握・空欄補充・抜き出し)
- ■ 令和4年 二 (空欄補充・抜き出し・内容把握)

小説文・随筆文

- ■ 平成26年 五 ※(適語補充・心情理解・心情記述)
- ■ 平成27年 四 (適語選択・心情理解・内容理解)
- ■ 平成28年 四 ※(適語選択・心情理解・内容理解)
- ■ 平成29年 四 ※(内容理解・心情理解)
- ■ 平成30年 四 (心情理解・空欄補充・内容理解)
- ■ 平成31年 四 ※(心情把握・抜き出し・内容理解)
- ■ 令和2年 四 (心情把握・内容把握・四字熟語)
- ■ 令和3年 四 (心情把握・抜き出し・空欄補充・内容把握)
- ■ 令和4年 四 (内容把握・心情把握・空欄補充)

古典

- ■ 平成26年 四 ※(現代仮名遣い・内容理解・適語補充)
- ■ 平成27年 三 (現代仮名遣い・内容理解・故事成語)
- ■ 平成28年 三 (現代仮名遣い・内容理解・主語選択)
- ■ 平成29年 三 (現代仮名遣い・内容理解・抜き出し)
- ■ 平成30年 三 (現代仮名遣い・内容理解・心情理解・空欄補充)
- ■ 平成31年 三 (現代仮名遣い・内容把握)
- ■ 令和2年 三 (現代仮名遣い・内容把握)
- ■ 令和3年 三 (現代仮名遣い・主語・内容把握・空欄補充)
- ■ 令和4年 三 (現代仮名遣い・主語・内容把握・抜き出し)

条件作文

- ■ 平成30年 五
- ■ 平成31年 五
- ■ 令和2年 五
- ■ 令和3年 五
- ■ 令和4年 五

公立高校入試出題単元　解答・解説

過去９年間
（平成26年～令和４年迄）

数学解答

(小問)

H26 1

1 (1) 29　(2) $\frac{7}{15}$　(3) $-2a^2b^2$　(4) $(y=)\frac{8}{x}$　(5) $(n=)7$

2 3200　3 $3.65 \leqq a < 3.75$　4 $\frac{1}{6}$

1 (1) $4\times9-7=36-7=29$

(2) $\frac{1}{6}+\frac{3}{4}\div\frac{5}{2}=\frac{1}{6}+\frac{3}{4}\times\frac{2}{5}=\frac{1}{6}+\frac{3}{10}=\frac{14}{30}=\frac{7}{15}$

(3) $3ab^3\times(-2a)^3\div12a^2b=3ab^3\times(-8a^3)\times\frac{1}{12a^2b}=-2a^2b^2$

(4) $x\times y=8$　$y=\frac{8}{x}$

(5) $1\leqq n\leqq9$ より　$\sqrt{19}\leqq\sqrt{n+18}\leqq\sqrt{27}$

$\sqrt{n+18}$が整数となるので$\sqrt{n+18}=\sqrt{25}$　$n+18=25$　$n=7$

2 $66^2-34^2=(66+34)\times(66-34)=100\times32=3200$

4 縦の長さ $a$cm，横の長さ $b$cm の四角形の周の長さは$(2a+2b)$cm

$2a+2b\geqq20$

すなわち　$a+b\geqq10$ となる$(a,\ b)$の組み合わせは右図より

$(a,\ b)=(4,\ 6)(5,\ 5)(5,\ 6)(6,\ 4)(6,\ 5)(6,\ 6)$の 6 通り，よって　$\frac{6}{36}=\frac{1}{6}$

a＼b	1	2	3	4	5	6
1	2	3	4	5	6	7
2	3	4	5	6	7	8
3	4	5	6	7	8	9
4	5	6	7	8	9	⑩
5	6	7	8	9	⑩	⑪
6	7	8	9	⑩	⑪	⑫

H27 1

1 (1) -6　(2) $\frac{4}{5}$　(3) $\frac{5x-9y}{14}$　(4) $3a+2b<1800$　(5) 2, 3, 5, 7

2 $(x=)\frac{3\pm\sqrt{17}}{4}$　3 3.74×10^5(トン)　4 $\frac{5}{8}$　5 54(度)

1 (2) $\frac{7}{8}\div\frac{5}{4}+\frac{1}{10}=\frac{7}{8}\times\frac{4}{5}+\frac{1}{10}=\frac{7}{10}+\frac{1}{10}=\frac{8}{10}=\frac{4}{5}$

(3) $\frac{6x-y}{7}-\frac{x+y}{2}=\frac{12x-2y}{14}-\frac{7x+7y}{14}=\frac{5x-9y}{14}$

2 $2x^2-3x=1$　$2x^2-3x-1=0$

解の公式を用いて，$x=\frac{3\pm\sqrt{(-3)^2-4\times2\times(-1)}}{2\times2}=\frac{3\pm\sqrt{17}}{4}$

4 硬貨の出方は次の通りである。㊮…表，㋒…裏を表すとする。

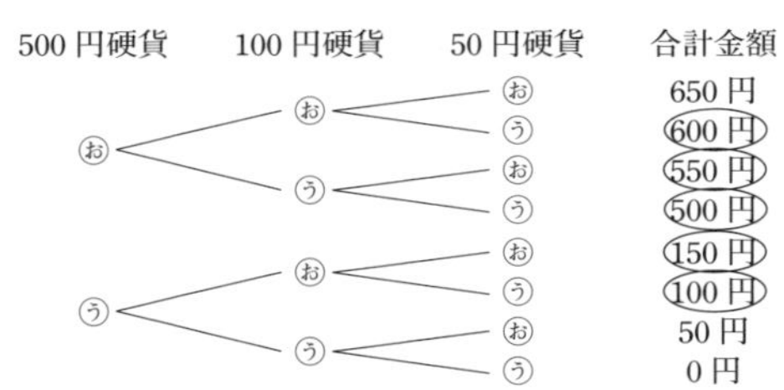

よって　求める確率は　$\frac{5}{8}$

5 弧の長さ$=2\times\pi\times$半径$\times\frac{x}{360}$の公式より，半径 4cm，弧の長さ$\frac{6}{5}\pi$cm をそれぞれ代入して

$\frac{6}{5}\pi=2\times\pi\times4\times\frac{x}{360}$　$\frac{6}{5}\pi=\frac{x}{45}\pi$　$x=\frac{6}{5}\times45=54$(度)

H28 1

1 (1) 17　(2) $\frac{1}{2}$　(3) $-48b$　(4) $(a=)9b+5$　(5) $-2, -1, 0, 1, 2$

2 7　3 10　5 (点)E

1 (1) $8+54\div6=8+9=17$

(2) $\frac{2}{3}\times\frac{9}{8}-\frac{1}{4}=\frac{3}{4}-\frac{1}{4}=\frac{2}{4}=\frac{1}{2}$

(3) $8a\times(-6ab^3)\div(-ab)^2=8a\times(-6ab^3)\div a^2b^2=-\frac{8\times a\times6\times a\times b\times b\times b}{a\times a\times b\times b}=-48b$

(4) $a\div9=b\cdots5$　$a=9b+5$

(5) $\frac{7}{3}=2.33\cdots$絶対値が 0，1，2。よって，-2，-1，0，1，2。

2 $x^2-6x+9=(x-3)^2$　$x=3+\sqrt{7}$を代入　$(3+\sqrt{7}-3)^2=\sqrt{7}^{\,2}=\underline{7}$

3 $\frac{y\text{の増加量}}{x\text{の増加量}}$＝変化の割合

yの増加量$=\frac{5}{3}\times6=\underline{10}$

5 $\angle\mathrm{ACB}=180^\circ-(46^\circ+85^\circ)=49^\circ$同じ弧に対する円周角は等しい。

$\angle\mathrm{ACB}=49^\circ$は$\overset{\frown}{\mathrm{AB}}$の円周角と考えられるので，D，E，F の中で，同じ 49°はEとなる。

H29 1

1 (1) 78　(2) $\frac{5}{16}$　(3) -7　(4) $\pm\sqrt{6}$　(5) 900(度)

2 (記号)ウ　(式)$(y=)\frac{36}{x}$　3 $y=-5x+11$　4 $0\leqq y\leqq9$　5 65(度)

1 (1) $83-45\div9=83-5=78$

(2) $\frac{2}{10}\times\frac{5}{8}+\frac{3}{16}=\frac{2}{16}+\frac{3}{16}=\frac{5}{16}$

(3) $-4^2+(-3)^2=-16+9=-7$

(5) $180^\circ\times(7-2)=900^\circ$

2 ア．(道のり)＝(速さ)×(時間)　$y=60x$ となり，比例の関係。

イ．$y=1000-120x$

ウ．(平行四辺形の面積)＝(底辺)×(高さ)　$36=xy$

よって，$y=\frac{36}{x}$となり，反比例の関係。

3 傾きが-5なので，直線の式は，

$y=-5x+b$ と表せる。この直線は，点(2，1)と通るので，代入する。

$1=-5\times2+b$　$b=11$

よって，直線の式は　$y=-5x+11$

4 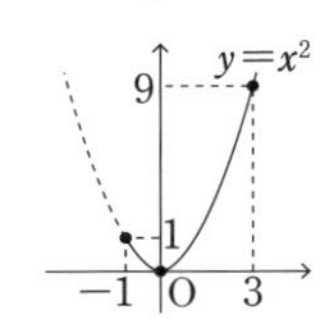

xの変域が$-1\leqq x\leqq3$のとき，グラフは図のようになる。よって，yの変域は，$0\leqq y\leqq9$。

5 図の点線のような補助線をひく。

$x=115^\circ-(20^\circ+30^\circ)=65^\circ$

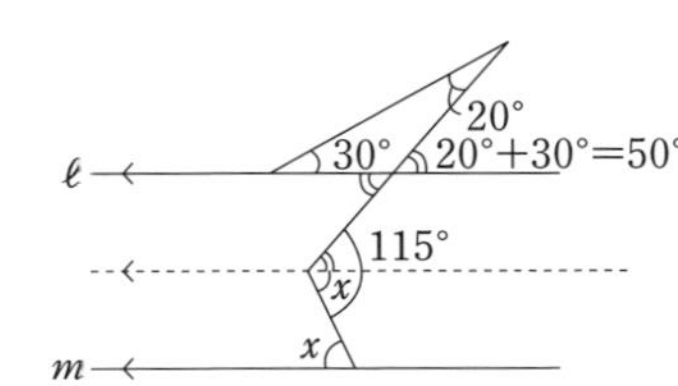

∡ は，対頂角，錯角より全て等しい。

H30 [1]

1 (1) 29　(2) $\frac{7}{4}$　(3) $5\sqrt{3}$　(4) ア，ウ　(5) $(x=)12$

2 $3(x+4)(x-1)$　**3** $(y=)\frac{3}{2}x+6$　**4** $(n=)5,\ 20,\ 45$　**5** 19(%)

1 (1) $5+4\times6=5+24=29$

(2) $\frac{9}{5}\div0.8-\frac{1}{2}=\frac{9}{5}\div\frac{8}{10}-\frac{1}{2}=\frac{9}{5}\times\frac{10}{8}-\frac{1}{2}=\frac{9}{4}-\frac{1}{2}=\frac{7}{4}$

(3) $\sqrt{60}\div\sqrt{5}+\sqrt{27}=2\sqrt{15}\times\frac{1}{\sqrt{5}}+3\sqrt{3}=2\sqrt{3}+3\sqrt{3}=5\sqrt{3}$

(4) イ：$3-8=-5$ のように負の数になる時がある。

エ：$7\div5=\frac{7}{5}$ のように分数になる時がある。

(5) $3:4=(x-6):8$　$4(x-6)=24$　$4x=48$　$x=12$

2 $3x^2+9x-12=3(x^2+3x-4)=3(x-1)(x+4)$

3 2点$(-4,\ 0)$，$(0,\ 6)$ を通るので直線の傾きは $\frac{6-0}{0-(-4)}=\frac{6}{4}=\frac{3}{2}$ である。また，点$(0,\ 6)$ を通ることから切片は6。したがって，$y=\frac{3}{2}x+6$ となる。

4 $\sqrt{5n}$ の値が整数となるためには，$5n$ がある整数の2乗の形になる必要がある。したがって，$n=5,\ 5\times2^2,\ 5\times3^2$ となる。

5 全国に対する鹿児島県の割合なので

$(303000\div1594000)\times100=19.0$

H31 [1]

1 (1) 20　(2) $\frac{7}{4}$　(3) $\sqrt{7}-\sqrt{5}$　(4) ウ　(5) ア，エ　**2** 110(度)

3 9　**4** 4(倍)　**5** イ

1 (1) $5\times(6-2)=5\times4=20$

(2) $\frac{1}{4}+\frac{5}{3}\div\frac{10}{9}=\frac{1}{4}+\frac{5}{3}\times\frac{9}{10}=\frac{1}{4}+\frac{3}{2}=\frac{7}{4}$

(3) $2\sqrt{7}-\sqrt{20}+\sqrt{5}-\frac{7}{\sqrt{7}}=2\sqrt{7}-2\sqrt{5}+\sqrt{5}-\sqrt{7}=\sqrt{7}-\sqrt{5}$

(4) ア：$x\leqq2$　イ：$x\geqq2$　エ：$x>2$

(5) $x=4$ を代入して等式が成立するか確かめる。

2 OA＝OB＝OC より，∠OCA＝∠OAC＝30° ∠OCB＝∠OBC＝25°

よって円周角の定理より

$x=2\angle ACB=2\times(30+25)=110°$

3 $x=3$ のとき $y=3^2=9$

$x=6$ のとき $y=6^2=36$

したがって x の増加量は $6-3=3$，y の増加量は $36-9=27$ より変化の割合は $\frac{27}{3}=9$

x	3 ⟶ 6	3
y	9 ⟶ 36	27

4 円柱Aの半径を r，高さを h とすると，円柱Bの半径は $\frac{1}{2}r$，高さは h，

よって，それぞれの体積は

(円柱A) $=\pi r^2\times h=\pi r^2h$　　(円柱B) $=\pi\left(\frac{1}{2}r\right)^2\times h=\frac{1}{4}\pi r^2h$

したがって $\pi r^2h\div\left(\frac{1}{4}\pi r^2h\right)=4$

5 全国の総収穫量 x〔トン〕とすると，高知県についての割合から

$\frac{1733}{x}\times100=14.2$，$x$ について解くと $x=\frac{1733}{14.2}\times100$ 一方，求める割合は $\frac{5153}{x}\times100$ で求められるので，代入すると，

$\frac{5153}{\frac{1733}{14.2}\times100}\times100=\frac{5153}{\frac{1733}{14.2}}=\frac{5153}{1733}\times14.2$

R2 [1]

1 (1) 8　(2) 2　(3) $4\sqrt{3}$　(4) エ　(5) ア

2 $(y=)-\frac{6}{x}$　**3** 3, 4, 5　**4** 4　**5** イ，ウ，キ

1 (1) $8\div4+6=2+6=8$

(2) $\frac{1}{2}+\frac{9}{10}\times\frac{5}{3}=\frac{1}{2}+\frac{3}{2}=2$

(3) $2\sqrt{3}+\sqrt{27}-\frac{3}{\sqrt{3}}=2\sqrt{3}+3\sqrt{3}-\sqrt{3}=4\sqrt{3}$

(4) $ab<0$ より a，b の一方は＋，もう一方は－である。また，$abc>0$ より a，b，c のうち2つは－なので，上と合わせて c は－。

2 y は x に反比例なので $y=\frac{a}{x}$ とおける。

これに $x=2$，$y=-3$ を代入すると $-3=\frac{a}{2}$，つまり $a=-6$　よって，求める式は $y=-\frac{6}{x}$

3 a が正の整数なら $a=\sqrt{a^2}$ なので $\sqrt{7}<\sqrt{a^2}<\sqrt{31}$，つまり $7<a^2<31$ となる a を探せばよい。

4 6個の数字を1つの組と考えると，

$100\div6=16$　あまり4より　下図のように考えればよい。

1, …, 6, 1, …, 6…, 1, …6, 1, 2, 3, 4

1組

16組

5 $1936\div1.5=1290.6\cdots\fallingdotseq1291$ より標高が1291m以上のものを選べばよい。

R3 [1]

1 (1) 27　(2) $\frac{8}{15}$　(3) $\sqrt{3}$　(4) (時速)12(km)　(5) 6(本)

2 $(a=)3$　**3** 42 (cm^3)　**4** $(n=)7$　**5** ウ

1 (1) $5\times4+7=20+7=27$

(2) $\frac{2}{3}-\frac{3}{5}\div\frac{9}{2}=\frac{2}{3}-\frac{3}{5}\times\frac{2}{9}=\frac{2}{3}-\frac{2}{15}=\frac{10}{15}-\frac{2}{15}=\frac{8}{15}$

(3) $\sqrt{6}\times\sqrt{8}-\frac{9}{\sqrt{3}}=4\sqrt{3}-3\sqrt{3}=\sqrt{3}$

(4) 4(km)$\div\frac{20}{60}$(時間)＝12(km/時間)　よって時速12km

(5) 右図のような立体を正四面体という。よって辺の数は6本。

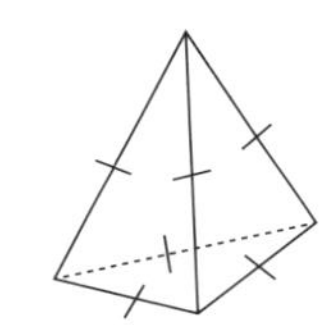

2 $7x-3a=4x+2a$　$3x=5a$

上式に $x=5$ を代入すると $3\times5=5a$　よって　$a=3$

3 直角三角形の長さが分からない辺の長さを x(cm) とおく。

三平方の定理より，$x=\sqrt{5^2-3^2}=\sqrt{16}=4$(cm)

よって求める体積は，$\left(\frac{1}{2}\times3\times4\right)\times7=42$(cm^3)

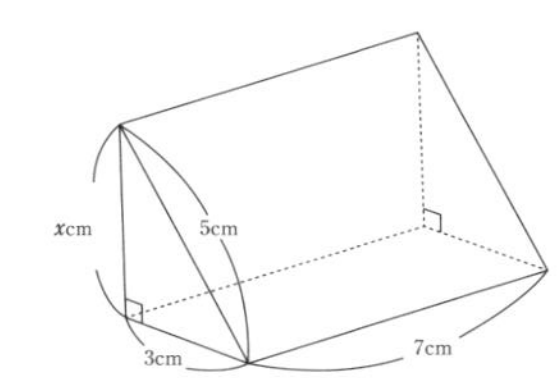

4 $28=2^2\times7$ より28に7を掛けるとある自然数$(=2\times7=14)$の2乗になる。よって $n=7$

5 $1193\div1.47=811.5\cdots$

これは平成29年の桜島降灰量とほぼ等しい。

R 4 [1]　1　(1)　27　(2)　$\frac{5}{6}$　(3)　4　(4)　30(個)　(5)　8(倍)

2　$(b=)\frac{3a+5}{2}$　3　$\frac{1}{4}$　4　25(度)　5　ウ

1 (1)　$4\times8-5=32-5=27$

(2)　$\frac{1}{2}+\frac{7}{9}\div\frac{7}{3}=\frac{1}{2}+\frac{7}{9}\times\frac{3}{7}=\frac{1}{2}+\frac{1}{3}=\frac{3}{6}+\frac{2}{6}=\frac{5}{6}$

(3)　$(\sqrt{6}+\sqrt{2})(\sqrt{6}-\sqrt{2})=(\sqrt{6})^2-(\sqrt{2})^2=6-2=4$

(4)　2けたの自然数は10から99の90個あるので，3の倍数は90÷3=30個

(5)　三角すいABCDと三角すいAEFGは相似で相似比は2：1なので，体積比は$2^3:1^3=8:1$

2　$3a-2b+5=0$，$-2b=-3a-5$，$b=\frac{3a+5}{2}$

3　2—6, 7, 8○, 9　　4—6, 7, 8, 9○　　6—6○, 7, 8, 9

○が付いているものが$\sqrt{ab}$が自然数になるときなので，その確率は$\frac{3}{12}=\frac{1}{4}$

4　△OBCはOB=OCの二等辺三角形なので，∠BOC=180−(65+65)=50°

$\overset{\frown}{BC}$において円周角と中心角の関係より，∠x=50÷2=25°

5　1964年…5151×0.13≒670人

2021年…11092×0.49≒5400人

5400÷670≒8.1より　約8倍

(数と式・割合)

H26 [2]　1　7(時)45(分)　2　2

1　6，9，15の最小公倍数は90なので，次にバスが同時に発車するのは90分後となる。
6時15分の90分後だから7時45分。

2　$\frac{26}{111}=0.23423423\cdots\cdots$

小数第1位から2，3，4がくり返し現れるので

小数第28位の数字は，28÷3=9…1より，2，3，4の1番始めの数字である2であることがわかる。

H27 [2]　1　$(n=)75$

1　$\frac{n}{15}$が整数になるにはnが15の倍数であればよい。

$\sqrt{3n}$が整数になるにはnが$3a^2$の形で表すことができれば$\sqrt{\ }$がはずれ整数となる。

15	30	45	60	75
3×5	3×10	3×15	3×20	3×25 $=3\times5^2$

よって，最も小さい自然数nの値は75。

H28 [2]　3　13(個)　4　$(x=)\ \frac{3\pm\sqrt{21}}{2}$

3　$3<\sqrt{\frac{n}{2}}<4$　2乗する。

$9<\frac{n}{2}<16$　2倍する。

$18<n<32$

この中に含まれる自然数は13個

4　$x^2-3x=3$　$x^2-3x-3=0$

解の公式より$x=\frac{3\pm\sqrt{9+12}}{2}=\frac{3\pm\sqrt{21}}{2}$

R 2 [2]　3　$(x=)2\pm\sqrt{3}$

5 (式と計算)　$\begin{cases} x+y=50 & \cdots\cdots① \\ \frac{x}{2}+\frac{y}{3}=23 & \cdots\cdots② \end{cases}$

①×2　　$2x+2y=100$

②×6　$-)\ 3x+2y=138$

$-x=-38$　　$x=38\cdots\cdots$③

③を①に代入すると　$38+y=50$　　$y=12$

答　(Aさんが最初に持っていた鉛筆) 38(本)　(Bさんが最初に持っていた鉛筆) 12(本)

3　$x:(4x-1)=1:x$　$x^2=4x-1$　$x^2-4x+1=0$

解の公式より$x=\frac{-(-4)\pm\sqrt{(-4)^2-4\times1\times1}}{2\times1}=\frac{4\pm2\sqrt{3}}{2}=2\pm\sqrt{3}$

R 3 [2]　3　$(x-3)(x+7)$

3　X=x+3とおくと　$(x+3)^2-2(x+3)-24=X^2-2X-24=(X-6)(X+4)$

上式にX=x+3を代入して　$(x+3-6)(x+3+4)=(x-3)(x+7)$

(方程式)

H26 [2]　4　(式と計算)

$\begin{cases} 2x+y=3800 & \cdots\cdots① \\ x+2y=3100 & \cdots\cdots② \end{cases}$

①×2　$4x+2y=7600$

②　$-)\ x+2y=3100$

$3x=4500$

$x=1500\ \cdots\cdots$③

③を①に代入して

$3000+y=3800$

$y=800$

答 (おとな)　1500(円)　(中学生)　800(円)

H27 [2]　3　(式と計算)

$\begin{cases} x+y=380 & \cdots\cdots① \\ \frac{5}{100}x+\frac{3}{100}y=15 & \cdots\cdots② \end{cases}$

①×5　$5x+5y=1900$

②×100　$-)\ 5x+3y=1500$

$2y=400$

$y=200\ \cdots\cdots$③

③を①に代入して，

$x+200=380$

$x=180$

答 (男子)　180(人)　(女子)　200(人)

H28 2

5 (式と計算)

1試合ごとの得点が2点と5点の試合数の合計は10

得点の合計は26であるから

$\begin{cases} x+y=10 & \cdots\cdots① \\ 2x+5y=26 & \cdots\cdots② \end{cases}$

①×5　$5x+5y=50$

②　$-)\ 2x+5y=26$

$3x=24$　　$x=8$　……③

③を①に代入して，

$8+y=10$

$y=2$

答　$(x=)8$，$(y=)2$

5　全部で30試合になるので，$3+6+x+6+5+y=30$　　$x+y=10$　…①

得点の合計が70点なので，$0+6+2x+18+20+5y=70$　　$2x+5y=26$　…②

①と②の連立方程式をとく。

H29 2

2 20(本)

5 (式と計算)

通常2枚買う場合の値段は　$2x-500$(円)

特別期間に3枚買う場合の値段は　$3x(1-0.4)$(円)

したがって　$(2x-500)-300=3x(1-0.4)$

$2x-800=1.8x$

$20x-18x=8000$　　$x=4000$

(答)　4000(円)

2　なるべく少ない本数にするには，なるべく間隔を広げる。また，3点A, B, Cには木を植えるので，24と52の最大公約数が求める間隔の広さである。よって，間隔の広さは4。

AB間には，$52\div4+1=14$本。BC間には，$24\div4+1=7$本。

点BをAB間でもBC間でも数えているので，求める樹木の本数は，$14+7-1=20$本である。

H30 2

3 重なっている

5 (式と計算)

$\begin{cases} x+y=60 & \cdots\cdots① \\ \frac{280}{60}x+\frac{340}{60}y=300 & \cdots\cdots② \end{cases}$

②×6　$28x+34y=1800$

①×28　$-)\ 28x+28y=1680$

$6y=120$

$y=20$……③

③を①に代入して　$x+20=60$

$x=40$

答　(トレーニングA)　40(分)，

(トレーニングB)　20(分)

5　トレーニングAでは60分間で280kcal消費するので，x分間では，$\frac{280}{60}x$kcal消費する。トレーニングBも同様。

H31 2

5 (式と計算)

80円のりんごの個数は$3x$個と表される。

$\begin{cases} x+y+3x=17 & \cdots\cdots① \\ 120x+100y+80\times3x=1580 & \cdots\cdots② \end{cases}$

①より　$4x+y=17$　……③

②より　$360x+100y=1580$　……④

③×10　$40x+10y=170$

④÷10　$-)\ 36x+10y=158$

$4x=12$

$x=3$　……⑤

⑤を③に代入して　$12+y=17$

$y=5$

答　(120円のりんご)　3(個)　　(100円のりんご)　5(個)　　(80円のりんご)　9(個)

R3 2

5 (式と計算)

$\begin{cases} 5x+8y=70 & \cdots\cdots① \\ 3x+5y=43 & \cdots\cdots② \end{cases}$

①×3　$15x+24y=210$

②×5　$-)\ 15x+25y=215$

$-y=-5$

$y=5$

$y=5$ を①に代入して　$5x+40=70$

$5x=30$

$x=6$

答　(Mサイズのレジ袋)　6(枚)，

(Lサイズのレジ袋)　5(枚)

(関数の応用)

H26 4

1 7(秒後)　**2** (1)　$(y=)\ x^2$　(2)　(右図)　**3**　$(y=)16$

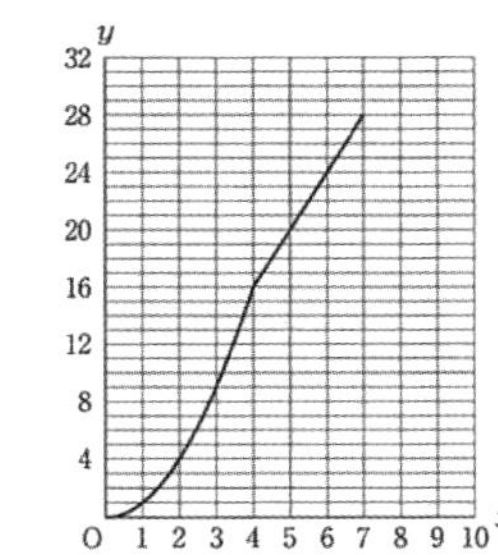

4 (式と計算)

三角すいP−ABDの体積は

$\frac{1}{3}\times\frac{1}{2}\times3\times4\times(14-2x)=28-4x\ (\mathrm{cm}^3)$

三角すいP−EFQの体積yは

$0\leqq x\leqq4$のとき$y=x^2\ (\mathrm{cm}^3)$

$4\leqq x\leqq7$のとき$y=4x\ (\mathrm{cm}^3)$であるから

(ア) $0\leqq x\leqq4$のとき

$x^2=28-4x$　　$x^2+4x-28=0$

解の公式より　$x=\frac{-4\pm\sqrt{128}}{2}=-2\pm4\sqrt{2}$

$0\leqq x\leqq4$より　$x=-2+4\sqrt{2}$

(イ) $4\leqq x\leqq7$のとき

$4x=28-4x$　　$8x=28$　　$x=\frac{7}{2}$　　$4\leqq x\leqq7$より不適

答　$-2+4\sqrt{2}$ (秒後)

1　FB=14cmで点Pの速さは　2cm/秒なので7秒後

2　(1) x秒後のPF，FQそれぞれの長さは

PF=$2x$cm，FQ=$x$cmとなり，△EFQの面積は$\frac{3}{2}x\ \mathrm{cm}^2$となる

よって　$y=\frac{3}{2}x\times2x\times\frac{1}{3}=x^2$

(2) 点QがGH上にあるとき，△EFQの面積は$6\ \mathrm{cm}^2$

よって　$y=6\times2x\times\frac{1}{3}=4x$

$\begin{cases} 0\leqq x\leqq4\text{のとき} & y=x^2 \\ 4\leqq x\leqq7\text{のとき} & y=4x \end{cases}$

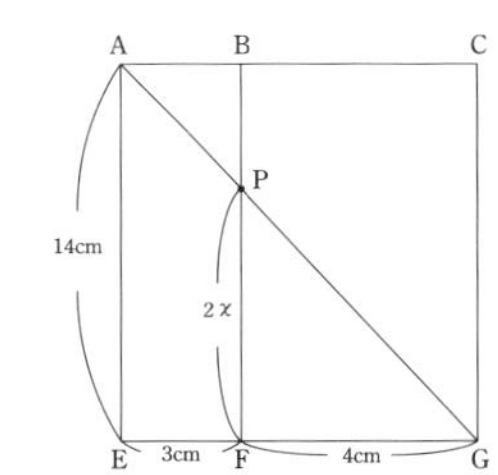

3　AP+PGの長さが最も短くなるのは

図のようにAGが直線になる時である。

△PFG∽△AEGより，$2x:14=4:7$　　$x=4$

よって　$y=16$

H27 [4] **1** $(a=)3$ **2** $(a=)\frac{3}{4}$ **3** (1) $(y=)15$ (2) a:6 b:x^2 c:$-9x+72$

3 (3) (式と計算)

点PがAからCまで移動するとき，$0\leqq x\leqq 6$

△BCQの面積は$\frac{1}{2}\times6\times(6-x)=18-3x$ (cm²) であるから，

(ア) $0\leqq x\leqq 3$のとき

$x^2:(18-3x)=8:3$

$3x^2=144-24x$

$x^2+8x-48=0$

$(x+12)(x-4)=0$

$x=-12, 4$

$0\leqq x\leqq 3$より不適

(イ) $3\leqq x\leqq 6$のとき

$3x:(18-3x)=8:3$

$9x=144-24x$

$33x=144$

$x=\frac{48}{11}$

$3\leqq x\leqq 6$より適している。

答 $\frac{48}{11}$ (秒後)

1　6秒後の点Qの位置は毎秒1cmの速さなので点Bにいる。点Pが6秒後点Bの位置にいるには，速さ＝道のり÷時間から

$a=18\div6=3$cm/秒である。

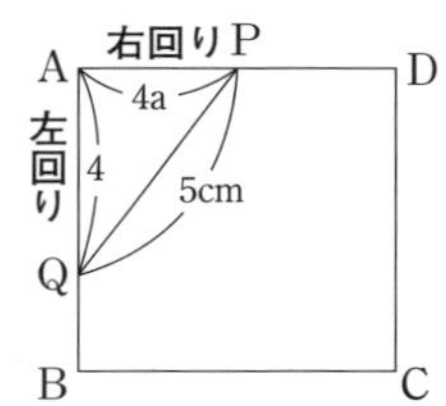

2　4秒後点Pが進んだ距離 AP$=4a$(cm) 点Qが進んだ距離

AQ$=4\times1=4$(cm)

△APQにおいて三平方の定理より

$PQ^2=AP^2+AQ^2$　　$5^2=(4a)^2+4^2$　　$25=16a^2+16$

$16a^2=9$　$a^2=\frac{9}{16}$

$0<a<1$ より　$a=\frac{3}{4}$ (cm/秒)

3　(1) $x=5$のとき，点P，Qは右図の位置にある。

よって　$y=\frac{1}{2}\times5\times6=15$

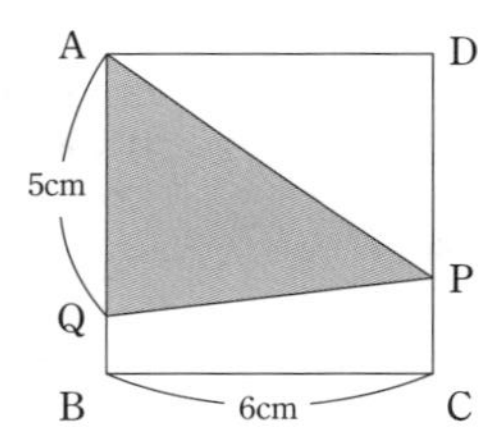

(2) $0\leqq x\leqq 3$のとき点Pは線分AD上，点Qは線分AB上にある。

x秒後APの長さは$2x$，AQの長さはxであるから

$y=\frac{1}{2}\times AQ\times AP=\frac{1}{2}\times x\times 2x=x^2$…[b]

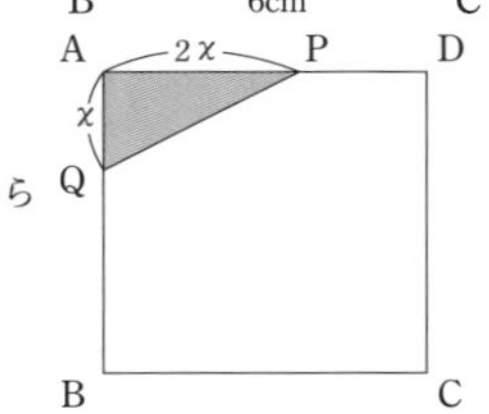

$6\leqq x\leqq 8$のとき点Pは線分BC上，点Qも線分BC上にある。

x秒後のPQの長さは$6-(x-6)-(2x-12)=-3x+24$であるから

$y=\frac{1}{2}\times(-3x+24)\times6=-9x+72$

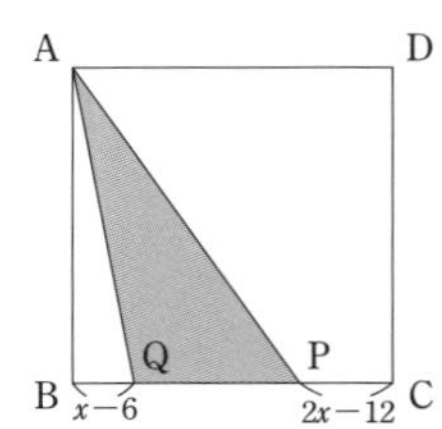

H28 [4] **1** 6(cm²) **2** 5(秒後) **3** (2) (式と計算)

3 (1)

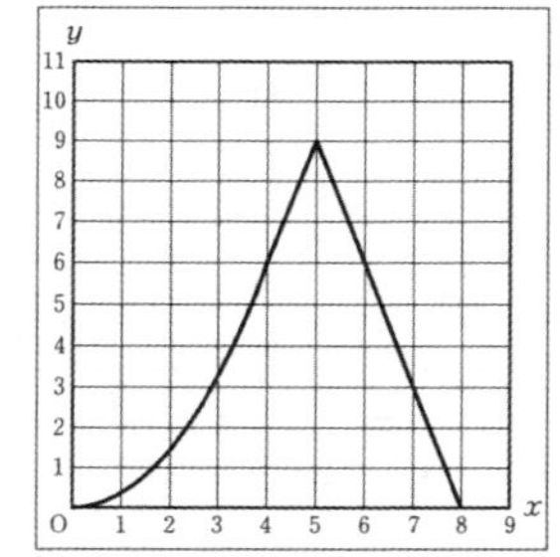

小さい方と大きい方の面積の比が1:5となることから，小さい方の面積は台形ABCDの面積の$\frac{1}{6}$になる。

台形ABCDの面積は18cm²であるから，$\frac{1}{6}\times18=3$(cm²)

(1)のグラフより，$y=3$となるxの値は，$0\leqq x\leqq 4$に1つ，$5\leqq x\leqq 8$に1つあることがわかる。

$0\leqq x\leqq 4$のとき，
アの面積が小さいので

$\frac{1}{2}\times x\times\frac{3}{4}x=3$

$x^2=8$より$x=\pm2\sqrt{2}$

$0\leqq x\leqq 4$より$x=2\sqrt{2}$

$5\leqq x\leqq 8$のとき，
イの面積が小さいので

$(8-x)\times3=3$

$x=7$

これは$5\leqq x\leqq 8$を満たす。

答 $(x=)2\sqrt{2}$，7

1　点PがAを出発してから4秒後は、下の図のようになる。

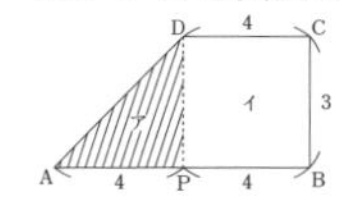

$\frac{1}{2}\times4\times3=6$

6cm²

2　台形ABCDの面積は，$(4+8)\times3\times\frac{1}{2}=18$(cm²) となるので、アとイの面積がどちらも9cm²になればよい。

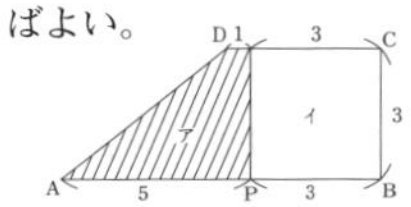

左の図の時が条件を満たしている。

よって　5秒後

3　(1) $x=5$の時にアとイの面積は等しいので$0\leqq x\leqq 5$の時はアの面積の方が小さくなる，よってアの面積がyになる。

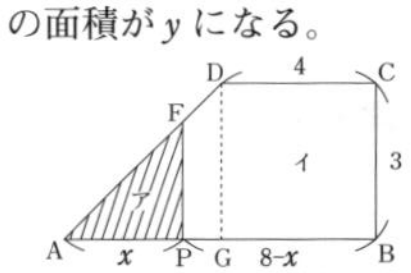

ℓとADの交点をFとおく高さ、つまりPFの長さを求める。

DからABに下ろした垂線とABの交点をGとする。

△APF ∽ AGD なので，AP：AG＝PF：GD

$x:4=PF:3$　　$4PF=3x$　　$PF=\frac{3}{4}x$

よって　$0\leqq x\leqq 4$のとき　アの面積は，$y=\frac{1}{2}\times x\times\frac{3}{4}=\frac{3}{8}x^2$…①

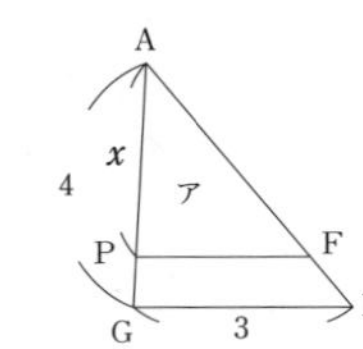

$4\leqq x<5$のとき

ℓとADの交点をHとする

AH $=4-(8-x)=x-4$

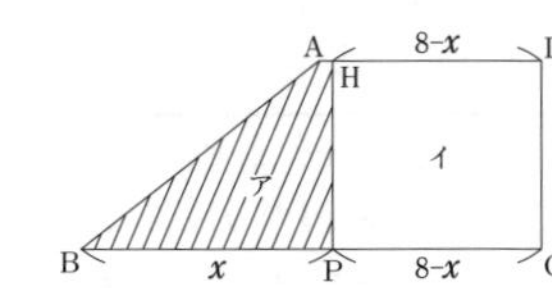

よって　アの面積は

$y=(x-4+x)\times3\times\frac{1}{2}=(2x-4)\times3\times\frac{1}{2}=(x-2)\times3=3x-6$…②

$5\leqq x\leqq 8$のときはイの面積の方が小さくなる。

よって、イの面積をyとすると、

$y=3\times(8-x)=-3x+24$…③

①～③をグラフに表せばよい。

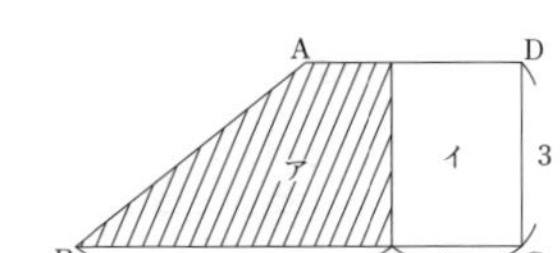

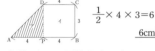

H29 4 1 16(m)

2 (1) $(y=)\frac{1}{4}x^2$

(2) 右図

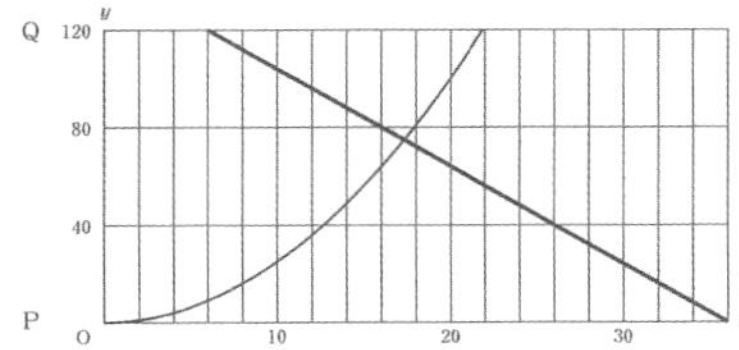

(3) (式と計算)

Bさんは，Aさんがボールから手を離して6秒後に坂を進み始めるから$x>6$である。

ボールがx秒間に進んだ距離は$\frac{1}{4}x^2$(m)　Bさんが$x-6$秒間に進んだ距離は$4(x-6)$(m)

ボールとBさんが出会うとき，それぞれの進んだ距離の和が120mであるから

$\frac{1}{4}x^2+4(x-6)=120$　　$x^2+16x-576=0$

$x=\frac{-16\pm\sqrt{16^2-4\times1\times(-576)}}{2}=\frac{-16\pm2\sqrt{640}}{2}=-8\pm8\sqrt{10}$

$x>6$より　$x=-8+8\sqrt{10}$

(答)　$-8+8\sqrt{10}$(秒後)

1 Aさんがボールから手を離して6秒後に，Bさんが走り出したので，10−6=4秒間，Bさんは走った。よって，4×4=16m進んだ。

2(1) 距離が時間の2乗に比例しているので，yとxの関係は　$y=ax^2$と表せる。

8秒間で16m進んだので，

$16=a\times8^2$　　$a=\frac{1}{4}$　　よって，$y=\frac{1}{4}x^2$

(2) Bさんは，Aさんがボールから手を離して6秒後にQ地点を出発する。BさんがQ地点からP地点に行くのに，120÷4＝30秒かかるので，Bさんは，Aさんがボールから手を離して　6+30=36秒後にP地点に到着する。よって，点(6, 120)と点(36, 0)を直線で結べばよい。

H30 4 1 $6\sqrt{2}$(cm)

2 (1) $(y=)30$　　(2) ア 6　　イ $\frac{1}{2}x^2$　　ウ $6x-18$

1 点Dから直線ℓに垂線を引き，その交点をEとする。△ECDは底角45°の二等辺三角形であるので，$1:\sqrt{2}=6:CD$

$CD=6\sqrt{2}$

2(1) $x=8$のとき，yは右図の斜線部である。

この時，PD=2cm，QC=8cmであるから，

$(2+8)\times6\div2=30$

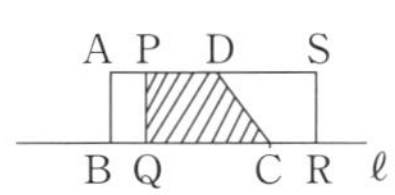

(2) yの増え方が変わるのは辺DEが辺PQに重なった時なので，ア=6

〈$0\leqq x\leqq6$の時〉

yは直角二等辺三角形なので，$y=x\times x\times\frac{1}{2}=\frac{1}{2}x^2$

〈$6\leqq x\leqq12$の時〉

yは台形となるので，$y=\{(x-6)+x\}\times6\div2=6x-18$

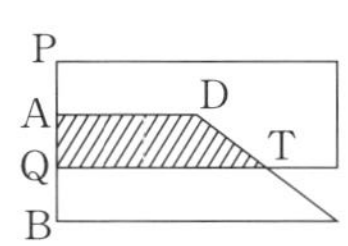

R2 5 1 Q (2, 2)　　2 $(t=)\frac{3}{2}$

3 (1) R (1, −1)

(2) (求め方や計算)

(1)より，$t=1$であるからQ$\left(1, \frac{1}{2}\right)$，R(1, −1)である。

よって　$QR=\frac{3}{2}$

直線TRの方程式は，$y=-x$であるから

直線TRと関数①のグラフとの交点のx座標は，$\frac{1}{2}x^2=-x$

$x(x+2)=0$より　$x=0, x=-2$

Tのx座標は　$x=-2$　　よって　T(−2, 2)

これより　$TR=\sqrt{3^2+3^2}=3\sqrt{2}$

点Qから辺TRへ垂線QHをひくと

△QHRは∠HRQ=45°の直角二等辺三角形となるので

$QH:QR=1:\sqrt{2}$

$QH:\frac{3}{2}=1:\sqrt{2}$　これより　$QH=\frac{3}{2\sqrt{2}}$

求める体積は　$\frac{1}{3}\times QH^2\times\pi\times TH+\frac{1}{3}\times QH^2\times\pi\times HR$

$=\frac{1}{3}\times QH^2\times\pi\times(TH+HR)$

$=\frac{1}{3}\times QH^2\times\pi\times TR$

$=\frac{1}{3}\times\frac{9}{8}\pi\times3\sqrt{2}=\frac{9\sqrt{2}}{8}\pi$

(答)　$\frac{9\sqrt{2}}{8}\pi$

1 点Qのx座標は$t=2$なので，y座標は$y=\frac{1}{2}\times2^2=2$

2 点Q，Rのx座標はともにtなので，y座標はそれぞれ$\frac{1}{2}t^2$，$-t^2$　　したがって，

$QR=\frac{1}{2}t^2-(-t^2)=\frac{3}{2}t^2$　よって　$\frac{3}{2}t^2=\frac{27}{8}$　これを解くと$t=\pm\frac{3}{2}$　$t>0$より$t=\frac{3}{2}$

3(1) 点Rを通りx軸と平行な直線と，y軸との交点をTとおく。△OSRが直角二等辺三角形となるのは，∠TOR=45°であればよいので，直線ORの式は$y=-x$，よって，Rは直線ORとグラフ②の交点なので，

$\begin{cases}y=-x\\y=-x^2\end{cases}$　これを解くと$(x, y)=(0, 0), (1, -1)$

点Rのx座標はOより大きいので，求める座標は(1, −1)

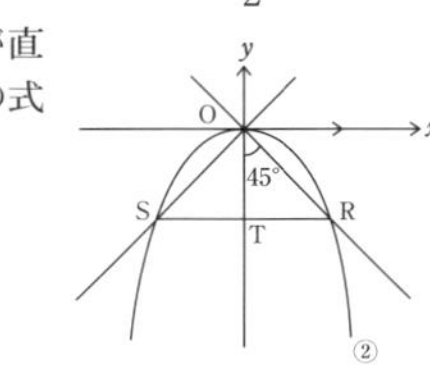

R3 [4]

1 18

2 イ (1, 2) ウ $\left(\frac{3}{2}, \frac{9}{2}\right)$

3 (1) $2(t+2)^2$

(2) (求め方や計算)

$A(t, 2t^2)$, $B(t+1, 2(t+1)^2)$, $C(t+2, 2(t+2)^2)$である。

$L(t, 0)$, $M(t+1, 0)$, $N(t+2, 0)$とおくと

台形ALNCの面積は $\frac{1}{2}\times\{2t^2+2(t+2)^2\}\times 2$ …①

台形ALMBの面積は $\frac{1}{2}\times\{2t^2+2(t+1)^2\}\times 1$ …②

台形BMNCの面積は $\frac{1}{2}\times\{2(t+1)^2+2(t+2)^2\}\times 1$ …③

△ABCの面積は①−(②+③)より

$\frac{1}{2}\{2t^2+2(t+2)^2\}\times 2-\frac{1}{2}\{2t^2+2(t+1)^2+2(t+1)^2+2(t+2)^2\}$

$=t^2+(t+2)^2-2(t+1)^2$

$=2$

(答) 2

同じ面積になる

---

1 ア $y=2\times 3^2=18$

2 イ 点Cのx座標は$-1+2=1$よりy座標は

$2\times 1^2=2$、よって(1, 2)

ウ 直線ABがx軸と平行になるとき、点Aと点Bのy座標が等しくなる。$y=2x^2$のグラフはy軸対称より、このとき点Aと点Bのx座標の絶対値も等しくなる。(符号は逆)さらに点Bのx座標が点Aのx座標より1だけ大きいことを考えると、点Aのx座標は$-\frac{1}{2}$、点Bのx座標は$\frac{1}{2}$と決定できる。よってC$\left(\frac{3}{2}, \frac{9}{2}\right)$

3(1) 点Cのx座標は$t+2$より、y座標は$2(t+2)^2$

R4 [3]

1 24

2 (1) $3\leqq a\leqq 6$ (2) $Q(a-1, a+1)$

(3) (求め方や計算過程)

点Pのx座標をaを用いて表す。

点Pのy座標は4であるから①に代入して

$4=-x+2a$

$x=2a-4$

△APQの面積は$(2a-4-2)(a+1-4)\times\frac{1}{2}=(a-3)^2$

よって、△APQの面積が△ABCの面積の$\frac{1}{8}$であるとき

$(a-3)^2=24\times\frac{1}{8}$

$a-3=\pm\sqrt{3}$

$a=3\pm\sqrt{3}$

$3\leqq a\leqq 6$であるから $a=3+\sqrt{3}$

(答) $(a=)3+\sqrt{3}$

---

1 △ABCの底辺をABにとると $AB=8-2=6$, 高さは$12-4=8$より, $\triangle ABC=6\times 8\times\frac{1}{2}=24$

2(1)・直線①がAを通るとき, $y=-x+2a$に(2, 4)を代入して,

$4=-2+2a$, $a=3$

・直線②がBを通るとき, $y=-x+2a$に(8, 4)を代入して,

$4=-8+2a$, $a=6$

・よって, $3\leqq a\leqq 6$

(2) 直線ACを$y=bx+c$とおくと,

A(2, 4), C(10, 12)を代入して, $\begin{cases}4=2b+c\\12=10b+c\end{cases}$

この連立方程式を解くと, $b=1$, $c=2$より

直線ACは$y=x+2$

したがって, 直線①と直線ACとの交点Qは

$\begin{cases}y=-x+2a\\y=x+2\end{cases}$ の連立方程式を解いて,

$x=a-1$, $y=a+1$ より, $Q(a-1, a+1)$

(作図)

H28 [2] 2

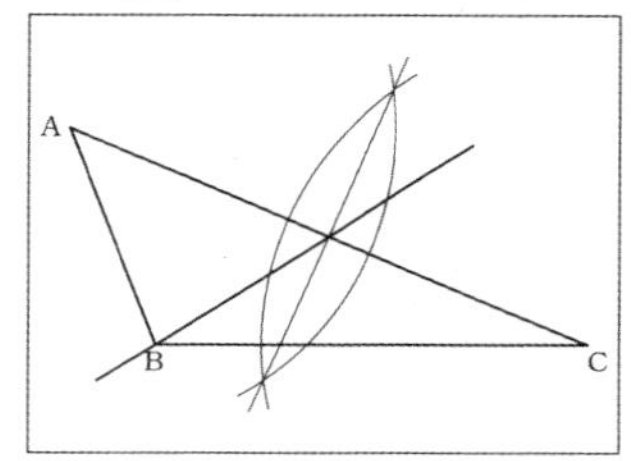

H29 [5] 1

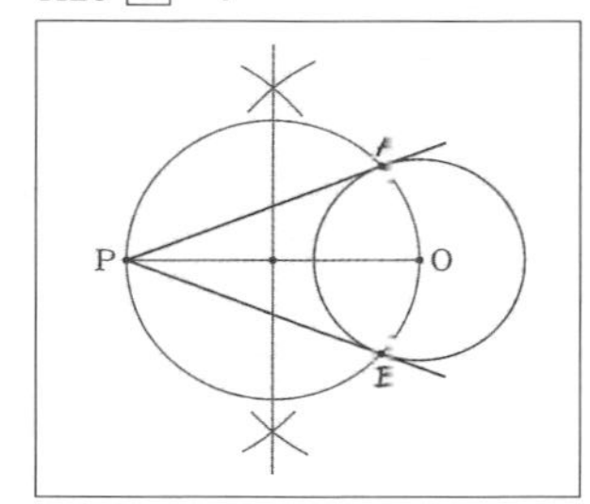

R2 [2] 4

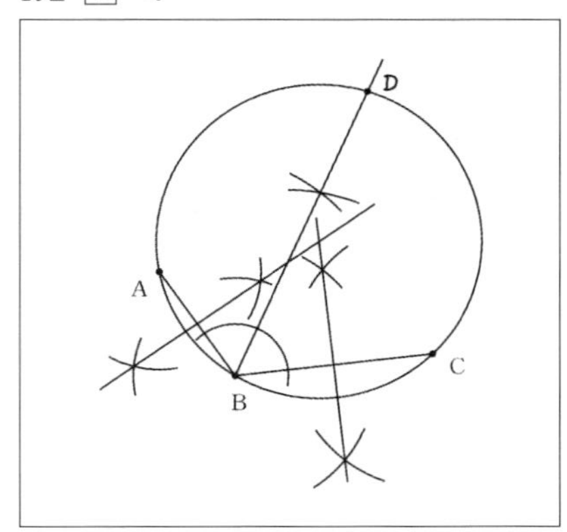

R4 [2] 3

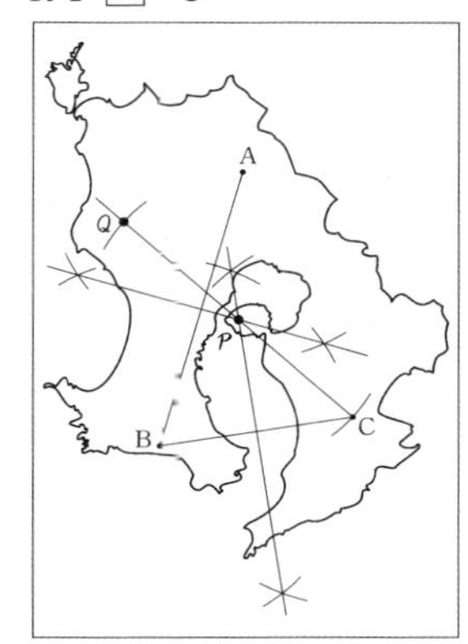

(平面図形)

H26 2

5 (証明) △CAFと△CBEにおいて
仮定より　AC＝BC ……①
$\overset{\frown}{CD}$ に対する円周角は等しいから，∠CAF＝∠CBE ……②
AB は直径であるから，$\overset{\frown}{AB}$ に対する円周角より，
∠ACF＝90° ……③
∠BCE＝180°－∠ACF＝90° ……④
③, ④より　∠ACF＝∠BCE ……⑤
①, ②, ⑤より
1組の辺とその両端の角がそれぞれ等しいから，△CAF≡△CBE

H26 5

1 右図

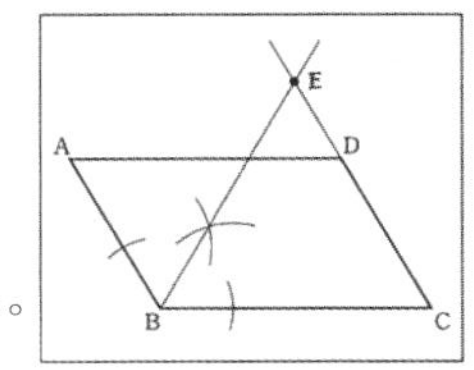

2 (記号) イ
(理由) 線分BEは∠ABCの二等分線より∠EBC＝60°
四角形ABCDは平行四辺形より∠BCE＝60°　よって，
∠BEC＝60°となり，3つの角の大きさがすべて等しいから。

3 (1) $\frac{9\sqrt{3}}{4}$ (cm²)　(2) $\frac{14}{3}$ (倍)

3 (1) 三角形 BCE が正三角形より，それと相似である三角形 FDE も正三角形。

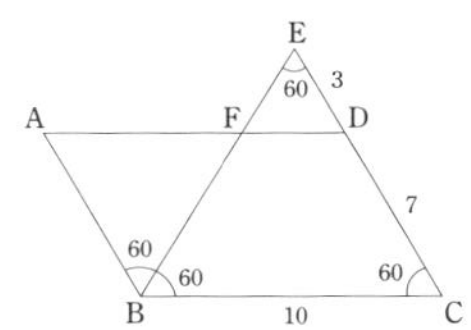

1 辺は，10－7＝3。

E から FD に垂線を下ろし，その交点を G とすると，
△EFG は，30°，60°，90°の三角形なので，1 : 2 : $\sqrt{3}$ の比を使って，

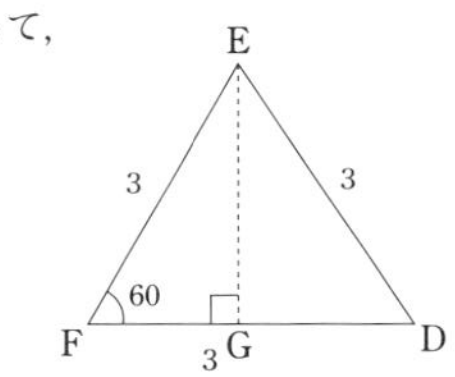

$EG=3\times\frac{\sqrt{3}}{2}=\frac{3\sqrt{3}}{2}$

よって△DEF の面積 $=3\times\frac{3\sqrt{3}}{2}\times\frac{1}{2}=\frac{9\sqrt{3}}{4}$ (cm²)

(2) 四角形 AFQP の面積は
$7\times\frac{3}{2}\sqrt{3}=\frac{21\sqrt{3}}{2}$ cm²
よって　$\frac{21\sqrt{3}}{2}=\frac{14}{3}$ 倍

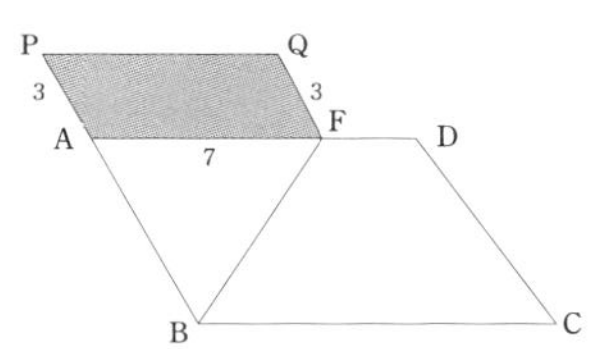

H27 2

4 (1) (証明) △AEDと△ABCにおいて，
仮定から，AE : AB＝8 : 24＝1 : 3 ……………①
AD : AC＝6 : 18＝1 : 3 ……………②
①，②より，AE : AB＝AD : AC ……………③
また，∠A は共通 ……………④
③，④より，2 組の辺の比とその間の角がそれぞれ等しいから。
△AED∽△ABC

(2) 22 (cm²)

4 (2) (1)より面積比は相似比の 2 乗である。
AE : AB＝AD : AC＝1 : 3 なので　△ABC : △AED＝9 : 1。
△ABC＝198cm² のとき　198 : △AED＝9 : 1　9△AED＝198　△AED＝22 (cm²)

H27 5

1

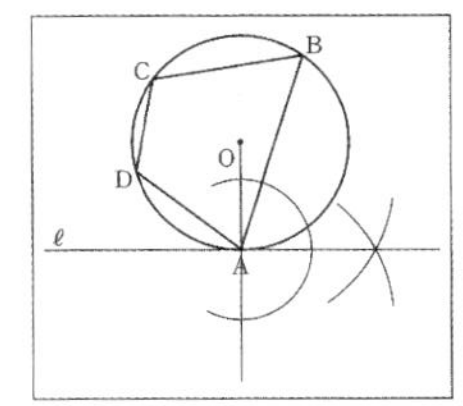

2 (1) 30 (度)　(2) $4\sqrt{2}$ (cm)
(3) $12+8\sqrt{3}$ (cm²) (式と計算は解説参照)

2 (1) CB∥ℓ より錯角は等しいので　∠CBA＝∠PAB＝75°
よって　∠CBD＝∠CBA－∠ABD＝75°－45°＝30°

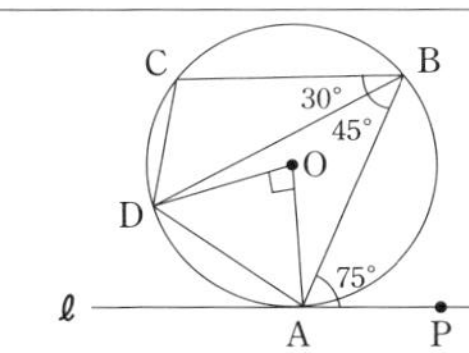

(2) 点 O と点 D，点 O と点 A をそれぞれ結ぶ。円周角の定理より
∠AOD＝2×∠ABD＝2×45＝90°
OD＝OA＝4cm (半径) なので　△AOD で三平方の定理より
$AD^2=OD^2+OA^2=16+16=32$　AD>0 より　$AD=4\sqrt{2}$ (cm)

(3) △ ODA は直角二等辺三角形で，∠ OAB ＝ 90° － 75° ＝ 15° より，
∠ DAB ＝ 45° ＋ 15° ＝ 60°　よって，$\overset{\frown}{BD}$ に対する円周角と中心角の関係から，
∠ BCD ＝ $\frac{1}{2}$ × (360° － 60° × 2) ＝ 120°　点 D から辺 AB に垂線 DE をひくと，
△ DAE は 3 つの角が 30°，60°，90°の直角三角形になるので，
$AE=\frac{1}{2}AD=\frac{1}{2}\times4\sqrt{2}=2\sqrt{2}$ (cm)
$DE=\frac{\sqrt{3}}{2}AD=\frac{\sqrt{3}}{2}\times4\sqrt{2}=2\sqrt{6}$ (cm)
△ DEB は直角二等辺三角形になるので，
$DE=EB=2\sqrt{6}$ (cm)，$BD=\sqrt{2}DE=\sqrt{2}\times2\sqrt{6}=4\sqrt{3}$ (cm)
△ BCD は∠ CDB ＝∠ CBD ＝ 30°の二等辺三角形であるから，
点 C から対角線 BD に垂線 CF をひくと，

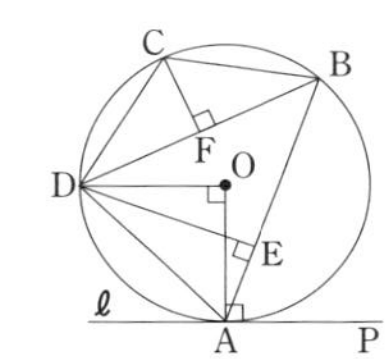

△ BCF は 3 つの角が 30°，60°，90°の直角三角形になるので，
$CF=\frac{1}{\sqrt{3}}BF=\frac{1}{\sqrt{3}}\times\frac{1}{2}\times4\sqrt{3}=2$ (cm)
(四角形 ABCD の面積) ＝△ DAE ＋△ DEB ＋△ BCD より，
$\frac{1}{2}\times2\sqrt{2}\times2\sqrt{6}+\frac{1}{2}\times(2\sqrt{6})^2+\frac{1}{2}\times4\sqrt{3}\times2=12+8\sqrt{3}$ (cm²)

H28 [5] 1　60(度)

2　(証明)

$\overset{\frown}{AB}$に対する円周角は等しいから　∠AEF＝∠BCF　……①

平行線の錯角は等しいから　∠AEF＝∠CBF　……②

①，②より，∠BCF＝∠CBF　　底角が等しいから，△BCFは二等辺三角形

また，AC⊥BEより∠BFC＝90°　　よって，△BCFは直角二等辺三角形である。

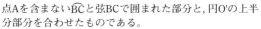

3　(1)　2(cm)

(2)　(求め方や計算)

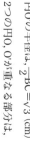

3点B, C, Fを通る円をO'とする。

△BCFが∠BFC＝90°の直角二等辺三角形より，円O'の中心は，辺BCの中点であるから，

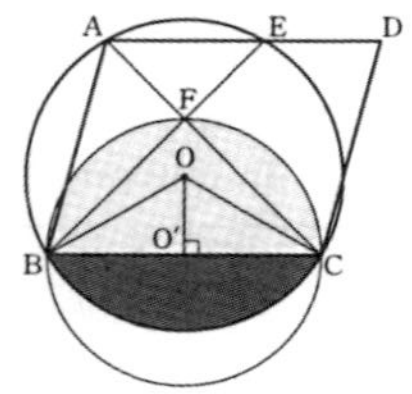

円O'の半径は，$\frac{1}{2}$BC＝$\sqrt{3}$(cm)

2つの円O, O'が重なる部分は，

点Aを含まない$\overset{\frown}{BC}$と弦BCで囲まれた部分と，円O'の上半分部分を合わせたものである。

△OBCは二等辺三角形で，∠BOC＝2∠BAC＝120°

また，OO'⊥BCであるから，△OBO'において∠BOO'＝60°

よって△OBO'は3つの角が30°, 60°, 90°の直角三角形より

$OO'=\frac{1}{\sqrt{3}}BO'=\frac{1}{\sqrt{3}}\times\sqrt{3}=1$(cm)

円Oの半径は2(cm)より，点Aを含まない$\overset{\frown}{BC}$と弦BCで囲まれた部分の面積は

(おうぎ形OBC)－△OBC＝$\pi 2^2\times\frac{120}{360}-\frac{1}{2}\times 2\sqrt{3}\times 1=\frac{4}{3}\pi-\sqrt{3}$ (cm²)　……①

円O'の上半分部分の面積は，$\pi(\sqrt{3})^2\times\frac{1}{2}=\frac{3}{2}\pi$ (cm²)　……②

①，②より，$\frac{4}{3}\pi-\sqrt{3}+\frac{3}{2}\pi=\frac{17\pi-6\sqrt{3}}{6}$ (cm²)

答　$\frac{17\pi-6\sqrt{3}}{6}$ (cm²)

1　平行四辺形ABCDなので，AB∥DC

平行線の錯角は等しいので∠ACD＝60°

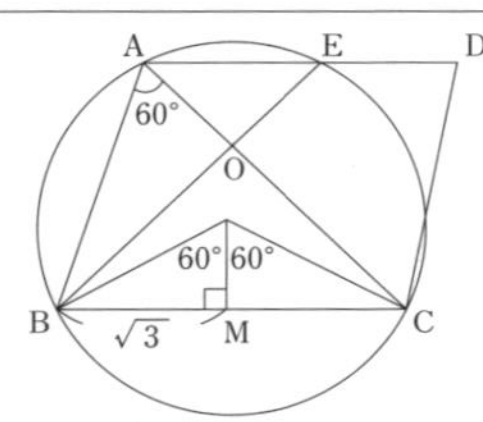

3　(1)同じ弧に対する中心角は円周角の2倍になるので

∠BOC＝2×60°＝120°

BOとCOを引いて，OからBCに垂線を引きBCとの交点をMとする

BM＝$\frac{1}{2}\times 2\sqrt{3}=\sqrt{3}$

△BOMは1：2：$\sqrt{3}$の三角形になる。

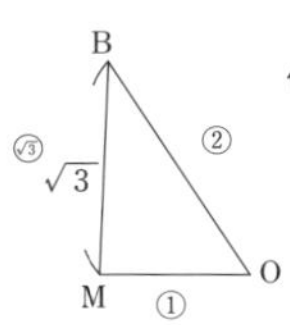

$\sqrt{3}$：2＝$\sqrt{3}$：BO

BC＝2

よって　2cm

H30 [5] 1

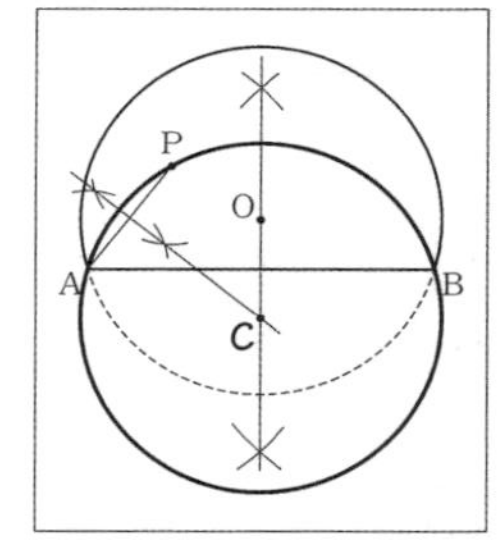

2　(1)　150(度)

(2)　π(cm)

2　(3)　ア　∥　　イ　△OQS　　ウ　△SBQ

エ　△RBQ＝△SBQ＝$\frac{1}{2}$×QS×BT

②より　QS＝6(cm)

②，③より，△OQTは3つの角が30°，60°，90°の直角三角形であるから

$OT=\frac{\sqrt{3}}{2}OQ=\frac{\sqrt{3}}{2}\times 6=3\sqrt{3}$ (cm)

これより，OB＝6(cm)であるから

BT＝OB－OT＝$6-3\sqrt{3}$ (cm)

よって，△RBQ＝$\frac{1}{2}\times 6\times(6-3\sqrt{3})$

＝$18-9\sqrt{3}$

(答)　$18-9\sqrt{3}$ (cm²)

1　APとABの垂直二等分線の交点が円Cの中心となる。

2(1)　△AOBはOA＝OB＝6cmの二等辺三角形であり，底角∠OAB＝∠OBA＝15°なので，∠AOB＝180－(15×2)＝150°

(2)　右図のように，円Oにおける$\overset{\frown}{QB}$の円周角∠QABと円Cにおける$\overset{\frown}{BR}$の円周角∠RABは等しく15度である。即ち，それぞれの中心角は∠QOB＝∠RCB＝30°となる。円Cの円周は12πなので，

$\overset{\frown}{RB}=12\pi\times\frac{30}{360}=\pi$となる。

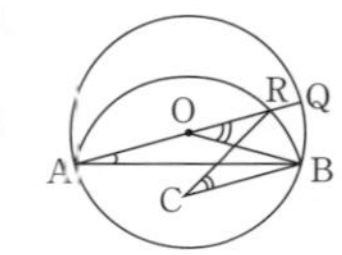

H29 [2]　4　(証明)△ACEと△FDEにおいて

$\overset{\frown}{AE}$に対する円周角は等しいから，∠ACE＝∠FDE　…①

$\overset{\frown}{AB}=\overset{\frown}{BC}=\overset{\frown}{CD}$より$\overset{\frown}{AC}=\overset{\frown}{BD}$であるから，∠AEC＝∠FED　…②

①，②より，2組の角がそれぞれ等しいから，△ACE∽△FDE

H31 [2]　4　(証明)

△ABPと△CAQにおいて

仮定から，∠APB＝∠CQA＝90°　…①

△ABCは，∠BAC＝90°の直角二等辺三角形だから　AB＝CA　…②

∠CAD＋∠DAB＝90°

∠DAB＋∠BAP＝90°だから，∠CAD＝∠BAP　…③

ℓ∥nより，平行線の錯角は等しいから，∠CAD＝∠ACQ　…④

③，④から∠BAP＝∠ACQ　…⑤

①，②，⑤より，直角三角形の斜辺と1つの鋭角がそれぞれ等しいから

△ABP≡△CAQ

R2 [2]　1　22(度)

1　△ABCはAB＝ACの二等辺三角形なので∠ABC＝(180°－42°)÷2＝69°一方，右図のように直線nを引くと，平行線の錯角は等しいことから∠ABC＝47°＋x，よって，69°＝47°＋x　これを解くとx＝22°

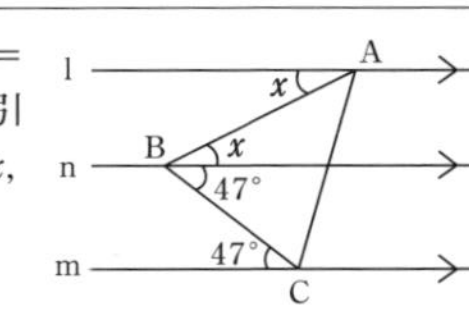

R２ 4

1　ア　10　イ　$30\sqrt{3}$

2　(証明) $\angle ACB=\angle a$ とする。
△OACは二等辺三角形であるから，　$\angle OCA=\angle OAC=\angle a$
$\angle AOB$ は△OACの外角であるから，　$\angle AOB=\angle OCA+\angle OAC=2\angle a$
したがって，$\angle AOB=2\angle ACB$
すなわち，$\angle ACB=\frac{1}{2}\angle AOB$

3　(1) 120(度)，(t＝)5　(2) $675\sqrt{3}$ (m^2)

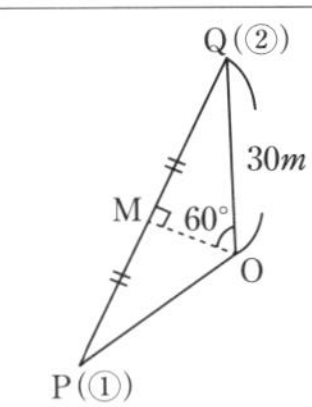

1　ア、360÷36＝10
イ、5分で観覧車は $\frac{5}{15}\times 360°=120°$ 回転すると，
求める長さは右図の線分PQの長さである。
QP間に点Mを定め△QMOに注目すると，
$\angle QOM=60°$ より $QM=15\sqrt{3}$〔m〕
よって，$PQ=15\sqrt{3}\times 2=30\sqrt{3}$〔m〕

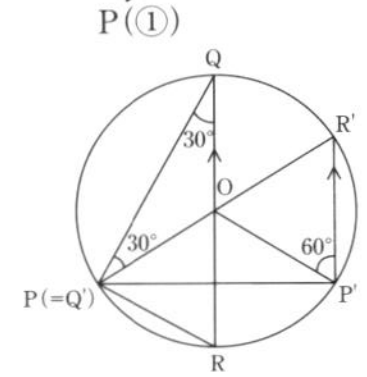

3 (1)　$\angle PQR=30°$ より円周角の定理から，$\angle POR=60°$
また $\angle R'P'O=\angle RPO$ であり，直径に対する円周角より
$\angle QPR=90°$，$\angle QPO=30°$ より
$\angle R'P'O=\angle RPO=\angle QPR-\angle QPO=60°$
QR∥R'P' より $\angle ROP'=\angle R'P'O=60°$
以上より $\angle POP'=\angle POR+\angle ROP'=120°$
さらに，15分で1回転することから，$t=\frac{120°}{360°}\times 15=5$

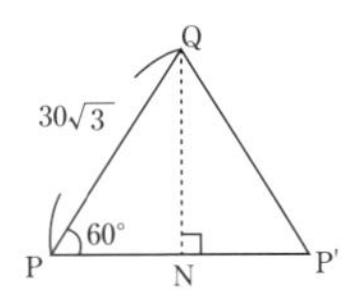

(2)　1イ，3(1)より△PP'Qは1辺 $30\sqrt{3}$ mの正三角形である。右図のように点Nを定め，△PNQに注目すると，$\angle QPN=60°$ より $QN=45$〔m〕
よって，求める値は $30\sqrt{3}\times 45\times\frac{1}{2}=675\sqrt{3}$〔m^2〕

R３ 2

1　64(度)

4　(証明)
△AGLと△BIHにおいて△ABCは正三角形だから，
$\angle LAG=\angle HBI=60°$　…①
$\angle ALG+\angle AGL=120°$　…②
△DEFは正三角形だから，$\angle GDH=60°$　$\angle DGH+\angle DHG=120°$　…③
対頂角は等しいから，$\angle AGL=\angle DGH$　…④
②，③，④より，$\angle ALG=\angle DHG$　…⑤
また，対頂角は等しいから，$\angle DHG=\angle BHI$　…⑥
⑤，⑥より，$\angle ALG=\angle BHI$　…⑦
①，⑦より，2組の角がそれぞれ等しいから　△AGL∽△BIH

1

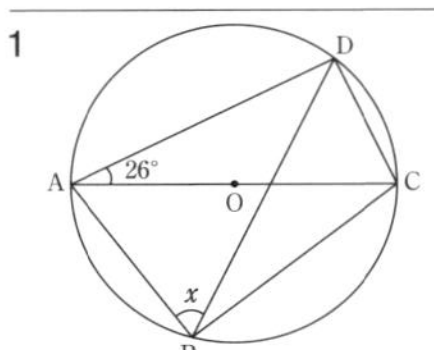

補助線BCを引く。線分ACは円Oの直径より，$\angle ABC=90°$
$\overset{\frown}{CD}$ に関して円周角の定理より，
$\angle CBD=\angle CAD=26°$
よって $\angle x=\angle ABC-\angle CBD=90°-26°=64°$

4　(別解)　△AGLと△DGHにおいて
△ABCと△DEFは正三角形より　$\angle GAL=\angle GDH(=60°)$　…①
対頂角より　$\angle AGL=\angle DGH$…②
①，②より、二組の角がそれぞれ等しいので　△AGL∽△DGH
同様にして△DGH∽△BIHが示されるので△AGL∽△BIH(証明終わり)

R３ 5

1　⑤　　2　(右図)

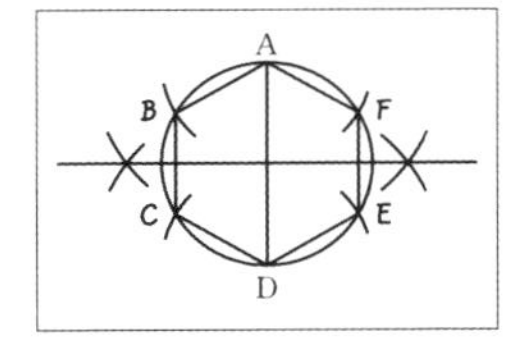

3　(1)　$\sqrt{3}$ (cm)　(2)　$10\sqrt{3}$ (cm^2)

(3)　(式と計算)
AP＝t(cm)である。
点Mが辺CD上にあるから，$6\leqq t\leqq 8$
△MDPにおいて，$DP=8-t$(cm)，$DP:MP=1:\sqrt{3}$ より
$MN=2MP=2\sqrt{3}(8-t)$ (cm)
△AMNの面積が $8\sqrt{3}$ (cm^2)であるから
$2\sqrt{3}(8-t)\times t\times\frac{1}{2}=8\sqrt{3}$
$t^2-8t+8=0$
解の公式より　$t=\frac{8\pm 4\sqrt{2}}{2}=4\pm 2\sqrt{2}$
$6\leqq t\leqq 8$　より　$t=4+2\sqrt{2}$
(答)　$4+2\sqrt{2}$　(秒後)

1　図形①を点Oを回転の中心として180°だけ回転移動させると図形④と重なり、さらに直線CFを対称の軸として対称移動させると図形⑤と重なる。

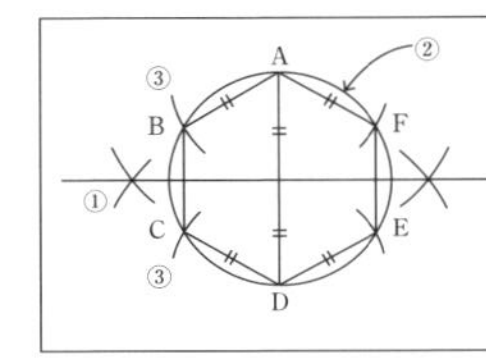

2　①まず，A，Dそれぞれから半径の等しい円を作図し交点を結ぶとADの垂直二等分線となり、ADの中点で交わる。
②ADの中点O中心とし，ADを直径とする円を作図する。
正六角形は正三角形を6つ並べたものであるから、この円の半径と正六角形の1辺の長さは等しい。
③よって、ADそれぞれからAO，ADを半径とする円を作図し、この円の円周との交点が正六角形ABCDEFのA, D以外の頂点となる。

3 (1)　△AOBは正三角形なのでAO＝AB＝4cm、点PかAOの中点に至るまで，Mは辺AB上にある
正六角形の1つの内角は120°より、$\angle MAP=60°$
$\angle APM=90°$ より $\angle AMP=180°-60°-90°=30°$
よって　△APMは $AP:MA:PM=1:2:\sqrt{3}$ の直角三角形
$AP:PM=1:\sqrt{3}$
$1:PM=1:\sqrt{3}$
$PM=\sqrt{3}$
よって $\sqrt{3}$ cm

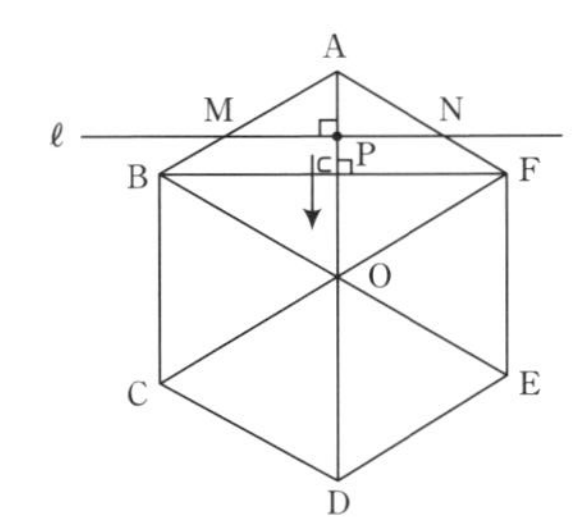

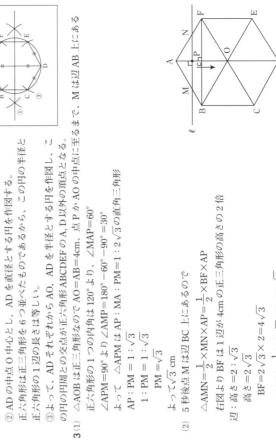

(2)　5秒後点Mは辺BC上にあるので
$\triangle AMN=\frac{1}{2}\times MN\times AP=\frac{1}{2}\times BF\times AP$
右図よりBFは1辺が4cmの正三角形の高さの2倍
辺：高さ＝$2:\sqrt{3}$
高さ＝$2\sqrt{3}$
$BF=2\sqrt{3}\times 2=4\sqrt{3}$
$\triangle AMN=\frac{1}{2}\times 4\sqrt{3}\times 5=10\sqrt{3}$
よって $10\sqrt{3}$ cm^2

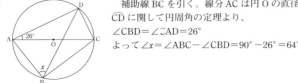

R4 [2] **2** イ，エ

2 アは等脚台形になる可能性がある。
ウは台形になる可能性がある。
オは等脚台形になる可能性がある。

R4 [4] **1** 60(度)　**2** (EG：GD＝)2：1

3 (証明)
△BDF と△EDC において
△EBD と△FDC は正三角形だから
BD＝ED …①
DF＝DC …②
∠BDE＝60°，∠FDC＝60°であるから
∠BDF＝120°，∠EDC＝120°
したがって，∠BDF＝∠EDC …③
①，②，③より，
2 組の辺とその間の角がそれぞれ等しいから，
△BDF≡△EDC

4 $6\sqrt{7}$(cm)　**5** $\frac{7}{4}$(倍)

1 △EBD は正三角形より∠EDB＝60°　また，△FDC も正三角形より
∠FDC＝60°　よって，∠EDF＝180−(60＋60)＝60°

2 △BEG∽△FDG なので，EG：DG＝BE：DF＝12：6＝2：1

4 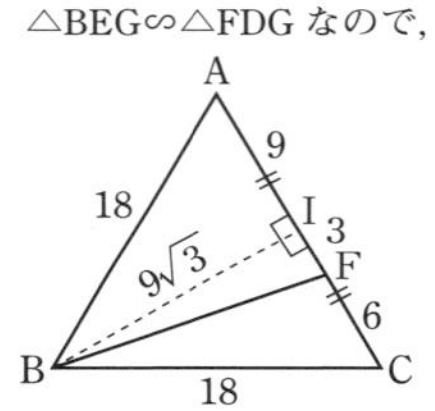

B から AC に垂線を下ろし，その交点を I とすると△ABC は正三角形なので I は AC の中点となる。
したがって，AI＝9，IF＝9−6＝3
△ABI は 30°，60°，90°の直角三角形なので，
AI：BI＝1：$\sqrt{3}$より，BI＝$9\sqrt{3}$
よって，△BFI において三平方の定理より，
BF＝$\sqrt{3^2+(9\sqrt{3})^2}$＝$6\sqrt{7}$cm

5 まず，△BDG と△EHG が相似であることを求める。
対頂角は等しいので，∠BGD＝∠EGH……①
3 で証明した△BDF≡△EDC より対応する角は等しいので，∠DBG＝∠HEG……②
①，②より 2 組の角がそれぞれ等しいので，△BDG∽△EHG
また，△BDG∽△BCF より，BG：BF＝BD：BC＝12：18＝2：3
したがって，BG＝BF×$\frac{2}{3}$＝$6\sqrt{7}\times\frac{2}{3}$＝$4\sqrt{7}$
2 より EG：GD＝2：1 だから，EG＝12×$\frac{2}{3}$＝8
よって，△BDG と△EHG の相似比は BG：EG＝$4\sqrt{7}$：8 なので，
面積比は $(4\sqrt{7})^2$：8^2＝7：4　ゆえに，$\frac{7}{4}$倍

(空間図形)

H26 [2] **3** $4\sqrt{2}$ (cm)

おうぎ形の弧の長さと底面の円周の長さは等しいので
母線の長さを $x$cm とすると，$2x\times\pi\times\frac{120}{360}=4\pi$　x＝6cm
円すいは図のようになるので，高さを $h$cm とすると，三平方の定理より
$2^2+h^2=6^2$　$h^2=32$　$h=4\sqrt{2}$ cm

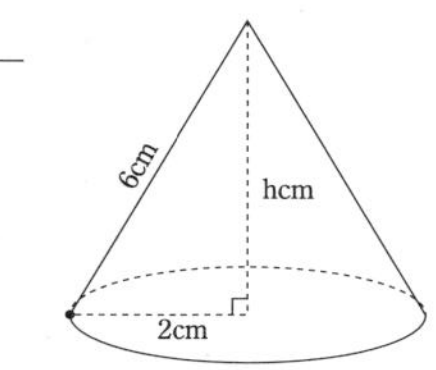

H27 [2] **2** 27(cm^2)

2 三角すい E-ADB の表面積は
△ADB＋△ADE＋△ABE＋△DBE＝$\frac{9}{2}+\frac{9}{2}+\frac{9}{2}$＋△DBE＝$\frac{27}{2}$＋△DBE
三角すい E-ADB を除いた部分の表面積は
△BCD＋△BEF＋四角形 BFGC＋四角形 CDHG＋四角形 HEFG＋△DBE＋△DEH
＝$\frac{9}{2}+\frac{9}{2}$＋9＋9＋9＋$\frac{9}{2}$＋△DBE＝$\frac{81}{2}$＋△DBE
よって　表面積の差は
$\left(\frac{81}{2}+\triangle DBE\right)-\left(\frac{27}{2}+\triangle DBE\right)=\frac{81}{2}-\frac{27}{2}=\frac{54}{2}=27$(cm^2)

H28 [2] **1** $3\sqrt{13}$(cm^3)

1 AD の長さを三平方の定理より求める。
AD＝$\sqrt{2^2+3^2}$＝$\sqrt{13}$＝AB
$\frac{1}{2}\times2\times3\times\sqrt{13}=3\sqrt{13}$
$3\sqrt{13}$cm^2

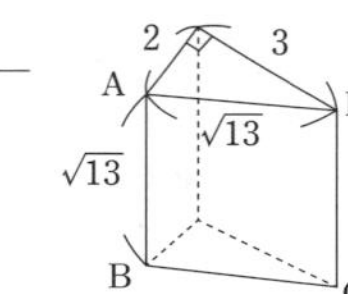

H29 [2] **3** 6π (cm)

3 この立体の展開図を描く。
(底面の周の長さ)＝(側面の扇形の弧の長さ)なので，扇形を考える。
扇形の中心角を x とすると，
側面積は，$15\pi=5\times5\times\pi\times\frac{x}{360°}$　x＝216°
よって，扇形の弧の長さは，$5\times2\times\pi\times\frac{216°}{360°}=6\pi$ (cm)＝底面の周の長さ

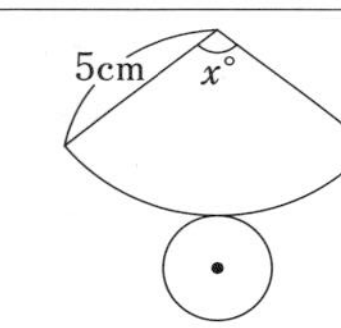

H30 2　**2**　$(r=)2$　　(体積)$\frac{16}{3}\pi\ (\mathrm{cm}^3)$

2　円周＝直径×πより，$r=2$。
球の体積は$\frac{4}{3}\pi r^3$であり，半球なので$\frac{1}{2}$をかける。

H31 5　**1**　ア　12　　イ　8　　ウ　$\frac{16}{3}$　　エ　④　　オ　$6\sqrt{7}$

2　(式と計算)

正八面体の体積は，$2\times\frac{1}{3}\times6^2\times3\sqrt{2}=72\sqrt{2}\ (\mathrm{cm}^3)$だから，

この正八面体の体積の$\frac{1}{6}$は，$12\sqrt{2}\ (\mathrm{cm}^3)$である。

底面積となる△PFQ の面積は，

$$6^2-\frac{1}{2}t^2-\frac{1}{2}\times6\times(6-t)-\frac{1}{2}\times6\times(6-t)=-\frac{1}{2}t^2+6t\ (\mathrm{cm}^2)$$

体積の関係から，tについての方程式をつくると，

$$\frac{1}{3}\times\left(-\frac{1}{2}t^2+6t\right)\times3\sqrt{2}=12\sqrt{2}\quad t^2-12t+24=0$$

解の公式より　$t=\frac{12\pm4\sqrt{3}}{2}=6\pm2\sqrt{3}$

$0\leqq t\leqq6$ より　$t=6-2\sqrt{3}$　　　(答)　$6-2\sqrt{3}$ (秒後)

1　イ，右図のように考えることで，正方形 BCDE の面積は，外側の正方形の半分，よって
(正方形 BCDE)$=\frac{1}{2}\times4\times4=8$〔$\mathrm{cm}^2$〕

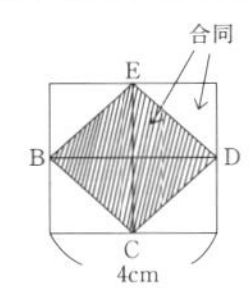

ウ、高さは右図より立方体の半分なので
(正四角すい ABCDE)
$=8\times2\times\frac{1}{3}=\frac{16}{3}$〔$\mathrm{cm}^3$〕

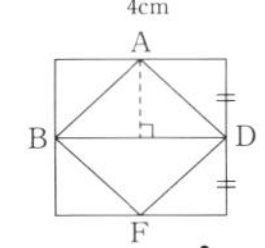

オ、右図のように点 T を定める。
△EFT における三平方の定理より
$\mathrm{FT}=\frac{6}{2}=3$〔cm〕
$\mathrm{ET}=3\sqrt{3}$〔cm〕
よって△BET における三平方の定理より
$\mathrm{BE}^2=\mathrm{BT}^2+\mathrm{ET}^2\ =(2\times6+3)^2+(3\sqrt{3})^2$
$=225+27$
$=252$
BE>0 より　$\mathrm{BE}=6\sqrt{7}$〔cm〕

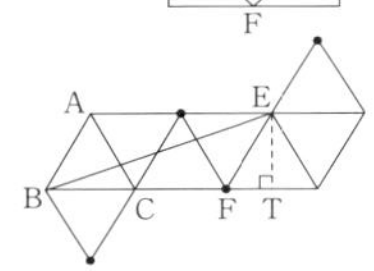

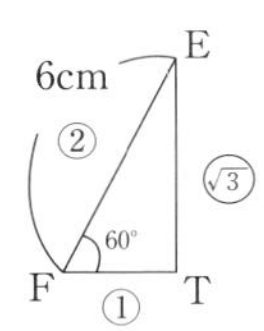

(確率)

H28 3　Ⅱ　**1**　12(通り)　　**2**　$\frac{5}{12}$

Ⅱ 1　1 回目×2 回目
$4\times3=12$　　12 通り

2
赤→青 $x=1+2=3$
　→黄 $x=1+3=4$　○
　→白 $x=1+4=5$　○
青→赤 $x=2-1=1$
　→黄 $x=2-3=-1$
　→白 $x=2-4=-2$
黄→青 $x=3\times1=3$
　→赤 $x=3\times2=6$　○
　→白 $x=3\times4=12$　○
白→赤 $x=4\div1=4$　○
　→青 $x=4\div2=2$
　→黄 $x=4\div3=\frac{4}{3}$

$x\geqq4$ となるのは○のついた 5 通り，$\frac{5}{12}$

H29 2　**1**　$\frac{1}{6}$

1

2回目＼1回目	1	2	3	4	5	6
1	11	㉑	31	41	51	61
2	12	22	32	㊷	52	62
3	13	23	33	43	53	(63)
4	⑭	24	34	44	54	64
5	15	25	㉟	45	55	65
6	16	26	36	46	(56)	66

求める確率は，$\frac{6}{36}=\frac{1}{6}$

H30 2　**1**　$\frac{5}{36}$

1　2 つのさいころによって点 P の座標が決まるので，点 P は点 (1, 1)，(1, 6)，(6, 6)，(6, 1) の 4 点で形成される正方形上の点である。
このうち，直線$y=-x+8$は，点 (2, 6)，(3, 5)，(4, 4)，(5, 3)，(6, 2) の 5 点を通る。

H31 2　**2**　5

2　樹形図とそのときの和は以下の通り

1 ─ 2(3)，3(4)，4(5)
2 ─ 3(5)，4(6)
3 ── 4(7)

$\frac{1}{3}=\frac{2}{6}$なので条件をみたすものは和が 5 のときである。

R 2 2　**2**　$\frac{3}{8}$

2　○で当たりくじ，×ではずれくじを表すことにすると，樹形図と得点は以下のようになる。

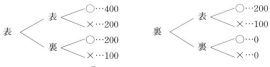

表 ─ 表 ─ ○…400，×…200
　 ─ 裏 ─ ○…200，×…100
裏 ─ 表 ─ ○…200，×…100
　 ─ 裏 ─ ○…0，×…0

よって求める確率は$\frac{3}{8}$

R3 [2]　**2**　$\frac{11}{12}$

2　出た目の数の和を表にまとめる。

大＼小	1	2	3	4	5	6
1	②	③	④	⑤	⑥	⑦
2	③	④	⑤	⑥	⑦	⑧
3	④	⑤	⑥	⑦	⑧	⑨
4	⑤	⑥	⑦	⑧	⑨	⑩
5	⑥	⑦	⑧	⑨	⑩	11
6	⑦	⑧	⑨	⑩	11	12

上図より、求める確率は$\frac{33}{36}=\frac{11}{12}$

(資料の整理)

H27 [3]　**1**　55(%)　**2**　4.5(回)　**4**　(正しくない)

3

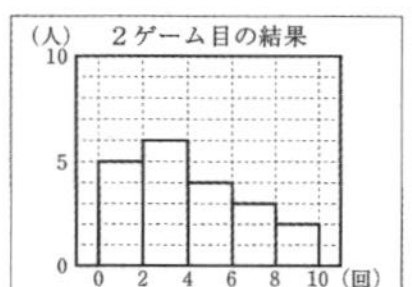

(記号) ウ

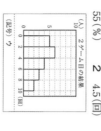

(理由)
1ゲーム目において, シュートが成功した回数が4回のLさんは, 回数の多い方から数えて11番目であり, 参加した生徒の中で真ん中より下の順位であるから。

1　少なくとも一方のゲームで4回以上シュートが成功した生徒というのは, (i)2ゲーム両方とも4回以上シュートが成功した生徒, (ii)どちらか一方のゲームだけ4回以上シュートが成功した生徒, の2通りが考えられる。
(i)のとき表よりG, I, K, L, M, N, Q, R, Tさんの9人。(ii)のとき表よりJ, Sさんの2人。
よって　$\frac{11}{20}\times100=\frac{110}{2}=55$(%)

2　1ゲーム目のシュートが成功した回数を小さい方から並べると下のようになる。

C	O	B	D	F	P	A	H	E	L	I	J	N	S	T	K	M	Q	R	G
↓	↓	↓	↓	↓	↓	↓	↓	↓	↓	↓	↓	↓	↓	↓	↓	↓	↓	↓	↓
0	0	1	1	1	1	2	2	3	④	⑤	5	5	5	5	6	6	7	7	8

偶数人いるので中央値は10番目と11番目の平均である。
よって　$\frac{4+5}{2}=4.5$(回)

H29 [3]　**1**　0.2
2　(1)　ア　最頻値(またはモード)　　イ　150　　ウ　275
(2)　(およそ)240(個)
3　Ⓑ　(理由) 畑A, Bそれぞれの中央値がある階級は図2, 図3から, 畑Aは150g以上200g未満, 畑Bは250g以上300g未満であり, 畑Bの方が中央値が大きいから。

1　(相対度数)$=\frac{(その階級の度数)}{(度数の合計)}=\frac{11}{55}=0.2$
2(2)　55個のうち, 重さが150g以上200g未満のジャガイモは10個。
全部で1320個のうち, 重さが150g以上200g未満のジャガイモをx個とする。
$55:10=1320:x$　　$55x=13200$　　$x=240$

H30 [3]　**1**　22.5 (m)　**2**　0.2
3　(1)　20.2 (m)
(2)　(適切でないもの) エ
(理由)　20m以上の人数の割合は5人の記録を加える前が0.6で, 加えた後が0.571…となるから。

1　度数の最も高い階級値を最頻値という。
2　6÷30=0.2
3(1)　(7.5×1+12.5×7+17.5×7+22.5×13+27.5×6+32.5×1)÷35=20.2
(2)　ア→新たに加えた5人の中で, 5以上10未満と30以上35未満の階級に属する人はいないので, 範囲は変わらない。
イ→5人を加える前と後のいずれも中央値は20以上25未満の階級にある。
ウ→5人を加える前と後のいずれも最頻値は20以上25未満の階級にある。
オ→加える前…2より, 0.2
加えた後…7÷35＝0.2

H31 [3]　**1**　8 (点)　**2**　6 (人)　**3**　(1)　7 (点)　(2)　イ、エ

1　得点の最大値は10, 最小値は2なので10−2=8〔点〕
2　10点を取るには10=5+5　より2回とも5点を取らなければならない, 同様にして他の得点で考えると, 8=5+3, 6=3+3=5+1　5=5+0となる, ここで, 2回とも3点であったのは2人だったので, 6点を取った4人中, 5点を取った生徒は4−2=2人。以上より1+2+2+1=6〔人〕
3(1)　2と同様に得点を分解すると4=3+1, 3=3+0　2=1+1となる,
このことから, Aさんの考えをもとに得点を計算すると
10=5+5→1+1=2
8=5+3→1+3=4
6=3+3→3+3=6
=5+1→1+5=6
5=5+0→1+0=1
4=3+1→3+5=8
3=3+0→3+0=3
2=1+1→5+5=10
と変化するので, 表は以下のようになる

得点(点)	1	2	3	4	6	8	10
人数(数)	1	1	2	2	4	5	5

よって中央値は$\frac{6+8}{2}=7$〔点〕
(2)　ア：範囲は最大値と最小値が分からなければ分からない。
イ：1ゲーム目の中央値は4点, よって1ゲーム目から2ゲーム目で中央値が大きくなっていることから正しい。
ウ：最頻値と中央値は関係がないので一方からもう一方の情報が分かることはない。
エ：Aさんの得点は中央値よりも低いので正しい。

R2 [3]　1　60.6（点）
2　(1)　ア　③　イ　①　(2)　59.3（点）　3　51（点）

1　B，C組の点数の合計点はそれぞれ $54\times20=1080$，$65\times30=1950$

よって求める値は $\frac{1}{50}\times(1080+1950)=60.6$

2(1)　Cはヒストグラムの人数の合計を調べればよい。Dは中央値が60点以上70点未満の階級であるものを選べばよい。

(2)　$\frac{1}{30}(35\times4+45\times6+55\times5+65\times6+75\times6+85\times3)$

$=\frac{1}{30}\times5\times(28+54+55+78+90+51)=\frac{1}{6}\times356=59.33\cdots\fallingdotseq59.3$

3　10番目の点数を x 点とおくと，11番目の点数は $x+4$ 点と表せる。B組の中央値が49点なので，$\frac{x+(x+4)}{2}=49$，これをとくと $x=47$。欠席した生徒の点数は76点なので，21人のテストの中央値は11番目の点数である。よって　$47+4=51$〔点〕

R3 [3]　1　a　6　b　9
2　35.5（冊）　3　(1)　0.35　(2)　ア，ウ

1　a　20冊以上40冊未満が16人

30冊以上40冊未満が10人であるから $16-10=6$(人)

b　$40-(3+5+6+10+7)=9$(人)

2　借りた本の冊数を少ない順に並べたとき20番目に来るものと21番目に来るものの平均をとればよい。よって $\frac{35+36}{2}=35.5$(冊)

3(1)　$\frac{7}{20}=0.35$

(2)　ア　Aグループは $1+2+2=5$(人)

Bグループは $(3+5+6)-5=9$(人)

よって正しい。

イ　Aグループの中央値とBグループの中央値は含まれる階級が等しい。(30冊以上40冊未満) よって正しいかどうか判断できない。

ウ　Aグループの最頻値は $\frac{40+50}{2}=45$(冊)

Bグループの最頻値は $\frac{50+60}{2}=55$(冊)

よって正しい。

エ　30冊以上40冊未満の階級ではなく

40冊以上50冊未満の階級であれば正しい。

R4 [2]　4　(1)　(約)480(人)

(2)　(方程式と計算過程)

$\begin{cases} x+y=100-(8+27+13) & \cdots① \\ 10\times8+30\times x+50\times y+70\times27+90\times13=54\times100 & \cdots② \end{cases}$

①から　$x+y=52$　…③

②から　$3x+5y=226$　…④

③×3　$3x+3y=156$

④　$-)\ 3x+5y=226$

$-2y=-70$

$y=35$　…⑤

⑤を③に代入して

$x+35=52$　$x=17$　(答)　$(x=)17$，$(y=)35$

4(1)　A市における学習時間が60分以上の生徒は100人中 $27+13=40$ 人なので，$100:40=1200:x$ より，$x=480$

(数の規則性)

H31 [4]　1　$(a=)x-10$

2　(1)　(証明)

$a=x-10$　$b=x-8$　$c=x+8$　$d=x+10$　と表されるから

$M=(x-8)(x+10)-(x-10)(x+8)$

$=(x^2+2x-80)-(x^2-2x-80)$

$=4x$

x は自然数だから，Mは4の倍数になる。

(2)　ア　1　イ　6　ウ　14

1(1)　上下では9，左右では1ずれるので，$a=x-9-1=x-10$

2(2)　ア，イ　4をかけたとき一の位が4となるのは 1×4，6×4 のとき，よって x の一の位は1または6

ウ　2段目から11段目において，x の一の位の数が1または6になるのは，11，16，21，26，31，36，41，46，51，56，61，66，71，76，81，86，91，96の18個。この中で，36，46，81，91の4個は両端にあるので，それを除いて $18-4=14$(通り)

R4 [5]　1　白(色)，31(cm)

2　(1)　ア　n　イ　$\frac{n}{2}$　ウ　$\frac{n}{2}$　エ　$5n$

(2)　(求め方や計算過程)

[長方形 $2n$] の右端の色紙は赤色であるから，

赤色の色紙は青色の色紙よりも1枚多い。

白の色紙を n 枚，赤の色紙を $\frac{n+1}{2}$ 枚，

青の色紙を $\left(\frac{n+1}{2}-1\right)$ 枚使うから，

[長方形 $2n$] の横の長さは，

$n\times1+\frac{n+1}{2}\times3+\left(\frac{n+1}{2}-1\right)\times5=5n-1$

(答)　$5n-1$(cm)

1　白，赤，白，青の4枚を並べた長方形4がひとまとまりで，以降はまた白，赤，白，青をくり返していく。

長方形4の横の長さは $1+3+1+5=10$cm。長方形13は，$13\div4=3$ あまり1より，右端は白で，横の長さは $10\times3+1=31$cm

英語解答

（適文選択）

H26 2　1　① ウ　② イ

店員：次の方、どうぞ。
Keiko：＜　ア　＞ハンバーガーを２つください。
店員：はい。＜　イ　＞
Keiko：はい、オレンジジュースをください。
店員：小と大のどちらのサイズがよろしいですか？
Keiko：大をください。
店員：ハンバーガーを２つとオレンジジュースの大を１つですね？
Keiko：＜　ウ　＞いくらですか？
店員：５ドルお願いします。＜　エ　＞
Keiko：わかりました、ありがとうございます。
①「That's right.」は「そのとおり」という意味なので、疑問文の後に入る。
②「Anything else ?」は「他に何かありますか。」という意味なので、店員が追加の注文を聞く時に使うと考えられる。

H26 3　1　① エ　② ウ　③ ア

Yuri：リサ、今年の春に私の家族と一緒に屋久島に行きませんか？
Lisa：行きたいです。私は一度も屋久島に行ったことがなくて、そこについて多くのことを知りません。
Yuri：ええと、屋久島は世界遺産です。
Lisa：本当ですか？［　①　］
Yuri：1993年です。屋久島には美しい山々がたくさんあります。樹齢1000年以上のとても大きな木を見ることができます。そして空気がとてもきれいです。
Lisa：おお、私はその山に行きたいです。屋久島についてもっと情報を私にくれませんか？
Yuri：わかりました。そこでは電気のほとんどが水で作られます。
Lisa：すばらしい！［　②　］
Yuri：はい、その通りです。いくつかの場所では電気自動車を運転する人もいます。
Lisa：それは面白そうですね！［　③　］
Yuri：私もです。
ア　私は屋久島に行くのを楽しみにしています。　　イ　あなたはそこで楽しく過ごしましたか？
ウ　それは空気をきれいに保ちます。　　エ　そこはいつ世界遺産になりましたか？

H27 2　1　① エ　② ア

Ms. Jones：今週の週末の計画は何かありますか。
Yukio：はい。＜　ア　＞
Ms. Jones：何を買う予定ですか。＜　イ　＞
Yukio：ランニングシューズを一足買うつもりです。＜　ウ　＞ランニングを始めたいです。
Ms. Jones：それは良い考えですね。あなたのためにいいですね。あなたと一緒に行ってもいいですか？
Yukio：すいません。私の友達が私と行く予定です。
Ms. Jones：＜　エ　＞良い靴を買うことができるといいですね。
①大丈夫ですという意味なので、一緒に行くことを断られたあとのエが適当。
②買い物に行く予定ですと言っているので、予定を聞かれたあとのアが適当。

H27 3　1　① ウ　② ア　③ イ

1　Mike：あなたは何の果物が好きですか？
生徒1：リンゴが好きです。あなたは？
Mike：［　①　］
生徒2：「Satsuma」？それは知りません。それは何ですか？
Mike：見て、これが温州みかんです。これを「Satsuma」と呼びます。
生徒2：Satsumaは鹿児島県の一部の昔の名前ですよね。［　②　］
Mike：約140年前に薩摩からアメリカに持ってこられたからです。
生徒1：へー、だから「Satsuma」という言葉は果物の名前として使われているんだ。それは面白いね。この果物の歴史についてもっと知りたいな。［　③　］
Mike：いい考えだね！もし何か新しいことに気付いたら、私に教えてください。
ア　なぜその果物を「Satsuma」と呼ぶのですか。
イ　それについてインターネットで勉強する予定です。
ウ　私のお気に入りの果物は「Satsuma」です。
エ　その果物をなんと呼びますか。

H28 2　1　① エ　② ア

1　Hayato：すみません、スミス先生。＜　ア　＞
Mr.Smith：もちろん。＜　イ　＞
Hayato：オーストラリアのホストマザーに手紙を書きました。私の英語をチェックしてもらえますか？
Mr.Smith：いいですよ。
（数分後）
Mr.Smith：あなたの英語は素晴らしいですね。
Hayato：ありがとうございます。〈　ウ　〉この手紙と一緒にこれらの写真を送るつもりです。ホストマザーが気に入ってくれるといいなと思っています。
Mr.Smith：〈　エ　〉もし助けが必要だったら、またきいてください。
Hayato：ありがとうございます、そうします。
［①彼女はきっとそうだと思いますよ。②お時間はありますか？］
①は文中の「she will」に注目する。
②【Do you have a minute ?】「少しお時間よろしいですか。」という決まり文句。

H28 3　Ⅰ　① イ　② エ　③ ア

Ⅰ　Jack：君は先週の日曜日にマラソンでランナーを応援していた、よね？
Emi：はい。［ ① ］
Jack：僕はそのイベントでボランティアとして働きました。
Emi：本当に？［ ② ］
Jack：僕は何か食べるものや飲むものをランナーにあげたり、道をきれいに清掃したりしました。大変な仕事でしたが、僕が働いている間に沢山の人々が僕に微笑んでくれました。彼らのうちの何人かは「どうもあうがとう」と言ってくれました。それを聞いて僕はとても嬉しかったです。
Emi：素晴らしいですね！私もそのマラソンでボランティアとして働きたいわ。
Jack：［ ③ ］他人のために働くことは素晴らしいよ。
Emi：それはいいですね。

ア　来年僕と一緒に働くのはどうですか。
イ　どうやってそのことを知ったのですか。
ウ　マラソンで走るのはどうですか。
エ　何の種類の仕事をあなたはしたのですか。

①やや難しいので、②③を先に解いてから消去法で解くとよい。Jack はボランティアをしていたので Emi がマラソンに参加していたのを偶然知ったのである。
②直後に、仕事内容を具体的に答えているのでエが適当。
③ Emi はボランティアとして働きたいと直前に言っている。Jack が Emi を誘うアが適当。

H29 2　1　① ウ　② ア

1　Kazuya：こんにちは、Jones 先生。あなたはどこへいくのですか？
Mr. Jones：こんにちは、Kazuya。私はここであなたに会えて嬉しいです。私は病院に行きたいのですが、道に迷ってしまいました。〈 ア 〉
Kazuya：もちろん。この道をまっすぐ進み、郵便局を左に曲がります。あなたの右側にそれが見えるでしょう。
Mr. Jones：〈 イ 〉本当にありがとうございます、Kazuya。
Kazuya：どういたしまして。〈 ウ 〉
Mr. Jones：いいえ。私の友達が昨夜病気になり、今病院にいます。私は彼に会いにいく予定です。
Kazuya：そうなのですね。〈 エ 〉私は彼の体調がすぐに良くなることを願っています。
Mr. Jones：ありがとうございます。

①は病気なのかどうかを Yes/No で答える疑問文なので、直後に No が続き病気の話に変わる〈ウ〉に入ると判断できる。②は場所を尋ねている文なので、直後から道・場所の案内が始まる〈ア〉に入ると判断できる。

H29 3　Ⅰ　① ウ　② イ　③ エ

Ⅰ　Ami：あなたは日本食は好きですか？
Lisa：私はそれが好きです。［ ① ］
Ami：本当？どうやってあなたはそれの作り方を学んだのですか？
Lisa：［ ② ］私はしばしばそれを作るのにかつお節を使います。枕崎はかつお節で有名でしたよね？
Ami：そうです。私の町の会社がかつお節を生産するためにフランスに工場を建てました。あなたはそれを知っていましたか？
Lisa：いいえ、知りませんでした。［ ③ ］
Ami：2016 年です。
Lisa：わお！世界中の人々が日本食を楽しむより多くの機会を持つでしょう。

ア　どれくらいそれに時間を費やしましたか？
イ　日本の友達が私に教えてくれました。
ウ　私は毎朝みそ汁を作ります。
エ　それはいつ建てられましたか？

①の後ろに「どうやってあなたはそれの作り方を学んだのですか？」とあるので、①には「～を作る、作ることができる」という内容の**ウ**が入る。②には直前の質問の受け答えとして**イ**が入る。③の後ろに 2016 年という年号があるので、③には時を聞く疑問文の**エ**が入る。**ア**は、期間・時の長さを聞く疑問文なので不適。

H30 2　1　① エ　② イ

1　ケン：1ヶ月間カナダである家族の家に泊まる予定です。〈 ア 〉ホストマザーに何か買いたいと思っています。
スミス先生：それはいいですね。〈 イ 〉
ケン：いいえ。何かアイデアはありますか。
スミス先生：ええと。fan はどうですか。
ケン：fan?〈 ウ 〉それは何ですか。
スミス先生：日本語ではそれを「扇子」と呼びます、よね？
ケン：わかりました。扇子！それはいいアイデアですね。〈 エ 〉
スミス先生：そうだと思います。

①彼女が気に入ってくれるといいな。②何を買うべきか決めましたか。
〈イ〉の直後にいきなり【No.】と来ているので〈イ〉には【No.】で答える質問が入る。また、①の文には【it】がある。その【it】が何を指すのかを考える。今回は【sensu】を指している。

H30 3　I　①イ　②ウ　③ア

I　エリック：暇な時間にいつも何をしていますか。
カオリ：いつも本を読んでいます。私は本を読むことがとても好きです。
エリック：どんな種類の本が好きですか。
カオリ：すべての種類の本です。私が子どもだった時、移動図書館が私の町を訪れました。［　①　］それらはすべて面白かったです。
エリック：移動図書館とは何ですか。
カオリ：たくさんの本を運んでいる乗り物です。町や都市を訪れています、そして人々はそれらを借りることができます。
エリック：それは素敵ですね。［　②　］
カオリ：いいえ。2005年に私の町を訪れることをやめてしまいました。［　③　］
エリック：それは何？
カオリ：新しい移動図書館が来年4月にこの市をまわる予定です、そして私の町も訪れる予定です。
エリック：ワオ。それは素晴らしい。あなたはまた本を借りることができますね。
カオリ：その通りです。そしてそれについて特別なことがあります。それはなにか飲むものも出すことができるのです。待ちきれません！

ア　しかし何か良いことを聞きました。
イ　それからたくさんの本を借りました。
ウ　まだそれはあなたの町を訪れていますか。
エ　何か飲み物を運んでいますか。

①空欄直後の【They】が何を指すのかを考える。【they】は複数の物に対して使う代名詞なので、アイウエの文中に複数形で使われている名詞を探す。②空欄の後に、カオリが【No.】と返答していることから、空欄には Yes, No で答えられる質問が入ると予想ができる。またその後のカオリの発言の【stopped visiting】「訪れることをやめる」をヒントにするとウと判断できる。③直後に【What is it?】「それは何？」と言っているので直前が Yes,No で答える質問になるエは不適当。よってアが選べる。

H31 2　1　①ウ　②イ

1　①この地図を見てください　②しかし私はそこへの行き方がわかりません

ウィルソンさん：ダイスケ、今度の土曜日はなにか予定がありますか？
ダイスケ：はい。私は友達と野球の試合を観に行くつもりです。
ウィルソンさん：〈　ア　〉それは良いですね！
ダイスケ：私のお気に入りのチームがこの町の野球場で試合をします。〈　イ　〉教えてくれませんか？
ウィルソンさん：もちろんです。〈　ウ　〉その野球場はここにあって、私たちの家は ABC 公園の近くにあります。あなたは、ABC 公園のバス停から市営バスに乗るべきです。
ダイスケ：わかりました。そこへ行くにはバスでどのくらいかかりますか？〈　エ　〉
ウィルソンさん：約20分ですね
ダイスケ：わかりました。ありがとうございます。

①地図を見ながら説明しているところを探す。３回目のウィルソンさんの発言に着目する。
②行き方を尋ねている部分を探す。２回目のダイスケの発言に着目する。

H31 3　I　①ア　②エ　③ウ

I　タクヤ：こんにちは、グリーン先生。何を見ているんですか？
グリーン先生：これは鹿児島県のウェブサイトです。
タクヤ：［　①　］。
グリーン先生：はい。あなたはそれを韓国語や中国語でも読むことができます。
タクヤ：おぉ、本当ですか？［　②　］。
グリーン先生：それは良い質問ですね。外国人はこのウェブサイトから鹿児島県についてのたくさんの情報を得ることができます。例えば、彼らは人気のある場所や有名な地元の食事やその歴史を学ぶことができます。鹿児島県に来る前、私はこのウェブサイトでたくさん学びました。
タクヤ：それは素晴らしいですね。［　③　］。
グリーン先生：私もです。放課後に外国人向け用の案内リーフレットを作りませんか？
タクヤ：やりましょう！

ア　わぉ、あなたは英語で読んでいるのですか？
イ　私は鹿児島県に３年間住んでいます。
ウ　私はたくさんの人に鹿児島県について知ってほしいと思います。
エ　このウェブサイトは、なぜ外国の言語で書かれていますか？

①直後にどの言語で読めるのかが書かれている。
②直後に、外国人がウェブサイトを読んでいることが書かれている。
③外国人向けのウェブサイトを作る理由を考える。

R2 2　1　①ウ　②ア

1　①でも、伝言をお願いできますか。　②彼女は今いません。

リンダ：こんにちは。私はリンダです。カオリにかわっていただけますか。
アヤ：すみません。②彼女は今いません。
リンダ：何時に彼女は戻ってきますか。
アヤ：んー、わかりません。あとであなたに電話させましょうか。
リンダ：いいえ、大丈夫です。でも、伝言をお願いできますか。
アヤ：もちろんです。
リンダ：今日の夕方6時に彼女と会うつもりですが、その時間を変えたいです。7時に来るように伝えていただけませんか。
アヤ：わかりました。伝えておきます。

R2 3　I　①エ　②ウ　③イ

I　アンドリュー：冬休みの間、あなたは何をしましたか？
トモキ：私は３月のテストに向けてたくさん勉強しました。①あなたはどうですか？
アンドリュー：私ですか？私は甑島に行きました。そこは「甑島のトシドン」という伝統行事で有名です。あなたは、それについて聞いたことがありますか。
トモキ：はい。ですがあまり多くは知りません。②あなたはどうやってそれを知ったのですか。
アンドリュー：甑島にいる私の友人がそれについて教えてくれました。それは、ユネスコ無形文化遺産リストに登録されています。毎年12月31日に、「トシドン」が子どもの健全な成長を願って人々の家に行きます。③あなたはその行事を覚えていますか。

トモキ　　　：はい。私は将来社会の先生になりたいので、そのような行事について知りたいです。

アンドリュー：試験の後でそのような行事に関する本を読んでください。

トモキ　　　：はい、そうします。

R3 [2]　1　① エ　② ア

1　①他に何か要りますか？　②　参加しますか？

Akiko　：Kevin, 次の日曜日、Hiroshi の誕生会をする予定です。
　　　　＜　ア　＞

Kevin　：はい、是非とも。＜　イ　＞

Akiko　：いいわね。明日学校で彼のために誕生カードを作る予定です。我々の写真もカードに貼り付けます。＜　ウ　＞

Kevin　：いいですね。私の写真も持ってきましょうか？

Akiko　：ええ、お願いします。

Kevin　：分かりました。＜　エ　＞

Akiko　：いいえ、結構よ。彼にメッセージを書きましょう。ではその時に。

Kevin　：またね。

①は＜エ＞に入る。Kevin が5行目で「写真を持ってきましょうか？」と言った後に更に続けるには Anything else が文脈に合う。

②は＜ア＞に入る。「参加しますか？」という誘いの文であるから Hiroshi の「誕生会を予定している」という発言の後に来る。

R4 [2]　1　① エ　② イ

1　①一緒にプレイしましょうか？　②　あなたはどうですか？

Kenta　：Sam　昨夏の東京五輪を見ましたか？

Sam　：はい。多くのゲームを見ました。五輪の歴史の中で初めて開催されたゲームもありましたね。
　　　そのゲームですごくドキドキしました。（ア）

Kenta　：何のスポーツが好きですか？

Sam　：サーフィンが好きです。オーストラリアではよくサーフィンをしていました。（イ）

Kenta　：私の好きなスポーツはテニスです。（ウ）

Sam　：おっ、テニスが一番好きなんですね。私もオーストラリアでは兄（弟）とプレイしてました。
　　　実は、次の日曜日はフリーなんです。（エ）

Kenta　：いいですね。次の日曜日が待ちどおしいです。では日曜日に。

Sam　：ええ。その時に。

①については（エ）が最適。次の日曜日がフリーなのでテニスへ誘ったことが分かる。それに呼応して Kenta がいいですねと言っている。

②　Sam は何のスポーツが好きかと聞かれて、サーフィンと答えている。Kenta に「あなたはどうですか？」と聞くのが最も自然であり、事実 Kenta は「私はテニスが好きです」と言っているので（イ）

（語句補充）

H26 [2]　2　① used　② better　③ How about you　④ different

Takuya：このグラフを見てください。あなたはそれが何を示しているか わかりますか？

Mike：いいえ、わかりません。

Takuya：それは各年齢層によるマスメディアの利用状況を示しています。

Mike：わかりました。ほう、これは全ての年齢層で人気があります。これはインターネットで合っていますか？

Takuya：いいえ、それはテレビです。インターネットも人気があります。しかし、60歳代の人々の約40%にしか［　①　］。

Mike：ええと、これはなんですか？ 60歳代の人々はインターネットよりもそれを好んでいますが、10歳代と20歳代の人々はあまり好んでいません。

Takuya：それは新聞です。若い人々の間では人気がありませんが、私は新聞を毎日読みます。
［　③　］？

Mike：私も新聞を毎日読みます。私は新聞から日本について多くのことを学びます。

Takuya：すばらしい！そして最後の1つはラジオです。人気ではありません。

Mike：マスメディアの利用状況は年齢層によって［　④　］。面白いですね。

②動詞に like を使った比較の文には「better than」を用いる。

③前の文で Takuya が新聞を毎日読むと言い、後ろの文で Mike も読むと答えているので、「あなたはどうですか？」とたずねる文を入れる。

H28 [2]　2　① How many people came to Kagoshima　② popular　③ watched　④ started

2　Yuka：私は2014年に鹿児島を訪れた外国人訪問者についての情報を集めています。

Ben：それは面白いですね。［　①　］？

Yuka：約25万人の人々です。

Ben：へー。彼らはどこから来たのでしょう。

Yuka：彼らの約80%の人々が東アジアの国や地域からやって来ました。例えば、台湾、韓国、香港や中国です。

Ben：鹿児島は東アジアの国や地域の人々の間で（　②　）。

Yuka：はい。鹿児島県は鹿児島についてのビデオを作成し、2014年にインターネットで公開しました。東アジアの国や地域の多くの人々がそれらを（　③　）。

Ben：ああ、それらのビデオは知っています。それらはとてもおもしろいですよね。

Yuka：毎年台湾からますます多くの人々が鹿児島にやってきます。知っていましたか？

Ben：本当ですか？なぜ？

Yuka：鹿児島と台湾の間の飛行機の定期便の運行が2012年に（　④　）。

Ben：それは台湾からの多くの人々が簡単に鹿児島を訪れることができるということを意味しますね。

①質問を受けて Yuka は約25万人と答えているので、How many ～？で人数を聞く形を作る。

②たくさんの国から鹿児島を訪れていると Yuka が言っているので、鹿児島は「人気がある」とわかる。

③鹿児島県が作成して公開したビデオを多くの人が「見た」と言いたい。直前に have があるので現在完了形を作る必要がある。
④定期便の運行が「就航した」と言いたい。「就航した」を「始まった」と言い換える。2012 年の話なので、過去形に直すことを忘れないこと。

H29 2

2 ① We can see many pictures ② live ③ eat / have ④ leave

2 Miyuki：Emma、これを見てください。私たちは来週の木曜日にみどり公園に行くべきです。
Emma：なぜですか？
Miyuki：お祭りがそこで開かれるみたいです。日本では、8 月 11 日が山の日と呼ばれる国民の祝日になりました。
Emma：いいですよ。私たちはそこで何ができるのですか？
Miyuki：ええっと。山に登ることが大好きな人々によって撮られた［ ① ］。また、私たちは山の中を歩くこともできます。私たちが歩いている間に、森林の中に（ ② ）動物を見ることができます。
Emma：それは興味深いですね。
Miyuki：私たちはカレーライスを（ ③ ）こともできます！
Emma：いいですね。私は公園に行きたいですが、ここから遠いです。どうやって私たちはそこに行きますか？
Miyuki：その日は清山駅から 30 分おきにバスが（ ④ ）ようです。私たちはそれに無料で乗ることができます。
Emma：いいですね。私はそれを楽しみにしています。

会話文の上にあるホームページの一部を参考にして解いていく。①は、後ろに「山を登ることが大好き」とあるので、【山の写真展】から探す。②は、前後に「動物」「森林」とあるので、【森林散策ツアー】から探す。③は、後ろに「カレーライス」とあるので、【お食事サービス】から探す。④は、前に「バス」とあるので、※のところから探す。

H30 2

2 ① looking ② drinking ③ Do we have to take anyting ④ before

2 アン：手の中にあるものは何ですか、ノゾミ？
ノゾミ：チラシです。私たちの町は 8 月 6 日の夏祭りを手伝えるボランティアを探しています。
アン：本当に。私はボランティア活動に興味があります。
ノゾミ：そうなんですか。一緒に行きましょう。
アン：いいですね。何をする予定ですか。
ノゾミ：わかば公園を清掃してテントを貼る予定です。また、飲食コーナーの設営もするつもりです。ボランティアの仕事は午後 1 時から始まる予定ですので、12 時 45 分までに到着しておくほうがよいでしょう。どこか知っていますか。
アン：はい、［ ③ ］？
ノゾミ：はい。帽子とタオルです。ああ、もう一つあなたに伝えなくてはいけないことがあります。公園に行く（④）昼食を済ませてきてください。
アン：わかりました。たくさん手伝えるといいのですが。
①空欄直後の【for】がヒント。【look for 〜】「〜を探す」 ②この空欄を含む文は飲食コーナーについての説明である。②の直前に【eating】「食べること」とあるので、「飲むこと」に対応する単語を入れる。 ④チラシの「昼食は済ませて来てください」⇒「公園に来る前に昼食を食べてきてください」

H31 2

2 ① animals ② give ③ pictures ④ Can I join this program

2 キャシー：こんにちは、ナオミ！こんにちは、ケンタ！あなたたちは何をしているのですか？
ナオミ：私たちは水族館での職場体験について読んでいます。
ケンタ：私たちはこの体験を選ぶ予定です。
キャシー：おぉ、それは面白いですね。それについて教えてくれませんか？
ナオミ：1 日目は魚や海洋（ ① ）について学習します。
ケンタ：そして 2 日目と 3 日目は、水族館の従業員と一緒に仕事をします！
キャシー：本当ですか？どんな仕事をするのですか？
ナオミ：魚にえさを（ ② ）、水そうを掃除したりします。
ケンタ：イルカショーの補助をすることもできます。その後、イルカと（ ③ ）を撮ることができます！
キャシー：素晴らしいです！あなたたちと［ ④ ］。
ナオミ：もちろん良いですよ。1 グループ 3 人なので、もう 1 人必要です。
ケンタ：素晴らしい！
①1 日目の実習内容に着目。
②2 日目の実習内容に着目。
③3 日目の実習内容のカッコ内に着目。

R 2 2

2 ① stopped ② long ③ you can take a bus ④ twenty

2 ヒカリ：やあ、ボブ。心配してそうね。どうしたの。
ボブ：やあ、ヒカリ。今日はたくさん人がいるね。何が起こっているんだ。これは花山行きの電車についてのお知らせかもしれないけど、僕は日本語が読めないよ。なんと書いているか教えてくれないかな。
ヒカリ：うん。大雨のせいで電車が①止まっているみたい。
ボブ：本当か。電車はいつまた走るのかな。
ヒカリ：お知らせはないから、次の電車まで②どのくらい待つのかわからないわ。
ボブ：なんてことだ。今日は花山に行かなければならないのに。
ヒカリ：それなら、③バスに乗ればいいよ。それは 5 番乗り場から出ているわ。今が 12 時 10 分だから、次のバスが出発するまで④ 20 分あるわ。
ボブ：助けてくれてありがとう、ヒカリ。
ヒカリ：どういたしまして。

R 3 2

2 ① history ② walk ③ choose ④ we have to arrive
3 how many English classes

2 Rika：Emily, 来週の土曜日はあなたがわが町、みどり町に来て以来の初めての祭日です。
Emily：ええ。この町の様々な所に行きたいです。
Rika：これを見てください。わが町の何か所かを一緒に訪ねる事ができます。
Emily：いいですね。Rika, ツアーについてもう少し話してください。
Rika：ええ。最初にひばり城に行きます。ひばり城の（ ① ）を学ぶことが出来ます。多くの桜も見ることが出来ますよ。それから、かみや商店街に行きます。（ ② ）まわりそして買い物と昼食を楽しむ事ができます。
Emily：面白そうですね。その後は何をしますか？
Rika：ながはまビーチに行きます。魚釣り、バレーボール、サイクリングの中から 1 つ（ ③ ）。
Emily：わぁー、待てないわ。このツアーは何時スタートですか？

Rika　：9時です。しかし8時40分迄にみなと駅に［　④　］。
Emily　：分かりました。あなたと一緒に行きます。楽しみです。

①予定表のひばり城の所に、～城の歴史にせまる～　とある。
②予定表のかみや商店街の所に「かみや☆まち歩き」とある。
③予定表のながはまビーチの所に　自由選択とある。
④出発の20分前に集合とある。have to以外に should, must, need も可能。
動詞は arrive 以外に meet, gather でも可。

3 Emma　：Yuji、あなたは英語を上手く話しますね。一週間に［　　］ありますか？
Yuji　：4回あります。学校の英語の勉強を楽しんでいます。

「How many English classes」の classes は複数形にすることに気をつける。

R3 [3]　I 1 ア　2 エ

I

11:30	グリーンパーク 小象が母親との歩き方を学ぶ
12:30	町を訪ねる 有名テニス選手が小さな町を訪ねる。
14:00	ミュージック！　ミュージック！　ミュージック！ 人気歌手達が歌う。
15:00	トライイット Ricky が新しいサッカーチームを作ることを決意する。
16:30	答えを見つける どちらのチームがその試合に勝つ？
18:00	ニュースロンドン ニュース、スポーツ、天気をロンドンから。

1 Taro は動物について学びたい。どの番組を見るでしょう？
ア　グリーンパーク　　イ　町を訪ねる
ウ　トライイット　　エ　答えを見つける
動物が出てくるのはグリーンパークだけである。

2 サッカーの試合のニュース番組を見たいと思ってます。その番組は何時に始まりますか？
スポーツニュース番組は News London が扱っている。

R4 [2]　2 ① breakfast　② climb　③ March
3 ① I like them　② He has visited　③ It was built

2 Yuko　：ハイ　トム、元気ですか？
Tom　：ええ。でも少し空腹です。今朝は遅く起きたので（①）を食べる事が出来ませんでした。
Yuko　：いけませんね。次の日曜日の朝は何か食べて下さいね。
Tom　：分かってますよ、Yuko。我々は霧島に（②）計画ですね。前回そこにいつ行ったか覚えていますか？
Yuko　：ええ。そこへは（③）にいきました。早春でした。

> ①　朝起きて人が食べるもの。
> ②　より高いところもしくは最高地点へ上がること。
> ③　一年の中で3番目の月

①朝食すなわち、breakfast
②動詞　climb スペルに気を付ける。
③三月なので March

3
> A：昨日　電話したとき何をしていましたか？
> B：部屋で勉強をしていました。

Sota　：こんにちは，Lucy. 何の本を読んでいますか？　歴史の本ですね？
Lucy　：はい。私はそれらが①好きです。とても興味深いです。
Sota　：そうであれば、これを気に入るかもしれません。これは出水の古い家の写真です。
Lucy　：ワー。すごく綺麗ですね。あなたが撮影したのですか？
Sota　：いいえ，私の父が撮りました。写真を撮るために何度もそこを訪ねています。それは出水では最古の建物だと聞いています。
Lucy　：どれ程古いのですか？
Sota　：250年以上前に建てられました。
Lucy　：直ぐにそれを見たいです。

①　主語と like の目的語が必要。それぞれ I と history books を受けた代名詞 them が入る。
②　many times という副詞句があるので現在完了形を思いつく。主語は父親であるので「He has visited」
③　「それは250年以上前に建てられた」としたいので受け身を使う。「It was built」

R4 [3]　I 1 ア　2 be careful of Amami rabbits

I　奄美大島と徳之島は昨年、世界自然遺産に選ばれました。アマミノクロウサギはこの島々にしか住んでおらず、そして今や絶滅危惧種です。一番の大きな理由の一つは自動車事故です。このグラフは過去20年の間、アマミノクロウサギの自動車事故が毎月何件起こっているかを示しています。9月には8月の二倍の自動車事故が起こっています。それはアマミノクロウサギは秋から冬にかけてより活発だからです。事故は12月に一番多く起こります。何故なら12月は人々が多く車を運転するからです。この写真を見て下さい。住民はウサギを保護し始めました。人々はこの標識を島のいくつかの場所に設置しました。その標識では、ドライバーはここのアマミノクロウサギに気を付けなければなりません。我々みんながアマミノクロウサギの為に何かすることが大切です。

1　「9月は8月の二倍の自動車事故が起こっている」。そして「12月に一番事故が多い」グラフはアである。

2　標識の意味するところは「アマミノクロウサギに気を付ける」という事であるので「be careful of Amami rabbits」となる。

(英文読解)

H26 3　　2 (1) ア　(2) Working hard makes us happy.　　3 (1) エ　(2) ア

2　私の父はパン職人です。彼は毎日、朝から晩まで一生懸命に働いています。ある日、彼が家に帰った時、私は言いました。「あなたは何時間も働きました。あなたは疲れているでしょう？」彼は言いました。「うん、疲れているよ。でもたくさんの客が私のパンを買いに来るんだ。彼らを幸せにするために私にはたくさんの仕事と時間が必要なんだ。」働くことはとても大変なことなのだと私は思いました。それから彼はいいました。「お前に話したいことがもう1つある。一生懸命に働くことは 私達を幸せにするんだよ。」初めは、私はこのことが理解できませんでした。

先週、私は父のパン屋を訪れました。たくさんの客がいて、父はとても忙しくしていました。ある女性の客が私の父に言いました。「私はあなたのパンを愛しています。ありがとう。」父はとても幸せそうに言いました。「私はそれを聞いてうれしいです。」私は父の笑顔を見た時、ついに彼の言葉を理解しました。

(1)　ア　トシの父は客のためにとても一生懸命に働いている。
　　イ　トシはパン屋で働くことは簡単だと思った。
　　ウ　トシの父はあまりにも忙しすぎて客と話をすることができなかった。
　　エ　トシは将来、何になりたいかが決まった。

3　昨年の夏、ケンタはアメリカで国際交流事業に参加しました。たくさんの国々から来た生徒も参加しました。彼らは英語でお互いに会話をしましたが、ケンタは英語を話すことを楽しむことができませんでした。彼は間違うことを心配していたのです。

その事業の間、生徒達はパーティーを開き、自身の文化について話をすることになっていました。ケンタは考えました。「私は上手に英語を話すことができない。私は何をすべきだろう？」

彼は事業の時に先生のところに行きました。先生は言いました。「あなたは間違うことを恐れているのでしょう？あなたは完璧な英語を話す必要はありません。ただ努力するべきです」

パーティーで生徒達は一人ずつ自国の文化について話し始めました。

それからケンタの順番が来ました。彼は間違うことを恐れていました。そこで最初に彼は大好きなアニメのキャラクターを描き始めました。それから彼はゆっくりそれについて話しました。彼はいくつか間違いをしました。しかしたくさんの生徒達が彼のスピーチに興味を持ち、彼にたくさんの質問をしました。彼は生徒達とたくさん話をして、楽しく過ごしました。

(1)　ア　パーティーの前にケンタは完璧な英語が話せると思っていた。
　　イ　パーティーの前にケンタはアニメについて先生にたずねた。
　　ウ　パーティーでケンタは友達と一緒にアニメを見た。
　　エ　パーティーでケンタは自分の好きなアニメのキャラクターについて話した。

(2)　ア　ケンタが事業で学んだもの
　　イ　ケンタが事業で会った良い友達
　　ウ　ケンタが事業で演じたアニメのキャラクター
　　エ　ケンタが事業で訪れた国

H27 3　　2 (1) エ　(2) make a newspaper every month　　3 (1) ウ　(2) イ

2　私の叔母は図書館で働いています。その図書館は町で人気です。彼女はよく私に言います、「もし私の図書館を訪れたら、なぜ人気なのかわかると思うわ。」だから、私は先週その図書館を訪れました。私はその図書館について３つの面白いことに気付きました。

まず、毎週、幼い子供とその両親のために特別なイベントがあります。そのイベントではボランティアが彼らのために本を読みます。子供達とその両親はイベントを楽しみにしています。

また、職員は毎月新聞を作っています。それには図書館の新しい本やイベントについての面白い情報が載っています。

最後に、読書室には多くのイスやソファーがあります。人々はそれらに座ってくつろぎ、本を読むことができます。

今や私はこれらの３つのことが図書館を人気にしていると理解しています。図書委員として、私は二つ目の点に特に興味があります。なので私は、[　　　　]

(1)　ア　フミコは図書館の外国の本に特に興味がある。
　　イ　フミコは叔母から新しい本についてのたくさんの情報をもらった。
　　ウ　フミコは図書館の外で本を読むとき幸せを感じる。
　　エ　フミコはなぜたくさんの人々にその図書館が好かれているか理解した。

(2)　２つ目のことに興味があるといっているので、新聞を作るということが書いてある英文を探す。

3　私が中学１年生だったとき、毎日夜遅くに就寝して、遅く起きていました。だから朝食を食べる時間がありませんでした。授業中お腹がすいて集中できませんでした。たびたび学校で疲れを感じていました。私は頑張ろうとは思いませんでした。

２年生のある日、私は学校で本当に疲れを感じて、保健室に行きました。保健室の先生が私に尋ねました、「今朝、朝ご飯食べた？」私は答えました「いいえ、食べませんでした。」彼女は言いました。「エネルギーをくれるから毎朝、朝ご飯を食べるべきですよ。具合が良くなるわよ。」私は早く寝て、毎朝、朝ご飯を食べるために早く起きることをその夜決めました。

今私は毎日朝ご飯を食べて体調がいいです。授業を楽しんでいるし、何事も一生懸命やっています。朝食は私の生活をより良くしてくれました。

(1)　ア　ナオキは１年生だった時毎日朝食を食べた。
　　イ　保健室の先生はナオキに学校生活についてたくさんの質問をした。
　　ウ　ナオキは保健室の先生と話したあと生活を変えた。
　　エ　保健室の先生はナオキに学校にもっと早く来るように言った。

(2)　ア　朝ご飯の歴史
　　イ　朝ご飯の大切さ
　　ウ　何を朝ご飯に食べるべきか
　　エ　美味しい朝ご飯の作り方

H28 [3] Ⅱ 1 イ　2 Thank you for making my lunch.
Ⅲ 1 (1) University students did.　または The university students did.
(2) It is to plan events for his town in the future.　2 ア

Ⅱ　毎日あなたのお弁当を作っているのは誰ですか。あなたのお母さん？あなたのお父さん？あなた？私の家族では私の父が私のお弁当を作ってくれます。

私の両親は仕事でとても忙しく家事を分担しています。私の父はいつも私のお弁当を作るために朝早く起きます。家をでる時、彼はいつも微笑んで私にお弁当を渡します。それを食べるとき、私は彼の笑顔を思い出します。

夏休みの家庭科の宿題を覚えていますか？自分自身のお弁当を作らなくてはいけませんでしたね。とても大変で、時間がたくさんかかりました。

私は今お父さんが毎日私のお弁当を作るために一生懸命にやってくれていることがわかりました。父が仕事から帰宅するとき、私はいつも笑って彼に「□」と言います。彼が毎日私のために作ってくれるお弁当が私は大好きです。

1 ア　Miyuki の父は転職して今は一日中家で仕事をしている。
イ　Miyuki の父が Miyuki にお弁当を渡すとき、彼はいつも幸せそうだ。
ウ　Miyuki にとって夏休みの間にお弁当を作ることはとても簡単だった。
エ　Miyuki は彼女の父が仕事で忙しい時は自分のお弁当を作る。
アは第４段落の第２文から父が外に仕事に行っていることがわかるので誤り。ウは第３段落第３文から誤りとわかる。エ Miyuki の弁当を作っているのはいつも父であるので誤り。

2 Miyuki は父がお弁当を作ることはとても大変だとわかっている。父にお礼をいうような文章を作る。

Ⅲ　この夏、私の友人たちと私は私の小さな町の３日間のイベントに行きました。それは大学生によって中学生のために計画されたものです。他の町のたくさんの中学生も参加しました。大学生は私達生徒を助けてくれました。私たちは彼らと一緒にサッカーをしたり野球をしたりもしました。これらの活動を通じて、たくさんの新しい友達を作りました。

この町の人々はイベントを手伝ってくれました。彼らはこの活動のために場所を提供してくれました。彼らは私達と大学生のために食事も作ってくれました。何人かの年配の人々は私たちに町の歴史について話してくれました。それはとてもおもしろかったです。この３日間この街の人々はとても幸せそうでした。

このイベントは私達にとって新しい友人を作ったり年配の人々からたくさん学んだりするためのよい機会でした。私はこのイベントが来年もまた行われるといいなと思います。

大学生のおかげで、この夏良い時間を過ごすことができました。私は将来自分の町のためにイベントを計画したいです。それが私の夢です。

1 （1）　このイベントを計画したのは誰ですか。⇒第１段落第２文参照。
（2）　Akira の夢は何ですか。⇒第４段落の第２文。直後の dream がヒントになる。

2 ア　私の町の素敵なイベント
イ　私の小さな町の歴史⇒歴史について書かれていないので誤り。
ウ　私のお気に入りの科目とスポーツ⇒どこにも書かれていない。誤り。
エ　大学生と勉強すること⇒第１段落第４文に確かにそうあるが、表題になるほど書かれていないので誤り。

H29 [3] Ⅱ 1 エ　2 the importance of having a dream
Ⅲ 1 (1) She wrote it when she was seven years old.
(2) He wanted her to write letters to him again.　2 イ

Ⅱ　私は夏休みに、私の町の高校を訪れました。

私は開会行事で音楽クラブの演奏を楽しみました。それから、三人の生徒が学校について話しました。その中の一人が、「私はこの学校が大好きです。私はたくさんの人々を助けるために医者になりたいので、毎日一生懸命勉強しています。」と言いました。残りの二人は、夢を持つことの重要性について私たちに教えてくれました。

午後に、私は英語の授業に行きました。それはとても良かったです、なぜなら、違う中学校の生徒と話すことができたからです。私たちは英語でたくさんのことを話しました。その授業の中で先生は、「私は高校生の時に、英語の先生になることを決めました。私は夢を実現するために一生懸命勉強しました。私は英語を教えることが好きです。」と言いました。

私はその日、□を学びました。私はまだ、将来やりたいことを決めていませんでしたが、その高校で夢を見つけたいと思いました。

1 ア：Daisuke は、この夏に将来の仕事を決めるために高校を訪れました。
⇒本文の中に高校を訪れた理由は書いていなかったので不適。
イ：Daisuke は、中学校の英語の先生になることを決めました。
⇒最後の文に「将来やりたいこと高校で見つけたい」とあり、Daisuke はまだやりたいことが決まっていないので不適。
ウ：Daisuke は、英語の授業で高校生と話すのを楽しみました。
⇒第三段落第二文に「違う中学校の生徒と話せて良かった」とあるので不適
エ：Daisuke は、高校生三人によるスピーチを聞きました。
⇒第二段落では、第二文以降に高校生三人による高校についての話が書かれているので正しい。

2 第二段落の最終文以降、将来の夢について書かれているので、高校の体験入学で Daisuke が夢を持つことの重要性について学んだことが分かる。

Ⅲ　私の祖父は一人で暮らしています。彼は手紙を読んだり書いたりすることが好きなので、ときどき私に手紙を送ってくれます。

私は七歳のとき、初めて祖父に手紙を書きました。その三日後、彼から手紙をもらいました。その手紙の中で、彼は「私はあなたから手紙をもらえてとても嬉しかったです。」と言っていました。私はそれを知って嬉しかったので、二度目の手紙を書きました。その後、私たちは手紙のやりとりを続けていました。

私が高校生になった後ときどき彼から手紙をもらいましたが、やることがたくさんあったので、数ヶ月間手紙を書きませんでした。

私が先月祖父の元を訪れた時に、私は箱の中にたくさんの古い手紙を見つけました。それらはすべて私によって書かれたものでした。彼は、「私はあなたがいないのを寂しいと思った時に、あなたからの手紙を読んでいます。あなたの手紙は私を幸せにしてくれます。」と言いました。私は彼に、「私は最近手紙を書いていませんでした。ごめんなさい。」と言いました。祖父は、「それは大丈夫ですが、また私に手紙を書いてください。」と笑顔で言いました。私は家に帰っていた時に、「私は彼にとって私の手紙がとても大切なものであったことを知りませんでした。」と思いました。

いま私はまた祖父に手紙を書いています。私は彼から手紙をもらった時、幸せを感じています。

1 （1） Mikaが初めて祖父に手紙を書いたのはいつですか？
⇒第二段落第一文に、「私は七歳のとき、初めて祖父に手紙を書きました。」とある。
（2） Mikaの祖父は彼女に何をしてほしかったのですか？
⇒第四段落第六文の祖父のセリフに、「また私に手紙を書いてください」とある。

2 ア：私の祖父からの古い手紙を読むこと
イ：私の祖父との手紙のやりとり
ウ：私の祖父によって書かれた素晴らしい話
エ：私の祖父からのお気に入りの手紙

H30 3 Ⅱ 1 ウ　2 good for our health
Ⅲ 1 (1) Because he didn't like working with other people.　(2) His teacher's words did.
2 同じ目標に向かってみんなで協力して取り組んだ後の達成感。

Ⅱ 緑茶は好きですか。私はそれを飲むことが大好きです。インターネットで緑茶について読みました。私が学んだことをいくつか共有したいと思います。
まず、鹿児島は日本で第2位の緑茶の生産地です。緑茶は鹿児島のたくさんの地域で作られています。たくさんの人が鹿児島で緑茶を飲むことを楽しんでいます。
また、緑茶は外国、特にアメリカに輸出されています。今日、アメリカで日本食は大変人気があります。したがって、以前よりもより多くの緑茶が日本から輸出されています。
最後に、緑茶は[　　　]。例えば、血圧を下げたり、歯をきれいに保ったりしてくれます。また我々をくつろがせてくれます。
私はとても緑茶に興味がわきましたので、もっとそれについて学びたいと思います。

1 ア　アツコは本を読むことによって緑茶について学んだ。
イ　鹿児島で緑茶を作ることはとても難しい。
ウ　今やより多くの日本茶がアメリカに売られています。
エ　アツコは病気になったので緑茶を飲み始めた。
ア第一段落より本ではなくインターネットとわかる。**イ**第二段落より鹿児島は緑茶の有名な産地であることがわかるので不適当。**ウ**第三段落参照。**エ**アツコが病気になったとはどこにも記述がない。

2 【be good for one's health】「～の健康に良い」

Ⅲ 昨年学園祭がありました。私たちのクラスは大きなモザイクアートを作ることを決めてそれを学園祭の2ヶ月前から放課後に作り始めました。最初は、私は他の人と一緒に働くことが好きではなかったのでやりたくありませんでした。何人かの生徒と私は他の生徒と一緒に働かずに家に帰りました。クラスの雰囲気はよくありませんでした。
ある日、先生は「あなたたちの中には学園祭に一生懸命になってない人がいます。もちろん、わたしは素晴らしいモザイクアートを作って欲しいと思っていますが、一緒に作業することがより大事なことです」と言いました。私はそれを聞いて申し訳なく思いました。先生は続けて、「もしこうすれば、なにか素晴らしいものを手に入れることができるでしょう」と言いました。
次の日から私は態度を変えました、そしてクラスメイトの皆がお互いを助け始めました。私たちはより良い作品の作り方について話し、何日も一生懸命作業し続けました。遂に、私たちはモザイクアートを作り終えました。
学園祭が始まる前の日、私たちは校舎の壁に作品を取りつけました。私たちはそれを見たとき歓声をあげました。私は嬉しく、そして私のクラスメイトは顔に大きな笑顔を浮かべていました。私のクラスメイトの一人は「同じ目標のために一緒に作業したから私たちは今嬉しく感じているのね」と言いました。その時、先生が私たちに伝えたかったことを理解することができました。

1 (1) 最初、タケシはモザイクアートを作りたくなかった。なぜ？
第1段落を探す。質問文にもある【at first】「最初は」という表現をヒントにする。
(2) 何がタケシの態度を変えましたか。
第3段落の最初で態度が変わったという記述があるので、その前の第2段落最後がキッカケになっていると推測できる。

2 第4段落の最終文において「その時、先生が私たちに伝えたかったことを理解することができました。」と述べているので、その直前のことが【something wonderful】だとわかる。

H31 3 Ⅱ 1 ウ　2 Experience is the best teacher.
Ⅲ 1 (1) Because he was only thirteen when he left Japan.
(2) She started reading an English newspaper every week.
2 医者になって，医者を必要としている国々で人々を助けること。

Ⅱ こんにちは皆さん。私は私たちの生活において私たちを助けてくれるような重要なものについて話そうと思います。
これを見てください。これは今年私が育てたトマトのうちの1つです。私の兄弟は高校で農業について勉強していて、野菜を育てることを楽しんでいます。私は、それが興味深いと思ったので、去年自分の菜園でトマトを育て始めました。私は毎日トマトに水をやります。しかしながら、1か月後、それらの多くは病気になりました。私の兄弟はそのとき私に何の解決策もくれませんでしたが、彼は「なぜそれらが病気なのか知っていますか？理由を探そうとしましたか？」と言いました。
私は市立図書館に行きトマトを育てることに関する本を読みました。ついに、私はその理由を見つけました。トマトは毎日それほどたくさんの水を必要としないのです。その後、私は自分のトマトにたくさんの水を上げるのをやめました。
今年、私はもう一度挑戦し、自分のトマトをうまく育てました！経験は最も良い先生です。もう私は何をすべきかを知っています。私は、来年はより多くのトマトを育てます。

1 ア　ユキコはトマトを食べることが健康のために良いと考えている。
イ　ユキコの兄弟はトマトの育て方を彼女に教えた。
ウ　ユキコは去年トマトを育てることに問題があった。
エ　ユキコは2年間上手くトマトを育てた。
ア：そのような記述はない。
イ：本を読んで育て方を知ったのである。
エ：上手く育てられたのは今年だけである。

2 最後の段落には筆者の主張が書かれていることが多い。よって最後の段落から考える。

Ⅲ 私が中学校に入学したとき、英語を勉強することが好きではありませんでした。それは難しく、私は多くの単語を理解することができませんでした。しかしながら、去年の夏、私は夢を見つけました。
私の祖父は去年の夏休みに、いちき串木野市にある薩摩留学生記念館に私を連れていきました。その薩摩の留学生は150年以上前に英国に行きました。外国に行くことはそのとき非常に危険でしたが、彼らはそこでたくさんの新しいことを学んで、日本に影響を与えました。「最年少の留学生は日本を発ったとき、たったの13歳でした」と私の祖父に言いました。私はそれを聞いて驚き、「彼はすごいですね！たったの１３歳ですか？」と言いました。私は記念館に行った後、海外に行くことに興味を持つようになりました。
1週間後、私は海外で懸命に働いている日本人医師についてのテレビ番組を見ました。その国はもっとたくさんの医師を必要としていました。私はたくさんの国で医師が不足していると知りショックを受けました。私は病気の人のために何かをしたいと思いました。私は医師になり、それらの国にいる人々を助けることに決めました。
英語は海外で働くためには非常に重要です。私はその番組を見てから、毎週英字新聞を読んでいます。それは簡単ではありませんが、自分の英語を向上させるために、なんでもするつもりです。

1 （1）最年少の留学生のことについて聞いたときキョウコはなぜ驚いたのですか？
その留学生の年齢を聞いてキョウコは驚いたのである。
（2）夢を見つけた後キョウコは何をし始めましたか？
最後の段落に「その番組を見てから・・・」とある。

R2 3 Ⅱ 1 (1) Because they came from different high schools.
(2) She felt very happy.
2 Sharing our ideas
Ⅲ 1 ウ　2 エ

Ⅱ この夏、私はボランティアの1人として、全国高等学校総合体育大会に参加しました。これはボランティアとしての初めての経験でした。私たちは、開会式で鹿児島の方言で歌ったり踊ったりしました。

異なる高校からボランティアが来たので、土曜日と日曜日だけしか一緒に練習できませんでした。最初は、私たちは緊張しすぎて、お互いに話すことができませんでした。開会式の1ヶ月前に、先生が「1人1人が一生懸命やっているが、チームとして、君たちはお互いにコミュニケーションをとるべきだ」と言いました。その日練習した後、ボランティア全員が居残り、初めて自分たちの問題について話し合いました。それから、私たちは練習の度に話し合いをすることに決めました。考えを共有することで、私たちの演技はより良くなりました。

開会式で、私たちはベストを尽くし、演技を見た多くの人が盛大な拍手を送ってくれました。それで私はとても幸せになりました。私たちの先生は、「とても良かったです！あなた達の演技は素晴らしかった！」と言いました。

その経験から、私は大切なことを学びました。一緒に働くときは、考えを共有することが大切です。そうすれば、物事を更に良くすることができます。この経験は私の人生の中で、役立つことでしょう。

1 (1) ボランティアは週末にしか一緒に練習しませんでした。なぜですか。
第2段落1行目を参考にする。
(2) 開会式での演技の後、リコはどのように感じましたか。
第3段落の内容を参考にする。
2 直後の文で、we can make something better とあるので、似たような文章を探す。第2段落6行目を参考にする。

Ⅲ

メニュー

ハンバーガー	
ハンバーガー（牛肉100％）	$3.00
チーズバーガー（牛肉100％／チーズ）	$3.50
フィッシュバーガー（魚肉／たまねぎ）	$4.00
チキンバーガー（鶏肉／たまねぎ）	$4.50
ビッグバーガー（牛肉100％×2）	$5.50
ライスバーガー（照り焼きチキン／たまねぎ）	$5.70
スペシャルバーガー（牛肉100％×2／卵／チーズ）	$6.50

サイドメニュー		ドリンク	
フライドポテト(M)／(L)	$2.60／$3.20	オレンジジュース	$2.25
グリーンサラダ	$2.60	アップルジュース	$2.25
ホットチキンサンド	$2.60	コーヒー	$1.50
アイスクリーム	$2.60	紅茶	$1.50
アップルパイ	$2.60		

1 ケンは「私は鶏肉と何か冷たい物が欲しいです」と言いました。
ア ハンバーガーとアップルジュース　イ スペシャルバーガーとグリーンサラダ
ウ ライスバーガーとアイスクリーム　エ チキンバーガーとフライドポテト
鶏肉が入っているのは、チキンバーガーかライスバーガーである。それを含む選択肢の中で、冷たいものが含まれるのは、ウである。
2 アンは「私は食べ物と飲み物が欲しいですが、牛肉は食べたくありません。私は650ドルしか持っていません」と言いました。
ア ビッグバーガーとオレンジジュース　イ チキンバーガーとアップルジュース
ウ チーズバーガーとコーヒー　エ フィッシュバーガーと紅茶
牛肉が含まれないものは、イかエである。イは合計675ドル、エは合計550ドルである。

R3 3 Ⅱ 1 (1) Because he was going to leave Japan soon.
(2) He felt nervous.
2 talking with people in English
Ⅲ 1番目 ウ　2番目 エ

Ⅱ 私の母は高校で英語の教師をしています。彼女の友人のジョーンズさんはまもなく離日する予定でした。よって彼女は来月、自宅で彼のためにパーティを企画しました。彼女は私に言いました。“パーティに参加する？”私は直ぐに“ハイ”とは言えませんでした。というのは英語が上手く喋れないと知っていたからです。英語で人と話をするのは難しいと思っていました。だから私は母と家で練習をしました。彼女は言いました。“質問がわからない時は‘すみません’もしくは‘もう一度言ってください’と言わなければなりません。理解出来ない時は、何か言うことは大切です。”母の質問が分からなかった時は時折、“すみません”と言いました。母はまた、質問の仕方も教えてくれました。遂にその日が来ました。パーティの日の朝、私は不安でした。というのは私の英語は上達したとは思えなかったからです。ジョーンズさんが来て午後２時にパーティは始まりました。彼は多くの質問をしてきました。質問が分からなかった時は“すみません”と言いました。彼はゆっくりと質問を繰り返してくれました。それで最後には理解しました。そして彼にいくつか質問をしました。彼は答えてくれました。彼と話が出来て嬉しかったです。母も嬉しそうでした。

［　　　］は難しくないと感じました。今では私は英語が大好きです。

1 (1) Takeshi の母は何故ジョーンズさんの為に、パーティを計画したのですか？
Why と聞かれているので Because で答える。答えは１－２行目にある。

(2) パーティの朝、Takeshi はどういう気分でしたか？
10 行目に「I was nervous」とある。

2 ［　　　］の後に Be 動詞の was があるので［　　　］主語になる節が入る。
難しかった事が母親との練習を通して難しいと感じなくなった事を探す。
本文５行目に「Talking with people in English」とある。

Ⅲ　みなさんおはようございます。電車とバスは好きですか？私は好きです。今から 2009 － 2014 年までのその利用者の数についてお話をします。このグラフをご覧ください。多くの人が鹿児島中央駅で JR の電車を利用しています。2010 から 2011 年迄に最も大きな変化を見つける事ができます。2011 年に 1500 万人の人が電車を使いました。この年、九州新幹線が鹿児島中央駅から博多駅まで走り始めました。多くの人が新幹線を使い始めたと思います。今からはバスについてお話をします。次のグラフを見てください。多くの人がバスを使いましたが、バスの利用者数はほとんど毎年減少しました。多くの人が車を使っていると思います。ご清聴ありがとうございます。

電車の利用者の特徴は 2011 年に 1500 万人近い人が電車を利用したということであるので正解はウであると分かる。

バスの利用者はほぼ毎年利用者が減少しているのであるから、その特徴に合うのはエ。

R4 [3]　Ⅱ 1 イ　2 ② イ　③ ウ　④ ア　Ⅲ エ

Ⅱ

サツマ水族館へようこそ

水族館開館時間　　午前 9：30－午後 6：00（午後５時までに入館）

料金

	お１人	団体　20 人以上
16 歳以上	1500 円	1200 円
6 歳から 15 歳まで	750 円	600 円
5 歳以下	350 円	280 円

スケジュール

イベント（場所）	10am	12:00	2pm	4pm
イルカショウ（イルカプールA）	11:00-11:30		1:30-2:00	3:30-4:00
サメの餌づけ　（水そう）		12:30-12:35		
海の動物を触ろう（サツマプール）		12:50-1:05		4:00-4:15
海の動物の話　（図書館）	11:00-11:30		1:30-2:00	
イルカの訓練（イルカプールB）	10:00-10:15	12:30-12:45	2:45-3:00	

Ellen　：ハイ、Mika. 明日の水族館訪問がすごく楽しみです。色んなことをチェックしたいです。まず最初に入館にはいくら払う必要がありますか？

Mika　：私達のクラスは 40 人で皆、14 か 15 歳です。よって皆、（① 600 円）払います。しかし学校は既に支払いをしているので、明日はあなたは支払う必要ありません。

Ellen　：OK，有難う。次に明日の計画をチェックしましょう。朝の９時半に水族館の前で会う予定ですね。午前中、クラス全員は“イルカの訓練”と“海の動物の話”を見に行く予定です。午後は私達で何をするか選ぶことが出来ます。そして午後２時半に水族館を後にする予定です。

Mika　：そうですね。午後は何をしたいですか？

Ellen　：水族館の全てのイベントを楽しみたいです。12 時 30 分の“（②サメの餌づけ）”を見ましょう。その後、“（③海の動物を触ろう）”を楽しんで、そして“（④イルカショウ）”を見ましょう。

Mika　：最高の計画ですね。退館前に全てのイベントを楽しむことが出来ます。

1　20 人以上で 14 歳から 15 歳までの生徒なので 600 円を支払うことになる。

2　② 12 時 30 分に始まるイベントはサメの餌づけである。
③ 12 時 50 分に始まる“海の動物を触ろう”を見て④ 13 時 30 分のイルカショウを見ることで 14 時までに全てのイベントを見ることが出来る。

Ⅲ　今日、プラスティック汚染が世界で大きな問題の１つとなり、多くの人々がプラスティック製品を使うのは良くないと考えている。その替わりに紙の製品を開発し、それを多く使い始めている。鹿児島では、身の回りにあるもので作られた紙製品を買うことができます。知っていますか？

例えば、“竹紙ストロー”です。それらはすごく特別な竹紙で出来ています。紙ストローよりも丈夫でもあります。鹿児島の何軒かのお店で買うことが出来ます。

何故、ストロー作りに竹が使われるのでしょう？　理由がいくつかあります。鹿児島県には多くの竹があり、日本では鹿児島県は最大の竹の生産地です。鹿児島の人々は竹の使い方を良く知っています。多種にわたる竹製品がそこでは作られています。竹紙ストローはその一つです。

そのストローはプラスティック汚染を止める手助けになるだろうか？　その答えは“Yes”です。

もし竹製品を使い始めると、プラスティック汚染問題について考える機会になります。身の回りのものを使うことにより、プラスティック製品の使用を止めることが出来ます。それにより私達の社会をより住みよい場所にすることが出来ます。その他に我々が利用できるものがありますか？

それについて一緒に考えましょう！

Smith 先生：このスピーチで最も大切なことは何ですか？
Ami：（世界のプラスティック汚染を止めるために身の回りの物をもっと使うべきです。）
Smith 先生：良く出来ました！その通りです。それが大切なポイントでした。

(英語長文)

H27 4

1 イ→ウ→ア　2 エ　3 イ　4 can you take me to the station
5 この若者がかつて祖父に手紙を書いた少年ではないかということ。　6 イ，オ
7 I will keep growing beautiful flowers. I hope many people will be happy to see them.

ルーシーは中学生で、家族とある都市に住んでいる。彼女の母は花を育てることが好きで自分の美しい庭を愛している。ルーシーは小さかった時、母と一緒に庭の世話をした。しかし中学生になった後に彼女は思った「面倒くさいわ。他にやらなくちゃいけないことがたくさんあるもの。」ある日、母がルーシーに花に水をやるように言った時、とうとうルーシーは言った。「もうこれ以上やりたくない！」母は（ ① ）ようだった。彼女はルーシーに何も言わず庭を出て行った。

次の日、ルーシーの母はルーシーに手紙を見せた。手紙はある少年からルーシーのおじいさんに宛てたものだった。手紙の中で、少年は次のように書いていた「あなたは毎日花の世話をしていた。そしてそれを40年間やった。すごい！わたしはあなたのきれいな花が大好きです、この町の他の多くの人もその花が大好きです。ありがとう、ミラーさん！私はあなたがいつもやってきたように花を育てるとあなたに約束します。」

ルーシーは手紙を読んだ後、母に尋ねた。「 ② 」彼女が八歳の時彼女のおじいさんは亡くなった。だから、彼女は彼についてあまり知らない。「そうだったのよ。」彼女の母は答えた。彼女は続けて言った「あなたのおじいちゃんはある小さな町のある小さな駅で働いていた、そして長い間駅のまわりのたくさんのきれいな花を育てていたの。彼の退職の日に男の子から手紙をもらったの。退職した後でさえ、何度もその手紙を読んでいたわ。おじいちゃんが亡くなった後にその手紙を読んで私は花を育て始めたの。美しい花のために、毎日水をあげなくちゃいけないし、時々は庭の草を刈らなくちゃいけない。こういうことを続ける必要があるの。」

「母さん、 ③ ？」ルーシーは言った。彼女の母は答えた。「もちろん。今週の日曜日に行くのはどう？」

ルーシーの家からその駅まで車で2時間だった。たくさんの花々が駅の周りにあった。駅員の制服を着た若い男性が花に水をあげていた。ルーシーはその男性に言った。「こんにちは、私はルーシーです。初めまして。私の祖父がこの駅で働いていて、ここで花を育てていたんです。」彼は驚いて言った、「えぇ！あなたはミラーさんのお孫さん！こちらこそ初めまして。私は彼のきれいな花が大好きで彼の仕事を引き継ぐって約束したんです。」ルーシーは息をのんだ。彼女は思った「彼はあの少年？」彼は続けた、「毎日花の世話をするのは大変です。でも、あなたのおじいさんに約束したことは守るつもりです。」ルーシーは聞いた、「あなたがわたしの祖父に手紙を書いたのね、でしょ？」「そうです」彼は言った。「ほんとうにありがとう。」ルーシーは笑顔で言った。

一か月後、ルーシーが母と庭に居ると年老いた女性がルーシーに話しかけて来た。「いつもあなたのお庭のたくさんの種類の花を見るのを楽しんでいます。毎日お花の世話をするのは大変なお仕事でしょ？」「はい。でも、花をきれいに保つためには必要なんです。私はそのことを私の祖父から学びました。」ルーシーはいった。

2 ア幸せな　イお腹がすいた　ウ自慢げな　エ悲しげな　母は花を育てることが大好きなのに、ルーシーが育てることをもうしたくないと言い出しているので母の気持ちはエ

3 ア おじいちゃんも車が好き？　イ おじいちゃんも花を育てた？
ウ おじいちゃんは貧しい人々を助けた？　エ おじいちゃんは駅で働いてた？
おじいちゃんの花に対するお礼の手紙を読んだ後に質問しているのでイ

4 ルーシーの質問に対して母がもちろんと答えた後に駅に向かっている。なので、駅に連れていってくれるか、又は駅に行ってもいいか尋ねる英文を作る。

5 「具体的に」なので、that boy が祖父に手紙を書いてくれた少年であることを必ず書く。

6 ア ルーシーの母はルーシーに駅で働いてそこで花を育てるように頼んだ。
イ ミラーさんはある少年から手紙を受け取りそれを何度も読んだ。
ウ ミラーさんと若い男性は駅で一緒に働いた。
エ 若い男性とルーシーの母はルーシーに毎日庭に行くように言った。
オ ルーシーが駅を訪れたとき、彼女はその若い男性に初めて会った。

H28 4

1 ア 4　イ 6　ウ 3　2 lost
3 ジュディはピアノを上手に弾けないと思っていたが，祖母が自分の演奏をほめてくれたから。
4 enjoy playing the piano　5 I am very sorry. Iwas wrong. Will you teach me again?
6 エ　7 ア，エ

［1］ジュディは中学生です。彼女が七歳の時、彼女はヒル先生のピアノレッスンに通い始めた。彼はいつも彼女に言った、「ピアノを弾くことを楽しむべきです。」ある日、彼女はコンテストで賞をとった。それは彼女に自信をくれた。彼女はヒル先生に言った、「もっと賞をとりたいです。」彼は言った、「わかった。まだピアノを弾くことを楽しめる？」ジュディは答えた、「はい。」彼は言った、「よろしい。」

［2］ジュディが中学校に入学した時、彼女はより難しい曲を弾き始めていた。間違えると彼女はしばしばイライラした。ある日、彼女はコンテストのために練習をしていた。ヒル先生は彼女に助言したが、彼女は何度も何度も間違えた。彼女はイライラしていたので、彼は彼女に「ただピアノを弾くことを楽しみなさい。」と言った。その時、彼女は言った、「わかっています。でもコンテストはもうすぐなんです！」彼女は一生懸命に練習したが、上手には弾けなかった。

［3］コンテストで、ジュディは賞が取れなかった。彼女は幸せではなかった。その後、彼女は他のコンテストでピアノを弾いたが、うまく弾けなかった。彼女はとうとう自信を（ ① ）。ある晩、彼女はヒル先生に電話して、言った、「私は賞をとりたかったのに、とれませんでした。これ以上ピアノを弾きたくありません。」ヒル先生は悲しかった。彼女は彼のレッスンに行くことをやめてしまった。

［4］3週間後、彼女は祖母を訪ねた。「ハイ、ジュディ！入りなさい。」と祖母は言った。しばらくの間話した後に、祖母はジュディに言った、「ピアノを弾いてちょうだい。」ジュディは言った、「おばあちゃん、これ以上ピアノを弾きたくないの。私はピアノが上手じゃないから。」その時、祖母は尋ねた、「どうしてそう思うの？」ジュディは答えた、「いつも間違えちゃうし、賞も取れない。」祖母は笑って言った、「賞は大切じゃないわ。ただあなたにピアノを弾いてほしいだけなの。お願い。」そこで、ジュディはピアノを弾き始めた。彼女はミスのことを考えずに弾いた。祖母はソファーに座って微笑みながら彼女の演奏を聴いた。終わった後に、祖母は言った、「素晴らしいわ。とっても上手だった。」ジュディは驚いた。「おばあちゃん、本当に？」「もちろん！もう1回お願い。」ジュディはうなずいてもう一度弾いた。弾いている間、ジュディは顔に大きな笑顔を浮かべていた。祖母は言った、「どうもありがとう、ジュディ。ピアノを弾いている時あなたとっても幸せそうだったわ。そのことが賞をとることよりもずっと大切よ。」ジュディは言った、「大切なことを思い出したわ。ありがとう、おばあちゃん。」

［5］その次の日、ジュディはヒル先生を訪ねた。ジュディは彼に言った、「 ④ 」ヒル先生

はそれを聞いてとても嬉しかった。彼は言った、「もちろん、そうしよう。君が戻ってきてくれたらと思っていたよ、ジュディ。さあはじめよう！」ジュディは間違えたが、決して再びイライラを感じることはなかった。彼女はピアノを弾くとき、幸せそうだった。ヒル先生は言った、「 ⑤ と僕は思うよ。」ジュディは笑って言った、「どうもありがとうございます。」

［6］1ヶ月後、ピアノのコンテストがあった。それは都市で最大のコンテストだった。ジュディは最善を尽くし本当にピアノを弾くことを楽しんだ。コンテストの後、ジュディは家に帰った。「ただいま！コンテスト楽しかった。」ジュディは言った。彼女の両親は彼女を見て微笑んだ。ジュディの手には金メダルが握られていた。

2 第1段落第5文でJudyは賞をとったことで自信【confidence】を得ている。そして第3段落ではコンテストで賞がとれなかったのであるから自信を「失った」と推測できる。また、【finally】は「とうとう、ついには」という意味なのでここからも推測ができる。

3 Judyは自信をなくしているのでピアノが上手く弾けないと思っている。それに対して祖母がほめてくれたことに驚いているのである。

4 【remember】「思い出す」という意味である。なのでここまでにも出ている表現であるとわかる。

5 ④を受けて、ヒル先生は【Of course, I will.】と答えているので、質問は【Will you ～？】の形にする必要がある。Judyはヒル先生にもう一度ピアノを教わりたいのである。

6 **ア** 君は間違えた　**イ** 君は一生懸命やった

ウ 君はたくさんの賞をとった　**エ** 君はとても変わった

ア、**ウ**が違うのは明らか。Judyは祖母とのやり取りの直前では間違いを気にしてイライラしていたがこの段落では違うことがわかる。

7 **ア** ジュディは中学校に入る前に、ヒル先生のレッスンに通い始めた。

イ ジュディはコンテストで全く賞をとれなかったので、違う先生のところに行くことを決めた。

ウ ジュデイはヒル先生のレッスンに約3週間行かなかったので、両親は怒った。

エ ジュディの祖母は彼女にピアノを弾くように頼んだが、ジュディは最初弾きたくなかった。

オ ジュディは都市で最大のピアノコンテストであまりうまく弾けなかったのでとても悲しかった。

ア［1］の第2文から適当。**イ**違う先生は出てきていないので誤り。**ウ**両親はレッスンに行かなくなったことをどう思っているかについては記述がない。誤り。**エ**［4］より適当。**オ**最大のコンテストでは優勝していることが［5］からわかる。誤り。

H30 4

1 ア 4　イ 9　ウ 6　2 ア

3 リサが，夢をあきらめるべきか練習に行くべきか決めかねていたということ。

4 Was it difficult for you to become a doctor

5 ウ　6 ウ，エ

7 You told me the importance of doing my best. I did my best for my dream.

［1］リサは中学1年生です。彼女が3歳の時、バレエを始め楽しく練習しました。彼女が中学校に入る前たくさんのコンクールに参加しいつも賞をとっていました。彼女はよく両親に「将来プロのダンサーになりたい」と言っていました。

［2］リサは中学校に入った後、レッスンがより厳しくなったため時々レッスンを怠けて休みました。ある日バレエの先生が「リサ一生懸命しろ！コンクールはすぐに来るぞ」と言いました。「わかっています」とリサは言い、「私はコンクールでいつも賞をとっている。そんなに厳しい練習はいらない。またできる」と思いました。

［3］コンクールが来ました。リサは賞をとることができませんでした。「なぜ？信じられない」と彼女は思いました。次の日から彼女は次のコンクールに向けて練習をしました。彼女はちょうど ① 私は賞をとることができると思いました。次のコンクールでリサはまた賞をとることができませんでした。彼女はショックを受けました。彼女が帰宅していたとき、彼女は「夢を諦めよう。私はプロのダンサーになることはできない…。」と思いました。彼女は落ち込みました。

［4］その日以来、リサは一週間バレエの練習をしませんでした。彼女の母は「リサ、先生が私に電話をかけてきましたよ。彼女はあなたのことを心配していました。レッスンに行ったらどうですか。あなたの夢はプロのバレエのダンサーになること、でしょ？」と言いました。リサは「私にとって難しすぎてバレエダンサーにはなれません。私にはバレエの才能がない。」と言いました。彼女の母は悲しくなりました。

［5］その夜リサは寝る前に、「夢を諦めるべきか、レッスンに行くべきか？」と考えました。彼女は一ヶ月練習をしませんでした。彼女はいつも長い間同じ疑問について考えていましたが、決めることができませんでした。

［6］ある日、リサの伯父が家を訪ねてきました。彼の名前はベンです。彼は、「ひさしぶりだね、リサ」と言いました。「お久しぶりです」とリサは言いました。ベンは「あなたが多くのバレエの賞をとっていたのを覚えているよ。まだバレエの練習をしているの？」と言いました。リサは質問に答えることなく、「おじさんは今何しているの？」と尋ねました。「私は病院で働いているよ。多くの人を助けるために私は医者になった。それが私の夢だった。」とベンは言いました。リサは「わあ、やりましたね。 ③ ？」ベンは「もちろんそうだよ！一生懸命働いた。医者になるためには試験に合格しなければならなかった。私は何回もテストに落ちた。何度も夢を諦めようかと思ったが、何度も何度も挑戦した。最終的にテストに合格することができた。」と言いました。リサは、「あなたは素晴らしい、あなたは諦めなかった…」と言いました。ベンは「もし簡単に夢を諦めたら、後で後悔することになるだろう。もし夢があるなら、最善をつくすんだ。」と言いました。「私は夢のために最善をつくしたかな？」とリサは思いました。彼女の心の中で何かが変わりました。

［7］その夜、リサは母に「母さん、私が間違っていた。私は夢のために一生懸命取り組むべきです。ベンと話して大切なことを学びました。明日レッスンに行ってくる」と言いました。彼女の母はそれを聞いて ④ 。

［8］次の日、リサは先生のところに行って、「ごめんなさい。またここでバレエの練習をさせてもらえませんか？」と言いました。「もちろん！」と大きな笑顔で先生は言いました。リサは練習を再びはじめました。それはとても厳しいものでしたが、彼女は決してやめませんでした。彼女は一生懸命練習し、毎日ベストを尽くしました。

［9］五年後、ベンのところへある有名なプロバレエグループの公演の招待状が送られました。招待状には演技者の名前が書かれていました。リサの名前がそこにありました。

1 全文訳参照

2 ア　私は良いバレエダンサーです。
イ　私は良いバレエダンサーを知っています。
ウ　私は母の言葉を理解しました。
エ　私は決してレッスンを怠けて休んだことはありません。
空欄直後の発言からこの段階ではリサはまだ自分に自信を持っていることがわかる。
3 下線部では【decide】「決める」ことができないと言っている。第5段落のリサの最初の発言に注目する。【or】「または」がヒントになる。
4 ベンの返答が【Of course, it was!】となっているので、主語が it になる質問を作る。【it is A for 人 to ～】「人にとって～することは A だ」を使うと比較的簡単。
5 ア　怒って　イ　疲れて　ウ　幸せで　エ　眠くて
［4］の最後に母はリサが夢を諦めるようなことを言ったために【sad】「悲しい」気持ちになっている。④では、逆にリサが再びバレエを始めると言っているので「悲しい」とは逆の感情を選ぶ。
6 ア　リサは中学校に入学した後に、バレエを始めたくさんの賞をとった。
イ　リサは時々バレエのレッスンを怠けて休んだのでリサの先生は彼女に話しかけなかった。
ウ　リサの伯父が彼女の家族を訪ねた時、彼は彼女に彼の経験について話をした。
エ　リサの先生はリサがまたバレエの練習を始めると知って喜んだ。
オ　ベンはバレエの演技を見たかったので彼は招待状を受けて興奮した。
アリサがバレエを始めたのは3歳［第1段落］。イ第2段落で先生はリサに言葉をかけている。オ第9段落でベンは招待状を受け取ったことは書かれているが、受け取って興奮したとか演技が見たかったということは書かれていない。
7 ベン：やあ、リサ。君はプロのバレエダンサーになりました。君は素晴らしいです。
リサ：ありがとう。5年前にあなたが私を訪れた時、私は自分の夢を諦めることを考えていたけれど、あなたが私の気持ちを変えてくれました。
ベン：どういう意味ですか。
リサ：［　　　　］だから、私はプロのダンサーになれました。私は将来有名なダンサーになりたいです。
ベン：君ならできるよ。

H31 4　1 ア　3 イ　5 ウ　4 2 エ　3 イ
4 合唱をすることに決まったのに18人しか練習に来ていなかったから。
5 they agreed　6 ウ，エ
7 It is important for us to talk with each other when we decide what to do together.

［1］エイミーは中学生です。ある日、彼女の教室で集会があり、文化祭のステージで何をするかについて話し合いました。エイミーは「私は歌うことが大好きです。一緒に歌いましょう！」と言いました。「ちょっと待ってください」とサムが言いました。「私は、ダンスの仕方をあなたたちに教えることができます。ダンスしましょう！」と。もうひとりの女の子はドラマをしたいと言いました。そのときサムは「［ ① ］。どうやって決めましょうか。」
［2］サムとエイミーはクラスメイト全員に聞きました。14人の生徒が歌唱、11人がダンス、8人が演劇、6人が演奏をしたいと言いました。エイミーはとても（　②　）で、言いました「ありがとうみなさん！歌唱が1番大きなグループですね。私たちは歌うことに決めました！明日の放課後音楽室で練習し始めましょう！」たくさんの生徒が楽しくなさそうでしたが、彼らは何も言いませんでした。サムは怒って教室から出ていきました。
［3］次の日、音楽室には18人の生徒しかいませんでした。サムはそこにはいませんでした。彼らは練習しはじめました。エイミーは生徒たちの正面に立ち、彼らにアドバイスを与えました。練習している間、エイミーは思いました「たった18人・・・これは問題です。意味がわかりません」と。そのときマークが彼女のもとに来て言いました「あなたは悲しそうですね。大丈夫ですか？」彼は演奏したかったのですが、彼はエイミーと歌うのを練習していました。エイミーは「私は何をすべきかわかりません。私はみんなと一緒に歌いたいだけなのです」と言いました。マークは「私はあなたがどのように感じているかわかります、エイミー。しかし、多くの生徒がここにはいません」と言いました。エイミーは、「そうです。彼らは私たちが歌うことを決めたときに、何も言いませんでした。」と答えました。マークは言いました「そのとおりですが、それは［ ④ ］ということを意味しません。あなたは歌いたいでしょう。私はトランペットを吹きたいです。いずれにせよ、私たちのクラスは昨日十分に話し合いませんでした。もしもっと話していれば、たぶん楽しくなる方法を見つけることができるかもしれません。」エイミーは思いました「もっと話していれば・・・。」
［4］その夜、エイミーは早くベッドに行き、マークの言葉について考えました。彼女は「私たちは異なることをしたい。もっと話していれば、みんなが幸せになれる・・・そう、私たちのクラスはもう一度話し合うべきです」と考えました。
［5］次の朝、その教室でまた集会をしました。エイミーは教室のみんなに言いました「昨日の練習は18人しか来ませんでした。これはよくありません。私たちはもっと話し合う必要があると思います。」サムは言いました「その通りです。もう一度話し合いましょう。」エイミーは言いました「私は本当に歌いたかったのです。だから他の人がやりたいことについて考えませんでした。しかし昨日の夜、私はその上演で私たちみんなが幸せになれることが重要だと気づきました。」マークは言いました「私はあまりうまく歌うことができませんがあなたたちの歌に合わせてトランペットを演奏することができます。聞いてください！」彼は演奏し始めました。生徒たちは叫びました「彼は素晴らしい演奏者ですね。彼は私たちのためにトランペットを吹くべきです！」誰かが言いました「私は何ができますか？」生徒たちは、お互いにあちらこちらで話し始めました。サムはしばらくの間考えて言いました「私はあなたたちの歌に合わせてダンスをすることができます。」誰かが言いました「私はあなたたちの歌に合わせて演劇をすることができます。」エイミーは笑って言いました「ありがとうみなさん。良い考えを思いつきました！全部一緒にしましょう！私たちは、1つの上演での中でダンスをして、演劇をして、演奏して、歌うことができます。それはミュージカルです！文化祭でミュージカルをしましょう！」ついに、みんなが幸せになりました。サムが言いました「今日から始めましょう！」
1 本文訳を参照。
2 ア　私にとってダンスをすることは難しいと思います。
イ　私たちは文化祭についてたくさん知っています。
ウ　私はあなたよりも上手に歌を歌えます。
エ　私たちにはいくつか異なる考えがあります。
直後にどのように決めるかについて話しているため、候補がいくつかあることがわかる。
3 ア　怒っている　イ　わくわくしている　ウ　興味深い　エ　悲しい
エイミーは歌いたいと思っているため、歌うことが選ばれてわくわくしているはずである。
5 「何も言わなかったからと言って、みんなが歌いたいと思っているわけではない」という趣旨にする。
6 ア　エイミーの教室の全ての生徒が文化祭で歌いたいと思っています。
イ　エイミーとサムは最初の集会のあと歌うのを練習し始めました。
ウ　最初の集会では、ダンスは演劇よりも人気がありました。
エ　マークは音楽室に来てクラスメイトと歌うのを練習しました。
オ　サムは歌うことに興味を持ったので最終的にエイミーに賛成しました。
ア：ダンスや演奏などをしたい生徒もいる。
イ：サムは怒って教室を出ていっている。
オ：みんながそれぞれやりたいことをすることができるミュージカルに決まったので賛成したのである。
7 マーク　：　私たちはすごいことをしました。驚くべき考えをありがとうございます。
エイミー　：　あなたはたくさん私たちを助けてくれました、マーク。私は教室での集会から大事なことを学びました。
マーク　：　おぉ、そうなのですか？それはなんですか？
エイミー　：　［　　　　　　　　］。
マーク　：　その通りですね。私たちのクラスは今より良くなりましたね！

R２ 4

1 イ → ウ → ア
2 自分がチームメートほど上手にサッカーをすることができなかったこと。
3 Why don't you come with me　**4** ウ　**5** エ　**6** ア，イ
7 After I met john, I remembered it was important to enjoy soccer.

マイクは６歳のときにサッカーをやり始めました。彼は友達と楽しくサッカーをしていました。中学生になったとき、彼はチームのベストメンバーになりました。彼とチームのメンバーが活躍し試合に勝利すると、彼はとても幸せに感じました。３年生のとき、彼は最後の大会に向けて一生懸命に練習していました。しかし、４月のある日、サッカーの練習に行くために自転車に乗っていたとき、転んで脚を折ってしまいました。彼は動くことができませんでした。そして彼は病院へ運ばれました。医者がマイクに「数ヶ月の間、右脚を使うことはできません」と言いました。彼はそれを聞いてとても失望しました。

３ヶ月後、彼の脚は良くなり、チームと再び練習し始めました。しかし、マイクはチームのメンバーと同じようには上手くやれませんでした。①彼はこのことをとても悲しく感じ、サッカーをするやる気を失い始めました。彼は時々練習に行きませんでした。それからある日、コーチが彼に「マイク、あなたは選手として最後の大会に出ることはできません」と言いました。彼はとてもショックを受け、その日から練習に行きませんでした。

１週間後、彼の父親がマイクに「今日、公園で小さい子供たちがしているサッカーの試合を観に行くつもりだ。友人の息子さんを応援したい。②私と一緒に来ないか」と言いました。最初マイクは、「行きたくない」と言いましたが、父親が何度も誘うので最終的に賛成しました。

彼らは試合を観に公園に行きました。とても上手い子供たちもいて、試合はとても面白かったです。試合終了の約５分前に１人の少年が試合に出ました。マイクはすぐにその少年の何か違うものを見つけました。彼はあまり速く走ることができず、たまに転んでいました。マイクの父親は、マイクに「あの少年は私の友人の息子のジョンだ。彼は生まれたときから右脚を患っていた。あまり上手く歩くことができないんだ」と言いました。マイクは、とても驚き、「なんで彼はサッカーをやることを選んだの。他にもっと簡単にできることがあると思う」と言いました。彼の父親は「彼を見なさい。彼はチームのメンバーの中で一番必死にボールを追いかけている。③彼にとってサッカーは特別なものなのだと、私は思うよ」と答えました。

試合の後、マイクはジョンに話しかけました。マイクは「こんにちは、ジョン。私はマイクです。サッカーをするのが好きですか」と言いました。ジョンは「はい。私は速くは走ることができないけど、ボールと一緒にプレイすることができます。私はサッカーが大好きです。友達とサッカーをしているとき、とても幸せです」と答えました。マイクは彼の言葉を聞いて驚き、そして④自分に問いました。「私は何をやっているんだ」と。

その日はマイクにとって大きな日となりました。彼は、９年前は幸せだったことを思い出しました。彼はあのとき、サッカーをやり始めました。小さいときは、サッカーを本当に楽しんでいました。これはとても大切なことだと彼は思い、再びチームのメンバーとサッカーを練習し始めました。彼は、最後の大会ではプレイしないことは知っていましたが、友人と走ってプレイすることを楽しみました。

大会で、彼はチームのメンバーを手助けし応援することにベストを尽くしました。チームのメンバーと一緒にいることは楽しかったです。中学生最後の試合の後、彼は充実感を感じました。彼は、高校ではサッカーをすることに決めました。

1 ア：第７段落の内容と一致。イ：第１段落５行目の内容と一致。ウ：第５段落１行目の内容と一致。よって、イ→ウ→ア。

2 直前の文の内容を踏まえて訳すと良い。

3 直後の文で、父親がマイクをしつこく誘っていたことがわかる。よって、勧誘を意味する内容の文を考える。Why don't you ～？「～しませんか」

4 ア：彼は他のどのメンバーよりも速く走っている
イ：彼はサッカーをするのをやめるつもりだ
ウ：彼にとってサッカーは特別なものなのだ
エ：サッカーをすることは彼にとって退屈だ
第４段落３行目以降の内容を踏まえて考える。

5 脚を患っているジョンが必死にサッカーをしている様子を見て、またジョンと話すことで、好きだからサッカーを楽しむことができると気付かされたわけである。マイクは卑屈になっていた自分を見つめ直し、情けなく感じたのである。

6 ア：マイクは自転車でサッカーの練習に行っているときに転び、病院に運ばれた。
イ：マイクは最後の大会でサッカーをすることができないと聞いてとてもショックを受けた。
ウ：マイクは、小さな子供たちのサッカーの試合について父親が話したとき、興奮した。
エ：マイクは、ジョンが試合終了の前にチームのメンバーに話しかけていたので驚いた。
オ：マイクは少年時代を思い出し、再びサッカーの練習をしたいと思ったが、できなかった。
ウ：最初は行きたくないと答えているため誤り。エ：ジョンは試合に出場したため誤り。
オ：練習することはできているため誤り。

7 父親：大会はどうだった。
マイク：プレイすることはできなかったけど、充実していた。父さん、私たちは小さい子供たちの試合を見たよね。覚えてる？あの日は私にとって大きな日だったよ。
父親：どういう意味だ。
マイク：脚が折れる前に、私はただ上手くそして勝つためだけにプレイしていた。[　　　　]。
父親：お前は彼から大事なことを学んだということだね。
マイク：はい。ジョンは私の小さな先生だよ。

R３ 4　1　ウ → ア → イ　2　ア

3　・野鳥にえさを与えると，食べ物を探さなくなるから。
・人間が食べる物の中には，野鳥にはよくないものもあるから。

4　エ　5　grow plants they like　6　イ，エ

7　We can recycle newspapers. If we stop cutting trees, we can protect the homes of wild animals.

Amy はオーストラリアの小さな町に住んでいる中学生でした。彼女は父親がオーストラリアで働き始めたので米国から先月来ました。新しい学校では友達がいなかったので幸せではありませんでしたが、しばらくして［ ① ］。それは野鳥、ゴシキセイガイインコでした。彼は美しい羽毛を持っていてそれは青、黄色、緑そしてオレンジ色でした。彼はよくバルコニーにやってきました。ある週末、彼女は彼のためにパンくずをバルコニーに置きました。彼はやってきてそれを食べました。Amy は嬉しく思いました。

次の月曜日、学校で Amy は同じ種類の鳥が数羽、木に留まっているのを見つけました。彼女が彼らを見ていた時、クラスメートの一人がやって来て言いました。「その鳥達は綺麗ですね。鳥に興味がありますか？ハイ、私の名前は Ken です， 初めまして。」「ハイ、私は Amy。私の庭にもいます。Little Peter と名付けました。すごく気に入っています。」と Amy が言いました。「そうなんですね、一年中この辺りではこの鳥を見ることが出来ます。彼らは花の蜜と花粉を食べます。彼らがどの植物が好きか知っているので庭で育てています。ゴシキセイガイインコはとても人懐っこい鳥です」「そうなんですね」と Amy は言いました。彼女はその鳥の事を多く学ぶ事にワクワクしていました。

Amy と Ken は学校で動物についてよく話をしました。彼らは良い友人となりました。Amy は Little Peter と彼女がいい友達であることも Ken に知ってほしかった。それである日の午後、彼女は Ken に言いました。「Little Peter は私の事が好きです。彼は私の手に載ります。」「オー、彼はあなたのことを怖がっていないのですね。」「ええ、そうです。Little Peter は可愛いです、そして私は彼に毎日、パンをあげます。」Ken は驚いてそして言いました。「パン？　野鳥にパンを与えるのは良くないですよ」Ken が何故その様な事をいったか、Amy には理解できませんでした。彼女は言いました。「Little Peter は私があげるパンが好きです。」彼は言いました。「聞いて。野鳥にえさを与えてはいけません。」「どういう意味ですか」彼女は言いました。Ken は続けました。「ええ。２つの理由があります。１つはもし人がえさを野鳥に与えると、彼らは食べ物を探さなくなるでしょう。二番目に我々が食べる物の中には野鳥には良くない物もあります。」Amy が言いました。「Little Peter は私の友達です。私の手からパンを食べます。」「もしあなたが野鳥の本当の友達になりたいなら、彼らが好きな植物を育てるべきです。それが唯一の方法です。」Ken は怒って教室を出ていきました。Amy はショックを受けました。

その夜、Amy はバルコニーに出ました。彼女は思いました。「Ken は怒ってました。私が Little Peter にパンを与え続けると病気に為るかもしれません。私は Ken と Little Peter と両方の友達を失うかもしれません。」彼女は心配になりました。

次の朝、学校で Amy は Ken を見ました。彼女は思いました。「Ken は多くの野生動物を知っています。彼は正しいに違いない。」彼女は Ken の所に行き、勇気を振り絞り言いました。「Ken、ごめんなさい。私が間違っていました。Little Peter には決して二度とえさを与えません。」Ken は微笑み、そして言いました。「いいんですよ。あなたはただ知らなかっただけですから。」Amy は言いました「ゴシキセイガイインコは我々のペットではないのです。今、分かりました、我々は［ ③ ］だけをすべきだ。それで我々は彼らといい友達になれます」「その通りです。どうぞこれを。」Ken は野生動物の本を彼女にあげました。「この本を毎日読んでいます。でも今からこれはあなたの本です。この本を読めば、どうやって野生動物と友達になれるか分かります」「有難う Ken」と言って Amy は微笑みました。

1　ア　Amy が Little Peter を手に載せパンを与えている。
イ　Ken が Amy に野生動物についての本をあげている。
ウ　Amy と父親がアメリカからオーストラリアへ移住する場面。

2　ア　彼女が庭の木で友達を見つけた。
イ　彼女はペットショップで可愛い鳥を見た。
ウ　女の子達と友達になった。
エ　Ken と会ってすごく嬉しかった。
［ ① ］の直前に「友達がいない」と言っている。そして直後に「それは野鳥」と言っている。これらに合致するのはア。

3　本文 21 − 22 行目に２つ理由があるといってその理由を述べている。

4　ア　怒っている　イ　勇敢な　ウ　嬉しい　エ　心配な
（ ② ）の直前に Ken と Little Peter と両方の友達を失うかもしれないと言っているので心配になったのエが正解。

5　Should の後であるから動詞が入る。Amy と Ken が野鳥に対して取った行動とはそれぞれ「パンをあたえる」と「野鳥の好きな植物を育てる」の２つである。「野鳥に人間の食べものを与えるべきでない」という事が本文の主旨である。よって「野鳥が好きな植物を育てる」という表現を探すと「grow plants they like」が 24 行目にある。

6　ア　Amy は野生動物が好きだからオーストラリアに来た。
イ　Amy は Little Peter が彼女の友達だと Ken に知ってほしかった。
ウ　ゴシキセイガイインコは時々エサを探しにオーストラリアを離れる。
エ　Ken は野生動物と人は友達になれると考えている。
オ　Little Peter は Amy の庭を離れ、そして Amy は友達の Ken を失った。
イについては本文15行目に「Amy wanted Ken to know that she and Little Peter were good friends too」とある。エについては本文 23 行目、「If you want to be a true friend of wild birds」そして最後から二行目に「you can learn how to become friends with wild animals」とある。

7　Amy　：あなたがくれた本を読みました。有難う。
Ken　：どういたしまして。面白かったですか？
Amy　：ええ。我々の生活の中で野生動物に対して出来ることが多くあります。
Ken　：オゥ。新しい考えがあるのですね。例えばどんなことですか？
Amy　：［　　　　］
Ken　：いい考えですね。Amy！　野生動物の為にこの世界を良い場所にしなければなりません。高校では動物保護の為に多くの事を学びたいです。
Amy　：私もそうです。
野生動物の為に出来ることをそれぞれ考える。SDGs が中学校の教科書でも取り上げられているので、日頃より環境保護について簡潔に英語で述べられるように準備しておくことをが推奨される。

R４ 4 **1** イ **2** They didn't have enough time to talk with each other. **3** エ
4 笑顔で話せば相手もうれしく感じ，親切にすれば相手も優しくしてくれるということ。
5 Thank you for everything you've done for me. You're the best mother in the world.
6 イ，ウ

Sarah の家の冷蔵庫には小さなホワイトボードがあります。最初は、彼女の母がその日の予定を書くために買ったものでした。しかし今では Sarah にはそれは特別な意味を持っています。

Sarah が小さな女の子だった頃、家では出来る限り両親の手伝いをしました。両親は看護師として働いていました。両親にはやる事がいっぱいあると Sarah は理解していました。

彼女が中学一年になった時、女子のサッカークラブでプレイし始めました。彼女の生活は大きく変わりました。彼女はとても忙しくなりました。Sarah と母親はよく一緒に買い物に出かけましたが、Sarah がクラブに入ってから、出来なくなりました。Sarah はいい選手になりたくてサッカーを一生懸命練習しました。

ある朝、彼女の母は悲しそうに言いました。「お互い話をする十分な時間が取れないわね。」Sarah はそれは大きな問題とは思いませんでした。何故ならそれは他の中学生も同じであると思ったからです。しかし後になり、①Sarah は母の悲しそうな顔を何度も思い出すのでした。

Sarah は次の月曜日にサッカーの試合をする予定でした。彼女は母に尋ねました。「初めての試合を観に来てくれる？」彼女の母は予定表をチェックし、言いました。「行けたらいいのだけど、行けないわ、仕事に行かなくてはならないの。」そして Sarah は言いました。「いい看護師かもしれないけど、いい母親ではないわ。」Sarah にはそれは意地の悪い言葉であると判っていました。しかし彼女自身を抑えることが出来ませんでした。

試合の日、ホワイトボードに母からのメッセージを見つけました。「幸運を祈るわ。いい試合を。」Sarah はそれを見た時、母に言った言葉を思い出しました。「母をすごく悲しい気持ちにさせてしまったわ」と Sarah は思いました。②彼女は自分自身が好きではありませんでした。

２週間後、Sarah は病院で３日間職場体験をしました。それは母がかつて勤めた病院でした。看護師たちは患者を手伝い、笑顔で話しかけていました。Sarah は皆の様になりたかったのですが患者とうまくコミュニケーションが取れませんでした。

最終日の昼食後、③John という看護師に自分の問題について話をしました。彼は母の友だちです。「患者と上手くコミュニケーションをとるのが難しいのです。」Sarah が言いました。「それは簡単だよ。患者と話をする時、笑顔で話せば患者もうれしく感じ、もし彼らに親切に接すると、相手も優しくしてくれるよ。あなたのお母さんを思い出します。彼女はいつも周りの人の事を考えていました。」と John は言いました。Sarah が彼の言葉を聞いた時、母の顔を思い出しました。「母はいつも忙しいけど、毎日夕食をつくり、学校に連れて行ってくれる。母は私の為に多くの事をしてくれる。」

その夜、Sarah は台所に行きペンを取りました。④ホワイトボードに Sarah は初めてのメッセージを母に書こうとしていました。最初は何を書いていいか分かりませんでした。しかし Sarah は母の幸せな顔を本当に見たかったのです。だから彼女はもう一度、書くことを決めました。翌日、Sarah は母に会うことが出来ませんでした。「母は家を早く出なければならなかったのです。たぶん母は私のメッセージをまだ見ていない」と彼女は思いました。

その夜、Sarah は台所のホワイトボードを見ました。ホワイトボードの言葉は Sarah のものではなく、その替わりに母の言葉を見つけました。「メッセージを有難う。それを読んで嬉しかったわ。また書いてね。」ホワイトボードの上に Sarah は母の笑顔を見ました。

今では Sarah と母はお互いよく話をしますが、ホワイトボードにメッセージを書き続けています。そのホワイトボードは少し古くなりましたが、Sarah と母との懸け橋の役割を果たしています。

彼女らには何年か必要かもしれません。いつの日か、ホワイトボードなしでも Sarah は本当の気持ちを母に表すことが出来ることを望んでいます。

1 Sarah の母は試合を観に行くことが出来なかったのでイが正解である。
2 Sarah の母親は「お互い話をする十分な時間が取れない」と言っているので They didn't have enough time to talk with each other が正解である。
3 「いい看護師かもしれないが、いい母親ではない」というひどい言葉を思い出したので正解はエである。
4 John の Sarah に対するアドバイスを和訳する。
5 母親を笑顔にするメッセージを考える。模範解答では日頃、母親がしてくれた事にお礼を述べているが、酷いことを言ってしまったことを詫びるメッセージも正解の１つである。
I am really sorry for the mean words I told you the other day.
6 ア　Sarah と母は予定を書く為に当初からよくホワイトボードを使っていた。
イ　サッカークラブで練習を始める前から Sarah は家で両親を手伝っていた。
ウ　病院で職場体験の最終日の昼食後に Sarah は John と話をした。
エ　Sarah は初めてのメッセージをホワイトボードに書いたが、母はそれに応えなかった。
オ　Sarah は今では母と話すことができるのでホワイトボードにメッセージを書かない。
Sarah は小さい時から出来る限り両親を手伝っていた。
また最終日の昼食後、Sarah の問題について John と話をしたとあるので正解はイとウ

（条件英作文）

H26 2 **3** May I use your dictionary **4** My bag is important to me. It is a present from my father. I like the color very much. I've used it for three years.

H27 2 **3** Let's take a picture together.
4 I enjoyed playing volleyball. I was a member of my junior high school's volleyball team. Our team practiced hard every day. We were very happy to win some games.

3 Sure! は「もちろん」という意味で、その後笑顔で写真を一緒に撮っているので場面Ａで女の子は写真をとってもいいですかという意味のことを言っていると考えられる。写真をとるという意味の＜ take a picture ＞を使う。

H28 2

3 You should go to a doctor.

4 I am interested in Japanese history.
I often read books about famous people.
The books tell me a lot of interesting things about their lives.
I want to be a history teacher in the future.

3 ①体調が悪いです。
② [　　　　]
③わかりました、そうします。
体調が悪い相手が③で、【I will.】と答えているので、②には「医者に診せたほうがよい」や「家で休んだほうがよい」というように相手に何か勧める意味の英文を作る。【should ～】「～するほうがよい」を使う。

H29 2

3 Will you get it for me

4 I like summer the best.
We have a long vacation in the season.
We can enjoy swimming in the sea.
So my favorite season is summer.

H30 2

3 Can I use the computer

4 I went fishing with my grandfather.
He taught me how to fish, so I caught a lot of fish.
He looked very happy.
We had a very good time.

3 ①ママ、インターネットで調べることがあるの。10 分[　　　　]?
②もちろん、いいわよ。少し待ってね。

4 こんにちは、皆さん。スピーチをする準備はできていると思います。タロウ、始めてくれますか。
はい。今日は夏休みの間の私の良い体験について話をしようと思います。
[　　　　　　　　　　]
その経験は決してわすれません。ありがとうございました。
ありがとう、タロウ。

H31 2

3 Do you have a smaller one

4 It's Flower Park Kagoshima. There are many beautiful flowers every season. My family often goes there and enjoys seeing them.

3 ①私はこのTシャツが好きですが、大きすぎます。[　　　　]?
②はい。少々お待ちください。

4 先生　：こんにちは、みなさん。今日は新しいALTの先生がいます。あなたたちに自分の町について話す準備ができているとよいのですが。始められますか、イチロー？
イチロー：はい。私の町にある最高の場所の中の1つについて話します。[　　　　]。私はこの場所がとても好きです。あなたも好きになるでしょう。ありがとうございました。
ALT　：ありがとうございます、イチロー。

R2 2

3 Whose notebook is it

4 例1）I want to live near a hospital. When my family and I get sick, we can go to the hospital quickly.
例2）I want to live near a convenience store. There are many kinds of things in a convenience store. Also, I can go there early in the morning.
例3）I want to live near a park. It is fun to play with my family in the park. I can enjoy walking there.

3 ①このノートには名前がありません。例）誰のノートですか。
②それは私のです。ありがとうございます。

4
あなたは将来どこに住みたいですか。 ー病院の近く ーコンビニエンスストアの近く ー公園の近く

あなたは将来どこに住みたいですか。黒板を見てください。1つ場所を選んで理由を教えて下さい。始めてくれますか、ハルト。
わかりました。[　　　　]。ありがとうございます。
なるほど。ありがとう、ハルト。

R3 2

4 November 15 is not good for our class because we have the school festival on that day. How about November 22?

4 <返信のメール>
Simon へ
メールを有難うございます。しかし、ビデオ通話の日にちを変えることは出来ますか？
[　　　　　　]返信を直ぐにお願いします。
あなたの友人
Riku

模範解答の「How about November 22 ?」以外に 「Can we have it on November 22?」「Are you OK on November 22?」という表現でも可能

R4 2

4 You should buy (Ⓧ) because it is bigger than Y. You can carry a lot of things in the bag. Also, you don't have to worry about the thing in the bag if it starts to rain.

4 こんにちは。バッグを買いたいです。XもしくはYどちらを買うべきでしょう？アドバイス下さい。
模範解答はXを取り上げているのでここではYを取り上げてみる。
You should buy Y because it is 1500 yen cheaper and 380g lighter than X. Y is also made from cotton so using natural things is good for our earth.

(リスニング)

R3 1　1 ウ　2 エ　3 Tuesday　4 ウ → イ → ア　5 イ
6 (1) イ　(2) help each other　7 I started cooking for my family.

R4 1　1 ア　2 ウ　3 Saturday　4 ウ → イ → ア
5 イ　6 (1) The young girl did.　(2) ウ
7 I want to clean the beach with my friends.

理科解答

(小問集合)

H30 [1] 1 エ　2 めしべ→おしべ→花弁→がく　3 恒星　4 Sv（シーベルト）
5 外来生物　6 Aの質量 [＝] Bの質量　7 ウ　8 2.7〔g/cm^3〕

1 高層雲は温暖前線や停滞前線付近に，乱層雲は閉そく前線や温暖前線付近に発生する。
4 放射線の単位にはグレイとシーベルトがあり，このうち人体に対する影響を表すものをシーベルトという。
6 物質が溶ける溶けないに関わらず，AとBの質量は235gで同じとなる。
7 直列につなぐ電池の数が多いほど，コイルの巻数が多いほど，電流が大きくなり磁力も強くなる。また，厚紙に導線を巻いても何も変わらない。
8 メスシリンダーの目盛りから金属の体積は6mLであることが分かる。
$1mL = 1cm^3$であり，密度＝質量÷体積を用いると，密度＝16.2 ÷ 6 ＝ 2.7[g/cm^3]

H31 [1] 1 イ　2 記号 エ　名称 反射鏡　3 放射
4 気体Xは水にとけやすく，空気より密度が大きい性質をもつ。
5 風化　6 Aa，aa　7 ウ　8 ① ア　② イ

1 地下深くでマグマがゆっくりと冷えて固まってできる深成岩には花こう岩の他にせん緑岩，斑れい岩がある。
4 空気より密度が大きい気体は下方置換法で集める。
6 受粉させた際に，できた種子の中にしわ形の種子も見られたことから，丸形の遺伝子の組み合わせがAa，しわ形の遺伝子の組み合わせがaaとなる。したがって，これらを受粉すると，Aaもしくはaaが見られる。
7 運動の向きと同じ向きの力は重力を分解した力である。したがって，大きさは変わらない。

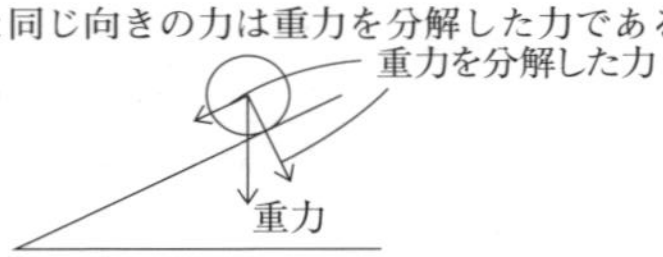

8 ②図2を利用して，液体A，Bの密度を求める。密度＝質量÷体積なので，AよりBの密度の方が小さい。したがって，上の層の液体は，Bとなる。

R2 [1] 1 菌〔類〕　2 偏西風　3 ア，エ，オ　4 ① ア　② ウ
5 イ，ウ　6 (1) 交流　(2) ① イ　② ア　7 ウ

3 変温動物であるのは魚類，両生類，ハチュウ類である。コウモリはホニュウ類であることに注意する。
5 融点は固体から液体に変化する温度，沸点は液体から気体に変化する温度なので，50℃が融点と沸点の間にあるものを選べばよい。
6 (2) 豆電球の明るさは豆電球にかかる電圧が大きいほど明るくなる。
7 台風は低気圧なので，右図のように風が吹き込む，風向が東→南→西と変化していることから，右図のように種子島から見て台風がどの位置にあるか見当をつけられる。

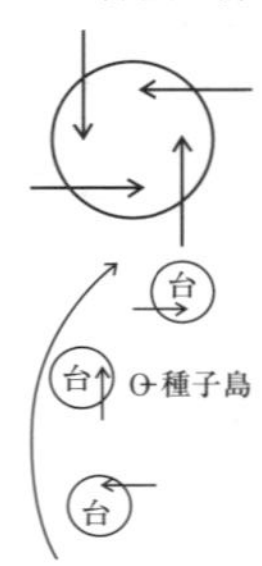

R3 [1] 1 地層　2 イ，ウ　3 a 電子　b 陽子　c 中性子　4 全反射
5 火成岩　6 C　7 ① イ　② ア
8 力の大きさ 150〔N〕　距離 80〔cm〕

6 AとBでは溶かす食塩の量が等しくAの方が水の量は多いから，質量パーセント濃度はA＜B。また，Cは水100gに食塩1.5gをとかした水溶液と質量パーセント濃度が等しいから，C＜A。よって，C＜A＜B
8 棒の右はしに加えた力の大きさをx(N)，支点から棒の右はしまでの距離をy(cm)とすると，
$20：40=x：300=40：y$　より　$x=150$(N)，$y=80$(cm)

R4 [1] 1 ① ア　② イ　2 ウ　3 エ　4 ① ア　② イ
5 (1) 斑状組織　(2) 分解者　(3) 発熱反応　(4) 6〔Ω〕

2 フェノールフタレイン溶液が赤色に変わったということはアルカリ性。
3 両生類と魚類との大きな違いは，肺呼吸かえら呼吸か。
4 地球は1日に約1回転自転するので，1時間あたりは360÷24＝15°
5 (4) 1.5Vの乾電池を2個直列につないでいるので全体の電圧は3.0V。よって，3.0÷0.5＝6Ω

(身近な科学)

H27 [3] Ⅰ 1 てこ　2 ウ　3 75〔cm〕　4 エ

2 次の3通りの方法で小さい力で重いものを動かすことができる。
(ⅰ) 作用点を支点に近づける。　(ⅱ) 支点を作用点に近づける。
(ⅲ) 力点を支点から遠ざける。
3 てこがつり合うとき，作用点での力の大きさ×支点から作用点までの距離＝力点の力の大きさ×支点から力点までの距離，が成り立つ。40cmおし下げたとき，おもりは20cm持ち上がったことより，力点の力の大きさをxとすると作用点での力の大きさは$2x$とおける。支点から力点までの距離を$a$cmとすると，支点から作用点までの距離は$150-a$cmとおける。
よって　$2x\times(150-a)=x\times a$ が成り立つ。
これを解くと　$300-2a=a$　　$3a=300$　　$a=100$(cm)
ゆえに　支点の位置は棒の左はしから$25+(150-100)=75$(cm)

H30 [5] Ⅱ 1 虚像　2 イ　3 (1) 10〔cm〕　(2)（右図）

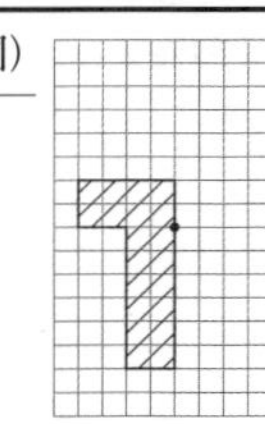

Ⅱ 2

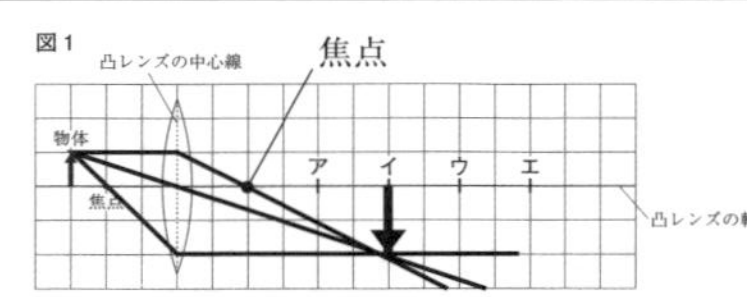

上図のように，軸と平行に進む光は焦点を通るように屈折し，レンズの中心を通る光は直進，焦点を通った光は軸と平行になるように進む。
3 (1) 実像が実物と同じ大きさなのは，凸レンズから厚紙までの距離が20cmの時である。したがって 20÷2＝10(cm)
(2) 表より，実物の2倍になっていることが分かるので，AB間が8cmとなる。また，上下左右も逆になる。

H31 [3] Ⅰ 1 振動　2 ア　3 (1) ウ　(2) ① イ　② ア

Ⅰ 3 (1) 音は振動数が多いほど高くなり，振幅が大きいほど大きくなる。
(2) 弦の長さを短くすることで，振動数が多くなり，音は高くなる。また，弦を強くはじくことで振幅が大きくなり，音は大きくなる。

R3 [5] Ⅰ 1 1.2〔g/cm^3〕　2 2.0〔N〕
3 右図
4 記号　ウ
理由　直方体にはたらく重力が浮力より大きいため。

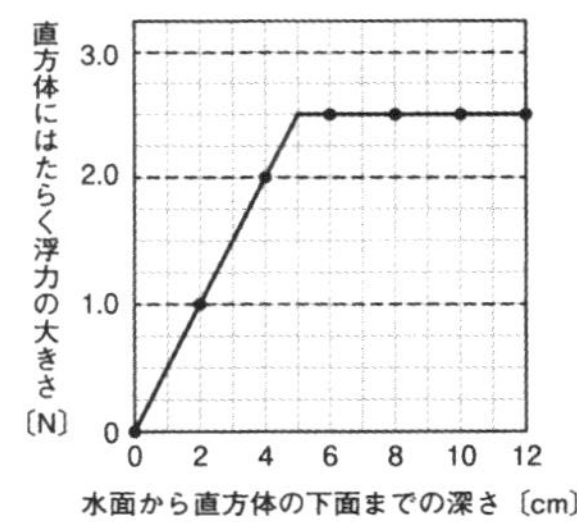

Ⅰ 1 $\frac{300}{5\times5\times10}=1.2$〔$g/cm^3$〕
2 直方体にはたらく重力の大きさは3.0Nである。一方で、水面から直方体の下面までの深さが8cmのときのばねばかりの値は1.0Nであるから、求める浮力の大きさは、3.0−1.0=2.0N
3 水面から直方体の下面までの深さが5cm以上になると直方体は完全に水に浸かるので浮力に変化が生じなくなる。

（物質の性質）

H28 [5] Ⅱ 1 溶質　2 エ
3 (1) 水が蒸発したから。
(2) 蒸発した水の量は163.9−153.9より10.0gである。よって，残っている水は90gとなる。
また，結晶の量をx(g)とすると，水溶液中の硝酸カリウムは，$(63.9-x)$(g)となる。
20℃では水100gに硝酸カリウムが31.6gとけるので，$(63.9-x):90=31.6:100$　$x=35.46$
答　35.5〔g〕

2 図1より100gの水にとける硝酸カリウムの質量は42gである。図2より42gとける水の温度は約27.5gとなる。

H30 [3] Ⅰ 1 a アルカリ　b 砂糖水　2 記号　C　名称　石灰水
3 $NaOH + HCl \rightarrow NaCl + H_2O$　4 16〔%〕

Ⅰ 1 リトマス紙の変化が赤色⇒青色となるのはアルカリ性である。また，Bは実験1から中性であることが分かり，実験2において黒くこげたとあるので，砂糖水と判断できる。
2 炭酸水素ナトリウムを熱して発生する気体は二酸化炭素であり，これと反応させることで白くにごる水溶液はアルカリ性の石灰水である。
3 実験1よりDは酸性なので塩酸と分かり，特有の刺激のあるにおいがするAがアンモニア，残りのEが塩化ナトリウム水溶液と判断できる。したがって，塩酸と反応させて塩化ナトリウム水溶液をつくるには水酸化ナトリウム水溶液と反応させればよい。
4 $\frac{2.4}{15}\times100=16$〔%〕

R2 [3] Ⅰ 1 イ　2 a ミョウバン　b ホウ酸
3 〔Cは，水溶液の温度を下げると，〕溶解度が小さくなり，とけきれない分が結晶として出てきたから。
4 $\frac{30}{S}-10$〔g〕

Ⅰ 2 図1を用いる。実験では水を10g用意しているので，グラフの縦軸の値の$\frac{1}{10}$を考える。そのとき，30℃で3gを下回るのはミョウバンとホウ酸であり，ホウ酸の方がより溶けないことが分かる。よってBがミョウバン，Dがホウ酸である。
4 （2人の考え方）から，とけ残ったDは（3.0−S）gだけ残っている。
よって求める式は，$\frac{3.0-S}{S}\times10=\frac{30}{S}-10$

R4 [5] Ⅱ 1 ウ　2 ア　3 $\frac{W-28}{7}$〔g/cm^3〕　4 A，B

Ⅱ 1 液体のエタノールの温度が上がることで、気体へと変化している。
3 水の密度は1.0g/cm^3より、水28.0cm^3の質量は28.0×1.0=28(g)。水とエタノールの混合物はW(g)より、エタノールの質量はW−28（g）、エタノールの体積は7.0cm^3より、密度は、$\frac{W-28}{7}$(g/cm^3)
4 まず、DとEは密度が1.0g/cm^3で、燃えなかったので全てが水で、エタノールは含まれていない。
図3より、質量パーセント濃度が60%以上のとき、
密度は約0.89g/cm^3以下なので、A、B、Cの密度を調べる。
A…$\frac{1.2}{1.5}$=0.80g/cm^3、B…$\frac{2.7}{3.2}$≒0.84g/cm^3、
C…$\frac{3.3}{3.6}$≒0.92g/cm^3なので、0.89g/cm^3以下なのは、AとB。

（化学変化）

H26 [4] Ⅱ 1 分解　2 右図
3 比例
4 加熱によって減少した質量は，50.0 − 37.6 = 12.4〔g〕
結果Bから，反応した炭酸水素ナトリウムの質量が8.4〔g〕のとき，減少した量は3.1〔g〕　もとの混合物中の炭酸水素ナトリウムの質量をx〔g〕とすると，
$12.4 : x = 3.1 : 8.4$　$x = 33.6$〔g〕
33.6 ÷ 50.0 × 100 = 67.2〔%〕　答え　67.2〔%〕

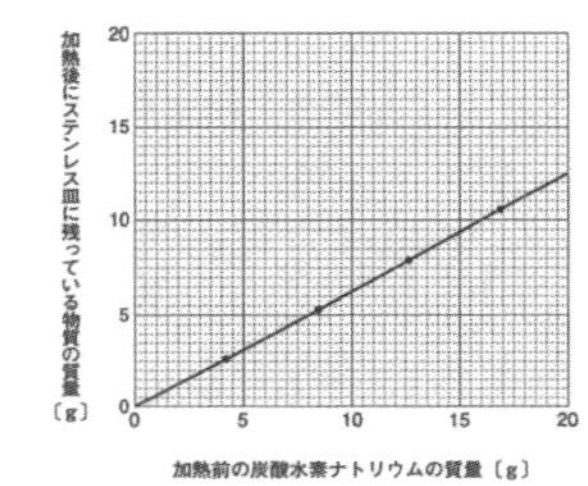

H28 [5] Ⅰ 1 発熱反応　2 ●○ ●○ ●○ ●●●●　3 硫化水素，水素　4 7.00〔g〕

2 鉄と硫黄の化学反応式は、Fe+S→FeSなので鉄原子●と硫黄原子○は1：1で結びつく。
3 反応して硫化鉄になったところでは、塩酸を入れると硫化水素が発生し、反応していないところでは、水素が発生する。
4 図2より、鉄の質量7gのとき硫黄は4g反応するから、硫黄の質量が3gのとき鉄の質量をxgとすると$7:4=x:3 \Rightarrow x=5.25$g。よって、鉄が12.25−5.25=7.00gだけ残る。

H29 [2] Ⅱ 1 Ag　2 ガスバーナーの火を消す前に，水の中からガラス管を出す。

3 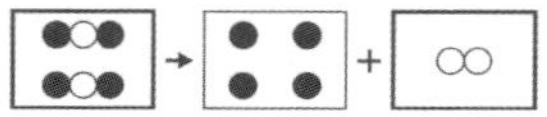　4 58〔%〕

Ⅱ 4 表より，酸化銀2.9gすべてが反応すると，0.2g減る。
12.5 − 12.0 = 0.5g減っているので，反応した酸化銀は，$2.9\times\frac{0.5}{0.2}=7.25$gである。
よって，反応した酸化銀の割合は，$\frac{7.25}{12.5}\times100=58$%

H31 [4] Ⅱ 1 (1) ア，エ　2 右図
(2) 容器のふたを閉めた
(3) 質量保存
3 80〔%〕

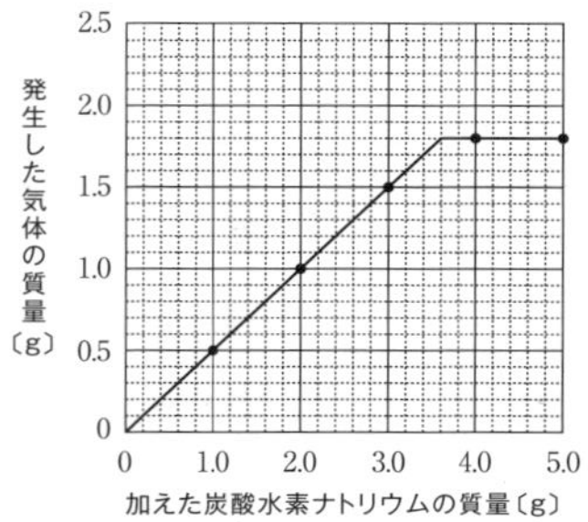

Ⅱ 1 (1) 二酸化炭素は炭素と酸素の化合物であり，温室効果ガスの1つでもある。
2 発生した二酸化炭素の質量＝うすい塩酸を入れたビーカー全体の質量＋加えた炭酸水素ナトリウムの質量―反応後のビーカー全体の質量で求められる。そして，記入した点を直線で結ぶと解答のようになる。
3 2より，1.2gの気体が発生したのは，加えた炭酸水素ナトリウムの質量が2.4(g)のときと分かる。したがって，2.4÷3＝0.80となる。つまり，80%である。

R3 [2] Ⅰ 1 二酸化炭素
2 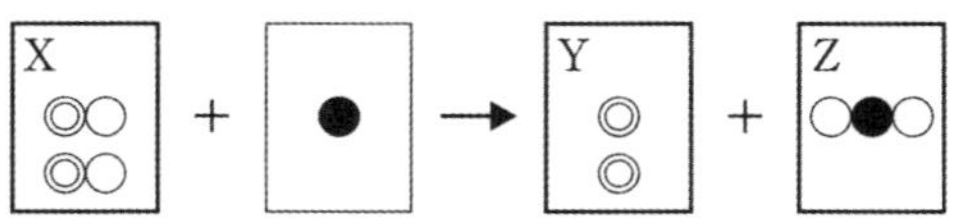

3 試験管Aに空気が入り，銅が酸化されるのを防ぐため。
4 質量 5.10〔g〕　物質 炭素，銅

Ⅰ 2 化学反応式は
$2CuO+C\rightarrow 2Cu+CO_2$
4 6.00gの酸化銅と過不足なく反応する炭素粉末の質量をx(g) とすると，図2より 6.00:x=4.00:0.30　x=0.45(g)
よって，酸化銅は完全に還元され，加熱後の試験管には0.75−0.45=0.30(g) の炭素粉末が残ることが分かる。また，このとき生成する銅の質量をy(g) とすると，図2より 4.00:3.20=6.00:y　y=4.80(g) 以上より，試験管Aの中にある加熱した後の物質は，炭素と銅であり，その質量は，0.30+4.80=5.10(g)

(中和とイオン)

H29 [2] Ⅰ 1 $HCl\rightarrow H^++Cl^-$
2 電流の向き ア　電子の移動の向き イ　ミ ウ
4 中和してできた水溶液は，電解質である塩化ナトリウムの水溶液だから。

Ⅰ 2 ＋極が銅，−極が亜鉛。
電流は，＋極→−極，電子は−極→＋極の向きである。
3 ア…二酸化炭素　イ…窒素　ウ…水素　エ…アンモニア
銅板では，水素が発生している。

H30 [3] Ⅱ 1 ア　2 塩素が発生した電極Bが陽極だから，＋極は電極BにつながっているYである。
3 a 10　b 0.38

Ⅱ 1 塩化銅は銅原子1つにつき，塩素原子が2つ付いており，水にとけるとこれらが均一に広がる。
2 電極Bでの反応：$2Cl^-\rightarrow Cl_2+\ominus\ominus$　ただし，⊖は電子。
3 a 塩素分子Cl_2は塩素原子が2つ集まったもの。
b 塩化銅：銅＝19：9であるから，
19：9＝x：0.18　x＝0.38

H31 [4] Ⅰ 1 ① イ　② イ
2 **リトマス紙** 赤色リトマス紙　**イオンの名称** 水酸化物イオン
3 $Ba(OH)_2+H_2SO_4\rightarrow BaSO_4+2H_2O$

Ⅰ 1 硝酸カリウム (KNO_3) は水溶液中でH^+やOH^-を生じないため，中性となる。
2 水酸化バリウム水溶液は水酸化物イオンを含んでいることからアルカリ性であり，赤色リトマス紙を青色に変える性質がある。
3 これは，酸とアルカリにより水と塩ができる中和反応である。

R2 [3] Ⅱ 1 $NaOH\rightarrow Na^++OH^-$　2 エ
3 (1) 燃料〔電池〕　(2) 化学式 O_2　分子の個数 4〔個〕

Ⅱ 2 気体Aは水素である。ア，イは酸素，ウは塩素，エは水素が発生する。
3 (2) この反応の化学反応式は，$2H_2+O^2\rightarrow 2H_2O$である。
もし気体A（＝水素）の分子4個がすべて使われていたとすると，気体B（＝酸素）の分子は上の反応式から2個使われる。よって残る気体は酸素で，分子の個数は6−2＝4個。

R3 [2] Ⅱ 1 エ　2 $H^++OH^-\rightarrow H_2O$　3 NaCl
4 a 変わらない　b ふえる

Ⅱ 1 ア 塩酸は電解質である塩化水素の水溶液であり，電気を通す。よって誤り。
イ，ウ アルカリ性の水溶液の性質であるため，酸性の塩酸には当てはまらない。よって誤り。
エ $Mg+2HCl\rightarrow MgCl_2+H_2$より正しい。
3 $Na^++Cl^-\rightarrow NaCl$
4 a Na^+が増加した分だけH^+が中和によって減少するので陽イオンの総数は「変わらない」。
b 加えたうすい水酸化ナトリウム水溶液の体積の合計が$10.0cm^3$になると中和が終わり，その後はNa^+が増加した分だけ陽イオンの数が「ふえる」。

R 4 5　Ⅰ 1　電解質　2　イ

3　右図

4　$2HCl \rightarrow H_2 + Cl_2$

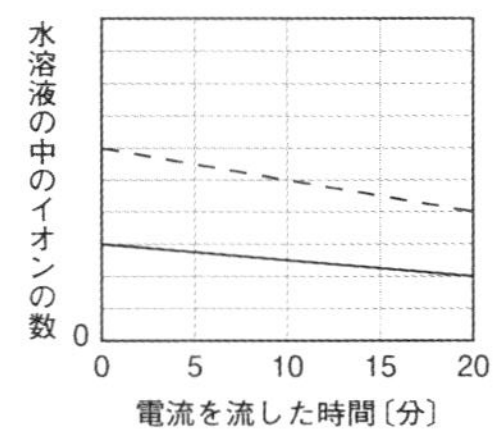

Ⅰ 3　$CuCl_2 \rightarrow Cu^{2+} + 2Cl^-$より，銅イオンの数は塩化物イオンの数の半分である。

(電流とそのはたらき)

H26 3　Ⅱ 1　$V=RI$　2　a　イ　b　ウ　3　変わらない。　4　ア

2　図2で電流は手前から奥，磁界は下向きなので，力は左向きにはたらく。

4　陰極線は電子の移動なので電流は左向き，U字形磁石を近づけると磁界は奥から手前に向かっているので，フレミングの左手の法則より力は上向きにはたらく。

H27 3　Ⅱ 1　80〔Ω〕　2　16〔Ω〕　3　エ→ウ→ア→イ

1　表1より電熱線aに加わる電圧6.4(V)，流れる電流80(mA)=0.08(A)よりオームの法則に代入して

6.4=0.08×抵抗　　抵抗$=\frac{6.4}{0.08}=80$（Ω）

2　表2より電熱線bに加わる電圧8.0(V)，流れる電流400(mA)=0.4(A)よりオームの法則に代入して

8.0=0.4×抵抗　　抵抗$=\frac{8.0}{0.4}=20$(Ω)

全体の抵抗R，電熱線aの抵抗R_1，電熱線bの抵抗R_2とすると$\frac{1}{R}=\frac{1}{R_1}+\frac{1}{R_2}$が成り立つ。

それぞれ代入して$\frac{1}{R}=\frac{1}{80}+\frac{1}{20}=\frac{1+4}{80}=\frac{5}{80}$　　$R=\frac{80}{5}=16$(Ω)

3　発熱量=電力×時間=電圧×電流×時間であり，時間は一定なので，電圧×電流が大きいほど発熱量は大きい。

H29 5　Ⅰ 1

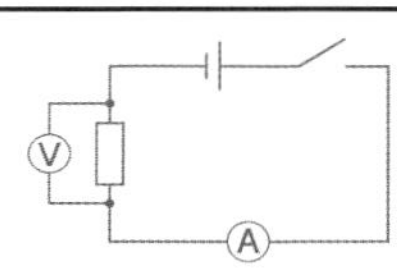

2　6.0〔V〕　3　2700〔J〕

4　①　イ　②　イ

Ⅰ 1　電圧計は並列に，電流計は直列につなぐ。

2　図2は，15Vの端子につながれている。

3　電力〔W〕=電圧〔V〕×電流〔I〕

電力量〔J〕=電力〔W〕×時間〔s〕

図2，図3から，電圧は6.0V，電流は1.5Aと読みとれる。

(電力)=6.0×1.5=9.0W

(電力量)=9.0×5.0×60=2700J

H31 3　Ⅱ 1　8.0〔Ω〕　2　(1)　500〔mA〕　(2)　ア

3　a　磁界　b　誘導電流

Ⅱ 1　オームの法則より，

抵抗= 2.0 ÷ 0.25 = 8.0（Ω）

2　(1)抵抗が同じなので，抵抗器bも8.0(Ω）である。また，抵抗器a，bにかかる電圧は2.0(V）なので，オームの法則より，抵抗器Aに流れる電流…2 ÷ 8 =0.25(A)

抵抗器Bに流れる電流…2 ÷ 8 =0.25(A)

よって，0.25+0.25= 0.50(A) = 500（mA）となる。

(2) (1)より，電流の値が大きくなっているので，モーターの回転の速さも速くなる。

R 3 5　Ⅱ 1　エ　2　オームの法則　3　電圧　3.0〔V〕　電力　0.75〔W〕

4　大きな電流が流れ，発熱量が大きくなる

Ⅱ 1　電圧計は回路に対して並列に接続する。

3　並列回路では各抵抗器にかかる電圧が等しいことに注意する。図2，図4より抵抗器Aには150mA，抵抗器Bには100mAの電流が流れると分かる。(電圧はいずれも3.0V)

よって回路全体の電力は$\frac{(150+100)}{1000}\times3.0=0.75$[W]

R 4 2　Ⅱ 1　交流

2　コイルの内部の磁界が変化すると，その変化にともない電圧が生じてコイルに電流が流れる現象。

3　棒磁石をより速く動かす。　4　ウ

Ⅱ 4　交流なので，電流が流れる向きが変わるが1周した後は，再び磁石をコイルに近づけないかぎり電流は流れない。

(運動とエネルギー)

H28 4　Ⅰ 1　2.0〔秒〕　2　右図　3　(1)　ウ　(2)　短くなる。

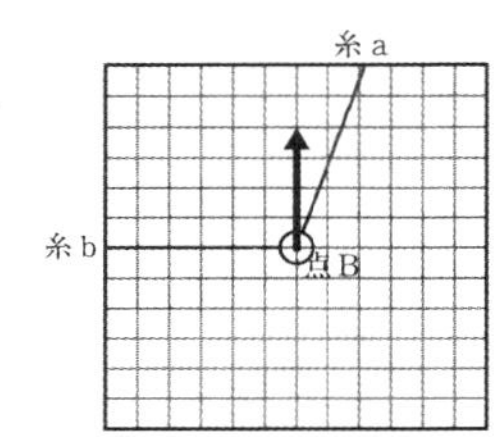

1　1回目10往復で20.1秒かかっているので，1往復では20.1÷10=2.01(秒)かかる。よって，小数第1位を四捨五入して2.0（秒）。

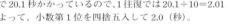

H30 5　Ⅰ 1　0.1〔秒間〕　2 (1) ① イ　② ア　(2) 等速直線運動　3 エ

Ⅰ 1 1秒間に60打点記録するので，
$1 : 60 = x : 6$
$x = 0.1$
2 力学台車は等速直線運動をしているので，速さは一定であり，移動距離と時間には比例関係がある。
3 1と同様の計算をすると5打点記録するのに$\frac{5}{60}$秒かかるので，
$2.5 \div \frac{5}{60} = 30$

R 2 5　Ⅱ 1　0.02〔J〕　2 ウ　3 作用・反作用　4 12〔cm〕
5 小球の位置エネルギーの大きさは変わらないので，木片の移動距離は変わらない。

Ⅱ 1 20 g＝0.2Nより，0.2×0.1＝0.02［J］
2 物体にはたらく力は，重力と，物体が触れている部分である。
4 小球の高さが等しいとき，小球質量と木片の移動距離は比例する。このことから質量25 gの小球で木片を6 cm移動させるときの高さは，20 gの小球で$\frac{20}{25}\times 6 = 4.8$[cm] 移動させるときの高さと等しい。
また，小球の質量が等しいとき，小球の高さと木片の移動距離は比例する。このことから，質量20 gの小球で木片を4.8cm移動させるときの高さは$\frac{4.8}{2.0}\times 5 = 12$[cm]。

R 4 2　Ⅰ 1

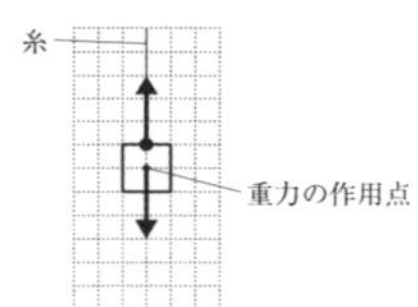

2 90〔cm/s〕　3 a 0.4　b 慣性　4 エ

Ⅰ 1 重力の作用点は物体の中心にあることに注意する。
2 $\frac{18.0-9.0}{0.3-0.2} = 90$cm/s
3 0.4秒後以降は0.1秒間に進む距離が15.0cmと一定であることから，おもりが床について等速直線運動をしていることがわかる。
4 おもりの質量が大きい方が，早く床に到達する。

(植物の種類とはたらき)

H28 3 Ⅰ 1 イ　2 葉にあるデンプンをなくすため。
3 X C Y B　4 右図

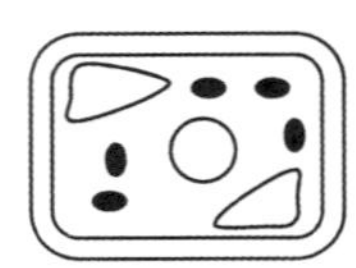

3 光合成に光が必要であることを調べるには，光の有無の条件だけを変え，その他の条件は同じにしておく必要がある。よって，AとCの部分を比較すればよい。同様に，光合成が，葉緑体がある部分で行われることを調べるには，葉緑体の有無の条件だけを変え，その他の条件は同じにしておく必要がある。よって，AとBを比較すればよい。
4 ヨウ素液を青紫色に変えるのは，葉の葉緑体の部分である。

H31 2　Ⅱ 1 水面から水が蒸発するのを防ぐため。
2 葉の気孔の数は，葉の表側よりも葉の裏側のほうが多い。
3 (1) Cの水の減少量には，茎からの蒸散量がふくまれていることを考えていなかったから。
(2) 6.5〔cm^3〕

Ⅱ 1 この実験は植物の蒸散量を調べるものであるため，水面からの蒸発を防ぐ必要がある。
3 (2) Aは茎と葉の裏側からの蒸散量を，Bは茎と葉の表側からの蒸散量を，Cは茎と葉全体からの蒸散量をそれぞれ表している。したがって，葉の表側からの蒸散量＝C－A＝1.7(cm^3) であり，葉の裏側からの蒸散量＝C－B＝4.8(cm^3) となる。よって，1.7＋4.8＝6.5(cm^3)

R 3 3　Ⅰ 1 胞子　2 子房がなく，胚珠がむきだしになっている。
3 ① ア　② イ　4 ア

Ⅰ 4 種子の遺伝子の組み合わせとしてAA，Aa，aaの3パターンが考えられ，AA：Aa：aa＝1：2：1よって $800 \times \frac{1}{1+2+1} = 200$（個）

R 4 3　Ⅱ 1 a 胸部　b 6　2 記号 ア　名称 花弁
3 (1) B，C
(2) 【試験管（ A ）と比べることで，】光が当たってもタンポポの葉がなければ，二酸化炭素は減少しないことを確かめるため。

Ⅱ 3 (1) Aは光合成をしているので，二酸化炭素が使われている。

(動物の生活と種類)

H26 5 Ⅰ 1 エ　2 右図　3 記号 ウ　名称 えら
4 骨格が体の外側をおおっている。

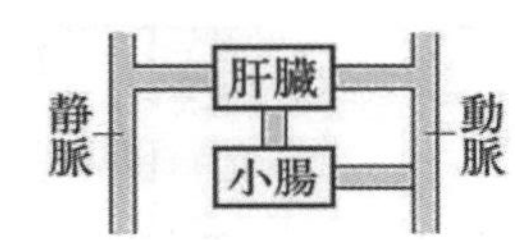

2 小腸で吸収した栄養分を肝臓に運ぶ血管を書く。
4 節足動物は外骨格を持っている。

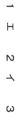

H27 2 Ⅰ 1 エ　2 イ　3 d，e，g
4 呼吸によって酸素が移動し，光合成によって二酸化炭素が移動する。

H28 3 Ⅱ 1 （トカゲ） イ　（ネコ） ア
2 (1) せきずい　(2) 運動神経　(3) 右図

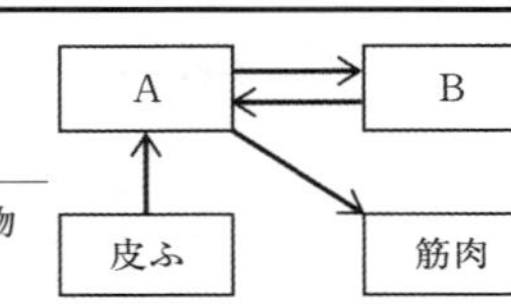

1 トカゲはハチュウ類なので変温動物，ネコはほ乳類なので恒温動物である。

H29 3 Ⅰ 1 エ　2 a 静脈　b 静脈　3 イ　4 c 相同器官　d 進化
Ⅱ 1 空気中の菌類や細菌類などの微生物がビーカーに入り，実験に影響が出ることを防ぐため。
2 a デンプン　b 呼吸　3 ウ

Ⅰ 1 赤血球…酸素を運ぶ。
白血球…体内に入った細菌を食べて殺す。
血小板…出血したときに，血管を修復するために血液を固める。
血しょう…二酸化炭素などの不要物や養分を溶かして運ぶ。

H30 4 Ⅱ 1 無セキツイ動物　2 アサリ　3 エ　4 a E　b ハチュウ

Ⅱ 2 アサリは無セキツイ動物で外とう膜がある。
3 ヒントからBとGは魚類であることが分かる。
4 a：Eはハトである。
b：始祖鳥に見られるつめや歯はハチュウ類としての特徴である。

H31 2 Ⅰ 1 中枢（神経）　2 D，B，E　3 ウ

Ⅰ 2 この反応は反射であり，信号は脳を経由しない。

R2 4 Ⅱ 1 対照実験　2 ヒトの体温に近づけるため。
3 (1) だ液のはたらきによってデンプンがなくなった。
(2) だ液のはたらきによって麦芽糖などができた。
4 ③

Ⅱ 3 ヨウ素液によりデンプンの有無が，ベネジクト液により糖の有無が分かる。
4 ①を調べるためには水の有無で対照実験を，②を調べるためには溶液の酸性，アルカリ性を変えて対照実験を行わなければならない。

R3 3 Ⅱ 1 養分からエネルギーがとり出されている
2 (1) ウ，エ　(2) a 肝臓　b 尿素　c じん臓
3 表面積が大きくなっているから。

Ⅱ 1 細胞は、小腸で吸収した養分を酸素を利用して分解し、エネルギーを得ている。
2 (1)各消化酵素が分解する養分は以下の通りである。
アミラーゼ…デンプン
リパーゼ…脂肪
トリプシン…タンパク質
ペプシン…タンパク質

（細胞と遺伝）

H26 5 Ⅱ 1 ア　2 花粉が直接胚珠につく。　3 発生　4 a ○　b ○　c △

4 エンドウを自家受粉させると丸：しわは3：1の比になる。

H27 2 Ⅱ 1 (1) 核　(2) 細胞が大きくなること。　2 a 12　b 6
3 記号 ウ　名称 ペプシン

2 無性生殖は親の体細胞分裂によってできるので，親とまったく同じ染色体をもつ。有性生殖での卵や精子は減数分裂と呼ばれる特別な細胞分裂を行うため染色体の数は半分になる。
3 胃液にふくまれる消化酵素はタンパク質を分解するときに使われる。

H30 4 Ⅰ 1 被子植物　2 減数分裂　3
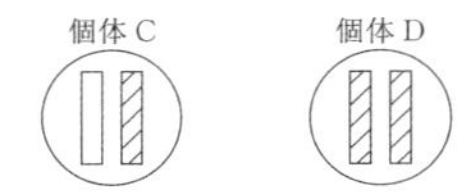

4 a 有性　b 無性

Ⅰ 3 個体Cは個体Aと個体Bの有性生殖によって，個体Dは個体Bのみの無性生殖によって形成されている。
4 a：親の組み合わせによって行われるのは有性生殖である。
b：開発した品種の形態を変えないために無性生殖を行う。

R2 4 Ⅰ 1 酢酸オルセイン
2 〔ア〕→オ→ウ→エ→イ
3 根は，先端に近い部分で細胞の数がふえ，それぞれの細胞が大きくなることで成長する。
4 染色体が複製されるから。

R4 3 Ⅰ 1 (1) 赤血球　(2) a 血しょう　b 組織液
2 (1) ア 13〔本〕　イ 26〔本〕　ウ 26〔本〕　(2) AA，Aa

Ⅰ 2 (1)受精する前に減数分裂して、染色体の数はそれぞれ半分になる。
(2)受精卵がAAということは、親のどちらにもAの遺伝子が入っていなければならないので、AA、Aaの2種類が可能性として考えられる。

（地球と太陽系）

H26 2 Ⅰ 1 C　2 ウ　3
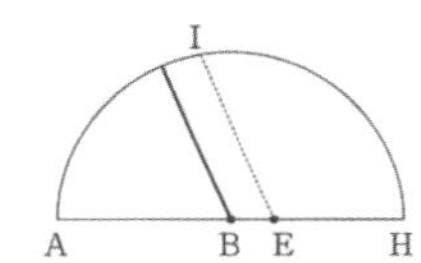

4 イ

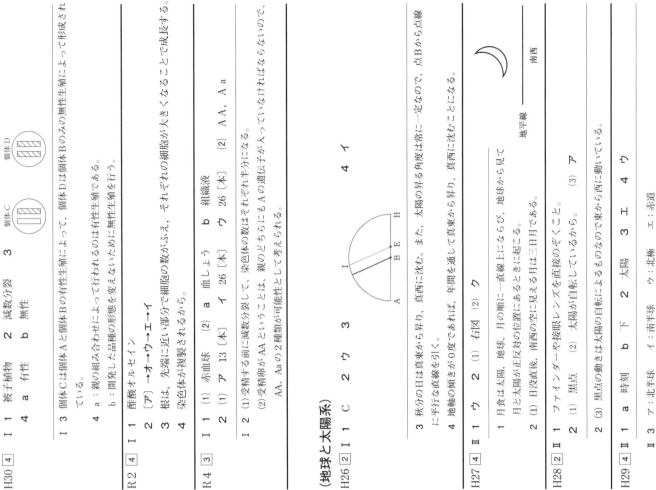

3 秋分の日は真東から昇り，真西に沈む。また，太陽の昇る角度は常に一定なので，点Bから点線に平行な直線を引く。
4 地軸の傾きが0度であれば，年間を通して真東から昇り，真西に沈むことになる。

H27 4 Ⅱ 1 ウ　2 (1) 右図　(2) ク

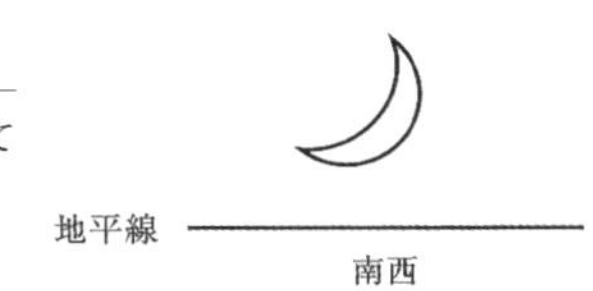

1 月食は太陽，地球，月の順に一直線上にならび，地球から見て月と太陽が正反対の位置にあるときに起こる。
2 (1) 日没直後，南西の空に見える月は三日月である。

H28 2 Ⅱ 1 ファインダーや接眼レンズを直接のぞくこと。
2 (1) 黒点　(2) 太陽が自転しているから。　(3) ア

2 (3) 黒点の動きは太陽の自転によるものなので東から西に動いている。

H29 4 Ⅱ 1 a 時刻　b 下　2 太陽　3 エ　4 ウ

Ⅱ 3 ア：北半球　イ：南半球　ウ：北極　エ：赤道
赤道を基準に，北へ行くと左に傾き，南へ行くと右に傾く。

4　肉眼で見える像は上下左右が逆である。

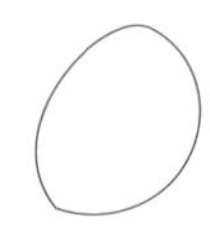

この形に見えるのは，②の位置に金星があるとき。地球と金星はともに公転をしているが，金星の方が速いので，どんどん地球に近くなる。それとともに太陽と地球の間に入りこむようになるので，金星の形は欠けていく。

H31 5 Ⅱ　1　地球型惑星　　2　イ　　3　ウ　　4　ア

Ⅱ　2　皆既月食は太陽・地球・月の順に一直線に並び，満月が地球の影に入り，月の全部が見えなくなる現象である。

3　地球と火星がほぼ同じ平面上を公転していることから，それぞれの位置関係は下図のようになる。また，地球において，0，6，12，18，24 時におけるひろみさんの位置も示してある。

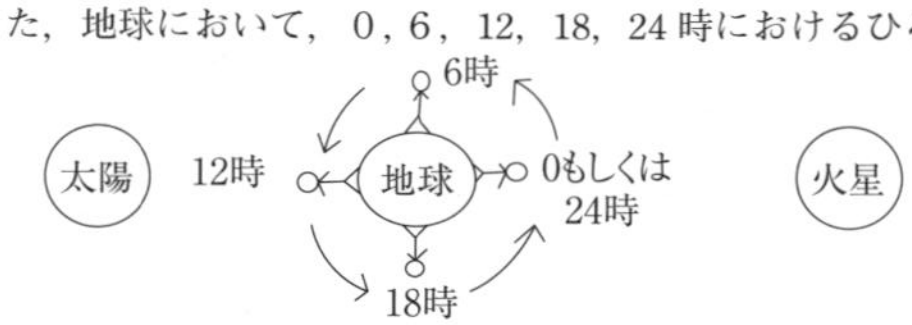

今回の問題において，ひろみさんの観察時刻は午後 9 時ごろなので，18 時と 24 時の間の位置に居たことが分かる。また，観察場所が鹿児島（北半球）であることを踏まえると火星は南東の方向に観察される。

4　8 月 18 日に金星を観察して以降，再び観察できるまで 3 ヶ月かかっていることから，この 3 ヶ月で地球と金星がどれくらい公転したのかを考える。

〈地球〉

地球の公転周期は 1 年なので 3 ヶ月（$\frac{1}{4}$年）では…

1（年）：1（周）$=\frac{1}{4}$（年）：x（周）

$x=\frac{1}{4}$（周）となる。

〈金星〉

金星の公転周期は 0.62 年なので 3 ヶ月（$\frac{1}{4}$年）では…

0.62（年）：1（周）$=\frac{1}{4}$（年）：x（周）

$0.62x=\frac{1}{4}$

$x=0.403\cdots$（周）となる。

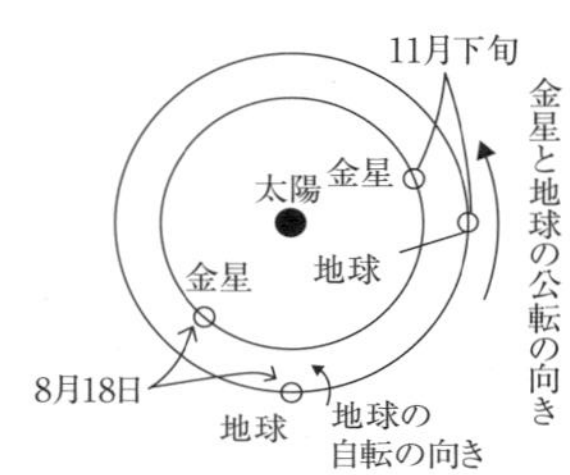

これらと，地球と金星の元々の位置を踏まえると，11 月下旬における金星と地球の位置は上のようになる。したがって，3 と同様に考えると金星は明け方に東の空で観察されることが分かる。

R2 2 Ⅱ　1　イ　　2　日周運動

3　(1)　右図

(2)　81.8°

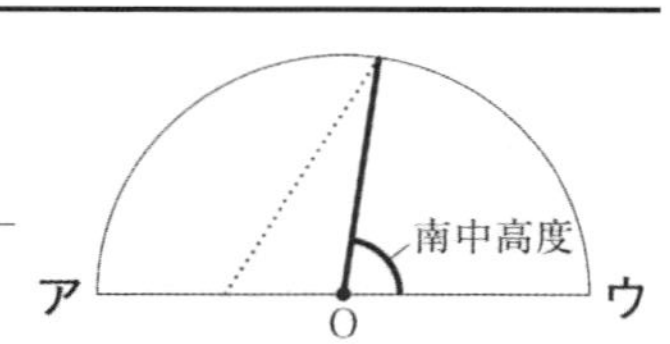

Ⅱ　1　ウが南ということから分かる。

3　(2) 夏至の日の南中高度は

90°－(北緯－23.4°) で求められるので，

90°－(31.6°－23.4°)＝81.8°

R3 4 Ⅰ　1　衛星　　2　エ　　3　d　　4　イ

Ⅰ　3　明け方に東の空に見える金星を明けの明星という。地球は半時計回りに自転するため金星は右上にのぼっていくように見える。（東の空の星の動きと同様。）

4　肉眼で見る場合とは上下左右が逆になっていることに注意する。金星の公転周期は地球の公転周期と比べて短いため，2 か月後地球と金星の距離は長くなる。よって図 3 の金星よりも小さく，より満ちているイを選ぶ。

（天気の変化）

H27 4 Ⅰ　1　冬　　2　シベリア気団　　3　ウ　　4　ア

H30 2 Ⅱ　1　熱を伝えやすい性質

2　（1 日目と 2 日目では，1 m^3 の空気にふくまれる水蒸気の質量は）同じであるが，1 日目のほうが気温が高く飽和水蒸気量が大きいから。

3　a　4　　b　1　　c　2　　d　3

Ⅱ　2　露点が同じであれば 1 m^3 の空気に含まれる水蒸気の量に等しく，気温が高くなるにつれて飽和水蒸気量も大きくなる。

3　2 より，1 日目の湿度＜2 日目の湿度。また気温の同じ 2 日目と 3 日目を比べると，3 日目の方が露点が高いので，2 日目の湿度＜3 日目の湿度となる。同様に 1 日目と 4 日目を比べると 4 日目の湿度＜1 日目の湿度となるので，4＜1＜2＜3 となる。

H31 5 Ⅰ　1　イ

2　気温が露点より高くなったから。　　3　8

Ⅰ　1　冬になると寒冷で乾燥したシベリア気団が発達する。

2　気温が露点より高くなると，飽和水蒸気量が空気中の水蒸気量より大きくなるので霧が見えなくなる。

3　陸地における水の出入りを考えると，22－14＝8 であり，海においても同様に計算すると 78－86＝－8 である。したがって，陸地から海へ「8」の流水となる。

R3 4 Ⅱ　1　温度計に日光が直接あたらないようにするため。

2　右図

3　a　膨張　　b　下　　4　強い雨が，短時間に降る。

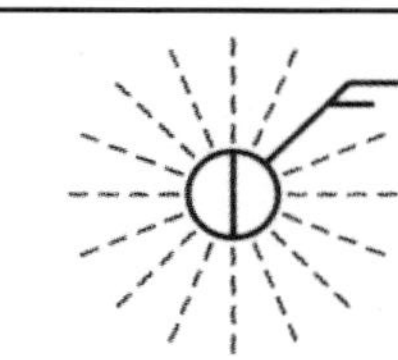

Ⅱ　4　前線Ｘは温暖前線，前線Ｙは寒冷前線である。寒冷前線が通過する際，狭い範囲で強い雨が短時間降る。

R4 4 Ⅱ　1　移動性高気圧　　2　エ　　3　イ

4　冷たく乾燥している。

Ⅱ　4　Bは西高東低の気圧配置なので、季節は冬。冬には、大陸で発達する冷たくて乾いたシベリア気団の影響を受ける。

(大地の変化)

H26 2 Ⅱ 1 a ア b イ 2 (1) 主要動 (2) エ (3) 初期微動継続時間の長さは変わらず，ゆれは大きくなる。

2 (2) 表のＰ波到着時刻より，震源からの距離は①→④→②→③だとわかる。
(3) 初期微動継続時間は震源からの距離に比例するので，同じ震源で発生すれば長さは変わらない。

H28 2 Ⅰ 1 ウ 2 磁石につく粒があるか調べる。 3 B→A→C

H29 4 Ⅰ 1 うすい塩酸をかける。 2 柱状図 3 イ 4

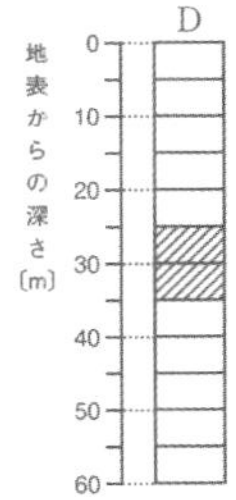

Ⅰ 3 Bの方がAよりも20m高いところにあるので，地層がかたむいていなければ，Bの柱状図はAより20m下がっていないといけない。しかし，10mしか下がっていないので，地層がかたむいてBの方が高くなっていることがわかる。よって，西の方が低くなっている。
4 CよりDの方が20m高いが，地層がかたむいているので，Dの柱状図はCより10m下がる。

H30 2 Ⅰ 1 震央 2 3.5〔km/s〕 3 (1) 70〔km〕 (2) ① ウ ② ア

Ⅰ 2 図よりＳ波は10秒間で35km進んでいるので，35÷10=3.5〔km/s〕
3 (1) 初期微動継続時間とは，Ｐ波が届いてから，Ｓ波が届くまでの時間なので（Ｓ波が届くまでの時間）−（Ｐ波が届くまでの時間）=10(s)となる地点を探す。

R2 2 Ⅰ 1 しゅう曲
2 東側の川岸に川原の堆積物があることから，東側が川の曲がっているところの内側となっているQである。
3 イ→ウ→ア→エ

Ⅰ 3 アの特徴はシジミの化石，イの特徴はホタテガイの化石，ウの特徴は凝灰岩，エの特徴は地層全体を見ればよい。地層は下に行くほど古くなることから考えればよい。

R4 4 Ⅰ 1 Ｐ波
2 (1) C (2) 右図 (3) 21〔秒〕

Ⅰ 2 (1) 震源距離が遠いと震度が小さい。
(3) 初期微動継続時間は震源からの距離に比例するので，
36：6 =126：x　x=21

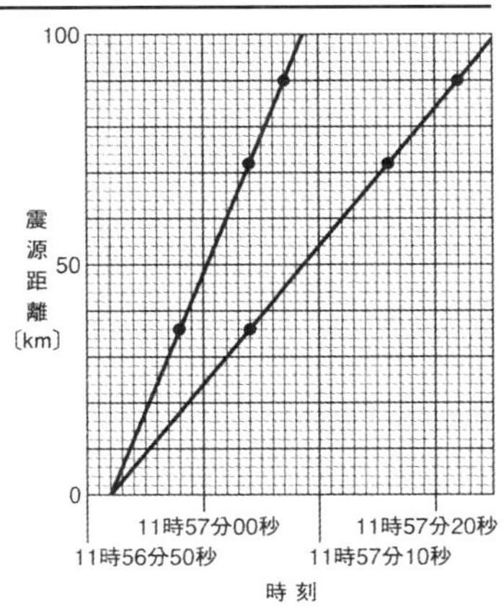

社会解答

(日本地理)

H27 1 Ⅱ 1 岩手(県) 2 エ 3 河川の運搬した土砂が堆積して形成された。
4 イ 5 ア
6 (図) ウ (理由) 冬の気温が低く雪が多いため，農業を行うことが困難だったから。

H28 1 Ⅱ 1 (向き) a (名称) 対馬海流 2 イ 3 エ
4 (気象災害) 冷害 (風の名称) やませ 5 ア
6 大雨などによりあふれそうになった河川の水を地下に貯水する役割があり，浸水の被害を減らす効果がみられた。

H29 1 Ⅱ 1 ア 2 フォッサマグナ 3 高速道路の付近 4 レアメタル
5 (立木の一部を伐採することで) 樹木の間隔を広げて，大きな木を育てるため。
6 工場がなくなり，マンションが増えて人口が増加した。

H30 1 Ⅱ 1 a 2 エ 3 施設園芸（農業） 4 瀬戸大橋が開通 5 ▲
6 (記号) イ (理由) 等高線の間隔が狭くなっているから。
Ⅲ 黒潮を利用して生み出される電力は，自然の力を利用した再生可能なエネルギーであり，これを利用することで持続可能な社会を実現することができると思われること。

H31 1 Ⅱ 1 リアス海岸 2 琵琶湖 3 ⓘ 4 ア
5 (大泉町に多く住む) ブラジル人が生活しやすいようにするため。
6 都市の中心部の気温が，都市化の進行によって周辺地域よりも高くなる現象。

R2 1 Ⅱ 1 シラス台地 2 岐阜県 3 ⓘ 4 大消費地に短い時間で輸送する
5 日本のエネルギー自給率を高めることができると考えられるから。
6 イがさいたま市である。理由は，昼間は通勤や通学で東京などへ人が移動していて，夜間人口に比べ昼間人口が少なくなると考えられるからである。
Ⅲ X 経路ⓘ
Y 経路ⓘは浸水予想地域の外に出るまでの距離が短く，河川の近くを通らずに避難することができる

R3 1 Ⅱ 1 明石 2 対馬海流 3 果実：みかん 県：A 4 ア
5 64歳以下の世代の人達を中心として，千里ニュータウンの人口が減っている

R4 1 Ⅱ 1 2 2 カルデラ 3 ウ 4 (1) 栽培（漁業） (2) 排他的経済水域
5 太平洋や日本海から吹く湿った風が山地によってさえぎられ，乾いた風が吹くから。

(世界地理)

H27 1 Ⅰ 1 太平洋 2 ア 3 西経135（度）
4 (場所) ② (降水の特徴) 雨の多い時期（雨季）と少ない時期（乾季）がある。
5 エ
6 (Ｚの国名) フランス
(生産の特徴) 航空機の部品を各国で分担して製造し，フランスやドイツでその組み立てを行っている。
Ⅲ さとうきびからバイオ燃料（バイオエタノール）をつくり，それを活用することで，大気中の二酸化炭素の量を減らし，地球温暖化を抑制する効果があるから。

H28 [1] Ⅰ 1 ウ　2 Ⓘ
3 （時差）19（時間）（到着日時）（12月）2（日）（午前）6（時）50（分）
4 （冬場の暖房の熱によって）凍った土がとけ地盤が緩み，住居が傾くことを防ごうとしている。
5 ア　6 （X）イ　（Y）イスラム教徒の人口が増加し市場が拡大する
Ⅲ 1 ODA　2 かつて植民地として統治していた国に経済協力を行っている。

H31 [1] Ⅰ 1 オセアニア（州）　2 エ　3 西経100（度）
4 （記号）エ　（特徴）緯度が高いわりには，冬の気温が高い。　5 イ
6 石油は埋蔵量に限りがあり，価格の変動が大きく，安定した収入を継続して得られないから。
Ⅲ 全国の空港に比べ，アジアの国や地域から訪れる人の割合が大きく，中でも国際線で結ばれた国や地域からの割合が大きい。

R 2 [1] Ⅰ 1 ヒマラヤ（山脈）　2 本初子午線　3 ウ　4 焼畑農業　5 イ
6 ⑴ 低い賃金で労働者を雇うことができ，費用を安くおさえた製品を生産できるから。
⑵ 主な輸出品目が農産物や工業の原料から工業製品に変わり，輸出総額が増加した。

R 3 [1] Ⅰ 1 大西洋　2 イ　3 フィヨルド
4 季節風（モンスーン）の影響を受けて，降水量が多くなるから。　5 エ
6 Y サトウキビ
Z 原料になる植物が大気中の二酸化炭素を吸収しているため，大気中の二酸化炭素は増えない

R 4 [1] Ⅰ 1 アルプス（山脈）　2 南緯30度　3 ア　4 イ　5 小麦
6 ⑴ （1番目）イギリス　（2番目）ドイツ
⑵ 風力発電と太陽光発電の発電量の割合がともに増加している。

（歴史「古代～近世」）

H27 [2] Ⅰ 1 ① 源頼朝　② 応仁　2 和を大切にして争いをやめ，天皇の命令を守る
3 イ　4 イ→ウ→エ→ア
5 外様大名は，関ヶ原の戦いのころから新たに徳川氏に従った大名で，多くは九州や東北など江戸から遠い場所に配置された。　6 ウ

H28 [2] Ⅰ 1 ① 勘合　② 徳川家康　2 ウ　3 ア　4 収穫の約3％の稲を納める。
5 （X）深く耕すことができる　（Y）千歯こき　6 C→B→A→D

H29 [2] Ⅰ 1 ① 松平定信　② 執権　2 ウ　3 エ　4 イ
5 天皇のきさきにして，生まれた子どもを天皇にする　6 B→（D）→E→C→A

H30 [2] Ⅰ 1 遣隋使　2 百済を助ける　3 イ
4 実力のある者が，上の身分の者の地位を奪う風潮。
5 ウ→ア→エ　6 ① 異国船打払令　② 外国船に燃料や水を与え

H31 [2] Ⅰ 1 ① かな　② 豊臣秀吉　2 エ→ウ→ア→イ　3 エ
4 借金の帳消し　5 ウ
6 全国から大量に運びこまれた各藩の年貢米や特産物が取り引きされたから。

R 2 [2] Ⅰ 1 万葉集　2 イ　3 ア
4 イスラム商人が仲介していたために価格が高かったアジアの特産物を直接手に入れるため。
5 ウ　6 B→A→C→D

R 3 [2] Ⅰ 1 院政　2 前方後円墳　3 エ→イ→ア→ウ　4 ウ　5 千利休　6 ア
7 一揆の中心人物がわからないようにする

R 4 [2] Ⅰ 1 参勤交代　2 イ　3 金剛力士像　4 輸入した品物を他の国や地域へ輸出
5 エ　6 ウ→イ→エ→ア

（歴史「近現代」）

H27 [2] Ⅱ 1 ① 日米修好通商　② パリ　2 ウ　3 イ
4 アメリカ大統領ウィルソンが国際連盟の設立を提案したが，アメリカは議会の反対で加盟しなかった。　5 ウ→ア→イ

H28 [2] Ⅱ 1 ① 広島　② 国際連合　2 エ　3 官営模範工場　4 ウ
5 イ→ア→エ　6 女性の参政権が認められ，女性の国会議員が誕生している。

H29 [2] Ⅱ 1 ① 日清　② サンフランシスコ　2 エ　3 地価の3％を，現金で納めた。
4 三国干渉　5 独立を回復した
Ⅲ 1 東西ドイツが統一　2 （記号）イ　（理由）バブル経済により雇用が増え，失業率が下がっていることを表しているから。

H30 [2] Ⅱ 1 ① 伊藤博文　② 米騒動　2 ウ　3 廃藩置県　4 エ
5 銀行が倒産すると聞いた人々が，預金を引き出そうとしたから。　6 イ

H31 [2] Ⅱ 1 ① 原敬　② 朝鮮　2 領地と領民を天皇に返す　3 エ
4 （1899年）A　（理由）イ　5 ウ　6 イ→ア→エ
Ⅲ ラジオや雑誌などのメディアが，情報や文化を大衆に広く普及させたこと。

R 2 [2] Ⅱ 1 ① 西南　② 沖縄　2 王政復古の大号令　3 ウ→ア→エ　4 イ
5 労働者の賃金は上昇したが，それ以上に物価も上昇したため。　6 エ
Ⅲ 失業率を減らすために，ダムを建設するなどの公共事業を行った

R 3 [2] Ⅱ 1 ① 八幡製鉄所　② サンフランシスコ
2 日米和親条約　3 アヘンを生産して，清に輸出した
4 イ→ア→ウ　5 ア　6 イ
Ⅲ 第一次世界大戦の反省から，国際協調が重視され，ワシントン会議などで世界的に軍備の縮小を進める動きが強まったため。

R 4 [2] Ⅱ 1 ① 伊藤博文　② 世界恐慌　2 ウ　3 樋口一葉　4 三国協商
5 ア　6 エ→ア→ウ
Ⅲ 政府が地主のもつ農地を買い上げ，小作人に安く売りわたしたことで，自作の農家の割合が増えた。

(地理・歴史混合)

H27 [2] Ⅲ 1 高度経済成長
2 市部では人口が増加して過密化し，郡部では人口が減少して過疎化した。

H28 [2] Ⅲ 屯田兵の入植により計画的に開拓されたことから，碁盤目状に土地が区画されている。

H29 [1] Ⅲ （縮尺）(資料1) （目的）元の攻撃を防ぐため。

H30 [2] Ⅲ [A]では作業を分担すること，[B]では富岡製糸場のように，西洋の技術や機械を導入することで生産性を高めている。

(公民「政治」)

H26 [3] Ⅰ 1 立法 2 （X）一つの選挙区から一人の議員を選出 （Y）比例代表
3 （制度）議院内閣制 （記号）イ 4 ウ 5 開発にあたって，事前に環境への影響を調査，予測および評価し，必要な対策について検討すること。
6 アフリカやアジアへの派遣が多く，また，教育・文化の分野での活動が多い。

H27 [3] Ⅰ 1 エ 2 普通選挙 3 ア 4 裁判員（制度）
5 [(否決)] （理由）常任理事国の中国とロシアが反対しているから。
6 市民すべてが交通手段を確保できるよう配慮しているから。

H28 [3] Ⅰ 1 18 2 ウ 3 エ
4 日本の人口10万人あたりの法曹人口がアメリカやドイツと比べて少ないから。
5 イ
6 身障者などのための駐車場を確保し，出入口の近くに設置したり，幅を広くしたりして利用しやすくしている。

H29 [3] Ⅰ 1 難民 2 ウ 3 イ 4 エ 5 貧富の差が拡大する
6 （地球環境問題）地球温暖化 （説明）通勤手段が車から自転車や公共交通に変わることで，温室効果ガスの排出量が削減される。

H31 [3] Ⅰ 1 象徴 2 国民の自由や権利を守る 3 イ 4 ウ
5 国会の信任にもとづいて内閣がつくられ，内閣が国会に対して責任を負うしくみ。
6 （当選者数）1（人） （特徴）（小選挙区制に比べ）議席を獲得できなかった政党や候補者に投じられた票が少なくなり，国民の多様な意見を反映しやすい。

R 2 [3] Ⅰ 1 条例 2 ウ
3 衆議院のほうが任期が短く解散もあるため，国民の意思をより反映すると考えられるから。
4 エ 5 国際司法裁判所
6 これまで二酸化炭素を多く排出して地球温暖化の原因を作ったのは先進国だから，まず先進国が排出削減を行うべきである。

R 3 [3] Ⅰ 1 最高法規 2 ウ→ア→イ 3 持たず，つくらず，持ちこませず
4 国会議員のなかから国会によって指名されるのに対して，知事は住民から直接選挙によって選出される。 5 イ

R 4 [3] Ⅰ 1 公共の福祉 2 エ 3 ユニバーサルデザイン
4 国民のさまざまな意見を政治に反映できる 5 ウ 6 イ

(公民「経済・現代社会」)

H26 [3] Ⅱ 1 ユネスコ 2 製造物責任法 3 イ 4 エ 5 間接税
6 (1) 社会保障 (2) 税収の不足を補うこと。

H27 [3] Ⅱ 1 南北問題 2 流通 3 ウ 4 イ 5 出典を明示する

H28 [3] Ⅱ 1 日本銀行 2 株式 3 エ 4 イ
5 中国よりも賃金が安いベトナムで日本企業が増えてきている。

H29 [3] Ⅱ 1 公害 2 ワーク・ライフ・バランス 3 ア 4 消費者契約法 5 ウ
6 料金が安くなる

H30 [3] Ⅱ 1 バリアフリー 2 エ 3 自由で公正な競争が行われるようにする
4 労働基準法 5 （ X ） 604800 （記号）ア

H31 [3] Ⅱ 1 グローバル 2 (1) イ (2) 電子マネー 3 エ
4 短い時間で高齢化がすすんでいる
5 火力発電に比べて発電にかかる費用が高いこと。

R 2 [3] Ⅱ 1 APEC 2 イ 3 ウ 4 株式や債券を発行 5 (1) 財政 (2) 累進課税

R 3 [3] Ⅱ 1 預金 2 製造物責任法（PL法） 3 エ 4 ア
5 例1）技能を身につけ，再就職ができるように職業訓練の機会を提供する。
例2）社会保険や公的扶助などの社会保障制度を整備して生活を保障する。 など

R 4 [3] Ⅱ 1 18 2 消費者契約法 3 X 供給量が需要量を上回っている Y 下がる
4 ア 5 2万4千（ドル）

(公民「資料解釈」)

H27 [3] Ⅲ 1 男女共同参画社会基本法
2 結婚後，仕事を続ける女性が増えている中で，出産退職する女性が多く，男性の育児休業取得率が女性に比べて低いことから，男女がともに育児に参加できる社会を実現するため。

H29 [3] Ⅲ （X）大消費地 （Y）インターネットを活用する

H30 [3] Ⅲ 食料自給率を上げ，気象状況によって輸入に影響のでるアメリカなどからの輸入に依存しないようにするため。

H31 [3] Ⅲ （記号）ア （しくみ）発展途上国の生産者の生活を支えるために，発展途上国で生産された商品を一定以上の価格で取り引きするしくみ。

R 2 [3] Ⅲ X 消費者庁
Y 不正な取引や製品等の事故といった消費者トラブルが減少し，消費者が主役となる

R 3 [3] Ⅲ 空いているレジがないため無駄がなく効率がよく，また，並んだ順番に会計が済むため公正である。

R 4 [3] Ⅲ （スーパーマーケットは，）予約販売にすることによって，事前に販売する商品の数を把握し，廃棄される食品を減らすことができるから。

国語解答

（漢字）

H26 三 1 (1) 報告 (2) 蒸（し） (3) 券 (4) もう（ける） (5) ひあい
(6) きせい
2 (1) しめすへん (2) エ

H27 一 1 (1) 季節 (2) 慣（れる） (3) 演奏 (4) こうけん (5) すこ（やかな）
(6) ふにん
2 十四（画）

H28 一 1 (1) 登頂 (2) 群（れ） (3) 順延 (4) めぐ（る） (5) きょうたん
(6) かつあい
2 イ

H29 一 1 (1) 寒暖 (2) 険（しい） (3) 奮起 (4) けいてき (5) ふく（らむ）
(6) ちんれつ
2 エ

H30 一 1 (1) 尊敬 (2) 供（え） (3) 植樹 (4) こ（らす） (5) のぞ（む）
(6) かいだく
2 十七（画）

H31 一 1 (1) 似（た） (2) 批評 (3) 混雑 (4) いちじる（しい） (5) つ（く）
(6) しゅうそく
2 ア

R2 一 1 ① 勇（ましい） ② かんしゅう ③ いの（って） ④ 幕 ⑤ 冷静
⑥ ちか（った）
2 十一（画）

R3 一 1 (1) 貯蔵 (2) 耕（す） (3) 額 (4) えんがわ (5) しょうち (6) と（ぐ）
2 十（画）

R4 一 1 (1) 粉薬 (2) 裁（く） (3) 鉱脈 (4) かたず (5) しっと (6) ひた（る）
2 十四（画）

（論説文）

H26 三 1 ウ 2 イ 3 言葉がそのまま経験である
4 Ⅰ 私がそれをどのように見ているか Ⅱ 一つの枠のなかに押し込めて表現
5 言葉の背後の「ふくらみ」を共有することで、言葉では表現し尽くせない部分をイメージすることができるということ。 6 （略）

---

1 傍線部①の「の」は、所有の助詞。
ア 連体詞「この」の一部 イ 体言「こと」に代わるもの
ウ 所有の助詞 エ 「が」に代わる主格の助詞
2 第５段落に注目。ここでいう「出来事」とは「空が夕日で赤く染まるのを見るという経験」、『もの』とは「赤く染まった空」のことである。そして、「押しやられてしまう」ということは、どちらかに偏ってしまうということなので、イが正解。アは「だけ」が言い過ぎ。
3 □直後の「とは言うことができません。」という表現に注目すると、第３段落に、「とは言えません。」というほとんど同様の表現があるので、その直前を抜き出す。
4 「そのため」の前には理由が書かれているので、Ⅱに入る語句は直前から見付かる。また、第７段落の内容は、第８、９段落に具体的に書かれていることに気付けば、Ⅰに入る語句は第８段落の中から見付かるはずである。
5 第９段落の傍線部④直後をまとめればよい。

H28 三 1 ウ 2 ア 3 ア
4 Ⅰ デジタル Ⅱ 思考する力が奪われる
5 これまでよりもっと偉大な創造をなすために、デジタルの有用性を生かして、情報や知識を自前化するとともに思考の機会を積み重ねること。
6 （略）

---

1 ①副詞の一部、ア助詞、イ助動詞の一部、ウ副詞の一部、ニ形容動詞の一部
2 *a* 直前の「～ず」に注目する。 *b* 直後に具体例が書かれている。
3 傍線部②直後の１文に注目する。
イ「思考の基盤を作り上げる」が不適。
ウ「新たな情報や知識を自前化」が不適。
エ「思考する努力をしなくても」が不適。
4 最後から２段落目に注目する。
5 「テコの原理」とは、小さな力で大きなものを動かすこと。「情報や知識」と「思考」によって、「もっと偉大な創造を成し遂げる」といった趣旨の内容であればよい。

H30 三 1 イ　2 エ

3 Ⅰ 効率的に処理し、最適化する

Ⅱ 課題の意味を理解できず、人間にとって不都合な答えを出す

4 困難な問題に直面したとき、失敗を繰り返しながらも、自由な発想によってその場に応じた別の方法を導き出し、解決を図ろうとすること。

5 ウ

---

1 ア、ウ、エ→助動詞、イ→副詞

2 直前の「強みは」、直後の「難しいのは」に注目すると、逆接の接続詞を入れるのが適当だということがわかる。

3 Ⅰ傍線部の前の段落に「大量の情報を効率的に処理し、最適化する」とある。

Ⅱ傍線部の前の段落の「だが、『意味を理解できない』～同じとは限らない。」に注目する。

4 傍線部後にある「それでも、～」、「一見、から」の段落の内容をまとめればよい。

5 ア「読み手が筆者の考えに共感」が不適。

イ「人工知能に対する筆者の肯定的な立場」が不適。

エ「立場が一貫していることを強調」が不適。

R2 三 1 イ　2 ア

3 他者と相互的にやりとりをする中で把握され表現された自らのオリジナリティが、さまざまな人との間で共通了解されたと実感できたとき。

4 Ⅰ 個人と社会との関係を自覚　Ⅱ 生きる目的としてのテーマ

5 ウ

---

1 *a* の直前、直後には反対のことが書かれているので逆接の接続詞「ところが、しかし」が入る。*b* の後に「～だからです」とあるので、理由を示す接続詞「なぜなら」が入る。

2 傍線部①は連体詞。ア連体詞、イ名詞、ウ動詞、エ副詞。

3 傍線部②直前に注目する。その詳しい内容が第6、7段落に書かれているので、そこをまとめればよい。「オリジナリティ」、「共通了解」はキーワードなので答案の中に必ず入れたい。

5 ア「他者の思考を整理・調整することが必要」が不適。

イ「自分の意見を強く主張する」が不適。

エ「対話の技術を向上」が不適。

R3 三 1 ウ　2 イ

3 Ⅰ 勝てない場所　Ⅱ できるだけ競争しなくても生きられる

4 すぐに苦手だと決めてチャレンジをやめてしまうと、得意なことや本当の面白さに気づかず、自分の可能性を広げられなくなってしまうから。

5 エ

---

1 傍線部①連体修飾語を作る格助詞の「の」

ア 主語を作る格助詞

イ 連体詞「この」の一部

ウ 連体修飾語を作る格助詞

エ 体言の代用の格助詞

2 a 「もちろん」「しかし」で譲歩逆接構文になっている。

b 副詞の呼応により「あたかも」「ちょうど」は「ようだ」、「けっして」「ほとんど」は打消しの言葉で受ける。

R4 三 1 エ

2 Ⅰ 思い込みや古い常識　Ⅱ 自分とは異なる他者との対話

3 イ、エ

4 （自分がどう生きるのかを問わなければ、）学校で学べるさまざまな知識どうしをうまく結びつけることができず、学んだ知識を自分の人生や生き方に役立てることもできないということ。

5 ア

---

1 a 直前、直後に「～のこと」「～のこと」とあるので並列の「または」か「あるいは」が適当。

b 直後に具体的な例が書かれているので「たとえば」が適当。

2 第4、5段落に注目する。

3 イ 傍線部②直後に「哲学は一般の人が、一般的な問題について考える学問」とある。

エ 第11段落の1文目に注目する。

4 傍線部③直前に注目する。

5 本文における「横断的・総合的」の意味は波線部直前にあるように「複数の学問分野、複数の社会に関わる」ことである。それを示しているのは、ア。

（小説文・随筆文）

H27 四 **1** ア

2 さつきに自分の本音を話しているうちに、さつきに負けたことが現実として感じられ、切ない気持ち（になっている。）

3 Ⅰ 競技を始めたころの楽しさ　Ⅱ 必死だった

4 エ　**5** 純粋にジャンプの楽しさを味わいながら競い合っていける存在。

---

1 「肩をすくめて」は、恥ずかしい思いをしたときの身振りである。□の前後から、さつきの言葉に対して理子が照れている様子を読み取る。

2 傍線部①の直前直後の「『実際、もう負けちゃったし』」、「悲しみの色」に注目する。

3 Ⅰ 傍線部②直前の２つのさつきの言葉に注目する。

Ⅱ 傍線部②の前にある「理子に伝えたいことが心の中で～握る手に力を込める。」に注目すると、さつきが必死に理子を説得しようとしている様子が読み取れる。

4 ア「嫌悪感」が不適、イ「落胆」が不適、ウ「優越感」が不適。

5 傍線部③のさつきの言葉に対して、手を握り返した理子の様子から、さつきの気持ちに応えて一緒にジャンプを頑張りたいという気持ちを読み取る。

H30 四 **1** ア　**2** エ　**3** Ⅰ 胸の痛み　Ⅱ 自分自身とも向き合いたい

4 父は、自分が無理矢理水泳をさせたことで苦しんでいる僕の気持ちを理解し、好きなことをしてほしいと思っているということ。　**5** イ

---

2 傍線部②直前の「母さんは、僕がメダルを真琴の部屋から持ち出したことを知っているのだ。母さんだけじゃない、真琴だって、きっと知っているのだ。」に注目する。

3 傍線部③直後の「僕だって、～クロールを見ていた。」の段落に注目する。ここで「～だろうか。」という表現が繰り返されていること、僕が自分自身に自問自答していることがわかる。

4 傍線部④直前の母の言葉の内容に注目する。

5 ア「誤って進もうとする僕を正しく導いてくれる」が不適。

ウ「自分の思いははっきりと口にしない」が不適。

エ「何でも好きなようにすることを許してくれる」が不適。

R２ 四 **1** ア　**2** Ⅰ つまらなそうだった　Ⅱ 悔しそうに話しかけてきた　**3** ウ

4 エ

5 山沢君との対戦をとおして、これからもライバルたちと競い合って実力を高め、絶対にプロ棋士になると決意し、気持ちが高ぶっている。

---

1 「奮い立たせる」とは、「気合を入れる」こと。

2 Ⅱ 傍線部②直前の「山沢君が悔しそうに言って」に注目する。

3 今回の対局は引き分けにするとの先生の提案について、うなずいたのだから納得したことがわかる。

4 「切磋琢磨」とは、友人同士がお互い励まし合い競い合って、共に成長すること。

「大器晩成」偉大な人物も成功するのに時間がかかること。

「呉越同舟」仲の悪い者同士が協力すること。

「試行錯誤」新しいことをするときに、試みと失敗を繰り返しながら適切な方法を見つけていくこと。

5 熱戦を繰り広げた後、先生からも激励してもらったことで、その後の山沢くんとの会話を通じてプロを目指そうと気持ちが盛り上がっている様子が読み取れる。

R３ 四 **1** エ　**2** Ⅰ きつい言葉　Ⅱ 対等な立場で先生を説得する　**3** ア　**4** ウ

5 自分たちの意見を精一杯伝えたが、先生からなかなか返事が返ってこないため、説得がうまくいったかわからず不安な気持ち。

---

1 傍線部①の後の加奈の言葉やみんなの行動に注目する。

2 「でも……なんだか～あのときと同じだ。」に注目する。

3 杏の言葉をきっかけに、「加奈も同じことを感じたんだろう。彼女ははっとしたように、先生を見上げた」、「加奈は息を吸った。声がいつもの調子に戻りつつある」と、ひるんでしまっていた加奈が落ち着きを取り戻していく様子がわかる。

4 ア 「文化祭の廃止は賛成」が不適。

イ 「勉強時間が今までより減る」が不適。

エ 「文化祭の実施は無意味」が不適。

5 「『ここでだまるくらいなら受けつけないけど、この先説得できるならしてみなさい』と、そう語っているように見えた。」とあり、説得を試みて、笹村先生の反応を待っている場面である。

R４ 四 **1** エ　**2** イ

3 Ⅰ 呼出の新弟子　Ⅱ 新弟子の方が上手になるかもしれないという不安

4 ア

5 篤は、ずっと目標としてきた直之さんから、この一年の努力や成長を認められたことで自信が芽生えたから。

---

1 ア、イ、ウは「受け身」。エは「可能」。

2 直前の「本当っすか」、「本当だよ」というやり取りに注目する。

3 傍線部③直後の「そのうち自分よりも上手くこなすかもしれないと不安」に注目する。

4 イ「自分の元から巣立つ」が不適。

ウ「仕事の様子に多少の不安を感じつつ」が不適。

エ「素直な態度に感動」が不適。

5 前の直之さんの言葉や、その後の篤の感情を読み取る。「軽やかで、何の引っかかりもなく聞こえる」より、篤のすっきりした気持ちがわかる。「自信」という言葉はキーワードなので、必ず答案に入れたい。

(古典)

H27 三 1 こごえてふるい　2 ウ　3 イ

4 Ⅰ 自分が逃げたことは言わずに、同行者が川に落ちたことだけ
Ⅱ 逃げた事実は同じであること　Ⅲ ウ

【現代語訳】

ある二人の町人が連れ立って、参拝して帰る途中で、船で渡る川で、乗船の順番争いにおいて、他の地方の人々とけんかを始めて追い散らされ、一人は川にはまり、一人は陸の方に逃げて、命からがら助かって帰った。このことを秘密にしておいたら、まだよかっただろうに、ある老人に向かって、陸の方に逃げた町人は、けんかの始終を語り、「大人数の目の前で川に追いはめられて、手足が凍えて震えて帰る有様は見苦しかった。」と、自分が逃げたことを言わずに、一人を悪く言った。老人はそれを聞いて、「決して、そのようなことを、人が聞いている所で言いなさるな。『自分の立場をわきまえずに人のことを言う』ということわざと同じである。あなたもけんかの場で、川にははまらなかったが、逃げたことには変わらない。」とはずかしめられたので、町人は顔を赤くして退出した。

4 ア 漁夫の利・・・二者が争っている際に、第三者が利益を横取りすること。
イ 矛盾・・・物事の筋道や道理が合わないこと。
エ 蛇足・・・付け加える必要のないもの。

H28 三 1 まいりたまえば　2 エ　3 イ

4 Ⅰ 数か月の間、一日も欠かさず白昼にはだしでお参りし続ける
Ⅱ 執心の事　Ⅲ その日のうちに自分で抱えて持ち帰った

【現代語訳】

晴季卿はがっかりしてお帰りになったが、やはりその琵琶を弾いてみたいという思いを忘れられなくて、北野天満宮に毎日裸足で参拝して、あの琵琶をしばらくの間借りることができるように祈り申し上げた。風が吹く日も雨が降る日もさぼることなく、身分が高い人がお供の人を引き連れながら、白昼にはだしで歩いて数ヶ月参拝なさったので、そのころ町家においても熱心な人だとうわさになりなさった。三条殿はこのことをお聞きになって、深く感心なさって、こんなに熱心であるのならどうして貸さずにいられようかと言って、晴季卿をお招きになり「お心ざしのすばらしさに、あの琵琶をお貸し申し上げましょう。明日にでも人を取りによこしてください」とおっしゃったので、とても嬉しく「明日まで待てません」と願い出て、自分の狩衣の袖の上に抱いてお帰りになったということだそうな。

H29 三 1 やまいにふし　2 エ　3 何とぞ～まはれ

4 Ⅰ あたかも三月の頃のごとく　Ⅱ 死ぬ前にもう一度桜の花が見たい
Ⅲ 親に孝行をしたいと思う気持ち

【現代語訳】

伊予国の松山の城下の北に山越という所があった。ここには十六桜という桜があり、毎年一月十六日には満開になって見事であった。松山から花見をしようと人々が群がって集まって来た。

わたしがその国に遊びに行ったのは四月ごろだったので、花の時期に遅れてしまい見ることができなかった。その国の人にこの桜の由来を聞くと、昔、山越の里に老人がおり、年々老いてその上重い病気にかかってしまった。余命も少なくなったので、ただこの桜が咲く前に、桜を見ずに死ぬ事だけを悲しんで、もう一度花を見てから死ねば、この世に思い残すこともないだろうと、ひたすら申し上げた。その子は悲しみ嘆いて、この桜の木のところに行き、「どうかわたしの父がお亡くなりになる前に花を咲かせてください」と、誠心誠意、天地に祈りをささげた。その親に孝行をしたいという気持ちに天地の神々も感心なさったのであろうか、一晩の間に花が咲き乱れ、まるで三月の頃のようになった。この祈りをささげた日が、一月十六日だったので、その後は今現在に至るまで、一月十六日に咲いているということだ。

H30 三 1 まいらせん　2 はさみよ、くしよなどいふもの　3 ア

4 Ⅰ あまりにも用心深すぎて愚かなことだ　Ⅱ したりがほ　Ⅲ ウ

【現代語訳】

どこで火事があったという知らせを聞いても、身の回りにある調度品などを縄で結びつけて、井戸の中に入れた。水に入れにくいものは、袋のようなものに突っ込んで、自分のそばに話さず置いていた。「火事はあんなに遠くなのに、なぜ、そんなことをなさっているのですか」と言われると、「炎が燃え広がって進んでくると、遠くでも近くなるものだ」と言う。「風の方向がいいから、こっちには来ないよ」と言われると、「もし風向きが変わったらそんなことはないだろう」と言う。人々は、皆笑った。

ある日、非常に遠方で火事になったのが、風が急に吹き出したために、またたくまに焼け広がり、例の男の住まいのあたりも焼け失せてしまった。火が静まって、近所の人たちが、「食事しようとしても食器がない」と嘆いていると、例の男がしたり顔で、「貸してあげましょう」と言って、例の縄を引きたぐると、はさみやらくしやらの日用品を引き上げた。また、袋の中から、食器などを出しながら、「日頃から人に笑われることがなかったら、どうしてこのようなときに誉れを得ることがあろうか」と言ったのを、「確かにその通り」と言った人もいたということだ。

H31 三 1 とおりあわせ　2 ウ
3 Ⅰ 舞ふ　Ⅱ 茄子が枯れる
Ⅲ この言葉も茄子が成長しないことを連想させて不吉だ　Ⅳ エ

【現代語訳】
一般に、茄子が枯れることを農民はみな舞うという。和泉という所の話であるが、道端に茄子を植える者がいた。いかにも下手そうな舞を演じる芸人が通りかかり、見ると大きな徳利に杯が添えてあった。(芸人は) 少し酒を飲ませてもらいたいと思ったのであろうか、畑に立ち寄り、「それでは一曲舞いましょう」と言った。農民は縁起が悪いととても腹を立てたけれども、(芸人は) しつこく言い寄ってきたので酒を飲ませたが、帰り際に「さっきの腹を立てなさったのは、根も葉もありません」と。

R2 三 1 おおいに　2 エ　3 ウ
4 Ⅰ 病さまざま癒ゆること　Ⅱ さらに大切に祭った　Ⅲ 信仰心をなくした

【現代語訳】
昔、汝南の人が田んぼの中に網を張ってくじかを捕まえようとした。しばらくしてくじかがかかったが、その網の持ち主がまだ来なかったので、通りかかった人がくじかを盗んだ。しかし、人が手に入れたものを理由もなく取るのも罪深いと思って、そのくじかの代わりに懐に持っていたあわびの１つを網の中に入れて立ち去ったところ、その網の持ち主がやって来て、あわびが網の中にあるのを見て、これはここにあるようなものではないと思って、どう考えても現神が現れなさいましたのであろうととても不思議に思った。村の者たちがみんな集まって、すぐに祠を建て祭り、鮑君と名付けた。村の者たちの様々な病気が治ったので、この神のおかげだと大事に祭ろうと大きな神社を作り出して神楽の音が絶えることはなかった。７、８年ほど経って、例のあわびの持ち主がこの神社の横を通り過ぎたときに「どんな神がこんなにも祭られているのか」と言うと、それは自分が置いていったあわびであった。「ああ驚きあきれたことだ、それはわたしが置いていったものだ」と言うと、これまでの不思議なご利益はたちまちやんでしまった。

R3 三 1 こう　2 イ　3 ウ
4 Ⅰ 賢人　Ⅱ 自分のものにしよう　Ⅲ 利益に執着している

【現代語訳】
中国の育王山の僧２人が布施を争って騒いでいたので、その寺の長老である、大覚連和尚がこの僧２人を戒めて言うには、「ある俗世間の人が、他人の銀を１００両預かって置いていたところ、この銀の持ち主が亡くなった後、持ち主の子どもにこの銀を与えた。子どもはこれを受け取らず『親はもう私には与えずにあなたに寄こしたのだ。当然あなたの物になるべきだ』と言う。俗人は『私は単に預かっただけである。譲り受けたのではない。親の物は子の物になるべきだ』と言ってまた返した。互いに争ってこの銀を取らず、最後には公の役所に判断をお願いすると、『２人とも賢人である』『言っていることは道理にかなっている。当然、寺に寄進して、亡くなったものの菩提を助けよ』と判断した。この話は、私が直接見聞きしたことである。僧にならず、俗世間で生活する人がでさえ利益を貪らない。欲望や執着を断ち切って僧になり、仏道修行をする人が、どうして財産をめぐって争うことがあろうか、いや、ない」と言って、寺の決まりに従って追放した。

R4 三 1 ようよう　2 エ　3 ウ
4 Ⅰ 門口三尺掘れ　Ⅱ 諸肌を脱いで汗水を流している
Ⅲ 一文稼ぐことがどれほど大変か

【現代語訳】
ある時、夜更けに樋口屋の門をたたいて、酢を買いに来る人がいた。戸を隔てて奥へはかすかに音が聞こえた。下男が目を覚まして、「どれほどですか」と尋ねた。(その人は)「ごめんどうでしょうが一文分を」と答えた。(下男は) 寝たふりをして、その後返事をしなかったので、(その人は) しかたなく帰った。
夜が明けて亭主は、その男を呼び付けて何の用事もないのに「家の出入り口を三尺掘れ」と言った。お言葉に従って久三郎は、上着を脱いで鍬を取って固い地面に苦労して、汗水たらして少しずつ掘った。その深さが三尺になろうという時に「銭があるはずだ。まだ出てこないか」と言った。(下男は)「小石や貝殻以外には何も見当たりません」と申し上げた。「こんなにやっても銭が一文もないことをよく心得て、これからは一文の商売も大事にしなさい」(と亭主は言った。)

(作文は省略しています)

英語リスニング解答

R3 1 1 ウ　2 エ　3 Tuesday　4 ウ → イ → ア　5 イ
6 (1) イ　(2) help each other
7 I started cooking for my family.

R4 1 1 ア　2 ウ　3 Saturday　4 ウ → イ → ア
5 イ　6 (1) The young girl did.　(2) ウ
7 I want to clean the beach with my friends.

令和５年度　高校入試問題と解答・解説

実践形式

公立高校入試問題出題単元

国語のみ逆綴じになっております。

数学

【１】 小問（計算・整数・平方根・方程式・場合の数・小数・相対度数）
【２】 平面図形・作図・方程式
【３】 資料の整理（グラフ・ヒストグラム・箱ひげ図）
【４】 関数と図形（座標・確率）
【５】 平面図形（線分の長さ・証明・面積）

英語

【２】 １、２、３対話文（空欄補充）　４英作文
【３】 Ⅰ英文読解（空欄補充・英質英答）　Ⅱ英文読解（スキャニング）
Ⅲ英文読解（内容把握）
【４】 長文読解（内容把握・空欄補充・抜き出し・英作文）

社会

【１】 Ⅰ世界地理（海洋・方位・国の特徴・宗教・EU・貿易）
Ⅱ日本地理（農業・海流・人口・地形・地形図）
【２】 Ⅰ歴史（古代～近世）　ⅡⅢ歴史（近現代）
【３】 Ⅰ公民（憲法・政治）　Ⅱ公民（経済）　Ⅲ公民（記述）

理科

【１】 小問（力・化学反応式・顕微鏡・地震・圧力・食物連鎖・仕事・環境）
【２】 Ⅰ大地の変化（岩石）　Ⅱ地球と天体（太陽）
【３】 Ⅰイオン（電池）　Ⅱ化学変化
【４】 Ⅰ動物のからだとはたらき（刺激）　Ⅱ生物の分類
【５】 Ⅰ身近な科学（光）　Ⅱ電流のはたらき（回路）

国語

【１】 漢字（読み書き・画数）
【２】 論説文（接続詞・熟語・内容把握・抜き出し）
【３】 古文（現代仮名遣い・内容把握・空欄補充）
【４】 小説（心情把握・空欄補充）
【５】 作文（二段落構成）

英語リスニング

解答ページ

解説ページ

令和5年度入試問題　数学

1 次の１～５の問いに答えなさい。

1 次の(1)～(5)の問いに答えよ。

(1) $63 \div 9 - 2$　を計算せよ。

(2) $\left(\frac{1}{2}-\frac{1}{5}\right)\times\frac{1}{3}$　を計算せよ。

(3) $(x+y)^2-x(x+2y)$　を計算せよ。

(4) 絶対値が７より小さい整数は全部で何個あるか求めよ。

(5) ３つの数 $3\sqrt{2}$，$2\sqrt{3}$，４について，最も大きい数と最も小さい数の組み合わせとして正しいものを右の**ア**～**カ**の中から１つ選び，記号で答えよ。

	最も大きい数	最も小さい数
ア	$3\sqrt{2}$	$2\sqrt{3}$
イ	$3\sqrt{2}$	4
ウ	$2\sqrt{3}$	$3\sqrt{2}$
エ	$2\sqrt{3}$	4
オ	4	$3\sqrt{2}$
カ	4	$2\sqrt{3}$

2 連立方程式 $\begin{cases} 3x+y=8 \\ x-2y=5 \end{cases}$　を解け。

3 10円硬貨が２枚，50円硬貨が１枚，100円硬貨が１枚ある。この４枚のうち，２枚を組み合わせてできる金額は何通りあるか求めよ。

4 $\frac{9}{11}$を小数で表すとき，小数第20位を求めよ。

5 下の２つの表は，A中学校の生徒20人とB中学校の生徒25人の立ち幅跳びの記録を，相対度数で表したものである。このA中学校の生徒20人とB中学校の生徒25人を合わせた45人の記録について，200cm以上220cm未満の階級の相対度数を求めよ。

A中学校

階級(cm)	相対度数
以上　未満	
160～180	0.05
180～200	0.20
200～220	0.35
220～240	0.30
240～260	0.10
計	1.00

B中学校

階級(cm)	相対度数
以上　未満	
160～180	0.04
180～200	0.12
200～220	0.44
220～240	0.28
240～260	0.12
計	1.00

1	(1)		(2)		(3)		(4)	個	(5)	
2	$x=$　　　，$y=$				3	通り				
4		5								

2 次の１～３の問いに答えなさい。

1 次は，先生と生徒の授業中の会話である。次の(1)～(3)の問いに答えよ。

図

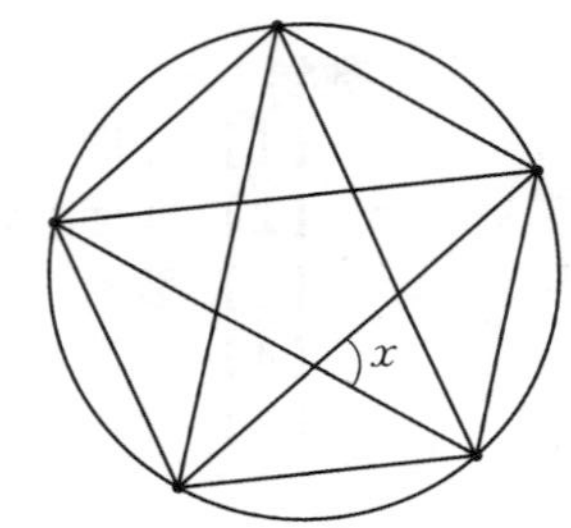

先　生：円周を５等分している５つの点をそれぞれ結ぶと，**図**のようになります。**図**を見て，何か気づいたことはありますか。
生徒A：先生，私は正五角形と星形の図形を見つけました。
先　生：正五角形と星形の図形を見つけたんですね。それでは，正五角形の内角の和は何度でしたか。
生徒A：正五角形の内角の和は［　　］度です。
先　生：そうですね。
生徒B：先生，私は大きさや形の異なる二等辺三角形がたくさんあることに気づきました。
先　生：いろいろな図形がありますね。
他の図形を見つけた人はいませんか。
生徒C：はい，①ひし形や台形もあると思います。
先　生：たくさんの図形を見つけましたね。図形に注目すると，②**図**の∠xの大きさもいろいろな方法で求めることができそうですね。

(1) ［　　］にあてはまる数を書け。

(2) 下線部①について，ひし形の定義を下の**ア**～**エ**の中から１つ選び，記号で答えよ。
ア　４つの角がすべて等しい四角形
イ　４つの辺がすべて等しい四角形
ウ　２組の対辺がそれぞれ平行である四角形
エ　対角線が垂直に交わる四角形

(3) 下線部②について，∠xの大きさを求めよ。

2　右の図のような長方形ABCDがある。次の【条件】をすべて満たす点Eを，定規とコンパスを用いて作図せよ。ただし，点Eの位置を示す文字Eを書き入れ，作図に用いた線も残しておくこと。

【条件】

・線分BEと線分CEの長さは等しい。
・△BCEと長方形ABCDの面積は等しい。
・線分AEの長さは，線分BEの長さより短い。

3　底面が正方形で，高さが3cmの直方体がある。この直方体の表面積が$80cm^2$であるとき，底面の正方形の一辺の長さを求めよ。ただし，底面の正方形の一辺の長さを$x$cmとして，xについての方程式と計算過程も書くこと。

1	(1)		(2)		(3)	度

2

3　(方程式と計算過程)

答 ＿＿＿＿＿＿ cm

3

国勢調査(1950年～2020年)の結果をもとに表や図を作成した。次の**1**～**3**の問いに答えなさい。

1　**表**は，鹿児島県の人口総数を表したものである。**表**をもとに，横軸を年，縦軸を人口総数として，その推移を折れ線グラフに表したとき，折れ線グラフの形として最も適当なものをあとの**ア**～**エ**の中から1つ選び，記号で答えよ。

表

	1950年	1955年	1960年	1965年	1970年	1975年	1980年	1985年
人口総数(人)	1804118	2044112	1963104	1853541	1729150	1723902	1784623	1819270

	1990年	1995年	2000年	2005年	2010年	2015年	2020年
人口総数(人)	1797824	1794224	1786194	1753179	1706242	1648177	1588256

ア
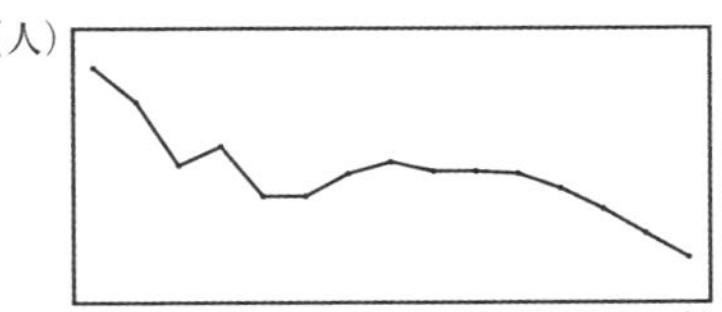

イ
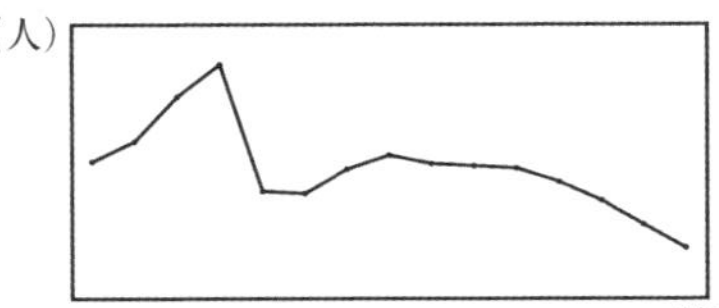

ウ
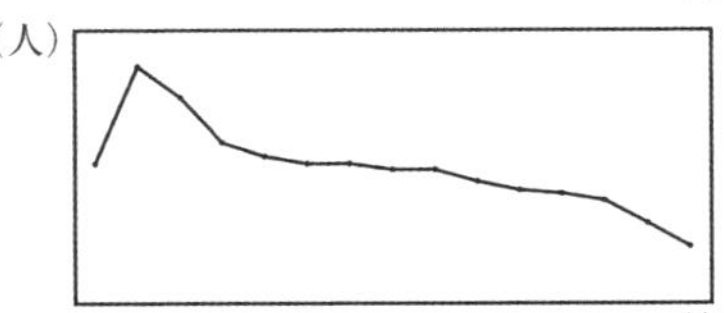

エ
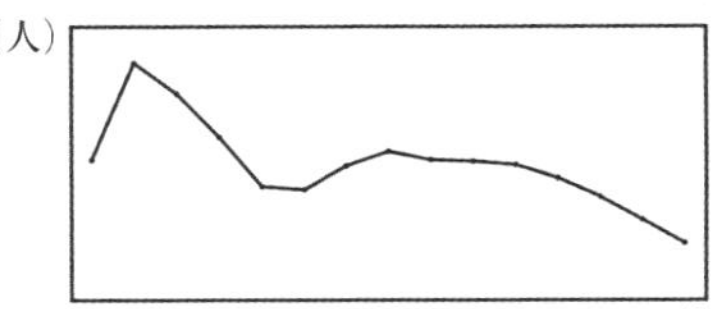

2　**図1**は，2020年における都道府県別の人口に占める15歳未満の人口の割合を階級の幅を1%にして，ヒストグラムに表したものである。鹿児島県は約13.3%であった。次の(1)，(2)の問いに答えよ。

(1)　鹿児島県が含まれる階級の階級値を求めよ。

(2)　2020年における都道府県別の人口に占める15歳未満の人口の割合を箱ひげ図に表したものとして，最も適当なものを下の**ア**～**エ**の中から1つ選び，記号で答えよ。

図1

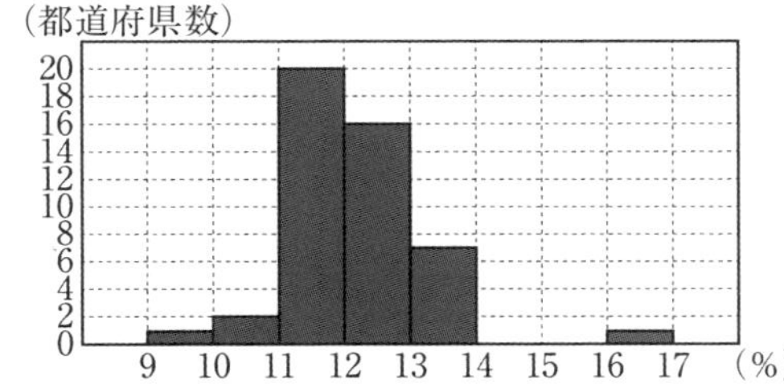

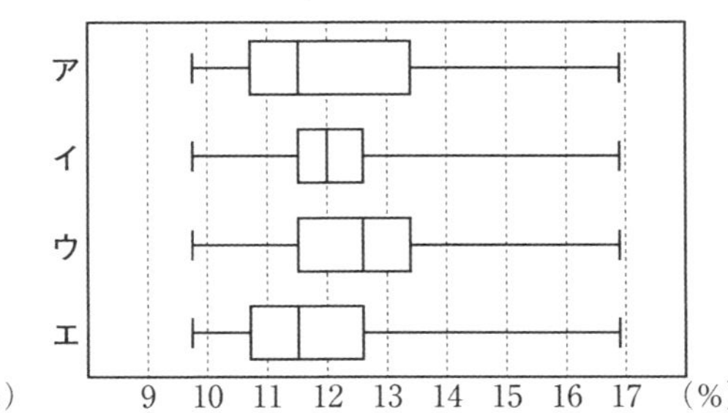

3　1960年から2020年まで10年ごとの鹿児島県の市町村別の人口に占める割合について，**図2**は15歳未満の人口の割合を，**図3**は65歳以上の人口の割合を箱ひげ図に表したものである。ただし，データについては，現在の43市町村のデータに組み替えたものである。

図2

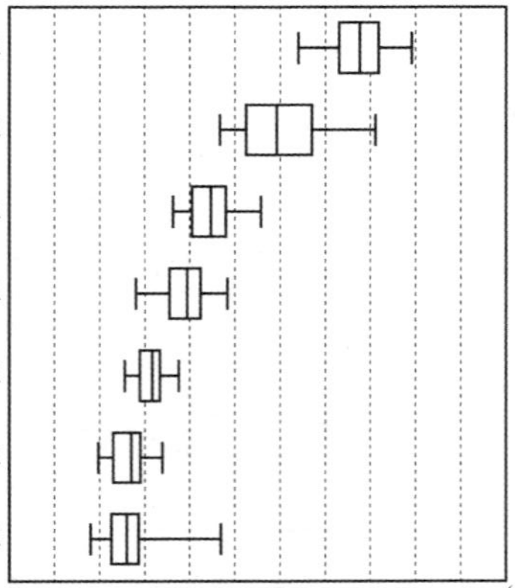

図3

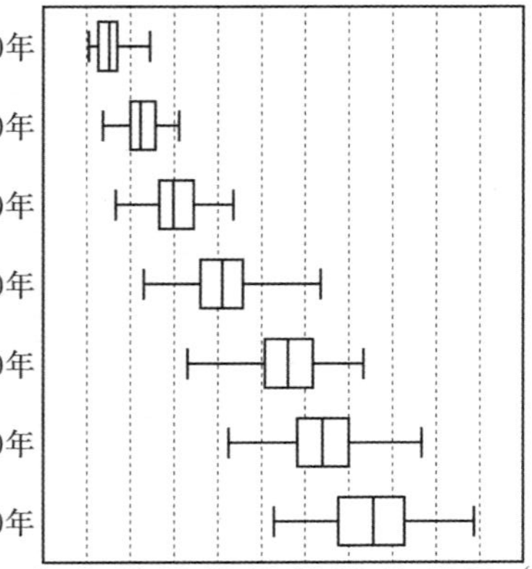

図2や**図3**から読みとれることとして，次の①～⑤は，「正しい」，「正しくない」，「**図2**や**図3**からはわからない」のどれか。最も適当なものを下の**ア**～**ウ**の中からそれぞれ1つ選び，記号で答えよ。

① **図2**において，範囲が最も小さいのは1990年である。
② **図3**において，1980年の第3四分位数は15%よりも大きい。
③ **図2**において，15%を超えている市町村の数は，2010年よりも2020年の方が多い。
④ **図3**において，2000年は30以上の市町村が25%を超えている。
⑤ **図2**の1990年の平均値よりも，**図3**の1990年の平均値の方が大きい。

ア　正しい　　**イ**　正しくない　　**ウ**　**図2**や**図3**からはわからない

1		2	(1)	%	(2)	
3	①		②		③		④		⑤	

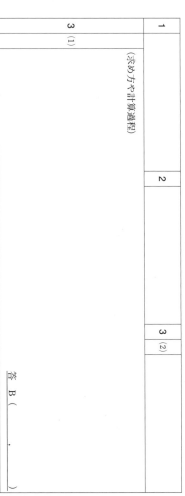

4　下の図で，放物線は関数 $y=\frac{1}{4}x^2$ のグラフであり，点Oは原点である。点Aは放物線上の点で，その x 座標は4である。点Bは x 軸上を動く点で，その x 座標は負の数である。2点A，Bを通る直線と放物線との交点のうちAと異なる点をCとする。次の**1**～**3**の問いに答えなさい。

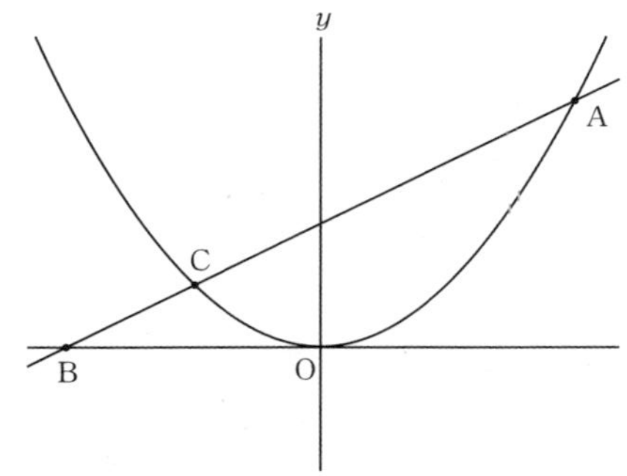

1　点Aの y 座標を求めよ。

2　点Bの x 座標が小さくなると，それにともなって小さくなるものを下の**ア**～**エ**の中からすべて選び，記号で答えよ。

ア　直線ABの傾き　　**イ**　直線ABの切片　　**ウ**　点Cの x 座標　　**エ**　△OACの面積

3　点Cの x 座標が -2 であるとき，次の(1)，(2)の問いに答えよ。

(1)　点Bの座標を求めよ。ただし，求め方や計算過程も書くこと。

(2)　大小2個のさいころを同時に投げ，大きいさいころの出た目の数を a，小さいさいころの出た目の数を b とするとき，座標が $(a-2,\ b-1)$ である点をPとする。点Pが3点O，A，Bを頂点とする△OABの辺上にある確率を求めよ。ただし，大小2個のさいころはともに，1から6までのどの目が出ることも同様に確からしいものとする。

1		2		3	(2)	
3	(1)	(求め方や計算過程) 答　B（　　，　　）				

5 図1のような AB=6cm，BC=3cm である長方形 ABCD がある。

図2は，図1の長方形 ABCD を対角線 AC を折り目として折り返したとき，点 B の移った点を E とし，線分 AE と辺 DC の交点を F としたものである。

図3は，図2の折り返した部分をもとに戻し，長方形 ABCD を対角線 DB を折り目として折り返したとき，点 C の移った点を G とし，線分 DG と辺 AB の交点を H としたものである。

図4は，図3の折り返した部分をもとに戻し，線分 DH と対角線 AC，線分 AF の交点をそれぞれ I，J としたものである。

次の1～4の問いに答えなさい。

1 長方形 ABCD の対角線 AC の長さを求めよ。

2 図2において，△ACF が二等辺三角形であることを証明せよ。

3 線分 DF の長さを求めよ。

4 △AIJ の面積を求めよ。

1	cm	3	cm	4	cm^2
2	(証明)				

図1

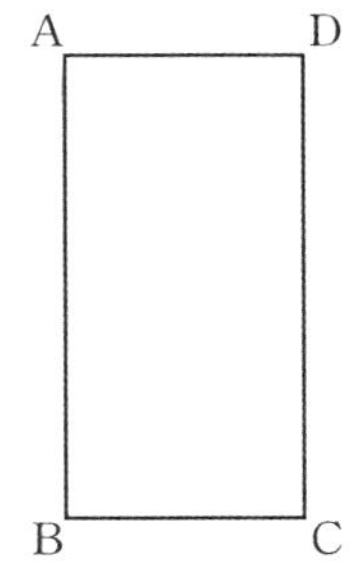

図2

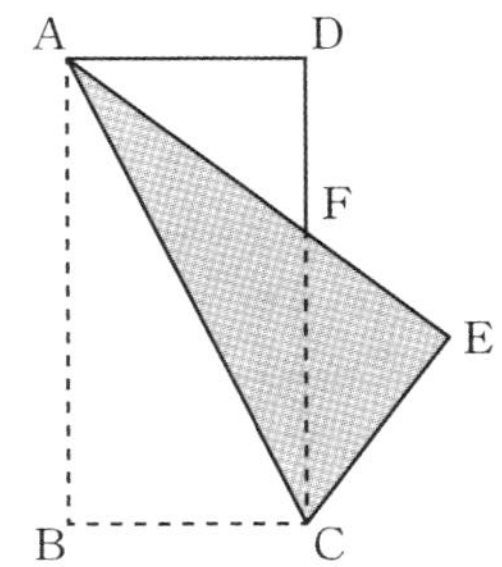

図3

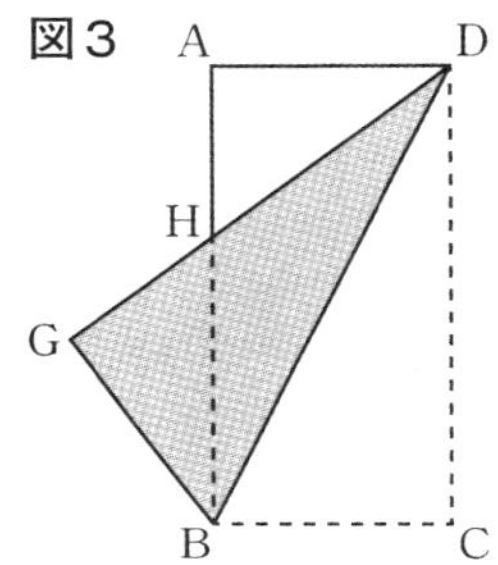

図4

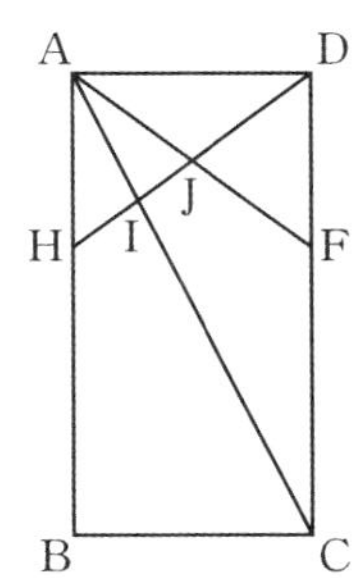

令和5年度入試問題　英語

2 次の1～4の問いに答えなさい。

1 次は，Kohei と ALT の Ella 先生との，休み時間における対話である。下の①，②の表現が入る最も適当な場所を対話文中の〈 ア 〉～〈 エ 〉の中からそれぞれ一つ選び，その記号を書け。

① How long will you talk?	② Can you help me?

Kohei : Hi, can I talk to you now?
Ella : Sure. What's up, Kohei? 〈 ア 〉
Kohei : I have to make a speech in my English class next week. Before the class, I want you to check my English speech. 〈 イ 〉
Ella : Yes, of course. What will you talk about in your speech?
Kohei : I'm going to talk about my family.
Ella : All right. 〈 ウ 〉
Kohei : For three minutes.
Ella : I see. Do you have time after school?
Kohei : Yes, I do. 〈 エ 〉 I will come to the teachers' room. Is it OK?
Ella : Sure. See you then.

2 次は，John と父の Oliver との自宅での対話である。（ ① ）～（ ③ ）に，下の［説明］内の［説明］が示す英語1語をそれぞれ書け。

John : Good morning, Dad.
Oliver : Good morning, John. Oh, you will have a party here tonight with your friends, right?
John : Yes. I'm very happy. Ben and Ron will come.
Oliver : What time will they come?
John : They will （ ① ） at the station at 5:30 p.m. So, maybe they will come here at 5:45 p.m. or 5:50 p.m.
Oliver : I see.
John : Can we use the （ ② ）? We will cook pizza together.
Oliver : That's good. You can use all the （ ③ ） on the table.
John : Thank you. We will use the potatoes and onions.

［説明］ ① to get to the place
② the room that is used for cooking
③ plants that you eat, for example, potatoes, carrots, and onions

1	①		②			
2	①		②		③	

3 (1)～(3)について，下の[例]を参考にしながら，（　　）内の語を含めて３語以上使用して，英文を完成させよ。ただし，（　　）内の語は必要に応じて形を変えてもよい。また，文頭に来る語は，最初の文字を大文字にすること。

[例]

〈教室で〉
A : What were you doing when I called you yesterday?
B : (study) in my room.　　（答）　I was studying

(1)〈教室で〉
A : When did you see the movie?
B : (see) yesterday.

(2)〈教室で〉
A : It's rainy today. How about tomorrow?
B : I hear that it (sunny) tomorrow.

(3)〈家で〉
A : Can you use this old camera?
B : No, but our father knows (use) it.

4 次は，中学生の Hikari が昨日の下校中に体験した出来事を描いたイラストである。Hikari になったつもりで，イラストに合うように，一連の出来事を解答欄の書き出しに続けて 25～35 語の英語で書け。英文の数は問わない。

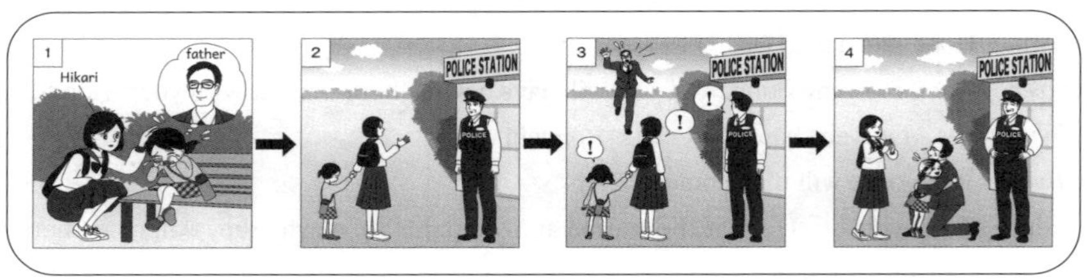

3	(1)	(　　　　　　　　) yesterday.
	(2)	I hear that it (　　　　　　　　) tomorrow.
	(3)	No, but our father knows (　　　　　　　　) it.
4		On my way home yesterday,

3 次のⅠ～Ⅲの問いに答えなさい。

Ⅰ 次は，中学生の Koji が，英語の授業で発表した "My Experiences Here" というタイトルのスピーチである。英文を読み，あとの問いに答えよ。

Hello, everyone! Do you remember that I came here from Yokohama about one year ago? Today, I want to talk about my experiences.

When I was 13 years old, I read a newspaper and learned about studying on this island. I was very interested. I liked nature, especially the sea and its animals. I said to my parents, "Can I study on the island in Kagoshima?" After I talked with my parents many times, they finally let me live and study here for one year. I came here last April.

At first, I was very (①), so I enjoyed everything. For example, studying with my new friends, living with my host family* and fishing on a boat. But in June, I lost my confidence*. I tried to wash the dishes, but I broke many. When I made *onigiri*, I used too much salt*. I made so many mistakes. I couldn't do anything well. When I felt sad, I talked about my feelings to my host family and my friends. Then, they understood and supported me. They said to me, "You can do anything if you try. Don't worry about making mistakes. It is important to learn from your mistakes."

Now, I am happy and try to do many things. Before I came here, I didn't wash the dishes after dinner, but now I do it every day. Before I came here, I didn't enjoy talking with others, but now I enjoy talking with my friends on this island. I often asked for help from others*, but now I don't do that. [②]

I have to leave here soon. I have learned a lot from my experiences here. I think I am independent* now. Thank you, everyone. I'll never forget the life on this island.

注　host family　ホストファミリー（滞在先の家族）　confidence　自信　salt　塩
　　asked for help from others　他人に助けを求めた　independent　精神的に自立している

1 （ ① ）に入る最も適当なものを下のア～エの中から一つ選び，その記号を書け。

ア angry　　イ excited　　ウ sick　　エ sleepy

2 次の質問に対する答えを，本文の内容に合うように英文で書け。

Who supported Koji when he was sad?

3 [②] に入る最も適当なものを下のア～ウの中から一つ選び，その記号を書け。

ア I wish I had friends on this island.
イ I didn't learn anything on this island.
ウ I have changed a lot on this island.

Ⅱ　次は，鹿児島ミュージックホール(Kagoshima Music Hall)のウェブサイトの一部と，それを見ている Maki と留学生の Alex との対話である。二人の対話を読み，あとの問いに答えよ。

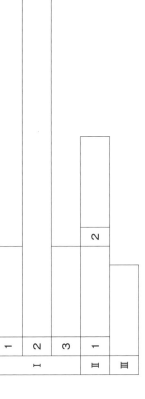

Kagoshima Music Hall
Enjoy the best music!

Let's enjoy music!

March

This is our schedule* from March 1 to March 18. You can enjoy a piano concert and a family concert! Usually our concerts start at 2:00 p.m. But on the day with the picture ★, the concert starts at 6:00 p.m. and you can enjoy music at night.

Sun.	Mon.	Tue.	Wed.	Thu.	Fri.	Sat.
			1	2 (family concert)	3	4
5 (piano concert)	6 (closed)	7 (piano concert)	8	9	10 (family concert)	11 (family concert)
12 ★ (piano concert)	13 (closed)	14 ★ (piano concert)	15	16	17	18 (family concert)

= piano concert　= family concert　= closed

Opening Hours

9:00 a.m. — 9:00 p.m.

Our Halls

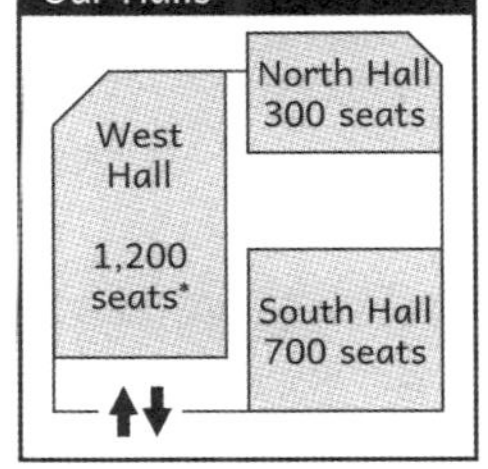

注　schedule　スケジュール　　seat(s)　座席

Maki：Alex, please look at this. We can enjoy a concert at Kagoshima Music Hall.

Alex：That's nice. I like music. What kind of concerts can we enjoy?

Maki：They have two kinds of concerts, a piano concert and a family concert.

Alex：What is the family concert?

Maki：I have been to a family concert before. You can listen to some popular songs and sing songs with musicians. It's fun. They always have the family concerts in (①) Hall. A lot of families come to the concerts, so the biggest hall is used for the family concert.

Alex：How about the other one?

Maki：You can enjoy the wonderful piano performance by a famous musician.

Alex：I like playing the piano, so I want to go to the piano concert. Shall we go?

Maki：Well, I can't go to the concert in the second week because I will have tests on March 6 and 8. And I will have my sister's birthday party on the evening of March 12. How about (②)?

Alex：OK! I can't wait!

1　(①)に入る最も適当なものを下のア～ウの中から一つ選び，その記号を書け。

ア　West　　イ　North　　ウ　South

2　(②)に入る最も適当なものを下のア～エの中から一つ選び，その記号を書け。

ア　March 7　　イ　March 11　　ウ　March 12　　エ　March 14

Ⅲ　次は，ある英字新聞の記事(article)と，それを読んだ直後の Ted 先生と Mone との対話である。英文と対話文を読み，(　　)内に入る最も適当なものを下のア～エの中から一つ選び，その記号を書け。

"I love my high school life," said Jiro. Jiro is a student at an agricultural* high school in Kagoshima. He and his classmates are very busy. They go to school every day, even on summer and winter holidays, to take care of* their cows*. They clean the cow house and give food to their cows. One of them is *Shizuka*. Now they have a big dream. They want to make *Shizuka* the best cow in Japan.

What is the most important thing when we raise* cows? "The answer is to keep them healthy*," Jiro's teacher said. "No one wants sick cows. So, we take care of the cows every day. We can use computer technology* to keep them healthy. It is very useful."

Jiro answered the same question, "I agree with my teacher. It's not easy to keep them healthy. Cows must eat and sleep well. So, we give them good food. We also walk* them every day. We make beds for cows. Many people think love is important to raise good cows. That's true, but it is not enough for their health."

Now, Jiro and his classmates are working hard to keep their cows healthy. "We will do our best," Jiro and his classmates said.

注　agricultural　農業の　　take care of ～　～の世話をする　　cow(s)　牛　　raise ～　～を育てる
　　healthy　健康に　　technology　技術　　walk ～　～を歩かせる

Ted：What is the most important point in this article?
Mone：(　　　　　　　　　　　　)
Ted：Good! That's right! That is the main point.

ア　To raise good cows, the students don't have to use computer technology.
イ　To raise good cows, the students must be careful to keep them healthy.
ウ　The students must give cows a lot of love when they are sick.
エ　The students have to eat a lot of beef if they want to be healthy.

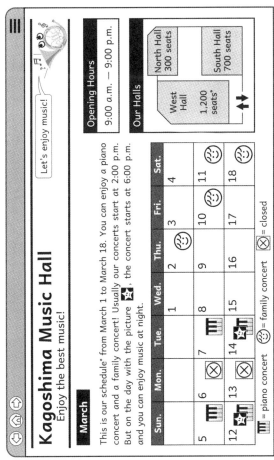

Ⅰ	1			
	2			
	3			
Ⅱ	1		2	
Ⅲ				

4 次は，中学生の Ken が英語の授業で発表した鳥と湿地(wetlands)についてのプレゼンテーションである。英文を読み，あとの問いに答えなさい。

Hello everyone. Do you like birds? I love birds so much. Today, I'd like to talk about birds and their favorite places, wetlands.

①<u>Today, I will talk about four points.</u> First, I want to talk about birds in Japan. Second, I will explain favorite places of birds. Third, I will tell you ②<u>the problem about their favorite places</u>, and then, I will explain why wetlands are important for us, too.

Do you know how many kinds of birds there are in Japan? Bird lovers in Japan work together to learn about birds every year. From 2016 to 2020, 379 kinds of birds were found. ③<u>Please look at this graph*.</u> The three birds seen often in Japan are *Hiyodori*, *Uguisu*, and *Suzume*. We have seen *Hiyodori* the most often. From 1997 to 2002, we could see *Suzume* more often than *Uguisu*, but *Suzume* became the third from 2016 to 2020.

Second, I will talk about birds' favorite places, "wetlands." Have you ever heard about wetlands? Wetlands are areas* of land* which are covered with water. Why do birds love wetlands?

Wetlands can give the best environment for many kinds of living things. There is a lot of water in wetlands. So, many kinds of plants live there. These plants are home and food for many insects* and fish. Birds eat those plants, insects, and fish. Wetlands are the best environment for birds because there is a lot of (④) for birds.

Wetlands are now getting smaller and that's a big problem. You can find information on the website of the United Nations*. It says, "In just 50 years — since 1970 — 35 % of the world's wetlands have been lost." Why are they getting smaller? Each wetland has different reasons for this. People are using too much (⑤). For example, they use it for drinking, agriculture* and industry*. Global warming* is hurting wetlands, too. Wetlands are lost faster than forests because of these reasons. This is very serious for birds.

Do we have to solve this? Yes, we do. Those birds' favorite places are very important for humans, too. They support both our lives and environment. I'll tell you ⑥<u>two things that wetlands do for us</u>. First, wetlands make water clean. After the rain, water stays in wetlands. Then, dirt* in the water goes down, and the clean water goes into the river. We use that clean water in our comfortable lives. Second, wetlands can hold CO_2. Plants there keep CO_2 in their bodies even after they die. Actually, wetlands are better at holding CO_2 than forests. They are very useful to stop global warming.

Why don't you do something together to protect birds and wetlands? Thank you for listening.

注 graph グラフ　area(s) 地域　land 陸地　insect(s) 昆虫　the United Nations 国際連合
agriculture 農業　industry 産業　global warming 地球温暖化　dirt 泥

1 次は，下線部①で Ken が見せたスライドである。Ken が発表した順になるようにスライドの(A)～(C)に入る最も適当なものを下のア～ウの中からそれぞれ一つずつ選び，その記号を書け。

ア The Problem about Wetlands
イ Birds' Favorite Places
ウ Birds in Japan

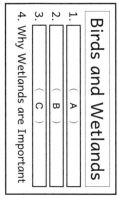

Birds and Wetlands
1. (A)
2. (B)
3. (C)
4. Why Wetlands are Important

2 下線部②の内容を最もよく表している英語５語を，本文中から抜き出して書け。

3 下線部③で Ken が見せたグラフとして最も適当なものを下のア～ウの中から一つ選び，その記号を書け。

ア
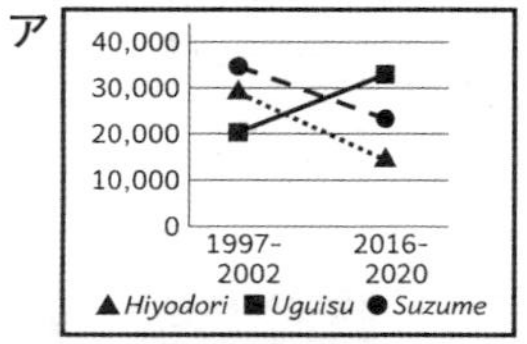

イ
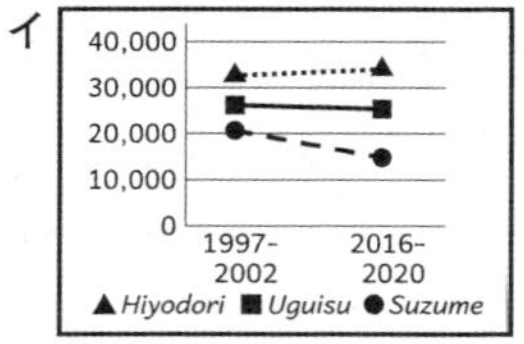

ウ
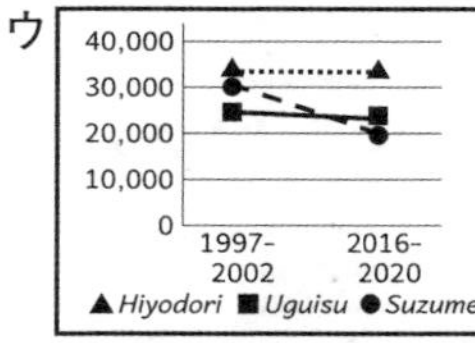

※各グラフの縦軸は鳥の数を，横軸は調査期間を示す。　（「全国鳥類繁殖分布調査」をもとに作成）

4 (④)，(⑤)に入る語の組み合わせとして，最も適当なものを右のア～エから一つ選び，その記号を書け。

	④	⑤
ア	money	water
イ	money	air
ウ	food	air
エ	food	water

5 下線部⑥の内容を具体的に 25 字程度の日本語で書け。

6 次は，Ann が自分の発表で使うグラフと，それを見ながら話している Ann と Ken との対話である。Ann に代わって，対話中の [　　] に 15 語程度の英文を書け。２文以上になってもかまわない。

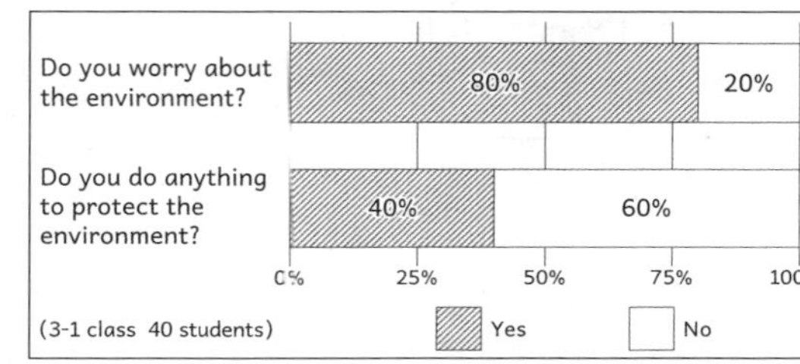

Ann : Your presentation was good. I'll speak in the next class. Please look at this. 80 % of our classmates worry about the environment, but more than half of them don't do anything to save the environment. I don't think it is good. We should do something to change this.
Ken : What can we do?
Ann : [　　　　　　　　]
Ken : That's a good idea.

1	(A)		(B)		(C)		3	4
2								
5	20 / 25 / 30							
6								

令和５年度入試問題　社会

1　次のⅠ～Ⅲの問いに答えなさい。答えを選ぶ問いについては一つ選び，その記号を書きなさい。

Ⅰ　次の**略地図１**，**略地図２**を見て，１～６の問いに答えよ。

略地図１

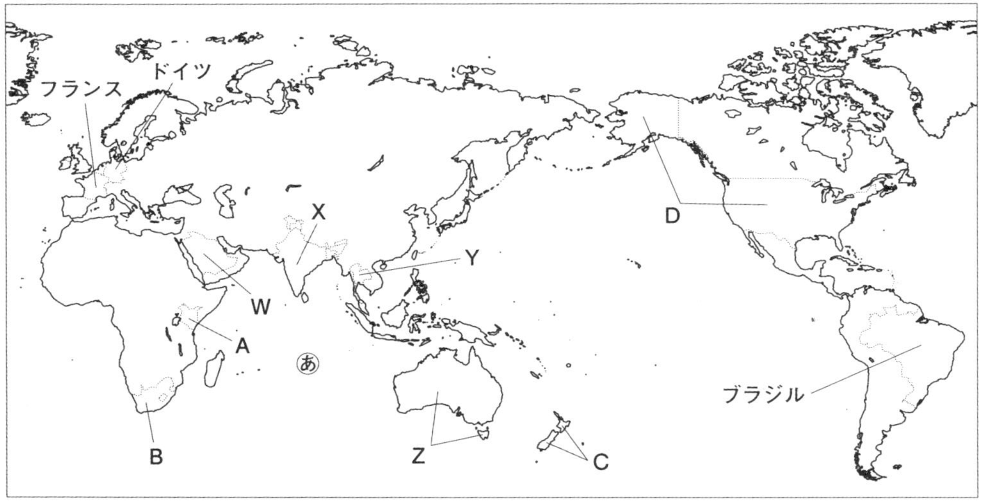

1　**略地図１**中のあは，三大洋の一つである。この海洋の名称を答えよ。

2　**略地図２**は，図の中心の**東京**からの距離と方位を正しく表した地図である。**略地図２**中の**ア**～**エ**のうち，**東京**から北東の方位，約 8000km に位置している場所として，最も適当なものはどれか。

略地図２

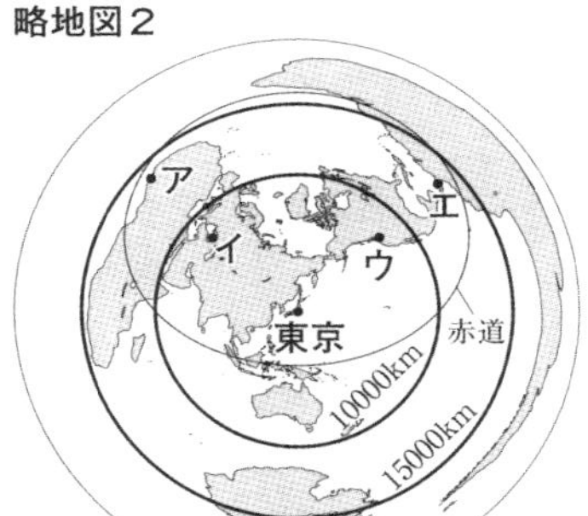

3　**略地図１**中の**A**～**D**国の特徴について述べた次の**ア**～**エ**のうち，**B**国について述べた文として最も適当なものはどれか。

ア　牧草がよく育つことから牧畜が盛んであり，特に羊の飼育頭数は人口よりも多いことで知られている。

イ　サバナが広く分布し，内陸の高地では，茶や切り花の生産が盛んである。

ウ　サンベルトとよばれる地域では，先端技術産業が発達している。

エ　過去にはアパルトヘイトとよばれる政策が行われていた国であり，鉱産資源に恵まれている。

4　**表**は，**略地図１**中の**W**～**Z**国で信仰されている宗教についてまとめたものであり，**表**中の①～④には，**語群**の宗教のいずれかが入る。**表**中の①，③の宗教として適当なものをそれぞれ答えよ。なお，同じ番号には同じ宗教が入るものとする。

表

	主な宗教別の人口割合（%）		
W	①（94），	④（4），	②（1）
X	②（80），	①（14），	④（2）
Y	③（83），	①（9）	
Z	④（64），	③（2），	①（2）

（「データブックオブ・ザ・ワールド2023」から作成）

語群

仏教　　キリスト教　　ヒンドゥー教　　イスラム教

5　**略地図１**中の**フランス**や**ドイツ**などの多くのＥＵ加盟国では，**資料１**のように，国境を自由に行き来し，買い物などの経済活動を行う人々が多い。この理由について，解答欄の書き出しのことばに続けて書け。ただし，**パスポート**と**ユーロ**ということばを使うこと。

資料１

6　**資料２**は，**略地図１**中の**ブラジル**の 1963 年と 2020 年における輸出総額と主な輸出品の割合を示しており，**資料３**は近年における**ブラジル**の主な輸出品の輸出量と世界における割合及び順位を示している。**ブラジル**の主な輸出品の変化と特徴について，**資料２**，**資料３**をもとに書け。ただし，**モノカルチャー経済**ということばを使うこと。

資料２　ブラジルの輸出総額と主な輸出品の割合

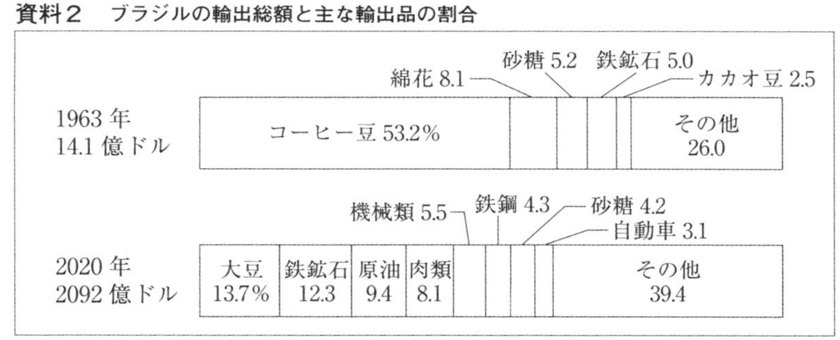

（「日本国勢図会2022/23」などから作成）

資料3　ブラジルの主な輸出品の輸出量と世界における割合及び順位

品　目	輸出量	割　合	順　位
大　豆	8297万トン	47.9%	1位
鉄鉱石	343百万トン	20.7%	2位
原　油	6226万トン	2.8%	11位
肉　類	772万トン	14.7%	2位

※大豆と鉄鉱石は2020年，原油と肉類は2019年の統計　　（「世界国勢図会2022/23」などから作成）

Ⅰ	1		2		3	
	4	①		③		
	5	（多くのEU加盟国では，）				
	6					

Ⅱ　次の**略地図**を見て，**1**～**5**の問いに答えよ。

略地図

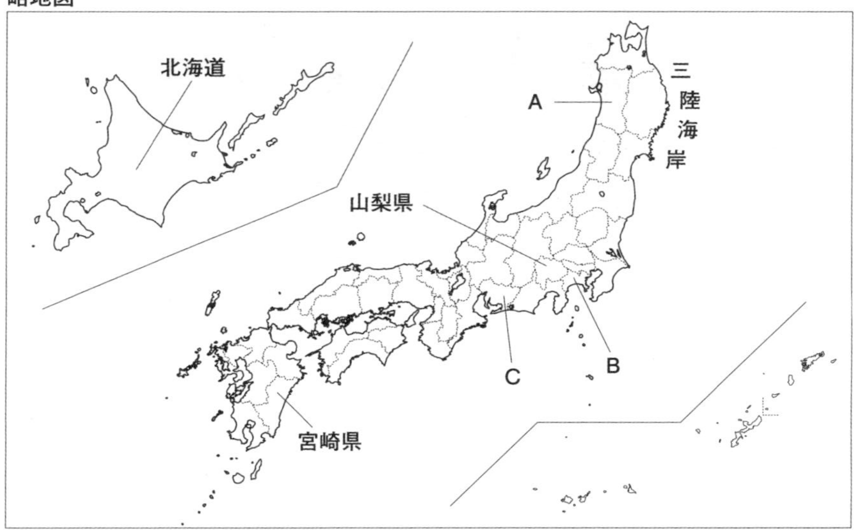

1　**略地図**中の**北海道**では，乳牛を飼育し，生乳やバター，チーズなどの乳製品を生産する農業が盛んである。このような農業を何というか。

2　**略地図**中の**三陸海岸**の沖合は，日本でも有数の漁場となっている。その理由の一つとして，この海域が暖流と寒流のぶつかる潮目（潮境）となっていることが挙げられる。**三陸海岸**の沖合などの東日本の太平洋上で，暖流である日本海流とぶつかる寒流の名称を答えよ。

3　**資料1**は**略地図**中の**A**～**C**県の人口に関する統計をまとめたものであり，**ア**～**ウ**は**A**～**C**県のいずれかである。**B**県は**ア**～**ウ**のどれか。

資料1

	人口増減率（%）	年齢別人口割合（%） 0～14歳	15～64歳	65歳以上	産業別人口割合（%） 第1次産業	第2次産業	第3次産業
ア	1.22	11.8	62.7	25.6	0.8	21.1	78.1
イ	−6.22	9.7	52.8	37.5	7.8	25.5	66.6
ウ	0.79	13.0	61.7	25.3	2.1	32.7	65.3
全国	−0.75	11.9	59.5	28.6	3.4	24.1	72.5

※四捨五入しているため，割合の合計が100%にならないところがある。
※人口増減率は，2015年から2020年の人口増減率であり，
（2020年人口－2015年人口）÷2015年人口×100で求められる。
（「日本国勢図会2022/23」などから作成）

4　**略地図**中の**山梨県**では，**写真1**のような扇状地が見られる。扇状地の特色とそれをいかして行われている農業について述べた次の文の［　　　］に適することばを補い，これを完成させよ。

　扇状地の中央部は粒の大きい砂や石からできているため［　　　］。そのため，水田には適さないが，ぶどうなどの果樹の栽培に利用されている。

写真1

5　**略地図**中の**宮崎県**では，**写真2**のようなビニールハウスなどを用いたピーマンの栽培が盛んである。**宮崎県**でこのような農業が盛んであるのはなぜか。**資料2**～**資料4**をもとに書け。ただし，**気候**，**出荷量**，**価格**ということばを使うこと。

写真2

資料2　各地の月別平均気温

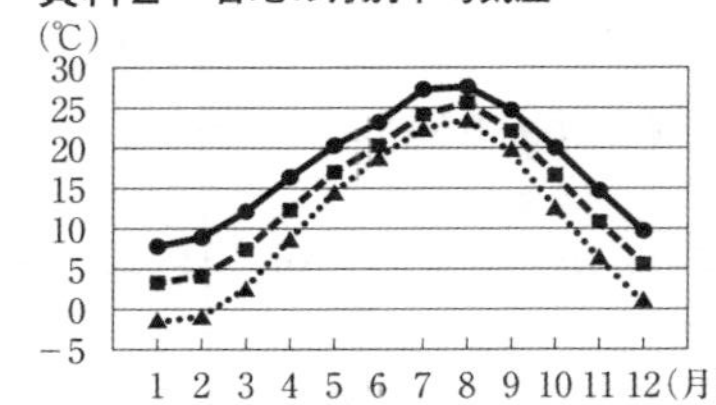

※各地の気温は各県の県庁所在地のもの
（気象庁統計から作成）

資料３　東京都中央卸売市場へのピーマンの月別出荷量（2021 年）

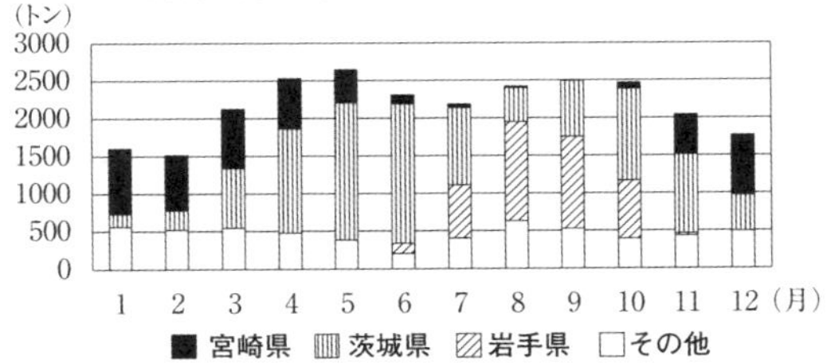

（東京都中央卸売市場統計から作成）

資料４　ピーマンの月別平均価格（2002 年～ 2021 年平均）

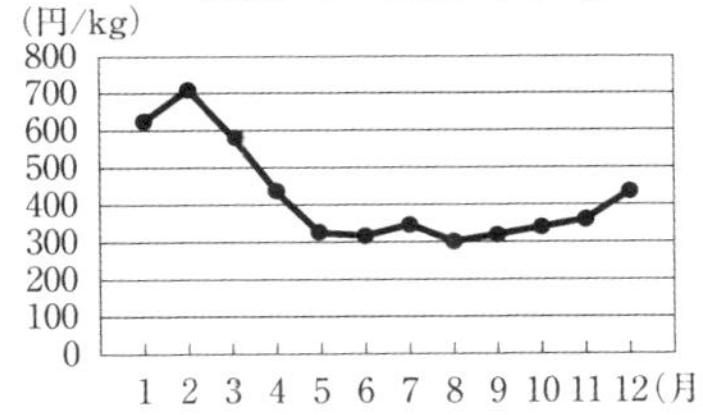

（東京都中央卸売市場統計から作成）

Ⅱ	1		2		3	
	4					
	5					

Ⅲ　縮尺が２万５千分の１である次の**地形図**を見て，１，２の問いに答えよ。

1　**地形図**の読み取りに関する次のＡ，Ｂの文について，下線部の正誤の組み合わせとして最も適当なものはどれか。

Ａ：□で囲まれた①の範囲には，消防署はみられない。
Ｂ：●━●で示した②，③間の**地形図**上での長さは３cm なので，実際の距離は 750m である。

ア（Ａ　正　　Ｂ　正）
イ（Ａ　正　　Ｂ　誤）
ウ（Ａ　誤　　Ｂ　正）
エ（Ａ　誤　　Ｂ　誤）

地形図

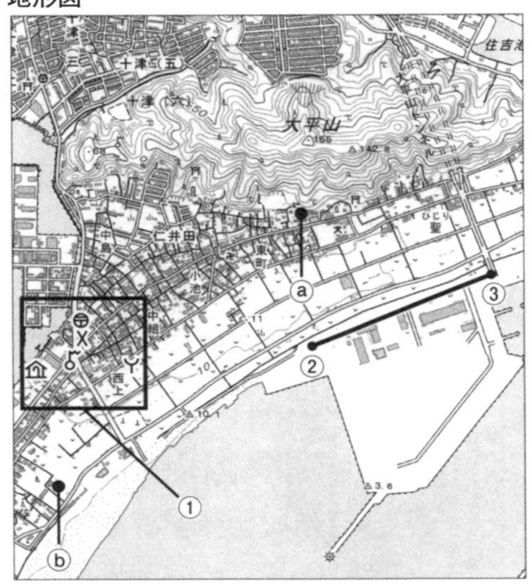

※読み取りやすくするため，①の範囲の地図記号の表記の大きさを一部変更している。
（令和元年国土地理院発行２万５千分の１地形図「高知」から作成）

2　あとの**表**は，高知市の指定緊急避難場所一覧の一部を示したものであり，**表**中のア，イは**地形図**中にⓐ，ⓑで示した避難場所のいずれかである。ⓐはア，イのどちらか。また，そのように考えた理由を，ⓐ周辺の地形の特徴をふまえ，解答欄の書き出しのことばに続けて書け。

表

	洪水	土砂災害
ア	○	○
イ	○	×

○：避難可
×：避難不可

（高知市資料から作成）

Ⅲ	1	
	2	記号
		（ⓑとは異なりⓐは，）

2

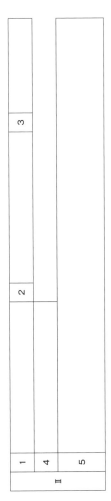

次のⅠ～Ⅲの問いに答えなさい。答えを選ぶ問いについては一つ選び，その記号を書きなさい。

Ⅰ　次の略年表を見て，１～６の問いに答えよ。

世紀	主なできごと	
5	大和政権の大王たちが，たびたび中国に使いを送った	Ａ
8	平城京を中心に，仏教や唐の文化の影響を受けたⓐ天平文化が栄えた	
11	[①]政治は，藤原道長・頼通のときに最も栄えた	
13	北条泰時が，武士独自の法である[②]を制定した	Ｂ
16	ⓑ商業や手工業，流通の発達にともない，京都などの都市が発展した	
18	貨幣経済が広まったことで，ⓒ自給自足に近かった農村社会に変化が生じた	

1　[①]，[②]にあてはまる最も適当なことばを書け。

2　Ａのころ，主に朝鮮半島などから日本列島へ移住し，須恵器とよばれる土器を作る技術や漢字などを伝えた人々を何というか。

3　ⓐについて，**資料１**は天平文化を代表する正倉院宝物の「螺鈿紫檀五絃琵琶（らでんしたんのごげんびわ）」と「瑠璃坏（るりのつき）」である。**資料１**から読み取れる天平文化の特色を書け。ただし，**遣唐使**ということばを使うこと。

資料１

螺鈿紫檀五絃琵琶	瑠璃坏
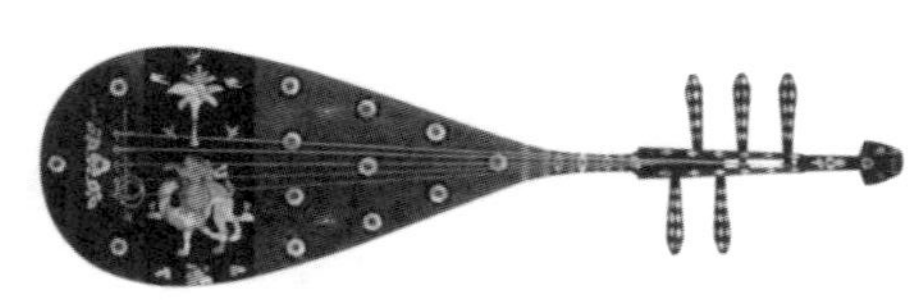	
・５弦の琵琶はインドが起源といわれている。 ・中国で作られたと考えられている。	・西アジアで作られたガラスに，中国で銀の脚を付けたと考えられている。

4　AとBの間の時期におこった次のア～エのできごとを，年代の古い順に並べよ。

ア　桓武天皇が長岡京，ついで平安京へ都を移し，政治を立て直そうとした。

イ　白河天皇が位を息子にゆずり，上皇となったのちも政治を行う院政をはじめた。

ウ　聖徳太子が蘇我馬子と協力し，中国や朝鮮半島の国々にならった新しい政治を行った。

エ　関東地方で平将門，瀬戸内地方で藤原純友がそれぞれ反乱を起こした。

5　ⓑについて述べた次の文の［X］，［Y］にあてはまることばの組み合わせとして最も適当なものはどれか。

資料２　洛中洛外図屏風
（米沢市上杉博物館蔵）

> 資料２は，『洛中洛外図屏風（らくちゅうらくがいずびょうぶ）』の中に描かれている16世紀後半の祇園祭のようすである。平安時代から行われているこの祭は，1467年に始まった［X］で中断したが，京の有力な商工業者である［Y］によって再興され，現在まで続いている。

ア（X　応仁の乱　　Y　惣）

イ（X　応仁の乱　　Y　町衆）

ウ（X　壬申の乱　　Y　惣）

エ（X　壬申の乱　　Y　町衆）

6　ⓒに関する次の文の［　　］に適することばを補い，これを完成させよ。

> 商品作物の栽培や農具・肥料の購入などで，農村でも貨幣を使う機会が増えた。その結果，土地を集めて地主となる農民が出る一方，土地を手放して小作人になる者や，都市に出かせぎに行く者が出るなど，農民の間で［　　］という変化が生じた。

Ⅰ	1	①		②		
	2					
	3					
	4	→ → →	5		6	

Ⅱ　次は，中学生が「近代以降の日本の歴史」について調べ学習をしたときにまとめた〔あ〕～〔え〕の４枚のカードと，先生と生徒の会話の一部である。１～５の問いに答えよ。

〔あ〕近代産業の発展
ⓐ日清戦争前後に軽工業部門を中心に産業革命が進展した。ⓑ日露戦争前後には重工業部門が発達し，近代産業が発展した。

〔い〕国際協調と国際平和
第一次世界大戦後に，世界平和と国際協調を目的とする［①］が設立された。また軍備縮小をめざすワシントン会議が開かれた。

〔う〕軍部の台頭
ⓒ五・一五事件や二・二六事件が発生し，軍部が政治的な発言力を強め，軍備の増強を進めていった。

〔え〕民主化と国際社会への復帰
戦後，ＧＨＱの占領下で，政治・経済面の民主化がはかられた。またⓓサンフランシスコ平和条約を結び，独立を回復した。

先　生：複数のカードに戦争や軍備ということばが出てきますが，〔い〕のカードのころには，第一次世界大戦に参加した国や新たな独立国で民主主義が拡大していきました。

生徒Ａ：日本でも，民主主義的な思想の普及やさまざまな社会運動が展開されていったのですね。

先　生：そうです。大正時代を中心として政治や社会に広まった民主主義の風潮や動きを［②］とよびます。

生徒Ｂ：でもその後の流れは，〔う〕のカードのように，軍部が台頭して戦争への道を歩んでいったのですね。

生徒Ａ：なぜ，第一次世界大戦の反省はいかされなかったのかな。どうして，その後の戦争を防ぐことができなかったのだろう。

先　生：そのことについて，当時の世界や日本の政治・経済の情勢から考えてみましょう。

1　［①］，［②］にあてはまる最も適当なことばを書け。ただし，［①］は**漢字４字**で書け。

2　ⓐに関して，日清戦争前後のできごとについて述べた次の文の［X］，［Y］にあてはまることばの組み合わせとして最も適当なものはどれか。

> 明治政府は，日清戦争直前の1894年，陸奥宗光外相のときにイギリスとの交渉で［X］に成功した。また，日清戦争後の1895年に下関条約を結んだが，［Y］により遼東半島を返還した。

	X	Y
ア	関税自主権の回復	日比谷焼き打ち事件
イ	関税自主権の回復	三国干渉
ウ	領事裁判権（治外法権）の撤廃	日比谷焼き打ち事件
エ	領事裁判権（治外法権）の撤廃	三国干渉

資料１

3　ⓑに関して，**資料１**の人物は，この戦争に出兵した弟を思って「君死にたまふことなかれ」という詩をよんだことで知られている。この人物は誰か。

4　ⓒに関する次の文の［　　］にあてはまることばを，**資料２**を参考に答えよ。ただし，［　　］には同じことばが入る。

> 犬養毅首相が暗殺されたこの事件によって，［　　］の党首が首相となっていた［　　］内閣の時代が終わり，終戦まで軍人出身者が首相になることが多くなった。

資料２　第27代から第31代首相と所属・出身

代	首相	所属・出身
27	浜口　雄幸	立憲民政党
28	若槻礼次郎	立憲民政党
29	**犬養　　毅**	**立憲政友会**
30	斎藤　　実	海　　軍
31	岡田　啓介	海　　軍

5　ⓓに関して，この条約が結ばれた以前のできごととして，最も適当なものはどれか。

ア　朝鮮戦争がはじまった。　　イ　沖縄が日本に復帰した。
ウ　東海道新幹線が開通した。　エ　バブル経済が崩壊した。

Ⅱ				
	1	①	②	
	2		3	4
	5			

Ⅲ　**資料１**は米騒動のようすを描いたものである。米騒動がおこった理由を，**資料２**，**資料３**を参考にして書け。ただし，**シベリア出兵**と**価格**ということばを使うこと。

資料１　米騒動のようす（1918年）

資料２　シベリア出兵のようす（1918年）

資料３　東京の米１石（約150kg）あたりの年平均取引価格

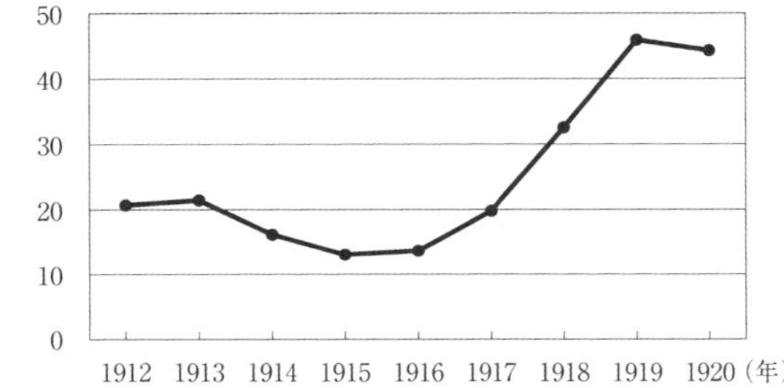

（「日本近代史辞典」から作成）

Ⅲ	

3　次のⅠ～Ⅲの問いに答えなさい。答えを選ぶ問いについては一つ選び，その記号を書きなさい。

Ⅰ　次は，ある中学生が「よりよい社会をつくるために」というテーマで，公民的分野の学習を振り返ってまとめたものの一部である。１～５の問いに答えよ。

> **よりよい社会をつくるために**
>
> ◇ **人権の保障と日本国憲法**
> 基本的人権は，ⓐ個人の尊重の考え方に基づいて日本国憲法で保障されている。社会の変化にともない，ⓑ「新しい人権」が主張されるようになった。
>
> ◇ **持続可能な社会の形成**
> 世代間や地域間の公平，男女間の平等，貧困削減，ⓒ環境の保全，経済の開発，社会の発展等を調和の下に進めていく必要がある。
>
> ◇ **国民の自由や権利を守る民主政治**
> 国の権力を立法権，行政権，司法権の三つに分け，それぞれⓓ国会，内閣，裁判所に担当させることで権力の集中を防ぎ，国民の自由と権利を守ろうとしている。
>
> ◇ **民主政治の発展**
> 民主政治を推進するために，国民一人一人が政治に対する関心を高め，ⓔ選挙などを通じて，政治に参加することが重要である。
>
> ⇩
>
> よりよい社会の実現を目指し，現代社会に見られる課題の解決に向けて主体的に社会に関わろうとすることが大切である。

1　次の文は，ⓐに関する日本国憲法の条文である。［　　］にあてはまることばを**漢字2字**で書け。

> 第13条　すべて国民は，個人として尊重される。生命，自由及び［　　］追求に対する国民の権利については，公共の福祉に反しない限り，立法その他の国政の上で，最大の尊重を必要とする。

2　ⓑに関して，「新しい人権」に含まれる権利として最も適当なものはどれか。

ア　自由に職業を選択して働き，お金や土地などの財産を持つ権利
イ　個人の私的な生活や情報を他人の干渉などから守る権利
ウ　国や地方の公務員の不法行為で受けた損害に対して賠償を求める権利
エ　労働組合が賃金などの労働条件を改善するために使用者と交渉する権利

3　ⓒに関して，ダムや高速道路など，大規模な開発事業を行う際に，事前に周辺の環境にどのような影響があるか調査・予測・評価することを何というか。

4　ⓓに関して，予算の議決における衆議院の優越について述べた次の文の［X］，［Y］にあてはまることばの組み合わせとして最も適当なものはどれか。

> 予算について，参議院で衆議院と異なった議決をした場合に［X］を開いても意見が一致しないときや，参議院が，衆議院の可決した予算を受け取ったあと［Y］日以内に議決しないときは，衆議院の議決が国会の議決となる。

ア（X　両院協議会　　Y　30）　　イ（X　両院協議会　　Y　10）
ウ（X　公聴会　　Y　30）　　エ（X　公聴会　　Y　10）

I	1		2		3	
	4					

5　中学生のゆきさんは，ⓔに関して調べ，**資料1**，**資料2**の取り組みがあることを知った。**資料1**，**資料2**の取り組みのねらいとして考えられることは何か。**資料3**，**資料4**をもとにして書け。

資料1　期日前投票所の大学への設置

資料2　高校生を対象としたある市の期日前投票所の取り組み

- 高校生を対象にした独自の選挙チラシを配布し，情報提供・啓発を実施
- 生徒が昼休みや放課後に投票できるよう，各学校ごとに開設時間を配慮

（総務省資料から作成）

資料3　年齢別投票率
（第49回衆議院議員総選挙［2021年実施］）

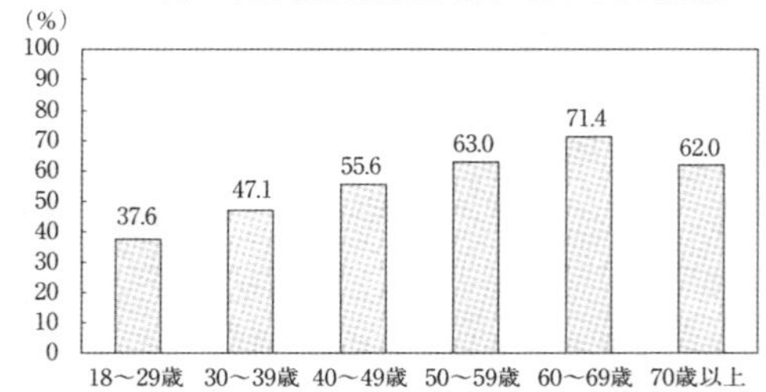

※年齢別投票率は全国から抽出して調査したものである。
（総務省資料から作成）

資料4　年齢別棄権理由とその割合
（第49回衆議院議員総選挙［2021年実施］）

理　由	18～29歳	30～49歳	50～69歳	70歳以上
選挙にあまり関心がなかったから	46.7%	31.4%	30.7%	15.6%
仕事があったから	37.8%	24.8%	14.9%	3.1%
重要な用事(仕事を除く)があったから	22.2%	9.1%	8.9%	3.1%

※調査では，17の選択肢からあてはまるものをすべて選ぶようになっている。
※18～29歳の棄権理由の上位三位を示している。
（第49回衆議院議員総選挙全国意識調査から作成）

I	5	

Ⅱ　次は，ある中学校の生徒たちが「私たちと経済」について班ごとに行った調べ学習のテーマと調べたことの一覧である。1～5の問いに答えよ。

班	テーマ	調べたこと
1	政府の経済活動	ⓐ租税の意義と役割，財政の役割と課題
2	消費生活と経済	消費者の権利と責任，消費者問題，ⓑ消費者を守る制度
3	市場のしくみと金融	ⓒ景気の変動と物価，ⓓ日本銀行の役割
4	生産と労働	企業の種類，ⓔ株式会社のしくみ，労働者の権利と労働問題

1　ⓐに関して，消費税や酒税など税を納める人と負担する人が異なる税を何というか。

2　ⓑに関して，訪問販売や電話勧誘などで商品を購入した場合，一定期間内であれば**資料**のような通知書を売り手に送付することで契約を解除することができる。この制度を何というか。

資料

> 通知書
> 次の契約を解除します。
> 契約年月日　○○年○月○日
> 商品名　○○○○
> 契約金額　○○○○○円
> 販売会社　株式会社×××　□□営業所
> 担当者　△△△△
> 支払った代金○○○○○円を返金し，商品を引き取ってください。
> ○○年○月○日
> ○○県○○市○○町○丁目○番○号
> 氏名　○○○○○○

3　ⓒに関して述べた次の文の［X］，［Y］にあてはまることばの組み合わせとして最も適当なものはどれか。

> 一般的に，［X］のときには消費が増え，商品の需要が供給を上回ると，価格が高くても購入される状態が続くため，物価が上がり続ける［Y］がおこる。

ア（X　好況　　Y　デフレーション）　　イ（X　不況　　Y　デフレーション）
ウ（X　好況　　Y　インフレーション）　　エ（X　不況　　Y　インフレーション）

4　ⓓについて述べた文として**誤っているもの**はどれか。

ア　政府資金の取り扱いを行う。
イ　日本銀行券とよばれる紙幣を発行する。
ウ　一般の銀行に対して資金の貸し出しや，預金の受け入れを行う。
エ　家計や企業からお金を預金として預かる。

5　ⓔについて述べた次の文の［　　　　］に適することばを補い，これを完成させよ。ただし，**負担**ということばを使うこと。

株主には，株式会社が倒産した場合であっても，［　　　　］という有限責任が認められている。

Ⅱ				
	1		2	
	3		4	
	5			

Ⅲ　**資料1**は，鹿児島中央駅に設置されているエレベーターの場所を案内している標識の一部である。この標識にみられる表記の工夫について，**資料2**をもとに**50字以上60字以内**で書け。

資料1

資料2　**鹿児島県における外国人宿泊者数の推移**

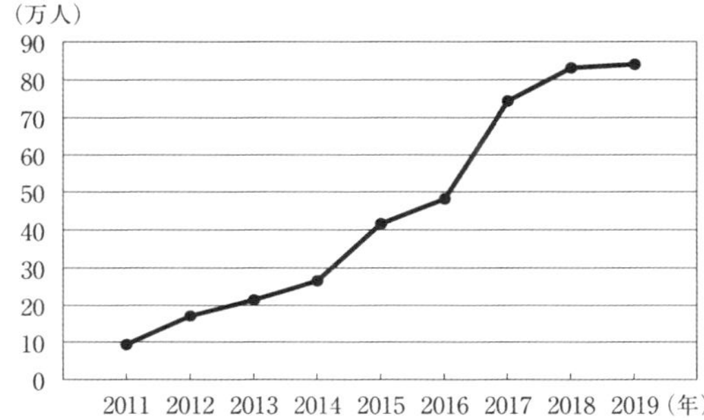

※宿泊者数は延べ人数である。　（鹿児島県観光統計から作成）

Ⅲ	

令和５年度入試問題　理科

1　次の各問いに答えなさい。答えを選ぶ問いについては記号で答えなさい。

1　**図1**の力A，力Bの合力の大きさは何Nか。ただし，**図1**の方眼の1目盛りを1Nとする。

図1

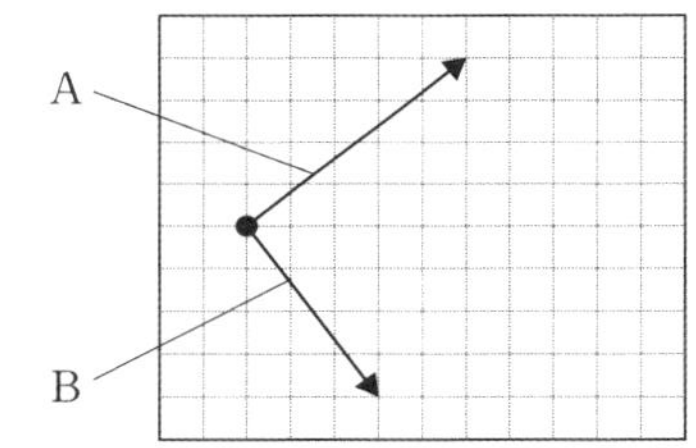

2　メタン（CH_4）を燃焼させると，二酸化炭素と水ができる。この化学変化を表す次の化学反応式を完成せよ。

$CH_4 + 2O_2 \rightarrow$

3　顕微鏡を使って小さな生物などを観察するとき，はじめに視野が最も広くなるようにする。次の**ア**～**エ**のうち，最も広い視野で観察できる接眼レンズと対物レンズの組み合わせはどれか。

ア　10倍の接眼レンズと4倍の対物レンズ
イ　10倍の接眼レンズと10倍の対物レンズ
ウ　15倍の接眼レンズと4倍の対物レンズ
エ　15倍の接眼レンズと10倍の対物レンズ

4　震度について，次の文中の［　　］にあてはまる数値を書け。

ある地点での地震によるゆれの大きさは震度で表され，現在，日本では，気象庁が定めた震度階級によって震度0から震度［　　］までの10階級に分けられている。

5　ある日，動物園に行ったみずきさんは，いろいろな動物を見たり，乗馬体験をしたりした。

(1)　動物のエサやり体験コーナーに行くと，エサの入った箱が水平な机の上に置かれていた。エサと箱を合わせた質量を10kg，エサの入った箱が机と接している部分の面積を0.2m^2とするとき，机が箱から受ける圧力の大きさは何Paか。ただし，質量100gの物体にはたらく重力の大きさを1Nとする。

(2)　シマウマやライオンを見た後，展示館に行くと，次の**図2**のような展示があった。これは，何らかの原因で，植物がふえたとしても，長い時間をかけてもとのつり合いのとれた状態にもどることを示した模式図である。生物の数量の関係の変化を表したものになるように，C～Eにあてはまるものを次の**ア**～**ウ**から一つずつ選べ。なお，**図2**のAはつり合いのとれた状態を示しており，**図2**及び**ア**～**ウ**の破線（┆）はAの状態と同じ数量を表している。

(3)　乗馬体験コーナーで，「以前は仕事率の単位に馬力が使われ，1馬力は約735Wであった。」という話を聞いた。735Wの仕事率で44100Jの仕事をするとき，かかる時間は何秒か。

図２

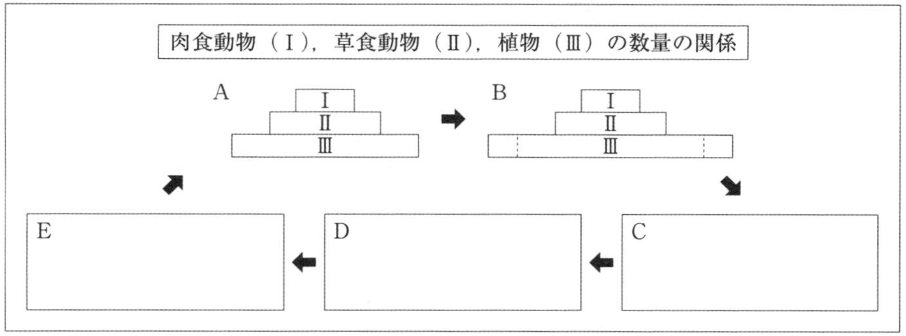

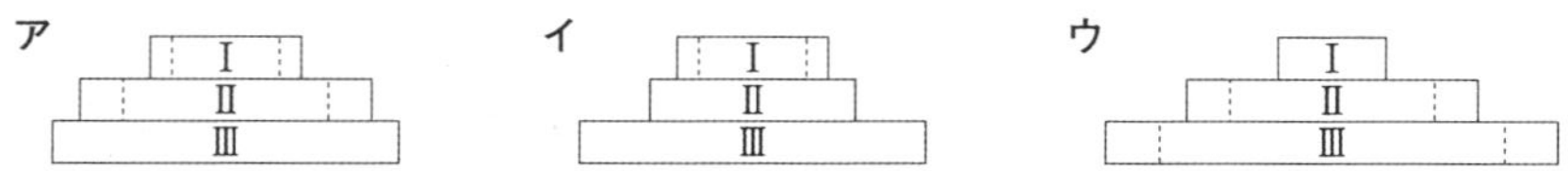

(4)　売店に，「廃棄プラスチック削減に取り組んでいます。」という張り紙があった。みずきさんは，人間の生活を豊かで便利にしている科学技術の利用と自然環境の保全について関心をもち，家でプラスチックについて調べた。プラスチックについて述べたものとして，**誤っているもの**はどれか。

ア　水にしずむものもある。　　イ　有機物である。

ウ　人工的に合成されたものはない。　　エ　薬品による変化が少ない。

1	N	2	$CH_4 + 2O_2 \rightarrow$				
3		4					
5	(1) Pa	(2)	C	D		E	
	(3) 秒	(4)					

2　次のⅠ，Ⅱの各問いに答えなさい。答えを選ぶ問いについては記号で答えなさい。

Ⅰ　ある日，桜島に行ったゆうさんが，気づいたことや，桜島に関してタブレット端末や本を使って調べたり考えたりしたことを，図のようにまとめた。

図

桜島について　　○年△月□日

〈気づいたこと〉

・ゴツゴツした岩がたくさんあった。

・道のあちらこちらに火山灰が見られた。

桜島

〈火山の形〉

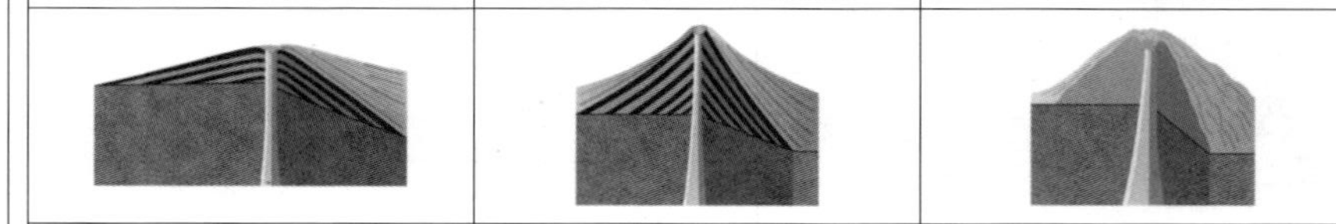

〈火山灰の観察〉

目的：火山灰にふくまれる一つ一つの粒の色や形を調べる。

方法：少量の火山灰を［ a ］。

その後，適切な操作を行い，双眼実体顕微鏡で粒をくわしく観察する。

〈火山灰の広がり〉

桜島の降灰予報から火山灰の広がりについて考えた。右の桜島の降灰予報から，桜島上空の風向は［ b ］であることがわかる。もし，桜島上空に上がった火山灰が，この風によって10m/sの速さで30km離れた地点Pの上空に到達したとすると，そのときにかかる時間は，［ c ］分であると考えられる。

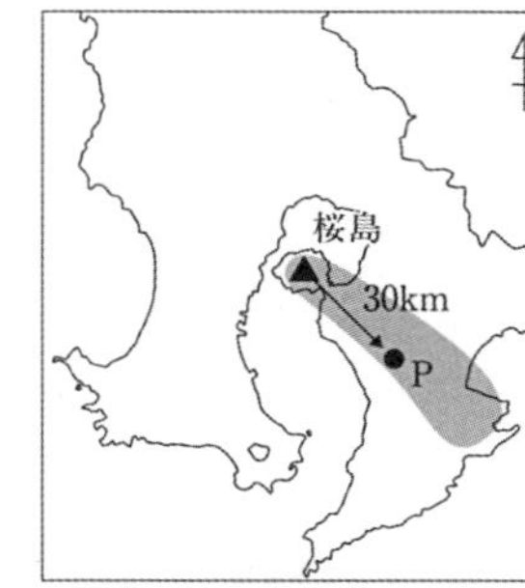

桜島の降灰予報

1　地下にあるマグマが地表に流れ出たものを何というか。

2　図の〈火山の形〉について，噴火のようすと火山噴出物の色の特徴を解答欄の書き出しのことばに続けて書け。

3　図の〈火山灰の観察〉について，［ a ］にあてはまる操作として最も適当なものはどれか。

ア　蒸発皿に入れて水を加え，指でおして洗う

イ　スライドガラスにのせ染色液をたらす

ウ　ビーカーに入れてガスバーナーで加熱する

エ　乳鉢に入れて乳棒を使ってすりつぶす

4　図の〈火山灰の広がり〉について，［ b ］と［ c ］にあてはまるものとして最も適当なものはそれぞれどれか。

［ b ］　ア　北東　　イ　南東　　ウ　南西　　エ　北西

［ c ］　ア　3　　イ　10　　ウ　50　　エ　300

Ⅰ	1		2	傾斜がゆるやかな形の火山はドーム状の形の火山に比べて，		
	3		4	b		c

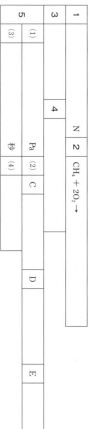

Ⅱ　たかしさんとひろみさんは，太陽の黒点について調べるため，**図1**のような天体望遠鏡を使って太陽の表面を数日間観察した。そのとき太陽の像を記録用紙の円の大きさに合わせて投影し，黒点の位置や形をスケッチした。その後，記録用紙に方位を記入した。**図2**は，スケッチしたもののうち２日分の記録である。

図1

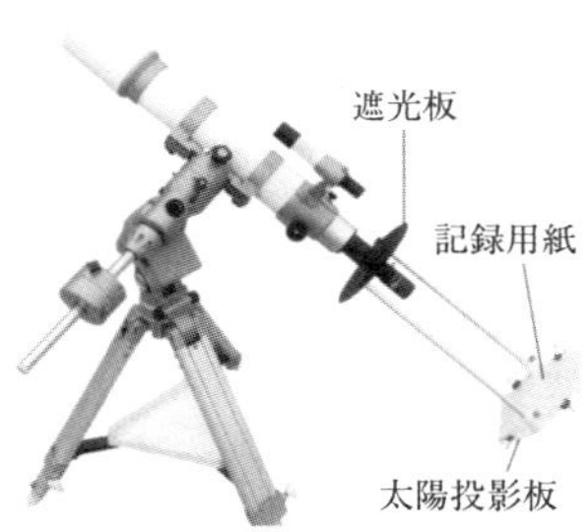

図2

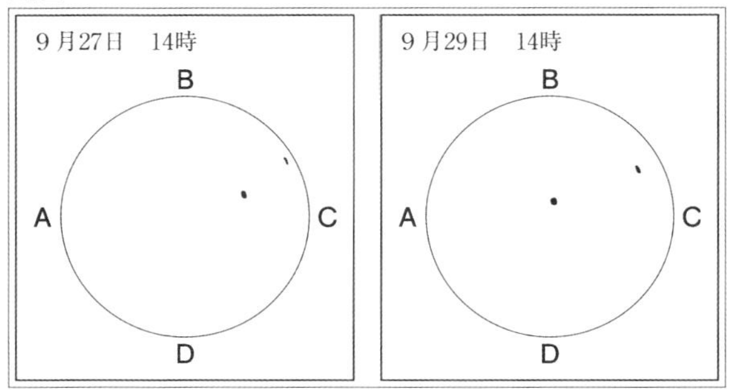

1　黒点が黒く見える理由を，解答欄の書き出しのことばに続けて書け。

2　**図2**の**A**～**D**には記入した方位が書かれている。天体望遠鏡を固定して観察していたとき，記録用紙の円から**A**の方向へ太陽の像がずれ動いていた。**A**はどれか。

ア　東　　**イ**　西　　**ウ**　南　　**エ**　北

次は，観察の後の２人と先生の会話である。

たかし：数日分の記録を見ると，黒点の位置が変化していることから，太陽は［　a　］していることがわかるね。
ひろみ：周辺部では細長い形に見えていた黒点が，数日後，中央部では円形に見えたことから，太陽は［　b　］であることもわかるね。
先　生：そのとおりですね。
たかし：ところで，黒点はどれくらいの大きさなのかな。
ひろみ：地球の大きさと比べて考えてみようよ。

3　この観察からわかったことについて，会話文中の［　a　］と［　b　］にあてはまることばを書け。

4　下線部について，記録用紙の上で太陽の像は直径10cm，ある黒点はほぼ円形をしていて直径が2mmであったとする。この黒点の直径は地球の直径の何倍か。小数第２位を四捨五入して小数第１位まで答えよ。ただし，太陽の直径は地球の直径の109倍とする。

Ⅱ	1	黒点はまわりに比べて，				
	2		3	a		b
	4	倍				

3　次のⅠ，Ⅱの各問いに答えなさい。答えを選ぶ問いについては記号で答えなさい。

Ⅰ　あいさんはダニエル電池をつくり，電極の表面の変化を調べて，電流をとり出すしくみを考えるため，次の**実験**を行った。

図

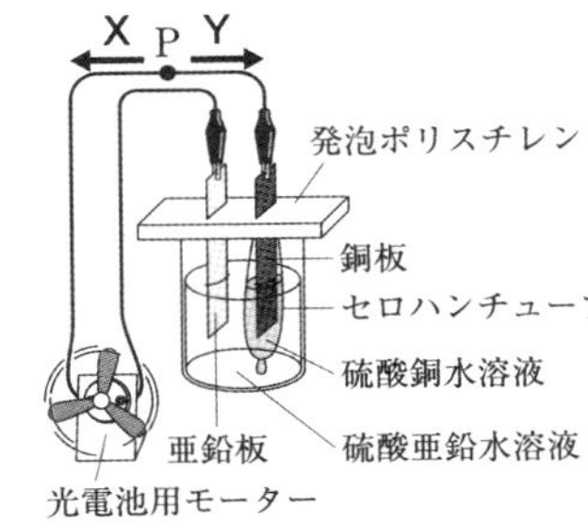

実験

①　ビーカーに硫酸亜鉛水溶液と亜鉛板を入れた。

②　セロハンチューブの中に硫酸銅水溶液と銅板を入れ，これをビーカーの中の硫酸亜鉛水溶液に入れた。

③　**図**のように，亜鉛板と銅板に光電池用モーターを接続すると光電池用モーターが回転した。

④　しばらく光電池用モーターを回転させると，亜鉛板，銅板ともに表面が変化し，亜鉛板は表面がでこぼこになっていることが確認できた。

1　ダニエル電池の－極は，亜鉛板と銅板のどちらか。また，**図**の点Pを流れる電流の向きは，**図**の**X**，**Y**のどちらか。

2　水溶液中の銅板の表面で起こる化学変化のようすを模式的に表しているものとして，最も適当なものはどれか。ただし，⊖は電子を表している。

ア　　**イ**　　**ウ**　　**エ**

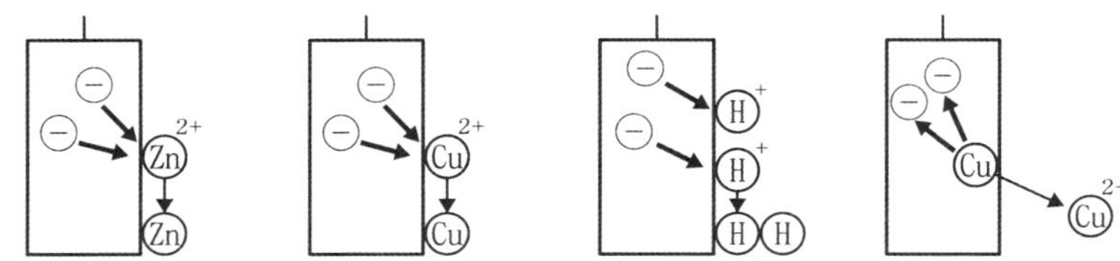

3　次は，**実験**の後のあいさんと先生の会話である。

あい：この実験を通して，ダニエル電池では，物質のもつ［　a　］エネルギーが［　b　］エネルギーに変換されているということが理解できました。
先生：ところで，セロハンチューブにはどのような役割があると思いますか。
あい：セロハンチューブには，硫酸亜鉛水溶液と硫酸銅水溶液が簡単に混ざらないようにする役割があると思います。
先生：そのとおりです。セロハンチューブがなく，この二つの水溶液が混ざると，亜鉛板と硫酸銅水溶液が直接反応して亜鉛板の表面には金属が付着し，電池のはたらきをしなくなります。このとき，亜鉛板の表面ではどのような反応が起きていますか。
あい：亜鉛板の表面では，［　c　］という反応が起きています。

(1) 会話文中の a ， b にあてはまることばを書け。

(2) 会話文中の c について，「亜鉛イオン」，「銅イオン」，「電子」ということばを使って正しい内容となるように書け。

Ⅰ	1	－極		電流の向き		2	
	3	(1)	a		b	
		(2)				

Ⅱ 図１は，鹿児島県の郷土菓子のふくれ菓子である。その材料は，小麦粉，黒糖，重そうなどである。重そうは炭酸水素ナトリウムの別名であり，ホットケーキの材料として知られるベーキングパウダーにも炭酸水素ナトリウムがふくまれている。ベーキングパウダーにふくまれている炭酸水素ナトリウムの質量を調べるため，次の**実験１**，**２**を行った。

図１

実験１ ある濃度のうすい塩酸 40.00g が入ったビーカーを５個用意し，それぞれ異なる質量の炭酸水素ナトリウムを**図２**のように加えた。ガラス棒でかき混ぜて十分に反応させ，二酸化炭素を発生させた。その後，ビーカー内の質量を記録した。**表**はその結果である。なお，発生した二酸化炭素のうち，水にとけている質量については無視できるものとする。

図２

表

反応前のビーカー内の質量〔g〕	40.00	40.00	40.00	40.00	40.00
加えた炭酸水素ナトリウムの質量〔g〕	2.00	4.00	6.00	8.00	10.00
反応後のビーカー内の質量〔g〕	40.96	41.92	43.40	45.40	47.40

１ 二酸化炭素について，次の文中の ☐ にあてはまる内容を「密度」ということばを使って書け。

> 二酸化炭素は，水に少ししかとけないので，水上置換法で集めることができる。また， ☐ ので，下方置換法でも集めることができる。

２ 次の文は，**実験１**について述べたものである。 a にあてはまるものを**ア**～**エ**から選べ。また， b にあてはまる数値を書け。

> うすい塩酸 40.00g と反応する炭酸水素ナトリウムの最大の質量は，**表**から a の範囲にあることがわかる。また，その質量は b g である。

ア 2.00g ～ 4.00g　　**イ** 4.00g ～ 6.00g
ウ 6.00g ～ 8.00g　　**エ** 8.00g ～ 10.00g

実験２ **実験１**と同じ濃度のうすい塩酸 40.00g に，ベーキングパウダー 12.00g を加え，ガラス棒でかき混ぜて十分に反応させたところ，二酸化炭素が 1.56g 発生した。

３ **実験２**で用いたものと同じベーキングパウダー 100.00g にふくまれている炭酸水素ナトリウムは何 g か。ただし，**実験２**では塩酸とベーキングパウダーにふくまれている炭酸水素ナトリウムの反応のみ起こるものとする。

Ⅱ	1						
	2	a		b		3	g

4

次のⅠ，Ⅱの各問いに答えなさい。答えを選ぶ問いについては記号で答えなさい。

Ⅰ 動物は外界のさまざまな情報を刺激として受けとっている。

１ **図１**のヒトの〈受けとる刺激〉と〈感覚〉の組み合わせが正しくなるように，**図１**の「・」と「・」を実線（――）でつなげ。

図１

〈受けとる刺激〉			〈感覚〉
光	・	・	聴覚
におい	・	・	視覚
音	・	・	嗅覚

２ 刺激に対するヒトの反応を調べるため，意識して起こる反応にかかる時間を計測する実験を次の**手順１**～**４**で行った。

手順１ **図２**のように，５人がそれぞれの間で棒を持ち，輪になる。

手順２ Ａさんは，右手でストップウォッチをスタートさせると同時に，右手で棒を引く。左手の棒を引かれたＢさんは，すぐに右手で棒を引く。Ｃさん，Ｄさん，Ｅさんも，Ｂさんと同じ動作を次々に続ける。

手順３ Ａさんは左手の棒を引かれたらすぐにストップウォッチを止め，かかった時間を記録する。

手順４ **手順１**～**３**を３回くり返す。

図２

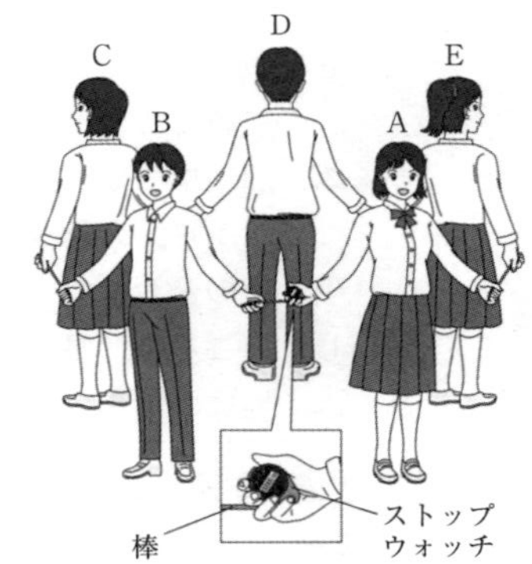

表は，実験の結果をまとめたものである。ただし，**表**には結果から求められる値を示していない。

表

回数	結果〔秒〕	1人あたりの時間〔秒〕
1回目	1.46	
2回目	1.39	
3回目	1.41	
平均		X

(1) **表**の［X］にあてはまる値はいくらか。小数第3位を四捨五入して小数第2位まで答えよ。

(2) 中枢神経から枝分かれして全身に広がる感覚神経や運動神経などの神経を何というか。

(3) 実験の「意識して起こる反応」とは異なり，意識とは無関係に起こる反応もある。次の文中の①，②について，それぞれ正しいものはどれか。

手で熱いものにさわってしまったとき，とっさに手を引っ込める反応が起こる。このとき，命令の信号が①（ア　脳　　イ　せきずい）から筋肉に伝わり，反応が起こっている。また，熱いという感覚が生じるのは，②（ア　脳　　イ　せきずい　　ウ　手の皮ふ）に刺激の信号が伝わったときである。

I	1	〈受けとる刺激〉 光・におい・音　〈感覚〉 聴覚・視覚・嗅覚	2	(1)		
				(2)		
				(3)	①	②

Ⅱ　ゆきさんとりんさんは，**図1**の生物をさまざまな特徴の共通点や相違点をもとに分類している。次は，そのときの2人と先生の会話の一部である。

ゆき：動物について，動き方の観点で分類すると，**カブトムシ**と**スズメ**は，はねや翼をもち，飛ぶことができるから同じグループになるね。
りん：ほかに体の表面の観点で分類すると，**トカゲ**と**メダカ**にだけ［　　］があるから，同じグループになるね。
先生：そのとおりですね。
ゆき：植物と動物について，それぞれ観点を変えて分類してみようよ。

図1

動物
イカ
カブトムシ
カエル
スズメ
トカゲ
ネズミ
メダカ
植物
アサガオ
イチョウ
イネ
ゼニゴケ

1　会話文中の［　　］にあてはまることばを書け。

2　2人は**図1**の植物について，**表1**の観点で**図2**のように分類した。**図2**のA～Fは，**表1**の基準の**ア**～**カ**のいずれかである。AとDはそれぞれ**ア**～**カ**のどれか。

表1

観点	基準
胚珠	**ア**　胚珠がむきだしである
	イ　胚珠が子房に包まれている
子葉	**ウ**　子葉は1枚
	エ　子葉は2枚
種子	**オ**　種子をつくる
	カ　種子をつくらない

図2

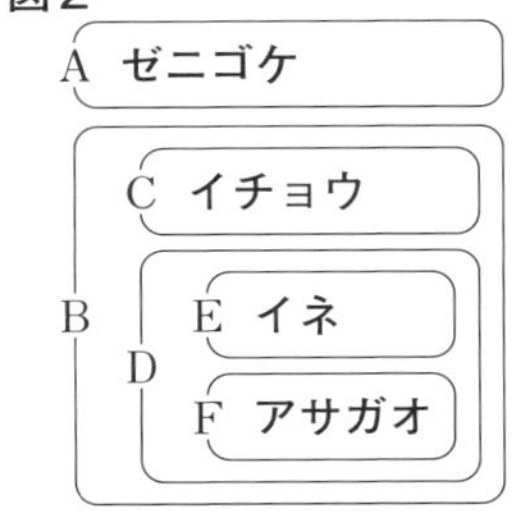

3　2人は**図1**の動物について，**表2**の観点で**図3**のように分類した。**図3**の②，③にあてはまる動物はそれぞれ何か。なお，**図3**のG～Jは**表2**の基準の**キ**～**コ**のいずれかであり，**図3**の①～③は，**イカ**，**スズメ**，**ネズミ**のいずれかである。

表2

観点	基準
子の生まれ方	**キ**　卵生
	ク　胎生
背骨の有無	**ケ**　背骨がある
	コ　背骨がない

図3

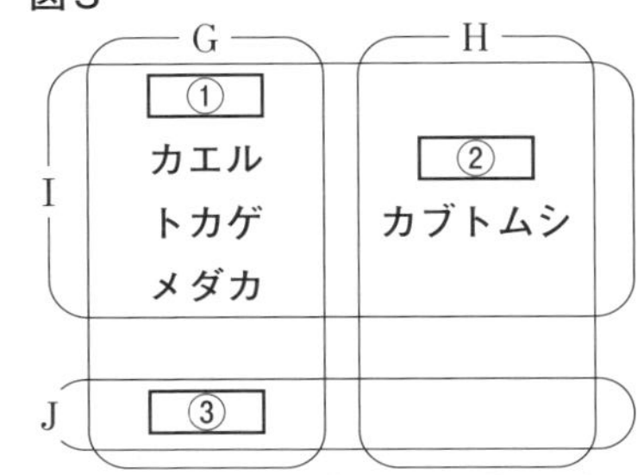

4　2人は**図1**の動物について，「生活場所」を観点にして，「陸上」，「水中」という基準で分類しようとしたが，一つの動物だけはっきりと分類することができなかった。その動物は何か。また，その理由を生活場所に着目して，「幼生」，「成体」ということばを使って書け。

Ⅱ	1		2	A		D	
	3	②		③			
	4	動物名					
		理由					

5 次のⅠ，Ⅱの各問いに答えなさい。答えを選ぶ問いについては記号で答えなさい。

Ⅰ　凸レンズのはたらきを調べるため，**図1**のように，光源，焦点距離10cmの凸レンズ，スクリーン，光学台を使って実験装置を組み立て，次の**実験1**～**3**を行った。このとき，凸レンズは光学台に固定した。

図1

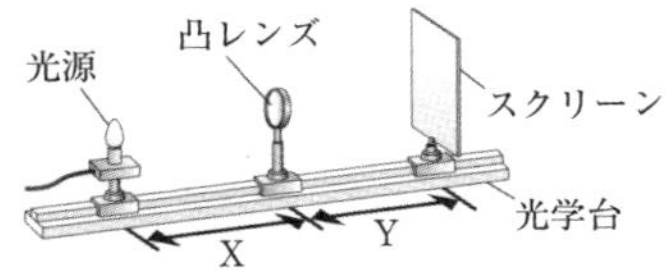

実験1　光源を動かして，光源から凸レンズまでの距離Xを30cmから5cmまで5cmずつ短くした。そのたびに，はっきりとした像がうつるようにスクリーンを動かして，そのときの凸レンズからスクリーンまでの距離Yをそれぞれ記録した。**表**はその結果であり，「－」はスクリーンに像がうつらなかったことを示す。

表

X〔cm〕	30	25	20	15	10	5
Y〔cm〕	15	17	20	30	－	－

実験2　**図1**の装置でスクリーンにはっきりとした像がうつったとき，**図2**のように，凸レンズの下半分を光を通さない厚紙でかくした。このとき，スクリーンにうつった像を観察した。

図2

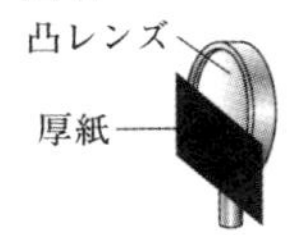

実験3　**図1**と焦点距離の異なる凸レンズを使って，スクリーンにはっきりとした像がうつるようにした。**図3**は，このときの光源，凸レンズ，スクリーンを真横から見た位置関係と，点Aから凸レンズの点Bに向かって進んだ光の道すじを模式的に表したものである。

図3

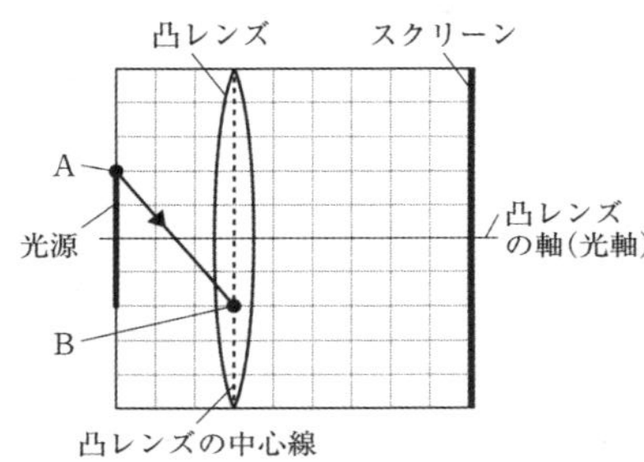

1　凸レンズのような透明な物体の境界面に，ななめに入射した光が境界面で曲がる現象を光の何というか。

2　**実験1**で，スクリーンに光源と同じ大きさの像がうつった。このときのXは何cmか。

3　**実験2**について述べた次の文中の①，②について，それぞれ正しいものはどれか。

> 凸レンズの下半分を厚紙でかくしたとき，かくす前と比べて，観察した像の明るさや形は次のようになる。
> ・観察した像の明るさは①（**ア**　変わらない　　**イ**　暗くなる）。
> ・観察した像の形は②（**ア**　変わらない　　**イ**　半分の形になる）。

4　**実験3**で，点Bを通った後の光の道すじを**図3**中に実線（――）でかけ。ただし，作図に用いる補助線は破線（----）でかき，消さずに残すこと。また，光が曲がって進む場合は，凸レンズの中心線で曲がるものとする。

Ⅰ	1		2	cm
	3	①	②	

Ⅱ　電流と電圧の関係を調べるために，**図1**のように電源装置，スイッチ，電流計，電圧計，端子P，端子Qを接続して，端子P，Q間に抵抗器を取り付けてスイッチを入れたところ，抵抗器に電流が流れた。

次に，端子P，Q間の抵抗器をはずし，抵抗の大きさが15Ωの抵抗器aと抵抗の大きさが10Ωの抵抗器bを用いて，**実験1**，**2**を行った。ただし，抵抗器以外の抵抗は考えないものとする。

図1

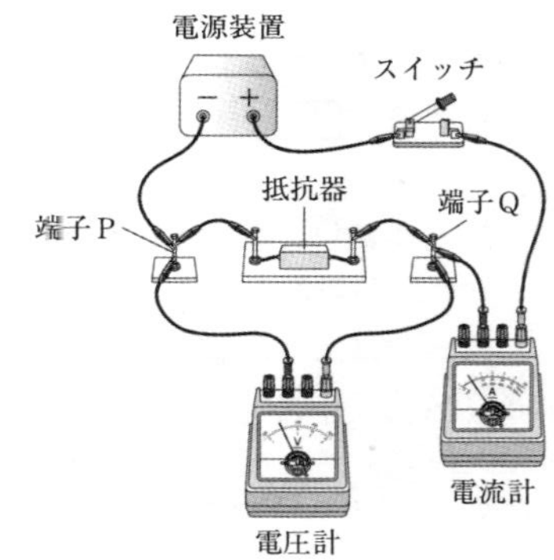

実験1　**図2**のように抵抗器aと抵抗器bを接続したものを端子P，Q間につないで，電源装置の電圧調節つまみを動かし，電圧計の値を見ながら電圧を0V，1.0V，2.0V，3.0V，4.0V，5.0Vと変化させたときの，電流の大きさをそれぞれ測定した。**表**はその結果である。

図2

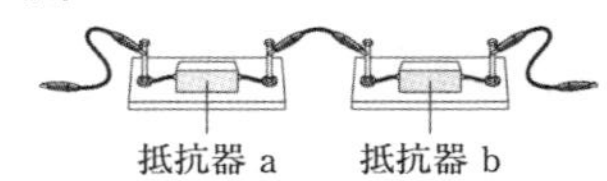

表

電圧〔V〕	0	1.0	2.0	3.0	4.0	5.0
電流〔mA〕	0	40	80	120	160	200

実験2　**図3**のように，抵抗器aと抵抗器bを接続したものを端子P，Q間につないで，電源装置の電圧調節つまみを調節し，電圧計が5.0Vを示すようにした。

図3

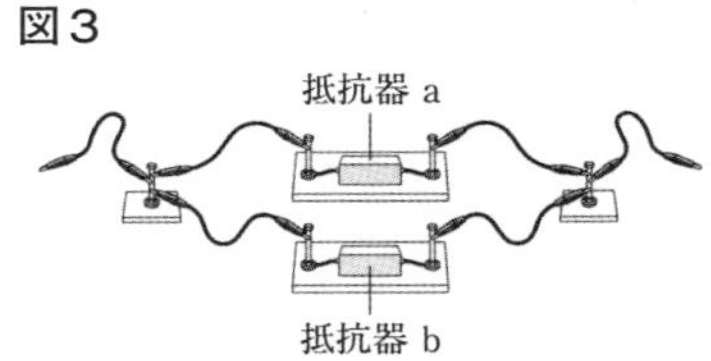

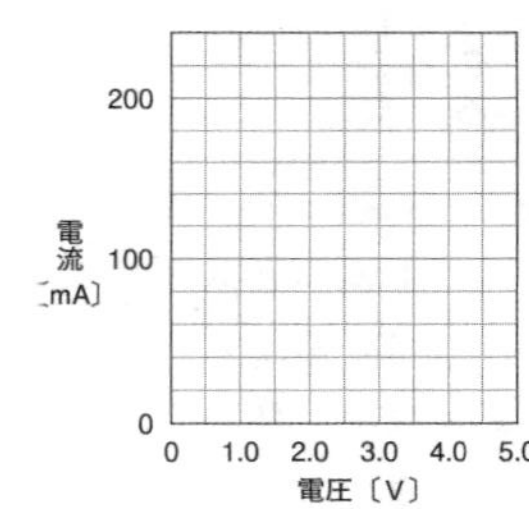

1　**図1**のように電流が流れる道すじのことを何というか。

2　**実験1**について，端子P，Q間の電圧と電流の関係を上のグラフにかけ。ただし，**表**から得られる値を「・」で示すこと。

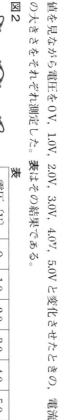

3　**実験2**で，抵抗器bに流れる電流は何Aか。

4　**実験1**，**2**で，電圧計が5.0Vを示しているとき，消費する電力が大きい順に**ア**～**エ**を並べよ。

ア　**実験1**の抵抗器a　　**イ**　**実験1**の抵抗器b
ウ　**実験2**の抵抗器a　　**エ**　**実験2**の抵抗器b

Ⅱ	1		3	A	4	→ → →

5 中学校の生徒会役員であるあなたは、学校で配られた広報紙を読み、鹿児島県で二〇二三年七月二十九日から八月四日にかけて第47回全国高等学校総合文化祭（以下、総文祭）が開催されることを知りました。興味をもったあなたは、来年度、高校生になる中学三年生に向けて総文祭を紹介したいと考え、生徒会新聞に来場を呼びかける記事を掲載することにしました。記事を書くために準備した、**資料1〜3**の中から参考にする資料を二つ選び、あとの(1)〜(4)の**条件**に従って、**記事の下書き**を完成させなさい。

条件

(1) [A] には適当な見出しを書くこと。

(2) [B] は二段落で構成し、六行以上八行以下で書くこと。

・第一段落には、資料から分かることを書くこと。

・第二段落では、第一段落を踏まえて、あなたが考える総文祭の魅力を書くこと。

(3) 選択した資料を示す場合や、資料中の数値を使用する場合は、次の例にならって書くこと。

例　資料→ | 資 | 料 | 1 |　数値→ | 30.5 | % |

(4) 原稿用紙の正しい使い方に従って、文字、仮名遣いも正確に書くこと。

記事の下書き

〇〇中学校

生徒会新聞

□月△日発行

A

みなさん！総文祭をご存じですか？

総文祭は、芸術文化活動を行っている高校生が目指す「全国大会」です。

B

来年度、本県で開催される総文祭。

ぜひ、会場で体感してみてください。

選んだ２つの資料を提示する場所

資料1

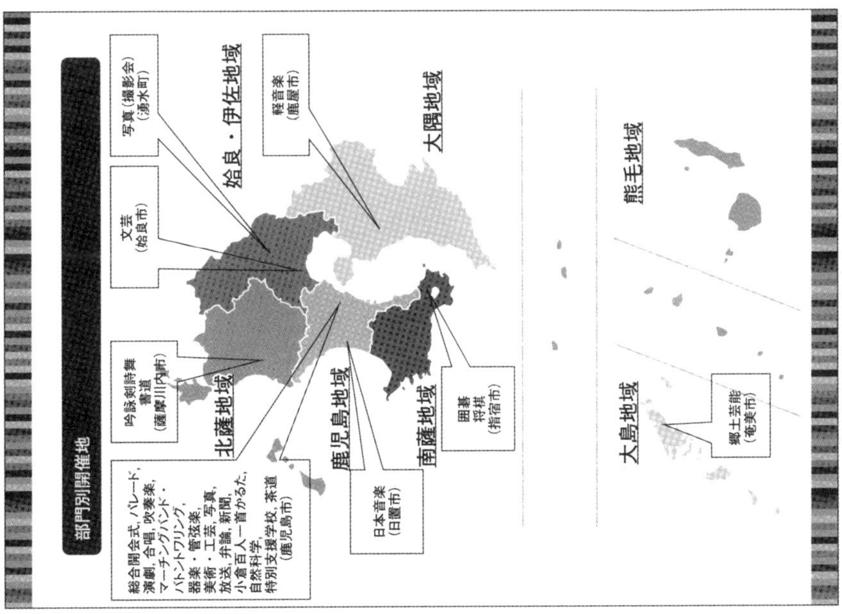

（「鹿児島県教育委員会ホームページ」をもとに作成）

資料2

大会概要

<u>大会について</u> 第47回大会で，全都道府県開催の一巡目を締めくくる記念すべき大会
<u>大会テーマ</u> 47の結晶　桜島の気噴（いぶき）にのせ紬（つむ）げ文化の１ページ
<u>目的</u> 芸術文化活動を通じて，全国的，国際的規模での生徒相互の交流を図る
<u>参加者など</u> 参加校は約３千校 参加者は約２万人 （海外からはニュージーランド，ベトナム，韓国の３カ国） 観覧者は約 10 万人

（「第47回全国高等学校総合文化祭ホームページ」をもとに作成）

資料3

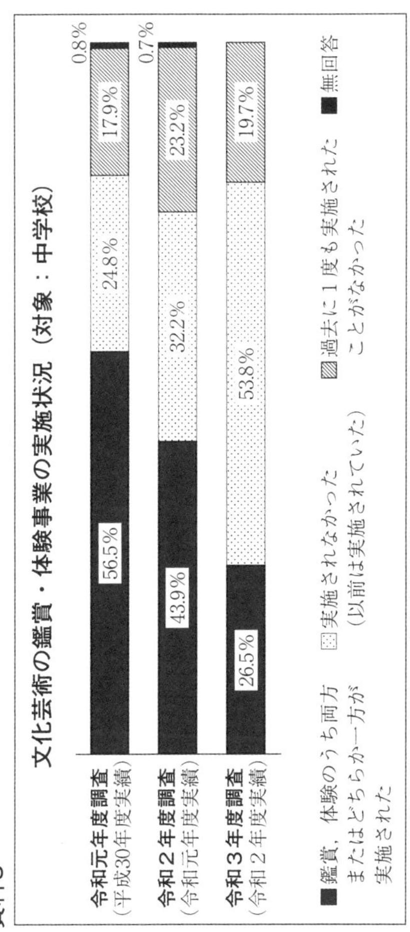

（文化庁　令和元〜３年度「文化芸術による子供育成総合事業に関する調査研究」をもとに作成）

黒い絵の具の中から、僕が描いていたあざやかな色合いが、虹色が、細く細く顔をのぞかせる。
削れ。削れ。削りだせ。
これが僕だ。今の僕らだ。
塗りつぶされて、憤(いきどお)って、うまくいかなくて、失敗して、大声で泣いてわめいて、かすかな抵抗をする。

僕の心臓はどきどきしてくる。体温が上がる。いいぞ。慎重につかみ取れ。決して逃すな。対象を捉えろ、この鈴音の爆発を捉えろ、削り出し、描け。描け描け描け描け!!!
③これは狩猟だ。獲物を捕まえろ。生け捕れ。
こんな好戦的な気持ちで絵を描いたのは生まれて初めてだ。

(歌代朔(さく)「スクラッチ」による)

(注) アクリルガッシュ＝絵の具の一種。
五年前のタンポポ＝洪水被害で避難所生活を送っているときに、クレヨンの汚れをすべて拭き取って千暁が描いた絵。
慟哭＝大声をあげて激しく泣くこと。　イーゼル＝画板やキャンバスを固定するもの。

1 ——線部①とあるが、この場面における千暁の様子を説明したものとして最も適当なものを次から選び、記号で答えよ。

ア　描いていた絵を汚されてしまい、鈴音に対するいらだちを隠せずにいる。
イ　描いていた絵を汚されてしまい、賞が取れないだろうとうなだれている。
ウ　力を試す場がなくなってしまい、気落ちして絵を描くことに集中できないでいる。
エ　力を試す場がなくなってしまい、今まで絵を描き続けてきたことを後悔している。

2 次の文章は——線部②における千暁の心情を説明したものである。［Ⅰ］～［Ⅲ］に適当な言葉を補え。ただし、［Ⅰ］には、本文中から最も適当な六字の言葉を抜き出して書き、［Ⅱ］には、十字以内、［Ⅲ］には、十五字以内の言葉を考えて答えること。

描きかけの絵を鈴音が墨でうっかり汚してしまったことを機に、千暁は自らの意志で絵を黒く塗り、ここ数年［Ⅰ］で塗った嘘の絵を描いていたことに気づいた。このことは千暁にとって［Ⅱ］きっかけとなっただけでなく、これからは［Ⅲ］絵を描くことができそうだ、と思えるきっかけともなり、満ち足りた気持ちになっている。

3 佐藤さんは、国語の時間に——線部③における千暁の心情について、発表することになった。発表原稿を作成するためにグループで話し合いながら、鈴音が部室に現れた後の千暁と鈴音の心情に関連した描写を付箋に記入し、〈ワークシート〉に貼り付けた。〈ワークシート〉の［X］には、**語群**から最も適当なものを選び記号で答え、**発表原稿**の［Y］には、六十五字以内の言葉を考えて答えよ。

語群
ア　怒りに任せて行動する千暁のことが恐ろしい
イ　千暁の絵を台無しにしてしまって申し訳ない
ウ　絵を黒く塗ることを知らせてもらえず悲しい
エ　千暁が絵を黒く塗ったことに納得がいかない

発表原稿

私たちは——線部③における千暁の心情について［Y］とまとめました。

〈ワークシート〉

【鈴音の心情に関連した描写】
ひどく青ざめた顔
少し震えているよう
凍りついたような顔
視線の先には真っ黒なキャンバス。
大声で泣き出した。
激しく泣き出した。
→ 理由：［X］と思ったから。

話の流れ →

【千暁の心情に関連した描写】
あわてた。
困って頭をかいた。
泣いている姿が、きれいだと思った。
イーゼルの後ろに立たせた。
毛穴がぶわっと一気に開いた
黒を削り出していく。
これが僕だ。今の僕らだ。
心臓はどきどきしてくる。
体温が上がる。

1

2	
Ⅰ	Ⅱ
Ⅲ	

3	
X	
Y	

習に身が入らなくなっている。
①僕だってそうだ。
市郡展の審査がないっていうことが、思いのほか響いていて、うまく絵が描けなくなっていた。
なんだかイライラして、それをモデルのせいにして、体育館で鈴音に言いがかりをつけた。無様でかっこ悪くて。
……この墨で汚されたのは、今の僕らそのものじゃないか。
僕はもう一度、練りこまれた墨をなぞる。
……あぁ、そうか。
僕の頭に詰まっていた、垂れこめたもやのようなものの中に、色あざやかな何かが差しこんだ。
それは細い細い線のようで、かぼそくて、……それでも。
僕は黒のアクリルガッシュを取り出した。箱入りのセットとは別の、一度も使っていなかった特大の黒チューブを金属製のトレーに乗せて、版画で使うローラーにべったりとつけた。
はじから慎重に、しっかりと。
あざやかだった絵の上に転がしていく。黒く、黒く。
全部、全部、黒く。
不思議なことに、少しずつ、少しずつ、僕の気持ちは落ち着いていった。
そうだよな。
と、僕は思った。
そうだ、なんかこの絵は嘘(うそ)っぽいって心のどこかでずっと思っていたんだ。
だったらいっそ真っ黒に塗りつぶせ。
そんな嘘なんて。嘘の塊なんて。
『暗闇の牛』ならぬ、暗闇の運動部員たち。
審査も体育祭での展示もないんなら、誰にも遠慮することはないだろう。嘘をついてきれいな絵を描く必要だってないはずだ。
考えてみたら、僕はもう何年も嘘の絵ばかり描いていた気がする。
きっとそれは、あの(注)五年前のタンポポからだ。
……あのとき僕が本当に描きたかったのは、どんな絵だったんだろう。
もしもあのとき、あの汚れをなかったことにして絵を描き直したりせず、汚れたクレヨンのまま、何もかも引き受けて、タンポポを描ききっていたら……。
あれからずっと、僕があざやかな色で塗りつぶしてふさいできたその内側には、一体どんな色たちがうごめいていたんだろう。
鈴音に汚されたこの絵を全部黒く塗ったとき、僕は満ち足りていた。
ああ。
アクリルガッシュが乾くまで、しばらくこの黒さを眺めていたい。
これは真っ黒じゃない。僕は知っている。
この黒の下にたくさんの色彩が詰まっている。
どのくらいそうしていただろう。
窓からの日差しは傾いて、西日特有の、蜂蜜のようにまろやかな光が、薄汚れたシンクに差しこんでいる。
がたん、と部室のドアが開いた。
部活が終わったばかりなんだろう。バレー部のネイビーブルーのユニフォームを着たままの鈴音がひどく青ざめた顔をして僕を見た。マスクを持ったこぶしを固く握りしめて、真夏なのに少し震えているようにも見えた。そして大股で、一直線に僕に近づいてきて、何かを言いかけて、急に凍りついたような顔になった。
視線の先には真っ黒なキャンバス。
「……!!」
息を吸いこむ音と同時に、鈴音は、破裂したように大声で泣き出した。
うわぁあああああああ
って、それこそ幼稚園くらいの子どもがギャン泣きするみたいな勢いで。顔を真っ赤にして、ぼろぼろと、どこからそんな水分が出てくるんだろうっていう勢いで、大粒の涙も、いや、粒なんてもんじゃなくて滝みたいな涙も、鼻水も、大声も、のどの奥から、絞り出すように、叫ぶように。
「ごめっ…ごめん、…ごめんなざっ、…」
しゃくりあげながら鈴音が(注)慟哭(どうこく)の合間にごめんなさいをくり返そうとする。
息が詰まって死んでしまうんじゃないかと僕はあわてた。
何より、こんな勢いで泣くなんて。鈴音が泣くなんて。
「いや、何。どうしたの？」
立ち上がって鈴音を落ち着かせようとするけれど、どうすればいいんだ？　あの猛獣鈴音といえど女子だぞ。一応女子相手だぞ。じいちゃんばあちゃんや子ども相手じゃないから、背中トントンとか、違うだろう。僕は行き場を失った手を空中で、無様に右往左往させた。
「絵っ、……絵、汚して、だか、……だからそんなっ、」
まっくろぉおおおお!!
と、また鈴音が激しく泣き出した。
まっくろ……真っ黒？　いや。いやいやいや、違う。そうじゃない。確かにきっかけはあの汚れだけど。そうじゃない。
僕は自分の意志で、この絵を黒く塗った。
そしてそれは、僕を②少し救いもしたんだ。
どう説明すればいい？　僕は困って頭をかいた。それからふと、大声で泣いている鈴音の涙や鼻水が、西日できらきらしていることに気づいた。わんわん泣いている姿が、きれいだと思った。思ってしまった。悲しみや衝撃に無になるんじゃない。もうまっすぐに、感情を爆発させている姿だ。
「……ちょっとここに立って」
僕は鈴音の腕を引いて、(注)イーゼルの後ろに立たせた。鈴音は言われるままに立って、泣き続けた。
僕は絵の具セットから、パレットナイフを取り出す。
黒のキャンバスに手を置く。もう乾いている。大丈夫。
僕の毛穴がぶわっと一気に開いたような感覚になった。
……いける！
そっと慎重に、それから静かに力をこめて、僕は黒を削り出していく。
パレットナイフを短く持った指先に伝わる、下絵の凹凸に少しずつ引っかかる感覚。
足元にガリガリと薄く削られて落ちる黒のアクリルガッシュの細い破片。
――スクラッチ技法。

3 次の文章を読んで、あとの1～3の問いに答えなさい。

> 平安時代の音楽家であった和邇部用光が、土佐の国（現在の高知県）の祭りに出かけた後、都に向かう船旅の途中で海賊に襲われた。本文はそれに続く場面である。

（用光は）弓矢の行方知らねば（弓矢で戦うことができないので）、防ぎ戦ふに力なくて、今は疑ひなく殺されなむずと思ひて、篳篥（注）を取り出でて、屋形（注）の上に①ゐて、「あの党や（そこの者たちよ。）。今は沙汰に及ばず（今はとやかく言っても始まらない。）。とくなにものをも取りたまへ（早くなんでも好きなものをお取りください。）。ただし、年ごろ、思ひしめたる（心に深く思ってきた）篳篥の、小調子といふ曲、吹きて聞かせ申さむ。さることこそありしかと（そのようなことがあったと、）、のちの物語にもしたまへ（話の種とされるがよい。）」と②いひければ、宗と（注）の大きなる声にて、「主たち（お前たち、）、しばし待ちたまへ。かくいふことなり。もの聞け」と③いひければ、船を押さへて（船をその場にとどめて、）、おのおの静まりたるに、用光、今はかぎりとおぼえければ、涙を流して、めでたき音を吹き出でて、吹きすましたりけり（心をすまして吹き続けた。）。海賊、静まりて、いふことなし。よくよく聞きて、曲終はりて、先の声にて、「君が船に心をかけて（ねらいをつけて、）、寄せたりつれども、曲の声に涙落ちて、かたさりぬ（去ってしまおう）」とて、漕ぎ去りぬ。

（「十訓抄」による）

（注）篳篥＝雅楽の管楽器。　屋形＝船の屋根。　宗と＝海賊の中心となっている者。

1 ――線部①「ゐて」を現代仮名遣いに直して書け。

1	

2 ――線部②「いひければ」、③「いひければ」の主語は誰か。その組み合わせとして正しいものを次から選び、記号で答えよ。

ア（② 宗と　③ 海賊）　イ（② 海賊　③ あの党）
ウ（② あの党　③ 用光）　エ（② 用光　③ 宗と）

2	

3 次は、本文の内容をもとに先生と生徒が話し合っている場面である。［Ⅰ］～［Ⅲ］に適当な言葉を補って会話を完成させよ。ただし、［Ⅰ］・［Ⅱ］には、本文中から最も適当な言葉を五字で抜き出し、［Ⅲ］には、十字以内でふさわしい内容を考えて現代語で答えること。

先　生「この話では、最終的に海賊は用光から何も奪わずに去っています。海賊はなぜ去ったのか考えてみましょう。」
生徒A「用光の演奏が素晴らしかったからだと思います。」
生徒B「どうして素晴らしいということがわかるの。」
生徒A「用光の演奏について本文に『［Ⅰ］』という表現があるよ。」
生徒C「なるほど。どんな思いで演奏していたんだろう。」
生徒A「用光が海賊と出会った場面で『今は疑ひなく殺されなむず』とあるように、死を覚悟していたんだと思うよ。」
生徒B「たしかに演奏をする場面で用光は『［Ⅱ］』と思っているね。」
生徒A「きっと演奏には万感の思いが込もっていたんだろうね。」
生徒B「だから、その演奏を聞いた宗とは、『曲の声に涙落ちて』と言って、何も奪わずに去っているんだね。」
生徒C「そうか、音楽には［Ⅲ］力があるのかもしれないね。」
先　生「そうですね。いい話し合いができましたね。ちなみに作者は本文の続きで、この話を『管絃の徳』という言葉でまとめています。」

3	Ⅰ		Ⅱ		Ⅲ	

4 次の文章を読んで、あとの1～3の問いに答えなさい。

> 新しい感染症が流行する中、ともに中学三年生で美術部の千暁とバレー部の鈴音は思い切り活動ができない学校生活を送っている。ある日、鈴音がうっかり墨をつけて汚してしまった描きかけの絵を前に、千暁は思案していた。

この絵をどうしよう。

昔みたいに新しく描き直す、なんてことは、今までの労力的にもできないし、そもそも気軽なスケッチブックじゃなくて大きなキャンバスだから、取り替えもきかない。

汚れの部分だけをパレットナイフか何かで削り取って、目立たないように上からもう少し明度の低いオイルパステルで塗り直す？

それとも、いっそアクリルガッシュ（注）で汚れ以外の部分も塗り足してみて、質感のアクセントにする？

まだなんとかなる。

でも、……なぜだかやる気がまったく起きない。

とりあえずアクリルガッシュの箱を開けたけれど、明度と彩度の高いあざやかないつもの絵の具を、手に取る気が起こってこない。

パーガンディ、クリムゾン、ブラウン、オーク、レモンイエロー、イエロー、……一本一本、絵の具をゆっくり指さしながらぼんやり考えていると、吹奏楽部の部員の一人がヤケでも起こしたんだろう。最近ものすごい勢いで流行りだしたアニメの主題歌を倍速で吹き出して、サビのところで変な音が出て止まった。

ぎゃははは、と吹奏楽部の部員たちの笑い声が聞こえた。

これじゃ進めない。『僕を連れて進め』ない。

僕はちょっと噴き出して、それから自分の指がたまたま止まった絵の具を見た。

黒。

僕がめったに使うことのない、黒だ。

この絵を描くにあたっては、一度も、一ミリだって使っていない、色。

あざやかで躍動感あふれる選手たち。

……実際のところ彼らは、大会がなくなって、ふてくされて練

デューイが言っている知識と経験の話でもう一つなるほどと思うのは、まだ経験していないもの、これから何が起きるかといったことを考えるために、既存の知識が必要だ、と述べているくだりです。12

（中略）

デューイが挙げている例は医者の例です。目の前の患者の症状、頭が痛いとか喉が痛いとか、既往症（注）が何かとか、こういうのを全部総合して考えると、これはこういう病気でこれからこうなるから、そうすると投与すべき薬はこれだとか、そういうふうに考えます。そのことをデューイは、「直面する未知の事物を解釈し、部分的に明らかな事実をそれと関連して思い当たる諸現象で補充し、それらの事実の起こり得る未来を予見し、それによって計画を立てる」と述べています。十分な知識があってこそ、「目の前の患者を診る」という新しい経験に、適切に対応できるわけです。13

同じように、われわれは、世の中のあれこれについての知識を持っていて、それを使って、現状を認識し、未来に向けた判断をするのです。知識は常に過去のものです。過去についての知識を組み合わせて現状を分析し、未来に向けていろいろなことをする。これが②知識の活用の本質です。そうすると、学校の知というのは、そういう意味で意義がとてもよく分かるわけです。無味乾燥に見えるけれども、世界がどうなっているかという知識をみんなが勉強して、それを使って目の前の現実を解釈して、新しい事態への対応（新たな経験）に活かしていけるわけです。14

（広田照幸「学校はなぜ退屈でなぜ大切なのか」による）

（注）ノウハウ＝技術的知識・情報。物事のやり方、こつ。　既往症＝現在は治っているが、過去にかかったことのある病気。

1　本文中の［a］・［b］にあてはまる語の組み合わせとして、最も適当なものを次から選び、記号で答えよ。

ア（a　しかし　b　つまり）　イ（a　だが　b　むしろ）

ウ（a　すると　b　だから）　エ（a　また　b　例えば）

2　――線部①「不要」とあるが、この熟語と同じ構成の熟語として、最も適当なものを次から選び、記号で答えよ。

ア　失敗　イ　信念　ウ　過去　エ　未知

1		2	

3　次は、ある生徒が授業で本文について学び、内容を整理したノートの一部である。これを読んで、あとの問いに答えよ。

形式段落1～9　学校の知の意義①

・自分の経験だけでは対応できない問題
　例：商店街の再開発計画

●日々の経験を超えた知が必要になる。
●個人の経験は偶然的かつ特殊的で狭く偏っていることもある。
●経験の幅を拡げるには時間がかかる。

○［Ⅰ］から他人の成功、失敗、経験を学ぶことができる。
◎学校で学ぶ知識が役に立つ。

形式段落10～14　学校の知の意義②

・知識が多ければ、それだけ［Ⅱ］ができる。
　例：同じ夜の星を見る少年と天文学者
・未経験のことに対応するために、既存の知識が大切だ。
　例：目の前の患者を診る医者

○知識があることで経験の質は向上する。
◎学校で学ぶ知識が役に立つ。

〈まとめ〉学校で学ぶ意義＝［Ⅲ］ことにある。

3	
Ⅰ	
Ⅱ	
Ⅲ	

［Ⅰ］・［Ⅱ］に入る最も適当な言葉を、［Ⅰ］には七字、［Ⅱ］には九字で本文中から抜き出して書き、［Ⅲ］には六十五字以内でふさわしい内容を考えて答えよ。

4　次は、四人の中学生が発言したものである。――線部②「知識の活用の本質」について、筆者の考えに最も近いものを選び、記号で答えよ。

ア　英語について興味があるので、英字新聞の記事を読むことに挑戦しようと思います。そのために、たくさんの英単語を暗記して知識をより増やせるように、自分専用の単語帳を作りたいです。

イ　県外へ修学旅行に行き、私たちの住む地域の良さを改めて感じました。総合的な学習の時間に、伝統文化や産業、郷土料理などに関する話を聞いて、地域の魅力について理解を深めたいです。

ウ　自然災害の被害が毎年大きくなってきているそうです。社会科や理科の学習内容を生かして通学路の危険な箇所を把握し、災害時に的確な行動をとれるようハザードマップを作成したいです。

エ　少子高齢化が進むと街に活気がなくなるのではないかと思っています。これからは、中学校の生徒会活動だけでなく、地域の子ども会活動やボランティア活動などにも参加していきたいです。

4	

令和5年度入試問題　国語

1　次の１・２の問いに答えなさい。

１　次の――線部のカタカナは漢字に直し、漢字は仮名に直して書け。

(1)　光をアびる。　(2)　危険をケイコクする信号。

(3)　社会のフウチョウを反映する。　(4)　映画の世界に陶酔する。

(5)　トレーニングを怠る。　(6)　小冊子を頒布する。

1				
(1)	びる	(2)	
(3)		(4)	
(5)	る	(6)	

２　次の行書で書かれた漢字の特徴を説明したものとして、最も適当なものを次から選び、記号で答えよ。

ア　全ての点画の筆の運びが直線的である。

イ　点画が一部連続し、筆順が変化している。

ウ　点画の省略がなく、線の太さが均一である。

2	

2　次の文章を読んで、あとの１～４の問いに答えなさい。（1～14は形式段落を表している。）

少し違う角度から学校の知の意義を話しましょう。一つ目は、経験は狭いし、経験し続けるだけでこの世の中のいろいろなことを学べるほど人生は長くない、ということです。1

十九世紀ドイツの「鉄血宰相」と言われたオットー・フォン・ビスマルクが、「愚者は経験から学ぶ、賢者は歴史から学ぶ」と言ったと言われています。正確には少し違うようですが、なかなか味わいのある言葉です。2

愚かな人は自分が経験したところから学ぶ。賢者はほかの人の経験、すなわち、歴史の中の誰かの成功や誰かの失敗、そういうものから学んで、自分の目の前のことに生かしていく。そういう意味の言葉です。3

身近な問題を日常的にこなすためには、多くの場合、自分の経験だけで大丈夫かもしれません。［ a ］、身近で経験できる範囲の外側にある問題や、全く新しい事態にある問題について、考えたり、それに取り組んだりしようとすると、身近なこれまでの自分の経験だけではどうにもなりません。4

たとえば、何年も商売をやっていくと、商売のこつを覚えたりお客さんとの関係ができたりします。難しい言葉も文字式も、社会も理科も、そこには①不要です。しかし、ある日、「今、自分たちの市で起きている再開発計画について、商店街のみんなで対応を考えましょう」という話になったら、商売の経験だけでは対応できません。再開発計画の書類を手に入れて目を通したり、法令を調べたり、みんなで議論をしたりすることが必要になります。それには、経験で身につけた日々の商売の知識や(注)ノウハウとは異なる種類の知が必要になるのです。日々の経験を超えた知、です。5

（中略）

ジョン・デューイという非常に有名な教育哲学者が『民主主義と教育』（岩波文庫、松野安男訳）という本の中で、次のように書いています。「経験の材料は、本来、変わりやすく、当てにならない。それは、不安定であるから、無秩序なのである。経験を信頼する人は、自分が何に頼っているのかを知らない。なぜなら、それは、人ごとに、また、日ごとに変わり、そして言うまでもなく国ごとにも変わるからである」（前掲書下巻、一一〇頁）。ある人が経験するものは、たまたまそれであって、偶然的で特殊的なものなのです。6

それどころか、個人の経験というのは、狭く偏っていたりもします。デューイは、次のように述べています。「経験からは、信念の基準は出てこない。なぜなら、多種多様な地方的慣習からもわかるように、あらゆる相容れない信念を誘発するのが、まさに経験の本性そのものだからである」（同右）。7

［ b ］、経験は大事だけれども、それはどうしても狭い限定されたものでしかありません。しかも、経験から学ぶというときに、経験の幅を少しずつ拡げていくのには結構時間がかかります。少しずつ経験を拡げたり、何度も失敗したりするためには、人の人生はあまりにも時間が限られています。8

むしろ、文字による情報を通して、ほかの人の成功や失敗がどうだったのかとか、ほかの人の経験がどうなのかということを学ぶのが、てっとり早く「自分の経験」の狭さを脱する道です。そこでは、単に文字の読み書きができるというだけでなく、学校で学ぶ社会科や理科、外国語や数学の知識などが役に立つはずです。何せ、学校の知は「世界の縮図」なのですから。9

二つ目に話したいのは、知識があるかないかで経験の質は違うということです。「知識か経験か」という二項対立ではなくて、そもそも経験の質は、知識があるかないかで異なっているのです。10

ここでも再びデューイの議論を紹介します。一つ目は、十分な知識があれば、深い意味を持つ経験ができる、ということです。デューイは、同じように望遠鏡で夜の星を見ている天文学者と小さな少年との違いを例に挙げて論じています（前掲書下巻、一二六頁）。望遠鏡で見えている星は同じです。だけれども、そこから読み取るものは全然違うということです。望遠鏡を覗いている小さな少年は、「赤く光る星がきれいだなあ」と思うかもしれません。しかし、同じ星を同じような望遠鏡で見ている天文学者は、「この光の色は、星の温度や現在の状況を伝えている。この星の色をどう考えればいいんだ」ということを考えながら星を見たりするでしょう。そこから、宇宙の謎が解明できるかもしれません。「単なる物質的なものとしての活動と、その同じ活動がもつことのできる意味の豊かさとの間の相違ほど著しいものはない」とデューイは述べています。11

（中略）

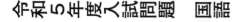

1 聞き取りテスト　放送の指示に従って，次の１～８の問いに答えなさい。英語は１から５は１回だけ放送します。６以降は２回ずつ放送します。メモをとってもかまいません。

１　これから，Kenta と Lucy との対話を放送します。Lucy が昨日買ったものとして最も適当なものを下のア～エの中から一つ選び，その記号を書きなさい。

Kenta：Lucy, you are wearing nice shoes. You look good.
Lucy：Thank you. I bought them yesterday. I'm very happy.
Kenta：Oh, I want new shoes, too.

ア
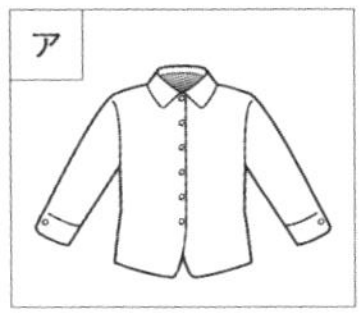
イ
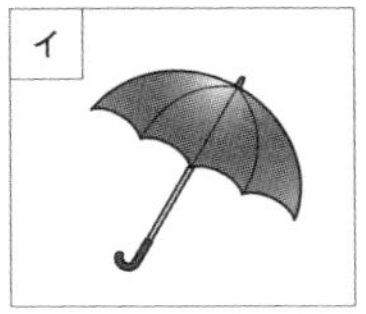
ウ

エ

２　これから，Mark と Yumi との対話を放送します。二人が最も好きな季節を下のア～エの中から一つ選び，その記号を書きなさい。

Mark：It's getting cold. Winter is coming. I don't like winter.
Yumi：I agree. I like spring the best because we can see beautiful flowers.
Mark：Me, too. Spring is my favorite season.

ア　spring　　イ　summer　　ウ　autumn　　エ　winter

３　これから，Becky と Tomoya との対話を放送します。Tomoya が英語のテスト勉強のために読まなければならないページは全部で何ページか，最も適当なものを下のア～エの中から一つ選び，その記号を書きなさい。

Becky：How many pages do you have to read for the English test, Tomoya?
Tomoya：40 pages.
Becky：How many pages have you finished?
Tomoya：26 pages.
Becky：You have 14 pages to read. I hope you will do your best.

ア　14ページ　　イ　26ページ　　ウ　40ページ　　エ　56ページ

４　これから，Saki と Bob との対話を放送します。対話の後に，その内容について英語で質問します。下の英文がその質問の答えになるよう，（　　）に入る適切な英語１語を書きなさい。

Saki：I hear that you will go back to Australia next month, Bob. How long will you stay there?
Bob：For two weeks. I'll be back in Japan on January 10th.
Saki：So, you will spend New Year's Day in Australia.
Bob：Yes, with my family.

Question : Is Bob going back to Australia in December or in January?

He is going back to Australia in (　　　　).

５　これから，White 先生が下の表を使って授業中に行った説明の一部を放送します。下の表を参考にしながら White 先生の説明を聞き，その内容として最も適当なものをあとのア～エの中から一つ選び，その記号を書きなさい。

	 beef	 chicken	 pork
Japan	1,295,000 t	2,757,000 t	2,732,000 t
The U.S.	12,531,000 t	16,994,000 t	10,034,000 t

※単位は t(トン)　　（「米国農務省のウェブサイト」をもとに作成）

I'm going to talk about how much meat Japanese and American people ate in 2020. They often eat three kinds of meat; beef, chicken, and pork. Look at this. Japanese people ate chicken as much as pork. How about American people? They ate chicken the most. You may think beef is eaten the most in the U.S., but that's not true. It is interesting.

ア　日本とアメリカにおける食肉の消費について
イ　日本とアメリカにおける食肉の生産について
ウ　日本とアメリカにおける食肉の輸入について
エ　日本とアメリカにおける食肉の輸出について

６　あなたは，あるコンサート会場に来ています。これから放送されるアナウンスを聞いて，このコンサートホール内で禁止されていることを下のア～エの中から一つ選び，その記号を書きなさい。

Welcome to "Starlight Concert"! To enjoy the concert, please remember some rules. You can drink water or tea. You can take pictures and put them on the Internet if you want to. You can enjoy dancing to the music. But you cannot talk on the phone in this hall. We hope you will enjoy the concert and make good memories. Thank you.

ア　水やお茶を飲むこと　　イ　写真を撮ること
ウ　音楽に合わせて踊ること　　エ　電話で話すこと

７　これから，英語の授業での Tomoko の発表を放送します。発表の後に，その内容について英語で質問します。下の英文がその質問の答えになるように，（　　）に適切な英語を補って英文を完成させなさい。

Hello, everyone. Today, I'll talk about one thing I learned. Last week, I watched an interview of my favorite singer on TV. She had a difficult time before she became famous. She was very poor and had to work, so she didn't have time to learn music. How did she become famous? The answer was in the interview. "I've never given up my dream," she said. I learned that I should never give up my dream. I hope that her words will help me a lot in the future.

Question : What did Tomoko learn from her favorite singer?

She learned that she should (　　　　　　　　).

８　これから，中学生の Naoko と ALT の Paul 先生との対話を放送します。その中で，Paul 先生が Naoko に質問をしています。Naoko に代わって，その答えを英文で書きなさい。２文以上になってもかまいません。書く時間は１分間です。

Naoko：Some students from Australia will visit our class next week.
Paul：Yes, Naoko. I want you to do something to welcome them.
Naoko：I have an idea to make them happy in the classroom.
Paul：Oh, really? What will you do for them?
Naoko：(　　　　　　　　　　　　　　　　)

1		2		3		4	
5		6					
7	She learned that she should (　　　　　　　　).						
8							

令和５年度入試問題　解答例

数学解答

1

1　(1) 5　(2) $\frac{1}{10}$　(3) y^2　(4) 13（個）　(5) ア

2　(x＝) 3,（y＝）−1　3　4（通り）　4　1　5　0.40

2

1　(1) 540　(2) イ　(3) 72（度）　2　（右図）

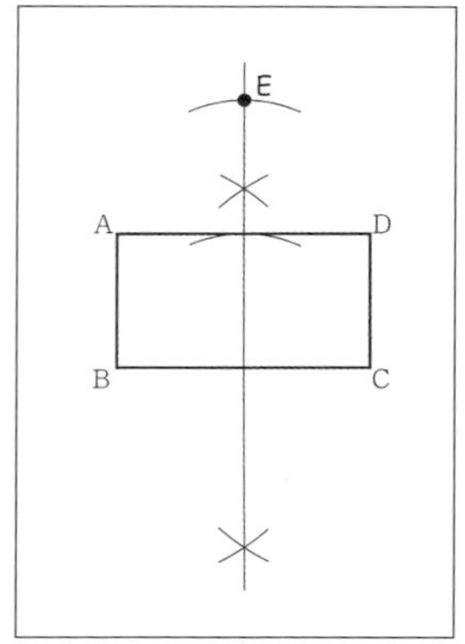

3　（方程式と計算過程）

直方体の表面積が80cm²であるから

$x^2\times2+3x\times4=80$

$2x^2+12x-80=0$

$x^2+6x-40=0$

$(x+10)(x-4)=0$

$x=-10,\ x=4$

$x>0$　より　$x=4$　　（答）4(cm)

3

1　エ

2　(1) 13.5(%)　(2) イ

3　① イ　② ア　③ ウ　④ ア　⑤ ウ

4

1　4　2　ア, ウ

3　(1)　（求め方や計算過程）

点Cは$y=\frac{1}{4}x^2$のグラフ上の点でx座標が−2であるから

$y=\frac{1}{4}\times(-2)^2=1$

よって，点C(−2，1)となる。

直線ACの式を$y=mx+n$とおくと，

点Aを通るから　$4=4m+n$　…①

点Cを通るから　$1=-2m+n$　…②

①，②より　$m=\frac{1}{2}$，$n=2$

よって，直線ACの式は$y=\frac{1}{2}x+2$である。

点Bは直線AC上にあって，x軸上にあるから

$0=\frac{1}{2}x+2$　$x=-4$　　（答）B(−4，0)

(2) $\frac{2}{9}$

5

1　$3\sqrt{5}$(cm)

2　（証明）

△AECは△ABCを折り返したものだから，

∠BAC＝∠FAC　…①

AB∥DCより，錯角は等しいので，

∠BAC＝∠FCA　…②

①，②より　∠FAC＝∠FCA

よって，△ACFは２つの角が等しいので，

二等辺三角形である。

3　$\frac{9}{4}$(cm)　4　$\frac{135}{176}$(cm²)

英語解答

2

1　① ウ　② イ

2　① arrive　② kitchen　③ vegetables

3　(1) I saw it　(2) will be sunny　(3) how to use

4　On my way home yesterday, I found a crying girl. She said she couldn't find her father. So I took her to the police station. Then, her father came. Finally, she met her father. We were very happy. (33 語)

3

Ⅰ　1　イ　2　His host family and his friends did.　3　ウ

Ⅱ　1　ア　2　エ　Ⅲ　イ

4

1　(A) ウ　(B) イ　(C) ア　2　Wetlands are now getting smaller

3　ウ　4　エ

5　湿地は水をきれいにし，二酸化炭素を保持できること。(25字)

6　We can clean our town. We can ask our friends to clean our town together. (15語)

社会解答

[1] Ⅰ 1 インド洋　2 ウ　3 エ　4 ① イスラム教　③ 仏教
5 （多くのＥＵ加盟国では，）国境でのパスポートの検査がなく，共通通貨のユーロを使用しているため。
6 1963 年のブラジルは，コーヒー豆の輸出にたよるモノカルチャー経済の国であったが，近年は大豆や鉄鉱石など複数の輸出品で世界的な輸出国となっている。
Ⅱ 1 酪農　2 千島海流（親潮）　3 ア　4 水はけがよい
5 冬でも温暖な気候をいかして生産を行うことで，他の産地からの出荷量が少なくて価格が高い時期に出荷できるから。
Ⅲ 1 ウ
2 記号 イ （ⓑとは異なりⓐは，）すぐ側に山があり崖崩れの危険性があるため，土砂災害の避難所に適さないから。

[2] Ⅰ 1 ① 摂関　② 御成敗式目（貞永式目）　2 渡来人
3 インドや西アジアの文化の影響を受けたものが，遣唐使によって日本に伝えられるなど，国際色豊かであった。
4 ウ→ア→エ→イ　5 イ　6 貧富の差が大きくなる
Ⅱ 1 ① 国際連盟　② 大正デモクラシー　2 エ　3 与謝野晶子　4 政党
5 ア
Ⅲ シベリア出兵を見こした米の買い占めによって米の価格が急激に上昇したから。

[3] Ⅰ 1 幸福　2 イ　3 環境アセスメント（環境影響評価）　4 ア
5 投票率の低い若い世代の投票できる機会を増やしたり，選挙への関心を高めたりすることで，投票率を上げること。
Ⅱ 1 間接税　2 クーリング・オフ制度（クーリング・オフ）　3 ウ　4 エ
5 出資した金額以上を負担しなくてもよい
Ⅲ 鹿児島県を訪れる外国人の人数が年々増えており，外国人にも分かるように日本語だけでなく外国語や絵なども用いられている。

理科解答

[1] 1 8〔N〕　2 $CH_4 + 2O_2 \rightarrow CO_2 + 2H_2O$　3 ア　4 7
5 (1) 500〔Pa〕　(2) C ウ　D ア　E イ　(3) 60〔秒〕　(4) ウ

[2] Ⅰ 1 溶岩
2 （**傾斜がゆるやかな形**の火山は**ドーム状の形**の火山に比べて，）噴火のようすはおだやかで，火山噴出物の色は黒っぽい。
3 ア　4 b エ　c ウ
Ⅱ 1 （黒点はまわりに比べて，）温度が低いから。　2 イ
3 a 自転　b 球形　4 2.2〔倍〕

[3] Ⅰ 1 －極 亜鉛板　電流の向き X　2 イ
3 (1) a 化学　b 電気
(2) 亜鉛原子が亜鉛イオンになるときに失った電子を銅イオンが受けとって銅原子になる
Ⅱ 1 空気より密度が大きい　2 a イ　b 5.00　3 25.00〔g〕

[4] Ⅰ 1

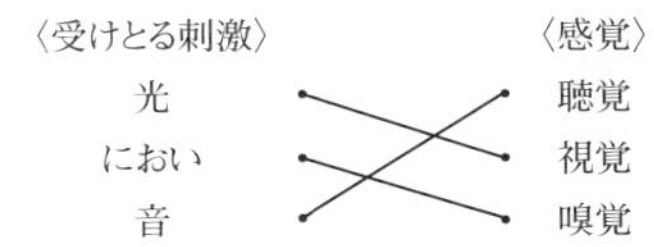

2 (1) 0.28　(2) 末しょう神経　(3) ① イ　② ア
Ⅱ 1 うろこ　2 A カ　D イ　3 ② イカ　③ ネズミ
4 動物名 カエル
理由 幼生のときは水中で生活するが，成体のときは陸上で生活することもできるため。

[5] Ⅰ 1 屈折　2 20〔cm〕　3 ① イ　② ア　4

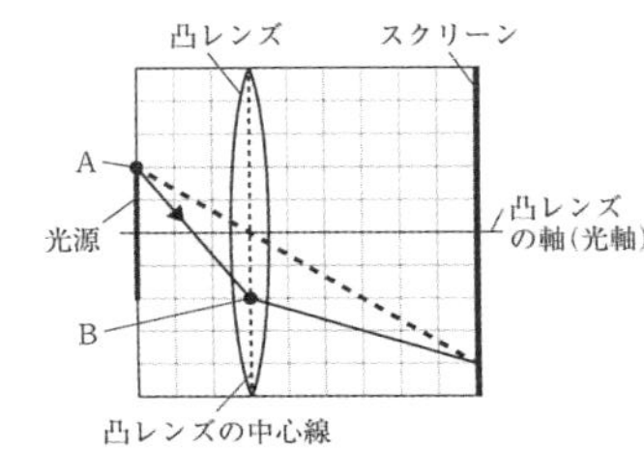

Ⅱ 1 回路　2 右図
3 0.5〔A〕
4 エ→ウ→ア→イ

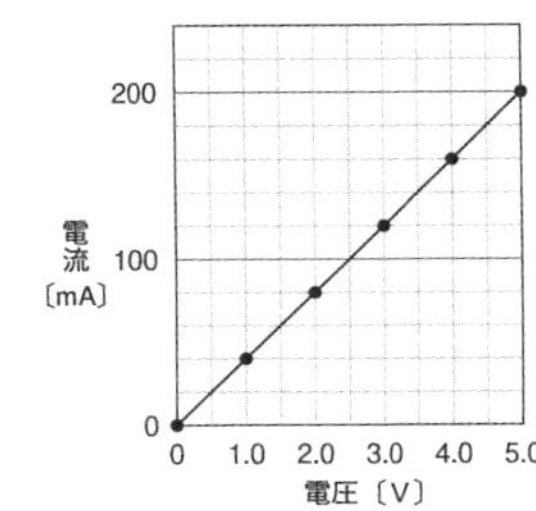

国語解答

[1] 1 (1) 浴（びる）　(2) 警告　(3) 風潮
(4) とうすい　(5) おこた（る）　(6) はんぷ
2 イ

[2] 1 ア　2 エ
3 Ⅰ 文字による情報　Ⅱ 深い意味を持つ経験
Ⅲ 世界の仕組みについての知識を学ぶことで自分の経験の狭さから脱し、その知識を組み合わせて現状を分析し、新たな経験に活かしていける
4 ウ

[3] 1 いて　2 エ
3 Ⅰ めでたき音　Ⅱ 今はかぎり　Ⅲ 人の心を動かす

[4] 1 ウ
2 Ⅰ あざやかな色　Ⅱ 新しく絵を描き直す　Ⅲ 自分の気持ちに素直になって
3 X イ
Y 感情を素直に表す鈴音の姿に触発され、抑圧された日々に対する正直な感情を今なら表現できると確信し、この機会を逃すまいと興奮している

[5] （略）

英語リスニング

[1] 1 エ　2 ア　3 ウ　4 December　5 ア　6 エ
7 never give up her dream
8 We will sing a song for them.

令和５年度　問題解説

〈数　学〉

1　1(1)　$63\div9-2=7-2=5$

(2)　$\left(\frac{1}{2}-\frac{1}{5}\right)\times\frac{1}{3}=\left(\frac{5-2}{10}\right)\times\frac{1}{3}=\frac{3}{10}\times\frac{1}{3}=\frac{1}{10}$

(3)　$(x+y)^2-x(x+2y)=(x^2+2xy+y^2)-(x^2+2xy)$
$=x^2+2xy+y^2-x^2-2xy=y^2$

(4)　絶対値が７より小さいのは−6，−5，−4，−3，−2，−1，0，1，2，3，4，5，6の13(個)である。

(5)　$3\sqrt{2}=\sqrt{18}$，$2\sqrt{3}=\sqrt{12}$，$4=\sqrt{16}$より，
最も大きい数は$3\sqrt{2}$，最も小さい数は$2\sqrt{3}$

2　$\begin{cases}3x+y=8\cdots① \\ x-2y=5\cdots②\end{cases}$

①×2＋②

$$\begin{array}{rl} & 6x+2y=16 \\ +) & x-2y=5 \\ \hline & 7x=21 \qquad x=3 \end{array}$$

これを①に代入

$3\times3+y=8\qquad y=8-9\qquad y=-1$

3　(10，10)，(10，50)，(10，100)，(50，100)の4(通り)。

4　9÷11＝0.81818181…と循環小数になるので小数第n位のnが奇数のとき8，nが偶数のとき1となる。

5　A中学校の200cm以上220cm未満の人数は20×0.35＝7人，B中学校の200cm以上220cm未満の人数は25×0.44＝11人で合計18人。よって，18÷45＝0.40。

2　1(1)　n角形の内角の和は$180°\times(n-2)$より
正五角形の内角の和＝$180°\times(5-2)=540°$

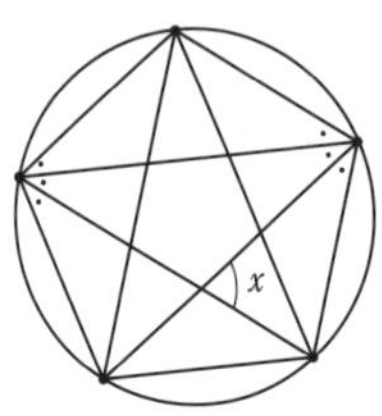

(2)　ひし形の定義は４つの辺がすべて等しい四角形である。

(3)　正五角形の１つの内角は$540°\div5=108°$
同じ長さの弧に対する円周角の大きさは等しいので
右図の●＝108÷3＝36°
三角形の外角はとなり合わない２つの内角の和に等しいので
$x=36°+36°=72°$

2　まず，線分BEと線分CEの長さが等しいので，線分BCの垂直二等分線を作図する。次に，△BCEと長方形ABCDの面積は等しいので，△BCEの面積＝BC×高さ÷2，長方形ABCDの面積＝BC×ABより，BCとEとの距離がABの２倍になればよい。この条件を満たすEはBCの上方と下方に１つずつとれるが，線分AEの長さが線分BEの長さより短いので，これを満たすのは上方の点である。

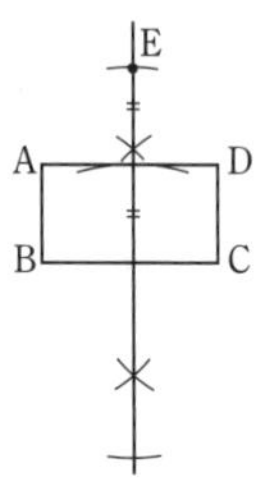

3　底面の正方形の一辺の長さをx(cm)とすると，
底面積＝$x\times x=x^2$(cm²)これが２枚，側面積＝$3\times x=3x$(cm²)これが４枚あるので
表面積＝$x^2\times2+3x\times4=2x^2+12x=80$(cm²)

$2x^2+12x=80$
$x^2+6x-40=0$
$(x+10)(x-4)=0$
$x=4,\ -10$

辺は正より　$x=4$(cm)

3　1　1950年から1955年にかけて増加し，1955年が最大値である。その後，1980年まで減少，1980年から1985年にかけていったん増加し，その後は減少し続けているものを選べばよい。よって，正解はエ。

2　(1)　13％以上14％未満であるから，(13＋14)÷2＝13.5(％)。

(2)　最小値は9％以上10％未満，最大値は16％以上17％未満，47都道府県あるので，中央値は24番目の12％以上13％未満，第１四分位数は12番目の11％以上12％未満，第３四分位数は，36番目の12％以上13％未満。よって正解はイ。

3　①　図２において範囲が最も小さいのは2000年であり，正しくない。

②　図３において1980年の第３四分位数は15％以上20％未満であり，正しい。

③　図２において2010年，2020年ともに第３四分位数は15％より小さいことはわかるが，第３四分位数と最大値の間の分布はわからない。よって，わからない。

④　図３において2000年第１四分位数が25％を超えている。43市町村の第１四分位数は小さい順に並べて11番目の値であるから，33以上の市町村が25％を超えていると言える。よって，正しい。

⑤　箱ひげ図からは個々のデータを読み取ることができず平均値を出すことはできない。よって，わからない。

4　1　点Aのx座標は４であることから，
$y=\frac{1}{4}x^2$に$x=4$を代入すると$y=\frac{1}{4}\times4^2=4$

2　点Bのx座標を小さくした点B′をとり，直線AB′と$y=\frac{1}{4}x^2$との交点を点C′とする。

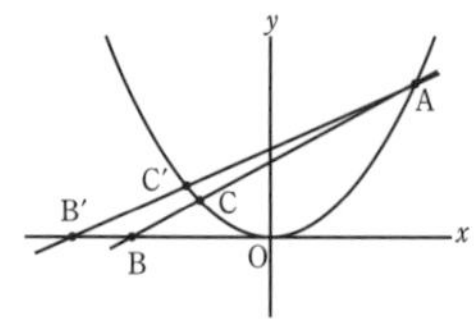

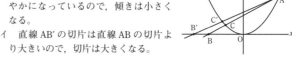

ア　直線AB′の傾きは直線ABよりも緩やかになっているので，傾きは小さくなる。

イ　直線AB′の切片は直線ABの切片より大きいので，切片は大きくなる。

ウ　点C′のx座標は点Cよりも小さいので，点Cのx座標は小さくなる。

エ　△OACの面積は右図のように，直線ABの切片を底辺，点Aと点Cを頂点とする２つの三角形に分けることができ，切片を底辺，それぞれ点Aのx座標の絶対値，点Cのx座標の絶対値を高さとする三角形と考えることができる。点Bのx座標が小さくなると，切片は大きくなる(＝ウ)ので底辺は大きくなり，点Cのx座標は小さくなる(＝エ)。また，点Cのx座標は負なので絶対値は大きくなる。よって，点Bのx座標が小さくなると底辺にあたる切片は大きくなり，点Cを頂点とする三角形の高さは大きくなる。点Aを頂点とする三角形の高さは一定なので，底辺である切片が大きくなると大きくなる。よって，△OACの面積は大きくなる。

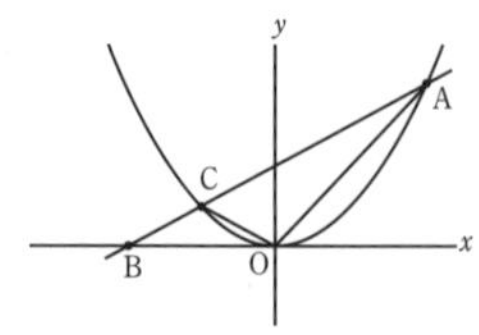

よって，正解はアとウ。

3　(1)　$y=\frac{1}{4}x^2$に−2を代入すると，$y=\frac{1}{4}\times(-2)^2=1$，よって点C(−2，1)となる。点A(4，4)，点C(−2，1)を$y=ax+b$に代入

$\begin{cases}4=4a+b\cdots① \\ 1=-2a+b\cdots②\end{cases}$

①＋②×2

$$\begin{array}{rl} & 4=4a+b \\ +) & 2=-4a+2b \\ \hline & 6=3b \qquad b=2 \end{array}$$

②に代入，$1=-2a+2\qquad a=\frac{1}{2}$

直線ACは$y=\frac{1}{2}x+2$，点Bはy座標が0の点より

$0=\frac{1}{2}x+2\qquad x=-4$

よって，点Bの座標は(−4，0)

(2)　直線OA，直線OB，直線AB上の格子点を考える。
$1\leqq a$，$b\leqq6$より，$-1\leqq a-2\leqq4$　$0\leqq b-1\leqq5$
直線OA：$y=x$上にある格子点は(0，0)，(1，1)，(2，2)，(3，3)，(4，4)
直線OB：$y=0$上にある格子点は(−1，0)，(0，0)
直線AB：$y=\frac{1}{2}x+2$上にある格子点は(0，2)，(2，3)，(4，4)
よって，図のようになる。

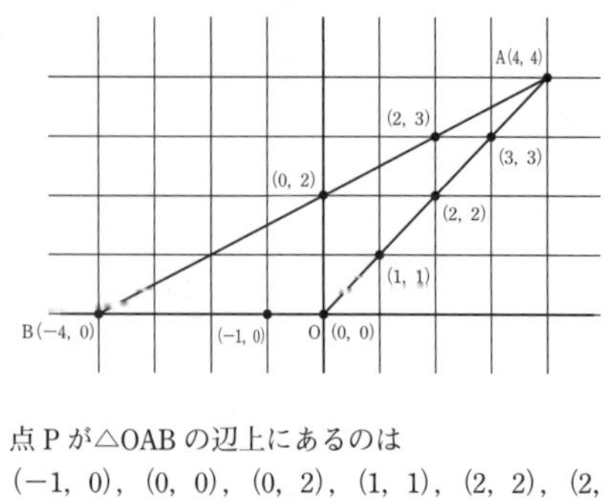

点Pが△OABの辺上にあるのは
(−1，0)，(0，0)，(0，2)，(1，1)，(2，2)，(2，3)，(3，3)，(4，4)の8通り。

さいころの目の出方は全部で6通り×6通り＝36通りなので，

$\frac{8}{36}=\frac{2}{9}$

5 1 三平方の定理より $AC=\sqrt{AB^2+BC^2}=\sqrt{6^2+3^2}=\sqrt{45}=3\sqrt{5}$ (cm)

2 AB // BC より，錯角は等しいので∠CAB＝∠FCA…①
∠CAB を折り返したものなので∠BAC＝∠FAC…②
①②より∠FCA＝∠FAC
２つの角が等しいので△ACF は二等辺三角形

3 △ADF において三平方の定理より $AF^2=AD^2+DF^2$
△ADF ≡△CEF より
AF＝AE－DF＝6－DF
$AF^2=AD^2+DF^2$
$(6-DF)^2=3^2+DF^2$
$DF^2-12DF+36=9+DF^2$
$12DF=27$
$DF=\frac{27}{12}=\frac{9}{4}$ (cm)

4 △ACD と△ADH は高さが等しい三角形より
底辺の比＝面積の比なので
$HI:ID=\frac{9}{4}:6=9:24$
AH＝DF，∠JAH＝∠JDF，∠JHA＝∠JFD より
一組の辺とその両端の角がそれぞれ等しいので
△AJH ≡△DJF
合同な図形の対応する辺の長さは等しいので
HJ：JD＝1：1
よって，右図のように HI：IJ：JD の比を
$9:x:24-x$ とおける

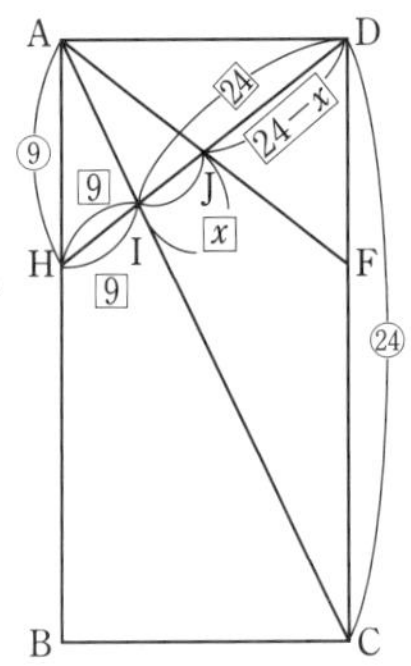

HJ：JD＝HI＋IJ：JD
$1:1=9+x:24-x$
$9+x=24-x$
$2x=15$
$x=\frac{15}{2}$
これを代入すると，$HI:IJ:JD=9:\frac{15}{2}:\frac{33}{2}$
$=18:15:33$
$\triangle AIJ=\triangle ADH\times\frac{15}{18+15+33}$
$=\triangle ACD\times\frac{9}{24}\times\frac{15}{66}$
$=6\times3\times\frac{1}{2}\times\frac{9}{24}\times\frac{15}{66}=\frac{135}{176}$ (cm²)

〈英　語〉

2 1 Kohei ：こんにちは、今話せますか？
Ella ：もちろんです。どうしたの、Kohei？〈ア〉
Kohei ：私は来週英語の授業でスピーチをしなければなりません。その授業の前に、私は英語のスピーチをチェックしてもらいたいです。〈イ〉
Ella ：はい、もちろんです。あなたはスピーチの中で何について話すつもりですか？
Kohei ：私は自分の家族について話すつもりです。
Ella ：わかりました。〈ウ〉
Kohei ：３分間です。
Ella ：わかりました。放課後、時間がありますか？
Kohei ：はい、あります。〈エ〉職員室に行きます。良いですか？
Ella ：もちろんです。それでは後ほど会いましょう。
①あなたはどれくらい話す予定ですか？
→答えとして「３分間です。」とある、直前が良い。
②手伝ってくれませんか？
→答えとして「はい、もちろんです」とある、直前が良い。

2 John ：おはよう、お父さん。
Oliver ：おはよう、John。おお、あなたは今夜友達と一緒にここでパーティをしますよね？
John ：はい。私はとても嬉しいです。Ben と Ron が来てくれます。
Oliver ：彼らは何時に来る予定ですか？
John ：彼らは午後５時に駅に到着する予定です。だから、おそらくここへは５時 45 分か５時 50 分には来るでしょう。
Oliver ：わかりました。
John ：台所を使っても良いですか？私たちは一緒にピザを作る予定です。
Oliver ：それは良いですね。テーブルの上にあるすべての野菜を使っても良いですよ。
John ：ありがとうございます。私たちはジャガイモとタマネギを使うでしょう。
①場所に着くこと→ arrive
②料理のために使われる部屋→ kitchen
③食べる植物、例えばジャガイモ、ニンジン、タマネギ→ vegetables

3 (1) A ：あなたはいつその映画を観ましたか？
B ：私は昨日その映画を観ました。
→主語を「I」、動詞を過去形にすること。映画は代名詞の「it」にした方が良い。
(2) A ：今日は雨ですね。明日はどうでしょう？
B ：明日は晴れだろうと聞いています。
→未来形にすること、「sunny」は形容詞なので be 動詞を用いることに気を付ける。
(3) A ：あなたはこの古いカメラを使うことができますか？
B ：いいえ、しかしお父さんはその使い方を知っています。
→「how to ～」＝「～の仕方」

3 I みなさん、こんにちは！私が１年ほど前に横浜からここに来たことを覚えていますか？今日は、私の経験について話したいと思います。
私は 13 歳の時、新聞を読んでこの島での留学を知りました。私はとても興味を持ちました。私は自然が好きで、特に海や海の動物が好きでした。私は両親に「鹿児島の島に留学してもいいですか？」と言いました。私が何度も両親と話をした後、両親はついに１年間ここで生活し勉強することを許してくれました。私は去年の４月にここに来ました。
最初は、私はとてもわくわくしていたので、すべてのことを楽しみました。例えば、私の新しい友達と一緒に勉強したり、ホストファミリーと一緒に生活したり、ボートの上から釣りをしたりすることです。しかし、６月、私は自信を失いました。私は皿を洗おうとしたのですが、たくさん割ってしまいました。私がおにぎりを作った時、塩を使いすぎました。私はたくさんの失敗をしてしまいました。私は何も上手にできませんでした。私が悲しくなった時、私のホストファミリーや友達に自分の気持ちについて話しました。すると、彼らは私のことを理解して支えてくれました。彼らは私に「もしあなたがやろうとすれば、何でもできますよ。失敗することを心配しないで。失敗から学ぶことが重要です。」
今、私は幸せでたくさんのことをしようとしています。私がここに来る前は、夕食後お皿を洗っていませんでしたが、今は毎日洗っています。私はここに来る前は、他の人との会話を楽しんでいませんでしたが、今は島の友達との会話を楽しんでいます。私はしばしば他人に助けを求めましたが、今はそれをしません。
私はもうすぐここを去らなければなりません。私はここでの経験からたくさんのことを学びました。私は今自立していると思います。みなさん、ありがとう。この島での生活を私は絶対に忘れないでしょう。

1 ア「怒っている」 イ「わくわくした」 ウ「気分が悪い」 エ「眠たい」
→直後の「so I enjoyed everything.」に注目する。

2 「Koji が悲しかった時、誰が支えてくれましたか？」
→第３段落に注目する。過去なので「did」で答えること。

3 ア「私はこの島で友達を作りたいのに。」
イ「私はこの島で学んだことは何もない。」
ウ「私はこの島でとても変わった。」
→第４段落の内容に注目する。

Ⅱ

鹿児島ミュージックホール　　　　　　　　音楽を楽しもう！
最高の音楽を楽しんで！

3月

これは3/ 1から3/18までの私たちのスケジュールです。あなたはピアノコンサートとファミリーコンサートを楽しむことができます！
通常、コンサートは午後2時に始まります。しかし、☆の絵の日は午後6時に始まるので、夜音楽を楽しむことができます。

Sun.	Mon.	Tue.	Wed.	Thu.	Fri.	Sat.
			1	2 ☺	3	4
5 Ⅲ	6 ⊗	7 Ⅲ	8	9	10 ☺	11 ☺
12 ☆Ⅲ	13 ⊗	14 ☆Ⅲ	15	16	17	18 ☺

Ⅲ＝ピアノコンサート
☺＝ファミリーコンサート　⊗＝閉館

開催時間
午前9時～午後9時

Maki：Alex、これを見て！私たちは鹿児島ミュージックホールでコンサートを楽しむことができます。

Alex：それはいいですね。私は音楽が好きです。私たちはどんな種類のコンサートを楽しむことができますか？

Maki：ピアノコンサートとファミリーコンサートの2種類があります。

Alex：ファミリーコンサートとは何ですか？

Maki：私は以前ファミリーコンサートに行ったことがあります。あなたはいくつかの有名な曲を聴いたり、ミュージシャンと一緒に歌を歌ったりすることができます。それは楽しいです。いつもファミリーコンサートはウエストホールで行われます。多くの家族がコンサートに来るので、最も大きいホールがファミリーコンサートに使われます。

Alex：もう一つはどうですか？

Maki：有名なミュージシャンによる素晴らしいピアノの演奏をあなたは楽しむことができます。

Alex：私はピアノを弾くのが好きなので、ピアノコンサートに行きたいです。一緒に行きませんか？

Maki：そうですね、私は3/ 6と3/ 8にテストがある予定なので、2週目のコンサートに行くことができません。そして、3/12の夕方は私の妹の誕生日会がある予定です。3/14はどうですか？

Alex：わかりました！待ちきれません！

1　直後の文より、最も大きいホールを選ぶ。

2　ピアノコンサートがあるのは2週目と3週目だが、テストがあるため2週目は行くことができない。また、3/12の夕方は妹の誕生日会があるので、行けるのは3/14になる。

Ⅲ「私は自分の高校生活が大好きです」とJiroが言いました。Jiroは鹿児島の農業高校の生徒です。彼と彼のクラスメイトはとても忙しいです。彼らは夏休みや冬休みでさえ牛の世話をするために、毎日学校に行きます。彼らは牛舎を掃除し牛にえさをあげます。その1頭がShizukaです。今、彼らは大きな夢を持っています。彼らはShizukaを日本の最優秀の牛にしたいです。

私たちが牛を育てるときに最も大切なことは何でしょうか？「その答えは、それらを健康に保つことです。」とJiroの先生は言いました。「誰も病気の牛を欲しくはありません。だから、私たちは毎日牛の世話をします。私たちは牛を健康に保つためにコンピューターの技術を使うことができます。それはとても便利です。」

Jiroは同じ質問に答えました。「私は先生に賛成です。牛を健康に保つのは簡単ではありません。牛は良く食べ良く眠らなければなりません。良い牛を育てるには愛情が重要だと多くの人は思っています。それは本当ですが、牛の健康にとっては十分ではありません。」

今、Jiroと彼のクラスメイトは彼らの牛を健康に保つために一生懸命働いています。「私たちは最善を尽くします。」とJiroと彼のクラスメイトは言いました。

Ted　：この記事において最も大事なポイントは何ですか？

Mone：(　　　　　　　　　　　　　　　　　　　　　)

Ted　：良いですね！正しいです！それが中心となるポイントです。

ア「良い牛を育てるために、生徒はコンピューター技術を使う必要はない。」
イ「良い牛を育てるために、生徒は牛を健康に保とうと注意しなければならない。」
ウ「牛が病気になった時、生徒はたくさんの愛情を牛に与えなければならない。」
エ「もし生徒が健康になりたければ、たくさんの牛肉を食べなければならない。」
→第2段落より、イが正しい。

4　こんにちは、皆さん。あなたたちは鳥が好きですか？私は鳥がとても好きです。今日は、鳥と彼らのお気に入りの場所である湿地について話したいと思います。

今日は、4つのポイントについて話します。まず、私は日本の鳥について話したいと思います。次に、私は鳥のお気に入りの場所について説明します。3番目に、私は彼らのお気に入りの場所についての問題についてあなたたちに話します。そして、なぜ湿地が私たちにとって重要なのかについても説明します。

日本には何種類の鳥が生息しているのか、あなたは知っていますか？日本の鳥愛好家は毎年鳥について学ぶために一緒に活動しています。2016年から2020年まで、379種類の鳥が見つかりました。このグラフを見てください。日本でしばしば見られる3種類の鳥はヒヨドリ、ウグイス、スズメです。私たちはもっとも頻繁にヒヨドリを見ています。1997年から2002年まで、私たちはウグイスよりもスズメを見かけることが多かったですが、スズメは2016年から2020年までに3番目になりました。

次に、私は鳥のお気に入りの場所である湿地の話をしようと思います。あなたたちは湿地について聞いたことはありますか？湿地とは水で覆われた陸地の地域です。なぜ鳥は湿地を好むのでしょうか？

湿地は多くの種類の生物にとって最高の環境を与えてくれます。湿地にはたくさんの水があります。だから、たくさんの種類の植物がそこに生息しています。これらの植物は多くの昆虫や魚の巣やえさになります。鳥はその植物や昆虫、魚を食べます。鳥にとってたくさんの食料があるので、湿地はそれらにとって最高の環境なのです。

湿地は今だんだん小さくなっているので、それが大きな問題です。あなたは国際連合のウェブサイトの情報を見つけることができます。そこには「1970年から、ちょうど50年間で、世界の湿地の35％が失われました」と書かれています。なぜ湿地は小さくなっているのでしょうか？これに対してそれぞれの湿地には異なった理由があります。人々はとても多くの水を使っています。例えば、彼らは飲料や農業、産業のために水を使います。地球温暖化は湿地をも傷つけています。湿地はこれらの理由のために森林よりも速く失われます。これが鳥にとってとても深刻なのです。

私たちはこれを解決しなければならないでしょうか？はい、しなければなりません。それらの鳥のお気に入りの場所は、人間にとってもとても重要です。それらは私たちの生命と環境の両方を支えてくれます。湿地が私たちにしてくれている2つのことをあなたたちに話しましょう。まず、湿地は水をきれいにします。雨の後、水は湿地の中に留まります。それから、水の中の泥が沈み、きれいな水が川の中に流れて行きます。私たちの快適な生活においてそのきれいな水が使われます。次に、湿地は二酸化炭素を保持することができます。死んだ後でさえそこの植物は自分の体に二酸化炭素を保存します。実際、湿地は森林よりも二酸化炭素を保存するのに適しています。それらは地球温暖化を止めるのにとても有用です。

鳥や湿地を守るために一緒に何かしませんか？ご清聴ありがとうございました。

1　ア「湿地についての問題」
　　イ「鳥のお気に入りの場所」
　　ウ「日本の鳥」

2　「their favorite places」は「wetlands」なので、「wetlands」について問題が書かれている箇所を探す。

3　第３段落に注目する。まず、ヒヨドリが最も多い。そして、ウグイスとスズメは順位が変わったので、それを表したのはウのグラフ。

4　④直前の「insects」や「fish」が鳥の「えさ」になる。
⑤直後の「drinking」、「agriculture」、「industry」に使われるのは「水」。

5　「First,」、「Second,」直後の２文に注目すればよい。

6　「あなたは環境について心配していますか？」
「環境を守るためにあなたは何かしていますか？」
Ann：あなたの発表は良かったです。私は次の授業で話すつもりです。これを見てください。私たちのクラスメイトの80％が環境について心配していますが、その半分以上が環境を救うために何もしていません。それは良くないと私は思います。私たちはこれを変えるために何かすべきです。
Ken：私たちは何ができますか？
Ann：［　　　　　　　　］
Ken：それは良い考えですね。

〈理　科〉

1　1　右図より8N。

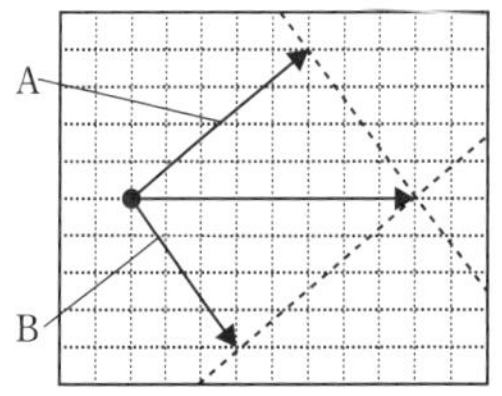

2　質量保存の法則より反応の前後で原子の種類と数は変わらないので分子の係数を調整する。
$CH_4 + 2O_2 \rightarrow CO_2 + 2H_2O$

3　最も倍率の低い組み合わせが最も広い視野で観察できる組み合わせである。

4　震度は0，1，2，3，4，5弱，5強，6弱，6強，7の10段階である。

5　(1)　$圧力(Pa)=\dfrac{面を垂直に押す力(N)}{力がはたらく面積(m^2)}$，質量10kgの物体にはたらく重力は100Nより，
机が箱から受ける圧力$=\dfrac{100(N)}{0.2(m^2)}=500(Pa)$

(2)　植物が増えるとその植物を食べる草食動物が増える(ウ)。草食動物が増えると草食動物が食べる植物が減り、草食動物を食べる肉食動物が増える(ア)。肉食動物が増えると肉食動物が食べる草食動物が減り、草食動物が減ると食べるものがなくなった肉食動物が減り(イ)、Aのつり合いの取れた状態に戻る。

(3)　$仕事率(W)=\dfrac{仕事の大きさ(J)}{仕事にかかった時間(秒)}$より
$735(W)=\dfrac{44100(J)}{x(秒)}$
$735x=44100$
$x=60(秒)$

(4)　プラスチックは人工的に合成される。

2　Ⅰ　2　傾斜がゆるやかな形の火山はドーム状の形の火山に比べて、火山噴出物の色が黒っぽい。火山噴出物が白っぽければねばりけが強く、黒っぽければねばりけが弱い。ねばりけが強いと噴火は激しく、ねばりけが弱いと噴火の様子はおだやかである。

3　火山灰に含まれる鉱物について調べるため、鉱物以外の物を洗い流す必要がある。

4　桜島の降灰予報を見ると、桜島の噴火で上空に上がった火山灰が、風で南東に流されていることがわかる。よって、風向は北西である。
10m/s＝600m/m，30㎞＝30000mより，
30000(m)÷600(m/m)＝50(分)

Ⅱ　1　黒点は周りに比べて温度が低いため、黒く見える。

2　太陽は東から西へ自転するので黒点も東から西へと移動する。よって、Aは西。

3　黒点が東から西に移動していることから、太陽は自転していることがわかる。また、周辺部では細長い形に見えていた黒点が中央部では円形に見えることから太陽は球形であることがわかる。

4　太陽の直径＝地球の直径×109，太陽の直径：黒点の直径＝10cm：2mm＝50：1より、黒点の直径＝地球の直径$\times 109 \times \dfrac{1}{50}$
黒点の直径÷地球の直径$=109\times\dfrac{1}{50}=2.18 \fallingdotseq 2.2$(倍)

3　Ⅰ　1　亜鉛板は表面がでこぼこになっていることから、亜鉛板の亜鉛原子が電子を放出して亜鉛イオンになって水溶液中に溶け出していることがわかる。亜鉛が放出した電子は導線を通って銅板に移動し、硫化銅水溶液中の銅イオンが電子を受け取って銅原子となる。電子は－極から＋極に移動するので、－極は亜鉛板である。また、電流の流れる向きと電子の移動の向きは逆である。

2　銅板の表面では、水溶液中の銅イオンが、亜鉛が放出して導線を通ってきた電子と結びついて銅原子となり、銅板に付着する。

3　(1)　化学エネルギーが電気エネルギーに変換されている。
(2)　亜鉛板の表面では亜鉛板の亜鉛が亜鉛イオンになるときに放出した電子を水溶液中の銅イオンが受け取って銅原子となり、亜鉛板に付着する。

Ⅱ　1　空気より密度が大きい気体は下方置換法で集めることができる。

2　物質が化学変化するとき、それに関係する物質の質量の比はいつも一定である（＝定比例の法則）。表より、炭酸水素ナトリウム2.00gに対して二酸化炭素は40.00＋2.00－40.96＝1.04gが発生する。同様に、炭酸水素ナトリウム4.00gのとき二酸化炭素は40.00＋4.00－41.92＝2.08g発生しているので完全に反応している。炭酸水素ナトリウム6.00gのとき二酸化炭素は3.12g発生するはずが、2.60gしか発生しておらず、4.00gと6.00gの間で化学変化に必要な塩酸が足りなくなっていることがわかる。
炭酸水素ナトリウム：二酸化炭素＝2.00：1.04より、うすい塩酸40.00gと反応する炭酸水素ナトリウムの最大の質量をxgとすると、
$x:2.60=2.00:1.04$
$1.04x=5.20$
$x=5.00$(g)

3　炭酸水素ナトリウム：二酸化炭素＝2.00：1.04より、12.00gのベーキングパウダーに含まれている、炭酸水素ナトリウムの質量をxgとすると
$x:1.56=2.00:1.04$
$1.04x=3.12$
$x=3.00$(g)
ベーキングパウダー：炭酸水素ナトリウム＝12.00：3.00＝4：1であるから、ベーキングパウダー100.00gに含まれる炭酸水素ナトリウム$=100.00\times\dfrac{1}{4}=25.00$(g)

4　Ⅰ　2　(1)　1回目から3回目までの平均を5人でわる。
$(1.46+1.39+1.41)\div3\div5=0.284\fallingdotseq0.28$(秒)
(3)　反射の場合、感覚が脳に伝わる前にせきずいが筋肉に指令を出すため、素早く反応することができる。脳に刺激が伝わって熱いという感覚が生じる。

Ⅱ　1　トカゲとメダカに共通してみられ、他の動物にみられない体の表面の特徴はうろこである。

2　Aのゼニゴケはコケ類で胞子をつくる植物の仲間なので、カの種子をつくらないが正解。Dのイネとアサガオは被子植物の仲間である単子葉類と双子葉類であり、イチョウは胚珠がむき出しである裸子植物なので、イの胚珠が子房に包まれているが正解。

3　カエル、トカゲ、メダカ、カブトムシに共通してみられる特徴はキの卵生であるからⅠはキ，Ｊはク。カエル、トカゲ、メダカに共通してみられてカブトムシにみられない特徴はケの背骨があることであるからＧはケ、Ｈはコ。よって、②に入るのは卵生で背骨がない動物であり、軟体動物のイカが正解。③は胎生で背骨がある動物であり、ホニュ

ウ類のネズミがこれにあたる。

4 カエルなどの両生類は卵を水中に産み、幼生は水中で成体は陸上で生活する。

5 Ⅰ 2 スクリーンに光源と同じ大きさの画像がうつるのは焦点距離の2倍の位置に光源を置いた場合である。よって、10×2＝20cmのとき。

3 凸レンズの下半分を厚紙で隠したとき、スクリーンに届く光の量が減るので暗くなり、観察した像の形は変わらない。

4 光源の上端からレンズの中央を通る直線を作図し、スクリーンと交わるところがスクリーンに上端がうつる場所であるから、Aから出た光は全てそこに集まると考える。

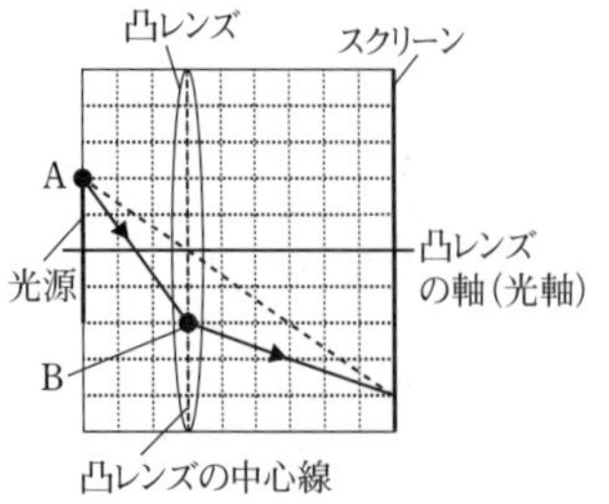

Ⅱ 2 表から得られる値を通る直線を引くと右図。

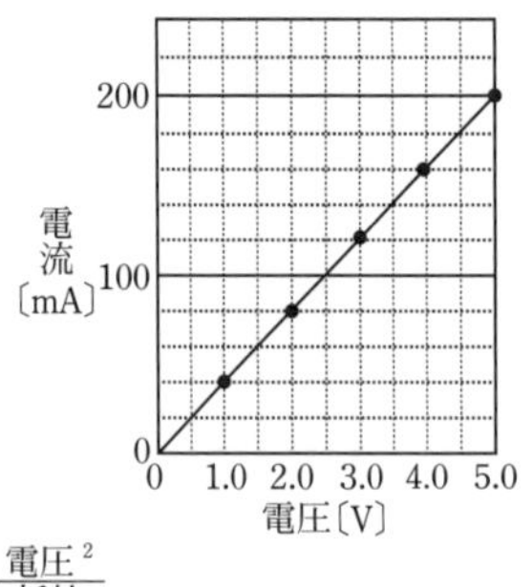

3 実験2は並列回路なので各抵抗器にかかる電圧は電源の電圧と等しいので抵抗器bに5.0Vの電圧がかかる。

電流$=\frac{電圧}{抵抗}=\frac{5.0}{10}=0.5$(A)。

4 電圧＝電流×抵抗、

電流$=\frac{電圧}{抵抗}$より

電力＝電圧×電流＝電流^2×抵抗$=\frac{電圧^2}{抵抗}$

実験1は直列回路であるから電流はどの部分でも等しい。2より、各抵抗器に流れる電流は0.2Aであることがわかるので、

実験1の抵抗器aの消費電力＝電流^2×抵抗＝$(0.2)^2×15=0.6$(W)

実験1の抵抗器bの消費電力＝電流^2×抵抗＝$(0.2)^2×10=0.4$(W)

実験2は並列回路であるから各抵抗器にかかる電圧は電源の電圧に等しい。よって、各抵抗器にかかる電圧は5.0Vであることがわかるので、

実験2の抵抗器aの消費電力$=\frac{電圧^2}{抵抗}=\frac{5.0^2}{15}=1.666\cdots≒1.67$(W)

実験2の抵抗器bの消費電力$=\frac{電圧^2}{抵抗}=\frac{5.0^2}{15}=2.5$(W)

よって、消費電力の大きい順に並べると、

実験2の抵抗器b→実験2の抵抗器a→実験1の抵抗器a→実験1の抵抗器bとなる。

〈国　語〉

2 1 a　直前の「自分の経験だけで大丈夫かもしれません」、直後の「自分の経験だけではどうにもなりません」より、逆接の接続詞「しかし」か「だが」が適当。

b　直前の「狭く偏っていたりもします」、直後の「狭い限定されたものではありません」より、言い換えの接続詞「つまり」が適当。

2 「不要」は上の語が下の語を打ち消している。その場合、「不」、「無」、「未」といった語が使われる。

3 Ⅰ　第9段落に注目する。

Ⅱ　第11段落に注目する。

Ⅲ　第9段落、最終段落の内容をまとめればよい。

4 傍線部②直前の文の具体例になっているものを選べばよい。

3 【現代語訳】

（用光は）弓矢を扱うことができないので、防ぎ戦うのに力がなくて今は間違いなく殺されてしまうだろうと思って、篳篥を取り出して屋形の上から「そこの者たちよ。今はとやかく言っても始まらない。早くなんでも好きなものをお取りください。長年、心に深く思ってきた篳篥の小調子という曲を吹いて聞かせましょう。そのようなことがあったと、後の話の種とされるがよい」と言うと、宗とが大きな声で「お前たち、しばしお待ちなさい。このようなことだ。よく聞きなさい。」と言った。船をその場にとどめてそれぞれが静かにすると、用光は今が最後だと思い涙を流して、すばらしい音を奏でて心をすまして吹き続けた。海賊は静まりかえって、話す者はいなかった。よくよく聞いて曲が終わると、先程の声で「あなたの船にねらいをつけて、近づいたけれども、曲の音色に涙がこぼれたので去ってしまおう」と言って漕ぎ去っていった。

4 1 傍線部①直前の「身が入らなくなっている」に注目する。

3 Y 「感情」、「今なら」、「表現」、「興奮」はキーワードなので同意の言葉は解答の中に必ず入れたい。

令和６年度　高校入試問題と解答・解説　実践形式

公立高校入試問題出題単元

国語のみ逆綴じになっております。

数学

【1】 小問（計算・約数・文字式・因数分解・方程式・角度・標本調査）
【2】 小問（ねじれ・関数・作図・確率・方程式）
【3】 資料の整理（中央値・ヒストグラム・箱ひげ図）
【4】 関数の利用
【5】 平面図形（合同証明・線分の長さ・面積比）

英語

【2】 1対話文（空欄補充）　2対話文（空欄補充）　3対話文（空欄補充）
4英作文
【3】 Ⅰ英文読解（空欄補充・英質英答）　Ⅱ英文読解（スキャニング）
Ⅲ英文読解（記事）
【4】 長文読解（内容把握・空欄補充・英作文）
【1】 リスニング

理科

【1】 小問（天気の変化・電流のはたらき・物質の性質・化学変化・大地の変化）
【2】 Ⅰ大地の変化（地層）
Ⅱ地球と天体（惑星）
【3】 Ⅰ物質の性質（水溶液）
Ⅱ化学変化（酸化）
【4】 Ⅰ植物のつくり（細胞）
Ⅱ生命の連続性（遺伝）
【5】 Ⅰ運動とエネルギー
Ⅱ身近な科学（力・ばね）

社会

【1】 Ⅰ世界地理（大陸・位置・気候・人種・産業）
Ⅱ日本地理（県・祭り・気候・農業・工業・地形図）
【2】 Ⅰ歴史（古代～近世）
Ⅱ歴史（近現代）
【3】 Ⅰ公民（世界遺産・人権・行政・地方自治）
Ⅱ公民（国際社会・経済）

国語

【1】 漢字（読み書き・画数）
【2】 論説文（空欄補充・熟語・抜き出し・内容把握）
【3】 古文（現代仮名遣い・内容把握・空欄補充）
【4】 小説（心情把握・空欄補充・内容把握）
【5】 作文（二段落構成）

解答ページ

解説ページ

令和6年度入試問題　数学

1　次の１～５の問いに答えなさい。

１　次の(1)～(5)の問いに答えなさい。

(1)　41－7×5　を計算しなさい。

(2)　$\frac{3}{4}\div\frac{9}{8}+\frac{1}{2}$　を計算しなさい。

(3)　$\sqrt{18}-\frac{2\sqrt{3}}{\sqrt{6}}$　を計算しなさい。

(4)　72 の約数の中で，8 の倍数となるものをすべて答えなさい。

(5)　n がどのような自然数であっても 5 でわり切れる式を，下の**ア**～**エ**の中からすべて選び，記号で答えなさい。

ア　$n+5$　　**イ**　$5n$　　**ウ**　$5n+1$　　**エ**　$5n+10$

２　$a(x-y)-bx+by$　を因数分解しなさい。

３　10％の消費税がかかって 176 円のノートがあります。このノートの本体価格（税抜価格）を求めなさい。

４　右の図のように，正三角形 ABC の辺 AB 上に点 D をとり，長方形 DCEF をつくります。∠x の大きさを求めなさい。

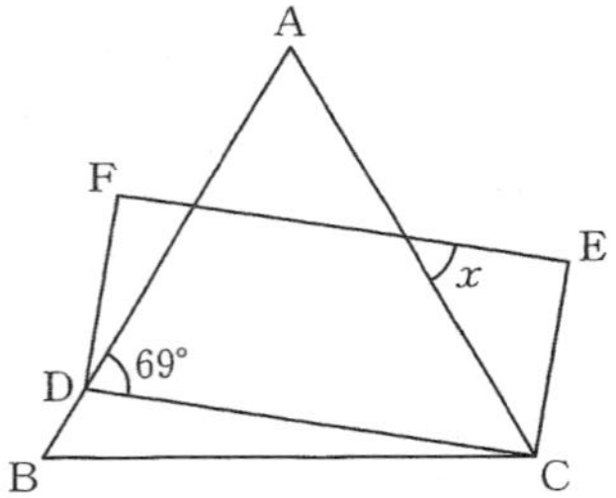

５　赤玉がいくつか入っている箱があります。そこに白玉を 100 個入れてからよくかき混ぜて，無作為に 40 個取り出したところ，白玉が 4 個ありました。このとき，最初に箱の中にあった赤玉の個数を推定しなさい。

1	(1)		(2)		(3)		(4)		(5)	
2		3	円	4	度	5	約　個			

2　次の１～５の問いに答えなさい。

１　右の図のような正八面体があります。正八面体の辺の中から一辺を選び，その辺とねじれの位置にある辺の本数を調べます。このとき，正しいものを下の**ア**～**ウ**の中から１つ選び，記号で答えなさい。

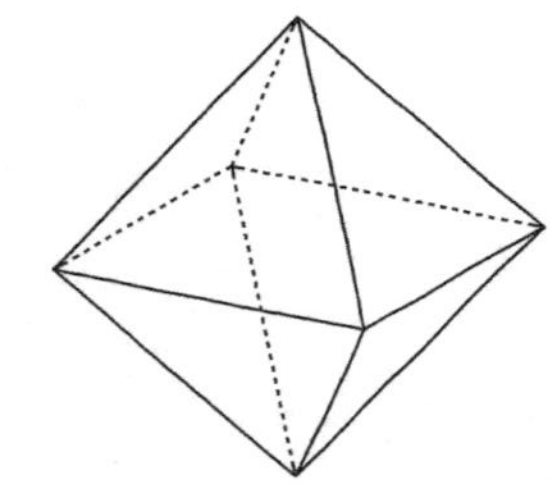

ア　どの辺を選んでも 4 本である。
イ　選ぶ辺によって 4 本の場合と 5 本の場合がある。
ウ　どの辺を選んでも 5 本である。

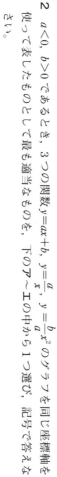

２　$a<0$，$b>0$ であるとき，3 つの関数 $y=ax+b$，$y=\frac{a}{x}$，$y=\frac{b}{a}x^2$ のグラフを同じ座標軸を使って表したものとして最も適当なものを，下の**ア**～**エ**の中から１つ選び，記号で答えなさい。

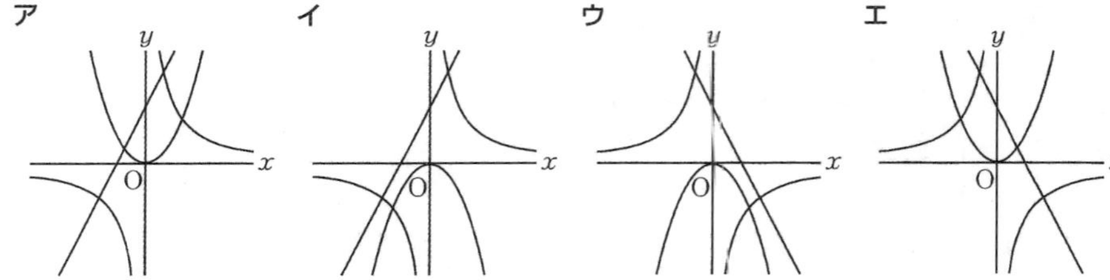

３　右の図のように，線分 AB を直径とする半円の $\overset{\frown}{AB}$ 上に点 P があります。この半円の中心を O とし，$\overset{\frown}{AP}$ 上の∠POQ＝30°となる点を Q とします。このとき，中心 O と点 Q を定規とコンパスを用いて右図へ作図しなさい。ただし，中心 O と点 Q の位置を示す文字 O，Q も書き入れ，作図に用いた線も残しておきなさい。

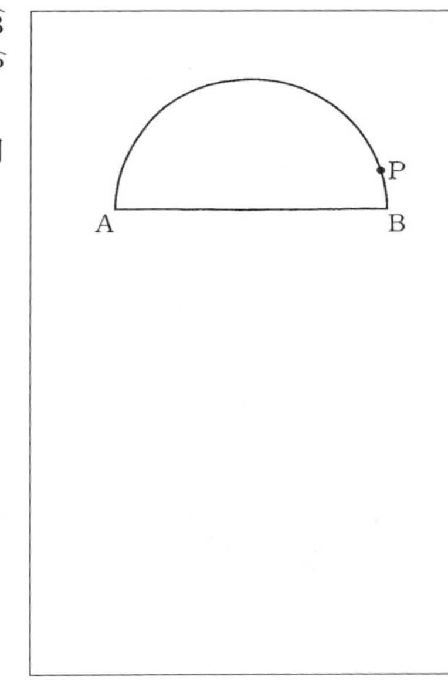

4　右の図のように，紙コップAには1，3，7の数字が1つずつ書かれた3本の棒が入っており，紙コップBには2，5，9の数字が1つずつ書かれた3本の棒が入っています。紙コップAから1本，紙コップBから1本の棒を同時に取り出します。このとき，取り出した2本の棒に書いてある数の積が偶数となる確率を求めなさい。ただし，A，Bそれぞれの紙コップにおいて，どの棒を取り出すことも同様に確からしいものとします。

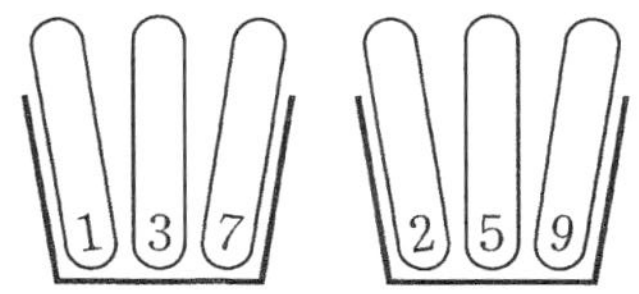

紙コップA　　紙コップB

5　鹿児島の郷土料理である「がね」（かき揚げ）を，さつまいもとにんじんを材料にしてつくりました。「がね」をつくるために使ったさつまいもとにんじんの重さの合計は240gでした。また，各食品に含まれる食品100gあたりの食物繊維の量は下の表のとおりであり，「がね」をつくるために使ったさつまいもとにんじんには合わせて5440mgの食物繊維が含まれていたとすると，さつまいもとにんじんは，それぞれ何gであったか求めなさい。ただし，さつまいもをxg，にんじんをygとおいて，その方程式と計算過程も書きなさい。なお，さつまいもとにんじんは皮がむいてある状態として考えるものとします。

食品名	食品100gあたりの食物繊維の量
さつまいも（皮なし　生）	2200mg
にんじん（皮なし　生）	2400mg

（文部科学省：日本食品標準成分表2020年版から作成）

1		2		4	
5	（方程式と計算過程） 答 {さつまいも　g 　 {にんじん　g				

3　鹿児島県は南北に約600kmと広範囲におよんでいることから，気候は北と南で大きく異なります。県内各地域の様々な気温データをもとに作成した表や図について，次の1～4の問いに答えなさい。

1　表1は2023年の名瀬(なぜ)（奄美市(あまみし)）の月ごとの最低気温（℃）を表したものです。

表1

月	1	2	3	4	5	6	7	8	9	10	11	12
最低気温(℃)	5.8	9.5	9.8	12.6	14.3	19.9	24.9	24.3	23.9	16.5	12.4	10.5

（気象庁データから作成）

名瀬（奄美市）の月ごとの最低気温の中央値を求めなさい。ただし，小数第2位を四捨五入することとします。

2　表2は，2002年と2022年の鹿児島市の8月の日ごとの最高気温のデータを整理した度数分布表です。この度数分布表をもとに2002年のデータと2022年のデータのそれぞれを階級の幅を変えたものを含めてヒストグラムに表したものとして誤っているものを，下のア～カの中から2つ選び，記号で答えなさい。

表2

階級(℃)	度数(日)	
	2002年	2022年
以上　未満		
27 ～ 29	1	0
29 ～ 31	5	0
31 ～ 33	10	3
33 ～ 35	11	21
35 ～ 37	4	7
37 ～ 39	0	0
計	31	31

（気象庁データから作成）

ア
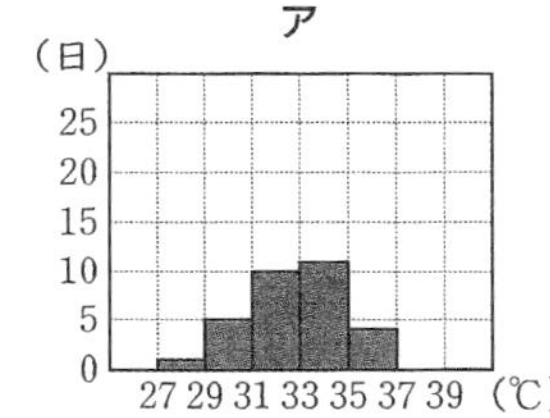

2002年

イ
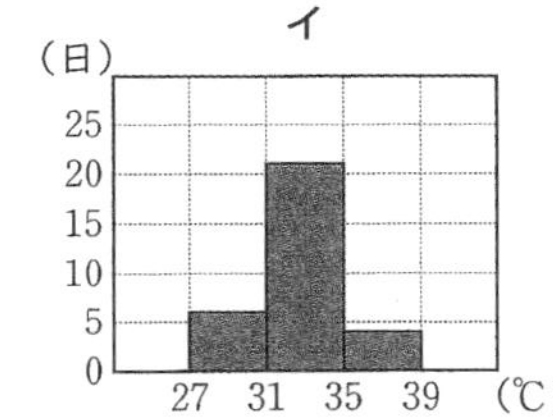

2002年

ウ
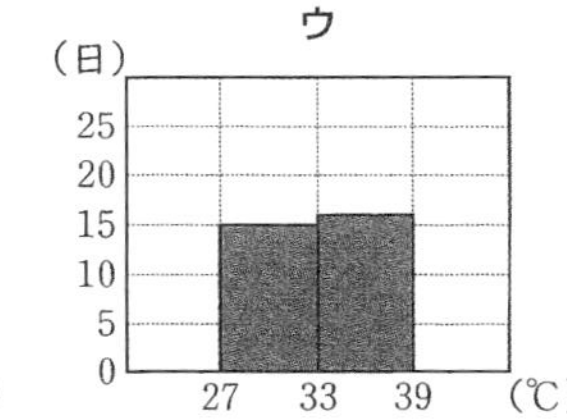

2002年

エ
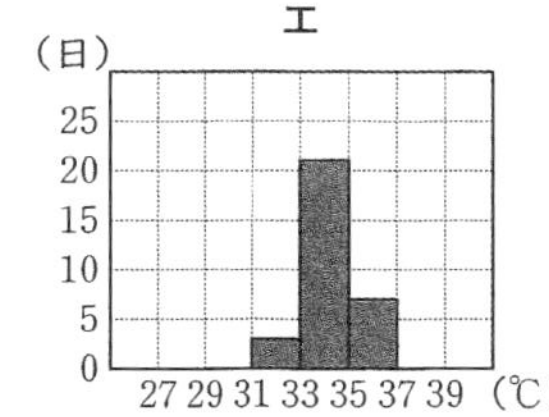

2022年

オ
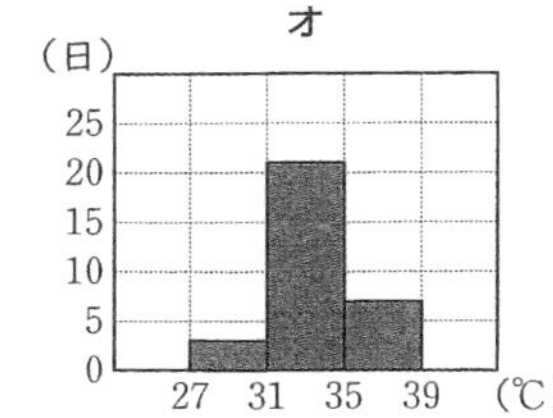

2022年

カ
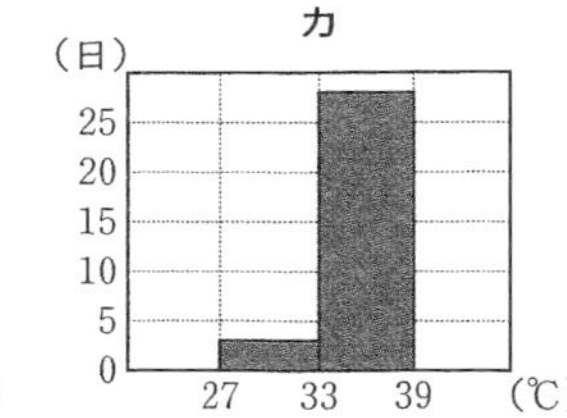

2022年

1	℃	2	

3　図１は，溝辺（霧島市）の1998年から2022年までの25年間の９月と10月の日ごとの午前０時の気温を整理し，度数分布表をもとに各階級の相対度数を度数折れ線で表したものです。また，コオロギの鳴き声の回数から気温を推測する方法があり，【手順】にしたがって求められます。たとえば，コオロギが15秒間に鳴いた回数の平均が19回のとき，計算式は$(19+8)\times5\div9=15$となり，気温は15℃と推測できます。次の(1)，(2)の問いに答えなさい。

(1)　コオロギが15秒間に鳴いた回数の平均が28回であったとするとき，【手順】によって求められる気温を求めなさい。

(2)　午前０時に，(1)で求めた気温が溝辺で計測される確率が高いのは，９月と10月のどちらであると図１から判断できますか。解答欄の９月と10月のどちらかを◯で囲み，そのように判断した理由を，図１をもとに説明しなさい。

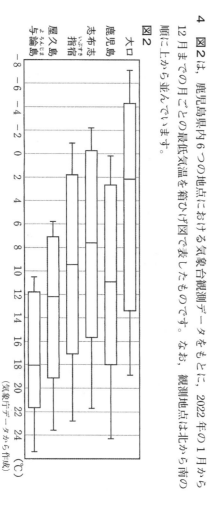

図１

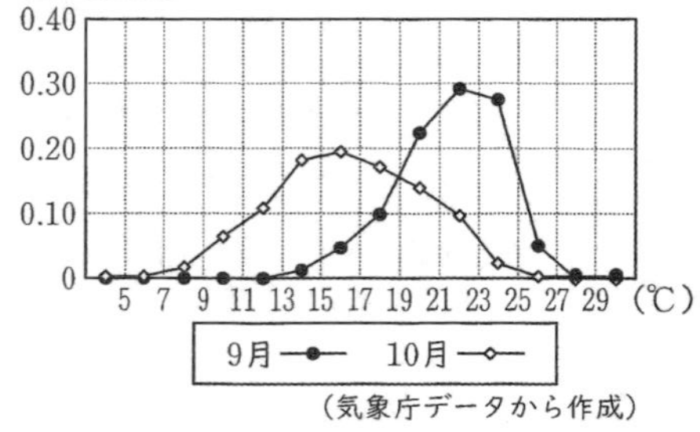

（気象庁データから作成）

※　度数折れ線について，たとえば，５～７の区間は，５℃以上７℃未満の階級を表す。

【手順】

①　コオロギが鳴く回数を15秒間数える。
②　①を数回繰り返して，その平均値を出す。
③　②の値に８をたす。
④　③の値に５をかけて９でわる。

（公益財団法人　日本科学協会　科学実験データベースによる）

4　図２は，鹿児島県内６つの地点における気象台観測データをもとに，2022年の１月から12月までの月ごとの最低気温を箱ひげ図で表したものです。なお，観測地点は北から南の順に上から並んでいます。

図２

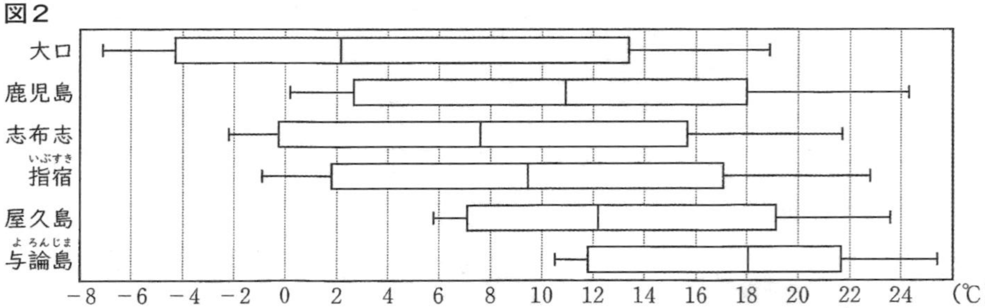

（気象庁データから作成）

図２から読み取れることとして，次の①～④は，「正しい」，「正しくない」，「図２からはわからない」のどれですか。最も適当なものをあとのア～ウの中からそれぞれ１つ選び，記号で答えなさい。

①　範囲が最も大きいのは大口で，四分位範囲が最も小さいのは与論島である。
②　６つの観測地点を比較したとき，南に行けば行くほど，第１四分位数，中央値，第３四分位数は，それぞれ大きくなっている。
③　大口では，最低気温が0℃未満だった月が４つある。
④　最低気温が2℃未満だった月が３つ以上あるのは，大口と志布志のみである。

ア　正しい　　イ　正しくない　　ウ　図２からはわからない

3	(1)	℃	(2)	９月　・　10月
4	①			（理由）
	②			
	③			
	④			

4

マオさんは，S地点からG地点までのコースで駅伝の練習をしています。また，マオさんがS地点を出発したあとに，監督を乗せた伴走用の自動車がS地点を出発します。さらにマオさんがP地点を通過してしばらくしてからドローン（無人航空機）を飛ばし，マオさんの走っているようすを30秒間撮影します。ドローンがP地点の真上を出発してからx秒間に進む距離をymとおくと，$0\leqq x\leqq30$の範囲で$y=\frac{1}{6}x^2$の関係があります。図１は自動車の先端がP地点を通過するときの，マオさん，ドローンの位置関係を表しています。ただし，PQ間は900mのまっすぐで平らな道路とし，ドローンは一定の高度を保ちながら道路の真上をまっすぐ飛行するものとします。次の１～３の問いに答えなさい。

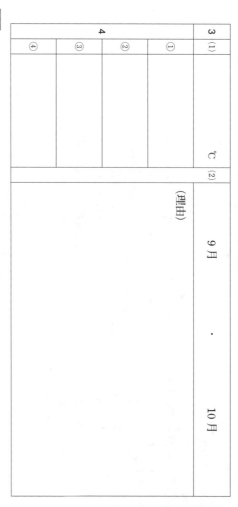

図１

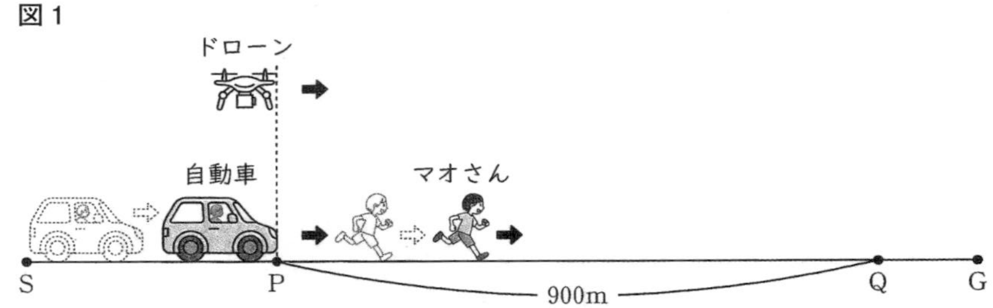

1　**図2**の**ア**～**エ**のうち，関数$y=\frac{1}{6}x^2$のグラフ上にある点はどれですか。**図2**の**ア**～**エ**から1つ選び，記号で答えなさい。

図2

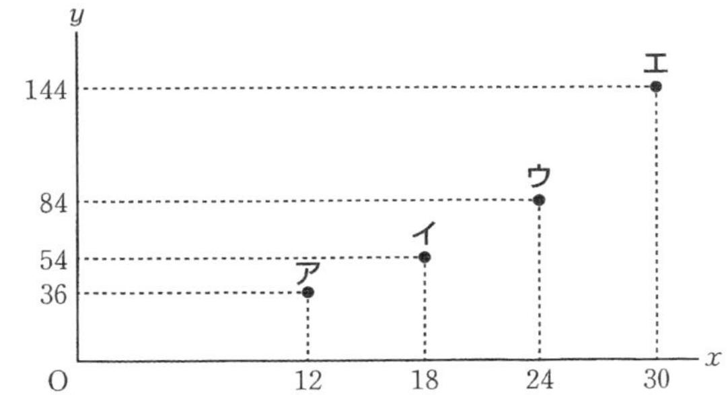

2　ドローンを出発させて10秒後から20秒後までの間のドローンの平均の速さは秒速何mか求めなさい。

3　**図1**のように，自動車の先端がP地点を通過すると同時に，P地点の真上からドローンを出発させました。このとき，マオさんはP地点から54m進んだところを秒速3mの一定の速さで走っていました。次の(1)，(2)の問いに答えなさい。

(1)　ドローンがマオさんに追いつくのは，P地点の真上を出発してから何秒後か求めなさい。ただし，ドローンがP地点の真上を出発してからt秒後のこととして，tについての方程式と計算過程も書きなさい。

(2)　自動車に乗っている監督が「自己ベスト更新のために，もう少しペースを上げようか。」とマオさんの後ろからアドバイスをしました。自動車は，PQ間を秒速4.8mの一定の速さで走行するものとし，マオさんが自動車に追いつかれた地点をR地点とします。マオさんがR地点からペースを上げて一定の速さでRQ間を180秒で走るためには，秒速何mで走ればよいか求めなさい。

1		2	秒速　　m	3	(2)	秒速　　m
3	(1)	(方程式と計算過程) 答　　　秒後				

5

ユウさんとレンさんは，授業の中でコンピュータソフトを使って，図形のもつ性質や関係について調べています。下の**【会話】**は，授業のある場面での会話です。次の**1**～**3**の問いに答えなさい。

【会話】

先生：それでは，鋭角三角形ABCについて考えてみましょう。この△ABCに図形や直線などを加えてみてください。

ユウ：△ABCの外側に図形を付け加えてみようかな。

レン：三角形の外側に正方形を付け加えた図形を見たことがあったよね。今回は正三角形にしてみようよ。

先生：いいですね。それでは，作図してみましょうか。△ABCの各辺を一辺とする3つの正三角形BAF，CBD，ACEを△ABCの外側に付け加えると，**図1**のようになりました。何か気づいたことはありますか。

ユウ：**図1**の図形に3つの線分AD，BE，CFをひくと1点で交わったよ。しかも，△ABCの各頂点を動かしてみても，いつでも1点で交わるんだよね。**図2**のように，この点をGとおいてみたよ。

レン：私は，**図1**の正三角形の各頂点を通る円をそれぞれかいてみたら，**図3**のように，3つの円も1点で交わることがわかったよ。

ユウ：もしかしたら……。ほら見て。レンさんがかいた3つの円を**図2**にかき加えると，**図4**のように，レンさんのみつけた交点が点Gと一致したよ。

レン：本当だ。しかも△ABCの各頂点を動かしてみても，私がみつけた交点と，点Gは一致したままだ。

先生：2人とも，面白い点を発見しましたね。この点Gの性質を探っていきましょう。

図1

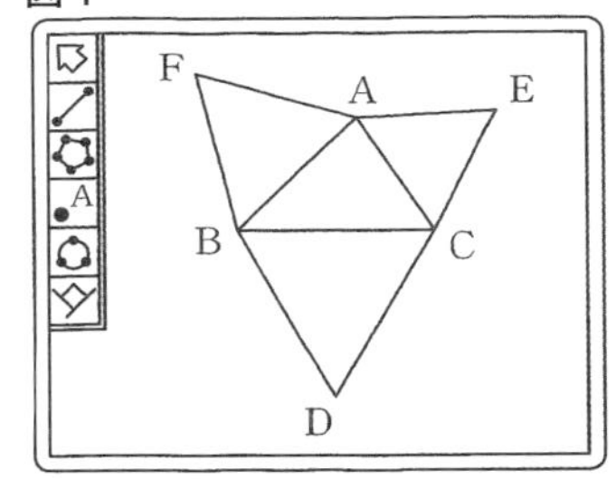

図2

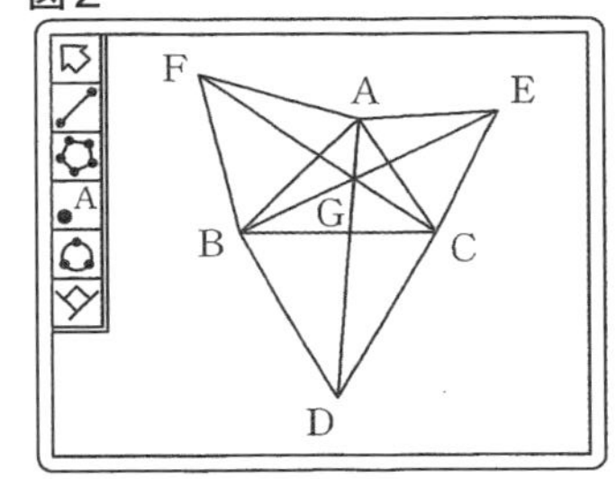

図3

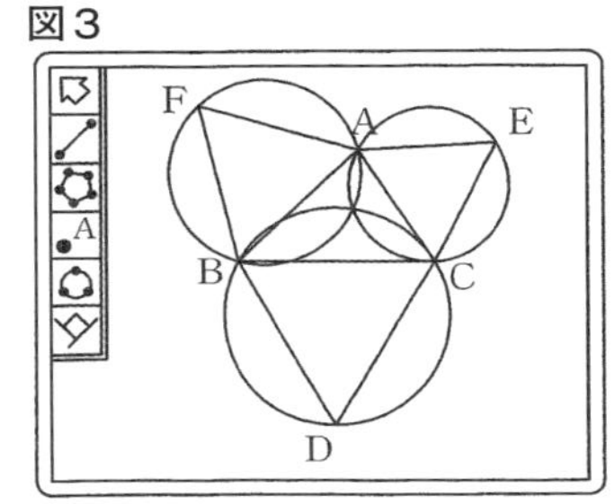

図4

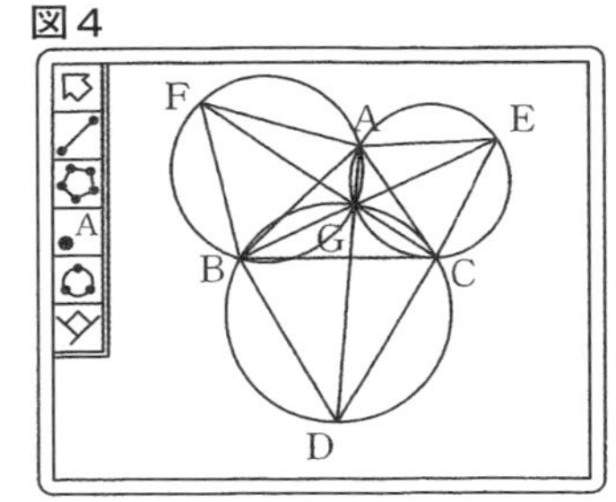

1　∠CGD の大きさを求めなさい。

2　下は，授業の続きの場面です。[(a)]～[(e)]に入る最も適当なものを，**選択肢のア～シ**からそれぞれ1つずつ選び，記号で答えなさい。ただし，[(c)]には同じ記号が入るものとします。

先生：点 G に関して，次の式が成り立ちます。

AG＋BG＋CG＝AD …❶

では，この❶が成り立つことを示してみましょう。まずは**図5**を見てください。**図5**の点Hは，△GHD が正三角形となるように半直線 GB 上にとった点です。次の❷が成り立つことを証明しましょう。

△BHD≡△CGD …❷

（証明）
△BHD と△CGD において，
[(a)]は正三角形であるから，
BD＝CD …①
[(b)]は正三角形であるから，
HD＝GD …②
また，∠BDH＝[(c)]，∠CDG＝[(c)]
よって，∠BDH＝∠CDG …③
①，②，③より，
2 組の辺とその間の角がそれぞれ等しいから，
△BHD≡△CGD

図5

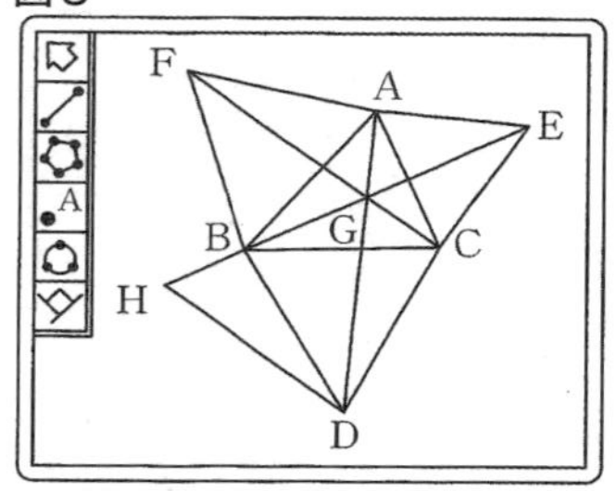

❷が成り立つことにより，

AG＋BG＋CG＝AG＋BG＋[(d)]
＝AG＋[(e)]
＝AG＋GD
＝AD

となり，❶が成り立つことを示せました。

選択肢

ア　△GHD	イ　△ACE	ウ　△FBA	エ　△BDC
オ　∠BEA	カ　∠CEB	キ　60°－∠BDG	ク　15°＋∠GBC
ケ　AC	コ　BH	サ　GE	シ　GH

3　ユウさんとレンさんは，**図6**のような AG＝4，BG＝5，CG＝3 となる△ABC をみつけました。このとき，次の(1)～(3)の問いに答えなさい。

(1)　GD の長さを求めなさい。

(2)　CD の長さを求めなさい。ただし，求め方や計算過程も書きなさい。

(3)　△BDC の面積を S，△ACE の面積を T とするとき，S：T を最も簡単な整数の比で表しなさい。

図6

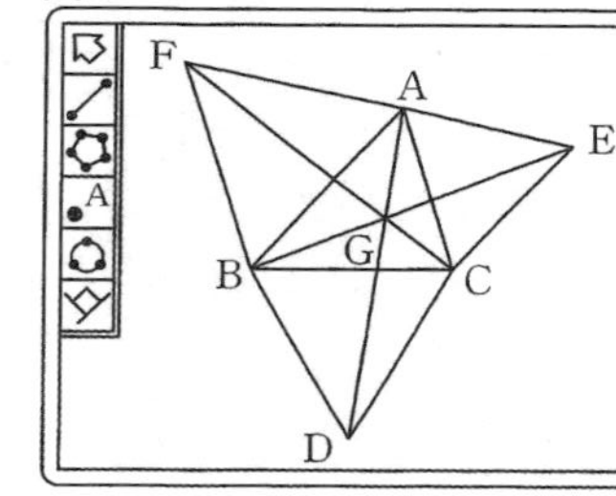

1	度									
2	(a)		(b)		(c)		(d)		(e)	
3	(1)		(3)	S：T＝						
3	(2)	（求め方や計算過程）　答　CD＝								

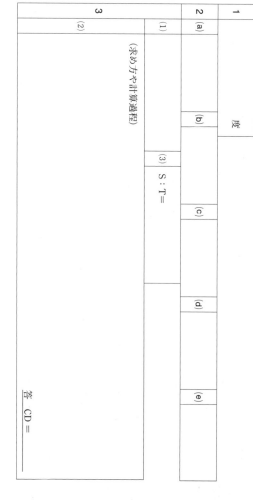

令和６年度入試問題　英語

2 次の１～４の問いに答えなさい。

1　次は，中学生の Nick と Shun との，休み時間における対話です。下の①，②の表現が入る最も適当な場所を対話文中の〈 ア 〉～〈 エ 〉の中からそれぞれ一つ選び，その記号を書きなさい。

① When will you have the party?	② She comes from your country.

Nick : Spring vacation is coming soon!
Shun : Yes.〈 ア 〉My family is going to have a *hanami* party.
Nick : Sounds good. Who are coming?
Shun : My aunt, my cousin, and my friend, Emily.〈 イ 〉
Nick : Oh, my country? Which city is she from?
Shun : She is from London.
Nick : Oh, I want to talk about London with her.〈 ウ 〉
Shun : This Saturday. Can you come?
Nick : 〈 エ 〉I would like to, but I have to ask my family first, so let's talk about it tomorrow.
Shun : OK. See you.
Nick : Bye.

2　次は，中学生の Bill と母親との対話です。（ ① ）～（ ③ ）に，下の［　　］内の【説明】が示す英語１語をそれぞれ書きなさい。

Bill : Mom, I'm going now. See you.
Mom : Bill, I hear that it will rain in the afternoon. Do you have your （ ① ）?
Bill : Yes. I have it in my bag. Thank you, Mom. By the way, I will go to Sam's house after school today.
Mom : Why?
Bill : I will study math with him. His （ ② ）, George, will teach us math. He is a brother of Sam's father.
Mom : Oh, that's good, but don't forget to come back home by 6 p.m. You have a piano lesson today.
Bill : Yeah, I know. I will （ ③ ） Sam's house by 5:50 p.m.
Mom : OK. Have a nice day.

【説明】

① the thing that you use to keep yourself dry when it's raining
② the brother of your father or mother
③ to go away from a place

1	①		②			
2	①		②		③	

3　(1)～(3)について，下の【例】を参考にしながら，（　　）内の語を含めて３語以上使用して，英文を完成させなさい。ただし，（　　）内の語は必要に応じて形を変えてもかまいません。また，文頭に来る語は，最初の文字を大文字にすること。

【例】
〈教室で〉
A : What were you doing when I called you yesterday?
B : （ study ） in my room.　　（答） I was studying

(1)〈教室で〉
A : How was your vacation, Dan? Where did you go with your family?
B : （ go ） Tokyo. I had a good time.

(2)〈家で〉
A : Do you know where Matt is?
B : No. （ see ） him since this morning.

(3)〈家で〉
A : I bought these books today.
B : （ write ） by your favorite writer?
A : Yes. They are very popular. I can't wait to read them.

4　次は，中学生の Haruto の夏休みの出来事を描いたイラストです。Haruto になったつもりで，イラストに合うように，一連の出来事を解答欄の書き出しに続けて 30 ～ 40 語の英語で書きなさい。英文の数は問いません。

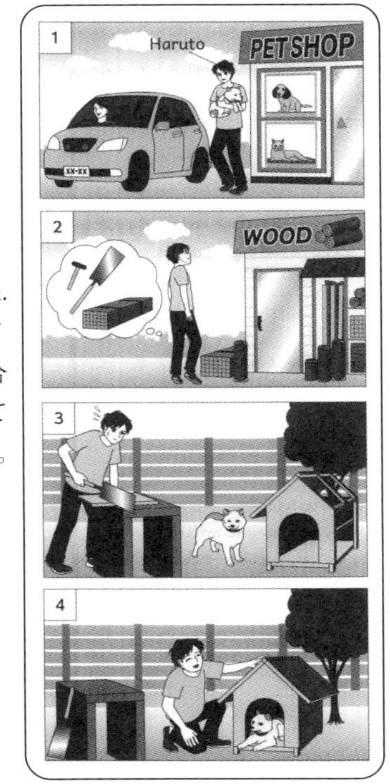

3	(1)	
	(2)	
	(3)	
4	Last summer vacation, I	

3 次のⅠ～Ⅲの問いに答えなさい。

Ⅰ　次は，中学3年生の Takeru が，英語の授業で発表した英語スピーチです。英文を読み，あとの問いに答えなさい。

Hello, everyone! Yesterday, when we started to clean our classroom after a lunch break, Kevin asked me, "What is a good point of cleaning? I didn't clean my classroom in the U.S." I didn't know what to say, so I tried to find the answer to his question last night. Today, I will talk about it.

When I was a first-year student, I didn't like cleaning. It was really boring. I wanted to have a longer lunch break and play with my friends more. Sometimes I kept playing with my friends and didn't clean. One day, we played in the cleaning time again. Then, my teacher said to us, "You can learn important things if you clean. I have told you that many times, but you still don't understand. I am (①), but I still believe you can understand that." I didn't understand what he said at that time.

One day, my friend was absent, so I cleaned the blackboard. He always worked very hard, so I worked very hard, too. After the cleaning time, our math teacher came into our classroom. She looked at the blackboard and said, "The blackboard in this class is always clean. I feel happy and I always enjoy teaching you. Thank you." I remember everyone was smiling. She was smiling, too. The math class was really fun. I felt that cleaning could make us happy.

On another day, I couldn't move the desks in the cleaning time because I broke* my arm. Then, one of my classmates helped me. I didn't talk with her so often, and she was just a classmate. But she helped me move the desks. At that time, I just said, "Thank you." For a few days, we moved the desks together. Soon, we began to talk a lot. Now we are very good friends and always having a happy time together. This was the second chance to feel that cleaning could make us happy.

Kevin, you asked me a question yesterday. You said, "What is a good point of cleaning?" My answer is, "[②]." Thank you for listening.

注　broke　～を骨折した

1　(①)に入る最も適当なものを下のア～エの中から一つ選び，その記号を書きなさい。

ア　right　　イ　bad　　ウ　happy　　エ　sad

2　次の質問に対する答えを，本文の内容に合うように，解答欄の英語に続けて書きなさい。

Why did Takeru clean the blackboard?

3　[②]に入る適切な英語を5語程度で書きなさい。

Ⅰ	1	
	2	Takeru cleaned the blackboard because ( ).
	3	

Ⅱ　次は，今週末の観光プランの比較表（chart）と，それを見ている高校生の Ayumi と留学生の Becky との対話です。二人の対話を読み，あとの問いに答えなさい。

	Plan A	Plan B	Plan C	Plan D
Activity	 Dish Making	 Fishing	 Museum Visit*	 Music Concert
	 Fishing	 Hot Spring*	 Cycling	 Hot Spring
Price	¥3,000	¥2,500	¥3,500	¥5,500
Meeting Time	7:00 a.m.	8:00 a.m.	10:00 a.m.	8:00 a.m.
Meeting Place	West Bus Station	East Bus Station	East Bus Station	West Bus Station

注　Hot Spring　温泉　　Visit　訪問

Ayumi：Good morning, Becky. You're going to have your first weekend in Kagoshima, right? What's your plan for this weekend?

Becky：Hi, Ayumi. I haven't decided yet.

Ayumi：Good to hear that! I'd like to enjoy a bus trip with you on Saturday.

Becky：Wow, wonderful! I'd love to. What kind of plans can we enjoy?

Ayumi：Please look at this chart. There are four plans.

Becky：Well, I'm interested in art and fishing. So, (①) looks good.

Ayumi：It's nice, but I don't want to get up early. How about this? I like listening to music.

Becky：It also looks good, but I don't want to take a bath with other people.

Ayumi：Oh really? Then, let's choose this plan. We can enjoy art and riding bicycles.

Becky：OK. When and where will we meet?

Ayumi：Let's meet 10 minutes before the meeting time, so we will meet at (②).

Becky：See you then.

1　(①)に入る最も適当なものを下のア～エの中から一つ選び，その記号を書きなさい。

ア　Plan A　　イ　Plan B　　ウ　Plan C　　エ　Plan D

2　(②)に入る最も適当なものを下のア～エの中から一つ選び，その記号を書きなさい。

ア　7:50 a.m. at East Bus Station　　イ　9:50 a.m. at East Bus Station

ウ　7:50 a.m. at West Bus Station　　エ　9:50 a.m. at West Bus Station

Ⅱ	1		2	

Ⅲ 次は，新聞の記事（article）と，それを読んだ直後の Alex 先生と Riku との対話です。英文と対話を読み，（　　　）内に入る最も適当なものを下のア～エの中から一つ選び，その記号を書きなさい。

Kohei was the captain of the three-school joint team* that played in the big baseball tournament this summer. He was the only member when he became a third-year student in high school. The two schools near his school also needed more members and they decided to play together.

Before the tournament, he said, "In the joint team, we have players from different schools, so it's hard to practice together. We don't have enough time to practice because it takes time to come to our school from each school. And each school has a different schedule*, so we practice only three days in a week. However, I am very happy because now I have a lot of new friends who play baseball together."

His team lost the first game. He said, "I feel disappointed* that we have lost. However, I realize that I play baseball not only for winning. I couldn't play baseball without the people around me. Thanks to* my team members, I enjoyed this tournament, and thanks to the other team, we enjoyed the game. I'm really glad that I have played baseball."

For the question, "What is the most important thing in sports?", he said, "I think we play sports for our own goals. For example, we play sports to keep good health, to make good memories, or to win. They are all important, but for me, the most important thing in sports is to remember that we can enjoy sports thanks to people around us."

Kohei is studying harder for his dream. He wants to go to a university to be a P.E. teacher. He'd like to enjoy baseball with his students. I hope he will have a very happy future with his students.

注 the captain of the three-school joint team　三校合同チームのキャプテン
schedule　スケジュール　　disappointed　残念な　　Thanks to ～　～のおかげで

Alex : In this article, what does Kohei want to tell us the most?
Riku : (　　　　　　　　　　　　　　　　　　　　)
Alex : I think so, too. That's the most important point.

ア It is hard for a joint team to practice together because each school has a different schedule.
イ We should play sports because we can keep good health and make good memories.
ウ We should remember that we can enjoy sports thanks to people around us.
エ It is important for high school students to study hard for their future dreams.

Ⅲ	

4 高校生の Erika は英語の授業で，箸（chopsticks）について自分で調べたことを発表しました。英文を読み，あとの問いに答えなさい。

What do we usually use when we eat? Hands? A spoon*? Yes, we use chopsticks. But have you ever thought about them? I found I didn't know much about chopsticks, so I learned about them this summer. Today, ①<u>I'd like to talk about chopsticks</u>. First, I'll talk about the history of chopsticks. Next, I will introduce things people use when they eat in three countries. Then, I will give you questions about popular disposal* wooden chopsticks, "*waribashi*." Finally, I will talk about *waribashi* made in Japan.

Do you know when and where people first used chopsticks? Many people think that Chinese people began to use them more than 3,000 years ago. Later, they became popular in other countries in Asia, too. Now a lot of people in the world are using them.

②<u>The next slide</u>* shows things that people use when they eat in these three countries, Japan, China, and Korea. Please look at Picture 1. These are Japanese chopsticks. Actually, they are mine. Next, Picture 2. You can see a soup spoon and chopsticks. I took this picture in China. People there usually use long chopsticks and soup spoons. In Japan and China, chopsticks made of wood or plastic are popular. Next, Picture 3. You can see a spoon and chopsticks, again. These chopsticks are not as light as chopsticks in Japan or China because they are made of metal*. I took this picture in Korea. I saw these kinds of chopsticks and spoons in many restaurants.

Next, let's enjoy a *Waribashi* Quiz! Let's start. 1) Which do we use more often, *waribashi* made in Japan or in other countries? Do you know the answer? Yes, we usually use *waribashi* made in other countries, such as China. 2) Does Japan import* more *waribashi* from other countries than before? The answer is "No!" About 15 billion pairs of* *waribashi* come from abroad now, but more *waribashi* came to Japan in the past. 3) When did Japan import *waribashi* the most? I will give you a hint. It was just before we were born. The answer is 2005! ③<u>Please look at this.</u> In 2005, more than 25 billion pairs of *waribashi* came to Japan, but the number became smaller after 2005. Do you know why many Japanese people stopped using a lot of *waribashi*? I think they wanted to [　④　]. Maybe they were afraid that a lot of trees would be cut down for *waribashi*.

But should we stop using *waribashi*? Some people think ⑤<u>using *waribashi* made in Japan is good for the environment</u>. Many Japanese *waribashi* companies use two kinds of wood to make *waribashi*. They use small wood that they don't need to make things. They also use wood from trees that people cut down to help other trees grow better. It's interesting, right?

I was very surprised that there are many ideas and facts about chopsticks. Why don't you learn about the things you usually use? Like me, please find some interesting facts. Thank you for listening.

注 spoon　スプーン　　disposal　使い捨ての　　slide　スライド　　metal　金属
import　～を輸入する　　billion pairs of ～　10億膳の～

※ 輸入量については，財務省の統計による

1　次は，下線部①で Erika が見せたスライドです。Erika が話した内容の順になるようにスライドの（　A　）～（　C　）に入る最も適当なものを下のア～ウの中からそれぞれ一つずつ選び，その記号を書きなさい。

Today's Presentation
1. （　　　A　　　）
2. （　　　B　　　）
3. （　　　C　　　）
4. *Waribashi* Made in Japan

ア　*Waribashi* Quiz
イ　Things People Use to Eat in Three Countries
ウ　History of Chopsticks

2　次は，下線部②のスライドで見せた【三つの写真】と，スライドを作る際に Erika が使った【メモ】の一部です。【メモ】の英文の（　A　），（　B　）にそれぞれ入る最も適切な英語１語を書きなさい。

【三つの写真】

Picture 1　　Picture 2　　Picture 3

【メモ】
・People use long chopsticks with soup spoons in （　A　）.
・Chopsticks used in Korea are the （　B　） of the three.

3　下線部③で見せたグラフとして最も適当なものを下のア～エの中から一つ選び，その記号を書きなさい。

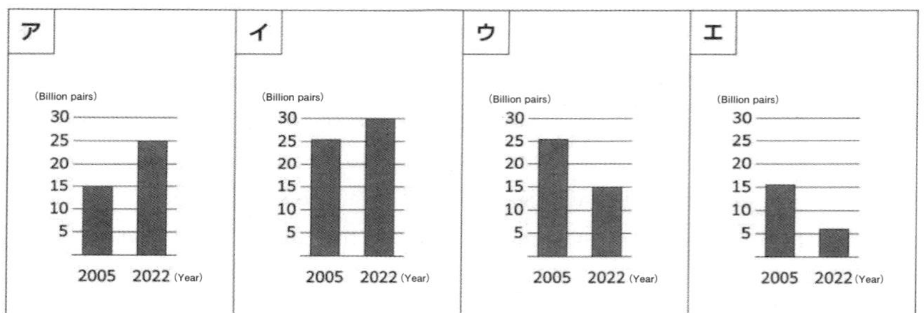

4　本文の内容に合うように，［　④　］に入る適切な英語を書き，英文を完成させなさい。

1	A		B		C	
2	A		B		
3		4			

5　下線部⑤の理由を具体的に 45 字程度の日本語で書きなさい。

6　クラスメートの Aya は，Erika の発表のあとに，紙の書籍と電子書籍（e-books）のそれぞれの長所と短所に関する発表を行いました。次は，Aya がアンケート結果を示すときに使用した【図】と，発表後の Aya と Erika の【対話】です。【対話】の中の［　　］に，Erika の質問に対する答えを，Aya に代わって，20 語程度の英語で書きなさい。2 文以上になってもかまいません。なお，【図】に示した語は使ってもよいこととします。

【図】

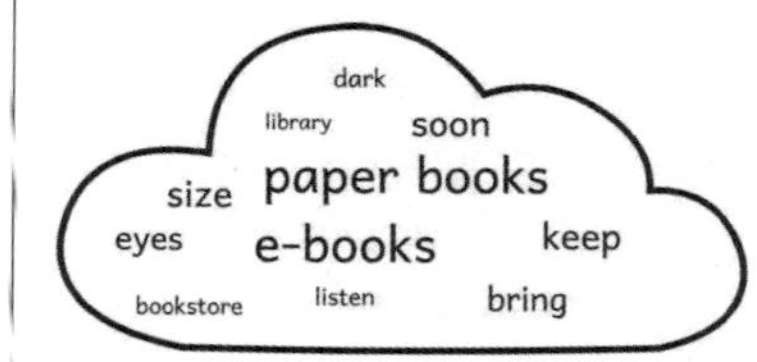

【対話】

Erika : Thank you for your presentation. Can I see the picture with many words again? You said, "The sizes of the words show how many times students used the words." I think it is very useful.
Aya : Thank you. Everyone has different ideas. I was very surprised.
Erika : OK. Please tell me your idea. Which are better, paper books or e-books, and why?
Aya : ［　　　　　　　　　　］
Erika : Thank you. I think so, too.

5	40　45　50
6	

令和6年度入試問題　理科

1

次の各問いに答えなさい。答えを選ぶ問いについては記号で答えなさい。

1　初夏のころ，日本列島付近では，太平洋高気圧とオホーツク海高気圧が発達し，暖気と寒気がぶつかり合い，ほぼ同じ勢力のときに停滞前線が生じる。その結果，停滞前線付近では長期間にわたり雨が降り続く。この停滞前線を何というか，答えなさい。

2　採取したアブラナの花を図1のようなルーペで観察する。次の文中の①，②について，それぞれ正しいものはどれか，答えなさい。

　採取したアブラナの花をルーペで観察するときは，ルーペを①（ア　目に近づけて　　イ　目から遠ざけて），②（ア　花　　イ　ルーペ）を前後に動かしてよく見える位置を探す。

図1

3　陰極線（電子線）の性質について，次の文中の［a］，［b］に＋または－を書きなさい。

　図2のようなクルックス管（真空放電管）で真空放電をさせたとき，金属板のかげが［a］極側にできることから，陰極線（電子線）は［b］極から出ていることが確かめられる。

図2

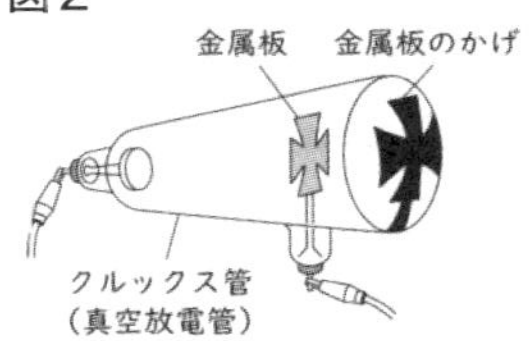

4　身のまわりの物質には，混合物と純粋な物質がある。純粋な物質は，単体と化合物に分類することができる。化合物はどれか，二つ答えなさい。

ア　水　　イ　鉄　　ウ　亜鉛　　エ　水素　　オ　炭酸水素ナトリウム

5　火山活動の影響による強い酸性の水が河川に流れ込み，そこに生きる生物に影響を及ぼすことがある。その場合は，①河川の環境を維持するために，化学的な反応を利用することがある。また，私たちの生活排水は，下水処理場における下水処理の過程で主に②微生物のはたらきを利用してきれいにされ，さらに，消毒されて河川にもどされる。このように，人間が自然環境を積極的に維持することを保全という。

(1)　下線部①について説明した次の文中の［　］に適する反応の名称を答えなさい。

　河川水にアルカリ性の物質を加えて［　］させ，酸性を弱める。

(2)　下線部②について説明した次の文中の［　］に適することばを答えなさい。

　微生物が生活排水にふくまれている有機物を無機物に［　］するはたらき。

6　図3はある地震における震源からの距離と2種類の地震の波X，Yが届くまでの時間の関係を示している。ただし，地震の波X，Yはそれぞれ一定の速さで伝わるものとする。

(1)　地震の波X，Yのうち，速いほうの波の速さは何km/sか，答えなさい。

(2)　緊急地震速報は，地震の波X，Yの速さの違いを利用して大きなゆれがくることを事前に知らせる予報・警報である。次の文は，緊急地震速報について述べたものである。①，②について，それぞれ正しいものはどれか，答えなさい。

　地震が発生したときに生じる①（ア　P波　　イ　S波）を，震源に近いところにある地震計でとらえてコンピュータで分析し，②（ア　P波　　イ　S波）の到着時刻や震度を予想してすばやく知らせる。

図3

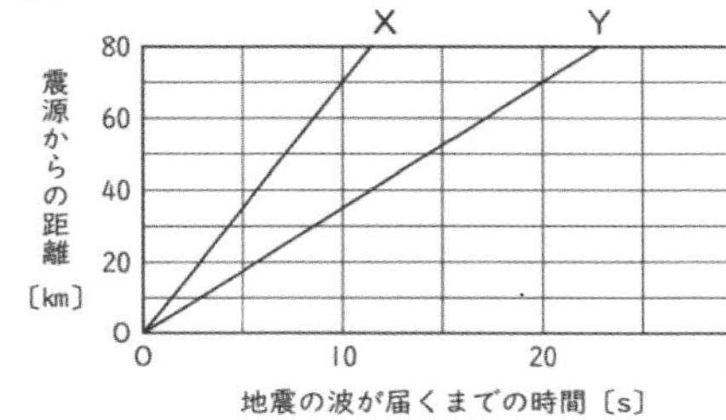

1		2	①		②		
3	a		b		4		
5	(1)		(2)				
6	(1)	(km/s)	(2)	①		②	

2

次のⅠ，Ⅱの各問いに答えなさい。答えを選ぶ問いについては記号で答えなさい。

Ⅰ　図1はある地域の地形を等高線を用いて模式的に表したものであり，数値は標高を示している。図2は，図1の標高の異なるX，Y，Zの3地点でボーリングによる地質調査を行った結果をもとに，地層の重なりを表したものである。この地域では堆積物が連続的に堆積し，地層の折れ曲がりや断層はなく，地層の上下関係が逆転していないことがわかっている。また，凝灰岩の層は一つしかないこともわかっている。

図1

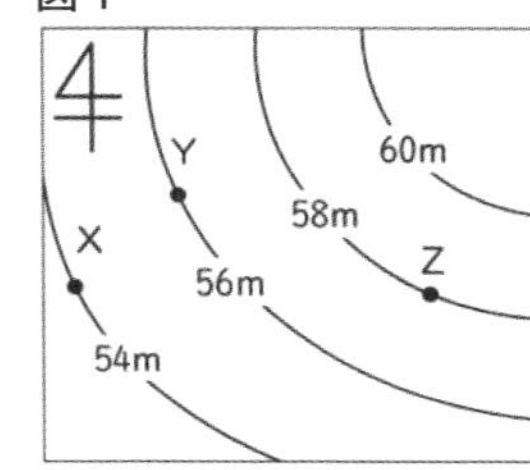

図2

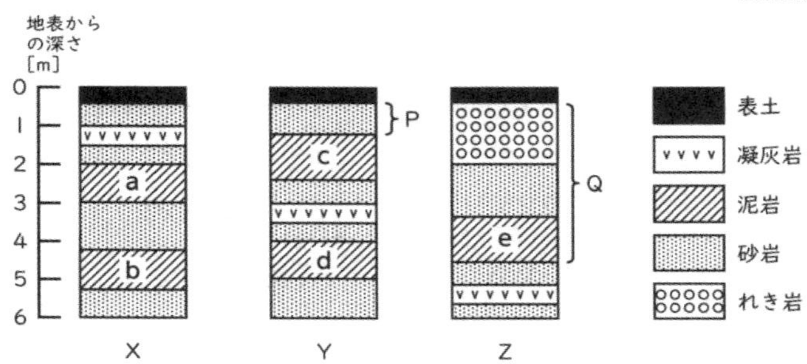

1　凝灰岩について正しく述べているものはどれか，答えなさい。
ア　生物の死がいなどが堆積してできる。　イ　丸みを帯びた粒が堆積してできる。
ウ　火山灰などが堆積してできる。　エ　地下深くでマグマが冷えてできる。

2　図2のa～eの泥岩の層のうち，最も古いと考えられるのはどれか，答えなさい。

3　図2のPの層からビカリアの化石が見つかっている。ビカリアと同じ新生代の示準化石はどれか，答えなさい。
ア　サンヨウチュウ　イ　ナウマンゾウ
ウ　アンモナイト　エ　フズリナ

4　この地域は，かつて海底であったことがわかっている。図2のQの地層の重なりからQで示した地層が堆積した期間に，Zの地点付近の海の深さはどのように変化したと考えられるか。粒の大きさに着目して，理由もふくめて答えなさい。

Ⅰ	1		2		3	
	4					

Ⅱ　太陽系にはさまざまな天体が存在している。図は，太陽系に属する惑星の直径や平均密度について表したものであり，A～Gは，地球以外の七つの惑星を表している。グループXとグループYは，地球をふくめた太陽系の八つの惑星を，特徴をもとに二つのグループに分けたものである。

図

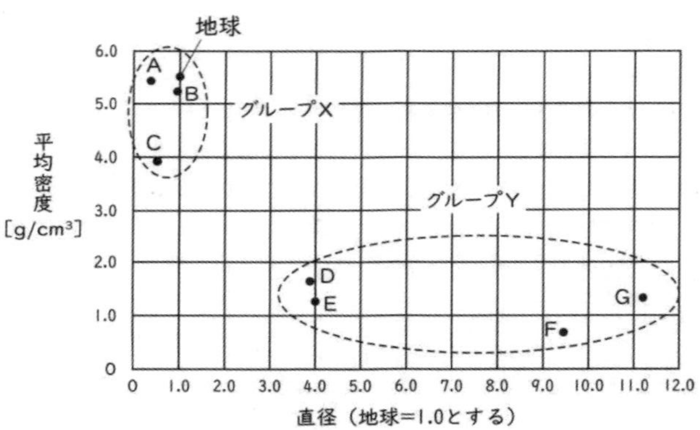

1　図のグループYに属する惑星は何とよばれるか，答えなさい。

2　次の文は，グループXに属する惑星とグループYに属する惑星のそれぞれの表面の平均温度と衛星の数を比較したとき，グループYに属する惑星の特徴を説明したものである。①，②について，それぞれ正しいものはどれか，答えなさい。

> グループYに属する惑星のそれぞれの表面の平均温度は①（ア　低く　イ　高く），衛星の数は②（ア　少ない　イ　多い）。

3　表は図のAとFの惑星の特徴をまとめたものである。AとFの名称をそれぞれ答えなさい。

表

惑　星	特　徴
A	大気はきわめてうすく，昼夜の温度差は約600℃にもなる。表面には巨大ながけやクレーターが見られる。
F	主に水素とヘリウムからなる気体でできている。氷や岩石の粒でできた巨大な環をもつ。

4　図のEの惑星の体積は地球の体積のおよそ何倍か。図を参考にして答えなさい。ただし，それぞれの惑星は完全な球体であるものとします。

Ⅱ	1		2	①		②	
	3	A		F		4	（倍）

3

次のⅠ，Ⅱの各問いに答えなさい。答えを選ぶ問いについては記号で答えなさい。

Ⅰ　次は，はるかさんとエレンさんの会話である。

はるか：鹿児島県は，二つの世界自然遺産が登録されていて，自然が豊かな県だよ。
エレン：そうだね。私は奄美大島（あまみおおしま）に行ったことがあるよ。貴重な動植物が生息していることに驚いたよ。きれいな海にも感動して，海水浴や塩作り体験を楽しんだよ。塩作り体験では，海水から水を蒸発させて塩を作ったよ。
はるか：塩の主な成分は，塩化ナトリウムだったね。海水はとても塩辛いから，海水にはたくさんの塩化ナトリウムがとけているのだろうね。
エレン：そういえば，授業で，物質が水にとける量には上限があって，それは物質の種類や水の量，温度によって異なることを学習したね。ある物質を100gの水にとかして飽和水溶液にしたときの，とけた物質の質量を［　　］といったよね。
はるか：そうだね。塩化ナトリウムと硝酸カリウムの［　　］は教科書に書いてあったね。
エレン：［　　］がわかることで，飽和水溶液にとけている物質の質量も計算できるね。
はるか：例えば，①20℃の塩化ナトリウムの飽和水溶液200gの水をすべて蒸発させたとすると，何gの塩化ナトリウムをとり出すことができるかな。
エレン：あとで計算してみよう。たしか，②水溶液の温度を下げ，再び物質を結晶としてとり出すこともできるよね。
はるか：そうだったね。先生と一緒に実験してみよう。

【各物質を100gの水にとかして飽和水溶液にしたときの，とけた物質の質量】

水の温度〔℃〕	10	20	40	60
塩化ナトリウム〔g〕	37.7	37.8	38.3	39.0
硝酸カリウム〔g〕	22.0	31.6	63.9	109.2

【はるかさんとエレンさんが先生と一緒に行った実験】

40℃の水50gを入れた二つのビーカーに，それぞれ塩化ナトリウムと硝酸カリウムを15gずつ入れて完全にとかし，水溶液をつくった。二つの水溶液をそれぞれ10℃までゆっくり冷却すると，一方のビーカーのみ結晶が出てきた。

1 □にあてはまることばはどれか，答えなさい。ただし，□には同じことばがあてはまるものとします。

ア 溶質　イ 溶媒　ウ 密度　エ 溶解度

2 下線部①について，とり出すことができる塩化ナトリウムは何gか，小数第2位を四捨五入して小数第1位まで答えなさい。

3 下線部②の操作を何というか，答えなさい。

4 【はるかさんとエレンさんが先生と一緒に行った実験】で出てきた結晶の物質名とその結晶の質量を答えなさい。

I	1		2	g	3	
	4	(物質名)		(質量)		g

II 金属にはさまざまな種類があり，種類によって性質が異なる。

1 金属の塊A～Fを用意し，質量と体積を測定した。図1は，その結果を表したものである。Fと同じ種類の金属の塊と考えられるものを，A～Eから一つ選びなさい。ただし，金属の塊A～Fはそれぞれ，アルミニウム，鉄，銅のいずれかです。

図1

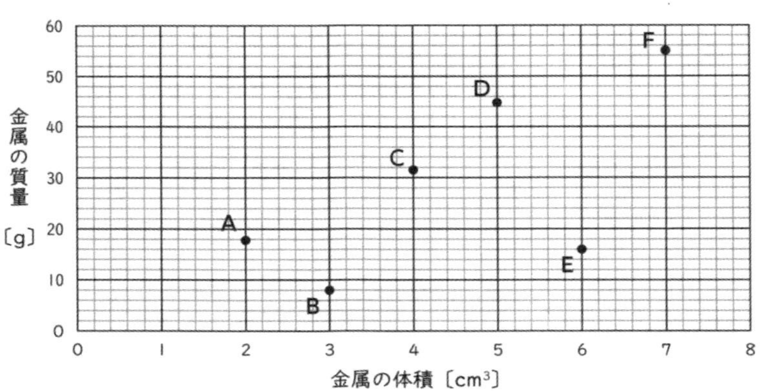

2 金属を加熱すると，結びついた酸素の分だけ質量が増加する。図2は，マグネシウムと銅について，それぞれ質量をかえて加熱し，完全に酸化させたときの，加熱前の金属の質量と加熱後の酸化物の質量の関係を表したものである。

図2

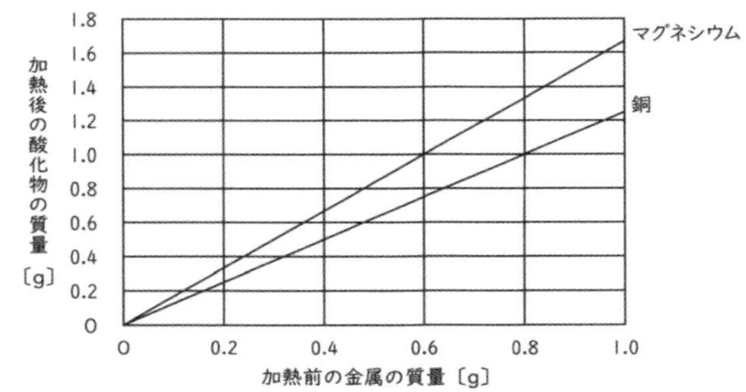

図3

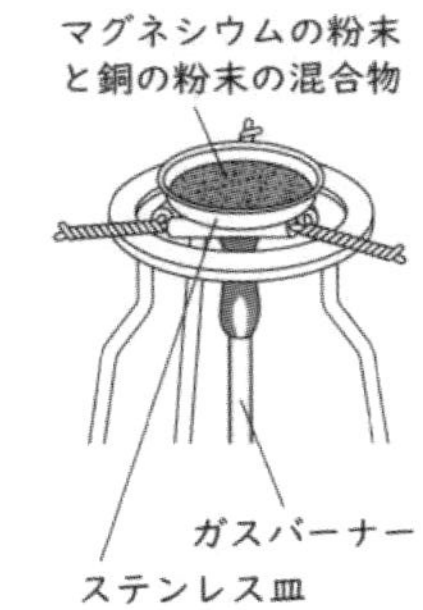

(1) 銅を熱すると酸化銅 (CuO) ができた。このときの変化を化学反応式で表しなさい。

(2) マグネシウムの粉末と銅の粉末の混合物2.0gを用意し，図3のように加熱して完全に酸化させたところ，加熱後のマグネシウムと銅の酸化物の質量は3.0gであった。混合物にふくまれていた銅の質量は何gか，答えなさい。

II	1				
	2	(1)		(2)	g

4 次のI，IIの各問いに答えなさい。答えを選ぶ問いについては記号で答えなさい。

I しんじさんは，動物の細胞のつくりと植物の細胞のつくりの共通点と相違点を見つけるために顕微鏡を用いて観察を行い，その結果をノートに記録した。図は，しんじさんのノートの一部である。

図

課題　動物と植物の細胞のつくりには，どのような共通点と相違点があるだろうか。
【観察した細胞】ヒトのほおの内側の細胞：染色していないもの，染色したもの
オオカナダモの葉の細胞：染色していないもの，染色したもの
(用いた染色液：酢酸オルセイン液)

【結果】

〈観察した細胞〉A		〈観察した細胞〉B	
〈スケッチ〉 C	D	〈スケッチ〉 E	F
染色していないもの	染色したもの	染色していないもの	染色したもの
〈気づいたこと〉 ・厚いしきりに囲まれた細胞が規則正しくびっしり並んでいた。 ・染色していないものに，たくさんの緑色の粒が見られた。 ・染色したものでは，赤く染まったまるいものが一つ見られた。		〈気づいたこと〉 ・並び方は不規則でバラバラになっていた。 ・緑色の粒は見られなかった。 ・染色したものでは，赤く染まったまるいものが一つ見られた。	

1　ヒトのほおの内側の細胞は，図の【結果】の〈観察した細胞〉のA，Bの細胞のどちらか。また，図の[E]にあてはまるスケッチは次のア～エのうちどれか，それぞれ答えなさい。ただし，図の[C]～[F]には，ア～エのいずれかがあてはまるものとします。

ア　イ　ウ　エ

2　図の【結果】の〈気づいたこと〉の下線部はBには見られなかった。このつくりの名称を答えなさい。

3　図の【結果】の〈気づいたこと〉から，AとBに共通して見られる「赤く染まったまるいもの」の名称を答えなさい。

4　図の【結果】のAの細胞で見られた緑色の粒では光合成が行われている。光合成とはどのようなはたらきのことか，簡単に説明しなさい。

Ⅰ	1	(ヒトのほおの内側の細胞)		(E)	
	2				
	3				
	4				

Ⅱ　生命の連続性について，次の各問いに答えなさい。

1　ある被子植物の花弁の色には，赤色と白色がある。図は，その被子植物の受精のようすを模式的に表している。

図

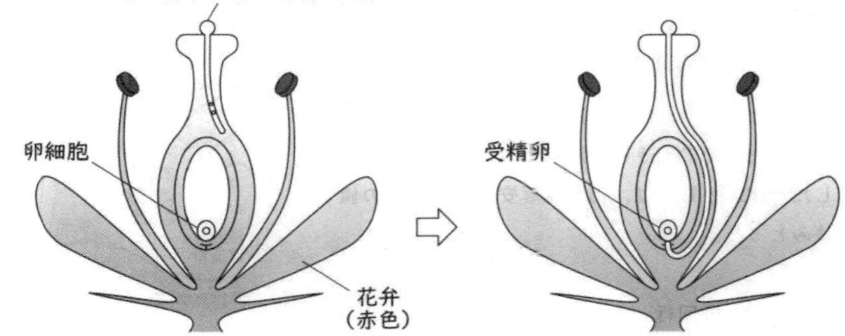

(1)　受精によって子をつくる生殖を何というか，答えなさい。

(2)　図の被子植物の花弁の赤色は顕性形質（優性形質），白色は潜性形質（劣性形質）である。図のように，赤色の花のめしべに，別の赤色の花から得た花粉を受粉させた。こうしてできた種子が成長すると，白色の花が咲いた。受精前の卵細胞がもっていた花の色に関する遺伝子を答えなさい。ただし，赤色にする遺伝子をA，白色にする遺伝子をaとします。

2　受精によって子をつくるアサガオは，子の形質が親の形質と同じになることもあれば，異なることもある。サツマイモについて，栄養生殖によってできた子の形質は，親の形質と比べてどのようになるか。染色体の受けつがれ方に着目して，理由もふくめて答えなさい。

3　発生について述べた，次の文章中の[X]，[Y]にあてはまることばを答えなさい。ただし，同じ記号には同じことばがあてはまるものとします。

受精卵は体細胞分裂によって細胞の数をふやし，形やはたらきが同じ細胞が集まって[X]をつくる。いくつかの種類の[X]が集まって一つのまとまった形となり，[Y]という特定のはたらきをする部分となる。そして，いくつかの[Y]が集まって個体がつくられる。

Ⅱ	1	(1)		(2)	
	2				
	3	X		Y	

5 次のⅠ，Ⅱの各問いに答えなさい。答えを選ぶ問いについては記号で答えなさい。

Ⅰ　ひろみさんは，エネルギーを変換するとき，エネルギーの総量がどうなるのかを調べるため，**図１**のように，プーリー（滑車）つき発電機，豆電球，電流計，電圧計などを使って，豆電球１個の回路をつくり，次の**実験**を行った。その後，ひろみさんは実験結果のレポートを作成し，**図２**のような発表を行った。ただし，質量100gの物体にはたらく重力の大きさを１Ｎとし，おもりが落下している間だけ発電するものとする。

図１

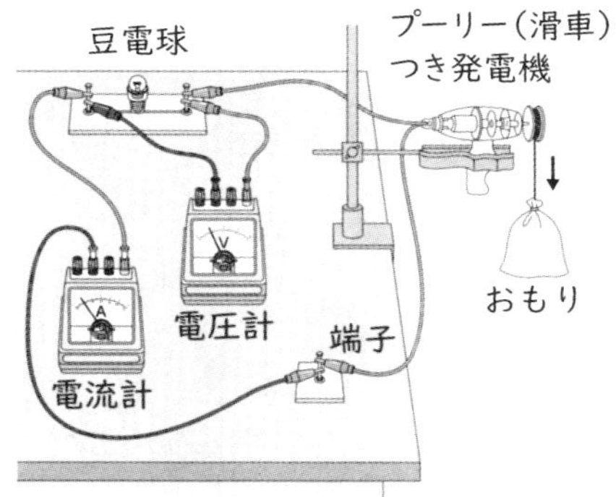

実験　質量が1200gのおもりを床から1.0mの高さまで巻き上げた後，静かに落下させ，床に達するまで発電した。そのときの電流，電圧，落下時間を測定した。電流と電圧は，ある程度安定したときの値を読みとった。

表は，**実験**を５回行ったときの電流，電圧とおもりの落下時間の平均値を示したものである。

表

電流	電圧	落下時間
350mA	2.0Ｖ	5.0秒

図２

重力に逆らっておもりを床から1.0mの高さまで一定の速さで持ち上げたとき，持ち上げる力がした仕事は［ a ］Ｊです。このとき，おもりが床から1.0ｍの高さでもっている位置エネルギーは，［ a ］Ｊになります。

おもりが床から1.0ｍの高さでもっている位置エネルギー［ a ］Ｊに対して，豆電球を点灯させる電気エネルギーは［ b ］Ｊなので，発電の効率は約［ c ］％です。

このことから，おもりの位置エネルギーのすべてが電気エネルギーに変換されたわけではないことがわかります。その理由は，おもりの位置エネルギーの一部が，糸とプーリー（滑車）との間の<u>摩擦によって発生したエネルギー</u>や他のエネルギーに変換されたためと考えられます。

この実験のように，位置エネルギーを利用して発電する方法として［ d ］発電があります。発電時に，温室効果ガスの一つである二酸化炭素を出さないことが長所です。

1　次の問いに答えなさい。ただし，同じ記号には同じ数値があてはまるものとします。

(1)　［ a ］と［ b ］にあてはまる数値を答えなさい。

(2)　［ c ］にあてはまる数値を，小数第１位を四捨五入して整数で答えなさい。

2　**図２**の下線部のエネルギーとして最も適当なものはどれか，答えなさい。

ア　力学的エネルギー　　イ　化学エネルギー

ウ　光エネルギー　　エ　熱エネルギー

3　［ d ］にあてはまるものはどれか，答えなさい。

ア　火力　　イ　水力　　ウ　風力　　エ　バイオマス

Ⅰ	1	(1) a		b		(2)
	2			3		

Ⅱ　けいさんとみわさんは，物体にはたらく力について調べるために，水平面に置かれた木の板，ばね，二つのばねばかりＸとＹを準備した。固定したくぎにばねをつなぎ，**図１**，**２**のようにばねばかりをつないで，ばねばかりを水平方向へ引く**実験１**，**２**を行った。

実験１　**図１**のようにＸを引いた。**表**は，ばねを2.0cmずつのばして静止させたときのＸの値を記録したものである。

図１

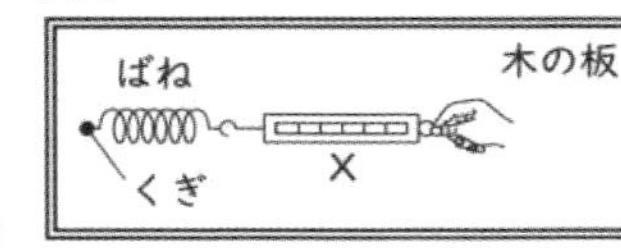

表

ばねののび〔cm〕	0	2.0	4.0	6.0	8.0	10.0
Ｘの値〔Ｎ〕	0	0.5	1.1	1.5	1.9	2.5

図２

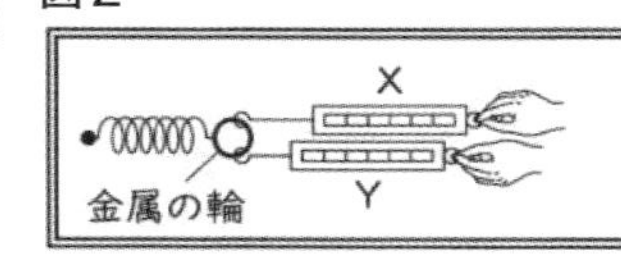

実験２　**図２**のように**実験１**で用いたばねに金属の輪を付け，ＸとＹを取り付けた。ばねののびが10.0cmになるように保ちながら，ＸとＹの引く力をかえばねを静止させた。ただし，Ｘ，Ｙを引く力は一直線上で同じ向きにはたらいているものとする。

1　**実験１**について，**表**から得られる値を「•」で示し，ばねののびとＸの値の関係を右のグラフにかきなさい。

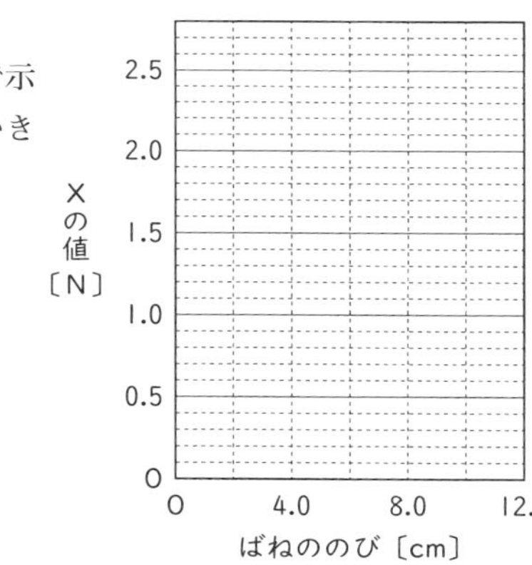

2　けいさんとみわさんは，**実験１**のばねとXにはたらく力について黒板の図を参考に考えている。次は，そのときの２人と先生の会話である。 a ， b にF_1～F_4のいずれかを書きなさい。

先生：ばねとXには，水平方向にF_1～F_4の力がはたらいています。
けい：ばねとXが静止しているとき，F_2の力とつり合っている力は a ですね。
先生：そうです。F_2の反作用はどの力ですか。
みわ：F_2の反作用は b です。
先生：そうです。ばねとXが静止しているとき，「一つの物体にはたらく２力のつり合いの条件」と「作用・反作用の法則」から，ばねとXにはたらくF_1～F_4の力の大きさは，どれも同じであることがわかりますね。

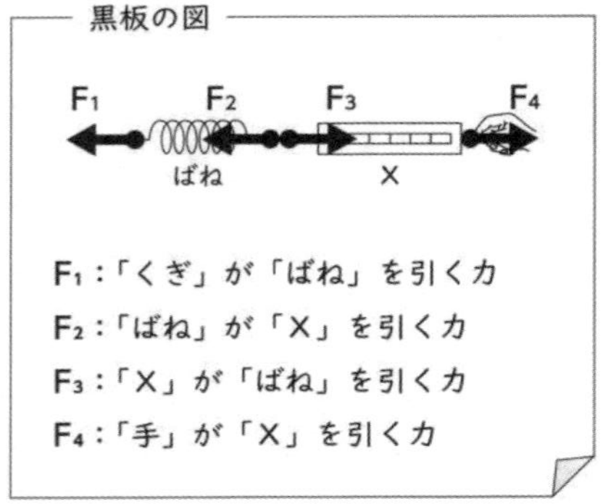

3　**実験２**について，X，Yの値の関係を表すグラフはどれか，答えなさい。

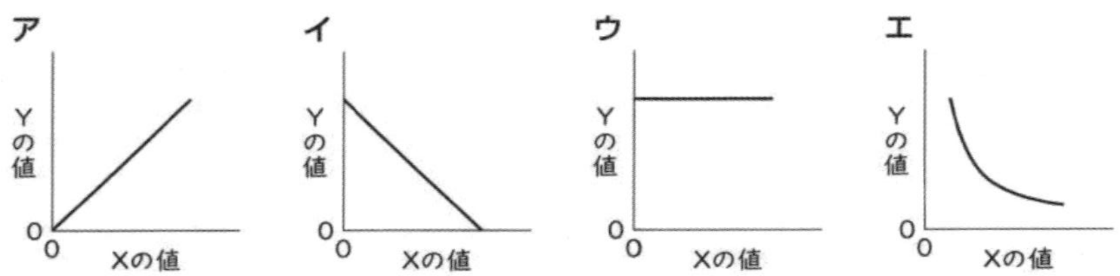

Ⅱ	2	a	
		b	
	3		

令和６年度入試問題　社会

1　次のⅠ，Ⅱの問いに答えなさい。答えを選ぶ問いについては一つ選び，その記号を書きなさい。

Ⅰ　次の**略地図**を見て，１～７の問いに答えなさい。

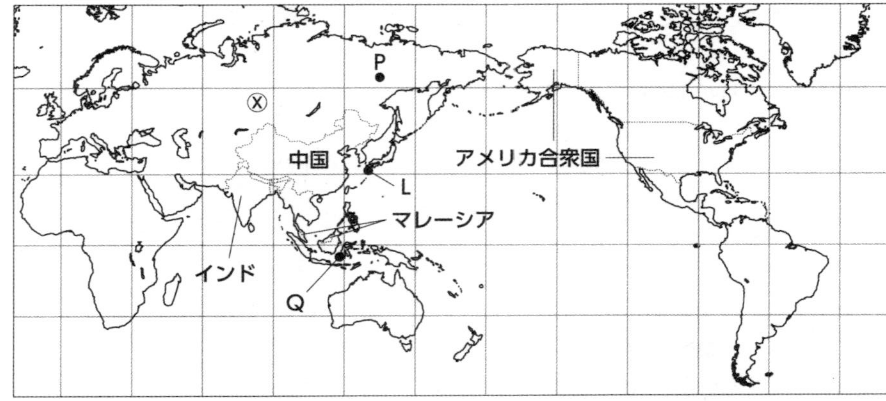

1　**略地図**中のⓧは，六大陸の一つで最も面積の大きい大陸です。この大陸の名称を書きなさい。

2　**略地図**中のLの位置は，北緯31度，東経130度です。Lから地球の中心に引いた線をのばして，地球上の正反対にあたった地点の位置として最も適当なものを選びなさい。

ア　（北緯31度　西経130度）
イ　（北緯31度　西経50度）
ウ　（南緯31度　東経130度）
エ　（南緯31度　西経50度）

3　**略地図**中のP付近，Q付近では，いずれも高床式の建物が見られますが，さまざまな違いがあります。Q付近に見られる高床式の建物の写真を〔１群〕から，Q付近と同じ気候の月別平均気温と月別降水量のグラフを〔２群〕から，Q付近に見られる建物が高床式になっている理由を〔３群〕から，それぞれ選びなさい。

〔１群〕P付近またはQ付近に見られる建物の写真

〔２群〕P付近またはQ付近のいずれかと同じ気候の月別平均気温と月別降水量のグラフ

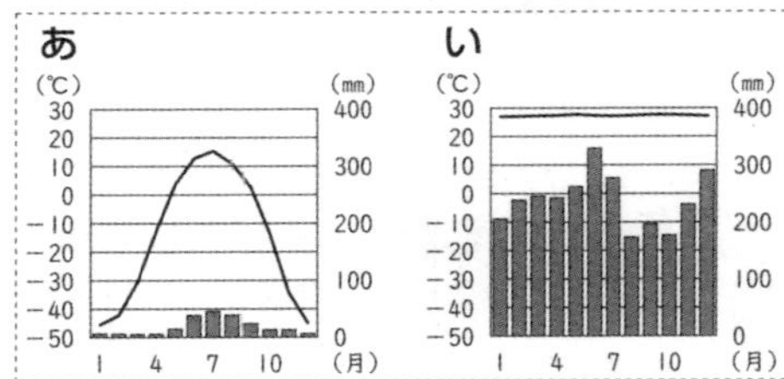

（理科年表2023から作成）

〔３群〕建物が高床式になっている理由

ア　建物から出る熱が地面に伝わり，永久凍土がとけて建物が傾くのを防ぐため。
イ　風通しをよくすることで，暑さや湿気をやわらげるため。

4　**資料1**の▭は，**略地図**中の**アメリカ合衆国**における州別に見た人口構成について，ある人種または民族が20％以上の州を示したものです。その人種または民族を説明したものを選びなさい。

ア　中国などから移住してきたアジア系の人々

イ　かつて農園の労働力となったアフリカ系の人々

ウ　メキシコなどから移住してきたスペイン語を話す人々

エ　ネイティブアメリカンとよばれる先住の人々

資料1

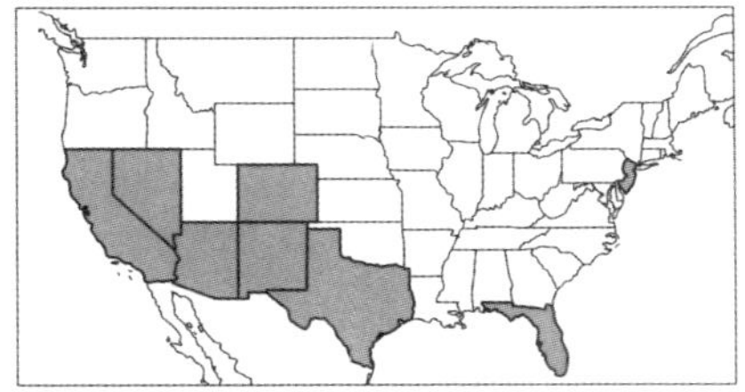

※　アラスカ，ハワイは除く
（データブック　オブ・ザ・ワールド2023から作成）

5　**資料2**は，2000年から2020年までの期間における，略地図中の**中国**，**アメリカ合衆国**，**インド**の自動車生産台数の推移を示したものです。**資料2**から読み取れることとして最も適当なものを選びなさい。

ア　三つの国の生産台数は，どの国も前年の生産台数を上回っている。

イ　中国の生産台数は，2008年以降，アメリカ合衆国の生産台数を上回っている。

ウ　この期間において，アメリカ合衆国とインドの生産台数は，2009年に最も落ち込んでいる。

エ　2005年の生産台数は，アメリカ合衆国がインドの約2倍，中国がインドの約6倍である。

資料2

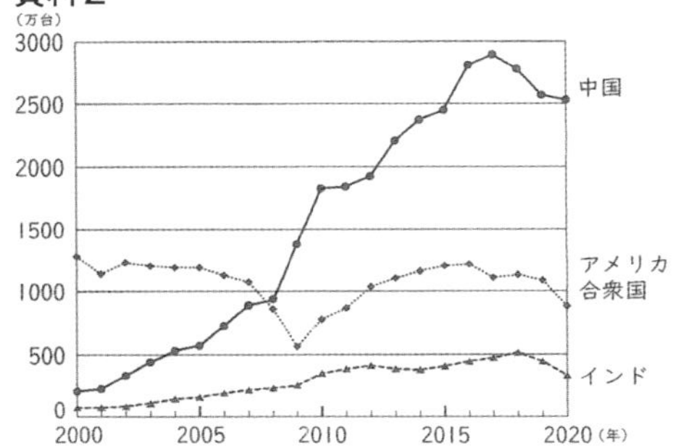

（国際自動車工業連合会資料から作成）

6　**略地図**中の**マレーシア**やその周辺諸国では，**資料3**のような私たちの身の回りでよく使われている製品の原料となるパーム油が生産され，主要な輸出品となっています。しかし，生産や輸出が増加することで，ある問題がおきています。どのような問題がおきていますか。パーム油の原料となる植物名を明らかにしながら，**資料4**からわかることを解答欄に合わせて説明しなさい。

資料3

資料4　パーム油の原料となる植物の農園開発のようす

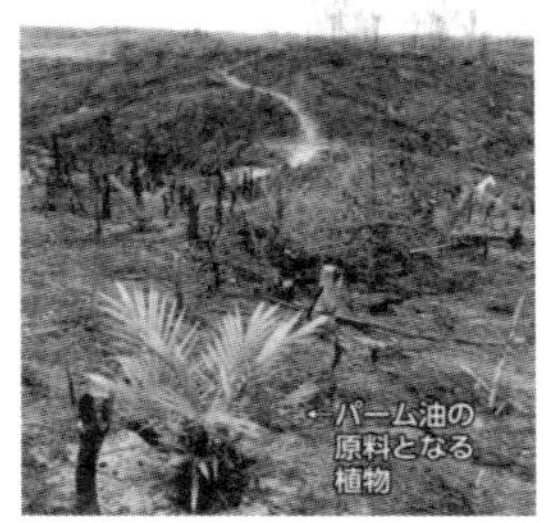

7　**略地図**中の**インド**では，1990年代に入って，南部の都市ベンガルールなどへ**アメリカ合衆国**のＩＣＴ関連企業の進出が活発になり，ＩＣＴ関連の産業が急速に成長しています。**アメリカ合衆国**のＩＣＴ関連企業が**インド**に進出した理由を，**資料5**，**資料6**，**資料7**をもとに説明しなさい。

資料5　インドの主な言語

ヒンディー語
英語

資料6　平均月収(2020年，アメリカドル換算)

アメリカ合衆国	4502ドル
インド	230ドル

（世界国勢図会2022/2023から作成）

資料7　アメリカ合衆国とインドの位置と時刻の関係

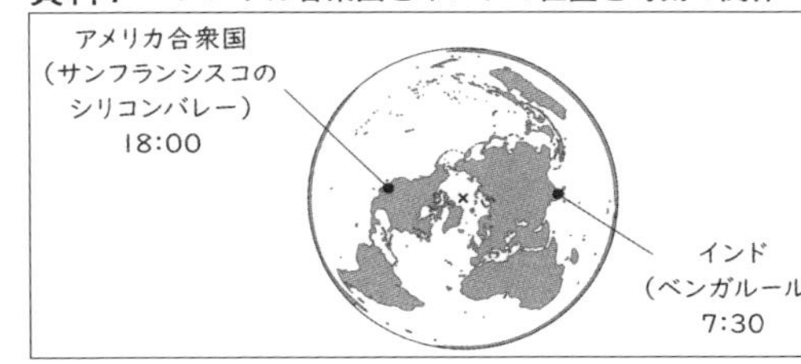

Ⅰ	1	（大陸）	2					
	4	（1群）	（2群）	（3群）	4		5	
	6	（パーム油の原料となる）						
	7							

Ⅱ　次の**略地図**を見て，１～６の問いに答えなさい。

1　**略地図**を参考にして，島根県と隣接している都道府県の数を書きなさい。

2　**資料1**は東北地方で行われている竿燈(かんとう)まつりのようすです。この祭りは提灯(ちょうちん)を米俵に見立てて米の豊作を祈る祭りです。この祭りが行われている県を**略地図**中のａ～ｄから選び，県名を書きなさい。

資料1

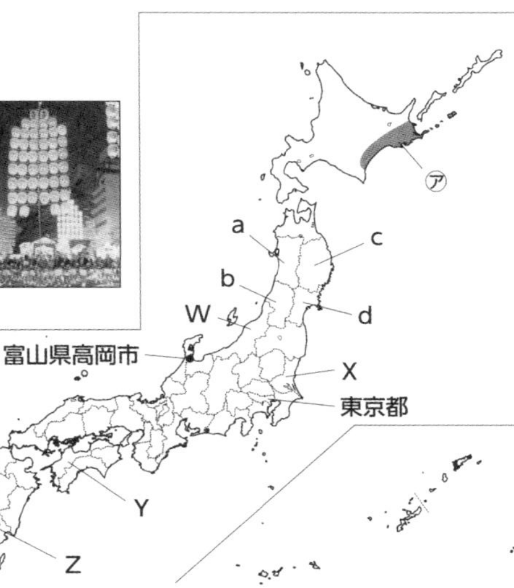

3　**略地図**中の㋐の地域では，ある季節に濃霧が発生します。次の文はその季節に濃霧が発生するしくみを説明したものです。文中の①～③について（　　）からそれぞれ適当なものを選んで書きなさい。

> ㋐の地域では，（①：　夏　・　冬　）に，湿った（②：　北西　・　南東　）の季節風が（③：　暖流であたためられる　・　寒流で冷やされる　）ために，濃霧が発生する。

4　**資料２**は**略地図**中の**W～Z**県の農業産出額総額と主な生産物の産出額を示したもので，**あ～え**は**W～Z**県のいずれかです。**X**県は**あ～え**のどれか選びなさい。

資料２　　(2022年，単位：億円)

	農業産出額総額	米	野菜	果実	畜産
あ	1232	134	190	534	285
い	5114	169	531	112	3473
う	2369	1319	323	99	525
え	4409	611	1611	111	1340

(生産農業所得統計から作成)

5　**資料３**は，2021年における都道府県別の出版業の事業所数の割合を示したものです。これを見ると，**略地図**中の**東京都**に多くの事業所が集まっていることがわかります。その理由について説明した次の文の［　　　　］に適することばを補い，これを完成させなさい。

> 首都である東京には，世界中から多くの人や［　　　　］から。

資料３

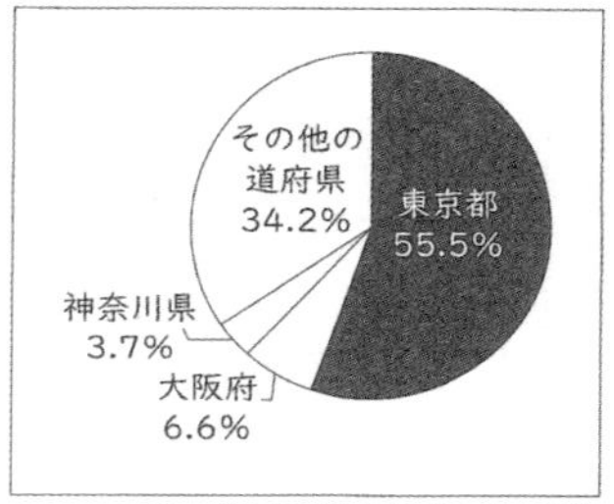

(e-Stat 統計で見る日本から作成)

6　**略地図**中の**富山県高岡市**の一部を示した下の地形図に関して，(1)，(2)の問いに答えなさい。

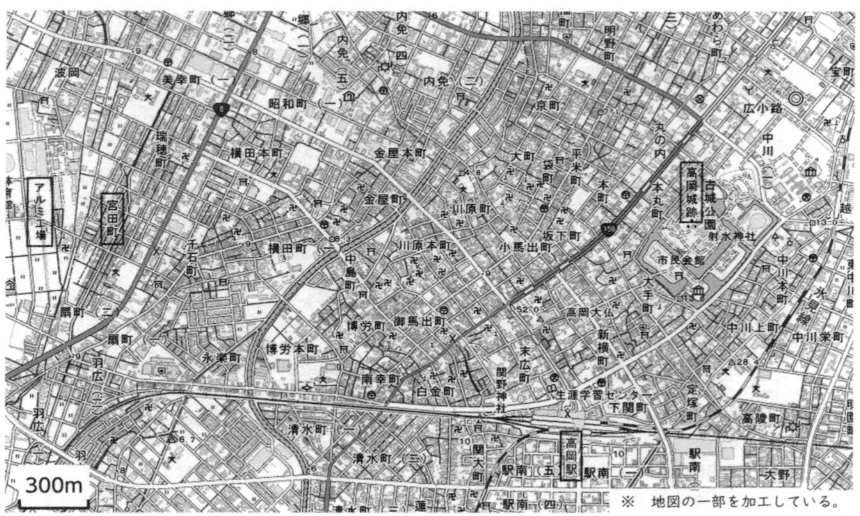

※　地図の一部を加工している。
(国土地理院　地理院地図から作成)

(1)　この地形図から読み取れることとして，最も適当なものを選びなさい。

ア　この地形図上の範囲では，寺院よりも神社の数のほうが多い。
イ　宮田町付近は急な傾斜地であり，果樹栽培が行われている。
ウ　市役所から半径600 mの範囲内に，消防署，警察署がある。
エ　高岡駅からみた高岡城跡の方位は，およそ北西である。

(2)　地形図にはアルミ工場が見られます。富山県では，以前からアルミニウム工業が盛んですが，その背景として，地形や気候の特徴から，他の地域よりも比較的に大量の電力を得るのに適していることがあります。富山県が大量の電力を得るのに適している理由を，**資料４**，**資料５**をもとに，発電方法の種類にふれながら，解答欄に合わせて説明しなさい。

資料４　富山県付近の地形

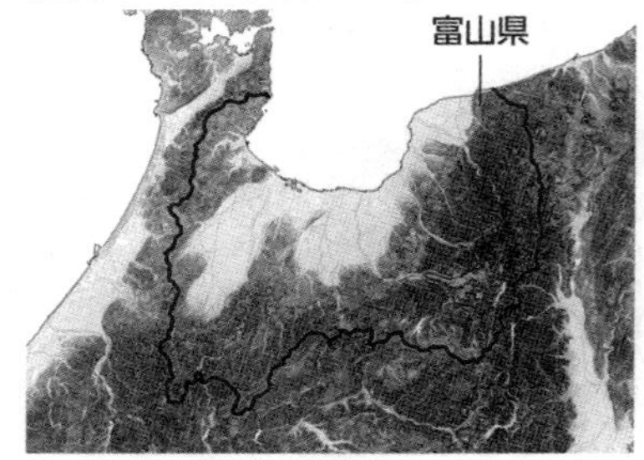

※　濃い色になるほど標高が高いことを表す。
(国土地理院　地理院地図から作成)

資料５　富山県周辺の主な県の県庁所在地の年間降水量の平年値と全国順位

	平年値(mm)	全国順位
金沢市	2402	4位
富山市	2374	5位
福井市	2300	7位
全国平均	1662	―

※　平年値は，1991年～2020年の30年間の平均値をさす。
(気象庁資料から作成)

Ⅱ				
1		2	(記号)	(県名)　　　(県)
3	①	②	③	
4		5		
6	(1)			
	(2)	(富山県は，)　　　　(から。)		

2 次のⅠ，Ⅱの問いに答えなさい。答えを選ぶ問いについては一つ選び，その記号を書きなさい。

Ⅰ　次は，ある中学生が江戸時代までの学習が終了したところでその内容をまとめ，発表するために作成したプレゼンテーション資料の一部です。1～6の問いに答えなさい。

A　文明の形成と日本列島

(スライド1)	(スライド2)	(スライド3)
最後の氷期終了後の世界 農耕・牧畜開始と，大河のほとりでⓐ文明の形成	**最後の氷期終了後の日本列島** 狩りや漁，採集で生活を営む縄文時代	**縄文の人々のくらし** ［①］（**写真1**）などを使用した信仰

写真1

B　日本と外国との交流

(スライド1)	(スライド2)	(スライド3)
古代～中世の交流 主にⓑ中国との交流がⓒ日本の社会や文化に影響	**西欧人との交流** ポルトガル人による種子島への［②］（**写真2**）伝来	**江戸幕府の外交** 鎖国政策と，「四つの窓口」での交流

写真2
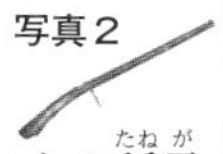

C　18世紀～19世紀の日本と欧米

(スライド1)	(スライド2)	(スライド3)
江戸幕府の状況 数度の幕政改革と，19世紀以降の幕府の行き詰まり	**地方の藩の状況** ⓓ藩政改革により，発言力を強める藩の出現	**欧米の状況** ⓔフランス革命などによる社会の近代化

1　［①］，［②］にあてはまる最も適当なことばを，［①］は**写真1**を，［②］は**写真2**をそれぞれ参考にして書きなさい。

2　ⓐに関して，メソポタミア文明で使われた文字に関する資料として最も適当なものを選びなさい。

ア 　イ 　ウ 　エ 

3　ⓑに関する次のできごとを年代の古い順に並べなさい。

ア　足利義満は，明との間で，勘合を利用した日明貿易を始めた。
イ　宋銭が日本に輸入され，市での売買や年貢の納入で用いられるようになった。
ウ　邪馬台国の女王卑弥呼が魏へ使いを送り，「親魏倭王」の称号や銅鏡などを得た。
エ　鑑真が，何度も遭難しながらも来日して，唐の仏教を伝えた。

4　ⓒに関して，**資料1**について述べた次の文章の［X］，［Y］にあてはまることばの組み合わせとして最も適当なものを選びなさい。ただし，［X］には同じことばが入ることとします。

資料1

> 鎌倉時代に中国から日本へ伝えられた［X］は，日本の文化に大きな影響を与えた。［X］の僧であった雪舟は，**資料1**のような［Y］を描いた。

ア（X　禅宗　　Y　水墨画）　　イ（X　真言宗　　Y　水墨画）
ウ（X　禅宗　　Y　錦絵）　　エ（X　真言宗　　Y　錦絵）

5　ⓓに関して，改革の一つとして，薩摩藩は，肥前藩と同様に**資料2**のような施設を建設し，**資料3**のような武器等を製造しました。薩摩藩や肥前藩における藩政改革について説明した次の［　］内の文中の［　　］に適することばを補い，これを完成させなさい。

資料2

（鹿児島県「かごしまタイムトラベル」の一部を加工）

資料3

※　反射炉で製造した武器の再現模型
（鹿児島県「かごしまタイムトラベル」から）

> 下級武士や改革派が実権を握り，財政の立て直しと［　　　］を進めた。

6　ⓔに関して，**資料4**，**資料5**は，それぞれフランス革命前の社会と革命が目ざした社会を描いた風刺画で，その中で描かれている石は税などの負担を表したものとされています。**資料4**，**資料5**を比較して，フランス革命がどのような社会の実現を目ざしたか，**税などの負担**ということばを用いて説明しなさい。

資料4　フランス革命前の社会を描いた風刺画

資料5　フランス革命が目ざした社会を描いた風刺画

Ⅰ	1	①		②		2		
	3	→ → →		4		5		
	6							

Ⅱ　次の年表を見て，１～６の問いに答えなさい。

年	で　き　ご　と	
1868	天皇を中心とする新政府が，ⓐ「御一新」とよばれる改革を始めた	↑
1874	民撰(みんせん)議院設立の建白書が政府に提出され，［①］運動が始まった	A
1889	大日本帝国憲法が発布された	↓
1905	日本はロシアとポーツマス条約を結んだ	B
1945	日本が［②］宣言を受け入れ，第二次世界大戦が終結した	↑ C
1973	ⓑ日本の経済が，石油危機により打撃を受けた	↓

１　［①］，［②］にあてはまる最も適当なことばを書きなさい。

２　ⓐに関して，新政府の改革として**誤っているもの**を選びなさい。
ア　アメリカ合衆国と日米修好通商条約を結んだ。
イ　元号を明治と改め，江戸を東京と改称した。
ウ　五箇条の御誓文を出し，会議を開いて政治を行うことなどを示した。
エ　廃藩置県を行い，各府県に府知事，県令を派遣した。

３　Aの時期に活躍した人物について述べた文のうち，**資料１**の人物について述べたものとして最も適当なものを選びなさい。
ア　国会開設を目ざして立志社を設立し，自由党党首となった。
イ　初代内閣総理大臣に就任し，憲法制定に力をつくした。
ウ　国会開設をめぐって政府を去り，立憲改進党党首となった。
エ　岩倉使節団に参加し，帰国後は殖産興業の推進に努めた。

資料１

４　Bについて，この条約内容に対して，国民は政府を激しく批判した。その理由を説明した次の文の［　　　］に適することばを，**資料２**をもとに補い，これを完成させなさい。

日清戦争に比べて，日露戦争では，国民が［　　　］にもかかわらず，賠償金が得られなかったため。

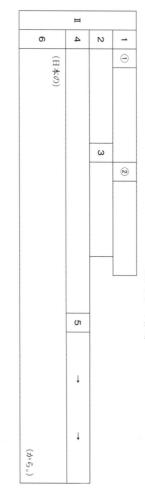

資料２　日清・日露戦争の比較
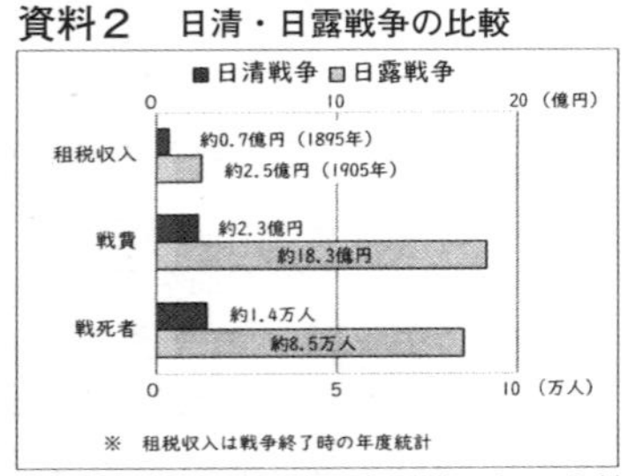

（明治大正財政史，明治大正財政詳覧などから作成）

５　Cの期間におこったできごとを述べた文を三つ選び，年代の古い順に並べなさい。
ア　日本と中華人民共和国が日中共同声明に調印して，国交が正常化した。
イ　吉田茂内閣のときに，サンフランシスコ平和条約が結ばれた。
ウ　アジア初のオリンピックとパラリンピックが，東京で開催された。
エ　関東大震災により，東京・横浜などの都市が大きな被害を受けた。

６　ⓑについて，当時，日本国内では**資料３**のような日用品の買い占めなどの混乱がおきました。このような混乱がおこった理由について，**資料４**，**資料５**，**資料６**をもとに，解答欄に合わせて説明しなさい。ただし，**物価**ということばを用いることとします。

資料３

資料４　日本のエネルギー供給の構成（単位：%）

	石炭	石油	その他
1955年	47.2	17.6	35.2
1973年	15.5	77.4	7.1

（総合エネルギー統計から作成）

資料５　１バレルあたりの原油価格の推移（1970～1977年）
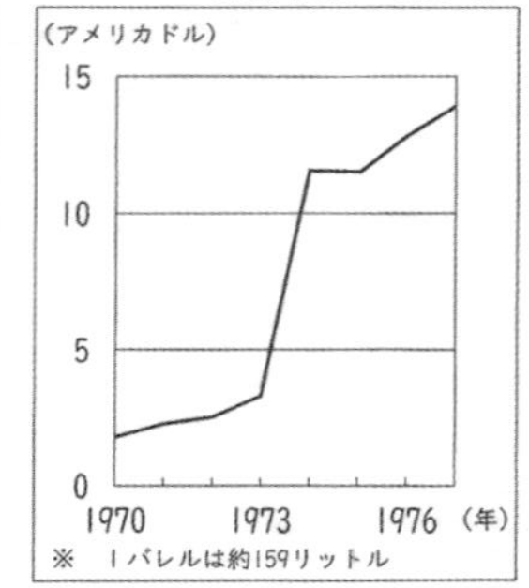

※　１バレルは約159リットル
（データブック　オブ・ザ・ワールド 2023 などから作成）

資料６　消費者物価指数の対前年増加率の推移（1970～1977年）
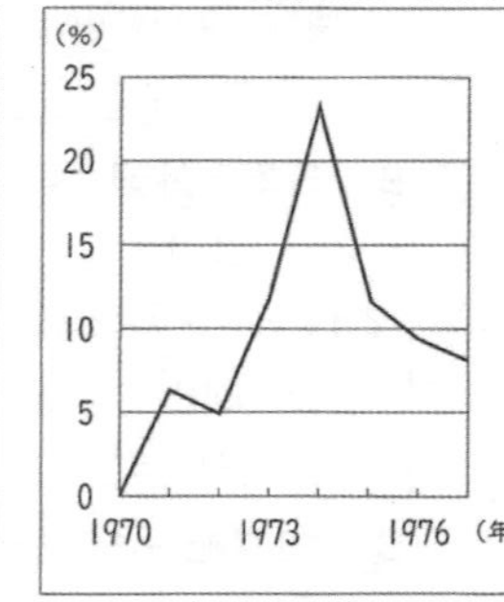

（長期経済統計から作成）

Ⅱ				
	1	①	②	
	2		3	
	4		5	→ →
	6	（日本の）　　　（から。）		

3 次のⅠ，Ⅱの問いに答えなさい。答えを選ぶ問いについては一つ選び，その記号を書きなさい。

Ⅰ 次のA～Fは，ある中学校の社会科の授業で，生徒たちが公民的分野で関心をもった学習の内容や，関連するできごとを記したカードです。**1～6**の問いに答えなさい。

A 世界遺産条約に基づく世界遺産登録
2021年に「奄美大島(あまみおおしま)，徳之島，沖縄島北部及び西表島(いりおもてじま)」が世界遺産に登録され，鹿児島県の世界遺産は3件になった。

B 住民のボランティア活動への参加
2023年に，鹿児島県において，「燃ゆる感動かごしま国体・かごしま大会」が開催され，運営等でボランティアが活躍した。

C 社会の変化と新しい人権
社会の変化とともに，人間が自分の生き方や生活の仕方について，自由に決定する自己決定権が主張されるようになった。

D わが国の行政改革
1980年代ころから，省庁の数が見直されるなどして，国の行政改革が進められた。

E わが国の地方自治
住民の身近な生活にかかわる地方自治では，住民の意思を生かすために，住民の直接請求権が認められている。

F レポートを作成する際のルール
インターネットを活用して，探究した学習の内容をレポートにまとめる際には，ルールを守ることが大切である。

1 Aに関して，世界遺産条約は，国連のある専門機関の提案で1972年に採択され，世界の貴重な自然や文化財を世界遺産として保護することで，将来に残すことを目的としています。その専門機関の略称を**カタカナ4字**で答えなさい。

2 Bに関して，自分たちの利益を目的にせず，公共の利益のために活動する非営利組織のことを何というか，略称を選びなさい。

ア PKO　イ NPO　ウ ODA　エ CSR

3 Cに関して，医療の分野で，患者が病気について医師から説明を受け，理解してから治療を受けるかどうかを選択できることを何というか，**カタカナ**で答えなさい。

4 Dについて，このときの行政改革の具体的な内容を述べた文として最も適当なものを選びなさい。

ア 民間企業の国に対する説明責任を強化するため，情報公開制度を充実させた。
イ 内閣機能の充実を図り，2001年の中央省庁の再編で，省庁の数を増やした。
ウ 国主導の経済活動を促進させるため，行政の企業に対する許認可権を見直した。
エ 国立病院や国立博物館などを独立行政法人化して，運営の自主性を高めた。

5 Eに関して，住民の直接請求権の一つである，「議会の解散請求」の手続きに関して述べた次の文の［X］，［Y］にあてはまることばの組み合わせとして最も適当なものを選びなさい。ただし，有権者が40万人以下の地方公共団体においての場合とします。

有権者の3分の1以上の必要署名数をもって［X］に請求することで，住民投票が行われ，そこで有効投票の［Y］の同意があれば解散となる。

ア（X 選挙管理委員会　Y 3分の2以上）
イ（X 首長　Y 過半数）
ウ（X 選挙管理委員会　Y 過半数）
エ（X 首長　Y 3分の2以上）

6 Fに関して，インターネットの普及にともない，レポートを作成する際に注意すべきことがあります。(1)，(2)の問いに答えなさい。

(1) インターネット上の情報の特徴に関して，次の文章の［Z］に適することばを書きなさい。

情報の発信者が名前を明らかにせずに発信することもできるため，不確実な情報が含まれやすい。また，受信者が得た情報は，簡単に［Z］されたり，拡散されたりしてしまう。

(2) (1)の特徴を参考にしながら，レポートを作成する際のルールについて，**資料**から読み取れることを説明しなさい。ただし，**著作権**ということばを用いることとします。

資料　ある中学生が作成したレポートの抜粋

〈探究テーマ〉わが国の政治の課題について
〈探究の内容〉探究テーマについて，いくつかの参考資料を調べた。Aは，わが国の政治について「△△△」1) と述べている。また，この意見について，Bは「□□□」2) と新たな視点から反論している。以上の意見に基づいて私は，◇◇◇と考える。
〈参考資料の出典〉
1） A著「日本の政治の▽▽▽について」○○出版，2010年，p.200
2） B著「日本の政治の一考察」https://******/，2021年1月，閲覧日2022年1月10日

Ⅰ						
1		2		3		
4		5		6	(1)	
6	(2)					

Ⅱ　ある中学校の生徒たちが，これまでの経済についての学習を振り返り，新たに出てきた疑問や，さらに深く学びたいことについて話し合いをしています。１～６の問いに答えなさい。

これまでの経済についての学習を振り返り，新たに出てきた疑問や，さらに深く学びたいことについて話し合おう。
○月×日 晴れ
ⓐ持続可能な社会を実現するために私たちにできることは何だろうか。
物価の上昇が気になる。ⓑ価格やⓒ流通のしくみについて，私たちの生活と結び付けながら考えたい。
働き方改革やコロナ禍で，雇用や就業形態の多様化が進んだ。ⓓやりがいや充実感をもって働くために，どういった制度があればよいだろうか。
ⓔ経済のグローバル化は，私たちの生活にどのような影響を与えているのだろうか。

1　ⓐに関して，2015年に国際連合に加盟する193か国のすべてが賛成して採択された，地球規模の課題を17の領域に分け，課題の解決に向けて，2030年までに達成することを目ざした目標を何というか，略称を**アルファベット４字**で答えなさい。ただし，大文字と小文字を使い分けて書くこととします。

2　ⓑに関して述べた文として最も適当なものを選びなさい。

ア　企業どうしで価格を決め競争を制限するような行為を行うことは，独占禁止法で禁止されている。

イ　需要量と供給量が一致し市場の均衡がとれた価格は，独占価格とよばれている。

ウ　商品の価格は，一般的に，供給量が需要量を上回っている場合に上がる。

エ　水道やガスなどの価格は，すべて公共料金として，全国でそれぞれ同じ価格に設定されている。

3　ⓒに関して，先生とゆうきさんは，**資料１**を見ながら流通についての会話をしています。文中の［　　　］に適することばを補い，これを完成させなさい。

先　生：近年の流通では，ⓦのような経路がみられるようになりましたね。この経路にはどのような利点がありますか。

ゆうき：小売業者は，商品を生産者から直接仕入れることで，労力の削減や［　　　］を図り，消費者に安く販売することができるという利点があると思います。

先　生：そうですね。他にも，消費者に届くまでの時間を削減できるという利点もありますね。

資料１　商品が生産者から消費者に届くまでの流通経路

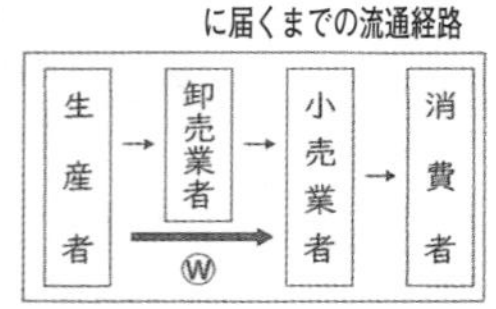

4　ⓓに関して，仕事上の責任を果たしつつ，健康で豊かな生活ができるよう，仕事と生活の調和をはかる社会の実現が求められています。この仕事と生活の調和を何というか，**カタカナ**で答えなさい。

5　ひろさんは，ⓔについて学習したことの一部を下のようにまとめました。［ X ］，［ Y ］にあてはまることばの組み合わせとして最も適当なものを選びなさい。

私たちの生活は，商品を通じて，さまざまな国の人々の生活とも深く関わっている。**資料２**を見ると，2022年において最も円安なのは，［ X ］である。

グローバル化する経済社会に生きる私たちは，環境や人権，社会倫理に配慮した商品・サービスを選ぶ消費活動，いわゆる［ Y ］を心がけることが必要である。

資料２　アメリカドル（１ドル）に対する円の為替相場の推移（2022年，月平均値）

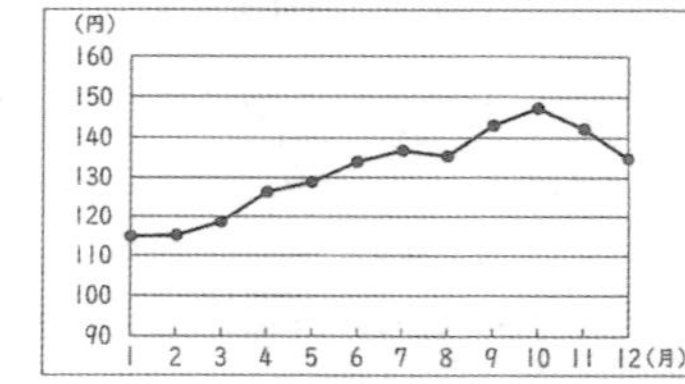

（日本銀行資料から作成）

ア（X　1月　　Y　エシカル消費）　　イ（X　1月　　Y　大量消費）

ウ（X　10月　Y　エシカル消費）　　エ（X　10月　Y　大量消費）

6　生徒たちはこの話し合いのあと，「日本における財政の課題」をテーマにして討論を行う準備をしました。その中で，まことさんは，**資料３**，**資料４**をもとに国債を発行することによって財源を確保することの問題点についてまとめました。そのまとめの内容を，国債を発行することによる国民の負担，国債費とその他の歳出の割合の変化に着目して**60字以上80字以内**で書きなさい。

資料３　国債残高の推移

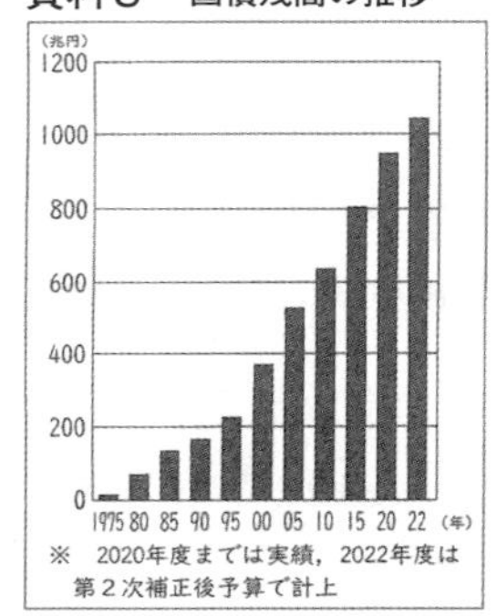

※　2020年度までは実績，2022年度は第２次補正後予算で計上

（財務省資料から作成）

資料４　国の一般会計の歳出に占める国債費の割合

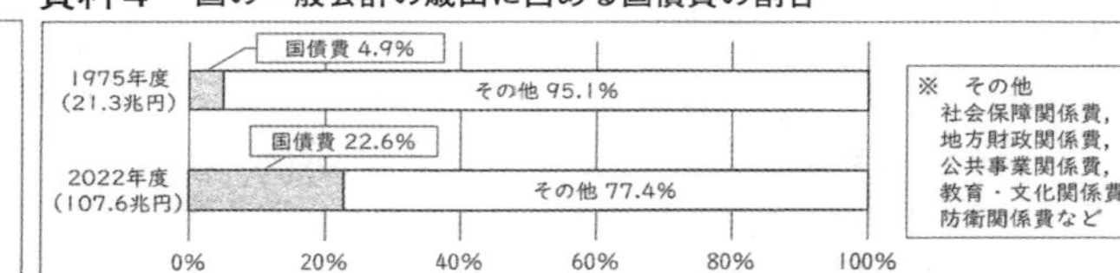

（財務省資料から作成）

Ⅱ	1		2			
	3		4		5	
	6					

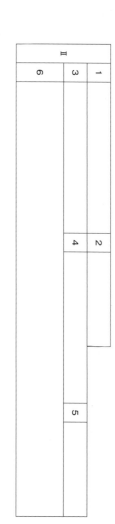

5　山田さんたちのグループは、総合的な学習の時間の取り組みのなかで鹿児島県在住の外国人にインタビューを行いました。次は、【インタビューの一部】とその後の【グループでの話し合いの様子】、話し合いの際に参考にした【資料1】【資料2】です。これらを読んで、あとの問題に答えなさい。

【インタビューの一部】

〈インタビューの相手〉
ベトナムから移住してきたAさん
韓国から来ている留学生のBさん

山田　「生活を送るうえで、最近何か困ったことはありますか。」
Aさん　「今住んでいる住宅の近くにごみ捨て場があるのですが、地区のごみ捨てのルールがよく分からないんです。」
Bさん　「先日の台風の時はとても怖かったです。何かあった時にどうすればいいか、考えておけばよかったと思います。」

【グループでの話し合いの様子】

山田　「今回のインタビューでは、在留外国人として鹿児島県で暮らしている人たちの話を直接聞くことができたね。」
佐藤　「二人とも困ったことがあると話していたよ。在留外国人には地域で暮らすうえでの困りごとがあるんだね。」
鈴木　「私たちが身近にいる在留外国人と共に暮らしていくために、彼らが感じている課題をもっと知る必要があると思うよ。」
山田　「そうだね。それらの課題を調べていたら、**【資料1】【資料2】**を見つけたよ。これらも参考にして、在留外国人が抱える課題に対して私たちにできることを考えてみよう。」

【資料1】

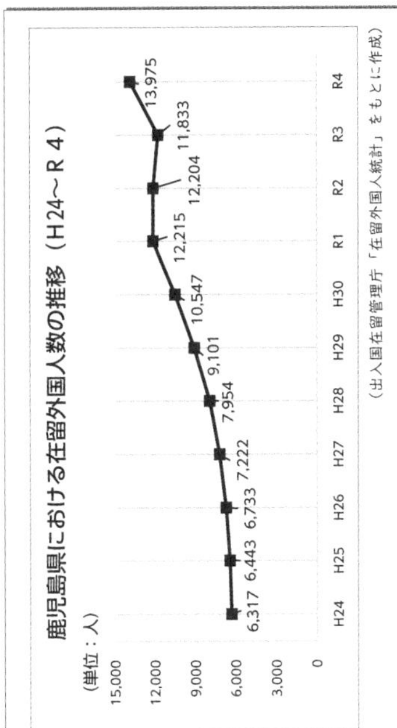

（出入国在留管理庁「在留外国人統計」をもとに作成）

・在留外国人とは「留学生」、「定住者」や「永住者」など、日本で生活している外国人を指す。

【資料2】

社会参加に関する困りごと（上位5項目）

1位	どのような活動が行われているか知らない	49.6%
2位	自分にどのような活動ができるかわからない	35.6%
3位	言葉が通じるか不安がある	25.3%
4位	地域の人たちが自分を受け入れてくれるか不安がある	22.7%
5位	他の用事と時間が重なり、参加できない	17.8%

（出入国在留管理庁「令和4年度　在留外国人に対する基礎調査」をもとに作成）

※ 複数回答可としているため、割合を足し合わせても100.0%にならない。

・この調査における社会参加とは、社会におけるさまざまな活動に参加することをいう。活動の内容としては「ボランティア活動」、「町内会・自治会への加入」、「行政機関の活動への協力」、「学校の保護者会の活動」などがある。

問題

山田さんは、グループで話し合ったことを受けて「在留外国人が抱える課題に対して私たちにできること」というテーマで、クラスの生徒に向けて意見文を書くことにしました。あなたならどのように書きますか。あとの(1)～(4)の**条件**に従って書きなさい。

条件

(1) 二段落で構成し、六行以上八行以下で書くこと。
(2) 第一段落には**【資料1】**及び**【資料2】**から読み取ったことを書くこと。
(3) 第二段落には、第一段落を踏まえて、在留外国人が抱える課題に対して私たちにできることを書くこと。
(4) 原稿用紙の使い方に従って、文字、仮名遣いも正確に書くこと。
ただし、資料を示す場合や、資料中の数値をそのまま使用する場合は、次の例にならって書くこと。

例　**【資料1】**→ | 資 | 料 | 1 |　数値→ | 三 | 〇 | ・ | 五 | % |

れたように、唇の端は微かに吊り上がっていた。雑談に興じているときの、いつもの調子だ。
　彼女はじょうろをシンクの上に置き、思案するように腕を組む。
「休みねえ。休んだところでアレコレ考えちゃいそうだけど」
「アレコレ考えればいいさ。そして、今日で結論を出せばいい。このまま本番を迎えるのか、部の皆にもっと良いものを目指そうと提案するのか。結局のところ、問題はそこだろ」
　凜は眉を八の字にする。
「それを決められないから、困ってるんだけど」
「だから、決めるためにもう一度、よく考えるんだよ。大丈夫。どんな結論を出そうと、部員の皆は受け入れてくれるって」
　無根拠で無責任な言葉だな、と航大は自分でも思う。ただ、根拠はなくても、自信があった。皆が凜を慕うのは、彼女の優しさに惹かれたからだ。その優しさは、決して演じられたものではない。人知れず自主的に校内の花の世話をするような女の子が、演技の要求をするくらいのことで、嫌われるわけがない。
「あんた、壮大くらいしかうちの部員に知り合いいないでしょ」と凜が唇を尖らせる。
「それじゃあ部員のことをよく知っている凜に訊くけど、演劇部の皆さんは、部長にもっと上を目指そうと言われて、碌に話も聞かずに不満を口にするような連中なのか？」
「そんな人はいない。けど……」
　凜は答えるが、尚も不安そうだった。一度浮かんだ悪い想像は、簡単には振り払えないのだろう。

　航大は大袈裟なまでに背中を反らし、自分の胸をドンと叩いてみせる。
「大丈夫。どうしても決められないんだったら、俺が決めてやるから」
「何でコウが決めるのよ」と凜が冷めた声で言う。
「だって、自分じゃ決められないんだろ？　どうせ決められないのなら、俺が決めたっていいじゃないか」
「いいわけないでしょ」と凜が呆れ顔でかぶりを振り、両手を上げて伸びをする。太陽から活力をもらうように、窓から射す陽光を全身で浴びる。
「あーあ。何か、あんたとアホな会話をしていたら、色々と悩んでいた自分が馬鹿馬鹿しく思えてきちゃった」
　やや芝居がかったその口調は、航大へというより、自分自身を叱咤しているように感じられた。
「もう悩む必要はないぞ。俺に任せておけ」
「無責任男を頼るつもりはありません」
　凜はキッパリと言い放ち、挑むように航大を指差して不敵に笑った。
「あんたに決められるくらいなら、自分で決める」
　航大は笑顔で肩を竦める。
「できるといいな」
「おかげ様で、意地でも自分で決めてやろうって気になったよ」
　爽やかな笑顔を浮かべて、凜は悪戯っぽく舌を出す。③<u>軽やかに宣言したその声に、陰りの色はもうなかった</u>。

（真紀涼介「勿忘草をさがして」による）

(注) ルーティン＝日常に行われる決まった手順や仕事。　怪訝＝その場の事情やわけがわからず、納得がいかない様子。
逡巡＝なかなか決心がつかずためらうこと。しりごみすること。

1 ――線部①を凜の気持ちを踏まえて朗読するとき、どのように読むのがよいですか。最も適当なものを次から選び、記号で答えなさい。

ア 内緒にしていたプランターの水やりを航大に見られて、もう隠せないとあきらめる気持ちを踏まえ、なげやりな様子で読む。
イ 自発的にしていたプランターの水やりを、航大に評価してもらえてうれしく思う気持ちを踏まえ、照れくさそうな様子で読む。
ウ 早朝に起きて花を世話することは大変なのに、航大に口先だけではめられて落胆する気持ちを踏まえ、悲しげな様子で読む。
エ 花を世話する自分を航大は認めてくれたものの、そんな価値など私にはないと拒絶する気持ちを踏まえ、不愛想な様子で読む。

1	

2 次の文は――線部②の指す内容をまとめたものです。［Ⅰ］～［Ⅲ］に適当な言葉を補い、文を完成させなさい。ただし、［Ⅰ］には十字以内の言葉を考えて書き、［Ⅱ］には本文中から最も適当な五字の言葉を抜き出して書き、［Ⅲ］には十五字以内の言葉を考えて書くこととします。

> 凜が航大の言葉を［Ⅰ］したときに思わず表出させた大袈裟な仕草が［Ⅱ］であったことによって、凜が本当の自分ではないと言った、普段の［Ⅲ］ことが確認できたこと。

2	
Ⅰ	
Ⅱ	
Ⅲ	

3 次のア～ウの航大の行動や心情を、話の展開に沿って順番に並べ替えるとどのようになりますか。ア、イ、ウを適切に並べ替えて書きなさい。

ア 悪い想像を振り払えず不安そうな凜を刺激するような挑発的な言葉をあえて発することで、鼓舞しようとしている。
イ 他人に優しく自分に厳しい性格のせいで悩む凜に対して、力になりたいと思っている。
ウ くだらないやり取りに呆れつつも面白さを感じて心を開き始めた凜の背中を押そうとしている。

4 ――線部③から読み取れるこの時の凜の様子について、ここに至るまでの経過を踏まえて五十五字以内で説明しなさい。

3	→	→

4	

4 次の文章を読んで、あとの**1**～**4**の問いに答えなさい。

高校二年生の森川航大（コウ）は、不本意な形でサッカー部を退部している。同級生である柴田凜は、演劇部部長で来月に迫った文化祭で上演する劇の完成度を高めたいが、今の出来に満足している部員達に自分の思いを伝えることで、部内の良好な雰囲気を壊すことを恐れている。凜は他人の目を気にして言いたいことも言えない自分は「薄っぺらな人間」だと航大に打ち明ける。

自分が刃物を手にしているような気分になり、航大は息を呑む。これから口にしようとしている言葉は、果たして本当に彼女のためになるのだろうかと不安になる。口を閉ざし、沈黙に身を委ねたくなった。

腰に手を置き、大きく息を吐く。サッカーをしていたころ、PKを蹴る前に必ずやっていた(注)ルーティンだ。肺の中の空気と一緒に、不安と弱気を体外へと追いやる。緊張がほぐれ、心が落ち着いた。

一度口から出た言葉をなかったことにはできない。勢いに任せて、航大は続ける。

「誰に頼まれたわけでもないのに早起きして学校の花を世話しているような人間が、薄っぺらなわけがない」

「①そんなの、たいしたことじゃないよ」

謙遜ではなく、本心からそう思っているのだろう。凜の声には、突き放すような刺々しさがあった。

怯まずに、航大は言葉を重ねる。

「俺が同じことをしていたら？」

「え？」

「俺や他の誰かが凜と同じことをしていても、たいしたことじゃないと思う？　それくらい普通のことだ、って」

「それは……」

凜は言葉に詰まり、困ったように眉をひそめた。沈黙が、彼女の答えを雄弁に語っている。他人に優しく、自分に厳しい。それは立派な心持ちだが、それ故に自らの美点を素直に受け入れられないことは、彼女の明確な欠点だ。屋根より高いハードルを見上げて嘆息するなんて、それこそ滑稽だ。

プランターに植えられた花の姿が頭に浮かんだ。一見すると美しいその花も、よく観察してみれば、咲き終わり、枯れた花をいくつもその身に付けたままにしている。重苦しく、辛そうだ。

いまの自分に、彼女の悩みを解決する力はない。しかし、彼女が抱えている不要なものを取り除くことくらいなら、自分にもできるのではないか、と航大は思う。花がらを摘むように、不当に彼女の心を重くしているものたちを、ひとつひとつ取り払う。それも、彼女の力になるということではないだろうか。

「誰だって人から嫌われることは恐いよ。俺もそうだ。いまだって、自分の行動は凜にとって迷惑なんじゃないかって不安になってる」

「そんな。迷惑なんかじゃないよ」

両手を大きく左右に振り、慌てた様子で凜が否定する。その大袈裟な仕草が余りにいつも通りで、航大は少し緊張がほぐれた。

普段の明朗快活な姿を、凜は本当の自分ではないと言った。でも、咄嗟に顔を出した彼女の一面は、航大のよく知る彼女だった。やはりその顔も、彼女を形づくる一部なのだ。たとえ演じていたものであっても、偽りではない。②そのことにホッとした。

肩の力が抜ける。重く考えることなんてないのではないかと思えてきた。普段通り、軽口のキャッチボールをするみたいに、思い付きを口にすればいい。それくらい気楽な方が、相手だって変に緊張しないで受け止められる。

「なあ、無責任な提案をしてもいいかな」

凜が(注)怪訝な顔で航大を見る。

「無責任な言葉なら、あんまり聞きたくないんだけど」

「それなら止めとくよ」

航大があっさりと引き下がると、凜はムッとして唇を尖らせた。

「そんなふうに言われると、却って気になっちゃうでしょ」

「それじゃあ、聞いてみる？」

微かに(注)逡巡するような間を置いてから、凜が首を縦に振る。

「聞くだけ聞いてあげる」

航大は頷き、天井を見上げるようにして口を開く。

「今日の部活、休みにしたら」

期待外れの提案に失望したように、凜の表情が曇った。

「それは無理。ただでさえ稽古がうまくいってないのに、もう本番はすぐそこなんだよ。休んでる余裕なんてないって」

「でも、いまの状態で稽古したって意味がないんじゃないか？　部員は現状に満足していて、凜はそこに注文をつけられないでいるんだろ。それじゃあ改善のしようがない」

淡々とした口調で航大が指摘すると、凜は口を閉ざして俯いた。彼女自身、そのことは痛いほど理解しているのだろう。

「休めば改善するってものでもないと思うけどさ、俺の知り合いの役者さんが言ってたんだよ。『適度に休まないと、良い芝居なんてできない』って」

凜が口を開くが、言葉を発するよりも先に、何かに気付いて固まった。眉をひそめて、航大を睨む。

「それ、私が言った言葉でしょ」

航大が笑みを深める。

「正解。よく気付いたな」

以前この場所で、彼女が言っていた言葉だ。雑談の中の軽口のひとつだが、間違っているということもないだろう。休息は大事だ。陽が出ていないときにガザニアが花を閉じるのは、もちろん裏表があるからなんて理由ではない。それはきっと、余計なエネルギーを使わないようにするためだ。美しく咲き続けるために、体を休める必要性を知っているからだ。

「気付くよ、それくらい。私を馬鹿だと思ってるの？」

「まさか。天才だと思ってるよ」

「馬鹿にしてるでしょ」

「多少ね」

「そこは嘘でも否定しなさいよ」

凜はムッとして眉根を寄せるが、くだらないやり取りに呆

3 次の文章を読んで、あとの**1**～**4**の問いに答えなさい。

(注)天竺に国あり。天下おさまり、人民楽しくして、一憂の凶なし（少しの心配事もない）。国王、楽しみにほこりて、心の置きどころなきままに（穏やかな暮らしに飽きてしまい）、「禍と①いふものは、いかやうなるものやらん（どのようなものか）、禍といふもの求めてまいらせよ（探し求めて私の元に持ってきなさい）」といふ(注)宣旨を下されたりければ、宣旨おもくして、(注)大臣公卿より人民百姓にいたるまで、禍を求むるに、(注)猪のやうなるものを一つたづね出して、「②是ぞ禍よ」と言ひければ、悦びをなして国王に奉りたりければ（差し上げたところ）、国王愛して是を飼ひたまふほどに、鉄より他は食らふものなし。

やうやう年月つもりて、国中の鉄尽き失せぬ。けだもの、ものを（食べる物）欲しがりて③荒れにければ、国王「うち殺すべし」といふ宣旨を下したまひにけれども、矢たつ事なく、切れども刀たつ事なし。火に焼きたりければ、鉄のやうにて、寄る所ごとに焼け失せぬ（立ち寄った所は全て焼失した）。国城をはじめて、一国のこる所なし。一国猶滅び失す。

（「宝物集」による）

(注) 天竺＝日本における、インドの古い呼び名。　宣旨＝国王の命令を伝える文書。　大臣公卿＝国王に仕える、高官の総称。　猪＝イノシシのこと。

1 ――線部①「いふ」を現代仮名遣いに直して書きなさい。

2 ――線部②「是」が指すものは何ですか。本文中から八字で抜き出して答えなさい。

3 ――線部③「荒れにければ」とありますが、その理由を説明したものとして最も適当なものを次から選び、記号で答えなさい。

ア 「禍」が、国王の命令を受けた人々に突然襲われ、驚いたから。
イ 「禍」が、鉄を得られなくなり、空腹を我慢できなかったから。
ウ 国王が、国中の食料を食べ尽くした「禍」に腹を立てたから。
エ 国王が、全く言うことを聞かない「禍」に嫌気がさしたから。

4 次は、本文の内容をもとに先生と生徒が話し合っている場面です。［Ⅰ］～［Ⅲ］に適当な言葉を補い、会話を完成させなさい。ただし、［Ⅰ］には十五字以内でふさわしい内容を考えて書き、［Ⅱ］には本文中から十四字の言葉を抜き出して書き、［Ⅲ］にはあとの**語群**から最も適当なものを選び、記号で答えることとします。

先生　「この話では、一つの国が滅びるまでの経過が書かれています。何が原因で国が滅んだのでしょうか。」
生徒A　「『禍』が原因だと思います。」
生徒B　「私もAさんと同じ意見です。さらに付け加えると、火に焼かれた『禍』が、国のあらゆる場所を焼き尽くしたからだと思います。」
先生　「なるほど。実は、この話のもとになったと思われる話があります。次の**【資料】**は、その話の最後の場面を現代語訳したものです。これも踏まえて考えてみましょう。」

【資料】

> 薪を積み上げて焼き殺そうとしたが、身体が火のように真っ赤になったかと思うと、走り出し、村に入っては村を焼き尽くし、市場に行っては市場を灰にし、城に入っては城を炎上させてしまった。こうして国中を走り回っては各地を大混乱に陥れ、人々は飢餓に苦しむ羽目になった。
> 安穏な暮らしに飽きて〔わざわざ〕禍を買ったりするから、そのようなことになったのである。
> （「旧雑譬喩経全訳　壺の中の女」による）

生徒A　「**【資料】**にも、本文と同じように、『禍』によって国が滅びていく様子が書かれているね。しかし一方で、本文にはない、『禍』を手に入れた国王を責めるような一文があるよ。」
生徒B　「そうだね。**【資料】**を手がかりに、国王の発言や行動に注目してもう一度本文を読み返してみよう。」
生徒A　「本文にも、**【資料】**と同じように穏やかな暮らしに飽きてしまったと書いてあるよ。国王は毎日の生活がつまらなくなって、禍というものが、いったい［Ⅰ］から手に入れようとしたんだね。」
生徒B　「でも、まさか『［Ⅱ］』という命令を出したことで、最終的に国が滅んでしまうことになるなんて、国王は考えもしなかっただろうね。」
生徒A　「つまり、国が滅んだのは、国王の［Ⅲ］行動が原因だと考えられるよね。」
先生　「いい話し合いができましたね。古典の文章を読む時に、現代語で書かれた文章など他の文章を手がかりにして読むと、内容を捉えやすくなりますね。」

語群　ア 卑劣な　イ 慎重な　ウ 軽率な　エ 迅速な

1	
2	
3	
4 Ⅰ	
4 Ⅱ	
4 Ⅲ	

す。(注)2章でとりあげたように、日常生活の中でのやりとりを通して、ただ単に情報を正確に伝えるということではなく、とりとめもないことを話して共感したり、冗談を言い合ったり、励まし合ったりするようなことが、豊かな人間関係を築いていく上では欠かせません。つまり、このような相互的なコミュニケーションにおいては、聞き手のもつ役割は話し手のそれと同じくらい重要なのです。これは、親しい友人や家族との私的なコミュニケーションに限ったことではありません。ビジネスや公的なコミュニケーションにおいても、「聞き上手であること」は重要であり、「聞く力」は肯定的に評価され、獲得したいスキルとしてとらえられているのではないでしょうか。

私的であれ公的であれ、会話の中で「聞き手」は、話し手に対する単なるサポート役ではなく、人間関係の根幹を支える大きな存在であるのです。日本語の「聞くこと」には、「聞く」「聴く」「訊(き)く(注)」といった三つの意味が混在します。そのため、「聞くこと」は、コミュニケーションの様々な場面や状況や人間関係が複雑に絡(から)み合いながら多様に変化する、実に[b]のある行為として位置づけられるのではないでしょうか。

（村田和代「優しいコミュニケーション――「思いやり」の言語学」による）

(注) 2章＝本文は3章にあたり、2章では雑談の意義を述べている。　訊く＝ここでは「質問する」の意。

1　本文中の[a]・[b]にあてはまる語の組み合わせとして、最も適当なものを次から選び、記号で答えなさい。

ア（a　受容的　b　一貫性）　イ（a　懐疑的　b　協調性）
ウ（a　好意的　b　柔軟性）　エ（a　否定的　b　意外性）

2　――線部①「役割」とありますが、これと同じ重箱読みの熟語を次から選び、記号で答えなさい。

ア　仕事　イ　秘密　ウ　手本　エ　砂場

3　次は、ある生徒が授業で本文を学習し、――線部②以降で紹介される日本語会話と英語会話との対照研究の内容をまとめた**【ノートの一部】**です。[Ⅰ]・[Ⅱ]に入る最も適当な言葉を、[Ⅰ]には三字、[Ⅱ]には十一字で本文中から抜き出して書きなさい。

【ノートの一部】

○日本語会話と英語会話との対照研究

日本語のコミュニケーション
・聞き手責任
聞き手に期待されること
・話し手が言葉を尽くさなくてもその意図を[Ⅰ]こと

日本語会話における聞き手の重要性
・会話への積極的参与　→「共話」

英語のコミュニケーション
・話し手責任
話し手に期待されること
・[Ⅱ]ように言葉を尽くすこと

4　次は、授業で、ある生徒が本文の学習内容をまとめて発表した際の**【スライドの一部】**と**【発表原稿】**です。**【スライドの一部】**の内容を踏まえて、**【発表原稿】**の[　　]に入る内容を六十五字以内で考えて書き、原稿を完成させなさい。

【スライドの一部】

聞き手とはどのような存在か
考察1　聞き手行動の意味
考察2　日本語会話と英語会話との比較
考察3　聞き手のもつ役割とは

【発表原稿】

私は、この文章を読み、スライドに示した筆者の三つの考察を通じて、聞き手とは[　　]存在であると考えました。
私もこれから人の話を聞く時は、このことを意識して、「聞き上手」になりたいです。

5　次は、朝の会で、ある生徒がスピーチをした際の**【スピーチの内容】**と、それに対する他の生徒の応答です。本文で述べられた、筆者の考える「聞き手のもつ役割」を果たすことを意識した応答として**適当でない**ものを、あとのア～エから一つ選び、記号で答えなさい。

【スピーチの内容】

今日は私の目標についてお話しします。昨年の秋、「燃ゆる感動かごしま国体・かごしま大会」が開催されました。私は兄が参加したローイング競技を見に行ったのですが、見ているうちに私自身もこの競技をやってみたいと思うようになりました。今の私の目標は、高校でこの競技に挑戦し、兄と国体に出場することです。

ア　うんうん、新しいことへの挑戦はいいですよね。私も高校入学を機に新しいことを始めてみようかなと思いました。
イ　ああ、ローイングって、オールを漕(こ)いでボートの着順を競う競技でしたよね。新しい目標を見つけるよい機会になりましたね。
ウ　私は野球を見に行きましたよ。昨年の夏の甲子園の決勝と同じ対戦カードを地元で見られたのがよい思い出です。
エ　あなたも挑戦したくなるぐらい、お兄さんはかっこいい姿を見せてくれたんでしょうね。頑張ってくださいね。

1		2	

3 Ⅰ		3 Ⅱ		4		5	

令和6年度入試問題　国語

1　次の１・２の問いに答えなさい。

１　次の――線部のカタカナは漢字に直し、漢字は仮名に直して書きなさい。

(1) 異議をトナえる。　(2) オンコウな性格の人。
(3) チュウセイを尽くす。　(4) 大きな負荷がかかる。
(5) 嗅覚が鋭い。　(6) 流行が廃れる。

２　次の行書で書かれた漢字を楷書で書いたときの総画数を答えなさい。

1				
(1)	(える)	(2)	
(3)		(4)	
(5)		(6)	(れる)

2	(画)

2　次の文章を読んで、あとの１～５の問いに答えなさい。

コミュニケーションの授業で、「聞き手行動を意識しましょう」と言うと必ずと言っていいほど「聞き手の行動って何ですか？」という質問を受けます。日常生活でコミュニケーションを行う際に、自分が話し手になる、つまり話すことから考えるのが一般的で、コミュニケーションは「話す―聞く」というキャッチボールであることを、あまり意識していないのかもしれません。

（中略）

聞き手行動も視野に入れた研究においては、従来受動的にとらえられてきた「聞き手」の在り方とは正反対に、聞き手の会話への積極的な関与や、創造的で活動的な側面について言及されるようになってきました。たとえば、社会言語学者のデボラ・タネンは、聞き手が聞いたり理解したりする行動は「受動的な受信ではなく、むしろ積極的な解釈が必要とされるため、対話的な行為である」と指摘しています。では、聞き手行動から何がわかるのでしょうか？

聞き手の行動に着目して会話を観察してみてください。頷き(うなず)や微笑み(ほほえ)、相槌(あいづち)など、様々なシグナルを送ることによって、聞き手が話し手に継続的に応答していることがわかるでしょう。これらのシグナルは、多層的な情報を伝えています。聞き手の様々な応答シグナルは、聞いていることを示すだけでなく、聞き手のアイデンティティ、主観や心的態度など「指標的な情報」を提示します。

たとえば、「パーティの招待状に、出席者はスーツ着用って書いてあるんだけど、サウナスーツでいいのかな？」という発言に対して、聞き手が、「なんでやねん！」と応答した場合を考えてみましょう。ボケとツッコミについて理解している関西弁話者という聞き手のアイデンティティが読み取れます。また、「明日の会議でこの間話してた新しい企画について提案しようと思ってるの」という発言に対する「絶対採用間違いないよ」という応答からは、聞き手は話し手とすでに提案内容を共有していることや、その提案に対して［ a ］であるという聞き手の心的態度が読み取れます。

（中略）

聞いているというシグナルや多層的な意味の提示を通して、聞き手が話し手に反応し、それにまた話し手が反応するといったような相互的な応答反応が発生することによって、話し手と聞き手双方による相互行為が達成されます。したがって、聞き手がコミュニケーションの中で果たす①役割は絶大なものとしてとらえられるのです。このような立場から、社会言語学者の難波彩子は、会話の共同構築に向けた聞き手の在り方や貢献を指す「リスナーシップ（listenership）」という概念を提案しています。コミュニケーションにおける聞き手の役割や、聞き手としての行動は、相互行為の構築には欠かせないということがわかります。

②日本語会話で聞き手のもつ役割が顕著であることは、英語会話との対照研究を通して多くの研究者から指摘されています。代表的なものを紹介しましょう。

言語学者のジョン・ハインズは、英語・日本語のコミュニケーションの成否に関して、「話し手責任」と「聞き手責任」という特徴をあげています。英語によるコミュニケーションでは、話し手の責任が重く、話し手は聞き手に誤解を与えないように言葉を尽くすことが期待される一方、日本語でのコミュニケーションでは、聞き手の責任が重く、話し手が自分の考えや意図を十分に言語化しなくても、聞き手がそれを察することを期待できると指摘しています。

また、日本とアメリカのビジネスコミュニケーションを比較考察した社会言語学者のハル・ヤマダの研究でも、日本語のコミュニケーションの基本的な特徴の一つは聞き手重視であることを指摘し、「リスナートーク（listener talk）」という用語で特徴づけています。このような特徴は、曖昧さ、思いやり、和、ウチとソトの区別などを重んじる日本文化や、日本の社会的規範に由来し、日本語の日常会話では、相手の言いたいことを「察する」ことが求められるとしています。相手の言いたいことを「察する」ことは、日本語のコミュニケーションでは欠かせない、聞き手側の会話への積極的な参与を示す指標と言えるかもしれません。

日本語教育学者の水谷信子は、聞き手による頻繁な相槌の使用状況を観察し、聞き手が会話に積極的に関わりながら、話し手と一緒に会話を紡(つむ)いでいく有り様を「共話」と名付けました。日常のコミュニケーションをふりかえってみると、様々なシーンで、参加者が共に会話を構築していく「共話」が行われていることに気づくでしょう。

（中略）

日常生活においては、意識的に聞き手行動に着目することはないにせよ、「あの人は聞き上手だよね」「親友は私の思っていることをよく察してくれるから」というように、「話し手」よりも、むしろ「聞き手」に直接関わるようなことをしばしば聞くことがありま

鹿 266→

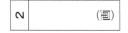

1 **聞き取りテスト** 放送の指示に従って，次の１～８の問いに答えなさい。英語は１から５は１回だけ放送します。６以降は２回ずつ放送します。メモをとってもかまいません。

１　これから，Judy と Takashi との対話を放送します。二人が話題にしている楽器として，最も適当なものを下のア～エの中から一つ選び，その記号を書きなさい。

Judy　: Is this your guitar, Takashi?
Takashi: Yes, I'm learning how to play the guitar.
Judy　: I want to learn how to play it, too.

ア 
イ 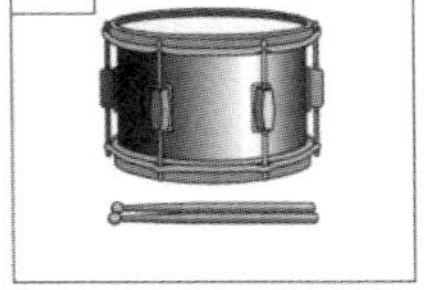
ウ 
エ 

２　これから，Yuka と Jonny との対話を放送します。二人が高校で入ろうとしている部活動として，最も適当なものを下のア～エの中から一つ選び，その記号を書きなさい。

Yuka　: Hi, Jonny. Which club will you join?
Jonny　: I played badminton in junior high school but I want to play tennis in high school.
Yuka　: I want to play tennis, too. Let's play it together in the club.

ア　テニス部　　イ　卓球部　　ウ　サッカー部　　エ　バドミントン部

３　これから，Mary と Takuma との対話を放送します。Mary が探しているものとして，最も適当なものを下のア～エの中から一つ選び，その記号を書きなさい。

Mary　: I'm looking for my cap. Have you seen it, Takuma?
Takuma: The black cap?
Mary　: No. It's a white cap. It has a picture of a black cat.
Takuma: I saw the white cap under the kitchen table.

ア　黒い帽子　　イ　白い帽子　　ウ　黒い猫　　エ　白い猫

４　これから，留学中の Mai と滞在先の家族の Daniel との対話と，その内容に関する英語の質問を放送します。その質問の答えになるように，（　　　　）に入る適切な英語１語を補って英文を完成させなさい。

Mai　: Hi, Daniel.
Daniel　: Hi, Mai. This town will have a festival this Thursday and Friday. Would you like to come with us?
Mai　: Sounds good. But I'm busy on Thursday.
Daniel　: OK. How about the next day?
Mai　: That's great!

Question : When will they go to the festival?

They will go to the festival on（　　　　）.

５　オーストラリアに留学中のあなたは，来週友人と動物園を訪問する予定です。友人の説明を聞いて，あとのア～エの園内の場所をあなたが訪れる順に並べかえ，その記号を書きなさい。

We will visit the City Zoo next week. In the morning, we will see a lot of animals, such as monkeys, elephants and lions. We will also go to the Bird House. We can see many beautiful birds there. Next, let's go to the restaurant and eat lunch. After lunch, we will visit the Koala House. We can touch koalas and take pictures with them. Have you ever touched a koala? After we take pictures, we can enjoy shopping at the shopping center. You can buy animal cookies there. Are you excited? I like koalas, so I'm very excited. Let's enjoy the zoo!

ア　the restaurant　　　イ　the Koala House
ウ　the Bird House　　　エ　the shopping center

６　これから，来週学校で行われるアメリカの高校生との交流会について，ALT の Meg 先生の説明を放送します。あなたは第２班の一員としてその説明を聞きます。あなたの班が交流会で発表する内容として，最も適当なものを下のア～エの中から一つ選び，その記号を書きなさい。

Hi, everyone. Next week, we are going to welcome students from America. We have three groups. Each group will give them a presentation. Group 1, you will talk about Japanese food. Group 2, please introduce popular sports in Japan. The students in group 3 will tell them about good places to visit in Kagoshima. You have to remember that all groups should introduce your school life. OK, let's make a presentation!

ア　日本の食べ物と鹿児島の名所　　　イ　日本で人気のスポーツと鹿児島の名所
ウ　日本で人気のスポーツと学校生活　エ　日本の食べ物と学校生活

７　これから，英語の授業で行った Asuka の発表と，その内容に関する英語の質問を放送します。その質問の答えになるように，（　　　　）内に入る適切な英語を補って英文を完成させなさい。

Hello, everyone. I have always wanted to use Engilsh in my daily life.

Last year, I went to a supermarket and saw a young boy. Maybe he was looking for his mother. I wanted to help him so I talked to him. He answered in English but I couldn't understand him. I was very sad. Soon, people around us helped him. This experience made me think that I must study English every day. "I will study hard," I thought.

Yesterday, when I was shopping at a supermarket, a woman spoke to me in English. This time, I understood what she said! We talked and I found she was looking for green tea. "OK, please come with me," I said and we found green tea. She said, "Thank you. Your English is very good." I was really happy to hear that. I studied English very hard every day and I was successful.

Question : What did Asuka decide after she couldn't help the boy?

She（　　　　　　　　　　　　）.

８　これから，中学生の Narumi と留学生の David との対話を放送します。その中で，David が Narumi に質問をしています。Narumi に代わって，その答えを英文で書きなさい。２文以上になってもかまいません。書く時間は１分間です。

Narumi: David, if you had a lot of money, what would you do?
David　: I would start a company.
Narumi: That's nice! I would use the money for my family or friends.
David　: What would you do with the money, Narumi?
Narumi:（　　　　　　　　　　　　）

1		2		3		4	
5	→ → →			6			
7	She（　　　　　　　　）.						
8							

令和６年度入試問題　解答例

数学解答

1
1 (1) 6　(2) $\frac{7}{6}$　(3) $2\sqrt{2}$　(4) 8, 24, 72　(5) イ, エ
2 $(x-y)(a-b)$　3 160（円）　4 51（度）　5（約）900（個）

2
1 ア　2 ウ　3（右図）　4 $\frac{1}{3}$

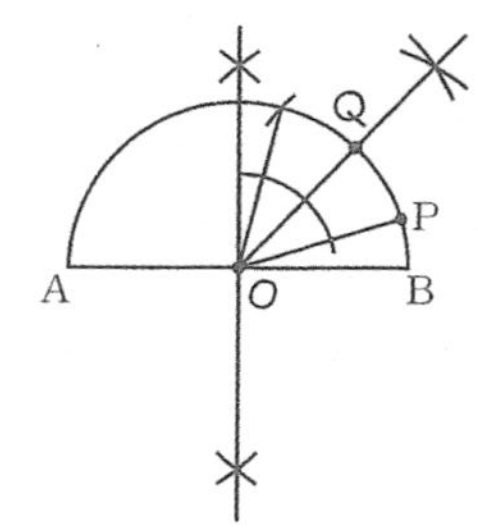

5（方程式と計算過程）

$$\begin{cases} x+y=240 & \cdots① \\ \frac{2200}{100}x+\frac{2400}{100}y=5440 & \cdots② \end{cases}$$

②から　$22x+24y=5440$　…③
①×22　$22x+22y=5280$
③　$-)\ 22x+24y=5440$
$-2y=-160$
$y=80$
$y=80$ を①に代入して
$x+80=240$
$x=160$
(答) {（さつまいも）160（g）/（にんじん）80（g）}

3
1 13.5（℃）　2 ウ, オ
3 (1) 20（℃）
3 (2) ⑨月・10月（9月に丸）
（理由）
20℃は，19℃以上21℃未満の階級に入っており，度数折れ線から９月のほうが10月よりも相対度数が大きいと判断できるから。
4 ① ア　② イ　③ ウ　④ イ

4
1 イ　2（秒速）5（m）
3 (1)（方程式と計算過程）
ドローンがＰ地点の真上を出発してから t 秒後に進む距離は，
$0 \leqq t \leqq 30$ の範囲で $\frac{1}{6}t^2$ m である。
マオさんは t 秒後にＰ地点から $(3t+54)$ m進んだところを走っている。このとき，ドローンがマオさんに追いつくので

$$\frac{1}{6}t^2=3t+54$$

$$t^2-18t-324=0$$

解の公式より　$t=\frac{18\pm18\sqrt{5}}{2}$
$=9\pm9\sqrt{5}$
$0 \leqq t \leqq 30$ より　$t=9+9\sqrt{5}$　(答)　$(9+9\sqrt{5})$（秒後）
(2)（秒速）4.2（m）

5
1 60（度）
2 (a) エ　(b) ア　(c) キ　(d) コ　(e) シ
3 (1) 8
(2)（求め方や計算過程）
点Ｃから線分GDに垂線CIをひくと，
△CGIは３つの角が30°，60°，90°の直角三角形になるので
$GI=\frac{1}{2}GC=\frac{3}{2}$，$CI=\frac{\sqrt{3}}{2}GC=\frac{3\sqrt{3}}{2}$
また GD=8 より
$ID=GD-GI=8-\frac{3}{2}=\frac{13}{2}$
△IDCにおいて三平方の定理により
$CD^2=\left(\frac{3\sqrt{3}}{2}\right)^2+\left(\frac{13}{2}\right)^2=\frac{196}{4}=49$
$CD>0$ より，$CD=7$
(答)　(CD＝) 7

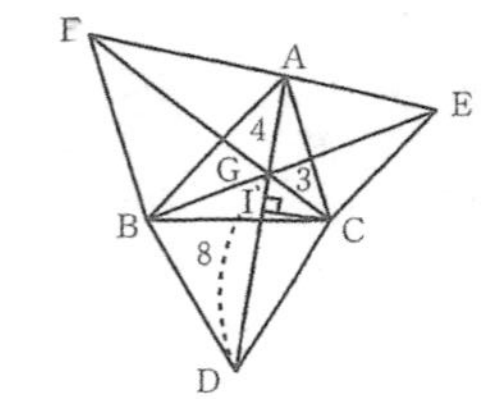

(3) (S：T＝) 49：37

英語解答

2
1 ① ウ　② イ
2 ① umbrella　② uncle　③ leave
3 (1) I went to　(2) I haven't seen　(3) Are they written (Were they written)
4 Last summer vacation, I bought a dog at a pet shop. Next, I went to a store to buy wood. Then, I worked hard to make the dog's house. When I finished making it, I was very happy.
(34 語)

3
Ⅰ 1 エ　2 his friend was absent　3 Cleaning can make us happy
Ⅱ 1 ア　2 イ　Ⅲ ウ

4
1 A ウ　B イ　C ア　2 A China　B heaviest
3 ウ　4 save the environment
5 物を作るのに不要な小さな木材や他の木がよりよく育つように切る木を材料として割箸が作られるから。(47字)
6 E-books are better than paper books because they are easy to carry. Also, we can keep many e-books in our phones. (21語)

理科解答

[1] 1 梅雨前線　2 ① ア　② ア　3 a ＋　b －　4 ア，オ
5 (1) 中和　(2) 分解　6 (1) 7〔km/s〕　(2) ① ア　② イ

[2] Ⅰ 1 ウ　2 b　3 イ
4 上の地層をつくる岩石ほど粒が大きいので，海の深さはじょじょに浅くなったと考えられる。
Ⅱ 1 木星型惑星　2 ① ア　② イ
3 A 水星　F 土星　4 64〔倍〕

[3] Ⅰ 1 エ　2 54.9〔g〕
3 再結晶　4 (物質名) 硝酸カリウム　(質量) 4.0〔g〕
Ⅱ 1 C　2 (1) $2Cu + O_2 \rightarrow 2CuO$　(2) 0.8〔g〕

[4] Ⅰ 1 (ヒトのほおの内側の細胞) B　(E) ウ
2 細胞壁　3 核　4 光を受けてデンプンなどの養分をつくるはたらき。
Ⅱ 1 (1) 有性生殖　(2) a
2 親の染色体がそのまま受けつがれるので，子の形質は，親と同じになる。
3 X 組織　Y 器官

[5] Ⅰ 1 (1) a 12　b 3.5　(2) 29　2 エ　3 イ
Ⅱ 1 右図
2 a F_4　b F_3
3 イ

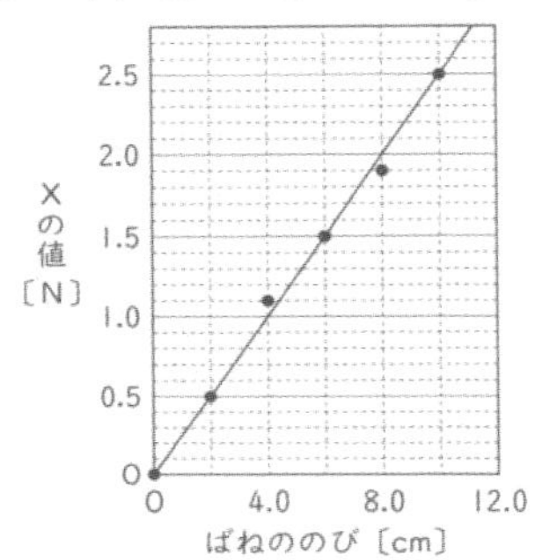

社会解答

[1] Ⅰ 1 ユーラシア (大陸)　2 エ　3〔1群〕a　〔2群〕い　〔3群〕イ
4 ウ　5 イ
6 (パーム油の原料となる) 油やしを栽培するために開発を進め，森林が減少していく問題がおきている。
7 インドでは英語を話せる労働者を低賃金で雇うことができ，また，昼夜が逆転していることを利用して24時間対応が可能になるから。
Ⅱ 1 3　2 (記号) a　(県名) 秋田 (県)
3 ① 夏　② 南東　③ 寒流で冷やされる
4 え　5 情報が集まってくる　6 (1) ウ
6 (2) (富山県は，) 標高の高い山に囲まれ，降水量が多いという特徴があることから，山地から流れ出る豊富な雪どけ水などの水資源を水力発電に利用できる (から。)

[2] Ⅰ 1 ① 土偶　② 鉄砲　2 イ　3 ウ→エ→イ→ア　4 ア
5 軍事力の強化
6 主に平民が税などの負担を負っていた社会から，聖職者や貴族も同様に負担する社会の実現を目ざした。
Ⅱ 1 ① 自由民権　② ポツダム　2 ア　3 エ
4 大きな負担を負い，多くの犠牲を払った　5 イ→ウ→ア
6 (日本の) エネルギー供給が石炭から石油に依存するようになっていた中で，原油価格が大幅に上がり，物価が上昇した (から。)

[3] Ⅰ 1 ユネスコ　2 イ　3 インフォームド・コンセント　4 エ　5 ウ
6 (1) 複製
(2) インターネット上の情報を引用する場合にも，書籍からの引用と同様に，情報の発信者の著作権を守るため，出典を明記すること。
Ⅱ 1 ＳＤＧｓ　2 ア　3 流通費用の削減　4 ワーク・ライフ・バランス　5 ウ
6 国債の残高が増加することでその返済の負担を後の世代の人々にますます負わせてしまうことと，国の歳出に占める国債費が増加することで他の予算を圧迫すること。(75字)

国語解答

[1] 1 (1) 唱 (える)　(2) 温厚　(3) 忠誠
(4) ふか　(5) きゅうかく　(6) すた (れる)
2 十 (画)

[2] 1 ウ　2 ア
3 Ⅰ 察する　Ⅱ 聞き手に誤解を与えない
4 様々なシグナルを通して会話に積極的に関わり、話し手と相互にコミュニケーションを構築することで、人間関係の根幹を支え豊かにする
5 ウ

[3] 1 いう　2 猪のやうなるもの　3 イ
4 Ⅰ どのようなものか見てみたかった　Ⅱ 禍といふもの求めてまいらせよ　Ⅲ ウ

[4] 1 エ
2 Ⅰ 慌てた様子で否定　Ⅱ いつも通り　Ⅲ 明朗快活な姿は偽りではない
3 イ→ウ→ア
4 部員の反発を恐れて自分の思いを伝えるかどうかを決められずにいたが、航大の励ましによって、迷いがなくなった様子。

[5] (略)

英語リスニング

[1] 1 エ　2 ア　3 イ　4 Friday　5 ウ→ア→イ→エ　6 ウ
7 decided to study English every day
8 I would buy a new big house for my family.

令和６年度　問題解説

〈数　学〉

1

1 (1) $41-7\times5=41-35=6$

(2) $\frac{3}{4}\div\frac{9}{8}+\frac{1}{2}=\frac{3}{4}\times\frac{8}{9}+\frac{1}{2}=\frac{2}{3}+\frac{1}{2}=\frac{4}{6}+\frac{3}{6}=\frac{7}{6}$

(3) $\sqrt{18}-\frac{2\sqrt{3}}{\sqrt{6}}=3\sqrt{2}-\frac{2\sqrt{3}\times\sqrt{6}}{\sqrt{6}\times\sqrt{6}}=3\sqrt{2}-\frac{6\sqrt{2}}{6}=3\sqrt{2}-\sqrt{2}=2\sqrt{2}$

(4) 1，2，3，4，6，⑧，9，12，18，㉔，36，(72)

(5) エ　$5n+10=5(n+2)$ より５でわり切れる。

2 $a(x-y)-bx+by=a(x-y)-b(x-y)$
$=(x-y)(a-b)$

3 本体価格を x 円とすると，$x\times1.1=176$
$x=176\div1.1=160$

4 ∠DBC＝60°より，∠DCB＝69－60＝9°
∠ACB＝60°より，∠ACD＝60－9＝51°
FE∥DC より錯角が等しいので，$\angle x=51°$

5 箱の中に入っている玉の数を x 個とすると，
$x:100=40:4$　より，$x=1000$
よって，赤玉は 1000－100＝900 個

2

2 $a<0$，$b>0$ のとき，
$y=ax+b$ は，傾き $a<0$，切片 $b>0$ の直線。
$y=\frac{a}{x}$ は，比例定数 $a<0$ の双曲線。
$y=\frac{b}{a}x^2$ は，比例定数 $\frac{b}{a}<0$ の放物線。

3 ・A，B からそれぞれ適当な長さをとり，その交点を結ぶと AB の垂直二等分線が引ける。この直線と AB との交点が中心 O。
・半円の半径 OA をとり，P を中心に半円の弧と交わった点を C とすると，△OPC は正三角形なので，∠COP＝60°
・P を中心に適当な長さをとり，OC，OP の交点からそれぞれ円をかき，その交点と O を結んだ直線は∠COP の二等分線となるので，∠POP＝30°

4

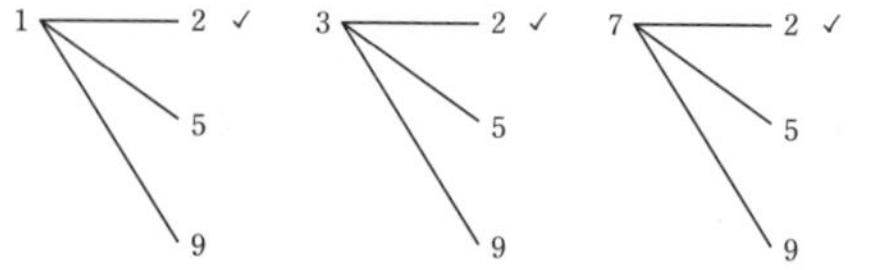

より，$\frac{3}{9}=\frac{1}{3}$

3

1 気温が小さい順に並べて６番目と７番目の平均値が中央値なので，
$\frac{12.6+14.3}{2}=13.45\fallingdotseq13.5$

2 ウ…27～33 と 33～39 の度数が逆になっている。
オ…27～31 の度数は０なのに，おかしい。

3 (1) $(28+8)\times5\div9=20$

4 ②　図２を見ると，それぞれの並びはばらばらである。
③　第１四分位数が０℃未満であるが，小さい順に並べて４番目が０℃未満とまでは言い切れない。
④　第１四分位数を見ればよい，そうすると，指宿市も３つ以上あることがわかる。

4

1 イ(18，54)を $y=\frac{1}{6}x^2$ に代入すると，$54=\frac{1}{6}\times18^2=54$ より，イは $y=\frac{1}{6}x^2$ 上にあることがわかる。

2 10 秒後までに進んだ距離＝$\frac{1}{6}\times10^2=\frac{50}{3}$ m
20 秒後までに進んだ距離＝$\frac{1}{6}\times20^2=\frac{200}{3}$ m
より，平均の速さ＝$\left(\frac{200}{3}-\frac{50}{3}\right)\div10$
＝5m/s

3 (2) 自動車が P 地点を出発し，x 秒後にマオさんに追いついたとすると，
自動車…$y=4.8x$
マオさん…$y=3x+54$　で，進んだ距離が等しいから連立方程式を解くと，$x=30$
したがって，PR＝3×30＋54＝144m
よって，PQ＝900－144＝756m だから，
その速さは，756÷180＝4.2m/s

5

1 △BCD は正三角形なので，∠CBD＝60°
$\overset{\frown}{CD}$ に対する円周角は等しいので，∠CGD＝∠CBD＝60°

3 (1) 2より，AG＋BG＋CG＝AD だから，
4＋5＋3＝AD，AD＝12
したがって，GD＝AD－AG＝12－4＝8

(3) (2)より $CI=\frac{3\sqrt{3}}{2}$，$AI=4+\frac{3}{2}=\frac{11}{2}$ だから，
△ACI において三平方の定理より，
$AC=\sqrt{\left(\frac{3\sqrt{3}}{2}\right)^2+\left(\frac{11}{2}\right)^2}=\sqrt{37}$
△BDC と△ACE は相似で，相似比は BD：AC＝7：$\sqrt{37}$ より，
面積比＝$7^2:(\sqrt{37})^2=49:37$

〈英　語〉

2

1 Nick　：もうすぐ春休みがやって来ますね！
Shun　：はい。〈ア〉私の家族は花見パーティをする予定です。
Nick　：良さそうですね。誰が来るのですか？
Shun　：私のおじといとこ、私の友達のエミリーです。〈イ〉
Nick　：おお、私の国ですか？彼女はどの都市の出身ですか？
Shun　：彼女はロンドン出身です。
Nick　：おお、私は彼女とロンドンについて話したいです。〈ウ〉
Shun　：今週の土曜日です。来てくれませんか？
Nick　：〈エ〉私は行きたいのですが、まず家族に聞いてみなければいけません。だから、明日そのことについて話しましょう。
Shun　：わかりました。さようなら。
Nick　：さようなら。

①あなたはいつパーティをするつもりですか？
→「今週の土曜日です。」という答えの直前が適当である。
②彼女はあなたの国の出身です。
→「おお、私の国ですか？」と聞き返しているので、その直前に入れる。

2 Bill　：お母さん、もう行くよ。行ってきます。
Mom　：ビル、午後に雨が降るらしいですよ。（　①　）を持っていますか？
Bill　：はい。私はカバンの中にそれを持っています。ありがとう、お母さん。ところで、私は今日の放課後、サムの家に行くつもりです。
Mom　：どうして？
Bill　：私は彼と一緒に数学の勉強をするつもりです。彼の（　②　）、ジョージが私たちに数学を教えてくれるでしょう。彼はサムのお父さんの兄弟です。
Mom　：おお、それはいいですね。でも、午後６時までに家に帰って来るのを忘れないでね。今日あなたはピアノのレッスンがあります。
Bill　：はい、わかっています。私は午後５時５０分までにサムの家を（　③　）つもりです。
Mom　：わかりました。よい一日を。

①雨が降っている時にあなたを乾いたままに保つために使うもの→「傘」
②あなたの父あるいは母の兄弟→「おじ」
③ある場所から出かけること→「出発する」

3 (1) 〈教室で〉
A：休暇はどうでしたか、ダン？家族と一緒にどこに行きましたか？
B：私は東京に行きました。私はとても楽しみました。
→主語は「私は」、過去形で聞かれているので、「go」を過去形にする。「go」の後に場所がくるときは、前置詞「to」が必要。

(2) 〈家で〉
A：マットがどこにいるかあなたは知っていますか？
B：いいえ。私は今朝から彼を見ていません。
→主語は「私は」、「since」があるので「see」を現在完了形にする。

(3) 〈家で〉
A：私は今日これらの本を買いました。
B：それらはあなたのお気に入りの作家によって書かれた本ですか？

A：はい。それらはとても人気があります。私はそれらを読むのを待てません。

→「by」があるので、「be 動詞＋過去分詞」の受身の形にする。

3 Ⅰ　こんにちは、みなさん！昨日お昼休みの後、私たちが教室の掃除を始めた時、ケビンが私に「掃除の良いところは何ですか？アメリカで私は教室の掃除をしませんでした。」と尋ねました。私は何と言うべきかわからなかったので、昨夜彼の質問に対する答えを見つけようとしました。今日、それについて話そうと思います。

私が1年生の時、掃除が好きではありませんでした。それは本当に退屈でした。私はより長い昼休みをとって、友達ともっと遊びたかったのです。時々私は友達と遊び続け、掃除をしませんでした。ある日、私たちはまた掃除時間に遊んでいました。その時、先生が私たちに「もし掃除をすれば、あなたたちは重要なことを学べます。私はそのことを何度もあなたたちに言ってきましたが、まだ理解していませんね。私は（　①　）ですが、まだそれを理解することができると信じています。」と言いました。その時彼が言ったことを私は理解しませんでした。

ある日、友達が休んだので、私は黒板の掃除をしました。彼はいつもとても一生懸命働いていたので、私もとても一生懸命働きました。掃除時間の後、数学の先生が私たちの教室に入って来ました。彼女は黒板を見て「この教室の黒板はいつもきれいですね。私は幸せに感じるので、あなたたちに教えることがいつも楽しいです。ありがとう。」と言いました。みんなが笑っていたことを私は覚えています。彼女も笑っていました。数学の授業は本当に楽しかったです。掃除は私たちを幸せにさせることができると私は感じました。

また別の日、私は腕を骨折したので、掃除時間に机を動かすことができませんでした。その時、クラスメイトの一人が私を助けてくれました。私はそんなによく彼女と話すわけではなく、ただのクラスメイトでした。しかし、彼女は私が机を動かすのを手伝ってくれました。その時、私は「ありがとう。」とだけ言いました。数日間、私たちは一緒に机を動かしました。すぐに、私たちはたくさん話し始めました。今私たちは仲の良い友達になって、いつも一緒に楽しい時間を過ごしています。これは掃除が私たちを幸せにすることができると感じた2つ目の機会でした。

ケビン、あなたは昨日私に質問をしました。あなたは「掃除の良いところは何ですか？」と言いました。私の答えは「　②　」。聞いてくれてありがとうございます。

1　直前に「私はそのことを何度もあなたたちに言ってきましたが、まだ理解していませんね。」とあるので、「sad＝悲しい」が適当である。

2　3段落の1文目に注目する。

3　3段落、4段落の最終文に同じことが書かれてある。

Ⅱ

	プランA	プランB	プランC	プランD
活動	お皿作り	釣り	美術館訪問	コンサート
	釣り	温泉	サイクリング	温泉
料金	3000円	2500円	3500円	5500円
集合時間	午前7時	午前8時	午前10時	午前8時
集合場所	バス停西	バス停東	バス停東	バス停西

Ayumi：おはようございます、ベッキー。あなたは最初の週末を鹿児島で過ごすのですね？今週末のあなたの計画は何ですか？

Becky：やあ、アユミ。私はまだ決めていません。

Ayumi：それを聞いて良かったです！私は土曜日にあなたと一緒にバスの旅を楽しみたいです。

Becky：おお、素晴らしい！私もしたいです。私たちはどんな計画を楽しむことができますか？

Ayumi：この比較表を見てください。4つのプランがあります。

Becky：ええ、私は芸術と釣りに興味があります。だから（　①　）が良さそうです。

Ayumi：それはいいですね。でも、私は早く起きたくありません。これはどうですか？私は音楽を聴くことが好きです。

Becky：それも良さそうですね。でも、私は他人と一緒にお風呂に入りたくありません。

Ayumi：おお、本当ですか？それなら、このプランを選びましょう。私たちは芸術と自転車に乗ることを楽しむことができます。

Becky：わかりました。いつ、どこで待ち合わせましょうか？

Ayumi：集合時間の１０分前に待ち合わせましょう。だから、（　②　）に待ち合わせることになります。

Becky：その時会いましょう。

1　「芸術と釣りに興味があります」とあるので、プランAが当てはまる。

2　結局選んだのは、「芸術と自転車に乗ることを楽しむ」ことができるプランCなので、待ち合わせ時間は午前10時の「10分前」の午前9時50分で、集合場所は「バス停東」である。

Ⅲ　コウヘイは今年の夏、大きな野球トーナメントで試合をする三校合同チームのキャプテンでした。高校3年生になった時、彼はたった1人の部員でした。彼の近くの2校もまた、もっと部員を必要としていたので、彼らは一緒にやることを決めました。

トーナメントの前、彼は「合同チームの中には異なった学校からの選手がいるので、一緒に練習することが難しいです。それぞれの学校から私たちの学校に来るのに時間がかかるので、私たちは練習する十分な時間がありません。そして、それぞれの学校はスケジュールが異なるので、週に3日しか練習できません。しかし、今私は一緒に野球をするたくさんの新しい友達がいるので、とても幸せです。」と言いました。

彼のチームは初戦で負けました。彼は「私は負けたことを残念に思います。しかし、私は野球をするのは勝つためだけではないことを知っています。私は周りの人々なしには野球をすることができませんでした。チームのメンバーのおかげで、私はこのトーナメントを楽しみ、他のチームのおかげで、試合を楽しみました。私は野球をしてきて本当にうれしいです。」と言いました。

「スポーツにおいて最も重要なことは何ですか？」という質問に対して、彼は「自分自身の目標のためにスポーツをすることだと私は思います。例えば、良い健康を維持したり、良い思い出を作ったり、あるいは勝つために私たちはスポーツをします。それらはすべて重要ですが、私にとってスポーツにおけるもっとも重要なことは、周りの人々のおかげでスポーツを楽しむことができることを忘れないことです。」と言いました。

コウヘイは彼の夢のためにより一生懸命勉強しています。彼は体育の先生になるために大学に行きたいです。彼は生徒と一緒に野球を楽しみたいです。彼が生徒と一緒にとても幸せな未来を過ごせることを私は望みます。

Alex：この記事において、コウヘイが最も私たちに伝えたいことは何ですか？

Riku：（　　　　　　　　　　　　）

Alex：私もそう思います。それが最も重要な点です。

ア　それぞれの学校はスケジュールが異なるので、合同チームにとって一緒に練習することは難しい。

イ　私たちは良い健康を維持したり、良い思い出を作ったりするためにスポーツをするべきである。

ウ　私たちは周りの人々のおかげでスポーツを楽しむことができるということを覚えておくべきである。

エ　高校生にとって将来の夢のために一生懸命勉強することは重要だ。

→第4段落の最終文に注目する。

4　私たちは食事の時、たいてい何を使いますか？手？スプーン？そう、私たちは箸を使います。しかし、箸について今までに考えたことがありますか？私は全然知らないことに気づいたので、今年の夏それらについて学びました。今日は、①箸について話したいと思います。まず、箸の歴史について話します。次に、3か国の人々が食事の時に使っている物を紹介します。そして、人気のある使い捨ての木製の箸である「割箸」についての質問をします。最後に、日本製の割箸について話します。

いつどこで人々が最初に箸を使ったのか知っていますか？３０００年以上

前に中国の人々が箸を使い始めたと多くの人々が考えています。後に、アジアの他の国でも箸は人気になりました。今や世界中の多くの人々がそれらを使っています。

②次のスライドは、日本、中国、韓国これら３か国で食事の時に人々が使うものを表しています。写真１を見てください。これらは日本の箸です。実は、これらは私のものです。次に、写真２です。スープスプーンと箸を見ることができます。私は中国でこの写真を撮りました。そこの人々はたいてい長い箸とスープスプーンを使います。日本と中国では、木材かプラスチックで作られた箸が人気です。次に写真３です。再びスプーンと箸を見ることができます。これらの箸は金属で作られているので、日本や中国の箸ほど軽くはありません。私は韓国でこの写真を撮りました。私は多くのレストランでこの種類の箸とスプーンを見ました。

次は割箸クイズで楽しみましょう！始めましょう。1）日本で作られた割箸と他の国で作られた割箸とでは、私たちはどちらをよく使いますか？答えを知っていますか？はい、私たちは中国のような他の国で作られた割箸をたいてい使います。2）他の国で作られた割箸を日本は以前よりも輸入していますか？その答えは「No！」です。現在１５０億膳の割箸が外国から来ていますが、以前はもっと多くの割箸が日本に来ていました。3）日本が最も割箸を輸入していたのはいつですか？ヒントをあげましょう。私たちが生まれるちょうど前でした。その答えは２００５年です！③これを見てください。２００５年には２５０億膳以上の割箸が日本に来ましたが、２００５年の後からはその数が少なくなりました。なぜ多くの日本人がたくさんの割箸を使うのをやめたのか知っていますか？彼らは［　④　］かったのだと私は思います。たぶん、彼らはたくさんの木が割箸のために切られることを心配したのでしょう。

しかし、私たちは割箸を使うのをやめるべきでしょうか？⑤日本で作られた割箸を使うことは環境に良いと考える人々もいます。日本の割箸の会社の多くは、割箸を作るのに２種類の木材を使います。彼らは物を作るのに不要な小さな木材を使います。彼らはまた、他の木がより成長するのを助けるために人々が切った木から出た木材を使っています。面白いでしょう？

箸について多くの考えと事実があることに私はとても驚きました。あなたたちが普段使っている物について学んでみてはどうですか？私のように、面白い事実をいくつか見つけてみてください。聞いてくれてありがとうございます。

1　今日の発表

1．（　A　）　　ア　割箸クイズ
2．（　B　）　　イ　３か国で人々が食べるために使う物
3．（　C　）　　ウ　箸の歴史
4．日本で作られた割箸
→日本語訳参照

2　【メモ】
・（　A　）ではスープスプーンと一緒に長い箸を使っている。
→写真２なので、中国
・韓国で使われている箸は３つの中で最も（　B　）。
→韓国の箸は金属でできているので、最も重い。

3　2005年は250億以上で、その後少なくなっているのはウのグラフ。

4　④直後の文に注目すると、「環境を守る」といった内容の英語を入れる。

5　第５段落の後ろから２文目、３文目をまとめればよい。

6　【対話】

Erika：発表してくれてありがとう。再びたくさんの文字が書かれた図を見てくれませんか？あなたは「言葉の大きさは生徒がその言葉を何回使ったのか表している。」と言いました。それはとても便利だと私は思います。

Aya　：ありがとう。みんな違った考えを持っています。私はとても驚きました。

Erika：わかりました。あなたの考えを私に教えてください。紙の書籍と電子書籍ではどちらが良いですか？そして、それはなぜですか？

Aya　：［　　　　　　　　］

Erika：ありがとう。私もそう思います。

〈理　科〉

1　4　２種類以上の原子でできているのが化合物である。

6　(1)　X…$70\div10=7$km/s
　　　　Y…$70\div20=3.5$km/s

2　Ⅰ　2　凝灰岩の層をかぎ層にすると、bが最も深い位置にあるので、最も古い。

3　サンヨウチュウ、フズリナは古生代。アンモナイトは中生代。

Ⅱ　1　木星型惑星は地球型惑星に比べ、密度が小さい。

4　地球とEとの直径の比は１：４より、半径の比も１：４
したがって、体積比＝(半径の比)^3
$=1^3:4^3=1:64$

3　Ⅰ　2　20℃の塩化ナトリウムの飽和水溶液200gに溶けている塩化ナトリウムの質量をxgとすると、
$200:x=137.8:37.8$
9
$x=54.86\cdots$

4　10℃の水50gに溶ける硝酸カリウムは$22.0\div2=11.0$g
したがって、$15-11=4.0$g

Ⅱ　1　原点とFを結んだ直線上にある金属は、密度が同じなので、同じ種類である。

2　(2)　図２より、銅：酸化銅＝４：５
　　　マグネシウム：酸化マグネシウム＝３：５
混合物にふくまれていた銅の質量をxgとすると、
マグネシウムは$(2.0-x)$g
したがって、$x\times\frac{5}{4}+(2.0-x)\times\frac{5}{3}=3.0$
これを解くと、$x=0.8$

5　Ⅰ　1　(1)　a　1200gのおもりにはたらく重力は12Nだから、12N×1m＝12J
b　0.35A×2.0V×5.0s＝3.5J
(2)　c　$\frac{3.5}{12}\times100=29.1\cdots$

Ⅱ　3　ばねののびが10.0cmより、このときのXの値は2.5N
したがって、$X+Y=2.5$
$Y=-X+2.5$
これを表したグラフはイである。

〈国　語〉

2　1　a　直前の「絶対採用間違いないよ」に注目する。
b　直前の「多様に変化する」に注目する。

2　イ、ウ、エは「湯桶読み」

3　第７段落に注目する。

4　第３、５、最終段落に注目する。

5　ウ　話し手の意図を察することなく、関係のない「野球」の話をしているので不適。

3【現代語訳】

天竺に国があった。世の中が平穏になり、人民は楽しくしていたので、少しの心配事もない。国王は、嬉しく自慢に思って、穏やかな暮らしに飽きてしまい、「禍というものはどのようなものか、禍というものを探し求めて私の元に持ってきなさい」といった宣旨を下さったので、宣旨を重く受け止めて、大臣公卿から人民百姓に至るまで禍を求めると、猪のようなものを１頭探してきて「これが禍でございます」と言って、嬉しそうに国王に差し上げたところ、国王は愛情をもってこの猪を飼いなさったが、鉄以外のものを食べることはなかった。

だんだん年月が経つと、国中の鉄が尽きてなくなってしまった。猪は食べる物を欲しがって暴れ出したので、国王は「打ち殺しなさい」という宣旨を下しなさったが、矢が刺さることなく、刀で切っても刃が立たなかった。火で焼こうとすると、鉄のようで猪が立ち寄ったところは全て焼失した。国の城をはじめ、何１つ残らなかった。１つの国が滅びてしまったのだ。

4　1　直後の「凜の声には、突き放すような刺々しさがあった」に注目する。

2　傍線部②直前に注目する。

4　傍線部③直前に注目する。

鹿児島県公立入試(社会)に出た年号のすべて

57　倭の奴国が後漢より金印をもらう
239　卑弥呼が魏に使いを送る
603　冠位十二階の制度が制定
604　聖徳太子が十七条憲法を作る
607　小野妹子が隋に渡る
610　ムハンマドがイスラム教を始める
630　遣唐使のはじまり
645　大化の改新
663　白村江の戦い
672　壬申の乱
676　朝鮮半島統一
701　大宝律令が制定
708　和同開珎がつくられる

奈良

741　国分寺・国分尼寺　建立　【天平文化】
743　墾田永年私財法の制定
752　東大寺の大仏完成

平安

816　空海が高野山に金剛峰寺建立
894　遣唐使が停止される　【国風文化】
935　平将門の乱がおこる
939　藤原純友の乱
960　宋が中国統一
1016　藤原道長が摂政となる
1053　藤原頼通が平等院鳳凰堂を造立
1086　白河上皇が院政を始める
1156　保元の乱
1159　平治の乱➡67　平清盛が太政大臣となる
1179　平清盛が宋と貿易をはかる
1185　壇ノ浦の戦い➡国ごとに守護・地頭をおく

鎌倉

1192　源頼朝が征夷大将軍に任命される
1203　北条時政が執権となる
1206　チンギス＝ハン　モンゴル統一
1221　承久の乱
1232　御成敗式目
13C中頃　一遍が時宗をひらく(踊り念仏)
1271　フビライ＝ハンが国号を元と定める
1274　文永の役　┐元寇
1281　弘安の役　┘
1297　永仁の徳政令
1299　マルコ＝ポーロ「東方見聞録」
14C初め　イタリアでルネサンスがおこる
1334　建武の新政－後醍醐天皇
1338　足利尊氏が征夷大将軍となる

室町

15C初め　尚氏が琉球王国を統一
1404　勘合貿易が始まる－足利義満
1467　応仁の乱　【東山文化】
1489　足利義政が銀閣を建てる
1492　コロンブスがアメリカ大陸を発見する
1498　バスコ＝ダ＝ガマのインド到達　【室町文化】
1517　ルターの宗教改革
1522　マゼランの船隊が世界一周
1534　イエズス会創立
1543　ポルトガル人が種子島に鉄砲を伝える
1549　ザビエルがキリスト教を伝える
1560　桶狭間の戦い

安土桃山

1573　室町幕府が滅ぶ
1575　長篠の戦い
1579　安土城完成
1582　本能寺の変／太閤検地
1582　ローマ教皇のもとに少年使節が送られる
1588　刀狩令
1590　豊臣秀吉が全国統一
1592　豊臣秀吉が朝鮮に出兵する
1600　関ヶ原の戦い／イギリスが東インド会社を設立

江戸

1603　徳川家康が江戸幕府を開く
1612　天領でキリシタンをとりしまる(禁教令)
1615　武家諸法度／豊臣氏がほろびる(大阪の陣)
1616　清の中国支配がはじまる
1641　出島にオランダ商館が移る
1642　清教徒革命
1669　シャクシャインの戦い
1687　生類憐みの令が出される
1688　名誉革命　【元禄文化】
1716　享保の改革
1742　公事方御定書
1775　アメリカ独立戦争➡76　アメリカの独立宣言
1787　寛政の改革
18C後半　イギリスで産業革命
1789　フランス革命　フランス人権宣言
1792　ロシア使節ラクスマン根室来航
1825　外国船(異国船)打払令　【化政文化】
1837　大塩平八郎の乱
1840　アヘン戦争

1841　天保の改革／株仲間の解散
1851～64　清で太平天国の乱
1853　ペリーが浦賀に来る
1854　日米和親条約(函館・下田を開港)
1857　インドの大反乱
1858　日米修好通商条約
1859　安政の大獄
1860　桜田門外の変
1861　アメリカで南北戦争
1862　生麦事件
1863　薩英戦争
1866　薩長同盟
1867　大政奉還

明治～近代↓

1868　戊辰戦争／五箇条の御誓文／明治維新
1869　版籍奉還
1871　殖産興業／廃藩置県／岩倉具視ら欧米へ派遣
1872　学制・福沢諭吉「学問のすゝめ」
1873　地租改正⬅72　地券の発行
1874　板垣退助らの民撰議院設立建白書➡自由民権運動
1875　樺太、千島交換条約
1877　西南戦争
1880　国会期成同盟
1881　国会開設の勅諭／自由党結成
1882　立憲改進党結成
1884　秩父事件
1885　内閣制度成立／伊藤博文が初代内閣総理大臣になる
1889　大日本帝国憲法発布／鉄道開通
1890　第1回衆議院議員総選挙➡第一回帝国議会
1894　治外法権の撤廃に成功／日清戦争
1895　下関条約➡三国干渉(独・露・仏)・樋口一葉「たけくらべ」
1899　義和団事件(の乱)➡02　日英同盟
1904　日露戦争が始まる➡05　ポーツマス条約
1910　韓国併合
1911　辛亥革命／関税自主権の回復(条約改正)
1914　第一次世界大戦始まる
1915　二十一か条の要求
1916　吉野作造が民本主義を提唱
1917　ロシア革命
1918　シベリア出兵／米騒動／第一次世界大戦終わる
1919　五・四運動／ベルサイユ条約が結ばれる／ワイマール憲法
1920　国際連盟発足
1921　ワシントン会議
1923　関東大震災
1925　普通選挙制の制定／治安維持法／ラジオ放送開始
1927　金融恐慌
1928　5か年計画
1929　世界恐慌
1931　満州事変➡33　日本の国際連盟脱退
1932　五・一五事件／ブロック経済
1933　ヒトラーの独裁政治／F.ルーズベルトのニューディール政策
1936　二・二六事件
1937　日中戦争
1938　国家総動員法
1939　第二次世界大戦始まる
1940　日独伊三国同盟が結ばれる
1945　ヤルタ会談／ポツダム宣言／第二次世界大戦終わる
1945　国際連合が発足／財閥解体／女性に選挙権が与えられる
1946　日本国憲法が公布➡47　日本国憲法が施行
1946　農地改革
1947　独占禁止法／教育基本法
1948　世界人権宣言
1949　中華人民共和国成立・湯川秀樹日本人初のノーベル賞受賞
1950　朝鮮戦争
1951　サンフランシスコ平和条約／日米安全保障条約
1953　NHKテレビ放送開始
1955　アジア・アフリカ会議
1956　日ソ共同宣言➡日ソ国交回復➡日本の国際連合加盟
1959　国民年金法　公布
1964　東京オリンピック開催／東海道新幹線開通
1965　日韓基本条約
1967　公害対策基本法
1970　大阪で万国博覧会開催
1972　沖縄日本復帰／中国と国交正常化(日中共同声明)
1973　石油危機(オイルショック)
1978　日中平和友好条約
1985　男女雇用機会均等法
1989　消費税導入／ベルリンの壁崩壊
1990　東西ドイツ統一
1992　地球サミット開催
1993　EU(ヨーロッパ連合)発足
1995　WTO(世界貿易機関)発足
2000　九州・沖縄サミット

＊知っておくべき重要年号

1333　鎌倉幕府滅ぶ
1392　足利義満が南朝と北朝を合一
1635　参勤交代の制度
1637　島原の乱
1641　鎖国の完成
1649　慶安の御触書
1863　リンカーンが奴隷解放宣言／長州藩が外国船を砲撃
1890　教育勅語発布

able (be able to)	about	across	action
activity	afraid	after (↔before)	afternoon
again	ago	agree	air
airport	all	almost	alone
along	already (↔yet)	also	always
among	and	angry	animal
another	answer (↔ask, question)	any	anything
apple	arm	around	arrive
as	ask (↔answer)	aunt	away
baby	back	bad (↔good)	bag
ball	baseball	basketball	bath
beach	beautiful	because	become
bed	before (↔after)	begin (↔finish)	believe
belong	best	better	between
big (↔little)	bike	bird	birthday
blackboard	blue	body	book
born	borrow	both	bow
box	boy	bread	break
breakfast	bring (↔take)	brother	build
building	bus	busy	but
buy (↔sell)	cake	call	camera
camp	can (=be able to →could)	cap	car
card	care	carefully	carry
catch	century	chair	chance
change	check	child (children)	choose (→choice)
city	class	classic	classmate
classroom	clean	clear	clearly
climb	close (↔open)	cloth	cloud (→cloudy)
club	cold (↔hot)	collect	college
color (colour)	come (↔go)	communication	computer
concert	contest	continue	cook
corner	country	course (of course)	cry
culture	cut	cute	dance
dark	daughter (↔son)	day	dear
decide	delicious	desk	dictionary
die	different (↔same)	difficult (↔easy)	dinner
discover	do (does→did→done)	doctor	dog
doll	dollar	door	down
drama	draw	dream	drink
drive	during	each	ear
early (↔late)	earth	easy (↔difficult) (→easily)	eat
either	else	e-mail	enjoy (=have a good time)
enough	enter	especially	even
evening	event	ever	every
everybody	everyone	everything	example (for example)
excite	excuse	expensive	experience
eye	face	fall	family
famous	fan	far	farm
fast (↔slow)	father	favorite	feel (→felt)
festival	few	finally	find
fine	finger	finish	fish
flower	flute	fly	food
foot (feet)	foreign	forest	forever
forget	forward (look forward to)	free	friend

from	front (in front of)	fruit	full
fun	future	game	garden
get	girl	give	glad (be glad to)
glass	go (↔come)	goal	good (↔bad)
goodbye	graduation	grandfather	grandmother
great	green	ground	group
grow	guitar	half	hand
happen	happy	hard	hat
have	head	health	hear
heart	heavy	help	here
high (↔low)	hill	history	hobby
holiday	home	homework	hope
hospital	hot (↔cold)	hour	house
how	however	hungry	husband
idea	if	important	information
interesting (be interested in)	Internet	into	introduce
invite	iron	job	join
juice	jump	junior	just
keep	kind	kiss	kitchen
know	lake	land	language
large (↔small)	last	late	later
leader	learn	leave	left (↔right)
leg	lesson	let	letter
library	life	light	like
line	listen	little (↔big)	live
long (↔short)	look	lose	lot (a lot of)
loud	love	lucky	lunch
make (→made)	man (men)	many (↔few)	map
mark	matter	may	meal
mean (→meant)	meet	member	message
meter	milk	mind	minute
miss	mistake	money	month
more	morning	most	mother
mountain	mouth	move	movie
much	music	museum	must (=have to)
name	near	necessary	need
nervous	never	new (↔old)	news
newspaper	next	nice	night
noon	nose	notebook	nothing
notice	now	number	nurse
o'clock	off	office	often
old (↔young, new)	once	only	open (↔close)
orange	other	out	outside
over	own	paint	pair
paper	parent (parents)	park	part
party (parties)	pass	passport	peace
pen	people	perfect	perform
person	phone	piano (→pianist)	picture
piece(s)	pizza	place	plan
plane	play	player	please
point	poor	popular	post
potato	practice	present	pretty
prize	problem	put	question (↔answer)
quickly	quiet	radio	rain
reach	read	ready	really
remember	report	restaurant	return

rice	ride	right (↔left)	river
road	rock	room	run
sad (↔glad)	safe	same (↔different)	save
say (→said)	school	sea	season
seat	see	send (→sent)	set
shake	shall	share	ship
shirt (T-shirt)	shock	shoes	shop
short (↔long , tall)	should	shout	show
sick (↔well)	silent	sing	sit (↔stand)
size	skip	sky	sleep (→sleepy)
slowly (↔fast)	small (↔large)	smile	snow
so	soccer	social	some
someone	something	sometimes	son (↔daughter)
song	soon	sorry	sound
space	speak	special	speech
spend	sport	stand (↔sit)	start (↔stop)
station	stay	still	stone
stop (↔start)	store	story	strange
street	strong	student	study
subject	such	suddenly	sun
sure	surprise	sweet	swim
table	take (↔bring)	talent	talk
tall (↔short)	tea	teach	teacher
team	tear	telephone	tell
temple	tennis	tent	test
than	thank	then	there
these	thing	think (→thought)	those
though	through	time	tired
today	together	tomorrow	too
tooth	top	tournament	town
train	traditional	travel	tree
trip	true	try	turn
uncle (↔aunt)	under	understand	university
until (=till)	up	use	useful
usually (→usual)	vacation	very	video
village	violin	visit	voice
volleyball	volunteer	wait	walk
wall	want (=would like to)	war	warm (↔cool)
wash	watch	water	wave
way	wear	weather	week
weekend	welcome	well	wet
what	when	where	which
while	who	why	wife
will (=be going to)	win	wind	window
winter	with	without	woman (women)
wonderful	word	work	world
worry	write	wrong	yard
year	yellow	yesterday	yet
young (↔old)	zoo		

＜季節＞spring summer fall winter ＜曜日＞Sunday Monday Tuesday Wednesday Thursday Friday Saturday ＜月＞January February March April May June July August September October November December ＜数＞one two three four five six seven eight nine ten eleven twelve thirteen … twenty thirty forty fifty sixty seventy eighty ninety hundred thousand ＜序数＞first second third fourth fifth sixth seventh eighth ninth tenth eleventh twelfth ＜方位＞east west south north

不規則動詞活用表

意味	原形（現在）	過去形	過去分詞	現在分詞	意味	原形（現在）	過去形	過去分詞	現在分詞
	be/am,is/are	was/were	been	being		become	became	become	becoming
	begin	began	begun	beginning		break	broke	broken	breaking
	bring	brought	brought	bringing		build	built	built	building
	buy	bought	bought	buying		catch	caught	caught	catching
	come	came	come	coming		cut	cut	cut	cutting
	do,does	did	done	doing		draw	drew	drawn	drawing
	drink	drank	drunk	drinking		drive	drove	driven	driving
	eat	ate	eaten	eating		fall	fell	fallen	falling
	feel	felt	felt	feeling		find	found	found	finding
	fly	flew	flown	flying		forget	forgot	forgot(ten)	forgetting
	get	got	got(ten)	getting		give	gave	given	giving
	go	went	gone	going		grow	grew	grown	growing
	have,has	had	had	having		hear	heard	heard	hearing
	keep	kept	kept	keeping		know	knew	known	knowing
	leave	left	left	leaving		lend	lent	lent	lending
	lose	lost	lost	losing		make	made	made	making
	mean	meant	meant	meaning		meet	met	met	meeting
	pay	paid	paid	paying		put	put	put	putting
	read	read	read	reading		ride	rode	ridden	riding
	ring	rang	rung	ringing		rise	rose	risen	rising
	run	ran	run	running		say	said	said	saying
	see	saw	seen	seeing		sell	sold	sold	selling
	send	sent	sent	sending		set	set	set	setting
	show	showed	shown	showing		sing	sang	sung	singing
	sit	sat	sat	sitting		sleep	slept	slept	sleeping
	speak	spoke	spoken	speaking		spend	spent	spent	spending
	stand	stood	stood	standing		swim	swam	swum	swimming
	take	took	taken	taking		teach	taught	taught	teaching
	tell	told	told	telling		think	thought	thought	thinking
	throw	threw	thrown	throwing		understand	understood	understood	understanding
	wake	woke	woken	waking		wear	wore	worn	wearing
	win	won	won	winning		write	wrote	written	writing

形容詞・副詞の比較変化表

語尾の子音字を重ねて，-er，-estをつける語

意味	原級	比較級	最上級
大きい	big	bigger	biggest
熱い	hot	hotter	hottest
うすい	thin	thinner	thinnest
赤い	red	redder	reddest
太った	fat	fatter	fattest

語尾のyをiにかえて-er，-estをつける語

意味	原級	比較級	最上級
忙しい	busy	busier	busiest
簡単な	easy	easier	easiest
早い・早く	early	earlier	earliest
乾いた	dry	drier	driest
幸福な	happy	happier	happiest
騒がしい	noisy	noisier	noisiest
かわいい	pretty	prettier	prettiest
重い	heavy	heavier	heaviest

不規則変化をする語

意味	原級	比較級	最上級
悪い	bad		
悪く	badly	worse	worst
病気の	ill		
良い	good	better	best
健康な・じょうずに	well		
後の〈順序〉	late	latter	last
少量の	little	less	least
多数の	many	more	most
大量の	much		
遠くに	far	farther [further]	farthest [furthest]

前にmore，mostをつける語

beautiful	（美しい）	interesting	（おもしろい）
difficult	（難しい）	useful	（役に立つ）
famous	（有名な）	important	（重要な）
careful	（注意深い）	carefully	（注意深く）
popular	（人気のある）	slowly	（ゆっくりと）

高校入試理科重要公式集

■気体の性質

気体／性質	水素	酸素	二酸化炭素	アンモニア	塩素	窒素
色	ない	ない	ない	ない	黄緑色	ない
におい	ない	ない	ない	刺激臭	刺激臭	ない
空気と比べた重さ	最も軽い	少し重い	重い	軽い	最も重い	少し軽い
水への溶け方	溶けにくい	溶けにくい	少し溶ける	非常に溶ける	溶けやすい	溶けにくい
集め方	水上置換	水上置換	水上（下方）置換	上方置換	下方置換	水上置換
その他の性質	・マッチの火を近づけると音を立てて燃える。 ・亜鉛にうすい塩酸を加えると発生。	・火のついた線香を近づけると炎が明るくなる。 ・二酸化マンガンにオキシドールを加えると発生。	・石灰水を白くにごらせる。 ・水溶液は酸性 ・石灰石にうすい塩酸を加えると発生。	・水溶液はアルカリ性 ・塩化アンモニウムと水酸化カルシウムの混合物を加熱すると発生。	・漂白作用 ・殺菌作用 ・水溶液は酸性	・空気の約4/5を占める ・燃えない。

■指示薬

	リトマス紙	BTB液	フェノールフタレイン溶液
酸性	青色 → 赤色	黄色	無色
中性		緑色	無色
アルカリ性	赤色 → 青色	青色	赤色

■試薬

・石灰水…二酸化炭素があると白くにごる
・塩化コバルト紙…水があると赤色に変化する
・酢酸カーミン（酢酸オルセイン）溶液…核を赤く染める
・ヨウ素液…デンプンがあると青紫色に変化する
・ベネジクト液…糖があると赤かっ色の沈澱ができる

■化学反応式・イオン集

①酸化

・$2H_2 + O_2 \rightarrow 2H_2O$
水素＋酸素→水

・$2Mg + O_2 \rightarrow 2MgO$
マグネシウム＋酸素→酸化マグネシウム
質量比 3 ： 2

・$2Cu + O_2 \rightarrow 2CuO$
銅 ＋酸素→酸化銅
質量比 4 ： 1

・$C + O_2 \rightarrow CO_2$
炭素＋酸素→二酸化炭素

・$4Ag + O_2 \rightarrow 2Ag_2O$
銀 ＋酸素→酸化銀

・$3Fe + 2O_2 \rightarrow Fe_3O_4$
鉄 ＋酸素→酸化鉄

②還元

・$2CuO + C \rightarrow 2Cu + CO_2$
酸化銅＋炭素→銅 ＋二酸化炭素

③化合

・$Fe + S \rightarrow FeS$
鉄＋硫黄→硫化鉄

④分解

・$2H_2O \rightarrow 2H_2 + O_2$
水 →水素＋酸素

・$2NaHCO_3 \rightarrow Na_2CO_3 + CO_2 + H_2O$
炭酸水素ナトリウム→炭酸ナトリウム＋二酸化炭素＋水

・$2HCl \rightarrow H_2 + Cl_2$
塩酸 →水素＋塩素

⑤イオン

・$HCl \rightarrow H^+ + Cl^-$
塩酸→水素イオン＋塩化物イオン

・$NaOH \rightarrow Na^+ + OH^-$
水酸化ナトリウム→ナトリウムイオン＋水酸化物イオン

・$NaCl \rightarrow Na^+ + Cl^-$
塩化ナトリウム→ナトリウムイオン＋塩化物イオン

■公式

・密度〔g/cm³〕＝ $\dfrac{質量〔g〕}{体積〔cm^3〕}$

・湿度〔%〕＝ $\dfrac{空気1m^3中に含まれている水蒸気量〔g〕}{その気温の空気1m^3中の飽和水蒸気量〔g〕} \times 100$

・圧力〔Pa〕＝ $\dfrac{力の大きさ〔N〕}{力がはたらく面積〔m^2〕}$

・速さ〔m/秒〕＝ $\dfrac{物体が移動した距離〔m〕}{移動にかかった時間〔秒〕}$

・質量パーセント濃度〔%〕＝ $\dfrac{溶質の質量〔g〕}{水溶液の質量〔g〕} \times 100$

・電圧〔V〕＝抵抗〔Ω〕×電流〔A〕

・電流〔A〕＝ $\dfrac{電圧〔V〕}{抵抗〔Ω〕}$ ・抵抗〔Ω〕＝ $\dfrac{電圧〔V〕}{電流〔A〕}$

・電力〔W〕＝電流〔A〕×電圧〔V〕

・熱量〔J〕＝電力〔W〕×時間〔秒〕

・仕事〔J〕＝力の大きさ〔N〕×力の向きに動いた距離〔m〕

・仕事率〔W〕＝ $\dfrac{仕事〔J〕}{仕事にかかった時間〔秒〕}$

■顕微鏡の使い方

〈ピントの合わせ方〉

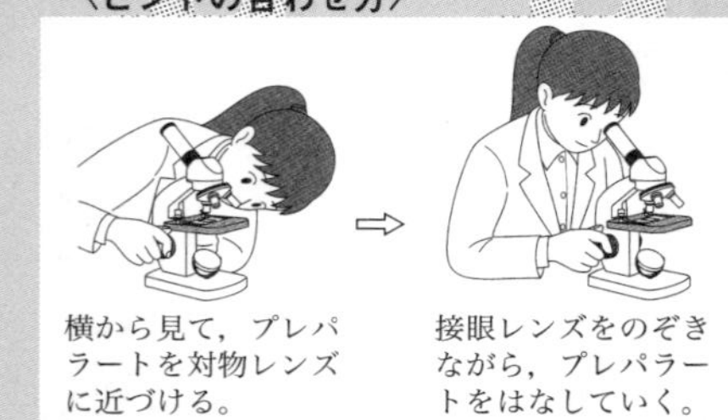
横から見て，プレパラートを対物レンズに近づける。
接眼レンズをのぞきながら，プレパラートをはなしていく。

■ルーペの使い方

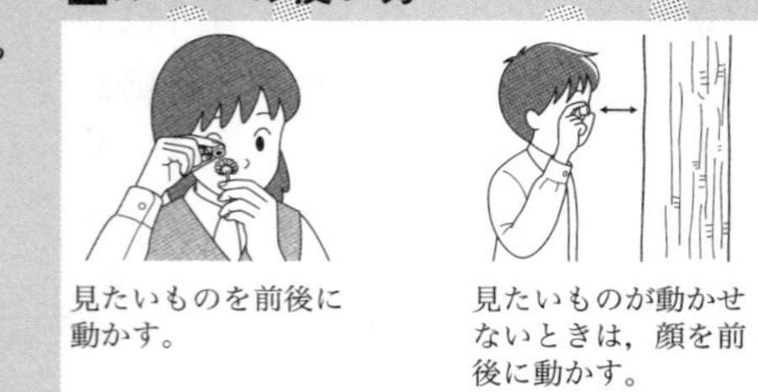
見たいものを前後に動かす。
見たいものが動かせないときは，顔を前後に動かす。

■ガスバーナーの使い方

〈火の消し方〉

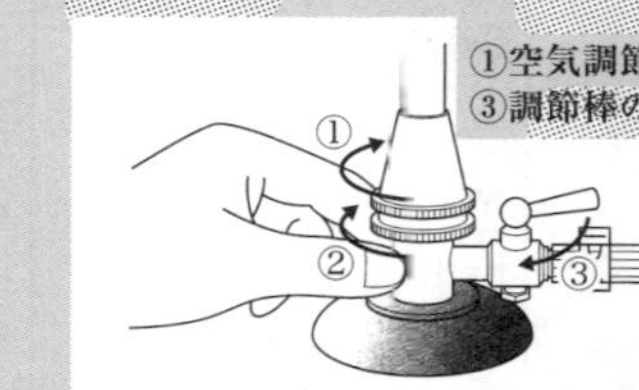
①
②
③

①空気調節ねじ，②ガス調節ねじ，③調節棒の順にねじやコックを閉める。

■メスシリンダーの使い方

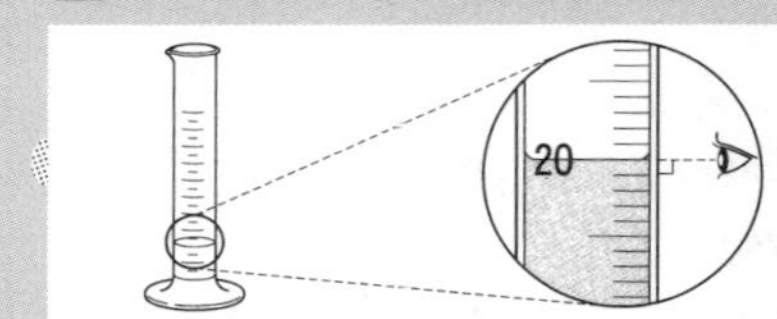
20

①水平な台の上に置く。
②目もりは，管の中央を真横から読む。
③目分量で1目もりの $\frac{1}{10}$ まで読む。

■とつレンズを通った光の進み方

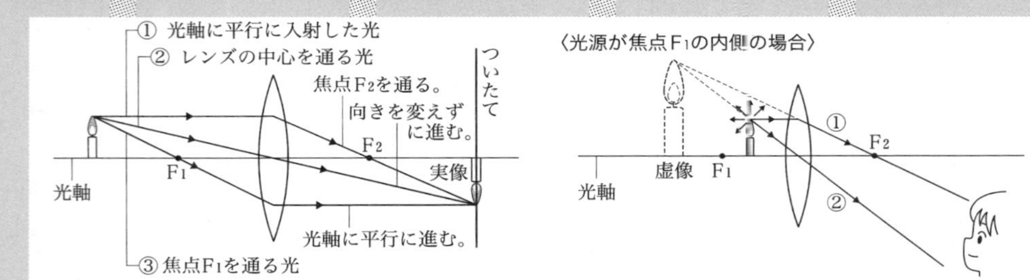
① 光軸に平行に入射した光
② レンズの中心を通る光
焦点F2を通る。
向きを変えずに進む。
ついたて
F2
F1
実像
光軸
光軸に平行に進む。
③ 焦点F1を通る光
〈光源が焦点F1の内側の場合〉
①
F2
虚像
F1
光軸
②

オンライン家庭教師
家庭ネット
優秀な先生たち
担当制
低価格設定
¥1,320〜*
*1コマ(25分)税込価格です。
回数・期間
自由に決定!
確かな実績
家庭教師紹介
30年以上
「家庭ネット」と「虎の巻」で
受験対策を、
“もっと手軽に。”
日本学術講師会HP QRコード
QRコードから公式HPへアクセス!